JN291141

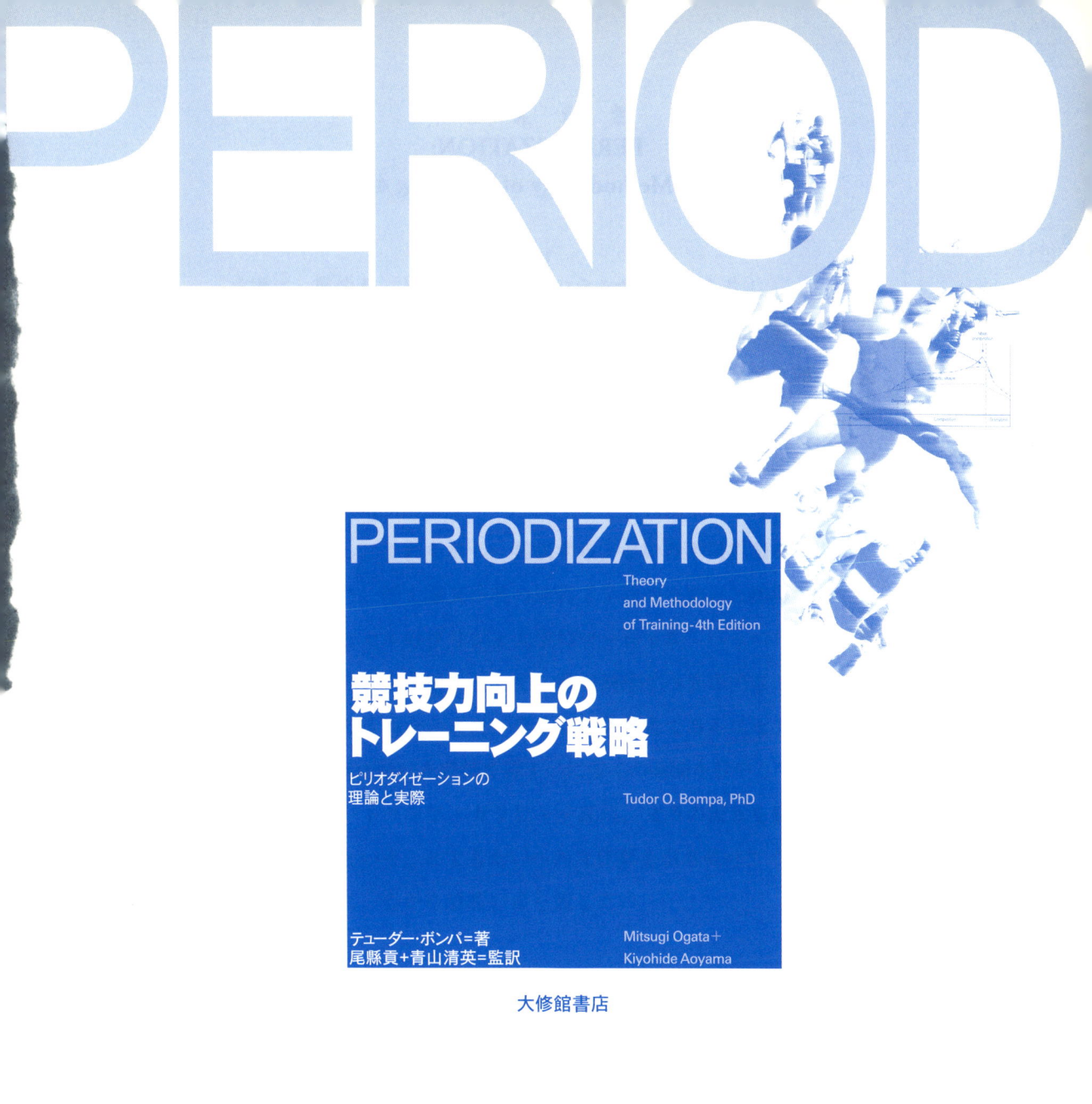

PERIODIZATION
Theory and Methodology of Training-4th Edition

競技力向上の
トレーニング戦略

ピリオダイゼーションの
理論と実際

Tudor O. Bompa, PhD

テューダー・ボンパ=著
尾縣貢+青山清英=監訳

Mitsugi Ogata +
Kiyohide Aoyama

大修館書店

目次

まえがき……………………………………………………………………………………ⅰ

第1部 トレーニング理論 …………………………………………………1

第1章 トレーニングの基礎 ……………………………………………2

1. トレーニングの領域　3
2. トレーニングの目的　3
3. スキルの分類　5
4. 競技の分類　5
5. トレーニングシステム　7
6. トレーニングにおける適応　9
7. 超回復周期　11
8. 脱トレーニング　13
9. エネルギー源　14
- 10. まとめ　19

第2章 トレーニングの原理 ……………………………………………20

1. 意識性・積極性の原理　20
2. 全面性の原理　21
3. 専門性の原理　24
4. 個別性の原理　25
5. 多様性の原理　28
6. モデリングの原理　29
7. 漸増負荷性の原理　32
- 8. まとめ　37

第3章 トレーニングのための準備 ……………………………………38

1. 体力トレーニング　39
2. 技術トレーニング　43
3. 戦術のトレーニング　45
4. 理論的トレーニング　54
- 5. まとめ　55

第4章 トレーニングの変量 ……………………………………………………………… 56

1. 量　　56
2. 強度　　57
3. 密度　　63
4. 複雑性　　64
- 5. まとめ　　65

第5章 休息と回復 ……………………………………………………………………… 66

1. 回復の理論　　67
2. 回復の自然的方法　　70
3. 回復の物理療法的方法　　71
4. 回復の心理学的療法　　76
5. 競技特有の回復　　78
6. トレーニングからの回復　　78
7. トレーニングと試合のための回復　　80
8. 回復のための不変的な方法　　81
9. 疲労とオーバートレーニング　　81
10. オーバートレーニングのチェック, 治療, 防止　　89
- 11. まとめ　　97

コラム：ストレッチ療法　　102

第2部 ピリオダイゼーショントレーニング ……………………… 105

第6章 プランニング …………………………………………………………………… 106

1. プランニングの重要性　　106
2. プランニングの必要条件　　107
3. トレーニングプランのタイプ　　108
4. トレーニングレッスン　　108
5. アスレティックトレーニングの1日のサイクル　　116
- 6. まとめ　　117

第7章 トレーニングサイクル ………………………………………………………… 118

1. ミクロサイクル　　118
2. マクロサイクル　　136
- 3. まとめ　　141

第8章 年間トレーニングプラン ……………………………………………………… 142

1. ピリオダイゼーション　143
2. 心理学的超回復　152
3. 身体運動能力のピリオダイゼーション　154
4. 筋力トレーニングのピリオダイゼーション　155
5. 持久力のピリオダイゼーション　157
6. スピードのピリオダイゼーション　157
7. 総合的なピリオダイゼーション　158
8. 年間プランのトレーニング周期とその特徴　161
9. 年間プランのチャート　169
10. 年間プランをまとめるための基準　186
- 11. まとめ　195

第9章 長期トレーニングプランとタレント発掘 ……………………………………… 196

1. 競技発達における各段階　199
2. 一般的トレーニング　200
3. 専門的なトレーニング　202
4. オリンピックサイクルと4年間プラン　206
5. オリンピックサイクルプランにおけるパフォーマンスの予測　209
6. スポーツタレントの発掘　211
- 7. まとめ　223

第10章 試合へ向けてのピーキング …………………………………………………… 224

1. ピーキングのためのトレーニング条件　224
2. ピーキングを促進する要素　225
3. 試合　232
- 4. まとめ　237

第3部 トレーニング方法 …………………………………………… 239

第11章 筋力とパワーの発達 …………………………………………………………… 240

1. 身体運動能力　240
2. 筋力トレーニング　243
3. 筋収縮タイプ　245
4. 筋力パフォーマンスに影響を及ぼす要因　246
5. 筋力トレーニングの適応　246

6. 筋力トレーニングの方法論　　247
7. 筋力トレーニングに関連した変数　　248
8. 筋力トレーニングで考慮すべき条件　　249
9. 筋力トレーニングプログラムを展開する手順　　253
10. 筋力トレーニングの方法　　254
11. 最大筋力法　256
12. 筋持久力の発達　　258
● 13. まとめ　　259

第12章 持久力のトレーニング ……260

1. 持久力の分類　　260
2. 持久力に影響する要因　261
3. 持久力改善の方法論　263
4. 持久力を改善する方法　266
● 5. まとめ　　275

第13章 スピード, 柔軟性, 調整力のトレーニング ……276

1. スピードトレーニング　　276
2. 柔軟性トレーニング　　282
3. 調整力トレーニング　　285
● 4. まとめ　　288

付　録 ……289

年間プランのチャート　　290
参考文献　　296
用語解説　　304
さくいん　　310

監訳者あとがき　　317

著者, 監訳者, および訳者の紹介　　318

競技力向上のトレーニング戦略
ピリオダイゼーションの理論と実際

第1部
トレーニング理論

PART 1

Training Theory

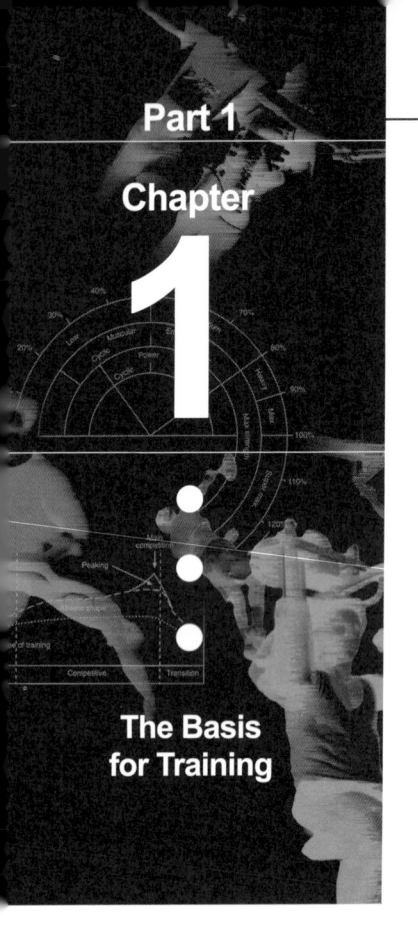

第1章 トレーニングの基礎

競技におけるパフォーマンスは，ここ数年間で劇的な進歩をとげている。以前では考えられなかったようなパフォーマンスが現実のものとなり，高いパフォーマンスを示す選手も増えている。なぜ劇的変化を遂げたのか？ 単純なことではない。この理由の1つは，競技スポーツが魅力的なフィールドであり，その強い動機づけが，長く厳しい活動の時間を支えていたからである。そしてコーチングはスポーツの専門家やスポーツ科学者の協力でより洗練されたのである。さらに，選手に関する多くの知識や知見がトレーニングに反映されてきていることや，スポーツ科学の進歩などもその理由に含まれるだろう。

PERIODIZATION 実験や研究から得られる多くの科学的知識は，身体におけるエクササイズの影響を理解し改善するためのものである。科学的研究は，トレーニングの理論と方法論を洗練し，それ自体を科学の一領域として発展させてきた（図1-1）。選手は，それ自体がトレーニング科学の題材であり，コーチやスポーツ科学者にとっては膨大な情報源でもある。

トレーニングにおいて選手はさまざまな刺激に反応する。したがって，トレーニングの過程からは，生理学的，生化学的，心理学的，社会学的，そして方法論的な多くの情報が集められることになる。これらの多様化した情報はトレーニングの過程で選手から生み出されるのである。トレーニングを構築するコーチは，選手の反応を正しく理解するために，トレーニング過程から得られるすべての情報を評価し，適切なトレーニングプランを立てなければならない。したがって，コーチが自分の立てたトレーニングプランを客観的に評価するための科学的サポートを必要とすることは明らかである。

トレーニング理論と方法論は，非常に大きな領域であり，諸科学領域で得られたトレーニングに利用可能な情報を詳細に検討することは，コーチがトレーニングを構築していく上でコーチの能力をより向上させることになるだろう。トレーニングの原理は，この複雑なトレーニング過程の基礎理論として位置づけられ，トレーニングの要素を競技の特性に照らしながら理解することによって，各要素の役割が明確になるのである。

第11〜13章では，身体運動能力の開発方法（筋力，スピード，持久力，柔軟性，調整力）について学ぶが，これらはコーチが最適なトレーニング方法を選択する手助けになる。トレーニングプランの部分では，重要な試合に最高のパフォーマンスを達成するための方法について解説している。トレーニングプランにはパフォ

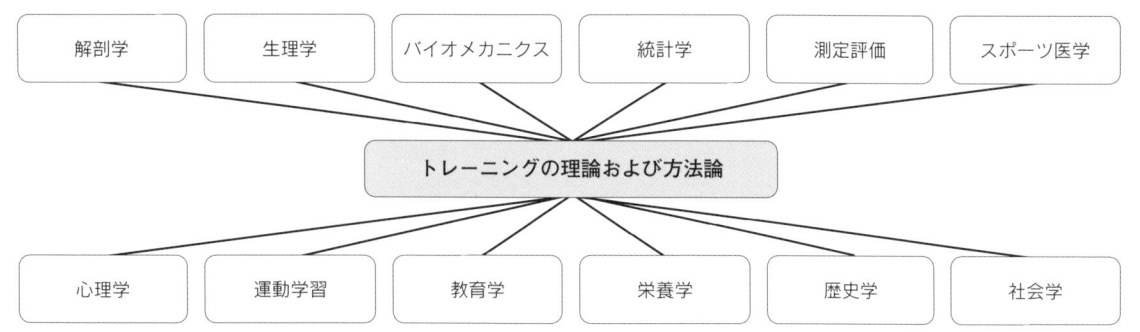

```
┌─────┐  ┌─────┐  ┌──────────┐  ┌─────┐  ┌────────┐  ┌──────────┐
│解剖学│  │生理学│  │バイオメカニクス│  │統計学│  │測定評価│  │スポーツ医学│
└─────┘  └─────┘  └──────────┘  └─────┘  └────────┘  └──────────┘
         ┌──────────────────────────┐
         │ トレーニングの理論および方法論 │
         └──────────────────────────┘
┌─────┐  ┌──────┐  ┌─────┐  ┌─────┐  ┌─────┐  ┌─────┐
│心理学│  │運動学習│  │教育学│  │栄養学│  │歴史学│  │社会学│
└─────┘  └──────┘  └─────┘  └─────┘  └─────┘  └─────┘
```

図1-1　トレーニングの理論と実践を取り巻く諸科学領域

ーマンスを継続的に改善するために，トレーニング間の再生および回復についての考え方も含まれていなければならない。

1. トレーニングの領域
Scope of Training

　トレーニングは最近になって行われたものではない。古来より，人間は軍事的活動やオリンピックという目的のためにトレーニングに励んでいた。選手はトレーニングを通じて1つのゴールに向けた準備をする。例えば，生理学的なゴールは身体機能を改善し，競技のパフォーマンスを最適化することにある。したがって，トレーニングの目的は，選手の運動能力やスキル，そして強靱な心的能力を開発することにある。そこで，コーチは選手の達成すべきゴールのために，トレーニングを計画しながら準備し，指導をするが，ここには多くの生理学的・心理学的，そして社会学的要因が含まれている。また，トレーニングは1つの体系的な長期的活動であり，それは漸進的かつ個別的に段階づけられる。

　選手の能力の向上は身体的能力と密接に関わっているが，選手は精神的，身体的完成に向けて努力しなくてはならない。身体的完成とは，身体の全面的で調和した発達を意味している。選手は洗練された多くのスキルを獲得し，優れた生理的能力を養い，よりよい健康状態を維持することが必要であり，さらに，トレーニングや試合で経験するストレスに対処することを学習する必要もある。この身体的能力は多くの実践経験にもとづいた計画的なトレーニングによって発達させなくてはならない。

　トレーニングで優先すべきことは，個人の能力，心理的特性，そして社会的環境にもとづいて計画される達成可能なゴール（目標）の設定である。ある選手は試合での勝利やパフォーマンスの改善を，別の選手はスキルの向上や身体運動能力のさらなる開発をゴールとして考えるだろう。目的はどうであれ，各々のゴールは，できるだけ正確で，ほどよいものにする必要がある。いかなる計画においても，トレーニングを始める前に目標を立て，目標達成のための方法を決定する必要がある。そして，最終目標に到達すべき期日は，主要な試合の当日ということになる。

2. トレーニングの目的
Objectives of Training

　スキルやパフォーマンスを改善するために，選手はトレーニングの目的を理解しなければならない。以下に示されている一般的な目的は，本書の考え方を理解するために有用であろう。

■**全面的な身体の開発**　選手はトレーニングの基礎として，全身的な体力だけでなく多角的な身体能力の開発を必要とする。その目的は，持久力や筋力の増加，スピードの開発，柔軟性の改善，調整力の洗練といっ

PERIODIZATION

た調和のとれた身体的能力を開発するためのものである。競技パフォーマンスをより速く，そしてより高いレベルに改善するために，我われコーチは選手に全面的な能力の開発を求める。その結果，選手は自負心を高め，強烈な個性を発揮する優れた能力を獲得することになるだろう。

■ **競技特有の身体的能力の開発**　その競技特有の身体の開発とは，絶対および相対筋力，筋量や筋の弾性，動作および反応時間，調整力や柔軟性といった各競技に必要とされる専門的な筋力（パワーまたは筋持久力）を改善することである。このトレーニングは，さまざまな動作を行うための能力，とくに競技に要求される動作を容易かつなめらかに行うための能力を開発する。

■ **技術的要因**　技術トレーニングとは，(1)可能な限りの高い速度で，大きな力を発揮しながらの，合理的で効率のよい技術の完成，(2)さまざまな環境（とくに気象条件）のもとでの，専門的な技術の実施能力，(3)関連する競技の技術の改善，(4)すべての動作を正確に行うための能力，などの開発を意味する。

■ **戦術的要因**　戦術的要因は，対戦相手の戦術を学ぶことによる戦略の立案，選手の能力に見合った最適な戦術の調整，戦略の完成と変更を意味し，対戦相手を考慮した戦略モデルの開発を含んでいる。

■ **心的要因**　心理的準備も，パフォーマンスを高めるために重要である。心理的トレーニングは，自律，忍耐，意志力（精神力），自信，度胸を向上させる。

■ **チームとしての能力**　いくつかの競技（チームスポーツ，リレー，ボート，自転車競技など）においては，チームとしての準備がコーチのおもな仕事の1つになる。コーチは選手の身体的，技術的，戦略的準備が，チームの能力と調和していくようにしなければならない。このことによってチームの能力の向上が可能となる。また，チームメイトの友好関係や，チームとして目標を共有するための心理的準備も調整していかなければならない。チーム内での競争や親睦会は，チームの結束を固め，また，帰属意識を高める。コーチは，チームが1つのユニットとして活動できるように働きかけなければならない。そして，チーム状況を考慮しながら，的確なプランを立て，各選手の役割を決めるべきである。

■ **健康に関する要因**　選手の健康を管理することは重要である。健康な状態は，定期的な医学的検査，個人の能力とトレーニング強度との適切なバランス，そして強度の高いトレーニングと適切な休養のくり返しによって維持される。病気やけがをした後は，適切な経過を経て，完全に回復したことが確認できるまでトレーニングを再開してはならない。

■ **けがの予防**　とくに初心者が加入した期間は，柔軟性を向上させ，筋や腱，靱帯を強化する。慣れない動きでアクシデントが起こらない程度に筋力や筋の弾性を開発できるまで，予防策をこうじてけがを避けなければならない。

■ **理論的知識**　選手は，トレーニングによって，トレーニングプラン，栄養，そして再生（回復）の生理的，心理的基礎に関する知識を増やしていく。コーチは，選手とコーチ，選手と対戦相手，そして設定した目標を達成するために共に助け合うべきチームメイトとの関係について明確にする必要がある。

　以上は，コーチがトレーニングプランを開発するときに考慮すべき一般的なトレーニングの目的を要約したものである。競技やそれを行う個人の特性により，トレーニングの目的を選択したり，加えたりすることが必要になるかもしれない。継続的にトレーニング目的を追求することである。トレーニング初期には身体の機能的基礎の開発を目指し，それから，競技特有の達成目標に移行していくべきである。例えば，Ozolin（1971）は，まず初めに一般的持久力を高め，次に専門的な無酸素性持久力を高めることを提案している。ルーマニアの体操選手が技術トレーニングの開始前に，約1ヶ月の筋力トレーニング期間を設けたなどの例もある。長期間のトレーニングプランにおいては，このような連続的なアプローチが頻繁に用いられる。

3. スキルの分類
Classification of Skills

　エクササイズの分類に関して，いくつかの試みがなされているが，広く受け入れられている分類方法は，身体運動能力を基準にする方法である。

　ドイツの体操創始者であるFerdrich Jahnは，選手の使用した用具を1つの基準として採用した(Eiselen 1845)。Leshaft(1910)は，すべてのエクササイズを3つに分類した。1つめはシンプルなエクササイズ(柔軟体操)，2つめはもう少し複雑なエクササイズおよび漸進的な負荷を持つエクササイズ(ジャンプ，レスリング)を取り入れ，3つめは複合的エクササイズ(ゲーム，スケーティング，フェンシング)とした。

　選手を個人競技(陸上競技，体操競技，ボクシング)およびチームスポーツ(バスケットボール，バレーボール，ラグビー)に分類することとは別として，広く受け入れられている分類方法は，身体運動能力を基準としたものである。身体運動能力は，筋力，スピード，持久力，そして調整力を含むものである(Grantin 1940)。この分類は，コーチにとって極めて実践的である(Farfel 1960)。競技のスキルは，循環スキル，非循環スキル，複合スキル(循環スキルと非循環スキルを組み合わせたスキル)の3つのグループに分類することができる。

■**循環スキル**　ウォーキング，ランニング，クロスカントリースキー，スピードスケート，競泳，ボート，サイクリング，カヤックやカヌーといった競技で用いられるスキルである。これらの競技のおもな特徴は，くり返し動作による運動ということである。選手は，いったん1つの運動サイクルを学習すれば，長期間にわたってそれを継続的に再現することができる。各サイクルは，連続的にくり返され，しかも明確に区別できる局面で構成されている。例えば，ボートでは，キャッチ(水をつかむ)，水中での漕ぎ(加速)，漕ぎ動作の終了，そしてリカバリーという4つのストローク局面に分けられる。選手は，ボートを漕いでいる間，その4つの局面をくり返し行う。循環スキルにおいてはすべての局面が関連づけられており，現在の局面は先行する局面から構成され，現在の局面の後には次の他の局面が構成される。

■**非循環スキル**　砲丸投，円盤投，体操競技，チームスポーツ，レスリング，ボクシング，そしてフェンシングといった競技にみられるスキルである。これらのスキルは，一連の動作において行われる不可欠な働き(作用)で構成されている。例えば，円盤投のスキルは，予備的なスイング，重心の移動，ターン，円盤の送り，そしてリバースステップの組み合わせであるが，選手はこれを一連の動作で行う。

■**複合スキル**　循環運動に続く非循環運動で構成される運動にみられるスキルである。陸上競技におけるすべての跳躍種目，フィギュアスケート，体操競技における跳馬，そして飛込などの種目は複合スキルを用いる。すべての動作は連鎖しているが，例えば，走高跳や棒高跳では，循環運動の助走と非循環運動の踏み切りのように，非循環運動と循環運動とを明確に区別することができる。

　これらのスキル分類に関するコーチの理解力は，適切な指導方法を選択するために重要な役割を担う。全習法は，ランニング，スピードスケート，クロスカントリースキーといった，分解することが難しい循環スキルにとっては，最も効果的であると思われる。いっぽう，非循環スキルにとっては，スキルを分解して要素別に指導する分習法が習得を早めるだろう。例えば，走幅跳のはさみ跳びなどでは，一連の動きとして適切に習得する前段階として，構成要素(ステップ)に分けて学習することが望ましい。

4. 競技の分類
Classification of Sports

　運動は，静的または動的な状況下で行われる筋収縮が複雑に集積された結果として生じるものであり，力，

PERIODIZATION

スピード，持久力，調整力，そして動作範囲などに関係する。競技の類型化は，適切なパフォーマンスに必要な生理的類縁性とスキルの類縁性，およびトレーニングの目的にもとづいて行われる。Gandelsman and Smirnov(1970)は，すべての競技を以下のように7つのグループに分類している。

1. 技術の調整力とフォームの完成が要求される競技
2. 循環的な競技のうち，優れたスピードの獲得が要求される競技
3. 筋力とスキルスピードの完成が要求される競技
4. 相手との攻防のなかでのスキルの完成が要求される競技
5. さまざまな道具(用具)を扱うスキルの完成が要求される競技
6. ストレス環境下や生理的関与の低い状況下でのCNS(中枢神経系)活動の完成が要求される競技
7. 複合競技においてさまざまな種目を行う能力の発達が要求される競技

1. 技術の調整力とフォームの完成が要求される競技
体操，新体操，フィギュアスケート，飛込などが該当する。このグループのパフォーマンスは，そのポイントが審判の主観的印象にもとづいているため，調整力，スキルの技術的複雑性，そして芸術的印象の完成度によって決まる。多くが非循環スキルであるが，稀に循環スキルも含まれる(体操競技の助走や跳馬，フィギュアスケートのジャンプなど)。非循環スキルの構造は複雑であり，多くの身体機能の適応を引き出すトレーニングのさまざまなタイプや強度によって特徴づけられる。

2. 循環的な競技のうち，優れたスピードの獲得が要求される競技　ランニング，競歩，スピードスケート，ボート，自転車，カヌー，クロスカントリースキー，そして競泳のような，達成目標がスピードの開発である競技が多く該当する。他の特性としては，循環スキルであることがあげられる。それぞれの競技で開発されるスピードは，循環スキルの完成度や疲労に打ち勝つための能力などによって決まる。疲労は，おもに心肺機能システムにかかるストレスによるものであり，長距離種目の選手にとってはより困難なものとなる。

3. 筋力とスキルスピードの完成が要求される競技　パフォーマンスの改善と最大筋力の開発が直接的に関係する。このグループは，運動中に扱う質量を増やしながら一定の加速度を維持すること(ウエイトリフティング)，あるいは，一定の質量を保持しながら加速度を増すこと(投てき種目や跳躍種目)によってパフォーマンスを高める。最初の例は筋力の開発に，2番目の例はパワーの開発に関連する。

4. 相手との攻防の中でのスキルの完成が要求される競技　すべてのチームスポーツと対人スポーツ(ボクシング，レスリング，柔道，フェンシングなど)を含む。感覚器官の機能や知覚能力，そして継続的な状況変化に対応したすばやい動作に優れていることが要求される。複雑な試合状況下での決断は，外的刺激を感知する能力によって決まる。敏捷性や観察の正確さが，相手(チーム)の戦術の成功を阻むことになる。

5. さまざまな道具(用具)を扱うスキルの完成が要求される競技　乗馬，セーリング，モータースポーツやウォータースキーなどが該当する。これらの競技(セーリング，モーターサイクルなど)では，道具の優劣が競技結果に少なからず影響するが，道具を操作するスキルも重要である。この複雑なスキルの開発には，多くの時間を要することになる。この競技の選手は，レース中にすばやい決断をしなければならないので，固有受容器を通じてCNSから情報を得るプロセスは極めて速くなければならない。この競技に必要とされる専門的な筋力開発のための十分な身体的準備は，選手の成功にとって重要であり，このグループの選手に最も必要とされる身体運動能力はバランスや持久力である。

6. ストレス環境下や生理的関与の低い状況下でのCNS活動の完成が要求される競技　射撃，アーチェリー，チェスなどの競技が該当するが，それらの身体的エクササイズの構成要素は少ない。しかしながら，Gandelsman and Smirnov(1970)が指摘しているように，これらの競技は，その活動を導くCNSの役割が増加するという，近代トレーニングのおもな傾向を反

表1-1 競技の分類

グループ	トレーニング目標	競技例	スキルの構造	強度	必要な身体運動能力	機能的要求
1	調整力とフォームの完成	体操競技，フィギュアスケート	非循環系	選択的	調整力，筋力，スキルの複雑な混合	CNS，神経筋系
2	循環競技における優れたスピードの獲得	ランニング，ボート，競泳，ノルディックスキー	循環系	最大から最小まですべての強度，選択的	スピード，持久力	CNS，神経筋系，心肺機能
3	筋力とスキルスピードの完成	ウエイトリフティング，投てき種目，跳躍種目	非循環系と循環系の組み合わせ	選択的	筋力，スピード	神経筋系，CNS
4	相手との攻防の中でのスキルの完成	チームスポーツやいくつかの個人競技	非循環系	選択的	調整力，スピード，筋力，持久力	CNS，運動性，心肺機能
5	さまざまな道具（用具）を扱うスキルの完成	セイリング，乗馬，オートバイ	非循環系と循環系の組み合わせ	選択的	調整力，スピード	CNS
6	ストレス環境下や生理的関与の低い状況下でのCNS活動の完成	射撃，チェス，アーチェリー	非循環系	低強度	調整力，持久力	CNS
7	複合競技においてさまざまな種目を行う能力の発達	十種競技，七種競技，バイアスロン，トライアスロン	すべて含まれる	各競技で特有	すべての能力の複雑な混合	CNS，運動性，心肺機能

映している．トレーニング中または試合中に，CNSは相当なストレスを受けている．身体的関与はそれほど高くないが，チェスのプレーヤーや射撃選手は巧みに練られた身体活動に参加する．どちらも，集中力，忍耐力，そして競技が長引いたときの心理的自己コントロールなどにおいて高い持久力が要求される．射撃競技にとって，上半身の筋力は，銃を標的からずらさずに構え続けるために必要不可欠である．

7．複合競技においてさまざまな種目を行う能力の発達が要求される競技 複合競技は，陸上競技の十種競技や近代五種（乗馬，フェンシング，競泳，そしてクロスカントリー走）などのように，異なる種目が組み合わされている競技である．女子の七種競技，トライアスロン，そしてバイアスロンもこのグループになる．この競技を生理的，心理的に解釈するにあたっては，異なる競技の動作や運動強度が含まれているため，各競技の特異性を考慮しなければならない．この競技は多様かつ複雑であるため，選手にはオールラウンドな能力が求められる．

Gandelsman and Smirnov(1970)が提案する競技の分類は図式的であるが，コーチが競技活動の特性をよりよく理解するために役立つ．なぜなら，あるグループに含まれる競技は，別のグループの性質を有しているかもしれないからである．競技の特性と関連する性質を理解することは，現在のトレーニングを，より効果的に成果をあげられる多様なトレーニングプランへと改善するであろう．**表1-1**は競技の分類を示したものである．

5. トレーニングシステム

System of Training

■システムの構造化 システムとは，アイデア，理論，そしてこれらに対する考察が系統的，方法論的に整理されたものを意味している．このシステムには，基礎研究，応用研究によって得られた知見だけでなく，蓄積された実践経験を含めるべきである．システムを開発するとき，単に他国のシステムをそのまま使用すべきではないが，はじめに他のシステムを学ぶことは有益なことであろう．さらにいえば，よりよいシステムを開発するためには，その国の社会的，文化的な背景を考慮しなければならない．

スポーツのシステムには，国家レベルの体育・スポーツ組織，学校のプログラム，レクリエーションやスポーツのクラブ，スポーツ運営団体の組織構造，競技

PERIODIZATION

階層	組織と競技ユニット	目的
国際レベルの選手	ナショナルチーム	国際レベルのパフォーマンスや記録の達成
国内レベルの選手	国内競技会において高いレベルにいる選手	高いレベルの準備状態の維持と、より高いレベルの競技者としての可能性の追求
基礎レベルの選手	トレーニングや競技会が計画されているクラブや学校に所属する子どもやジュニア選手（個人またはチーム）	より高いパフォーマンスの要求に関連したトレーニングと、その目的に合った刺激
レクリエーション	スポーツ組織に所属、または未所属で、高いパフォーマンスを目指す必要のない個人	スキルと身体運動能力の開発、楽しい競技会への参加の奨励

図1-2　潜在的な国家的スポーツシステム

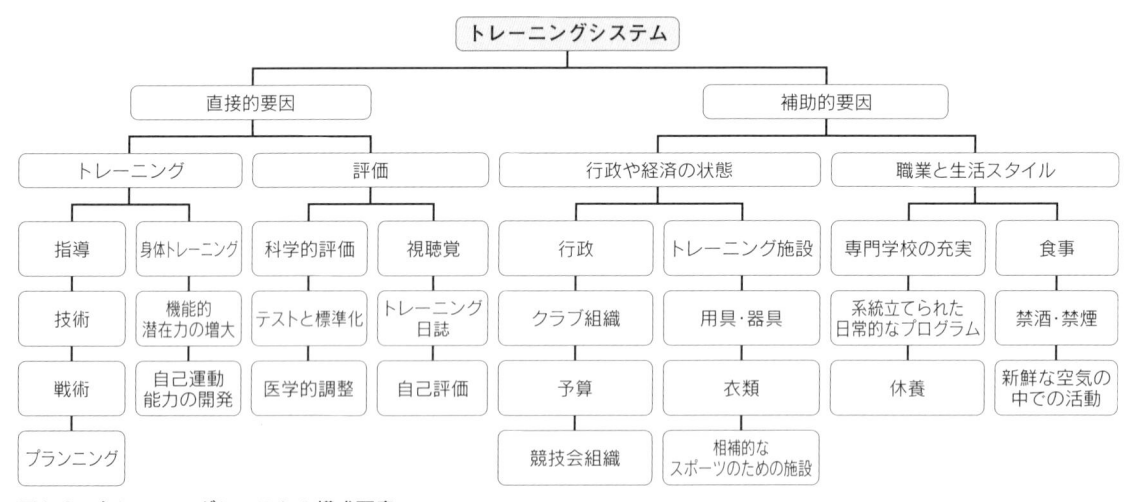

図1-3　トレーニングシステムの構成要素

トレーニングのシステムなどが盛り込まれるべきである。これらすべての現象の構造は、立体的かつ連続的に関連しているので、国家的組織は最初にその目標を設定しその目標にもとづいてシステムを構造化するべきである。図1-2に示したシステムは、基盤に学校体育レベルの子どもたちのユニット、最上階層に国を代表する選手が含まれる高いパフォーマンスユニットをもつピラミッド構造になっている。

国家的スポーツ機関では、とくに若い選手のために、スポーツの国家的価値、国の慣習、風土、そしてスポーツの重要性についてよく考えてみるべきである。また、若者たちは身体的教育からの恩恵をうけるため、そして多くの競技を適切に行えるようになるためにも、基本的なスキルや能力を開発すべきである。そのために陸上競技や水泳、体操競技を行うとよい。陸上競技は多くの競技に必要とされる基本的な運動能力（走る、跳ぶ、投げる）の開発に適しているので、とくに重要視されている。水泳は心肺機能の適切な向上や救命能力の獲得のために、また、体操競技はバランス能力や調整力を改善するという理由で奨励されているのである。これら3つの競技は、ヨーロッパのほとんどの国々、とくにロシア、ドイツ、そしてルーマニアの子どもたちの一般的な体育教育に用いられている。

■ **システムの開発** トレーニングシステムの開発は，トレーニングの理論と方法，科学的知見，優れたコーチの経験，そして他の国々で用いられた試みに関する理論や方法論の一般的な知識から始まる。トレーニングシステム開発において重要なことは，短期と長期両方のトレーニングモデルを作ることであり，すべてのコーチはそのモデルを応用するべきである。これは独創的なトレーニングシステム開発の可能性を失わせることではない。選手はこのシステムのいずれかの階層やユニットに位置づけられ，そしてコーチは選手との共同作業を通してシステムを充実させるための努力をするだろう。さらに言えば，コーチはクラブの特徴，社会環境や自然環境，そして選手の個人的特性を考慮しながら，システムを応用していくべきである。

　スポーツの専門家や科学者は，トレーニングシステムの開発や発展に重要な役割を担う。彼らの研究，とくに応用研究は，トレーニング方法の質を高め，選手の評価および選抜，ピーキング，トレーニング後の回復や再生方法の改善，そしてストレス対処法に関する知識を与えてくれる。

　トレーニングシステムの質は，直接的要因と補助的要因によって決まる(図1-3)。システムにおける各要素間のつながりも重要であるが，最も重要なことはトレーニングとそれに対する評価である。

　質の高いトレーニングシステムは，その直接的な結果として高いレベルのパフォーマンスをもたらす。トレーニングの質は，単一の要素によって決定されるものではなく，むしろコーチによって，コントロールできない多くの要因によって決定される(図1-4)。したがって，トレーニングの質に影響するこれらの要素を，効果的に用いながら継続的に改善していかなくてはならない。

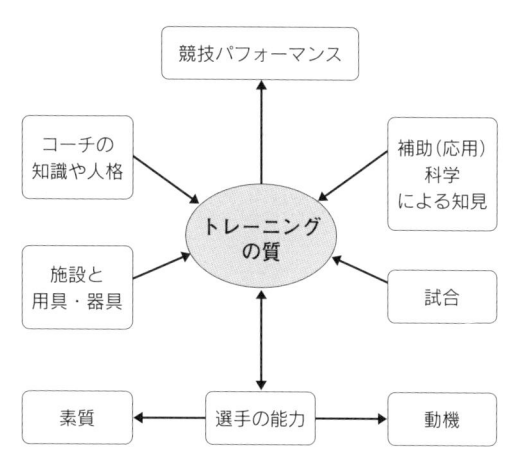

図1-4　トレーニングの質とその要素

6. トレーニングにおける適応
Training Adaptation

　高いレベルのパフォーマンスは，十分に計画された，長期間にわたる入念なハードトレーニングの結果である。選手はこのトレーニング期間に，選択した競技にとって専門的に必要な身体の諸器官やその機能に適応するための努力をする。この適応レベルの高低がパフォーマンスに反映されるので，より高いレベルの適応が起これば，当然より高いパフォーマンスに到達することになる。

　トレーニングによる適応は，意図的なエクササイズをくり返すことによって起こる変化を統合したものである。これらの構造的・生理的変化は，トレーニングの量や強度を調整しながら，望ましい活動を行うことで身体に得られる特有の恩恵の結果である。トレーニングは，身体に適度なストレスを与える限りにおいて有益な結果を生む。ストレスが低いときには適応は起こらないし，ストレスが過度になればけがやオーバートレーニングなどが起こる。

　高いレベルの適応に必要な時間は，その競技や種目のスキルの複雑性や生理的・心理的困難性によって異なる。競技が複雑かつ困難であればあるほど，神経―筋や機能的適応に必要なトレーニング時間は長くなる。

　系統化され，整理されたトレーニングプランは，いくつもの変化を引き起こす。研究者たちは，持久性競技の選手における器官および機能の変化を観察する(Astrand and Rodahl 1970；Mathews and Fox 1976)が，ほとんどの選手は神経―筋，心肺機能，そ

PERIODIZATION

して生化学的改善を経験している。また，心理的改善も，エクササイズの結果としてあらわれる。

■**解剖学的適応**　解剖学的適応に関する研究では，高強度のエクササイズによって骨形成や筋力の低下が起こることが報告されている。骨の力学的特性も，厳密には暦年齢ではなく，選手にかけられた機械的負荷によって決まる。そのため，低年齢期の低強度トレーニングは，骨を長く太くする刺激となるいっぽう，高強度のトレーニングは，骨の成長を抑制する（Matsuda et al. 1986）。未熟な骨は，成熟した骨よりも，周期的な負荷の変化により痛みやすいので，低年齢期の筋力トレーニングは骨の成熟過程を加速させ，骨成熟の恒久的な抑制を引き起こす（Matsuda et al. 1986）。したがって，このような場合のトレーニングの目的は，身体を悪化させるためでなく，適応させるために行われるものでなければならないので，身体へのストレスは適度であることが重要である。

最大努力，またはそれに近い筋収縮による筋力やパワーのトレーニングは，筋線維の横断面積を増加させる（筋肥大）。筋や筋量の増加は，筋肥大によるところが大きいが，稀に筋線維分裂やタンパク質量の増加も認められる。

研究者は，パワー・スピード種目における高いパフォーマンスと遺伝や筋線維タイプとをよく結びつけるが，Simoneau et al.（1985）は，筋線維組成は単に遺伝だけで決まるものではないことを指摘している。ある研究者は，速筋線維タイプが遅筋線維タイプに転移するという矛盾する結果を観察している。また，ある研究結果は，刺激が適切であるときに，筋線維タイプは転移する可能性があることを実証している。したがって，筋線維タイプの適応は，選手のトレーニング前の状況（遺伝）のみならず，トレーニングプランの性質や継続期間によっても生じるといえる。

■**生物学的適応**　爆発的パワーの強化や専門的なトレーニング刺激による生物学的適応については，まだ十分に理解されていない。地球上に働く重力は，毎日の生活やトレーニングの中で筋を発達させるための機械的負荷を与えてくれる。したがって，高重力環境が選手の筋機能に効果を与えると考えるのは妥当なことである。研究者はシミュレートされた高重力環境において，迅速な適応により筋機能の改善がみられたことを報告しており，原因は神経―筋の機能と代謝過程の両方に適応が起こったためであるとしている（Bosco et al. 1984）。

パフォーマンスの改善は，神経―筋における変化の結果でもある。最大または最大下負荷による継続的な活動中に，運動単位の発火頻度は自然に増加する。そしてこの神経―筋を巧みに使うことによって筋収縮の持続時間を長くすることができる。最大下負荷による長時間の運動中では，活動している運動単位が減少すると，新しい運動単位がその出力を維持するために活動し始める。しかしながら，継続的な最大随意収縮中に高周波を示す運動単位はもっとも早い活動の低下を示す。

速いスピード，短い時間での運動は，酵素におけるわずかな適応的変化（化学反応によるタンパク質合成）やクレアチンリン酸（CP）の増加を引き起こす。したがって，運動の強度が上がるほど，酸化解糖代謝としての酵素活性は高くなる。また，筋肥大が大きくなると酸化酵素の活性が高くなる。有酸素性のエクササイズでは解糖過程の変化に効果はない。したがって，選手のトレーニング時間が長くなるほど，遅筋線維に選択的肥大が起こることになる（Sale 1989）。

長期にわたる適度な負荷の持久性トレーニングは，有酸素性能力を向上させる。それはおもに，ミオグロビンのレベル（酸素を貯蔵および拡散する酸素結合色素），ミトコンドリア（大きさと数の両方），グリコーゲン貯蔵，そして酸化能力の増大である。長期の運動における重要な適応は，呼吸能力と呼吸数が高まり，酸素運搬の増加，心拍出量の増大，ミトコンドリアの体積密度における構造的変化が起こることである。したがって，最大酸素摂取量の増加は，長期間のエクササイズによる有酸素性能力の高まりや，作業筋における酵素活性の増加を示している。酵素レベルの増加によるおもな恩恵は，脂肪をエネルギー源として利用する能力の改善を反映する脂肪酸の酸化である。研究者は，

最大酸素摂取量の増加のおおよそ50％は，筋肉内のミトコンドリアやミオグロビンの増加によるものと考えている。残りの50％は，おそらく心臓―血管系の改善による酸素運搬能力の向上によるものであろう（de Vries 1980）。有酸素性トレーニングは，少なからず無酸素性の能力も増加させるのである（Gollnick et al. 1973b）。

7. 超回復周期
Supercompensation Cycle

■**超回復の周期**　超回復とは，主要な試合前に向けて選手を生理的，心理的に喚起させていくためのトレーニングと再生の関係を意味している。選手がトレーニングを行うとき，そのトレーニングによる刺激は，生体内の補助的な栄養素を燃焼させ，正常な生物学的状態を壊す。この燃焼の結果，身体は疲労を生みだし，血中や筋細胞内の高い乳酸濃度として示される。トレーニング終了時には，疲労レベルは一時的に身体諸機能を低下させる。恒常性を示す曲線の急激な下降は，身体諸機能の低下と急激な疲労が起こっていることを示しているといえる（**図1-5**）。身体は，トレーニング終了後またはトレーニングの合間の回復段階中に生化学的なエネルギー源を補充する。選手のトレーニングにおいては，このエネルギー消費と補充のバランスがとれていなければならない。このバランスがとれないと，エネルギーが枯渇し，パフォーマンスの低下を引き起こすだろう。

正常な生物学的状態（ホメオスタシス）への回復はゆっくりと進行する。これは，身体のエネルギー再生と補充がゆっくりとした過程であり，一定の時間がかかることを示している。もし，高強度トレーニングの合間が長時間とれれば，身体はエネルギー源を十分に回復することができる（とくにグリコーゲン）。選手は身体を超回復の状態に高めるためのいくつかの蓄えを得ることでこの状態に達する。超回復が起こると，選手は，新たに高められたトレーニングやパフォーマンスにとって有益なホメオスタシスのレベルを獲得する。コーチは，トレーニング刺激や筋グリコーゲンの補充の結果として起こる超回復のメカニズムを十分に理解しなければならない。もし，トレーニング刺激の合間が長時間になれば，超回復は次第に消失し，パフォーマンスの退行，またはわずかな改善にとどまることになるだろう。

超回復周期（図1-5）は，以下の段階で構成される。
- トレーニング後，身体に疲労が起こる段階（段階1）
- 休息期間中に，生化学的エネルギーが補充されていく段階（段階2）

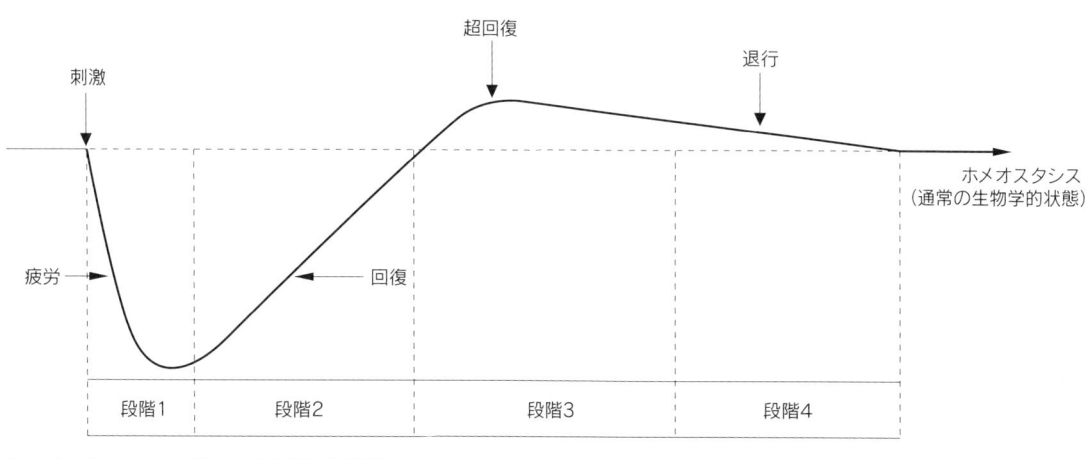

図1-5　トレーニングにおける超回復周期（Yakovlev 1967を一部改変）

PERIODIZATION

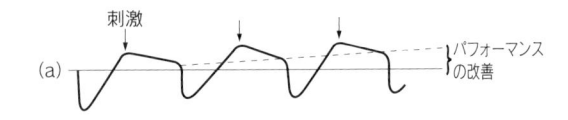

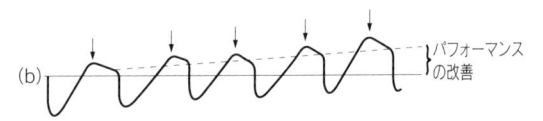

図1-6 単一トレーニングの累積効果（Harre 1982より）

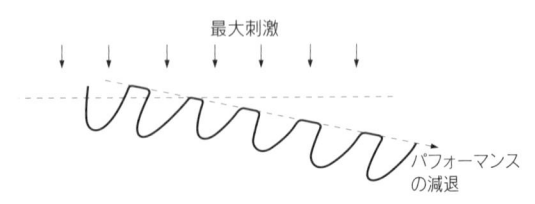

図1-7 長期にわたる最大強度の刺激によるパフォーマンスの減退

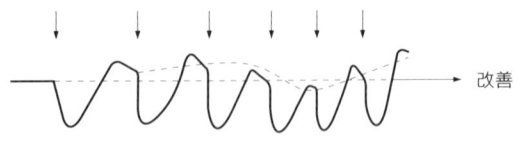

図1-8 最大および低刺激の繰り返しによる改善曲線

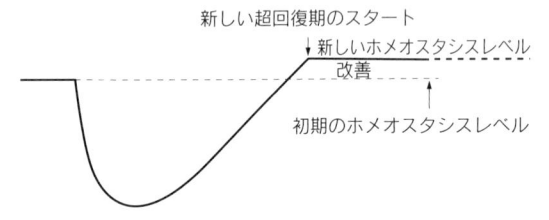

図1-9 新たに到達した高いホメオスタシスレベル（次の超回復期のスタート）

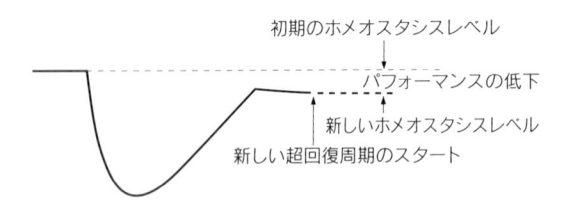

図1-10 ホメオスタシスレベルの低下が超回復周期のスタートレベルに与える影響

- リバウンドによって身体のホメオスタシスが初期のレベルを超えていく超回復段階（段階3）
- 超回復段階中に最適の間隔で次の刺激が与えられなければ，超回復によって得られた効果が失われ，退行が起こる段階（段階4）

■ **超回復パフォーマンスの改善**　最適なトレーニング刺激と超回復を含む回復段階は，約24時間である（Herberger 1977）。超回復の種類は，トレーニングのタイプや強度によって決まる。例えば，有酸素性持久トレーニングの後には，おおよそ6～8時間後に超回復が起こる可能性がある。いっぽう，CNSに強く依存するような極めて激しい活動においては，超回復が起こるまでに24時間以上，あるいは36～48時間を要する場合がある。しかし，トレーニング間隔を24時間も空けることの不可能な一流選手は，超回復が起こる前に次のトレーニングを開始する。**図1-6**に示したように，より多くの回数のトレーニングを行うと改善度もより高くなる。もし，トレーニングがさほど頻繁に行われなければ，超回復は起こらず，トレーニング刺激の間隔が長い場合（図1-6a）は，短い場合（図1-6b）よりも全体の改善は小さい。

最大のトレーニング強度が強調された場合は，疲労困憊状態を招いて，パフォーマンスの低下を引き起こす（**図1-7**）。これは，トレーニングはタフで，ハードで，疲労困憊まで追い込まなければならないと考えている熱心なコーチが行いがちな典型的なアプローチである。このような環境では，疲労曲線の落ち込みが激しくなり，再生に多くの時間を費やし，他のハードなトレーニングができなくなるため，選手はこれらを埋め合わせるための時間を確保できなくなってしまう。

コンスタントにパフォーマンスを改善するため，コーチは選手に常に高い目標に挑戦させなければならない。コーチは，高強度トレーニングを行う日と低強度トレーニングを行う日を組み合わせながら高強度の刺激を計画しなければならない。この方法は，回復を高め，望ましい超回復を導くであろう（**図1-8**）。

身体の適応過程は前の段階を超えていくことから，トレーニング後に超回復が起こることは生物学的な必

然性である。このことは，選手がトレーニングの適応によって，より高いホメオスタシスのレベルに到達したことを意味する。その結果，次の超回復周期は，新しいホメオスタシスのレベルから始まることになる(図1-9)。

もし超回復曲線が，前のホメオスタシスのレベルを超えないときには，選手は超回復の恩恵を受けていないことになる。高強度トレーニングによって引き起こされた高いレベルの疲労は，トレーニングの改善やピークパフォーマンスに到達するための生物学的な恩恵である超回復を阻害する(図1-10)。

8. 脱トレーニング
Detraining

すべての生理的，心理的変化は，長期間のトレーニングの結果として起こるので，到達レベルの維持や改善のためには，強いトレーニング負荷が必要となる。そのような刺激が止まると，選手は機能的，心理的な混乱をきたす恐れがある。Israel(1972)は，これを脱トレーニングと呼んでいる。トレーニングの中止には，主たる2つの理由がある。1つは，病気，事故，災難，またはオフシーズンによるトレーニングの中断，そしてもう1つは引退である。

最初のケースでは，選手はトレーニングによって得られた恩恵を短時間で失うことになる。脱トレーニングの現象は，数週間から数ヶ月の範囲でその変化をみせる。研究者によれば，1週間の完全休養で，最大酸素摂取量，生理学的作業能力，そしてヘモグロビン総量や血液量において相当量の減少(6～7％)があり(Friman 1979)，4～8週間の脱トレーニングでは，体力的な恩恵を完全に失うと指摘している(Fox, Bowes, and Foss 1989)。したがって，コーチは，移行期(オフシーズン)の選手を注意深く見守らなければならない。

引退の場合は，トレーニングの中止から数日で機能的障害が起こる。Israel(1972)は，頭痛，不眠症，疲労困憊，食欲不振，そして心理的憂鬱が共通して起こる症状であることを示唆している。そのような症状は病的なものではないが，トレーニングの中止が続くと，人間の身体は長期間，ときには数年間にわたって不活動状態に適応できなくなることがある。このような状況における最良の治療方法は身体活動である。

もし，体力トレーニングをするのならば，コーチはけがや病気の選手のために適切な処方ができる医者と提携すべきである。けがや病気中の身体活動は望ましくはないが，そのような選手でも，制限した運動を行うことによって脱トレーニングを避け，ある程度身体的な準備レベルを維持することができる。とくに，病後の回復期間のトレーニングは，身体を再び適応させるために徐々に刺激を高めていかなければならない。トレーニングは，病気になる前の負荷の50％以下の強度で10～15分，60分，そして90分と増やしていく。Israel(1972)は，そのような状況下では心拍数が140～170に到達するとしている。

コーチがとくに心配するのは，トレーニングからリタイヤした選手のことであろう。選手は，競技を引退する前から，引退後は徐々にトレーニングを減らしていくことが必要であることを学んでおかねばならない。コーチは選手の身体が，徐々にゆっくりとした低強度の活動に慣れるように数ヶ月あるいは1年という期間で脱トレーニングを計画する必要がある。多くのオリンピック選手は，長期にわたる脱トレーニングのプランを準備している。

トレーニングの内容，そして量や強度は各選手の自由時間や利用できるスポーツ施設を考慮して計画される。トレーニングを漸減させるための共通するパラメータは，トレーニング回数と強度である。トレーニング回数は，強度を徐々に軽減させながら週3～5回に減らし，その際のトレーニング時間も減らすようにする。身体活動の内容は，バリエーションをもたせるべきである。元選手は専門競技のエクササイズに飽きているので，専門外の競技のエクササイズを行わせることが望ましい。ランニング，水泳そしてサイクリングなどは適切な負荷を維持しながら個人で行うことがで

PERIODIZATION

きるので，多くの選手に推奨できる。脱トレーニングはすべての選手にとって重要である。そして，引退後も身体的，精神的な健康のために身体活動を継続するべきである。

9. エネルギー源
Sources of Energy

エネルギーは，作業をするための選手の能力である。作業は力の作用，すなわち，ある負荷に対して力を適用するために行われる筋収縮のことである。エネルギーは，トレーニングや試合中に身体活動を行うための必要条件である。エネルギーは，細胞レベルでの栄養素を，筋の細胞に蓄えられるアデノシン3リン酸(ATP)という高エネルギー化合物に加工することによって導き出す。ATPという名前は，1分子のアデノシンと，3分子のリン酸で構成されていることを示している。

筋収縮に必要なエネルギーは，ATPをADP+P(アデノシン2リン酸+リン酸)に分解することによって得られる。筋細胞に蓄えられているATPの量には限りがあるので，身体活動を継続するためには，ATPを供給し続けなければならない。

身体は，身体活動のタイプによって，ATP-PC系，乳酸系，有酸素(O_2)系という3つのエネルギーシステムによってATPを供給し続けることができる(図1-11)。

1. 無酸素性システム

無酸素性システムは，乳酸が作られないので非乳酸系と呼ばれるATP-PC系(リン酸系)と乳酸系で構成される。

■**ATP-CP系** 筋は少量のATPしか蓄えられないため，激しい活動が始まるとすぐにエネルギーの枯渇が起こる。その反応として，筋細胞内に蓄えられているクレアチンリン酸(CP)が，リン酸(P)とクレアチン(C)に分解される。筋収縮に必要なエネルギーであるATPは，ADPとPによって再合成され，筋収縮に必要なエネルギーを放出するために，再びADPとPに変換される。すなわち，CPをPとCに変換することが，筋収縮に直接利用できるエネルギーを放出するわけではない。むしろ，身体がADPとPをATPに再合成するために，

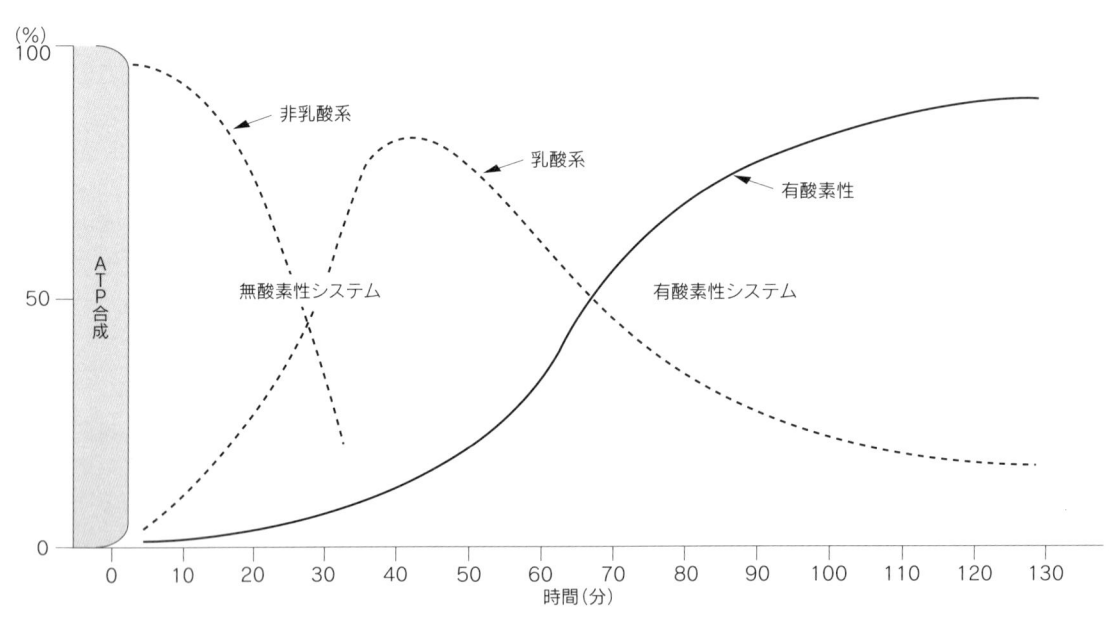

図1-11 競技活動における主要なエネルギー源 (Dal Monte, Sardella, Faccini, and Lupo 1985を加筆修正)

このエネルギーを用いなければならないのである。

筋細胞に蓄えられたCPには限りがあるので, このシステムは8〜10秒しかエネルギーを供給することができない。このシステムは, おもに100mスプリントや飛込, ウエイトリフティング, 陸上競技の跳躍種目や投てき種目, 体操競技の跳馬, スキーのジャンプといった, 極めて速い, 爆発的な運動のためのエネルギーを供給する。

■**リン酸の回復** 回復過程を通じて, 身体は回復し, エネルギーの貯蔵量は運動前の状態に戻る。それは, 生化学的には, 身体が最も効率のよい生理的バランス（ホメオスタシス）を維持しようとしていることを意味する。リン酸の回復は, 急速に起こり（Fox, Bowes, and Foss 1989), 最初の30秒で約70%に回復し, 3〜5分でほぼ完全に回復する。

■**乳酸系** 40秒程度の激しい種目（200mや400mスプリント, スピードスケートの500m, いくつかの体操の種目など）では, 運動開始初期はATP-CP系がエネルギーを供給し, 8〜10秒以降は乳酸系が続いてエネルギー供給する。乳酸系は, 筋細胞や肝臓内に貯えられたグリコーゲンを分解することで, ADPとPからATPを再合成する。グリコーゲンの分解は酸素の介在なしに進行し, その過程で乳酸(LA)という代謝産物が形成される。高強度の運動が長時間継続されるときには, 筋中に多量の乳酸が蓄積され, 疲労によって身体活動が継続できなくなる。

■**グリコーゲンの回復** トレーニングや食事の内容にもよるが, グリコーゲンを完全に回復させるにはかなりの時間がかかる。典型的な筋力トレーニングやインターバルトレーニング（40秒間の運動と3分間の休息）などの間欠的な運動では, 2時間で約40%, 5時間で約55%, 完全に回復するためには24時間かかるともいわれている。典型的な高強度の持久的運動であれば, グリコーゲンの回復にはさらに時間がかかり, 10時間で約60%, 完全に回復するのに48時間はかかるだろう(Fox et al. 1989)。

このことから, 持久的運動後にグリコーゲンを回復させるためには, 断続的運動後の約2倍程度の時間がかかり, 断続的運動ではグリコーゲンの消耗が少なく, グリコーゲンの回復に必要な時間は短くなると考えられる。

肝臓のグリコーゲンは, 激しいトレーニングの後に

高いスピードを獲得するためには, 疲労を克服しながら循環運動を遂行することが重要である。

著しく減少する。通常食，または高炭水化物食であっても，肝臓のグリコーゲンを補充するのに12～24時間かかる。トレーニング中には，選手の疲労の原因となる血中乳酸の蓄積がある。安静時のバランスに戻る前に，筋中および血中から乳酸を除去しなければならないが，そこに至るまでには多少の時間がかかり(Fox et al. 1989)，10分で25%，25分で50%，75分で約95%が除去される。乳酸の除去のためには，ジョギングやローイングマシーンによる15～20分の軽い有酸素性の運動が有効である。この活動により発汗することで，乳酸や他の代謝物の除去を行い続ける。また，体力レベルは，エネルギー貯蔵の回復を促進する大切な要素の1つとなる。優れた有酸素性能力は，グリコーゲンの貯蔵を補充するために必要な時間を短縮することができる。

2. 有酸素性システム

有酸素性システム(以下，有酸素性)は，ADPとPからATPを再合成するために60～80秒の時間を要する。このとき心拍数や呼吸数は，必要な量の酸素を筋細胞へ運ぶために増加する。グリコーゲンは，乳酸系および有酸素性の両方でATP再合成のために使われるが，有酸素性では乳酸をほとんど生成しないので，選手はエクササイズを継続することができる。

有酸素性は，2分～2, 3時間の種目(800m以上の距離のすべてのトラック種目，クロスカントリースキー，スピードスケートの長距離種目など)のための基礎的なエネルギーを生み出す。2～3時間をこえるような長時間運動は，身体のグリコーゲンを枯渇させるので，ATP貯蔵を回復させるために脂肪やタンパク質を分解する。いずれのケースであれ，グリコーゲン，脂肪，そしてタンパク質の分解は，呼吸や発汗によって身体外に排出される二酸化炭素(CO_2)と水(H_2O)という代謝産物を生み出す。

選手におけるATPの補充能力は，最大酸素摂取量など有酸素性能力によって決まる(Mathews and Fox 1971)。

図1-12は，各競技に用いられるエネルギー源を類型化したものである。このような，運動時間や基礎となるエネルギー供給系にもとづいた競技の分類は，トレーニングの専門家がよりよいトレーニングプランを作成することや，トレーニングの合間の適切な休息時間を算出することに役立つ。

エネルギー供給経路	無酸素性システム		有酸素性システム			
	非乳酸系	乳酸系				
初期のエネルギー源	酸素を介さないATP産生		酸素によるATP産生			
燃料	リン酸系 筋に貯蔵されたATP-CP	乳酸系 グリコーゲン→乳酸・代謝産物	グリコーゲンを完全に使うための現存する酸素		脂肪	タンパク質
運動時間	0　　　10秒	40秒　　　70秒	2分　　　6分	25分　　1時間	2時間	3時間
競技	陸上競技の100m 投てき種目 跳躍種目 ウエイトリフティング スキージャンプ 飛込 体操競技の跳馬	陸上競技の200～400m スピードスケート500m ほとんどの体操競技 自転車トラック競技 競泳50m	競泳100m 陸上800m カヌー500m スピードスケート1000m 体操競技の床運動 アルペンスキー 自転車トラック競技1000mと追い越し	陸上，競泳，スピードスケートの中距離種目 カヌー1000m ボクシング レスリング 武道 フィギュアスケート シンクロナイズドスイミング 自転車追い越し	陸上，競泳，スピードスケート，カヌーの長距離種目 クロスカントリースキー ボート 自転車ロードレース トライアスロン	
			ほとんどのチームスポーツ／ラケットスポーツ／セイリング			
スキル	多くが非循環	循環と非循環		循環		

図1-12　競技のエネルギー源

3. 2つのエネルギー供給系の利用

　身体は、エクササイズの運動時間や強度にもとづいてエネルギー源を用い、また枯渇させる。極端な短時間運動を除いて、多くの競技は無酸素性、有酸素性両方のエネルギー供給系を利用する。

　血中乳酸濃度は、多くのエクササイズにおけるエネルギー供給の貢献度を示すよい指標となりうる。血中乳酸濃度が4mmol/lの状態は、ATPの再合成に無酸素性と有酸素性のエネルギー供給系が等しく貢献するといわれており、それより高い血中乳酸レベルでは無酸素性が優位に、低いレベルでは有酸素性が優位であると考えられる。OBLA(血中乳酸蓄積開始点)における心拍数は、168～170拍/分といわれているので、それより高い心拍数では無酸素性が優位であり、低い心拍数では有酸素性が優位であることを示すと考えられるが、ここには個人差も介在する(Howald 1977)。したがって、このようなテストは、競技におけるエネルギーシステムの優位性にもとづいてトレーニングプランを立案する場合に最優先されるものである。

　酸素が筋細胞に到達するまでに約2分程度かかるという事実にもとづき、多くの専門家やコーチ達が、約2分間は無酸素性と有酸素性のシステムからほぼ等しくエネルギーが供給されていると考えてきた。実際に、継続時間が2分程度の競技においては、信じられないほどにそのことが強調されていた。短い時間の反復によるインターバルトレーニングは、昔から多くのトレーニングプランに取り入れられているが、この考え方はレースやゲームの開始初期のパフォーマンスによい影響を与えるといえる。

　他の研究では、エクササイズを開始してから2つのエネルギーシステムの貢献度がほぼ等しく(50%)なるのは、約60～70秒であるとしている(Keul, Doll, and Keppler 1969)。また、Mader and Hollmann(1977)は、1分程度の高強度運動の終盤でさえ、有酸素性の貢献度が47%であることを示している。有酸素性トレーニングは、長い間多くの競技にとって優先的な課題であると強調されてきた(Bompa 1968a)。MacDougall(1974)は、有酸素性トレーニングを十分に行えば、無酸素が優位である競技においても、総エネルギー利用量が増加することを示唆している。優れた有酸素性能力をもつ選手は、他の選手と比べて乳酸が蓄積される前に高い強度で運動ができる。この高い有酸素性能力は、無酸素性の運動を行う選手にとっても有益である。なぜなら、有酸素が十分にトレーニングされた選手は、他の選手に比べて無酸素性トレーニング後の回復が早いからである。したがって、生理的な作業能力を高めるだけでなく、トレーニング方法のさらなる改善のために有酸素性トレーニングを重視し、総仕事量を増加させることは極めて重要である。

　表1-2は、多くの研究成果から導かれた、競技別のエネルギー供給系に関する情報を提供している。この情報は、それぞれの競技の技術性の程度をも示しており、これらのうちいくつかは、綿密な科学的調査とMathews and Fox(1976)、Dal Monte(1983)などによって提案されたガイドラインをもとにしている。表の後半部分の情報は、無酸素の貢献度をわずかに過大評価しているようにも思える。このような分析では、しばしば、ラケットスポーツのラリーやバスケットボールやアイスホッケーにおけるゲームの戦術的部分を考慮するため、非乳酸系や乳酸系の貢献度を強調してしまう。しかし、表1-2の情報を鵜呑みにする前に考えてみよう。例えば、バレーボールにおける2回のラリー間の休息時間(平均で9秒)は、乳酸を除去し、無酸素性システム下でATPを再合成するのに十分な時間といえるだろうか。

　フットボール、サッカー、ラグビーのようなチームスポーツで、エネルギー需要やトレーニングを考える際には、そのポジションも考慮すべきである。例えばサッカーにおいて、エネルギーのほとんどが無酸素性システムによって供給されるスイーパーと、1試合の移動距離が12～16キロもあるミッドフィルダーの相違を理解し、区別して考える必要がある。後者は、前者に比べて有酸素性能力の必要性や貢献度が高い。一流のアイスホッケー選手が、1試合中に5キロ以上の距離をハイスピードで滑ることや、アメリカンフットボ

PERIODIZATION

表1-2　競技におけるエネルギー供給系の貢献度

競技			ATP-CP	乳酸系	有酸素性	参考文献
アーチェリー			0	0	100.00	Mathews and Fox 1976
陸上競技		100m	49.50	49.50	1.00	Mader 1985
		200m	38.27	56.68	5.05	Mader 1985
		400m	26.70	55.30	18.00	Mader 1985
		800m	18.00	31.40	50.60	Mader 1985
		1500m	20	55	25	Mathews and Fox 1976
		3000m障害	20	40	40	Mathews and Fox 1976
		5000m	10	20	70	Mathews and Fox 1976
		10000m	5	15	80	Mathews and Fox 1976
	マラソン		0	5	95	Mathews and Fox 1976
	跳躍種目		100	0	0	Mathews and Fox 1976
	投てき種目		100	0	0	Mathews and Fox 1976
野球			95	5	0	Mathews and Fox 1976
バスケットボール			80	20	0	Dal Monte 1983
バイアスロン			0	5	95	Dal Monte 1983
カヌー	c1	1000m	25	35	40	Dal Monte 1983
	c2	1000m	20	55	25	Dal Monte 1983
	c1,2	10000m	5	10	85	Dal Monte 1983
自転車	200mトラック		98	2	0	Dal Monte 1983
	4000m個人追い抜き		20	50	30	Dal Monte 1983
	ロードレース		0	5	95	Dal Monte 1983
飛込			100	0	0	Dal Monte 1983
ドライビング(モータースポーツ,リュージュなど)			0	0〜15	85〜100	Dal Monte 1983
乗馬			20〜30	20〜50	20〜50	Dal Monte 1983
フェンシング			90	10	0	Dal Monte 1983
フィギュアスケート			60〜80	10〜30	20	Dal Monte 1983
体操(床運動を除く)			90	10	0	Dal Monte 1983
ハンドボール			80	10	10	Dal Monte 1983
アイスホッケー			80〜90	10〜20	0	Dal Monte 1983
柔道			90	10	0	Dal Monte 1983
カヤック	K1	500m	25	60	15	Dal Monte 1983
	K2,4	500m	30	60	10	Dal Monte 1983
	K1	1000m	20	50	30	Dal Monte 1983
	K2,4	1000m	20	55	25	Dal Monte 1983
	K1,2,4	10000m	5	10	85	Dal Monte 1983
ボート			2	15	83	Howald 1977
ラグビー			30〜40	10〜20	30〜50	Dal Monte 1983
セーリング			0	15	85〜100	Dal Monte 1983
射撃			0	0	100	Dal Monte 1983
スキー　アルペン	スラローム	45〜50秒	40	50	10	Alpine Canada 1990
	大回転	70〜90秒	30	50	20	Alpine Canada 1990
	スーパー大回転	80〜120秒	15	45	40	Alpine Canada 1990
	滑降	90〜150秒	10	45	45	Alpine Canada 1990
ノルディック			0	5	95	Dal Monte 1983
サッカー			60〜80	20	0〜10	Dal Monte 1983
スピードスケート	500m		95	5	0	Dal Monte 1983
	1500m		30	60	10	Dal Monte 1983
	5000m		10	40	50	Dal Monte 1983
	10000m		5	15	80	Dal Monte 1983
競泳	100m		23.95	51.10	24.95	Mader 1985
	200m		10.70	19.30	70.00	Mader 1985
	400m		20	40	40	Mathews and Fox 1976
	800m		10	32	60	Mathews and Fox 1976
	1500m		10	20	70	Mathews and Fox 1976
テニス			70	20	10	Dal Monte 1983
バレーボール			40	10	50	Gionet 1986
水球			30	40	30	Dal Monte 1983
レスリング			90	10	0	Dal Monte 1983

ールのワイドレシーバーが，2～3時間の試合中に25～50mの最大スピードによるランニングを25～40回行うことなども十分に考慮しなければならない。エネルギー供給系の貢献度，とくに有酸素性トレーニングの重要性について再考することは，古くて新しい課題であるといえる。

10. まとめ
Summary of Major Concepts

トレーニングの目的は，パフォーマンスを改善するために，選手の作業能力，スキルの有効性，そして心理的な質を高めることである。トレーニングとは，長期間にわたるこれらの努力を意味する。選手が一夜にして劇的に改善されることはない。また，コーチが手抜きをしながら，しかも科学的，方法論的な理論を学ぶことなく，選手に奇跡を起こすことはできない。

選手はトレーニングすることによって好ましい状態に適応していく。形態的，生理的，そして心理的な適応状態が良好であれば，パフォーマンス改善の可能性はより高まる。

超回復は，トレーニングにおける主要な原則である。超回復周期は，計画されたトレーニング強度によって決まる。優れたプランとは，超回復を十分考慮したプランのことをいう。なぜなら，トレーニングにおける超回復の応用が，エネルギーの回復やオーバートレーニングのような重大な疲労を回避することを保証するからである。

効果的なトレーニングプランを作るためには，エネルギー供給系や用いられる燃料，トレーニングや試合で使ったエネルギーを回復するために必要とされる時間などを十分理解しなければならない。エネルギーの回復時間に関する十分な理解は，トレーニングや試合における休息時間を算出するための基礎となる。

これらの考え方に理解を深めることは，トレーニングプランをより効果的なものに高めるであろう。

Part 1
Chapter 2

Principles of Training

第2章
トレーニングの原理

トレーニングの理論と方法論には，生物学，心理学，教育学にもとづいた特有の原理がある。これらのガイドラインや規則は，トレーニングの原理として知られている。これらの原理には，トレーニングの目標に到達するため，すなわち，スキルやパフォーマンスレベルを高めるために考慮すべき重要な原則が示されている。このトレーニングの原理は，本来それらを個別に考えるものではないが，ここでは理解を促すために個別に説明する。このトレーニングの原理を正しく理解すれば，トレーニングにおける機能的な内容，手段，方法，要素，そしてトレーニングの構成要素を生みだし，優れたトレーニングを計画し，実行することができるだろう。

1. 意識性・積極性の原理
Active Participation

この原理の3つの要素，すなわち(1)トレーニングの意図と目的，(2)選手の自立性と創造性，(3)長い準備期間における選手の義務，を理解することは重要である。コーチは，自らのリーダーシップや専門的知識により，選手の自立と意識改革をはかることが求められる。選手は厳しいトレーニングに打ち勝つことができるように，スキル，身体運動能力，そして心理的特性の改善に関するコーチの指導を十分理解しなければならない。

トレーニングにおける積極性や意識性は，個々の選手の発達状況に合わせた，定期的で継続的なディスカッションによって高められる。そのとき選手は，コーチからの客観的なフィードバックと，自分のパフォーマンスの主観的評価とを関連づける。選手はパフォーマンスや客観的な評価と，スピード，スムーズさ，容易さなどに関する主観的評価とを対比することで，自身のパフォーマンスの長所や短所を知り，その改善すべき点についての改善方法について理解する。トレーニングには，コーチと選手の双方の積極的な取り組みが要求される。その上，選手は自分自身の心身の健康に留意すべきである。なぜなら，選手の個人的問題はパフォーマンスにも影響するかもしれず，コーチと協力しながらそのことに対処すべきだからである。

このような積極的な関与は何もトレーニングに限られるものではない。選手はコーチによって管理されていないときも，自らの振る舞いについての責任を負うことができなければならない。アルコール摂取や喫煙はパフォーマンスに影響を与えるので，そのような誘惑に惑わされてはならない。自由な時間における社会的活動は，満足感とリラックスを与えてくれるが，十

分な休息もとらなければならない。この十分な休息が，次のトレーニングまでに生理的・心理的な再生を与えてくれる。管理されていない状況下で自分を律することができない選手に，最高のパフォーマンス獲得は期待できない。Ritter(1982)は，この原理にもとづき，以下のことを強調している。

まず，コーチは選手とともにトレーニングの目的を練りながら，選手の能力に応じた目標を確立すべきである。また，選手は長期および短期のトレーニングのプランやその分析に積極的に関わり，自己評価できるようにならなければならない。経験を積んだ選手は，これらの点に関して，初心者に比べてより深く関わることができる。コーチは，選手とトレーニングプランの開発について意見を交換し，選手の特性や目標に応じてプログラムを修正すべきである。トレーニング日誌における選手のコメントや現在のトレーニングプランに対する批判的な評価は，プログラムをデザインし修正していくために重要である。

さらに選手は，定期的に行われるテストの基準をクリアしなければならない。なぜなら，このテストによって，そのときのパフォーマンスレベルや，一定期間での改善度合いが明確になるからである。適切な結論は，このような客観的な情報にもとづいて導かれる。将来のプログラムは，この重要な分析を元に作成される。

最後に，選手はコーチがいないときには，個人的課題を解決し，個人的トレーニングも行わなければならない。選手とコーチはしばしば，1日に1つ以上のトレーニングプログラムを行う余裕がないことがある。選手は，彼ら自身が容易には達成できないと知りながら高い目標を立ててくるかもしれない。さらにそのような選手が，より多くのトレーニング時間がある選手と戦わなければならないのかもしれない。この問題を解決する1つの効果的な方法は，学校や仕事に出かける前に行う自主的なトレーニングである。この補助的なトレーニングは，パフォーマンスに確実に反映される。また，自主的なトレーニングは，持久的能力の発達や柔軟性，筋力の開発を促す。このようなアプローチは，選手に自分の役割を自覚させる方法として効果的である。彼らは，自分の目標を達成するために，より積極的にトレーニングに参加するようになる。

コーチは，選手にとって達成可能で適切な目標を立てることで，トレーニングに向けて自身の積極的な態度を選手に示すべきである。このことは，選手のトレーニングに関する興味，願望，そして試合における成功への熱意を高め，厳しいトレーニングを克服するための意志力や忍耐力のような心理的特性の発達も促すだろう。挑戦する意欲がわくような，しかし現実的には十分に実現可能である適切な目標を設定することが極めて重要である (McClements and Botterill 1979)。コーチは個々の選手のために，トレーニングに関する興味を効果的に刺激するような，長期および短期の目標を立てるべきである。

2. 全面性の原理
Multilateral Development

多面的あるいは全面的な開発は，多くの教育領域や人間の営みにおいて必要不可欠であると考えられている。後に専門的な指導をするとしても，トレーニングの初期段階では，基礎作りのための全面的開発が必要であろう。

若い選手は非常に急激な成長をみることがある。そのようなケースにおいて，コーチは，専門的トレーニングに向かう誘惑に打ち勝つことが最優先課題となる。身体の全面的な基礎づくり，すなわち一般的な身体的準備は，後に訪れる高い専門的レベルの身体開発や技術の獲得にとって不可欠な基礎的条件となるからである。

トレーニングに対するこのようなアプローチは，専門化された競技においては欠くことのできないものである。図2-1は，東ヨーロッパ諸国に共通してみられるトレーニングの連続的なアプローチを示している。

全面的開発は，トレーニングプランの基礎となるピラミッドの最低部になる。この開発が一定のレベルに

PERIODIZATION

達したとき，選手は次の段階（第2段階）の開発に移行する。この全面的開発が，選手にとって最も重要なトレーニングへの導入となる。

図2-1において提案されているアプローチは，専門的なトレーニングが子ども時代から国際レベルの選手まで一貫して重要であると考える北アメリカのモデルとは完全に異なる。北アメリカのスポーツ専門家は，若い選手においても競技に専門的なスキルや身体的開発を行うことを強く主張する。この狭い考え方にもとづくアプローチは，他の競技ができないロボットを生み出し，さまざまなトラブルを引き起こすことになる。

専門的なトレーニングは，長期間のアプローチにおける開発ステージの中に常に存在しており，まったく排除されているわけではない（**図2-1，2**）。大事なことは，競技的発達の早期に全面的なトレーニングを行うことによって，確かな基礎を確立し，酷使によるけがや単調で気の抜けたトレーニングを避けることができるということである。

3つの異なる国における縦断的な研究は，この原理の妥当性を示している。14年にわたる旧東ドイツの研究（Harre 1982）では，9歳から12歳までの子どもたちを大きく2つのグループに分けている。第1のグループは，与えられた競技に関して早期に専門的トレーニングを行わせる，北アメリカと同様のアプローチであった。第2のグループは，その競技の専門的なスキルや体力トレーニングに加えて，子どもたちがさまざまな競技やスキル，そして全面的な体力トレーニングにも触れられるような一般的なプログラムを試みた。この研究結果は，競技の成功を導くための極めて重要な原理を示唆している（**表2-1**）。

Nagorni's（1978）による旧ソ連の調査でも，同様の結果が得られている。この縦断的研究の結果は，多くの競技において15〜16歳以前に専門化すべきではないと結論づけている。それは以下の結論から読み取ることができる。

- 旧ソ連の多くの一流選手は，優れた全面的基礎を身につけている。
- 多くの選手が，7〜8歳で競技を始めている。最初の数年間は，サッカー，クロスカントリースキー，ランニング，スケート，水泳，そして自転車などさまざまな競技に参加する。10〜13歳で，チームスポーツや体操競技，ボート，そして陸上競技などに参加し始める。
- 専門化プログラムは，15〜17歳で始まる。この時期にも，早期に行った競技や運動を無視することはない。ベストパフォーマンスは，専門化が始まって5〜8年で達成される。
- 早期に専門化された選手は，ジュニア期にベストパフォーマンスに達するが，これらのパフォーマンスは18歳以上のシニアになったときに再現され

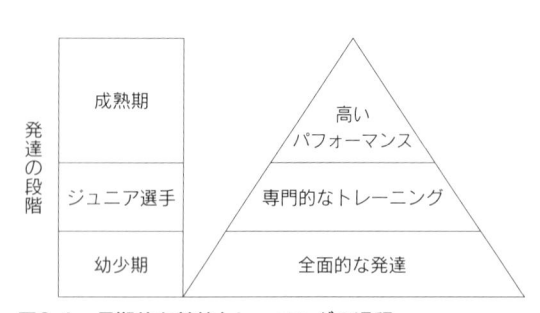

図2-1　長期的な競技トレーニングの過程

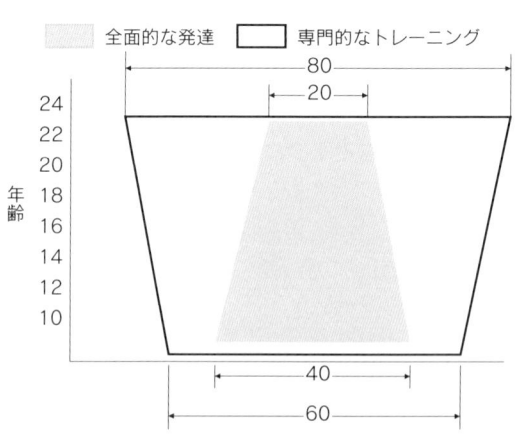

図2-2　年齢に応じた全面的発達と専門的トレーニングの割合

表2-1　早期専門化と全面的開発の比較

トレーニング哲学	
早期専門化プログラム	全面的開発プログラム
パフォーマンスの改善が早い	パフォーマンスの改善が遅い
15～16歳でベストパフォーマンスに到達する	身体的,心理的に成熟した年齢（18歳以上）でベストパフォーマンスに到達する
安定しないパフォーマンス	安定したパフォーマンス
多くの選手が,18歳までに競技をやめてしまう	競技生活が長い
ケガが多い傾向にある	ケガが少ない傾向にある

表2-2　早期専門化グループと全面的開発グループの比較

早期専門化グループ	全面的開発グループ
すべての被験者が多くのトレーニング施設に恵まれた都会で生活している。	10人中8人の一流プレーヤーが,トレーニング施設に恵まれない地方（田舎）で育っているため,他の競技や身体活動に関わっている。
専門化の開始が11歳。	多くのエリート選手の専門化の開始は13～15歳。
低年齢時期に,テニスの集中的なプログラムに参加している。	スウェーデンのベストプレーヤーの1人は,プロのプレーヤーになるまで,週に3日以上のテニスプログラム（1レッスン45分）には参加していない。
10歳以降,全面的開発プログラムに参加していない。	他のエリート選手も,現在の早期に専門化する傾向に対し,思春期には他の競技も行うべきで,専門的なハードトレーニングを行うべきではないと述べている。

ることはない。シニアレベルになる前に，その多くがリタイアする。早期に専門化された選手が，シニアになってからパフォーマンスを向上させることは稀である。

- 旧ソ連の多くの一流選手は，14～18歳からシステム化された環境の中でのトレーニングを開始している。彼らは，この時期に世界レベルのジュニアチャンピオンや国内最高記録などを達成することはないが，シニアになってから国際レベルのパフォーマンスを達成している。
- 多くの選手が，将来の自分の成功の可能性を考慮し，子ども時代やジュニアの時期に全面的基礎を積極的に高めようとしている。

Rolf Carlson（1988）は，国際大会で成功を収めたスウェーデンの一流テニス選手の生い立ちや発達パターンを分析している。彼は，**表2-2**のように，選手を全面的開発グループと早期専門化グループに分けた。両グループのプレーヤーは，12～14歳に至るまでのスキル・レベルは等しく，彼らの相違はこの年齢以降に起こっていた。早期専門化グループは，思春期におけるスキルの発達がはやく，成功することへの高い意欲ももっていた。しかし，この研究結果は，競技へのオールラウンドな取り組みを強調することや，子ども時代や思春期に専門的トレーニングを減らすことの重要性を示唆している。

選手は，トレーニング開始初期から高い競技レベルに至るまで，すべてのキャリアを通じて全面的なトレーニングを行うことが望ましい。全面的発達の原理は，人間の器官や組織間，そして生理的，心理学過程は互いに依存しあう関係にあるという事実から生まれている。その多くの相互依存関係はトレーニング後に変化する。エクササイズは，その特性や必要条件にかかわらず，身体の組織，身体運動能力，そして心理的特徴の調和を必要とする。その結果として，競技的トレーニングの初期において，トレーニングを身体の適切な機能的発達へと導く。

PERIODIZATION

　将来，選択した競技において必要になるであろう筋群，関節の柔軟性や安定性，そして四肢の活動性については，十分な注意が払われるべきである。言い換えれば，選手は，高いレベルの技術的，戦術的スキルを効果的に行うために必要なすべての形態的，生理的能力を，高いレベルに発達させることが必要なのである。

　競技における専門化や習熟度は，全面的発達に基礎をおいている。どんな競技においても，競技的トレーニングの初期に多くの形態的，生理的開発を行った選手に，高いパフォーマンスを獲得する可能性が備わっているといえる。体系的なトレーニングには，選択した競技のスキル以外に，他の競技のスキルや運動が含まれている。そのようなトレーニングを行った選手は，スプリンターのように速く，ウエイトリフターのように強く，長距離選手のように持久力があり，曲芸師のような調整力をもつ。多くの国際的レベルの選手が，この理想にあてはまる。

　この原理は，子どもたちやジュニアのトレーニングでよく用いられるものであるが，すべてのトレーニング時間を全面的開発に費やすことを意味するものではない。それどころか，図2-2に示されているように，競技レベルが高まれば高まるほど，より専門的なトレーニングが行われるようになる。トレーニングプランにおける全面的開発の利点は，エクササイズの多様性や，ゲームを通じての楽しみが選手を退屈させないことであるといえる。

3. 専門性の原理
Specialization

　フィールド，プール，体育館など，どこでトレーニングを行っていても，選手の意志や動機は，最初から1つの競技の専門化に向いている。専門化は，競技において成功を勝ち取るために必要かつ主要な方向性であるといえる。

　トレーニングの専門化や競技に特有のエクササイズは，その競技に関連した形態的，生理的変化を引き起こす。生理学者は，選手の身体が，その個人が行っている活動によって個別に適応することを示したが(Astrand and Rodahl 1970；Mathews and Fox 1976)，これは生理的なものに限ったことではなく，技術的，戦術的，そして心理的特徴にも影響を与える。トレーニングの専門化は，一方的なプロセスではなく全面性の原理にもとづいた複雑なものである。初心者から円熟した選手に至るまでの間に，トレーニング量や専門的な運動によるトレーニングの割合は漸増していく。

　Ozolin(1971)は，トレーニング効果を得るために用いる専門的なエクササイズには2種類あるとしている。1つは，競技の専門的なエクササイズ，もう1つは身体運動能力を発達させるエクササイズである。前者は，選択した競技の動作に類似，または模倣したエクササイズである。これら2つのエクササイズの比率は，その競技の特性によって異なる。例えば，長距離走のような種目においては，全体のトレーニング量のほぼ100％が，前者の競技の専門的なエクササイズで行われている。いっぽう，走高跳などでは，それは40％程度になり，それ以外は脚の筋力やパワーを高めるようなトレーニングにあてられる。東ヨーロッパのコーチ達は，全体のトレーニング時間の60〜80％のみを専門化されたエクササイズに割き，残りを専門の身体運動能力の開発にあてている。ボクシング，レスリング，フェンシング，そして体操のコーチ達も，同様のアプローチを用いている。ボートやカヌーのようなシーズン制の競技では，2つのエクササイズの割合はほぼ同等になる。

　コーチは，子ども時代やジュニアのトレーニングにおける専門性の原理について適切に理解し，また応用すべきである。全面的開発は，専門的開発の基礎になるべきであり，全面的トレーニングと専門的トレーニングの割合は，選手としての成熟が低年齢化する傾向にあることを踏まえつつ，注意深く計画されなければならない。選手が高いパフォーマンスに到達する年齢は，体操，競泳，そしてフィギュアスケートのような競技で著しく低くなってきている。スイミングプール

やスケートリンクで2，3歳の子どもを見かけたり，体育館に6歳の子どもがいることに驚く人はいないだろう。同様の傾向は，例えばスキージャンプやバスケットボールのトレーニングを8歳でスタートさせるなど，他の競技にもみられる。**表2-3**は，一般的なトレーニング開始年齢，専門化の開始年齢，ハイパフォーマンスへの到達年齢を示している。

今日，競技の開始年齢が早いことは珍しいことではない。1960年代初頭以来，競技の開始年齢とハイパフォーマンスの到達年齢が大きく低下している（例えば，女子の体操や競泳）。しかしながら，陸上競技などにみられる若い選手の高い能力は，暦年齢ではなく生物学的年齢に影響を受けるという事実にもとづいているように思われる。一定の刺激に適応するという機能的な潜在能力は，年齢よりも重要である。スキルや競技能力の開発度合いは，円熟した選手よりも，むしろ若い選手のほうが高いように思われる。

若い選手の特性に合ったトレーニング強度で，数年間にわたり規則的な同様のトレーニングを行うことにより，身体には特別な適応が起こる。これは，後に行われる専門的トレーニングのための生理的な前提条件となる。スキル，調整力，そしてスピードが要求される競技（例えば体操競技）においては，比較的若い年齢で高いパフォーマンスが達成されている。反対に，呼吸循環器系や筋持久力が要求される競技（クロスカントリースキー，ランニング，ボート，スピードスケート，サイクリングなど）では，選手の成熟年齢を下げるような試みは，早期のバーンアウトを引き起こすことになるだろう。このバーンアウトは，一流選手を育成するための時間を短縮してしまう（Ozolin 1971）。持久力は，トレーニングや試合で限界まで追い込むための能力として重要であるため，この能力が十分に開発された身体は不可欠なものとなる。しかしながら，早期に高いレベルのパフォーマンスを求めるコーチが，そのような現実を無視することが稀にある。そのとき選手は，彼らの適応能力を超えたより強度の高いトレーニングを行うことになり，結果的に疲労困憊の状態に陥り，生理的な回復過程に十分時間をかけることができ

なくなる。このようなプログラムは，人間の自然な成長に悪影響を与えるだけでなく，健康にも悪影響を及ぼす。

4. 個別性の原理
Individualization

個別性の原理は，現代のトレーニングに要求される主要な原理の1つである。コーチは，パフォーマンスレベルにかかわらず，個々の選手に対して，彼らの能力や潜在力，習熟特性，そして競技の特性を考慮しながら，個別的に対処しなければならない。トレーニング目標が自然に高まるように，すべてのトレーニングコンセプトは，選手の生理的，心理的特性を基準としなければならない。

個別性を，個人的な技術の修正方法や，特定の競技やポジションのために個人的に専門化していくための原理であると理解してはならない。むしろ，選手を客観的に評価し，主観的に観察する方法であると理解すべきである。この方法によって，コーチは，その選手にとって必要なトレーニングや彼らの最大能力を把握することができる。

コーチは，目の前の選手の個性や経験，そして能力を無視して，過去に成功した選手のトレーニングプランをそのまま用いるという非科学的なアプローチをすることがしばしばある。それどころか，ジュニアのトレーニングにおいてもそのようなプログラムを実行することがある。トレーニング強度の観点からも，ジュニアの選手にそのようなプログラムを適用することは，生理的にも心理的にも適していない。Ritter(1982)は，コーチが以下のようなルールに注意を払うことによって，トレーニング効果を最大にできるとしている。

1. 耐性レベルに応じたプラン

選手の努力の度合いや忍耐力の限界を把握するために，彼らの作業能力や人格形成に関する総合的な分析が必要である。コーチは，その結果に従ってトレーニ

PERIODIZATION

表2-3　競技の開始，専門化，ハイパフォーマンスの到達年齢

競技		競技開始年齢	専門化開始年齢	ハイパフォーマンス到達年齢
アーチェリー		12〜14	16〜18	23〜30
陸上競技	短距離	10〜12	14〜16	22〜26
	中距離	13〜14	16〜17	22〜26
	長距離	14〜16	17〜20	25〜28
	跳躍種目	12〜14	16〜18	22〜25
	三段跳	12〜14	17〜19	23〜26
	走幅跳	12〜14	17〜19	23〜26
	投てき種目	14〜15	17〜19	23〜27
バドミントン		10〜12	14〜16	20〜25
野球		10〜12	15〜16	22〜28
バスケットボール		10〜12	14〜16	22〜28
バイアスロン		10〜13	16〜17	23〜26
ボブスレー		12〜14	17〜18	22〜26
ボクシング		13〜15	16〜17	22〜26
カヌー		12〜14	15〜17	22〜26
チェス		7〜8	12〜15	23〜35
ハンドボール		10〜12	14〜16	22〜26
自転車競技		12〜15	16〜18	22〜28
飛込	女子	6〜8	9〜11	14〜18
	男子	8〜10	11〜13	18〜22
馬術		10〜12	14〜16	22〜28
フェンシング		10〜12	14〜16	20〜25
ホッケー競技		11〜13	14〜16	20〜25
フィギュアスケート		7〜9	11〜13	18〜25
フットボール		12〜14	16〜18	23〜27
体操	女子	6〜8	9〜10	14〜18
	男子	8〜9	14〜15	22〜25
アイスホッケー		6〜8	13〜14	22〜28
柔道		8〜10	15〜16	22〜26
近代五種		11〜13	14〜16	21〜25
ボート		11〜14	16〜18	22〜25
ラグビー		13〜14	16〜17	22〜26
セイリング		10〜12	14〜16	22〜30
射撃		12〜15	17〜18	24〜30
スキー	アルペン	7〜8	12〜14	18〜25
	ノルディック	12〜14	16〜18	23〜28
	30km以上	—	17〜19	24〜28
	ジャンプ	10〜12	14〜15	22〜26
スピードスケート		10〜12	15〜16	22〜26
サッカー		10〜12	14〜16	22〜26
スカッシュ＆ハンドボール		10〜12	15〜17	23〜27
競泳	女子	7〜9	11〜13	18〜22
	男子	7〜8	13〜15	20〜24
シンクロナイズドスイミング		6〜8	12〜14	19〜23
卓球		8〜9	13〜14	22〜25
テニス	女子	7〜8	11〜13	20〜25
	男子	7〜8	12〜14	22〜27
バレーボール		10〜12	15〜16	22〜26
水球		10〜12	16〜17	23〜26
ウエイトリフティング		14〜15	17〜18	23〜27
レスリング		11〜13	17〜19	24〜27

ング負荷を計画しなければならない。これらの能力は以下の要素によって決まるといえる。

- **生物学的年齢および歴年齢**：身体が未発達の子どもやジュニアのトレーニングは，シニアの選手に比べて，より幅広く，全面的に，適度な負荷で行われなければならない。ジュニアの選手は，トレーニングの強度や負荷に対してよりも，むしろトレーニング量に対する耐性がある。高い強度や重い負荷は，彼らの骨，靱帯，腱，そして筋肉などに負荷をかけてしまう。
- **競技参加の経験や参加年齢**：コーチは，選手の経験と比例させながらさまざまな要求をしていくべきであり，とくに，トレーニング初期の負荷設定については，よりいっそうの注意を払わなければならない。また，生い立ちや経験の異なる選手をいっしょにトレーニングさせるときには，彼ら個人の特性や可能性について過小評価してはいけない。
- **個人の作業能力とパフォーマンス**：同等のパフォーマンスを示す選手達が，すべて同じ作業能力をもつとは限らない。そこには，作業能力を決定するいくつかの生物学的，生理的要素が存在している。Counsilman(1971)は，Mark SpitzとJohn Kinsellaという2人の水泳選手の作業能力と疼痛耐性に関して，興味深い事例を提供している。Spitzに対して，Kinsellaは，より自分に負荷をかけることを好んだが，Spitzのパフォーマンスには及ばなかった。
- **トレーニングと健康状態**：トレーニングの状態は，トレーニングの内容，負荷，そして頻度によって決定する。パフォーマンスレベルが同じ選手であっても，筋力，スピード，持久力，そしてスキルのレベルは異なる。そのような相違は，トレーニングの個別性の原理を正当化するものである。加えて，病気やアクシデントを経験した選手のためにも，個別化を強く推奨する。また，健康状態も選手のトレーニング能力の限界を決定する要因の1つになる。コーチは，生理学者や医師との密接な連携を図ることなしに，これらの問題を解決できないことを知るべきである。
- **トレーニング負荷と選手の回復度**：トレーニングを計画し評価するときに，選手を取り巻く要因を考慮することは重要である。学校，仕事，そして家庭におけるさまざまな問題，学校やトレーニング場までの距離などは，トレーニング期間中の選手の回復に影響を与える。コーチは，選手のライフスタイルや感情変化の特性などについても知るべきであり，トレーニングの内容やそのストレスを考える際には，これらすべての要因に適切な注意を払わなければならない。
- **選手の身体発達と神経系のタイプ**：これはパフォーマンス能力において重要な役割を果たす。コーチは，専門家に適切なサポートを求めながら，適切なテストを通じて選手の個人的特性を理解しなければならない。同時に，トレーニング，試合，そして社会的活動における選手の振る舞いについても研究すべきである。学校，職場，そして家庭や友だちに対する振る舞いは，コーチにとって重要な情報を提供してくれるだろう。このことに関しても，コーチは，生理学者や心理学者からの科学的かつ適切な助言を求めるべきである。

2. 個別的トレーニング

トレーニングへの適応は個人の能力である。我われは要求されるべきトレーニングに関して正確な理解がなされているのを極めて稀にしか見ることができない。子どもたちやジュニア選手は，量は少ないが強度の高いトレーニングよりも，量は多いが適度な強度のトレーニングに適応しやすい。Ritter(1982)もまた，思春期の子どもたちは，蓄えられたエネルギーをすべて消費しないような，十分に楽しみを享受できるようなトレーニングを課すべきであると述べている。

子どもたちはシニアの選手に比べ，感情が急変する比較的不安定な神経を有するため，トレーニングとその他の環境の調和，とくに彼らの学校生活とトレーニングとの調和を必要とする。さらに，将来性のある選

PERIODIZATION

手のトレーニングは，彼らの興味や集中力を保ち続けるために，トレーニングと休息を正しく組み合わせ，内容もバラエティに富んだものにしなければならない。

3. 性差（男女差）について

性差はとくに思春期においては，パフォーマンスやトレーニングにおける個人的能力に関して重要な役割を果たす。コーチは個人のパフォーマンスが，歴年齢や生物学的年齢にも関係することを知っておく必要がある。

コーチはトレーニングにおいて，選手の形態的，生理的特徴について適切な配慮をしなければならない。女性は，長期間にわたって継続される筋力トレーニングに抵抗を示しがちである。しかしながら，女性は骨盤の形状や大きさが特有であるため，腹部や腰背部の筋肉を適切に強化する必要がある。持久性トレーニングにおける性差は，耐えることのできるトレーニング強度にあり，トレーニング量に関しての男女差はほとんどない。女性のトレーニングやパフォーマンスの多様性に，月経周期やそれに付随したホルモンバランスは無縁ではない。ホルモンバランスの変化は，生理的，心理的能力にも影響するので，とくに若い女性選手に関しては，この点に関して成熟した女性選手よりも配慮すべきであろう。多くの若い選手においては，高い強度や重い負荷ではなく，適度な強度や負荷のエクササイズから始めるべきである。個々人の基礎的条件にもとづいてトレーニングの量や強度を決めることが重要である。また，月経後にトレーニング効果が高まることも多数，報告されている(Ritter 1982)。

出産後の女性選手は，生殖器官が正常に機能し始めた後にトレーニングを再開すべきである。規則的な，しかし注意深く配慮されたトレーニングであれば出産後4ヶ月目あたりから始めてもよいが，試合のためのトレーニングは，出産後10ヶ月以降に開始したほうがよい。

トレーニングにおける個別性もまた，コーチが個々の選手の能力にもとづき，それを反映した個別のトレーニングプランを作成することが要求される。トレーニングのための準備や内容は，1つのグループにおいて組織され実行される。しかしながら，コーチはトレーニングの主要部分に関しては，同じような身体的，技術的能力をもつ小さなグループの個人的，集団的要求にも十分配慮しなければならない。

5. 多様性の原理
Variety

現代のトレーニングは，選手に多くのトレーニング時間を要求している。トレーニングの量や強度は年々増加しており，選手は多くの回数のエクササイズをくり返す。高いパフォーマンスに達成するためには，年間1,000時間を超えるようなトレーニング量が求められている。国際レベルのウエイトリフターは，ハードワークが年間1,200～1,600時間におよび，ボート選手は1日2～3回のトレーニングで40～60キロもの距離を漕ぐ。国際レベルの体操選手は，少なくとも1日4～6時間，30～40回の通し演技を繰り返すようなトレーニングを行っている。そのような多量のトレーニングにおいて，選手は特定のエクササイズや技術的要素を何回もくり返すことになるが，これは単調さや退屈さを引き起こす。このくり返しは，持久力が優位で，技術的要素の少ない競技においてとくに顕著である(ランニング，競泳，ボート，クロスカントリースキーなど)。

この単調さや退屈さに対処するために，コーチは，エクササイズに関する多くの知識やレパートリーをもち，トレーニングを創造的なものにする必要がある。このとき，同じような技術パターンをもつ動作や，その競技に必要な身体運動能力を開発する方法を応用することによって，スキルやエクササイズの質を高めることができる。脚のパワーを改善する必要のあるバレーボールや走高跳の選手などが，毎日スパイクやジャンプを行う必要はない。パワフルな踏切動作を開発するために，ハーフスクワット，レッグプレス，ジャンピングスクワット，段差を用いたバウンディング，ベ

ンチを用いたエクササイズ，デプスジャンプなど，多様なエクササイズを利用することができる。コーチは，これらのエクササイズによって，同等のトレーニング効果を維持しながら，トレーニングに定期的な変化をもたらし，退屈しないようにすることができる。

コーチの創造力，発明力，そして創意工夫する能力は，トレーニングにおいて成功を導くために重要な能力であるといえる。コーチは，選手が各トレーニングやミクロサイクル（週間プログラム）のなかで，多様なエクササイズを行えるようにプログラムを計画すべきである。また，目的を達成するために必要とされるすべてのスキルや動作を考慮し，それらが各曜日に変化をもたせつつ盛り込まれるよう計画すべきである。選手が楽しめる要素を盛り込むことにより，興味を維持し単調さを避けることができるだろう。例えば，ウエイトリフターは，ハードなリフトの後，20分程度のバスケットボールやバレーボールをすることがあるが，これはトレーニングを楽しくし，同時に持久力や調整力を発達させる効果をもたらす。トレーニングの準備期には，他のトレーニング方法や，専門外の競技を行うことによって，確実に身体運動能力を発達させることができる。また，多くの選手は，サイクリング，競泳，クロスカントリースキーなどを通じて持久力を高めることもできる。多様なトレーニングを行うことは，選手の心理的健康によい影響をもたらし，結果的にトレーニングプランの内容を高めることが容易になる。選手は，常にトレーニングの多様性を求めており，コーチはそれに対応しなければならない。

6. モデリングの原理
Modeling

モデルトレーニングは，既に1960年代に存在していたが，必ずしも十分に体系化されていなかった。東ヨーロッパのスポーツ専門家が，この領域における知識と経験を蓄積してきたが，選手のトレーニング過程においてモデリングが強調されてきたのは，1970年代からである。

いずれにしろ，モデリングはトレーニングにおける最も重要な原理の1つになるであろう。選択した競技に関する生理的，力学的，そして心理的理解を深めれば深めるほど，トレーニングにおいてその競技の特性を模倣したり，モデル化したりすることの必要性が高まるだろう。そのことが，トレーニングをより的確なものにし，特徴的な適応を引き出し，よりよいパフォーマンスへと導くことになる。

端的に言えば，モデルとは，模倣，シミュレーションということであり，それは観察，調査した結果にみられた特徴的な要素から作られる。また，モデルを作成するときには，それを評価，分析するための仮説を立てることが重要である。

コーチは，モデリングにもとづいたトレーニングを通じて，その目的，方法，そして内容を試合に近づけながら選手を導いていく。このとき，試合は，単なる評価ポイントだけではなく，強力なトレーニングの構成要素になる。試合の特性に関する知識は，トレーニング過程を効果的にモデリングするための必要条件となる。コーチは，トレーニングの量，強度，複雑性，そして試合数やその期間など，トレーニング構造の特性について十分に理解しなければならない。同様に，コーチが，その競技のエルゴゲネシス（ergogenesis＝エネルギー供給；仕事・運動の発生—ギリシャ語のergonは「仕事」を意味し，genesisは「発生」や「生産」を意味する）について知ることは極めて重要である。競技の有酸素性および無酸素性システムの貢献度について熟知していることは，トレーニングにおいて強調すべき要素を理解するために不可欠であるといえる。

モデルの開発は，短期的なプロセスではない。未来のモデルは，既存のモデルを修正しながら，あるいは数年間かけて作成することになる。モデルの改善に多くの努力と時間をかけることが，新しい優れたモデルを生み出すのである。新しい要素を取り入れるとき，そこにはコーチが獲得した知識，技術，戦術，そして身体運動能力の開発方法などが反映されなければなら

ない。図2-3は，モデル開発のアプローチを示している。

モデルの創造は，コーチがトレーニングの状態を観察し，分析し，熟考することから始まる。次に，その観察結果にもとづいて，そのままのトレーニングを継続することを決定するのか，あるいは改善すべき要素を決定する。さらに，トレーニングの新しい質的，量的要素を取り入れる。質的要素とは，トレーニングの強度，技術的，戦略的，そして心理的要素のことであり，量的要素とは，トレーニングの量，継続時間，そして頻度である。この新たな要素の追加にもとづいて，質的および量的モデルを修正し，作成された新しいモデルは，まずトレーニングによってテストされ，後にあまり重要でない試合などで再度テストされる。この後，コーチは新しいモデルの妥当性についての結論を出し，最終的にわずかな修正をほどこしてモデルを完成させる。

モデルは，個人やチーム，そして競技特有のものでなければならない。コーチや選手は，成功した選手やチームのトレーニングモデルを真似したくなる誘惑に打ち勝たなければならない。なぜなら，トレーニングモデルでは，選手の心理的，生理的可能性や施設，社会的環境など，多くの要因が考慮されるべきだからである。各競技では，すべての選手が適応するために作成された一般的な技術的モデルを用意しているが，コーチはそのモデルを，各選手の形態的，生理的，そして心理的特性を考慮し，修正を加えながら用いる必要がある。

さきにも述べたように，トレーニングモデルでは試合の特性をシミュレートしなければならない。そこでは，トレーニングの量や強度といった重要なパラメータを盛り込むと同時に，より効果的なエクササイズを用いるべきである。とくに試合期のトレーニングでは，実際の試合の特性を十分考慮する必要がある。例えば，ボートの場合は，図2-4に示されるような疲労係数（Bielz 1976；Bompa 1964；Popescu 1957）にもとづいて，試合期のトレーニングモデルを開発している（Bompa 1975）。このモデルから，個々の選手のためのトレーニングプランが導かれることになる。

ボートの速度は，スタート直後のレース初期と，フィニッシュに近いレース後期で最大速度に達する。レースの初期では，選手に酸素負債が起こり，エネルギーは無酸素性に供給されるが，レース中盤では有酸素性のエネルギー供給が優位になる。トレーニングモデルは，このようなレースの観察結果を反映させながら開発される。例えば，トレーニング初期に無酸素性の

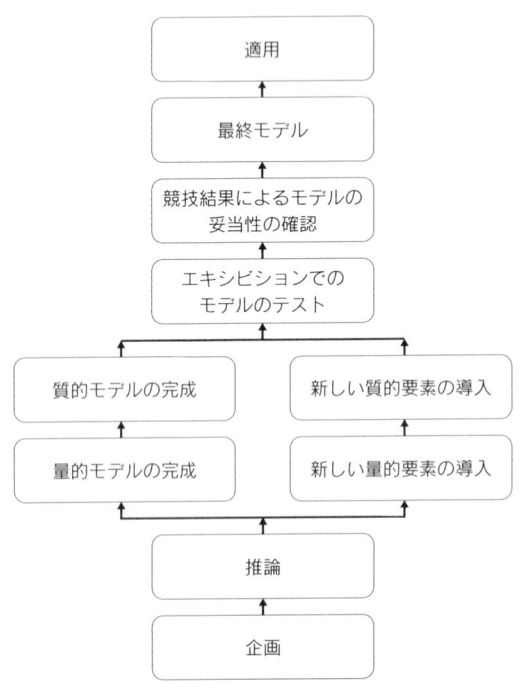

図2-3　トレーニングモデル開発の順序

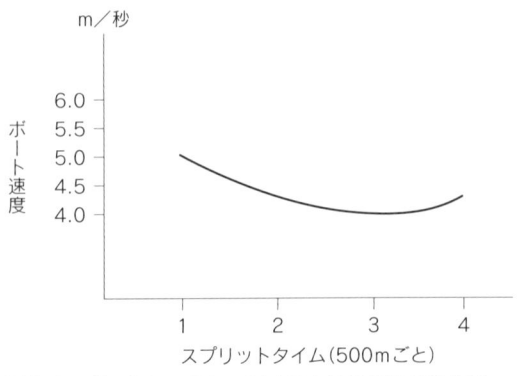

図2-4　ボートレース（エイト）における疲労係数曲線

高強度エクササイズを用い，トレーニング中盤の主要な部分に有酸素性が優位になるような負荷をかける。トレーニング後半では，高速度の特性をもつトレーニングによって実際のレース終盤の段階とマッチさせる。このようなアプローチは，実際のレースモデルを模倣するのと同時に，意志力や闘争心といった心理的特性も開発する。なぜなら，選手はトレーニングの終盤に向けて，高いレベルの疲労状態のなかで，さらに高強度の反復を行わなければならないからである。同じような特徴をもつ他の個人競技（競泳，ランニング種目，カヌー，スピードスケートなど）においても，同様のモデルを使うことが可能である。

チームスポーツには，トレーニングとゲームのための2種類のモデルが存在し，これらモデルは互いに強い結びつきがある（Teodorescu 1975）。なぜなら，選手は多くのトレーニングを実際のゲームを想定した状況下で行うべきだからである。コーチは，ゲームへの準備として，技術的，戦術的，身体的，環境的モデルを統合した完全なチームモデルを念入りに作り上げる必要がある。

技術的，戦術的モデルは，各プレーヤーのゲームプランと行動によって構成され，チームメイトのモデルにそれを結合する。同様に，身体準備モデルは，ゲームの運動強度に対する選手の反応と適応状態を参考に作成される。環境モデルは，使用する用具，試合時間，審判の質，公式試合前にコート上で練習するのかどうか，あるいは敵意に満ちた観客のチームパフォーマンスへの影響を予測する社会心理学的な環境などを参考に作られる。選手に不利な環境は，しばしば集中力，自己コントロール，闘争心，認知，平静，すばやい反応や意志決定などの心理的プロセスを妨げる強い緊張を強いることになるが，反対に友好的な観客が心理的プロセスに効果的な刺激を与える場合もある。

チームスポーツにおけるモデリングには，次の4つの段階を含んだ連続的なアプローチが求められる（Teodorescu 1975）。

1. オフェンスとディフェンス両方のプレーヤーのための技術的，戦術的モデルを考案する。
2. 将来の対戦相手を想定したオフェンスとディフェンス両方の戦術的コンビネーションのモデルを練り上げる。
3. 選手が，個人とチームのモデルを理解し，それを完成させていくためのエクササイズやドリルを確立する。
4. 身体準備モデルのために，チームモデルと個人モデルを関連づける。身体的要素だけでなく，技術，戦術を勘案した複雑なドリルを選択し，これらすべてを一般的トレーニングプランに盛り込む。

トレーニング開始数週間の段階では，選手に対してはモデルの概要だけを伝えておくようにする。完全なモデルを得るためには，長い時間が必要である。とくに準備期においては，徐々にモデルの完成度を高めるために，補助期間に分けなければならない。この準備期の終盤には，単一のモデルを組み合せた統合化モデルが，さまざまな能力の相手に対してテストされる。コーチは，この時期に試合への出場を計画するが，リハーサルとして利用する試合において，高い結果を期待してはならない。コーチは，このリハーサル中に，ゲーム時間，頻度，間隔，そして各ゲーム前に用いる回復方法などについて検討すべきである。

モデリングの考え方は，年間プランを含めた長期間のトレーニングプランにも応用される（6章「トレーニングプラン」を参照）。モデリングは，前年のモデルの総合的かつ批判的な分析から始まるので，通常，移行期に行われる。ここには，トレーニング目的，定期的なテストとその標準値，トレーニング内容，ピーキング，その他のトレーニングパラメータなどが適切に設定され，達成されたかどうかについての再評価も含まれている。また，選手のストレス対処法や改善方法を模索するための分析を行い，効果的でないと考えられる要素を取り除きながら，新しいモデルを具体化するためのトレーニング方法を客観的に選択すべきである。

PERIODIZATION

7. 漸増負荷性の原理
Load Progression

パフォーマンスの向上は，選手がトレーニングにおいて行った作業の量と質の結果である。トレーニング負荷は，初心者から上級の選手に至るまで，各個人の生理的，心理的能力に応じて徐々に増加しなければならない。

この原理の生理的基礎は，身体の機械的効率，すなわち作業能力が長時間かけて徐々に増加するということである。劇的なパフォーマンスの向上にも，長期にわたるトレーニングと適応が必要である。選手は，トレーニング負荷の増加に対して形態的，生理的，そして心理的な反応を示す。神経系の機能や反応，神経—筋の協調性，そして高いトレーニング負荷に対処するために心理的能力を改善する時間やトレーニングにおいて有能なリーダーシップを必要とする。

漸増負荷性の原理は，ミクロサイクル（1週間）からオリンピックサイクル（4年）までの競技的トレーニングを計画するための基礎である。すべての選手は，そのパフォーマンスレベルにかかわらず，このことを理解しなければならない。パフォーマンスの改善度合いは，トレーニング負荷を増やす割合やその方法によって決まるが，そのパターンは競技や世界の地理的な領域によってさまざまである。以下の理論は，この原理の理解やコーチ自身の哲学を高める手助けになるだろう。

1. 標準負荷法

いくつかの競技において，選手は，年間を通じて同じようなトレーニング負荷を継続する。例えば，多くのチームスポーツにおけるトレーニング時間数は，年間を通じて1週間におおよそ6～12時間である。同じような状況は，多くの陸上競技クラブにもみられる。もしパワー優位の競技であれば，選手は準備期を通して同じようなエクササイズや負荷によるパワートレーニングを行い，試合期ではそれを徐々に減らしていく。

コーチは，いずれのケースにおいても標準負荷法を用いる。

標準負荷の反復は，年間プランの初期（早期）において改善をもたらすが，その後の試合期においてパフォーマンスの停滞を引き起こすことを明確に示さなくてはならない（図2-5）。結果的に，パフォーマンスは，試合期の後半において低下するかもしれない。なぜなら，パフォーマンスの生理的基礎が低下し，期待される改善が起こらない可能性があるからである。この方法は，トレーニング負荷が年々継続的に増加していく場合にのみ，よりよい適応，すなわち超回復が起こる。

2. 過重負荷法

過重負荷の原理は，トレーニングで用いられる伝統的な負荷パターンである。この原理の提案者によれば，パフォーマンスは，通常よりも高い負荷に対して行う最大努力の作業によってのみ増加するとしている（Hellebrant and Houtz 1956；Lange 1919）。また，トレーニング負荷は，プログラム過程を通じて継続的に増加させていくべきであるという提案もある（Fox

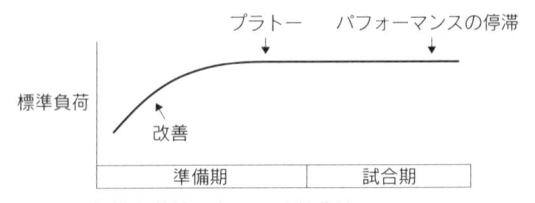

図2-5 標準負荷法における改善曲線

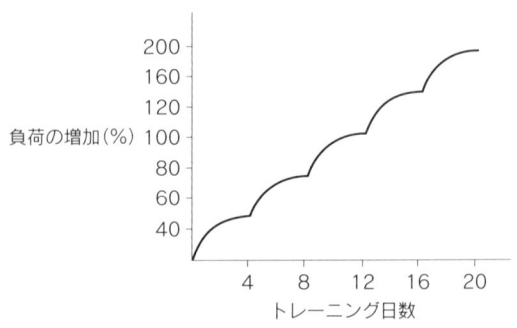

図2-6 過重負荷法による負荷の増加（Hellebrant and Houtz 1956；Fox et al.1989のデータによる）

et al. 1989)。したがって，図2-6に示されるように，負荷曲線は常に増加していくことになる。

過重負荷の原理は，そのほとんどが短期間の，しかも，ボディビルディングなどを対象とした研究結果などから発展してきた。過重負荷は，痛みなくして向上なしということで，生理的，あるいは心理的にも大変厳しく，ストレスの多いものとなる。選手は，短期間なら過重負荷のストレスに対処できるかもしれないが，長期間になるとバーンアウト，そしてオーバートレーニングさえ引き起こすであろう。なぜなら，そこには，再生や心理的リラクセーションが考慮されていないからである。不適切な負荷は，しばしばオーバーユースによるけがやバーンアウトを引き起こす。このようなトレーニングは，多くの若い選手を常に高強度のトレーニングにさらすことになり，彼らが生理的能力を最大に高める前に競技から離れてしまう原因となる。

3. 段階負荷法

いくつかの研究は，段階的負荷によるアプローチが，標準負荷や過重負荷よりも効果的であることを見いだしている(Harre 1982；Ozolin 1971)。この方法は，選手が適応し再生するための無負荷期間を設けるなど，トレーニング負荷を増加した後の生理的，心理的要求を満たすように配慮されている。

この段階負荷法(図2-7)を，同等の作業量を平均的に増加させていく方法であると解釈してはいけない。選手に適切な身体的，心理的適応を引き起こすためには，1回のトレーニングでは不十分であり，同タイプのトレーニングや刺激を何度かくり返すことが必要となる。

図2-7は，2～6週間のマクロサイクル(通常4週間)における，トレーニング負荷の増加方法について示している。各段階における縦線の高さは負荷の大きさを，横線の長さは適応期間を示している。トレーニング負荷は，第1～3期のミクロサイクルで徐々に増加していくが，第4期は選手が再生するための負荷減少期や無負荷期間となる。この第4期の目的は，次のさらなる負荷の増加に向けて，選手に生理的，心理的余裕を蓄えさせることである。第4期は，次のマクロサイクルの開始レベルとなるが，選手がすでに前の負荷に適応しているので，最初(第1期)と同じではなく，中程度のレベルから始まることになる。トレーニング負荷の増加は，最初に選手の生理的，心理的なアンバランスを生じるが，その後，トレーニング負荷に適応し，最後にパフォーマンスや恒常性レベルが改善されていくのである。

トレーニング負荷と適応期間との間には，直接的な関係がある。適応期間が長くなればなるほど，トレーニングの量や強度のいずれか，または両方が増加する。

このように，トレーニング負荷は，注意深く段階的に増加させなければならない。トレーニングのおもな目的が，生理的可能性を高めることになる持久的競技では，トレーニング負荷の増加をあまり大きく(高く)すべきではない。Ozolin(1971)は，負荷を上げすぎるとトレーニング量や反復回数を減らさなければならないので，負荷の増加は選手の最大スピードの3～6％の範囲にすべきであるとしている。必要な量や反復回数が満たされない場合，目的とするレース距離の条件に見合った作業能力の増加は期待できない。

チームスポーツや体操，レスリングなど，技術的に複雑な競技では，技術や戦術をマスターすることがおもなトレーニング目的になる。したがって，コーチはトレーニングにおいて調整力を高めることを優先させるであろう。この時，技術的動作のリズムの変化，異なる技術的・戦術的要素の組み合わせ，新しいスキルの導入，抵抗を増やす(より重いボール，手首や足首，ウエストに負荷をかけるなど)などの外的条件の変化や，騒がしい観客などへの対処についても考慮すべきであろう。

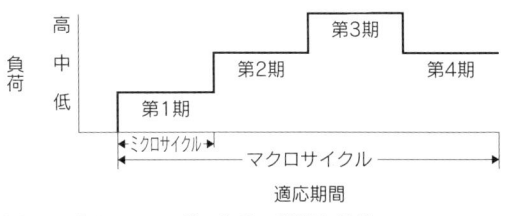

図2-7　トレーニングにおける段階負荷法

PERIODIZATION

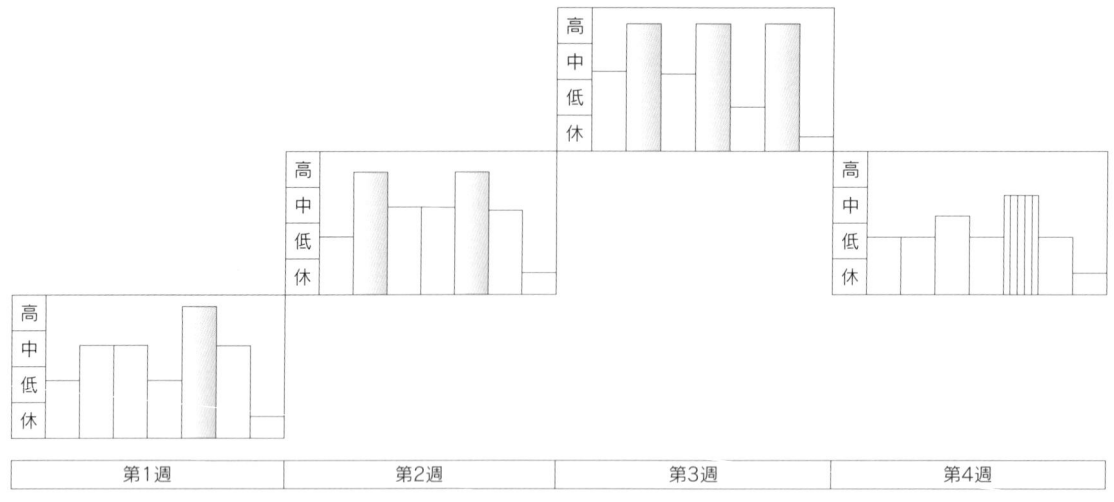

図2-8　トレーニング負荷の増加方法（ミクロサイクルにおける高強度トレーニングの導入方法）

図2-9　高強度トレーニングによる初期の疲労と，その後の適応および改善

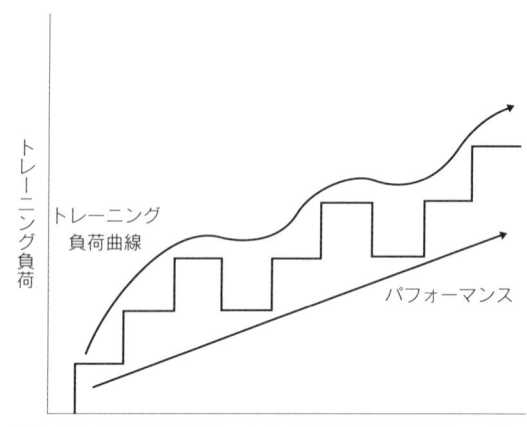

図2-10　波状的なトレーニング負荷曲線とパフォーマンスの直線的改善（矢印）

負荷の増加に際しては，次の要素が用いられる。

- 1週間のトレーニング回数（第1週＝4回，第2週＝5回，第3週＝6回など）
- 1週間のトレーニング時間（第1週＝8時間，第2週＝12時間，第3週＝14〜16時間など）
- 1週間のドリルやルーティーンの数，走行距離
- 1週間の高強度トレーニング回数

図2-8は1週間あたりの高強度のトレーニング日数の増加方法を示したものである。ここでは4週間中の高強度のトレーニングを実施する日が，トレーニング負荷を示す棒グラフの長短によって表現されている。再び負荷を増加させる前には再生を促すために低強度となっている。

当該の週においてトレーニング負荷を増加させるとき，選手は，週の前半に疲労を経験し，その後，新しい負荷に対して身体が適応し，週の後半に向けて改善が起こる。したがって，適応が起こった選手は超回復

を経験することになる(図2-9)。

より長期のトレーニングプランにおける負荷曲線は，トレーニング要素の継続的な増加や減少によって波状形になる(図2-10)。トレーニングの過程では，さまざまなエクササイズ，身体運動能力，そして身体機能が，異なる度合いやテンポで発達する。柔軟性は，2～3ヶ月という短い期間で改善可能であるが，心肺機能(持久力)の改善には，おそらく12ヶ月以上の時間を要する。Ozolin(1971)が，「柔軟性は日ごとに，筋力は週ごとに，スピードは月ごとに，そして持久力は年ごとに」と示唆しているように，これらの能力改善のために必要とする時間は要素によって異なる。

適応期間の長さに対するトレーニング負荷の増加の割合は，柔軟性に比べて筋力，筋力に比べて持久力がより低くなる(図2-11)。1期間における負荷の増加量は，複合系種目のトレーニングよりも柔軟性や筋力トレーニングのほうが大きくなっているが，必要とされる適応期間も長くなり，結果的に全体の改善度は低くなる。したがって，コーチは複雑で困難なトレーニングにおいては，トレーニング負荷の増加をより低くするべきであり，選手のパフォーマンスの改善度をみながら，トレーニング負荷の増加を調整していかなければならない。

トレーニング負荷は，短いトレーニング周期だけでなく，年ごとにも増やしていかなければならない。トレーニングの量と強度を年々増加させていかなければ，パフォーマンスの停滞が起こるであろう。旧ソ連の一流選手を含む組織的な調査(Matveyev 1965)では，競技の特性に応じて，毎年トレーニング量を20～40%増加しなければならないとしている。しかしながら，ほとんどのケースにおいて，コーチは，それに対処する選手の能力ではなく，スケジュール上の問題(時間の欠如など)によってトレーニング量を調整している。これは，しばしば時間がトレーニングの制限因子になることを意味している。競技パフォーマンスの改善と選手の年間トレーニング負荷との間には高い相関関係があるので，注意深い適切なトレーニング構成と時間配分が要求される。どの方法を使うにしても，コーチと選手は，パフォーマンスを改善するために，毎年トレーニング量を増やしていかなければならない(表2-4)。

表2-4に見られるような短期間でのトレーニング量の劇的な増加は，1日のトレーニング回数の増加が直接的な原因である。1960年代のエリート選手にとっては，週4～6回のトレーニングが適切と考えられていたが，今日それでは不十分である。年間のトレーニング量の増加は，1日のトレーニング回数が増えた結果である。週のトレーニング回数，そして年間のトレーニング回数が増えることは，パフォーマンスに影響を与える身体的，心理的可能性を高めるであろう。トレーニング数を増加させる場合には，選手個人の能力，適応性，トレーニング時間，パフォーマンスレベル，そして継続的にトレーニング刺激を変更する必要性を十分考慮しなければならない。

4. 段階負荷法のバリエーション

段階負荷法は，トレーニング負荷を増加させるときの基本的な考え方である。ここでは，ジュニアから国際レベルの選手それぞれに対応した，この方法のバリエーションについて紹介する。

図2-7のような段階負荷法は多くの選手に有効であるが，ここではジュニア選手のために異なるモデルを提案する(図2-12)。これは，最初のステップが低強

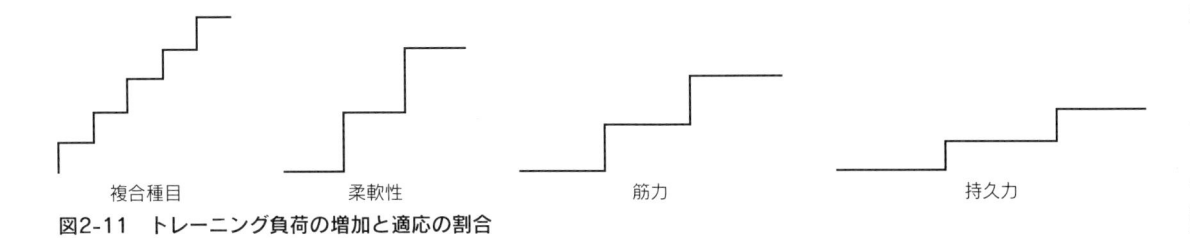

図2-11　トレーニング負荷の増加と適応の割合（複合種目　柔軟性　筋力　持久力）

PERIODIZATION

表2-4　トレーニング量の変遷（1965～1980）

競技	要素／距離	1965	1975	1980
体操（女子）	要素／週	2,300	3,450	6,000
	ルーティン／週	52	86	180
漕艇（女子）	km／年	2,300	4,500	6,800
フェンシング	トレーニング時間／年	600	980	1,150
カヌー	km／年	3,200	4,000	5,175
	トレーニング時間／年	960	1,210	1,552
競泳（100m背泳）	トレーニング時間／年	600	980	1,070
ボクシング	トレーニング時間／年	946	1,100	1,280

※1990年代にはトレーニング量は横ばい状態になる

度，2番目が中強度か高強度，そして3番目を再び低い強度に戻すものである。この負荷パターンの利点は，より高いストレスのかかる中強度あるいは高強度のトレーニング（第2期）の後，直ちに再生のためのサイクルが提供されることである。このことにより，とくに発達の初期段階にある若い選手において，望ましくない身体的，心理的ストレスを回避し，結果的にバーンアウトやけがを予防することになるだろう。

5. 均一負荷法

経験のある，国際的なレベルの選手のために，**図2-13**に示すような均一負荷モデルを提案する。これは，第1～3週において選手が耐えうる最も高いレベルの負荷，すなわち多量で高強度のトレーニングを要求するものである。その後，再生とリラックスを目的とする第4週が続く。

この負荷モデルは，準備期中期のためにのみ提案する。準備期初期には，トレーニング負荷の漸増を考慮した段階負荷法を用いるべきであり，これにより新しい年間プランを開始するときに重要な漸進的適応を促すことになる。

エキシビションを含む試合期前では，再生サイクルがより頻繁なときにピーキングやテーパリングの効果を反映させるため，試合準備期に計画された負荷パターンを再び変える。

図2-14は，準備期におけるトレーニング目的別の負荷パターンの1例を示している。

一般的準備期におけるトレーニング目的は，選手が最も高いレベルの耐性を獲得することを目ざす次の専門的準備期に向けて，心身を徐々に適応させていくことである。専門的準備期のトレーニング目的は，できるだけ高い体力レベルと，技術的，戦術的スキルを蓄積することであり，トレーニングは最も厳しいものになる。この時期は，年間（シーズン）を通じて土台となる生理的基礎を築くために重要な時期である。したがって，ここで効果的かつ厳しいトレーニングを計画し実践することができなければ，当初計画した目標（パフォーマンス）を下方修正する必要がでてくる可能性があ

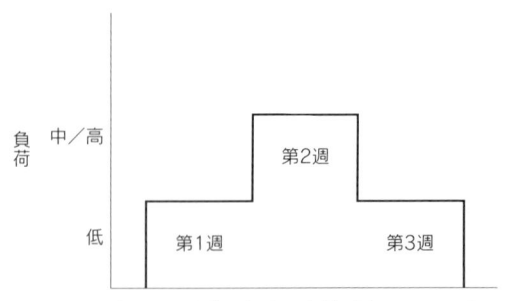

図2-12　ジュニア選手のための負荷パターンモデル

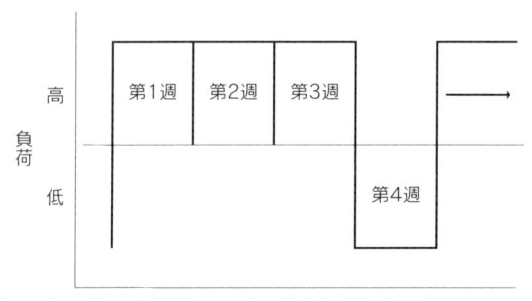

図2-13　国際レベル選手のための均一負荷法

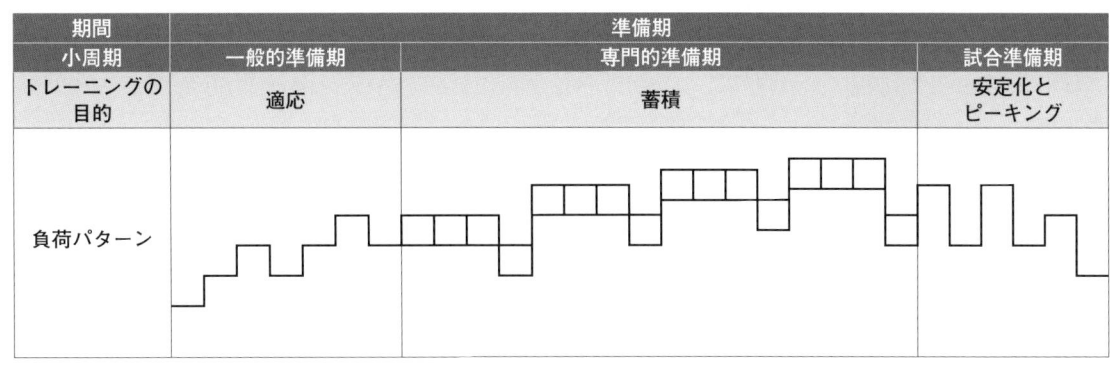

図2-14 国際レベルの選手のための負荷パターン例

前試合期から試合期におけるトレーニング目的は，選手がきたるべき重要試合のために準備し，徐々に高い競技結果に到達するようパフォーマンスを安定させることである。この時期の負荷パターンは，試合の重要性や頻度によって決まるが，超回復を得るための再生サイクルの頻度が増えるため，トレーニング量および質がそれ以前に比べて，いずれも低くなる。後の試合数が増えるほど週のトレーニング需要は低下し，次の試合の重要度が高いほどトレーニング負荷は低くなる。

8. まとめ
Summary of Major Concepts

子どもたちが選択した競技が何であれ，彼らには選択した競技の特性のみを経験させるべきではなく，総合的で，全面的な，多くの競技プログラムとのふれあいを通じて，子ども時代の健全なトレーニングの基礎を作る必要がある。そのような基礎は，将来の安定したパフォーマンスを生み，けがの予防にも役立つ。

選手が年齢や経験を積み重ねて成熟するにつれて，トレーニングはより専門的で個人的なものになり，次第に専門のドリルや運動が優位になっていく。

パフォーマンス改善の鍵は，負荷のかけ方，すなわちコーチがどのようにトレーニング負荷を増加させていくかにかかっている。ここでは，段階負荷法でも示した一般レベルと成熟した選手との相違に注意しなければならない。国内レベル以上の，あるいはプロスポーツなどの高いレベルの選手には，より困難な負荷パターンである均一負荷法を提案する。

用いる負荷パターンにかかわらず，再生や回復の役割を過小評価してはならない。このサイクルは，疲労回復，エネルギー補給，そして次のトレーニング負荷の増大に向けての心理的リラクセーションにとって極めて重要である。

段階負荷法は準備期を通して用いられるが，試合期においては，試合のスケジュールが負荷のかけ方を決定する。とくに，毎週1試合をこなすようなチームスポーツの選手は，負荷のかけ方が試合スケジュールに大きく左右されるのである。

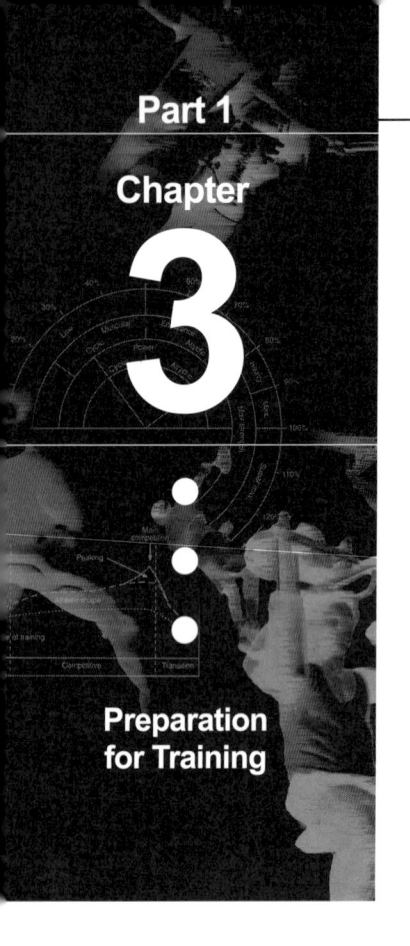

第3章 トレーニングのための準備

Part 1 Chapter 3
Preparation for Training

　すべての競技はトレーニングの基礎的な要素，すなわち身体的，技術的，戦術的，心理学的な要素と理論的トレーニングをとりいれるべきである。これらの要素は，対象とする選手の年齢や能力，競技レベルやトレーニングの段階にかかわらず，いかなるトレーニングプランにおいても必要不可欠の部分である。それぞれの要素をどの程度重視するかは，競技種目の特性によって異なってくる。

PERIODIZATION　トレーニング要素間の関連は強いが，要素個々の発達にはそれぞれの特徴がある。図3-1からわかるように，体力トレーニングはピラミッドの基礎であり，パフォーマンスの基盤となるものである。体力的な基盤が大きければ大きいほど技術，戦術，心理学的な要素のレベルも高いものになる。

　コーチ，とりわけチームスポーツのコーチは体力と技術の強いつながりを無視してしまうことがよくある。シーズン前の準備期が短いときなどに，体力トレーニングによる基礎づくりが不足した場合には，大きな疲労を生むことになる。疲労はパスやシュートの正確さといった技術に影響を与える。また，疲労は戦術的な判断にも悪い影響を与え，チームの敗戦の可能性を高める。体力レベルが高いほど技術も高度なものとなり，高度な技術により，戦術の質も向上する。技術レベルが低かったり，疲労によって影響を受けている場合，その戦術能力にも問題が生じる。

　トレーニング要素間の関係は，体力から技術，戦術，そして心理面というつながりによって成り立っている。一部の熱心すぎる心理学者は，心理学こそが勝負を決定付ける要素だとして，このような関連性を無視してしまうことがある。この考えが正しい場合もあるだろうが，それは他の要素が一定である場合に限ってのことである。

　体力トレーニングはすべてのトレーニング要素の基礎である。完璧な体力は，結果的に最高の心理状態を

| メンタルトレーニング |
| 戦術トレーニング |
| 技術トレーニング |
| 体力トレーニング |

図3-1　トレーニング要素のピラミッド

トレーニング期	準備期		試合期
発達の段階	1	2	3
目的	一般的体力トレーニング	専門的体力トレーニング	専門的運動能力の完成

図3-2　年間計画における体力トレーニングの進行

もたらす。それは，精神的な要因が身体能力の改善に左右されるので，さらなる自信や精神力へとつながるからである。体力テストの結果が良くなれば，選手は自らに自信を持てるのである。コーチや心理学者の話は，それが実際のトレーニングにもとづいているときに，より選手のやる気を引き出すことができ，積極的な思考を得ることが容易になる。

1. 体力トレーニング
Physical Training

　体力トレーニングは高いパフォーマンスを達成する上で最も重要な要素の1つ，あるいは最も重要な要素となるものである。この点については，これまで東ヨーロッパのトレーニングシステムの極意とされてきたことである。体力トレーニングのおもな目的は，選手の生理学的な潜在力を引き出し，高い水準の運動能力を作り出すことである。組織化されたトレーニングプログラムにおいて，体力トレーニングは以下のような手順で進められる。

　1．一般的体力トレーニング（G. P. T.）
　2．専門的体力トレーニング（S. P. T.）
　3．専門的運動能力の完成

　最初の2段階をしっかりとした基礎作りを行う準備期に配置する。第3の段階は試合期に特有のもので，それまでに得られた基礎を維持しながら，競技に要求される能力を完璧に仕上げていく段階である（図3-2）。

　先行する段階が長くなればなるほど，続く段階でのパフォーマンスは高いものとなる。最初の段階においては，無理のない中強度トレーニングの量を多くするのが一般的である。計画が進行するにつれて，競技の要求に応じてトレーニング強度を高めていく。競技の特性によっては，最初から強度を高くしていく必要がある場合もある。それぞれの段階を，どれくらいの期間にわたって継続するかは競技の特性や試合プランによって変わってくる。

　とくに若い選手に対しては，長期プランの中での3段階方式を考慮するとよいだろう（図3-2）。トレーニングの基礎作りを重視するならば，最初の2～4年間を通して，一般的体力トレーニングにあてる。この段階の後に続くのは，短期（1年間）の専門的体力トレーニングである。計画の全過程は，6～8ヶ月間続く第3段階で専門的な運動能力が完成されることで締めくくられる。

1. 一般的体力トレーニング

　一般的体力トレーニングのおもな目的は，競技の特性に関係なく，作業能力の改善にある。作業能力が高くなればなるほど，どんどん高くなる精神および身体的なトレーニングの要求にも対応しやすくなる。同様に，一般的体力トレーニングが広範囲で高い強度であるほど，最終的に到達できる専門競技のレベルも高いものとなる。将来のある若い選手に対しては，一般的体力トレーニングによって得られる体力的な基礎の重要性が，競技が異なってもほぼ同様であることを強調するべきである。競技レベルの高い者に対しては，専門競技との関連性のみならず，選手一人ひとりの特性との関連についても考えさせるべきである。

2. 専門的体力トレーニング

　専門的体力トレーニングは一般的体力トレーニングの基礎の上に配置される。専門的体力トレーニングは，競技の生理学的，方法論的な特性に応じたさらなる体

PERIODIZATION

力の発達を目的として行われる。競技に応じた生理学的特性の専門化は，競技における成功の鍵を握るものである。このような能力の調整は，トレーニング量の増加と試合でのパフォーマンスの向上につながるものである。さらに，高い生理学的な能力は，回復を速やかにする効果も持っている。Yakovlev(1967)は，事前に強化された器官は，さらなるトレーニングによって，より速く高い生理学的なレベルに到達すると主張している。専門的なトレーニングによって専門的な持久力を高めるには，それに先立つ一般的な持久力の発達が必要となるのである。

クロスカントリー走によって高められた一般的な持久力は，すべての競技種目の専門的な持久力そのものを高めるように勘違いされている。このような仮定は，中長距離走に関しては妥当であるが，クロスカントリー走などの他の競技に関しては，特定の生理的能力を高めるための一般的体力トレーニングであると見なすべきである。競技に特有の洗練された技術や戦術，精神力は，その競技に直接関連のあるトレーニングによってもたらされるのである。動作が単純で循環的な競技に対するトレーニングの目標達成は比較的容易ないっぽうで，チームスポーツや体操競技，投てき種目や跳躍種目といった複雑な動作を伴う競技に関する目標達成は困難である。いかなる競技が対象の場合でも，動作の一部分や全体，あるいは試合の1段階の反復トレーニングは，同様の目的をもって行われる。適切なトレーニング方法の選択は，最終的な成功の鍵を握っている。逆に，専門性の低いトレーニングの要素は，選手の身体発達を誤った方向に専門化させ，結果的に十分なパフォーマンスの獲得を妨げることがある。

専門的体力トレーニングにおいては十分なトレーニング量が要求される。それを可能にするためにはトレーニング強度を下げることが不可欠である。選手の組織や器官の事前の強化なく強度を高めることは，CNS(中枢神経系)や全身に過剰なストレスをかけ，強い疲労や傷害を生み出す結果となる。

このような状況においては，神経細胞，身体全体までもが疲労困憊に陥って，作業能力が低下した状態になってしまう。Ozolin(1971)は，中強度のトレーニングを行っている選手は，長期間のトレーニングがうまく遂行でき，生理的に高い能力を示したと述べている。トレーニングの量や強度を上げることなしに作業能力を高めることはできない。多くの選手は日々トレーニングを行っているため，トレーニング間の回復速度がトレーニング負荷量の増加に影響を与えているはずである。

試合や試合に近い状況で競技を行うことも，専門的体力トレーニングになる。非公式な試合に特別な準備なしに参加するのもよい方法で，とくに準備期の終盤には有効である。

専門的体力トレーニングを行う期間は，競技特性や試合プランによっても異なるが，2～4ヶ月である。長期プランの場合は6ヶ月から長くて1～2年間での組み立てとなる。

3. 専門的運動能力の完成

この段階は，試合期の中に組み込まれることが多いが，準備期の終盤から始めてもよい。この段階の目的は，専門の競技特有の要求に応えるために，専門的運動能力を完成させ，選手の潜在能力を高めることである。主となるトレーニング方法を専門の競技から引き出し，実際の運動よりも負荷を高くしたり，低くしたりした状況で実行する。負荷を高く設定した場合は，筋力やパワーの養成，負荷を低く設定した場合はスピードの獲得を促進する。運動負荷の基準は実際の競技における要求に合わせたものとし，それよりもわずかに負荷が高いもの，低いものを用いるとよい。

この段階の期間は試合プランによって異なる。試合期の長い競技(サッカー，ホッケー，バスケットボール)では，試合期の短い競技(クロスカントリースキー，フィギュアスケート)と比べて，この段階にかける期間は短いものとなる。試合期の長い競技においては，専門的運動能力の完成は日々のトレーニングの最後に配置し，基礎的なトレーニングとともに行う。試合期の短い競技においては，準備期の終盤と試合期の初期に配置する。

4．体力トレーニングのエクササイズ

　トレーニングの枠組みの中でのエクササイズとは，系統的にくり返される活動を指し，パフォーマンスの向上を目的としたトレーニング方法を表している。エクササイズには効果の及ぶ範囲の狭いものから複合的なものまでさまざまなものがある。例えば，脚のパワー向上を目的とする空中で180度回転を伴う両脚垂直跳を例にとると，この種目は主たる目的以外にもバランス能力や空間認知能力も向上させるもので，複合的な効果を期待できるだろう。数多くのトレーニング方法の中から，コーチは最も効率よく目標の達成につながるものを注意深く選択すべきである。

　トレーニングを行うことで，選手は身体的，感覚的，心理的な発達をとげる（Bucher 1972）。形式や構造にもとづいて，トレーニング種目は3つのカテゴリー，すなわち一般的体力発達のための種目，運動能力を高めるための専門的トレーニング種目，専門競技に含まれる動作を用いた種目に分類することができる。

■**一般的体力発達のためのエクササイズ**　ここでは，直接専門競技とは関係のない動きを用いる。これらのエクササイズは身体的な準備をするのに貢献するが，目的や効果にもとづいてさらに2つのグループに分類される。(1)用具を用いない（柔軟運動）か，あるいは専門競技に使うもの以外の用具（ベンチ，メディシンボール，跳び縄など）を用いるエクササイズと(2)関連の競技から派生したエクササイズである。専門競技がいかなるものであっても，(1)のカテゴリーのエクササイズは必ず行うべきである。とくに一般的体力発達が不十分な選手はなおさらである。これらのエクササイズはおもに準備期に行うが，試合期にも取り入れていくようにする。

　一般的体力トレーニングによる十分な基礎ができていない選手は，使いすぎによる傷害を起こしやすく，選手としての円熟期を迎えたときに記録が停滞しやすい。一般的体力発達のトレーニングは，調整力を高め，学習能力の向上にも役立つ。多面にわたる技術指導は，複雑な運動調節を必要とする競技（体操競技，飛込，フィギュアスケート，チームスポーツ）に効果的で，身につけた運動技術が新しく習得しようとする技術に良い形で転移する助けとなる。

　若い選手は骨や靱帯の成熟が不十分なため，トレーニング種目が多すぎるとけがにつながってしまうことがある。したがって，一般的な体力発達を目的とした運動を行うことが望ましい。この種のトレーニングは，身体への負担が少なく，トレーニングを進めていくにつれて筋や骨が強くなるため，成熟したときにけがを起こりにくくする効果がある。一般的体力発達を目的としたトレーニングは，気候のため年間を通じて行うことのできない競技（スキー，アメリカンフットボール，スピードスケート，ボート，ラグビー）にとっても有益である。この種のエクササイズは，次の試合期にむけて，体力的な基礎をよりしっかりしたものにするのである。

　エクササイズは，専門とする競技の特徴や要求に応じて，関連のある種目から選択する。しばしばレスリング選手は，楽しみながら持久力やスピードの改善を目指してミニサッカーを行う。バレーボールやバスケットボールの選手は高強度のウエイトトレーニングや種々のバウンディング（連続ジャンプ）を行う。彼らのトレーニングは競技の要求に合わせてさまざまである。あるものはクロスカントリースキーとランニングを行ったりもする。すべての選手に必要な持久力の改善に効果的であることから，ほとんどの選手にとってランニングは必須である。ある種のチームスポーツ（例えばバスケットボール）や体操競技の一部は，調整力を高めるのによいことから，あらゆる競技のトレーニングとして有効である。筋力トレーニングは筋力を高めるのに効果的である。水泳やダイビング，球技等の他の競技は，楽しみ，リラクセーションや積極的な休養として行うとよい。

■**身体運動能力を高めるためのトレーニング・エクササイズ**　この種のエクササイズは，専門的な体力の向上に対して直接作用する。また，専門競技の技術パターンと類似しているため，技術の習熟を高める効果がある。トレーニングの効果はそれにかけた時間や頻度

PERIODIZATION

に比例して表れるものなので，ほとんどのトレーニング段階において，専門的トレーニングは最も優先されるべきである．

専門的なトレーニングは，専門競技で用いられる主働筋（目的とする動作に直接作用する筋群：Dorland's Illustrated Medical Dictionary 1974）の動員に適しているが，専門競技ばかりに偏ったトレーニングは，主働筋を助けて働く共働筋の適正な発達に悪影響を及ぼす．例えば背筋や腹筋はさまざまな運動において重要な役割を担っているが，これらのトレーニングを無視したプログラムを見かけることもある．トレーニングプランには全般的な発達のための補強エクササイズを組み込んでおくべきである．

トレーニングには専門競技と技術のパターンが類似したエクササイズや，動作の構造が似通ったエクササイズを取り入れる必要がある．専門競技の動作や，それをまねたエクササイズは技術の改善に大きく寄与し，副次的に体力の改善にも役立つ．専門技術（例えば，バレーボールのスパイク）をただくり返すだけでは，多くの人が期待するほど体力（例えば脚のパワー）の向上は望めない．これはトレーニング運動としての反復回数が，パワーをより高いレベルに引き上げるためには十分ではないからである．同様に，世界トップレベルの走高跳選手についてみると，年間の跳躍回数は500〜800回を超えていない．この跳躍数では十分な脚のパワー向上は望めないが，より効率よく跳躍力を獲得するために，彼らはレッグプレスやバウンディング，ベンチを用いたジャンプやデプスジャンプなど，専門的な能力を高めるための種目を何万回とこなしている．エリート選手において，専門的な体力トレーニング1セットの反復回数は極端に少なく（10〜20回）設定されているかもしれないが，それでも年間を通じての反復回数は大量（50,000〜60,000回以上）になる．

専門的なエクササイズは重要なトレーニングであるが，体力的な要求（スピード，筋力，パワー）水準の高い競技においてはいっそうその重要度が高くなる．専門的な体力トレーニングは準備期から行われるべきであるが，試合期においても非常に重要な意味をもっている．専門的な体力トレーニングを，準備期にはしっかり取り入れていたにもかかわらず，試合期に省略してしまう例がしばしば見受けられる．ドイツで行われた研究（Harre 1982）によると，試合期の初期に高いパフォーマンスを示したにもかかわらず，後半にその水準を維持できない背景にはこのような事情があるらしい．

専門的なエクササイズは複雑さの面でもさまざまである．要求される調整力や運動能力については，トレーニングの運動が単純であればあるほど，その効果はより効率よく，表れる効果も局所に限定されたものとなる．例えば膝屈曲運動は，関節の柔軟性や筋力，動作スピードや動作時間の改善をもたらす．

イメージトレーニング（Cratty 1967）は，動作の獲得や運動能力の改善に効果的な方法である．Faraday（1971）は，動作を思い浮かべることが，無意識的な，見た目にわからないような筋の活動を引き起こすことを観察した．Krestovnikov（1938）は，既知の運動を思い浮かべることが，神経興奮性の上昇や呼吸循環系活動の活発化，代謝の亢進のような微妙な生理学的な変化をもたらすことを確認している．

Ozolin（1971）は，運動全体やその一部分をイメージすることがトレーニングに良い効果をもたらすと述べている．実際，学習の過程において運動の実行は，その運動自体のイメージ想起なしには起こり得ない．とはいうものの，試合前に競技の技術を実際にくり返し行ってリハーサルすることがとくに重要であることには変わりない．この作業が，試合技術や戦術，手順，レース戦略のような動的ステレオタイプ（十分習得した動作）の反復，再現を可能にし，より高いパフォーマンスを引き出すもととなる．また，Ozolinは，イメージトレーニングが運動能力の発達を促進すると主張している．動作のイメージ想起を急速に行うことは，最大スピードの向上に役立つかもしれない．さらにイメージトレーニングは，精神的な障壁を取り除き，覚悟を決めさせ，勇気づけ，自信を持たせ，意志の力を持たせる上でも有用である．イメージトレーニングはまだまだ十分に活用されているとはいえないが，トレーニ

ングの強力な助けとなる可能性がある。

■**専門の競技を用いたトレーニング**　この種のトレーニングは，その競技に特有のすべての要素を含んだもので，スピード，強度，負荷の種類は変化に富んだものとなる。このようなトレーニングは，とくに準備期や試合期の前に，非公式の試合などを利用して行われる。おもな目的は，試合に向けての専門的な能力をトレーニングし，試合慣れすることである。試合や試合と類似した状況(体操競技やフィギュアスケートの審判つきの試合のような)が，トレーニングの各要素を結びつける役割を果たす。このようなトレーニングは，選手の身体的，技術的，戦術的，そして心理的な要因の競技的環境への調整を加速する。また，この種のトレーニングは，トレーニング刺激増大のリズムがパフォーマンスの向上に直結する準備期の終盤に取り入れるとよい。このような試合は非公式なものなので，要求する技術の難易度を調節するのもよい。例えば，技術遂行のスピードや反応時間の短縮を重視して狭いコートを用いたゲームを行ったり，傾斜面のランニングを行ったり，重り付きのベルトを装着して跳躍したり，人工的な負荷に対しての水泳やボート漕ぎ等も効果的である。

2. 技術トレーニング
Technical Training

　さまざまな競技それぞれの差異を特徴づける１つの要因は，競技特有の運動構造である。実際，「技術」というときには，競技に関わる正確で効率の良い動きの技術的構造とその要素のすべてを指しているのである。

　その運動特有の技術というのは，その運動を確実に遂行し，容易にする手続きの全体像なのである。競技において成功するためには，完璧な技術，そして最も合理的で効率が高いパフォーマンスが必要とされる。技術が完璧に近づけば近づくほど，目的を達成するために必要とされるエネルギーは減少する。このような観点から言えば，次の式は競技の真実を表現していると言えそうである。

良い技術＝効率の高い技術

　しばしば，技術は身体運動の形としてのみとらえられているが，形は元来，そこに含まれる内容と関連している。このように，我々が運動を見る際，2つの角度，すなわち形と内容という視点から見なければならない。その内容というのは，さまざまな視点を通して見ることができる。例えば，CNSの活動や努力度，筋収縮，筋弛緩，力，慣性などがその視点に当たる。

1. 技術とスタイル

　すべての競技には，コーチや選手が目標にするべき完璧な技術の基準が存在する。そのモデルはバイオメカニクス的に理にかなったもので，生理学的にも効率が良く，広く受け入れられるものである。チャンピオンの技術が，そのままモデルとされることはほとんどない。なぜなら，それは前述の条件を完全に満たしているとは限らないからである。そういうわけで，勝者の技術をそのまま真似することはあまり賢明とは言えない。モデルというのは，完全に１つの形に凝り固まったものではなく，いくぶん柔軟性をもっている必要がある。なぜなら，そこには常に最新の発見から得られたものが取り入れられていくからである。どんなにモデルが完璧であろうと，選手が常にそれを完全に再現できるとは限らない。ほとんどの人が，基本技術に自分の特徴(スタイル)を付け加えている。手本にするべきモデルを技術と呼ぶのに対して，実行する技術やその個別のパタンをスタイルという。このように，スタイルというのは技術モデルを実行する個別のパタンによって異なるものである。モデルの主たる構造は変化しないが，選手やコーチがそれぞれの性格や特徴，解剖学的，生理学的な特性に合った要素を付加したものである。

　スタイルは，個人個人の技術的な問題解決における創造力や，動きの様式の差異によって生じる。オブライエンは1950年代の初期に，投てき方向に背を向けて始動しながらサークルを移動する方法で，砲丸投の技

術に革命を起こした。最初のうち，この方法はオブライエンのスタイルと見なされていたが，後に，すべての選手に絶賛され，受け継がれて，とうとう彼のスタイルは独立した1つの技術となったのである。

チームスポーツにおいては，そのチームを特徴づける競技の進め方や，ゲームのスタイルについても考慮に入れる。それゆえ，スタイルという用語は，戦術そのものだけではなく，技術的，戦術的な手はずを整える過程に対しても用いられる。

技術ということばもまた，技術の要素とそれを用いる手順とがいっしょになったものである。技術の要素とは，競技の技術全体を構成する基本的な部分のことである。技術的な手順とは，技術の要素を実行するさまざまな方法のことである。例えば，バスケットボールのシュートは技術の要素である。片手，両手，フックショットというのは技術的な要素を用いる手順であるということができる。

2. 技術と個別化

最新の技術のモデルは，すべての初心者にとって，必ずしも利用しやすいものとは言えない。コーチはときには，初心者に対して単純化された技術を紹介するべきである。しかしながら，それはたとえ単純化されたものであっても，常に最も論理的な技術の基本要素を含んだものでなければならない。そのような理解しやすい技術とは，究極的には正しい技術の全体像を獲得するためのものでなければならない。例えばハンマー投げにおいて，初心者は最初1回のみのターンで投げを行うが，能力の向上にしたがって，コーチはターンの回数を増やすよう指導し，最終的に技術の全体を習得させる。少なくともある種の競技においては，子どもの技術とエリート選手の技術とは異なるものであろう。

動きに表れてくる技術の多様さは，厳密には，その技術の複雑さによって決まる。技術が単純であればあるほど，個人差は生じにくい。自転車やスプリント，水泳などの循環型の競技は，非循環型，あるいは混合型の競技に比べて個人差が生じにくい。常に選手個々の能力や特性に応じて技術を採用するようにする。専門競技の技術の習得に当たっては，ただ1つの選択肢を機械的に採用する必要はない。

技術の要素や全体像を指導する際，常に選手の体力水準を考慮する必要がある。不十分な体力は技能の習得を制限してしまう。技術の指導にあたっては，選手それぞれの生理学的，心理学的特性が多様であることを基本的な考えとしてもっておくようにする。Ozolin (1971)は，体力に改善が見られないことが学習と技能の完成を制限すると主張している。このことは体操競技についてよくあてはまる。体操競技のコーチは，しばしば難度の高い技術要素を，基礎となる筋力強化なしに指導しようとする。体力トレーニングがすべてのトレーニング要素の基礎であるという事実については図3-1に示した。

選手はときどき何らかの理由(病気，事故)で，トレーニングを中断せざるを得なくなる。トレーニングの中断は体力のレベルに最も大きな影響を与える。選手が復帰した際，彼らはちょっとした技術の変化や，ある技術要素(例えば，フィギュアスケートのシットスピン)ができなくなっていることに気づくことがある。技術レベルの低下はしばしば体力のレベル低下が原因となっているのである。体力が元のレベルに戻ったとき，選手はそこでやっと技術も元のレベルまで戻せるのである。このように，技術は体力とともに変化するものである。技術レベルの低下は疲労によっても起こるが，この傾向は体力レベルの低い選手にとくによく見られる。

3. 学習と技能の形成

学習とは，練習によって起こる行動変化や技能レベルの変化を意味する。学習能力は多くの要因によって左右される。運動経験や初期の学習レベルは学習に影響し(Cratty 1967)，同様に技能の複雑さも学習に影響を及ぼす(Lachman 1965)。

学習の場面において，以下に示すような技術の側面について知っておく必要がある。

(1)外的，運動学的構造，または技能の形態

(2) 内的，動的構造，技能の実行に関する生理学的基礎

　Ozolin(1971)は，技術の習得は2つの段階をもってなされると述べている。1つ目は学習段階で，そこでの課題は技術や正しい動作の構造を重視し，技能を無駄な動きや努力なしに行うことに主眼がおかれる。選手の能力や才能，技能の複雑さによるが(例えば，長距離走の技術獲得には2～6ヶ月)，この段階には約2年を要する。そしてもう1つは完成段階で，そこでの目的は技術を改善し，完成させることである。この段階に要する時間は無制限である。なぜなら，選手がトレーニングを積んでいく限り，その最も大きな目的は技術の完成だからである。

　技能の獲得は3つの段階をもってなされる(Krestovnikov 1951)。最初の段階においては，神経一筋の協調が不十分であるために，むだな動作が生じる。通常の伝導路の範囲を越えて分散した神経インパルスが，使おうとしない余分な筋肉までを刺激するのである。才能がないと片づけるのではなく，生理学的な現実として，神経一筋協調の欠如を見きわめるべきである。第2段階では緊張した動きが表れる。第3の段階では，十分な神経系の処理過程の調節によって，運動技能が確立される。このようにして，選手は技能や動的ステレオタイプを形成していく。

　これら3つの段階に加えて，第4の段階，つまり熟練の段階を考えてもよいのではないだろうか。この段階は，繊細な動きの高い効率での実行や，技能を環境変化に適応させる能力の獲得によって特徴づけられる。技能の習得は，反復を基本として得られるものである。このことをThorndike(1935)は「練習の法則(law of exercise)」と呼んだ。反復は技能を自動化させ，高いレベルでの技術の安定性につながる。

4. 進化する技術

　コーチと選手による問題解決の結果として，技術はどんどん進化していく。今日新しいと思われていたものが，明日には時代遅れとなってしまうこともある。技術トレーニングの内容とその技術は，常に変化し続けている。コーチの創造からであろうと，スポーツバイオメカニクスの研究からであろうと，技術の革新の素晴らしい源であるすべての新しい技術は，競技の必要条件を満たすべきである。いかなる技術も，競技に使える技術でなければならないし，いかなるときも，競技の細かい特性に応じて作られたものでなければならない。試合のリズムや特性，強度は，競技相手の準備のレベルや環境によって異なるが，選手はそれに応じて技術モデルや競技技術の調整を行わなければならない。技術を通常あるいは最適な状況のみに適合させてはいけない。複雑な競技状況に対応してパフォーマンスを調節するために，技術の性質を明らかにしておく必要がある。スピードや忍耐力の改善が技術の変化にも影響を及すことから，技術を改善し完成していくことは，生理学的，心理学的な特性とも関連している。

3. 戦術のトレーニング
Tactical Training

　戦術(tactics)や戦略(strategy)は選手やコーチが用いる用語の中でも重要なものである。それらは，試合において直接的または間接的に相手に対して技能を発揮する技法のことで，同様の内容を指しているが，両者の意味するところはわずかに異なる。両用語とも軍隊用語から借入されたもので，ギリシャ語に起源を持つ。ギリシャ語の"strategos"は将軍，または将軍の技術を意味し，"taktika"は配置や手はずのことを意味する。それぞれが独自の次元をもっているため，"tactics"と"strategy"は戦争理論においては別々に分類されている。"strategy"は広い空間，長い時間，力の大きな動きに視点を置いたものである。それに対して"tactics"は限られた範囲の空間で，対象とする時間が短く，力の動きも小さいものに対して用いる。そこで，戦略は基本的に戦争遂行のプランを進めるものであるのに対して，戦術は戦場での動きそのものを表す。

　トレーニングにおいては，戦略はプレーの組織化や，選手間，チーム間の競争の組織化を示す。それは，競

PERIODIZATION

技特有の哲学であり，試合に向かう方法である。戦略は長い期間にわたって用いられる。それはしばしば試合期よりも長いものである，戦術はゲームプランや，戦略の枠組みの中で重要な部分を成すものである。両者とも日常的に広く用いられる用語であるが，土地による用いられかたの違いが存在する。北アメリカにおいては，戦略が戦術よりも好んで用いられるのに対して，東ヨーロッパではその傾向が逆転する。いずれの場合においても，戦略がシーズン全体，あるいはより長期にわたって，選手やチームのプランを構築，遂行する技術を指している。それに対して，戦術は1つのゲームや試合のみを対象にしたプランに関するものである。

戦術トレーニングとは，目的(例：得点する，ある成果を達成する，勝利を得る)を達成するために攻撃や防御の動きを準備し組織化する手段や方法を身につけるトレーニングである。戦術トレーニングは，一般的に認められている理論に従って進められるが，個々の競技に特有のものである。選手やチームは試合において攻撃や防御の動作を，事前に確立された戦術的なプランに沿って遂行する。このような戦術行動は，選手の戦略的枠組みの一部とされるべきである。選手は自らの持てる運動能力と技能のすべてを，実際の試合の場面で，相手と直面することにより発揮する。あらゆる競技において成功する戦術プランの基本となるのは，高いレベルの技術である。言い換えると，技術は戦術動作の制限要因であり，戦術は選手の技術とともに変動するものである。

戦術トレーニングの価値と重要性は，競技によって異なる。チームスポーツやレスリング，ボクシング，フェンシングでは，戦術をマスターすることは成功のための決定的要因の1つであるが，体操競技やフィギュアスケート，射撃やウエイトリフティング，スキーのジャンプ等の競技ではそれほどでもない。後者のような競技においては，選手の心理的な状態のほうが，戦術トレーニングよりも重要度が高いと思われる。

1．戦術トレーニングの課題と専門性

いくつかの競技において，エリート選手は，技術トレーニングと体力トレーニングの両方に同様に力を注いでいる。しばしば，技術や体力などすべての要素が似通っている場合でも，勝者はより熟慮された合理的な戦術を用いている。戦術トレーニングは体力トレーニングにも大きく依存しているが，心理学的トレーニングと戦術トレーニングとの間にも重要な関連がある。

戦術に精通するには，その基礎として，理論的な深い知識と，戦術を試合に応じた形で使い分ける能力が必要とされる。戦術トレーニングは，以下のような作業過程を含んでいる：

- 競技の戦略に関する原理原則の研究
- 競技におけるルールの研究
- 最高の選手達の戦術能力に関する研究と理解
- これから対戦する相手の戦略や体力，心理学的特性に関する研究
- 後に控えた試合における環境や施設の詳細に関する研究
- 個々の体力や弱点にもとづいた，個別戦術の開発
- 後の対戦に向けた，過去のパフォーマンスの分析
- 個別に変化を持たせた戦術モデルの開発
- トレーニングにおいて，このモデルが動的ステレオタイプ化するまで学習，反復する作業

戦術の習得は，技能の習得と同様の原理に従う。それは理論的に計画された反復練習に依存している。戦術トレーニングは，良い技術トレーニング，体力トレーニングによって初めて得られるものなので，新しい戦術を取り入れるのに先立って，十分な体力的，技術的な改善がなされる必要がある。しかしながら，これら3つのトレーニング要素は，生理学的なトレーニングの助けを得て同時に発達する可能性もある。

原則的に，戦術トレーニングは，いくつかの競技に関して一般化された考え方やルールに従って行われる。競技はその戦術の類似性によって5つのグループに分類することができる。

- グループAは，選手どうしに直接の接触がなく別々に競い合うものである。アルペンスキー，体操競技，飛込，ウエイトリフティングなどがその例で，試合前に決められたある順序に従い，競技が行われる。
- グループBでは，選手は同時に競技を開始する。全員が同時に競技するものもあれば，少人数のグループに分かれるものもある。いくらかのチームメイトとの協力が可能な場合がある。陸上競技の走種目（リレーを含む），クロスカントリースキー，自転車競技，水泳などがその例である。
- グループCは，試合相手との直接の対戦が特徴である。この対戦の結果によって，選手の優劣が決定される。このグループに属する競技はテニス，ボクシングやレスリング，フェンシングなどである。
- グループDは，チームどうしで対戦し，選手間で試合中に直接の接触がある競技である。バスケットボール，サッカー，ホッケー，アメリカンフットボール，ラグビーなどが含まれる。
- グループEに属する競技の特徴は，複数種目の組み合わせによって行われる点である。複合種目の戦術には，個々の競技に関する戦術と同時に，試合において全種目をいかに行うかに関わる戦術が含まれている。このグループに属するのは，陸上競技の混成種目（十種競技，七種競技），バイアスロン（射撃とクロスカントリースキー），トライアスロン，近代五種などである。

競技の分類は戦術に関する幅広い考察を行いやすくする。また，競技間の戦術的な類似点を利用して分類を行うことで，問題点が単純化される。多くの場合，戦略は以下の目的や，それらの組み合わせを達成するためにデザインされる。

■**エネルギー供給の安定性**　専門的なトレーニングを，選手が常に一定水準の能力を維持できるよう設定する。このようなトレーニングの中で，選手は，例えば疲労のような制限要因や妨害要因などを克服していく。一定の速度やリズムを維持する能力はある種の競技（とくにグループB）の成功において必要不可欠である。そのため，このような能力のトレーニングは試合に向けた戦術的な準備として必要である。トレーニングにおいて，ストップウォッチを用いたり，コーチが時間を告げることで，選手はスピードの感覚やある距離を移動する速度を感じる能力を磨く。

ゲームや試合の最終段階を想定した練習を行うべきである。とくに競り合ったレースやゲーム，試合においては，しばしば最後の段階にすべての力を働かせ，すべてをかける能力が成功のカギとなる。選手一人ひとりのレベルでいえば，このような能力を高めるために，(1)各セットの最後の反復を強調したり，(2)コーチがトレーニングの残り時間を知らせたりする。コーチが声をかけることが選手への刺激となり，残り時間の動作のリズムやスピードが強調される。ほかにも，(3)トレーニング開始前に予告してトレーニング時間を延長したり，予告なく練習中の決定により，突然延長したりするのもよい。また，(4)トレーニング中に，数人の休養十分な練習相手を確保し，練習に参加させることで，選手やチームが高い負荷レベルで強制的にプレーすることができる。

(1)の方法は，グループBやDに，(2)の方法はグループAからDに，(3)の方法はグループBとCに，(4)の方法はグループBからEにそれぞれ適したものである。

■**戦術課題のための技術的解決**　選手はしばしば，ぬかるんだフィールドや強風，低い水温や騒がしい観客など，不利で異常な状況下で競技を行わなければならない。以下に示すガイドラインが，そのような異常な状況に適応する上で役立つであろう。

1. 技術や戦術を正確かつ無駄なく実行する。
2. 後に対戦する相手と同様の戦略をもった相手と公開試合を行う。
3. 戦術的な決断が要求され，選手個人個人が自分の創造力を活かして答えを出せるような状況を作り出す。

戦術的な訓練はトレーニングにおいて重要な要求事項である。しかしながら，しばしば選手は，コーチが

予見不可能な戦術的な問題にさらされるものである。このようなとき，選手は自らの経験や発想，創造力にもとづいて瞬時に問題の解決を図らねばならない。トレーニングや公開試合の中で，選手の創造性がかきたてられるように，選手にさまざまな状況を経験させるべきである。

方法1と3は5つのグループすべてに，方法2はグループCとDにのみ適合している。

■**チームメイトによる協力の最大活用** 外的な条件を制限（例：試合時間の短縮やプレースペースの減少）してトレーニングを行う。疲労が蓄積されたときに，選手は普段よりも体力的な要求や刺激が大きく，思うようにならない状況を経験するだろう。

いつもどおりの対戦相手の反撃に対して，さまざまな戦術的な展開を用いてみるとよい。このような状況を紅白戦やトレーニングにおいても作ってみよう。

控えの選手をゲーム戦術の中に用いてみるとよい。優秀な者は，戦術をうまく調節して周囲に合わせてくることが多い。病気や疲労のために選手の入れ替えを行うと，ゲームの調和が乱れる。したがって，コーチは頻繁に控えの選手を練習に混ぜて，チーム戦術の考え方に慣れさせておく必要がある。さらに，戦術の新しい組み合わせを開発し，チームの試合能力を向上させることも重要である。

このような方法はグループBとDの競技に適している。

■**チームの柔軟性の確立** 攻撃，守備間の交代，あるいはさまざまな戦術展開の切り替えといった戦術の変化は，対戦相手の不意をつくものである。したがって，切り替えはすばやくかつスムーズに行われなければならない。以下のような変化を考えてみよう：

1. コーチや決められた選手（ゲームコーディネーターやキャプテン）の合図をもとに，戦術の切り替えを行う。
2. 選手の交代の際に，相手に予測できない新しいゲームの変化をもたらす選手を入れる。
3. 公開試合などで，さまざまなスタイルでプレーできるチームと対戦させる。将来，同様の戦術

変化を使ってくるチームとの対戦への準備として有効である。

1の方法はグループBからE，2と3の方法はすべてのグループに対して有効である。

2．ゲームプランと戦術的思考

戦術的な思考は，戦術トレーニングの基礎的な要素である。これは戦術的な知識や技能のレパートリーの数によって制限を受ける。戦術的思考は以下のような能力を含んでいる。

- 対戦相手のみならず，自分自身に対しても現実的かつ正確な評価を行うことができる。
- 特定の試合状況において，その場に適した戦術や戦術の組み合わせを思い出すことができる。
- 対戦相手の戦術を予測し，それに対して適切に対処できる。
- チームの戦術に応じて，個人技を調整できる。

これから行われる試合に向けて，コーチと選手はゲームプランを立てる。選手はこのプランや一般的戦術トレーニングの一部を最後の2〜3ミクロサイクルにわたって実行する。よく考えられた詳細なプランは安心感につながり，試合に向けての良い心理的な準備状態を作る。プランは事前情報と予測により作成される。ゲームプランは以下のような役割を果たす。

- 試合場や施設，そして試合が行われる状況についての情報を与える。
- これから対戦する相手を照会，分析する。分析ではトレーニング要素それぞれについての強い点や弱点を考慮すべきである。
- 自信を持たせるために選手の過去のパフォーマンスを引き合いに出す。このとき，弱点を無視するのではなく，長所を強調し，根拠のある安心を作り出す。
- これらすべてのことを参考に，試合の現実的な目標を設定する。ゲームプランと戦術的思考は以下の3つの段階をもって行われる。
  1. ゲームプランの予備プラン
  2. ゲームプランと試合状況に応じた戦術的目的

の適用
　3．ゲームプラン適用の結果分析

■**予備ゲームプランの作成**　ゲームに先立ち，チームが直面するであろう戦術的な難題についての批判的，合理的な分析を行う。チームの戦術的な知識と技能に応じて生じる，考えられるすべての問題に対して，最適な解決法を選んでいく。コーチは，戦術的なプランや，対戦相手や自分達の能力に関する幅広い分析にもとづいた示唆を与える。チームの全体プランに沿って，また選手個人の能力にもとづいて，コーチは選手それぞれの目標を設定する。次に，プレーに適したシステムを選択し，選手に対して，エネルギーを効果的に配分する方法をアドバイスする。

　しかしながら，ゲームに際しては，たとえプランがうまくいっていたとしても，たくさんの技術的，戦術的な問題が起こり得る。それゆえ，プランはゲーム展開や選手の能力，創造性に応じて柔軟に変化させなければならない。

　可能であれば，試合の数日前からは，選手の感覚を損なわないように，くせを修正することは避けたい。また，魅力あるトレーニングを用いることも心がけたい。選手に自信を付けさせ，やる気をよびおこし，良い状態で試合に臨みたいという欲求を高めるため，技能や戦術の展開に関する良いパフォーマンスを認め，ほめてやる。試合前に精神的，肉体的に完全に新鮮な状態を作るために，毎回のトレーニング後にリラクセーショントレーニングを行うことも重要である。可能であれば，毎回毎回のトレーニングを試合のモデルにもとづいて行うとよいだろう。

　試合数時間前には，計画のおもなポイントのみを確認し，詳細を思い出しやすくする。ここでたくさん言いすぎることは，選手の思考を止めてしまうことがある（Vanek 1972）。試合開始直前には選手は静かになり，「operational silence（作戦中の沈黙）」の状態になる。このとき，選手はあまりにも興奮してしまって，注意を払ったり，よく聞くことができないため，余分なアドバイスをしてはいけない。聞いているように見えるときでさえ，彼らの注意は試合に向けられており，さらなるアドバイスを受け付ける状況ではない。

■**ゲームプランの適用**　第2の段階はゲームにおける全般的なプランの実行を指している。試合開始時は，しばしば短時間のうちに，戦術プランのおもな要素がテストされる。うまく相手のプランを暴き，自分の手の内をはっきりと見せないためには経験を要する。さらに独創力，洞察力，戦術的思考の予測能力が重要となる。試合中，選手はチームが用いる戦術要素間のつながりから，その全体像を見いださなければならない。Puni(1974)は，選手の戦術的目的は，競技中のそれぞれの競争場面でいかに動くかに最も関連が深いことを示した。選手は具体的な試合状況を理解し，どの戦術を用いるかを判断しなければならない。試合特有の状況を判断するとき，選手は，戦術的な知識にもとづき，対戦相手やチームメイトの戦術的な考えや意図を予想する。選手は特定の試合段階における望ましい位置どりと望ましくない位置取りを判断し，試合が今後どのように展開するかを予測し，現在の状況が最終的にどのように影響するかを予見しなければならない。正しいゲーム理解は，結果的に最も望ましい戦術の選択につながり，直感に頼った戦術の判断を避ける意味も持っている。戦術的思考は，分析，合成（部分を組み合わせて全体像を形成する），比較，一般化の過程を含んでいる。試合中，戦術的思考はすばやく，単純で，意味のある身振りやことばとして表にあらわれる。

　ゲームプランの適用と判断の過程は，1人の選手と残りのチームメイトとの間の協力によって得られる。このような協調は，難局において，合理的かつ独創的ですばやく，経済的で効率的な解決策につながっていく。

■**ゲームプラン適用の分析**　ゲームプランの第3の段階は，選手の協力のもとでゲームプラン適用に関する分析を行うことである。分析の最も適切なタイミングは，ゲームの結果によって異なる。良い結果が得られた場合は，トレーニングの最初に話し合いを計画すればよい。うまくいかなかったことに関する分析は，現実的かつ批判的な反省を可能にし，心の傷をいやす時間を確保するため2～3日後に行う。

PERIODIZATION

分析は，プランニングがどのようになされ，どれくらい正確に相手の体力や弱点が評価できていたか，戦術全体のプランの中での役割分担がうまくいっていたか，さらに失敗の原因について，詳細に吟味されるべきである。分析が深く行われれば行われるほど，その結果は意義深いものとなる。しかしながら，ミーティングの最後にコーチははっきりと，しかも納得のいく形で，将来への明るい展望と，次の試合に向けてトレーニングで重視するべき戦略の要素について述べる必要がある。

3. 技術の完成と戦術トレーニング

ゲームやトレーニングを続けていく中で，技術と戦術両方が熟達していく。研究と経験を通して得られた方法は，技術や戦術に関する知識の発展に大いに貢献している。このような探求の結果，トレーニングやとくに試合における競技の結果に明らかな向上がもたらされた。複雑な技能が要求される種目（グループAとD）については，以下のような要素についても考慮するべきである。

- 効率的な技術や戦術を得るために，十分なモデルを作成・確立する。
- 技術，戦術に熟達するための効果的な方法と方向性について明らかにしておく。
- フィールドで勝利を収めるための最も良いモデルを構築し，技術や戦術を完全なものにするために最も合理的な方法を採用する。

Teodorescu and Florescu(1971)は，技術的，戦術的な熟達は，相矛盾する3組（統合と分化，安定性と変化性，標準化と個別化）の最適な関係を実現することによって得られると述べている。

■統合と分化　技能を学習し完成していく過程と同様，能力をトレーニングしていく過程は，複合的な構造のシステムである。このシステムを通して技術的，戦略的熟達が可能となる。このシステムの中で統合と分化の過程が展開される。統合は，技能あるいは戦術的な展開の要素を全体としてまとめ，分化は個々の要素について分析的な処理を行う。学習に関する古典的なアプローチでは，技術あるいは戦術的要素については，単純なものから複雑なものへの段階的な前進が重視されている。しかしながら技能や戦術的な展開の熟達においては，その過程は逆転する。すなわち，複合的な要素とその作用の研究から始まって，システム全体の働きを妨害する要素を捜し出すことになる。言い換えると，もし複合的な構造の過程（技能あるいは戦術展開の全容）がうまく機能しない場合，選手は技能や動きをその下位構造（機能的要素）にまで分解しなければならない。問題点を発見するために，下位構造の1つ1つについて別々に検査し分析する。個々の機能的要素が十分に機能しているならば，問題点がそれぞれの要素をつなぎ合わせる部分（すなわち体操競技のルーティンやその他の競技における2つの技術要素の接続部分）に存在するということに気付くだろう。接続部分の分析の後に問題点が解決されずに残ってしまった場合，機能的要素をそれを構成する要素に分割し，欠点に到達するまで分析する必要がある。技術や戦術の改善は失敗の分析や弱点の克服に向けられるべきである。

技術あるいは戦術モデルの完成，またはそれらのモデルの変更を行うためには統合と分化の処理を行うとよい。**図3-3**は各構成要素の自動化（分化の過程）と個々の要素を機能的な全体像へと再合成すること（統合の過程）によって技能が完成される過程を図示したものである。それら2つの手順の結果が要素の正確性と合目的性における変化を通して表われてくる。これが巧技や専門技術につながるのである。

もし，技術や戦術的な展開に不十分な点を見つけたならば，図3-3に示したモデルに手を加えるとよい。なぜ失敗が起こったのか（例えばスパイクがアウトになってしまった）原因をたどり，むだな要素を改変するのである（**図3-4**）。すでに説明したように，失敗の原因の究明は，それまでの試合やトレーニングの内容を振り返ることによって行われる。コーチはボールがコートの外にスパイクされたことを理解し，選手がボールをどのように打ったのかということを見極める。もし，選手がこの技術的要素を正確に遂行していたならば，コーチは，選手がボールの下にはいれていたかどうか

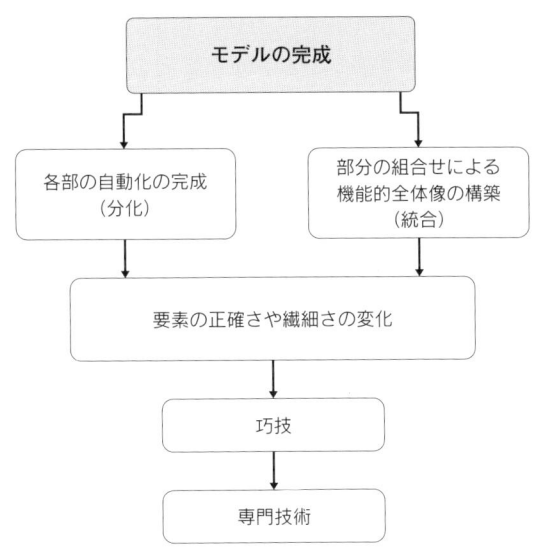

図3-3 モデルの完成(Teodorescu and Florescu 1971を改変)

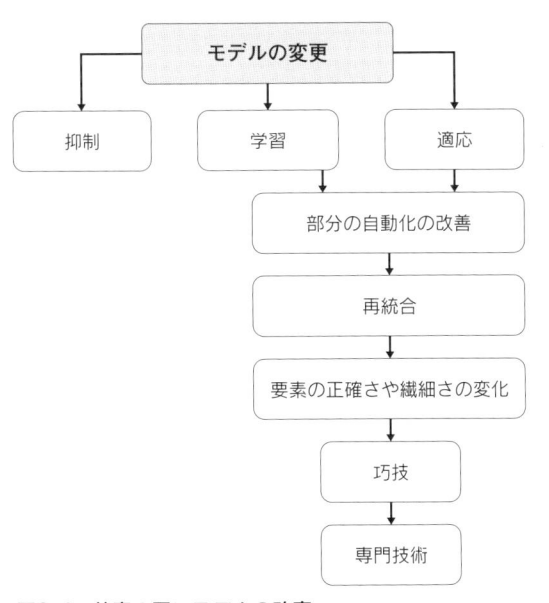

図3-4 効率の悪いモデルの改変(Teodorescu and Florescu 1971を改変)

を確認するために，空中姿勢やネットに対する踏切位置を観察する。そして，コーチは選手の踏切に問題があったという判断を下す。

モデルに変更を加える際，コーチは新しい技術要素の獲得を確実にする上で，むだな要素を取り除かなければならない。スパイクミスの原因が踏切位置のずれにあるのなら，コーチは床に正しい踏切位置を示すテープを貼り，踏切位置の誤りが起こらないようにする。このような作業によって，正確かつ優れた技能，後に巧みな技，さらには専門技術が生まれる。

■**安定性─変化性**　競技にはたくさんのタイプの動き，技術要素や戦術的プランがある。トレーニングにおいてそれらの動きや技能を用いることで，変化を持たせ，マンネリを防ぎ，選手の興味を保つことができる。各競技の要求に応じて選ばれるさまざまなエクササイズは，新しい戦力や戦術を作り出す確固たる背景となる。選手を運動や技能に適応させる，言い換えると選手の要求を満たすための変化性は，技術やパフォーマンスレベルを安定させる。さらに変化に富んだ練習は，安定性形成の妨げとなる要因を封じる役割をもっている。

■**標準化─個別化**　トレーニングにおいて，コーチは，技能の標準化と，選手各自の特性や性格に合わせた指導との矛盾を解決しなければならない。同様に，コーチは技術の構造と，選手各自の心理学的，生物学的特殊性とを互いに関連づけなければならない。

4．技術と戦術的トレーニングの完成段階

技術と戦術を完成させる過程は，コーチの知識や指導力のみならず，選手の新しいものを受け入れる能力によって支えられている。学習の能力は，これまでのモデルにもとづいた新しい情報を処理する能力や，個人の運動能力によって決まる。コーチの説明や，準備的，段階的ドリルの利用，視聴覚資料などは，選手の技能を完成していく上で効果的な道具である。選手は技術，戦術的な技能を3つの段階を通して改善していく(Teodorescu and Florescu 1971，図3-5)。

第1の段階では，技能を構成する個々の要素を完成すること(分化)がおもな目的となる。個々の要因がより洗練されるにしたがって，段階的にシステム全体へと統合されていく。技術は体力的な準備状態とともに変動するため，技能の完成過程と平行して，専門的あるいは補助的な運動能力も完成していく。第1段階のおもな目的は技能の完成にあるので，試合への出場は

勧められない。この段階は，年間プランの中では準備期の終盤に配置するのがよいだろう。

第2段階のおもな目的は，試合に類似した状況において，統合システム（技能の全体）を完成させることにある。非公式試合はこの段階の終盤に用いる。選手は，少なくとも専門的な運動能力を維持していなければならない。技術完成の第2段階を準備期の終盤に計画するとよい。

最終段階では，システムを安定させ，試合の詳細に合わせていくことが目的となる。したがって，さまざまな方法がある中で，コーチは，試合状況下での調整力を身につけるために，選手やチームを騒音や疲労といった妨害要素にわざとさらすこともある。

5. 技術的戦術的な誤りの修正

不適切あるいは正しくない学習によって技術の改善や技能の熟達は遅れる。そのため，選手の技術の欠点や戦術的な誤りを取り除くことがコーチの目標となる。欠点の修正が早ければ早いほど改善も早くなる。改善を妨げる欠点にはいくつかの原因が考えられる。技術的戦術的な欠点の原因は3つに大別される。

■**選手が技能を誤って行う場合**　いくつかの要因が選手の学習を制限する。選手の目標が低く，技能の習得自体で満足してしまうような場合は，心理的な制限が生じていることになる。不十分な体力トレーニング，技能の複雑さや難度に運動能力が追いついていないことも制限となる。技術は体力とともに変化するものなので，体力の発達が不十分な場合，技能獲得の停滞などの制限が生じるであろう。調整力は，ある種の競技における体力的な要因と同様，技能獲得の制限要因となる。例えば，体操競技において，体力レベルが不十分な場合，技術要素の学習がうまくいかないであろう。身体的な改善の結果として技術は良くなってくるのである。同様のことは，陸上競技の投てき種目に関してもいえる。技術パターンの誤った理解や誤った提示，そして誤った技術を行った際の筋感覚への悪い影響が，正しい技術習得の制限要因となる。新しく身につけようとする技能の習得は，すでに身につけられた技能によって妨害される。不適切な体力トレーニングや不十分な休養は疲労を引き起こすが，この疲労も学習能力

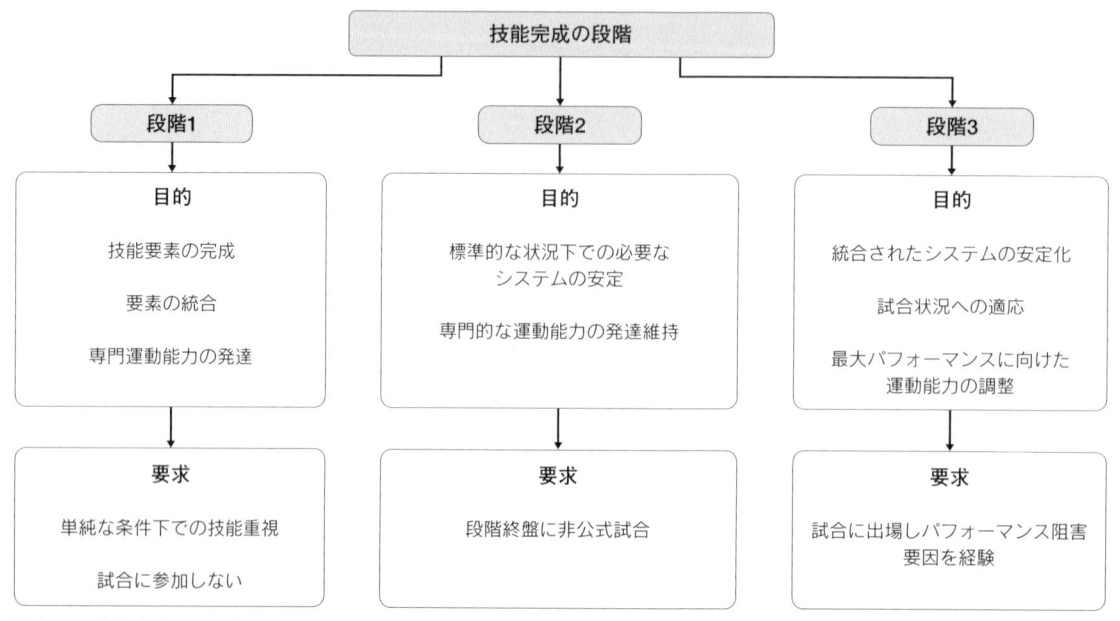

図3-5　技能完成の3段階(Teodorescu and Florescu 1971)

を制限する。選手による用具や器具の扱いが不適切な場合もある。最後には，やる気や自信や欲望の欠如，けがや事故への恐怖心などといった士気や精神的な原因もあるだろう。

■**コーチの方法論的な間違いが技術的失敗の原因となる場合**　コーチは不適切な指導法を用いるかもしれないし，技術の示範や説明が不十分で不完全で不正確であるかもしれない。技術の指導においては，選手の運動能力や学習能力の水準の誤った理解や現状に合わない指導方法によって個別化が不十分なこともあるだろう。チーム戦略の形成において行き当たりばったりのアプローチを用いることや，戦術練習の中に技術的要素を取り入れることは，選手の学習を制限する可能性がある。コーチの個性，行動やコーチングのスタイル，そして性格が制限要因となることもある。例えば，コーチが選手に対して辛抱強くなかったり，技能の習得をせかすような場合である。

■**組織や用具，環境的な原因**　質の悪い用具や器具，あるいは十分に整備されていないグラウンドやコートの使用は，トレーニングの質や能力の改善のスピードに悪い影響を与える。まとまりのない組織やプランは学習環境を不十分なものにする。学習の遅い選手や技術や戦術の技能に問題のある選手に対する個別トレーニングの欠如も大きな問題である。環境や気候の悪さも技能の獲得を妨げる要因となる。

ここまで技術や戦術を完成させるためのさまざまな方法について議論してきた。コーチは常に失敗を防ぎ，修正の必要をなくすようこころがけるべきである。指導を通して失敗の修正法を提供していくようにする。これがうまくいかなかった場合，できるだけ早く失敗の修正を行う。技術的戦術的な修正に関わる理想的な時期は，年間プランの中の準備期にあたる。試合のストレスから解放され，コーチ・選手ともに問題点の修正に穏やかな時間を確保することができるからである。

技術の修正の際，まず最初にこころがけるのは，技術的な問題点をなくすことである。選手に技術的問題点のような制限要因がなくなったら，すぐコーチはそれに代わる要素を指導しなければならない。これと同時に，新しい技術要素の獲得のために必要な運動能力を発達させる必要がある。

問題点の修正は，選手がまだ新鮮で技術に集中することができるウォームアップの直後にまず行うようにするとよい。学習への疲労の影響を考え，練習の終盤に技術の修正を行うことは原則的には避ける。そうすることで，反復技術練習の間の回復や休息を長くとることができる。

技術的な問題点の修正においてとくに重要なことは，修正を行う際の運動強度や運動速度をどのように設定するかである。多くの場合，コーチは低い強度や低い速度での技術の修正に集中する。水泳やランニング，ロウイングやカヌーやカヤックにおいては，選手は技術練習を低い速度で行う。コーチがよく理解できていないことは，ほとんどの選手は疲労の少ない低速の運動ではきちんとした技術の遂行が可能である，ということである。技術の崩れは低強度においてではなく，高速や試合に近いような状況下で起こる。技術の巧みさやフォームは疲労によって崩れる。疲労が起こったときには，フォームを正しく保とうとしても，昔の欠点がでてきてしまうものである。

技術の欠点に対する同様の間違いは，陸上の跳躍や投てき種目，武道やほとんどのチームスポーツにおいてみられる。例えば，バスケットボールにおいてみてみると，シュートの精度を高めるための練習は，休養が十分で心拍数も少ない，疲労のない状態で行われている。パスやシュートの精度を下げる技術の悪化は，選手が疲労し集中力を失ったときに起こる。

結論として，疲労は技能の巧みさを損なう。このような現状から，よりレベルの高い選手の場合には，原則から離れ，選手が試合で経験するのと同じような疲労した条件下でも技術練習を行うことを提案したい。新しい技術要素について，イメージトレーニングやメンタルリハーサルを行うことは問題点の解決に役立つ。同様に視聴覚資料の利用も技術の修正に有益である。最後に，学ぼうとする技術要素を熟練度の高い選手とともに反復練習するのも，技術を高める上で良い方法

の1つである。

4. 理論的トレーニング
Theoretical Training

　選手は実際に身体を動かしてトレーニングを行うことと同時に，理論的なトレーニングも行わなければならない。しかし，理論的なトレーニングはいまだに広く行われていないのはもちろん，十分に受け入れられていないのが現状である。今日では珍しいが，選手のために考えてやることがコーチの仕事だと信じているコーチもいる。そういうコーチの考えは，選手はトレーニングと試合をするもので，それ以外のことはコーチがするというものである。明らかに，この古くさい考え方は，選手の技術，パフォーマンスの向上に悪影響を及ぼしている。

　今日の理論に関する知識を身につけ活用することは，トレーニングのモチベーションを高めるだけでなく，選手の技能や能力の向上を促進する上で重要である。技術や能力発達と同時に，コーチは若い選手に対して，段階的にトレーニングの理論を紹介していかなければならない。若い選手というのは，その競技に関してコーチが知っているすべてのことを体験する必要がある。間違いなく，コーチは自らの競技の科学的な教育に関心を持ち，知識豊富でなければならないし，選手を一歩リードしていなければならないのである。

　コーチが得た科学的知識は，選手も共有するもので，コーチの専門的知識に踏み込んでゆくべきである。コーチの責任はトレーニングの中に限定されたものではなく，選手の全般的，専門的な教育に及ぶものである。

　以下に述べる領域の知識を選手と共有することで，コーチにとっての良いガイドラインが見えてくるだろう。

- 専門競技のルール，規定。
- スポーツ技術を理解し分析するための科学的基礎。技能を理解し，技術を分析する上でバイオメカニクスは最もつながりの深い領域である。体操競技や，陸上の跳躍や投てき種目や飛込，スキーにはとくに有用である。技術のバイオメカニクス的な基礎を理解することは，けがを防ぐのにも役立つ。
- 運動能力発達の科学的，方法論的基礎。
- トレーニングプランの考え方。コーチはトレーニングのピリオダイゼーションや試合準備，ピーキングについて話しておくべきである。
- トレーニングによって起こる解剖学的，生理学的適応。
- けがの原因，予防，治療。
- スポーツ社会学（グループ間の対立）。
- スポーツ心理学。とくにコミュニケーションの技術，行動変容，ストレッサーとストレッサーとの共存の方法，リラクセーション技術などを重視する。
- 競技と栄養。栄養がパフォーマンスに及ぼす影響，トレーニングの時期や種類に応じた食事のとり方，試合前，試合中，試合後の食事など。

　以下に示すような理論的トレーニングの方法について検討してみて欲しい：

- コーチと選手によるディスカッション
- 映像分析
- 他のチームの選手やコーチとのディスカッション
- 講習会
- 関連定期刊行物や出版物など

　トレーニング前後のディスカッションのような，トレーニング過程におけるコーチの説明と知識共有や，合宿やそのための移動中の会話は，選手の理論的な準備状態を改善するために重要である。選手との活動や関わり合いを通じて，コーチは，選手に対して，他の選手，審判，そしてファンへの敬意を養い，強い愛国心を持つなどの正しい倫理にもとづいた行動を教育する必要がある。

5. まとめ
Summary of Major Concepts

　競技の違いに関わらず，トレーニングは体力，技術，戦術，心理学的，そして理論的な要素を必然的に含んでいる。これら5つの要因，とくに体力，技術と戦術トレーニングの間には重要な関係がある。

　ほとんどのトレーニングプラン，とくにチームスポーツを対象にしたものは，体力トレーニングを無視して，技術，戦術トレーニングが重視されていることが多い。しかしながら，疲労が直接身体のコンディションづくりに影響を及ぼすことを考えても，体力トレーニングはすべてのトレーニング要素の基礎となるべきものである。体力レベルが低ければ低いほど，疲労の蓄積も早くなる。選手が疲労すると，技術や戦術的な技能は低下してしまう。強い疲労は，試合中の戦術的な判断にも悪影響を及ぼす。これは失敗の頻度を高め，結果としてパフォーマンスの低下を招く。このような事実からも，体力トレーニングをすべてのトレーニングの基礎として位置づけるべきである理由がわかる。

　技術の熟達に向けてトレーニングを行わなければならない。選手の技術レベルが高くなればなるほど，同じ技術にかけるエネルギーは少なくなる。すべての競技，とくに持久力が求められる競技においては，技術の熟達が動きの効率を高める。パフォーマンスが同じならば，より良い技術を持った選手ほど疲労が少なくてすむ。

　試合に先立って，戦術トレーニングをデザインしたり，ゲームプランを作り，選手がそれに向けた練習をゆとりを持って行えるようにする。

　成功をめざすならば，成功のためのプランが必要なのである！

Part 1
Chapter 4

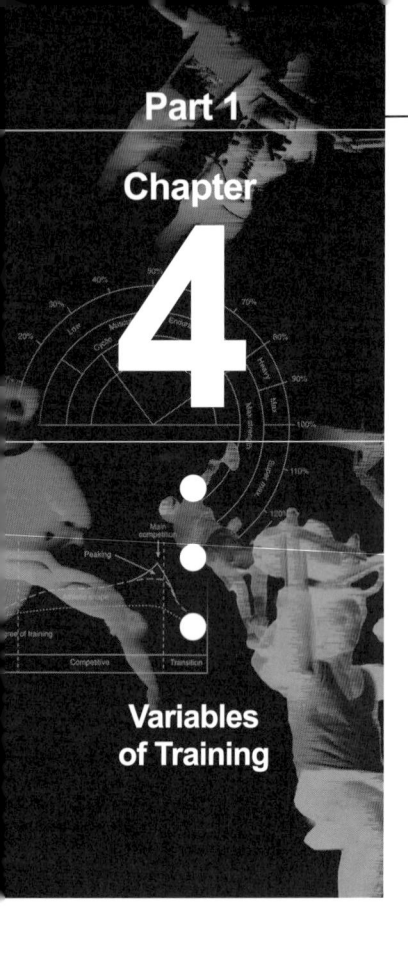

Variables of Training

第4章
トレーニングの変量

いかなる身体活動も，解剖学的，生理学的，生化学的，そして心理学的な変化を伴う。身体活動の負荷量は，その量（持続時間，移動距離，反復回数），強度（負荷，速度），そして密度（負荷の頻度）によって決まる。トレーニングの流れを計画するとき，トレーニングに関わるこれらの数量的な側面を考慮するべきである。目標とする試合に求められる機能的，心理的能力に応じて，個々の項目に対する要求水準を設定する。試合や試合に先立つトレーニングの各段階を通じて，目標とするパフォーマンスを達成するために重視するべき要素を確定しておく必要がある。このとき，スピード・パワー系競技は強度を，持久系競技の場合は量を重視することが多い。さらに複雑な技術習熟を要求する競技においては，そのトレーニングの複雑さが重視される。

1. 量
Volume

トレーニングの主たる要素であるトレーニング量は，高い技術，戦術，そして体力的な目標達成にとって欠くことのできないものである。トレーニング量はときどき，誤ってトレーニング時間と呼ばれることがあるが，その内容は以下のような項目を組み合わせたものである。

- トレーニング時間
- 一定の時間内の走行距離や挙上重量の総和
- 一定時間内に行われた運動種目や技術要素の反復回数

トレーニング量という指標から，トレーニングにおけるある活動の総量を知ることができる。また，トレーニング量は，1回のトレーニングやトレーニング期間における作業量の総和を表すときにも用いられる。トレーニング期間を通しての量についていう場合，トレーニングの回数，時間数，日数をはっきりさせておく必要がある。高いレベルのパフォーマンスが可能になるほど，トレーニング全体の量が重要になる。エリート選手にとって，行うべきトレーニング量を確保する近道はない。トレーニング量を持続的に増加させることは，現代のトレーニングにおいて，おそらく最も優先されなければならないことの1つであろう。トレーニング量を十分に確保することには，明らかに生理学的正当性がある。すなわち，選手はトレーニング量の増加なしには，生理学的な適応を生むことができないのである。仕事量の増加は，有酸素性の競技のトレーニングにおいて，最も重要な要素である。同じようにトレーニング量の増加は，技術や戦術的技能の熟達が必要となる競技においても重要である。大量の反復練習のみが，パフォーマンスの質的向上をもたらす技

能の向上を導く。

パフォーマンスの向上は，すべての競技において，練習回数やトレーニング量を増やすことによって得られる。より多い練習量に適応するにつれて，回復も加速される。練習量の増加の加減は，個人の特性や専門競技の特性によって異なる。エリート選手が十分なパフォーマンスを発揮するためには，1つのミクロサイクルについて最低8～12回の練習が必要となる。そして，年間トレーニング時間と目標とするパフォーマンスレベルとの間には高い相関が認められる。世界の上位20位に入ることが期待されるような選手は，年間1,000時間以上のトレーニングを積まなければならない。世界的な試合に参加する選手ならば800時間，国内有力選手ならば少なくとも600時間のトレーニングが必要となる。地域や国内の選手権で十分なパフォーマンスを得ようとすると，400時間は確保しなければならない。とはいうものの，1回の練習におけるトレーニング量の急激な増加は害になることがある。Harre（1982）は，このような急激な練習量の増加は，疲労につながるし，トレーニングの効率を悪くし，筋肉の仕事の能率を下げ，けがの危険を高めると示唆している。したがって，1回の練習量がすでに十分であるならば，1回の練習量を増やすよりも，ミクロサイクルにおける練習回数を増やすほうが賢明である。

トレーニング量を正確に評価するためには，計測の単位を選択する必要がある。いくつかの競技（ランニング，カヌー，クロスカントリースキー，ボート）については，ちょうどよい単位は，トレーニングにおいて移動した距離であろう。キログラムで表した負荷量は，ウエイトリフティングや，筋力の改善のために行ったウエイトトレーニングの負荷を表現するのに適している。時間は競技（ボクシング，レスリング，柔道，体操競技，チームスポーツ）を調整するのに用いられ，多くの競技においては，よく用いられる指標である。コーチが利用するにあたっては，12キロ走を60分でというように時間と距離をセットにして用いるべきである。

トレーニングにおいては，2種類の量を算出できる。「相対量」は，グループや選手，またはチームが特定のトレーニングやトレーニング段階に費やした時間の総量を表す。相対量が個々の選手に関する値を示すことはめったにない。これが意味するところは，コーチはトレーニング時間の総量については把握しているが，ある期間における選手個々の仕事量についての情報は持っていないということである。「絶対量」は決められた期間に，選手個人が行った仕事量を表すもので，たいていの場合，時間（分）で表される。これは選手のトレーニング量を評価する方法としてはよりいっそうすぐれた指標である。

トレーニングの各段階を通じたトレーニング量の変動は，競技やその運動特性，トレーニングの目的，選手の要求や試合予定などによって変化する。

2. 強度
Intensity

強度とは，ある時間内に選手が行った運動の質を表し，これもトレーニングの重要な要素である。単位時間内の運動量が多くなればなるほど，強度は高くなる。強度の高さは，トレーニング中の神経からの刺激の強さによって決まる。神経からの刺激の強さは，負荷の大きさや動作のスピード，反復間の休息やインターバルの違いによって決まる。もう1つの要因として，少なからず重要なのは，運動中の心理的な緊張の強さである。最大集中下での筋の運動とCNS（中枢神経系）の関わり合いは，トレーニングや試合中の運動強度を決定する。運動における心理学的要素の重要性を認め，射撃やアーチェリー，チェスといった比較的体力の発揮レベルが低い競技であっても，ある水準の強度が存在するということを知っておくことは大切である。

強度の評価は，運動の種類に応じて行われる。スピードを要する競技については，速度（m／秒）や，単位時間内の回数（回／分）で表すとよい。負荷に対して行われた運動の強度は，負荷重量（kg）や仕事量（kgm：1kgを重力と反対向きに1m持ち上げた場合）などで表すことができる。チームスポーツについては，ゲー

表4-1　スピード・筋力トレーニングの強度指標

強度段階	最大パフォーマンスに対する割合（％）	強度
1	30～50	低
2	50～70	中間
3	70～80	中
4	80～90	最大下
5	90～100	最大
6	100～105	超最大

（Harre 1982に加筆）

　ムのリズムが強度を決定する。

　強度は競技の特性によっても異なる。強度の水準は，競技の種類や専門種目によって異なるため，トレーニングにおいてはさまざまな強度の段階を設定し，それを用いなければならない。刺激の強さ，すなわち強度を測るにはいくつかの方法がある。例えば，抵抗に対する運動やスピードを高める運動では，最大強度に対するパーセンテージで表す。つまり，このときの100％は最大パフォーマンスである。100m走の場合，最大パフォーマンスは，スタートからゴールまでの平均速度（すなわち，10m／秒）によって表されることになるが，同じ選手が，より短い距離においては，もっと高い速度，例えば10.2m／秒，を出すかもしれない。ここでは，これは最大速度の102％となる（表4-1）。抵抗に対して行われる運動にとっては，102％は選手が動作範囲全体にわたって動かすことができない負荷であるが，等尺性であれば耐えることができるであろう。ここに示した強度の分類では，長距離走者（例えば，5000mあるいは10000mランナー）の最大パフォーマンスはレースでのペースなので，最大の125％か，それ以上のスピードでもトレーニングすることができるであろう。

　強度評価のもう1つの選択肢としては，運動のエネルギー供給系にもとづいた方法がある。この分類（Astrand and Saltin 1961；Farfel 1960；Margaria, Ceretelli, Aghemo, and Sassi 1963；Mathews and Fox 1971）は循環型の競技に適している（表4-2）。

　強度区分1は15秒以内で完了するような，短時間に最大限の活動を必要とする運動である。このような運動はとくに強度の高いもので，すばやい動きとCNSへの情報伝達の機敏性によって可能になる。運動時間が短いことで，自律神経系（ANS）の適応は間に合わない。そのため循環器系の対応にも時間が足りない。この強度区分（例えば，100m走）において要求されるのは，身体の対応の範囲を超えた急速な酸素の供給である。Gandelsman and Smirnov（1970）によると，100m走の疾走中，酸素の要求量は66～80ℓ／分にもなる。組織に蓄積されている酸素量では，この要求を満たすことができないため，選手は，この高速疾走に必要となる酸素の80～90％を酸素負債に頼ることになる。この酸素負債は，運動後の過剰な酸素消費によって補償され，これによって疾走中に利用されたATP-CPが再合成され補充される。このような活動の持続は体内の酸素供給能力，筋細胞内のATP-CPの貯蔵量と，高い酸素負債に対する選手の耐性によって制限を受ける。

　強度区分2は，最大強度の区分に当たり，15～60秒で完了する運動（200m走，400m走，100m泳など）に対応している。速度と強度は最大であり，中枢神経系と運動器にとっては最大限の活動となる。また，高速を維持する能力は60秒以上続くと低下する。筋細胞間

表4-2　循環型運動における強度の5区分

区分	持続時間	強度水準	エネルギー供給系	エネルギー供給％	
				無酸素性	有酸素性
1	1～15秒	最大限界	ATP-CP系	100～95	0～5
2	15～60秒	最大	ATP-CP系と乳酸系	90～80	10～20
3	1～6分	最大下	乳酸系と有酸素性	70～（40～30）	30～（60～70）
4	6～30分	中	有酸素性	（40～30）～10	（60～70）～90
5	30分以上	低	有酸素性	5	95

のエネルギーのやりとりは極端に高いレベルに達するが，刺激に対する呼吸循環器系の反応は時間的に間に合わないため，依然として低いレベルとなる。選手の酸素負債は，レースに要求されるエネルギーの60～70％におよび，その供給源はATP-CP系と乳酸系が主体となる。有酸素性は60秒以上の持続時間で動員されるため，この区分においてエネルギー供給に大きくは関与しない。400m走は，この区分に対応する競技の中で，最もエネルギー要求の高い競技の1つである。

強度区分3は，最大下の区分とも呼ばれ，スピードと持久力がおもな役割を果たす1～6分の運動(400m泳，カヌー，ボート競技，1500m走，スピードスケートの1000～3000m)がこれに当たる。これらの競技の複合的な性質と激烈な生理学的変化(例えば，心拍数が毎分200拍まで上昇，最大血圧が100mmHg上昇)から，6分以上の持続はほとんど不可能である。レース後，酸素負債は20ℓ／分にもおよび，乳酸は250mgに達する(Gandelsman and Smirnov 1970)。このような状況下で，身体には通常の平衡状態(pH 7)を超えて乳酸が蓄積し，アシドーシスの状態となる。

このような競技の選手，とりわけよくトレーニングされた選手は，すばやくレースのリズムに合わせる。レースの最初の1分が過ぎると，エネルギーの産生に有酸素性が加わり，これに続くレース段階においては，中心的な役割を果たす。ゴール付近ではふたたび加速するが，このさらなる追い込みで呼吸循環器系が生理学的な限界に達するまで動員される。このとき有酸素性だけでなく，無酸素性の解糖によるエネルギー産生が動員され，結果的に高い酸素負債が生じる。このように有酸素性と無酸素性の両方がエネルギー産生に関与するが，この両者の比率は競技の特性によって異なる。

強度区分4は中強度の区分で，最大30分前後持続する運動が含まれる。800m泳や1500m泳，5000m走や10000m走，クロスカントリースキー，競歩，スケートの長距離種目がこの区分に属する。循環器系の活動が亢進し，長時間にわたって心筋の負担が増大する。レース中，血液の酸素飽和度は酸素不足の状態(低酸素状態)で安静時よりも10～16％低い値を示す(Gandelsman and Smirnov 1970)。有酸素性からのエネルギー供給が優位(最大90％)となるが，レースのスタートとゴールの周辺では無酸素性の動員も盛んになる。長時間の種目については，レースを通してのペース配分とエネルギーの配分が重要となる。

強度区分5は，強度は低いがエネルギーの消費量が莫大な運動である。マラソン，50kmクロスカントリースキー，20km・50km競歩，自転車のロードレース等がこの区分に属する。この種の運動は選手に非常に大きな負担となる。運動時間が長くなることによって，血中の糖の枯渇(低血糖)が起こり，中枢神経系への負担が大きくなる。循環器系への要求が高く，心臓の肥大(機能的心肥大)はこの区分に属する競技を専門とする選手によく見られ，機能的な要求とも合致している。このような選手は，低酸素状態に対して高い適応能力を示し，レースにおいては安静時を10～14％下まわる酸素飽和度にも耐えて競技が続行できる(Gandelsman and Smirnov 1970)。高い負荷と，運動時間の長さから回復はゆっくりで，ときに2～3週間にもおよぶ。これは，これらの選手の年間試合数が少ない(3～5試合)ことの理由の1つにもなっている。

強度区分の2と3については，有酸素性の持久力，エネルギーの適切な分配，そしてレース中の自己評価能力が成功のカギとなる。自己評価の生理学的な性質は感覚器の機能に依存する。これが，身体の外的環境(時間，水，走路，ボール，用具の感覚)への反応をコントロールする神経系の特殊化した部分である。時間の感覚は，筋や腱の固有受容器からのリズミカルな信号から生じる。経験を積んだボクサーや，ランナー，水泳選手は，筋肉のセンサーからの情報をもとに，試合の残り時間やスプリットタイム，レースの記録を感じる能力が発達している。それらの感覚はすべて，疲労の感覚とともに，選手に身体の状態についての情報を提供し，トレーニングやレース，外的環境への適応を助けている。

トレーニング中に，選手が体験するトレーニングの強度はさまざまである。身体はトレーニング要求に応

表4-3 心拍数の応答に基づく4段階の強度区分

区分	強度の種類	心拍数／分
1	低	120〜150
2	中	150〜170
3	高	170〜185
4	最大	>185

(Nikiforov 1974)

えるために，生理学的な働きを活発にすることで適応していく。とくに，心拍数に見られるこのような変化をもとにして，コーチはトレーニングプランの負荷設定が適正かどうかをチェックするようにする。最後に紹介する心拍数をもとにした強度分類は，**表4-3**に示した(Nikiforov 1974)。

ある運動能力を高めようとするならば，刺激の強度は，重大なトレーニング効果が得られる閾値の強度レベルを超えていなければならない。Hettinger(1966)は筋力トレーニングについて，最大筋力の30％以下の負荷では，トレーニング効果が得られないことを明らかにした。持久系の競技(クロスカントリースキー，ランニング，ボート，水泳)について，毎分130拍あたりを超えないと呼吸循環器系へのトレーニング効果が得られないと考えられている(Harre 1982)。この閾値には個人差があるが，Karvonen et al.(1957)は安静時心拍数に，最大心拍数と安静時心拍数の差の60％を加えたものを用いる方法を提案した。

　心拍数の閾値
　＝安静時心拍数＋0.60(最大心拍数－安静時心拍数)

このように，閾値の心拍数は安静時心拍数と最大心拍数によって変化する。さらに，Teodorescu(1975)は，トレーニング効果を得るためには，最大能力の60％よりも高い負荷を用いるべきであると提唱した。

低いレベルの負荷あるいはトレーニングは，効果の発現が遅いが，十分な適応が確保され，パフォーマンスの安定にもつながる。高強度のトレーニングは，効果が現れるのが早いが，安定した適応が得られにくい。高強度の運動のみを用いるのが最も効果的なトレーニングではない。トレーニング量や強度にも変化をつける必要がある。準備期に行われる，多量の低強度トレーニングは高強度トレーニングへの基礎を作り，パフォーマンスの安定性を高める。

トレーニング理論においては，強度には2種類ある。
(1)絶対強度：最大強度に対する比率で表される。
(2)相対強度：1回のトレーニングやミクロサイクルの強度を表すときに用いられるもので，その期間中に行われたトレーニングの絶対強度と運動の総量によって示される。

絶対強度が高くなればなるほど，毎回のトレーニングにおける作業量は少なくなる。トレーニングにおいて絶対強度の高い運動(最大努力の85％以上．)を幅広く行うことはできない。そのようなトレーニングはミクロサイクル全体のトレーニング量の40％以下にとどめ，それ以外を絶対強度の低い運動にするべきである。

1. 量と強度の関係

トレーニングで問題となるのが量と質の両者であるが，トレーニングにおいてそれらを明確に区分するのは困難である。例えば，水泳選手が短い距離を泳ぐ場合，その距離と時間が量を表し，泳速が強度を表す。これらの各要素の強調を変えることによって，身体の適応やトレーニング状態に異なる影響を与える。強度が高く，時間が長くなればなるほど，エネルギーの要求量が高まり，CNSや心理面にも大きなストレスが加わる。

長距離泳では，強度を落とせば可能であるが，水泳選手は最大速度を試合の距離以上にわたって維持できないかもしれない。もし短距離走者のトレーニング強度を40％下げたならば，トレーニング量は4〜5倍に増やすことができる。したがって，強度を下げることによって効率が高くなり，トレーニング量(反復回数)を増加させることができることがわかる。もちろん，このようなトレーニング量の劇的な増加は，専門競技の最大強度自体が低い持久性の選手(長距離走者，スキーヤー，水泳選手)に当てはまるものではない。なぜなら，このような競技は絶対的な負荷がすでに小さいからである。4〜5倍のトレーニング量を得ようとするのならば，選手が耐えうる超最大負荷の最高値から

40％下げた強度を用いるべきである。

　Ozolin(1971)は，さまざまな強度の競技における1年間の流れの中でのトレーニングの量と強度の関係について正確に例示した。走高跳の選手は，全助走を含め，跳躍に使う時間はほぼ2時間である。棒高跳では3時間，三段跳では10～12分間。体操競技(鉄棒の複合技)では6時間，長距離走者は70～100時間(レースペース前後で)である。それ以外の時間は，専門競技に要求される能力を高めるための他の運動を行っていることになる。しかし，試合の標準的な時間が決められており，それによって量と強度の関係も決定するチームスポーツやボクシング，レスリング，武道ではまったく事情が異なる。

　量と強度の最適な関係を決定することは，複雑な作業であり，たいていは競技特性によってその方法も異なる。客観的に評価できる競技においては，より単純である。例えばカヌーでは，量はトレーニングでカヌーを漕いだ距離によって評価され，強度はある距離をどれくらいの速度で移動したかによってきまる。チームスポーツや体操競技，フェンシングなどの競技においては，トレーニング要素の正確な構成比を明らかにし，動作やトレーニングの要素の総数，行われた動作の反復回数や移動距離などを考慮して評価を行う。しかしながら，トレーニングの時間や，ある技能の反復回数のみが量の評価に用いられていることが多い。ほとんどのコーチにとって利用することは難しいが，エネルギー消費量を評価に用いるのは，強度や量の評価においてより正確な方法である。

　心拍数(HR)は，運動強度の指標としてよく用いられる。競技の初心者であれば，この指標で十分である。しかしエリート選手の場合は，身体のあらゆる機能を動員しているため，心拍数の変動も身体の多くの反応の1つに過ぎず，十分な利点があるとは言えない。このような理由から，心拍数だけを運動強度の指標として用いることは，誤った負荷の選択につながる可能性があり，結果的にトレーニング効果にも影響を与える。しかし，心拍数をトレーニング間の回復の指標として用いることは，負荷自体の評価や選手の負荷に対する反応を評価するうえで大きな助けとなる。

2. 負荷と強度の増加過程

　最近の国際的な選手のトレーニング量は，1970年代や1980年代では想像もできないほどである。2～4時間のトレーニングを週に8～12回行うのが普通である。多くのコーチは，トレーニングにおいて選手が自由にトレーニングできる時間を多くするよう配慮している。第2章で述べたように，トレーニング要素は，徐々に，そして個別に追加する。調和を保ちながらトレーニングを進めていくのである。また，あるトレーニングのサイクルにおいて最適であった内容も，次のサイクルでは強度が目的のトレーニング効果を生む水準に達していないことで，不十分になることもある。最適に設定されたトレーニングは最適な適応を生む。このように，最適なトレーニングは体力水準に応じて設定されるべきである。さもなければ，強度が強すぎたり弱すぎたりしてしまう。トレーニングの量的な蓄積とそれに対する適応によって，作業能力は段階的に向上していく。トレーニングにおいては，選手の適応と作業能力は直線的に向上するのではなく，断続的に向上していく。コーチは，トレーニングプランから期待される選手の能力向上を辛抱強く待ち続けなければならないのである。

　トレーニングの量と強度の増加の理想的な進行の例は，以下のようなものである。

■ トレーニング量

- トレーニング時間の増加：現在60分×3セッション／週で行っているのであれば，90分×3／週へと増加し，120分×3／週へと増やしていく。
- トレーニング回数の増加：120分×3セッションを120分×4，120分×5というように増加していく。
- 反復回数やドリルの種類，技術要素の数を増やす。
- 反復練習それぞれの走行距離や持続時間を伸ばす。

■ トレーニング強度

- 一定の走行距離を走る場合の走速度増加や，ドリルのリズム(速さ)を速くすること，筋力トレーニ

PERIODIZATION

ングの負荷増加など。
- 筋力トレーニングにおける1つの強度に対する反復回数を増加する。
- 戦術ドリルや，反復練習間のインターバルを短縮する。
- トレーニング段階ごとの試合を増加する（競技特性や選手の状態に合わせて）。

トレーニングにおける負荷と強度の増加過程は，3つの要素（トレーニング環境，準備状態，競技レベル）によって決まる。

■ **競技特性** 最大努力でパフォーマンスが行われる競技（ウエイトリフティング，投てき，跳躍，短距離走）では，試合期の強度水準はたいてい高く，トレーニング全体の70～100%を高強度のトレーニングが占めている。技能の熟達がパフォーマンスを決定づける競技（フィギュアスケート，飛込，シンクロナイズドスイミング）においては，高強度のトレーニングはめったに行わない。Ozolin(1971)によると，この種の競技のトレーニングにおける平均的な負荷強度は，中程度のものである。いっぽうで，チームスポーツのトレーニング強度は複合的である。というのも，試合のリズムが早く，運動の強度も低いレベルから最大努力まで常に変動するからである。このような要求に応えるため，多くの強度の変化が持続的に行われるようなトレーニングプランが必要となる。

■ **トレーニング環境** 例えば，湿った雪の上で行うクロスカントリースキー，砂地や上り坂でのランニング，水泳やボート競技における負荷をかけた牽引は，環境によってトレーニング強度を増加する例である。選手間の競争や観客の存在も強度を増加させる要因である。

■ **選手の準備状態や競技レベル** 準備状態や競技レベルの異なるさまざまな選手に同じトレーニング内容を行わせた場合，それぞれにとっての強度は異なったものとなる。エリート選手にとっての中程度の負荷は，競技力向上の途上にある選手にとっての，最大努力ということもあるかもしれない。競技レベルの異なる選手がいっしょにトレーニングすることもあるだろうが，

コーチは選手それぞれの要求に合わせて，別々にトレーニングプランを立てなければならない。

強度の増加は，トレーニング1回の強度の増加やトレーニング段階全体の強度の増加，またはトレーニング間隔を縮めることによってなされる。明らかに，コーチは，競技種目に応じた専門能力を高める前者の方法を重視するべきである。全般的な身体能力の向上や競技の専門的な持久力の養成を目的とした場合などは，後者を用いるとよいであろう。

すでに述べたが，心拍数はトレーニング強度の算出の助けとなるものである。心拍数を，運動強度の客観的な指標として用いる場合，1回の練習における選手個人への要求量として，全体強度（OI＝overall intensity）という指標の算出が可能となる。Iliuta and Dumitrescu(1978)によって提案された次式によってOIが算出される：

$$OI = \frac{\Sigma(PI \times VE)}{\Sigma(VE)}$$

ここで，PIは部分強度の占めるパーセンテージ，VEは運動量を表している。まず最初にPIを求めるため以下の式を用いる：

$$PI = \frac{HRp \times 100}{HRmax}$$

HRpは，部分強度を算出しようとする運動における心拍数，HRmaxは，選手の運動中の最大心拍数を表す。

トレーニングの量や強度の変動も競技に求められる運動能力に応じたものとなる。スピード系の競技でも持久系の競技でも，とくに試合期には負荷の増加過程を重視すべきである。持久系の競技では，負荷増加のおもな要素は量の増加で，強度増加の要素は少ない。このように，量と強度は反比例し，強度の増加が行われるのは量の減少があるときのみである。

トレーニング内容について言えば，絶対負荷の高い運動はおもに2分以内に終了する。2分間にわたって持続する運動では，有酸素と無酸素それぞれのエネルギー供給系の関与は50：50となる（Astrand and

Rodahl 1970)。持続時間がおよそ2分の運動のためのトレーニングでは，量と強度の両方を重視しなければならない。しかしながら，有酸素性エネルギーは，レースの最初の1分においてさえも重要であることは明らかである(Mader and Hollmann 1977)。これらのことから，持続時間が2分以内の競技については，トレーニング量を重視することが求められる。とりわけ，準備期や試合期の初期ではなおさらである。2分を超えるような運動では，有酸素性のパワーが明らかに優位になる。トレーニングの量と強度については第2部，第8章「年間トレーニングプラン」でより詳しく述べる。

3. 量と強度の評価

人の身体は，経験した種類の刺激に適応し，それに応じた改善を示す。トレーニングにおいては，選手が行う運動が原因であり，身体の適応が結果である。最適な刺激は，最適なトレーニング効果を生む。よいトレーニング効果を得るためには，競技にあったトレーニングプランを立て，適切な量で処方することが重要である。個人の能力やトレーニングの段階，量と強度の適切な割合に応じて，トレーニングを決定する。もしトレーニング量が適切にコントロールされたならば，トレーニング(トレーニング段階の身体的・心理的な水準)は適切なものとなり，意図した競技力の向上が得られるであろう。

4. 量と適応の関係

適切な負荷量のトレーニングは，選手の解剖学的，生理学的，心理学的な変化を引き起こす。系統的なトレーニングによって起こる良い変化は，さまざまな刺激への適応を生み出す。トレーニングの負荷量と適応との間には高い相関関係がある。適応によってトレーニングの効果が得られるのは，トレーニングの負荷が，各個人の能力に応じた閾値の負荷水準を超えているときのみである(Harre 1982)。強度の低すぎる運動(例えば最大負荷の30%を下まわるような)は，たとえ量が多くても適応につながらない。反対に，選手に要求する運動量が多すぎたり，量と強度の比率を誤った場合など，最適なレベルを超えて負荷を与えてしまうこともある。このような場合，負荷への適応は減少し，パフォーマンスの停滞や，低下につながることさえある。適応は，刺激と回復，運動と休養の適切な組み合わせの結果として得られるものである。

トレーニングや試合へ適切に適応していく過程は，選手のトレーニングの段階を高め，正しいピーキングや身体的心理的な改善を促す。標準的な負荷と刺激の効果は，短時間で減少してしまうため，結果として，そこそこのパフォーマンスしか得られない。そのため，トレーニングにおける漸増負荷の原則にそって周期的な負荷量の増大が求められる。さらに，負荷が減少した場合は，トレーニング効果が減少することになる。トレーニングをあまりに長く中断してしまうと，トレーニングの効果自体も減少してしまう。例えば，移行期が長すぎて，しかも完全休養がほとんどだった場合，準備期や試合期に得られたすべてのトレーニング効果は消失してしまう。このような場合，選手は続く準備期のトレーニングを低いレベルから開始しなければならなくなってしまう。

3. 密度
Density

ある時間内に選手が一連の刺激(トレーニング)を与えた頻度をトレーニングの密度という。密度とは時間軸で見た場合の運動と回復との関係を表している。適切なトレーニングの密度はトレーニングの効率をよくし，選手が危険なほどの疲労や困憊に陥ることを防ぐことにつながる。バランスのとれた密度は，トレーニングと回復の間の最適な割合を導く。

2つのトレーニング活動間の休息は，それぞれの活動の強度と持続時間によって決まるが，選手のトレーニング状況やトレーニング段階，競技特性についての考慮も必要である。最大に近い強度の活動は，次の活動までの回復に長い休息時間を必要とする。強度の低い活動では，選手の休息への要求も低く，したがって

必要とする休息時間も短くなる。

休息時間の客観的な計測方法として，心拍数を用いた方法があげられる。Harre(1982)，Herberger(1977)は，休息をはさんだ反復運動の場合，次の反復へ移るまでに心拍数が毎分120～140拍を下まわるべきだと提案している。Harreは運動と休息の最適な密度の比率を提案している。持久力の向上のための最適な密度は運動時間：その間の休息時間が2：1から1：1としている。2：1の比率は，運動の間の休息が，運動時間の半分ということを示している。持久力の向上を目指して，とくに高い負荷を用いる場合，密度は1：3から1：6くらいが適している。筋力トレーニングの場合，とりわけ最大筋力やパワーを高めるような目的で行う場合は，負荷強度や動作のリズムにもよるが，2～5分の休養を取るべきである。

他の指標を使って密度を表現することもある。相対的な密度(RD)は，1回のトレーニング時間全体に対する運動時間の比率で，以下の式によって求められる：

$$RD = \frac{AV \times 100}{RV}$$

ここでAVは絶対量，または個人が行ったトレーニングの量を，RVは相対量，あるいはトレーニング1回の所要時間を表す。例えば，この章の初めに述べた仮想のボクサーについてAVを102分，RVを120分とし，これらの数値を式に代入すると，

$$RD = \frac{102 \times 100}{120} = 85\%$$

RDは85%となり，ボクサーは全トレーニング時間の85%を運動していたことになる。RDはコーチにとっても選手にとっても有用な指標であるが，選手のトレーニングにおいては絶対密度(AD)のほうがより重要性が高い。ADは選手が行った有効な運動とAV(絶対量)の比率である。以下の式を用いて，AVから休息時間(VRI)を引くことで，有効運動量が算出できる：

$$AD = \frac{(AV - VRI)100}{AV}$$

VRIを26分，AVを前述の102分とし，これらの値を式に代入すると，以下のような結果が得られる：

$$AD = \frac{(102 - 26)100}{102} = 74.5\%$$

このように，ボクサーのADは74.5%であった。トレーニング密度は強度の要因なので，絶対密度の値からは中程度の強度(表4-1強度の指標を参照)となった。このような評価方法は，効果的なトレーニングを実現する上で重要である。とくにしばしばトレーニング密度が低くなりがちな体操競技においては有効である。

4. 複雑性
Complexity

複雑性は，トレーニングの技術的な洗練度を示す指標である。技能の複雑さや調整力への要求の高さはトレーニングの強度を高める。複雑な技能，技術要素は学習を難しくし，結果として余分な筋張力を必要とする。とくに神経―筋の協調がうまくいっていない時期にこの傾向は顕著になる。複雑な技能にグループで取り組ませてみると，調整力の高い者と低い者を容易に見分けることができる(このとき運動課題は，だれもこれまでに行ったことのないものを用いる)。Astrand and Rodahl(1970)が提唱したように，運動が複雑になればなるほど，機械的な効率の個人差も大きくなる。

前もって身につけていた，高度に複雑な技能でさえも，精神的ストレス源となりえる。それゆえ，技能や戦術操作の複雑さを，精神的なストレスと関連づけて考えるべきである。Korcek(1974)はチームスポーツにおける戦術の複雑さは，重大なストレッサーを代表するものであり，選手はそのような状況に常に影響を受けていると主張している。選手の複雑な戦術への反応がどれほどのものかは，毎分20～30拍の心拍数の増加が物語っている。これらのことから，コーチはトレーニングの計画の段階において，選手がオーバーワークにならないよう課題の複雑さについて考慮しなければならない。同様に，試合のプランを立てるときにも，コーチは体力面のみならず，戦術の複雑さも大いに考慮にいれるべきである。このような考えから，コーチ

は試合後の休養を十分に確保したり，重要な試合の間隔を長く設定したりするべきである。

　量と強度，密度は，トレーニングで選手が直面する要求に大きな影響を与える。これら3つの要素はお互いに補い合うものであるが，どれか1つの要素に対する強調を高めることが，選手への要求を高める原因になるかもしれない。例えば，コーチがトレーニングで同じ要求を維持し，その上その競技の持久力を発達させる必要があれば，選手はトレーニング量を増加させなくてはならない。その後コーチは，それが密度にどのような影響を与えるかを判断し，どの程度強度を落とすことになるかを見極めなければならない。もしコーチが，トレーニングの強度に変化をつけることで全体的な要求の数値を求めようと決めたならば，選手はこの新しい状況がトレーニングの量や密度にどう影響するかを予想する必要がある。

　トレーニングの計画と管理は，量，強度，密度の3つの要素によって左右される。コーチは各要素の変化を適切に方向づけしなければならない。選手の適応の状況，トレーニング段階，試合プランと直接関連する量と強度に関してはとくに注意が必要である。

　トレーニングへの要求水準を表す全体要求(IOD)の指標は，Iliuta and Dumitrescu(1978)によって提案された以下の式によって算出される：

$$IOD = \frac{OI \times AD \times AV}{10{,}000}$$

ボール，バレーボール，サッカー，ホッケーなどでは，まだ改善の余地がある。

　いくつかのチームスポーツにおいて週に6～10時間行われる伝統的な練習を，体育館やフィールド，アイスアリーナ以外の場所でのトレーニングを増やすことで，簡単に倍増することができる。もしこれを実行できるようになれば，それらの競技での改善は，はっきりと目に見えてくるであろう。

　いっぽう，トレーニング強度は，スピードやパワー系のトレーニング，あるいは専門のドリルなどによって神経─筋系に負荷をかけるほとんどの競技で適切に設定されている。

　トレーニング量と強度をよりうまく扱うためには，それらの量的な増加の過程をよく考えることである。いかにしてトレーニングを進めていくか，同時にオーバートレーニングを防ぐかについて知ることが不可欠なのである。

　トレーニングの密度，すなわち一定時間内に行われたドリルや種目の数に最大の注意を払うべきである。単位時間のドリル数が増えれば増えるほど，強度は高くなり，トレーニングのストレスが高まる。一定期間内のトレーニングのやりすぎによる悪影響を防ぐためには，トレーニングにおけるエネルギーの回復時間を調査するとよい(1章)。これを行うことで，運動後の休息間隔を正確に計算し，過剰な疲労を避けることができるのである。

5. まとめ
Summary of Major Concepts

　総活動量，トレーニング量は，トレーニングの変量のカギとなる。身体的，技術的，戦術的に大きな活動量は，通常，より良いパフォーマンスへとつながっていく高い水準の適応にとって重要である。トレーニング量は，しばしば個人競技において適切であるのに対して，ほとんどのチームスポーツ，とくにバスケット

第5章
休息と回復

Part 1
Chapter 5
Rest and Recovery

選手は，1日に2回かそれ以上のトレーニングを行う。加えて，競技のストレスを増長するような職業上あるいは社会のストレスを受けるのである。これらのストレスを克服するために，トレーニング，社会生活，休養の間のバランスをうまく保たなければならない。

PERIODIZATION　トレーニングをすると疲労する。疲労が激しければ激しいほど，トレーニング効果は大きくなる。疲労は，回復の遅れ，調整力の低下，筋収縮のスピード・パワーの低下などといった形で表れてくる。そして，強い精神的な疲労は，生理的な疲労をいっそうひどくする。試合後の強い疲労は，精神的疲労が増長された例である。

コーチは，選手が休息をうまく取り，トレーニングの限界を克服し，パフォーマンスを高めるように指導する必要がある。そのためには，コーチが休息の重要性を理解し，休息を有効なトレーニング要素として積極的に取り入れなければならない。しかし，コーチの多くは，トレーニング負荷の増大に伴い，回復への努力を重視することはない。同じように，この極めて重要な領域での研究は不足している。適切な休息を取ることは，トレーニングとトレーニングとの間の再生のスピードを増し，疲労を減らし，超回復を高め，より強い負荷のトレーニングを行えるようにする。さらに，疲労はけがの頻度を高めるが，これは，疲労が調整力や集中力の欠如をまねき，悪い動きを導くからである。

トレーニングと休息は，両方とも重要なトレーニング要素であり，成功を収めるためには同じくらい重視しなければならない。なぜなら，選手は，トレーニングを行っている間は，十分回復することはめったにないので，いろいろな回復の方法を用いることを考えなければならないからである。選手は，コーチに指導を受けていない時の時間も重要であることを理解し，バランスの取れた生活を心がけなければならないのである。

回復のテクニックは，習慣化できるものでなければならないし，トレーニングに対する生物学的適応および再生が生じるように，トレーニングとの配置を考えなければならない。また，回復は日常の中に取り入れられるべきもので，おもな試合の後だけに重視したり，

あるいはトレーニングと別のものであると考えるべきではない。トレーニング後に再生を図ることができれば，強い疲労やオーバートレーニングを避けることができる。

1．回復の理論
Recovery Theory

1．回復の要因

回復や再生は，内的要因と外的要因の両方に依存する多面におよぶプロセスである。選手の生理学上の構造やトレーニングについて理解し，それらの要因を知るコーチは，精選された回復のテクニックを用いることができる。これには次のような要因を考慮しなければならない。

選手の年齢が回復に影響を及ぼす。25歳以上の選手は，トレーニング後，若い選手よりも長くの回復時間を要する。また，18歳以下の若い選手は，超回復を促すために，トレーニングの間により長くの休息時間を要する(Nudel 1989；Rowland 1990；Schöner-Kolb 1990)。より多くの経験をもつ選手の方がより早く回復する。それは生理的により早い反応が起こり，しかも動作が効率的なためである(Noakes 1991)。

性別は，回復の早さに影響を及ぼす。女性は男性よりも，内分泌的な理由で回復が遅い傾向にある。とくに，男性ホルモンであるテストステロンが少ないことが影響を及ぼす(Noakes 1991；Nudel 1989；Rowland 1990；Vander et al. 1990；Zauner et al. 1989)。

環境的要因は，再生時間に影響を及ぼす。この例としては，高地(通常3,000m以上)でのトレーニングがあげられる。そこでは呼吸ガスの分圧が低く(Berglund 1992；Fox 1984)，しかも極端に寒い気候でのトレーニングになる。低い気温でのトレーニングは，人間成長ホルモン(HGH)とテストステロンといった特別なホルモンの再生に影響を及ぼす(Levine et al. 1994；Stokkan and Reiter 1994；Strassman et al. 1991)。

寒い気候での運動は，最大下の負荷での乳酸生産のスピードを高め，脂質代謝のスピードを遅らせる。この脂肪代謝の低下は，脂肪組織における血管収縮とアドレナリン作用による血管収縮によるものであろう(Doubt 1991)。

動きの自由度が回復の早さに影響を及ぼす。硬くなった筋膜組織と局所的な癒合(例：しこり)のために動作範囲が小さくなると，競技パフォーマンスと再生に影響が及ぼされる。しこりに血液の供給が少なくなると，十分な栄養や酸素を受け取りにくくなる。このようにして，全身の筋活動は弱まっていくのである(Andrews 1991；Kuipers and Keizer 1988)。

トレーニングに使われた筋腺維のタイプが回復時間に影響を及ぼす。速筋は遅筋よりも，その収縮特性から早く疲れてしまう傾向にある(Fox 1984；Noakes 1991)。

運動に用いられるエネルギータイプが回復スピードに影響を及ぼす。主として無酸素性エネルギーが利用される場合と有酸素性エネルギーが利用される場合では異なるのである。持久力のトレーニングは，スプリントトレーニングよりも回復が遅い(Fox 1984；Noakes 1991)。

心理的要素が回復に影響を及ぼす。コーチは，練習中に不安や優柔不断といったネガティブな感情を表に出してはならない。選手はそれらをストレスと感じる。また，1人の選手に与えるストレスは，他のメンバーにも影響を及ぼす。選手のこのような情緒の認知は，コルチゾールや他のホルモンの分泌の引き金となるのである。これは，筋組織の発育や補修の抑制，筋張力の高まり，炎症反応の低下，免疫反応の低下，タイミングや神経─筋の協調性への影響などのいろいろな生理的な問題の原因となる(Bloomfield et al. 1996；Nordfors and Harving 1997)。コーチは，レースや試合後に，選手が心理的，生理的に疲れないようにしてやらなければならない。モデル化したトレーニングを利用する，心理的なリラックステクニックを用いるなどの方法で，早期の疲労から守るようにする。

局所的な急性の創傷やオーバートレーニングからの

PERIODIZATION

解放は，回復にとって重要である。けがをしている選手は，コルチゾールなどのカタボリックホルモンとアンモニアの増加のために，回復するのが難しい（Berg 1994；Kuipers 1994）。

細胞レベルでの微量栄養素（ビタミンとミネラル）と燃料の補給や利用は回復に効果的である。タンパク質，脂肪，炭水化物は，ATP-PCの合成や損傷した筋組織の再構築のために常に必要とされているのである（Colgan 1993；Noakes 1991；Wardlaw et al. 1992）。

効率の良いエネルギーの転換と老廃物の除去は，回復のスピードに影響を及ぼす。身体の状態が優れている選手は，食物を効率よく代謝し，効率よく老廃物を捨てることができるために，より早い回復スピードを示す。両方の要因とも，働いている細胞に酸素を，そして次に消化器系から運ばれる栄養素を供給する循環系に依存している（Fox 1984；Noakes 1991；Vander et al. 1990）。

選手が外国で競技するとき，3～10時間あるいはもっと大きな時差がある場合は，人間の体のサーカディアンリズムに影響を与えるだろう。この兆候は，倦怠感，食欲不振，日中の疲労感，腎臓機能の非同期化（増えすぎたカリウムとナトリウムが排出され，筋肉のけいれん，疲労，頭痛の原因となる），消化器系の不調（血液アミノ酸の循環における乱れ，老廃物の排出，他の内臓の活動），抑制された人間成長ホルモンのレベル（HGHは，代謝を高めたり，食欲を促進したり，免疫機能を維持したり，炭水化物，タンパク質，脂質，核酸，水，そして他の電解質の代謝を調整する他のホルモンを統合する），睡眠障害などを含んでいる。この症状の強さは，旅行前に体のリズムを前もって調整する能力，時差の大きさ，旅行する方向，個人のタイプ（外向的か内向的か），年齢，社会の相互作用，行動，食事，そして時間生物学的な薬物療法にかかっている（Loat and Rhodes 1989；O'Connor and Morgan 1990）。Loat and Rhodesは，時差が大きい場合，小さい場合に分けて旅行時に次のように勧めている。

〈時差が小さなとき〉

- 寝て起きる時間のサイクルを前もって，目的地に合わせる。
- 可能であれば，西への飛行の後は朝に，東への飛行の後には夜にトレーニングをしたり，競技をする。
- 他国への移動を続けながら競技を続ける場合には，同じ方向に飛ぶように計画を立てる。
- 新しい目的地に着いた後には，一定の時間に食事をとる。
- フライトの前は軽い食事と重い食事を変えていく。高タンパク質の朝食，低タンパク高炭水化物の夕食をタイムゾーンを進んでいくにしたがって摂るようにする。
- フライトの前，中，後にはアルコール飲料の摂取を避ける。
- フライト後おおよそ2時間は，軽い社交的活動や身体運動を楽しむ。
- 高度の高い所では，腸のガスが膨張するので，ガスを産出するような食品は避ける（豆，炭酸飲料など）。
- ビタミンC，EとともにビタミンB類を摂るようにする。

〈大きな時差がある場合の移動〉

- タイムゾーン1つこえるごとに，少なくとも1日早く目的地に着くようにする。6タイムゾーン以上をまたぐ場合には，時差に慣れるために14日間が必要である。
- 10タイムゾーンをこえる場合には，いつも西行きのフライトを利用する。
- ある程度，現地の寝起きの生活サイクル，食事の時間に合わせるように試みる。
- フライト後おおよそ2時間は，軽い社交的活動や身体運動を楽しむ。
- フライトの3日前に軽い食事と重い食事を変えていく。高タンパク質の朝食，低タンパク高炭水化物の夕食をタイムゾーンに進んでいくにつれて摂るようにする。

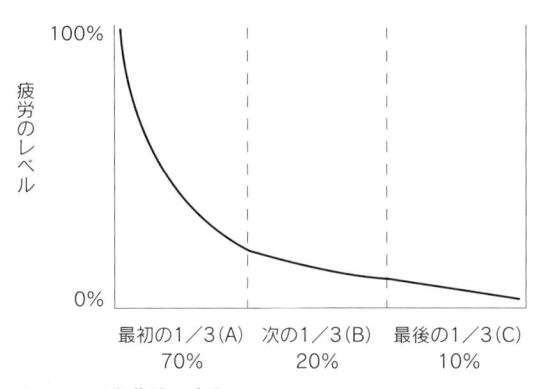

図5-1 回復曲線の変化
Aは運動後30分から6時間の最初の筋肉へのエネルギーの補充。Bは6時間から24時間に生じる組織全体へのエネルギーの補充。Cは中枢神経回復にAとBの過程を加えたもの，つまり24時間の過程を示している。

- 目的地に着いた後には規則正しい睡眠時刻と食事時刻を維持するようにする（睡眠を固定する）。
- フライトの前，中，後にはアルコール飲料の摂取を避ける。
- 高度の高い所では，腸のガスが膨張するので，ガスを産出するような食品は避ける（豆，炭酸飲料など）。
- ビタミンC，Eとともにビタミン B 類を摂るようにする。
- 処方された時間生物学の薬物（メラトニンなど）の計画的な使用は，サーカディアンリズム異常の症状を軽減する。寝ようとする時間の1〜3時間前に1時間の時差ごとに1ミリグラムのメラトニンを摂るようにする。

2. 回復曲線

回復のパターンは，直線ではなくカーブである（Florescu et al. 1969）。ラインは，最初の1/3で70%ほど劇的に低下する。そして，次の1/3で20%，最後は10%となる（図5-1）。どのエネルギー系に負荷がかかるのか，選手が短期間の疲労もしくは長期間のオーバートレーニングから回復しているのかどうか，そしてそれは神経性内分泌系を伴っているのかどうかによって，最初の1/3から終わりの1/3に移行するのに数分から場合によっては数ヶ月かかるかもしれない。

ピーキングに取り組んでいる選手が回復曲線のどの段階にいるかを確かめるために，侵襲的，非侵襲的モニターリングのテクニックを使うとよい。いろいろなモニターリングの方法は，コーチが選手のベースラインの値を設定し，正確に選手がピークの状態にあるかどうかを測定することができる。運動に対する生理的，心理的反応は，選手が超回復の状態に至るまでにどのような運動を行えばいいか，あるいは回復のスピードがどれくらいかを確認することができる。

いろいろな生物学的な変数と物質の回復が，継続的に起こる。最初に心拍数と血圧が運動後20〜60分で正常に戻る。グリコーゲンの回復には，有酸素運動後では10〜48時間，無酸素性の間欠運動後では5〜24時間かかるのである。タンパク質は12〜24時間，脂肪，ビタミン，酵素では24時間以上を必要とする。

生理的，心理的に最高のピークを作り出すためには，トレーニングや競技の前後や最中に，回復のテクニックを用いるとよい。運動後の6〜9時間以内，あるいはもっと早急に特別な回復の手段を用いれば，超回復を促進し，作業能力を高めることができる（例：筋グリコーゲンの貯蔵は最初の2〜4時間。Noakes 1991；Talyshev 1977）。適切な再生を無視すると，超回復を遅らせたり，生じさせないようにしてしまうことになる。

回復テクニックの選択は，残っている疲労の程度や行う時間帯による。例えば，トレーニングや試合が夜に行われる場合には，睡眠を妨げないようなテクニックだけを用いる。翌朝には前の夜には使えなかったテクニックを用いることもできる。これらのテクニックの誤解を避け，効果を最大限に引き出すためには，それらのテクニックを用いる前に，医者や他の医学関係の人（マッサージ師や物理療法士）と緊密に活動するとよい。

PERIODIZATION

2. 回復の自然的方法
Natural Means of Recovery

　自然回復方法は，特別な器具や物理療法も必要としない。広く使われている方法は，運動療法，積極的休養，完全休養である。

1. 運動療法と積極的休養

　運動療法は，適切な有酸素運動やストレッチングにより老廃物(乳酸など)をすばやく除去することができる。選手は，ストレッチングだけを行ったり，積極的休養の中でそれを行ったりする。その効果は，一時的なものであるが(3時間まで)，よく実証されている(Noakes 1991)。

　運動療法の科学的基礎は，20世紀の最初には示されている。Setchenov(1935)とWeber(1914)は，休養中に休んでしまうより，他の筋群，できたら拮抗筋を軽く動かすほうが回復スピードを速め，その結果，作業能力も増すことを報告している。これは，身体活動が疲労したCNS(中枢神経系)にもたらす補償効果によるものである。また，これにより，それまでに興奮していた神経中枢の回復能力を高めることができる。こうすれば回復はより早く，より効率よく行われる。運動療法は，移行期だけでなく，ゆがみを生じさせるような運動(Asmussen 1936)が課せられ，精神的疲労をしているときにも効果的である。

　運動療法で用いる有酸素エクササイズの強度は，一般的には，最大心拍数の60%，または220から選手の年齢を引いたものを超えるべきではない(Hultman and Sahlin 1980)。軽いジョギングを続けると，最初の10分間で62%の乳酸を除去する。そして次の10～20分間でさらに26%を除去する。激しい運動後に10～20分の積極的休養をとると，このように乳酸の88%が除去されるために効果的なのである。いっぽう，完全な休息20分では，たったの50%の減少しか除去されない(Fox 1984)。

2. 完全休養

　完全休養は，運動能力を回復させるための主要な生理的手段である。選手は，9～10時間の睡眠を必要とし，その80～90%は夜にとられる。残りは，昼寝である。昼寝は，仕事やトレーニングスケジュールに影響を及ぼさないようにコントロールするべきである。夜の睡眠のために，厳密なスケジュールに従い，そして遅くとも10時30分には寝なければならない。

　安眠を確保するためにいくつかの方法があげられる。寝る前のリラクセーションテクニック，マッサージ，温浴は，すべて効果的である。香りの良いバレリアンルート，おとぎり草，カミツレ，ペパーミント，ラベンダー，ホップ，イノンド，パッションフラワー，レモンバーム，リンデンフラワー，プリムローズフラワーなどのハーブを準備しておくとよい(Balch and Balch 1997)。そして，暗くて，騒音やストレスのない，フレッシュな空気に満ちあふれた部屋が必要である。朝に日差しを受けることは，睡眠サイクルを短くするので，夜は眠りにつきやすくなる(Deacon and Arendt 1994；Lemmer 1994；Myers and Badia 1993)。そして，高炭水化物の少なめの食事を摂るようにする(高タンパク，高脂肪の食事は不眠の原因になるので避けること)。疲れたときに寝るようにする。うるさければ耳栓をして，電話も切るようにする。目にとどくいかなる光も遮断するためには，アイマスクをつけてもよい。そして，毎朝同じ時間に起きる。

　無休息脚症候群，睡眠中の無呼吸，関節炎，慢性痛，心臓の問題，気腫などの身体の不調は，適切な休息を損なう。ベッドに入る3時間前の運動は，他の身体の部分の不調を導く(Van Reeth et al. 1994)。悪夢，意気消沈，ストレス，不安，寝る前の感情的な討論や論争，慢性のストレスのような精神的な問題も睡眠を乱す(Monteleone et al. 1993)。騒音，温度が高すぎたり低すぎたり，ベッドが固すぎたり柔らかすぎたり，毛布が軽すぎたり重すぎたり，いびきをかく同居者や落ち着きのない同居者などの不適切な睡眠環境が，睡眠を妨げるのである。ベッドで長く読書をしたり，テ

レビを見ること，長すぎる昼寝（午後4時以降に1時間以上の昼寝をする），不規則なスケジュール，ベッドに入る前に肉体的に消耗してしまうことなどが原因で，不適切な睡眠習慣を持つ選手は，夜中に起きてしまう。そして，ニコチンやカフェイン（午後7時以降のコーヒー，お茶，チョコレート，カフェインの入った炭酸飲料），アルコール（Ekman et al. 1993）や睡眠薬の摂りすぎや間違った使用をさけなければならない。

闇にさらされることは，睡眠に関係するホルモンであるメラトニンの分泌に影響を及ぼす。また，メラトニンは，体内時計のサーカディアンリズムによって分泌される（Stokkan and Reiter 1994）。明るい部屋での睡眠や，一定の睡眠のスケジュールを持たない場合には，その分泌が弱まる。

生活スタイルは，回復の速さに影響を及ぼす。配偶者，恋人，兄弟，親，コーチ，チームメイトとの関係がうまくいかなければ，回復にも良くない影響を及ぼす。アルコールも休息にネガティブな影響を及ぼす。

3. 回復の物理療法的方法
Physiotherapeutic Means of Recovery

物理療法的方法は，専門的な物理療法，マッサージ，温熱（温熱療法）と冷却（寒冷療法）の利用，交替浴，酸素療法，大気療法，高地トレーニング，反射療法（鍼，指圧），迷走神経の反射療法と化学療法を含む。

1. マッサージ

マッサージは，現代医学の到来の数千年前から行われている。マッサージは治療のために専門的な操作（手，器具，電気）を用い，ある部位に対して局所的に行う場合と，リラックスを目標として伝統的な方法を用いる場合がある。マッサージは，骨に近い筋肉か皮膚に近い筋肉かで，表面マッサージと深部のマッサージに分けることができる。

トレーニングの前に15～20分間のマッサージ（一般的なウォーミングアップ後）を，シャワー後やトレーニングの最後に8～10分，そして温浴やサウナの後すぐにも20～30分かそれ以上のマッサージを受けてもよい。

運動の準備のため，運動からの回復のためのマッサージの役割は，よく知られている（Weinberg et al. 1998）。マッサージは，緊張，怒り，疲労，落ち込み，不安や困惑を少なくすることによって，選手の気持ちを前向きにしてくれる。マッサージのリラクセーション効果により，前向きな気持ちを持った選手は，ストレスの感じ方が軽減される。マッサージは，身体に対して次のような良い影響をもたらす。

- 血行をよくする：もし筋肉がリラックスすれば，機械的な圧力で筋腹を絞ることにより，静脈の中を空にすることを助ける。これは，35％まで毛細血管を空にすることになり（休息時は4％が空である），マッサージした部位への新鮮な血液の利用を増加させる。そして，毛細血管と組織との間での物質のやりとりの量を増加させる（Bergeron 1982；Cinque 1989）。

- 増加するリンパの循環：リンパの循環は，組織からの静脈の循環（老廃物を戻す）を助ける。特別な部位の筋肉のマッサージは，血管の余分な体液をリンパ管に送り，それから循環器系に送る最も効果的な外的手段である。これをクリーニング・アウトと言う。

- 筋の癒着，しこり，微細な傷などのためのストレッチ：組織への物理的な圧迫やストレッチングは，筋の癒着を循環器系の働きにより分離する。しこりは，酸素不足，栄養（カルシウム，タンパク質）の欠乏などの要因が組み合わさって起こる筋の固い部分である。これは，高負荷やくり返しの多い，オーバーユースを招くような運動によって生じる微細な傷からもできる。処置をしなければ，ずっと続く微細な傷が蓄積し，筋肉の挫傷になる。しこりの処置には，5～10回の深くまで達する5～10分間の強擦法によるマッサージが必要である。

- 筋の疲労の除去：血量に及ぼすマッサージの機械的効果は，代謝副産物の除去と働いている部分へ新鮮な血液を送り込むことである（Bergeron

PERIODIZATION

1982；Cinque 1989)。
- 過剰な腫れの軽減：ある種の炎症を処置するときにとくに有効であり，むくみの除去を促進する(Bergeron 1982, Cinque 1989)マッサージの感覚器官への効果は，十分には理解されていない。しかしBergeron(1982)，Cinque(1989)，Vander et al. (1990)によると，痛みの軽減，筋のけいれんの救済，代謝の増加に効果があるという。

2. 温熱療法

循環器は，栄養を組織に運ぶこと，熱を身体内部から皮膚へと伝えて皮膚から外へ放散することの2つの目的を果たす(Prentice 1990；Vander et al. 1990)。

血管の構造は，さらに皮下静脈叢(SVP)と，血管の結合部分である動静脈の吻合(AA)に分けることができる。両方とも重要な機能を果たす。SVPは，皮膚の表面を温める多量の血液を保有する。AAは動脈叢と静脈叢の間の血管をつなげる。熱の鎮痛性の効果は，皮膚表面に近いところの静脈叢を刺激する交感神経系の血管収縮の神経線維から発せられるノルエピネフリンによるものである。これらの線維が最も集中している部位は，手のひらや足の裏の表面，くちびる，鼻，耳などの部分である。体温が通常の場合(摂氏36.8℃，華氏98.3°F)，交感神経系の血管収縮神経AAを閉じた状態に保つ。熱が表面の組織に移動した時に，交感神経の信号数は減る。これがAAを拡張させ，温かい血液の流れを温かくなった組織の周囲の静脈へ向けるのである。このプロセスは，体からの熱の損失を促し，血液の流れ(充血)を約2倍にする(Prentice 1990)。

■使用に関する指標　熱療法には，サウナ，熱ランプ，スチームバス，熱パック(Hydroculator)などを用いたものがある。局所的な温熱は組織の深い部分ではなく，表面だけに影響を及ぼしがちで，筋肉が熱くなる前に，皮膚が熱くなりすぎることがある。そして，過剰な熱で外傷を起こす。温熱パックを使用する時に，皮膚とパックの間にタオルをおくと軽減することができる。スチームバスとサウナは神経系と内分泌系に影響を及ぼし，そして局所的には組織や器官に影響を及ぼす

(Zalessky 1977)。サウナとスチームは成長ホルモンの分泌を刺激する。8～10分の直接的な温熱，熱いシャワー，風呂(36～42℃)は，筋肉をリラックスさせ，局所と全体の血行を促進する。

低いレベルの熱放射(サウナ)の浸透する深さは，約4cmで，不快感や息苦しさを感じることなく，十分に発汗を招くことができる。サウナは，神経の反応を減じて，睡眠を改善し，代謝のプロセスを正常化する。これは汗腺の血管拡張による発汗を通して，毒素(カドミウム，鉛，亜鉛，ニッケル，ナトリウム，硫酸，コレステロール)の排出を促進するからである(Prentice 1990, Serban 1979)。もし毒素が取り除かれないと，疲労は，だらだらと続き，CNSの刺激に影響を及ぼす(Dragan 1978)。

熱は，またCNSも温める。これは，筋肉内の神経の伝導を容易にして，筋肉と脳との間の連絡を良くしてくれる。通常は，5～20分で十分であり(冷たいシャワーが1～2分であるのと対照的に)，末梢から始めて，中心に移す。加熱に費やす時間のトータルは，15分から40分の間であり，5分のインターバルで1～2分の冷たいシャワーを間隔をあけて入れる(Francis and Patterson 1992)。

選手は，冷たい水に浸したタオルを顔の上に乗せて横にならなくてはいけない。熱の放出のほとんどが頭から起こる。暑い環境では，頭は過剰な熱にとくに過敏になる。これは，脳における，その盛んな血流と熱調整のメカニズムのためである(Vander et al. 1990)。

■熱の禁忌　集中的な熱療法をトレーニングのすぐあとや急性の傷害に用いてはいけない。もし最初の3日間冷却を行ったのであれば，腫れがひいてくる受傷から3, 4日後に熱療法を導入する。妊娠している選手は，サウナやスチームバスの利用を制限すべきである(Arnheim 1985；Prentice 1990)。また，どのような形のトレーニングや試合であっても，終了後6～8時間は熱を用いることを控えたほうがよい(Gündhill 1997)。

熱療法は，カルシウムの作用に対する筋線維の感度

を増す。こうなれば，動員する筋肉に影響が及ぼされる（Paha 1994）。おそらく，これがウオーミングアップが筋の活性化と力の発生を促進する理由であろう。熱療法は，トレーニング前の筋肉にプラスの影響をもたらすが，トレーニング後では反対の効果を持つ。同時に熱療法は，ダメージを受けた筋組織のカルシウムに対する感度を増す。そして，けがをした部分への血流も増加させる。しかし，過剰な温度は，発熱と同じような影響をもたらす。37℃を超えるような極端に高い体温は，筋組織を酸化させる原因になるであろう。それゆえに，高強度のウエイトトレーニング後などには90℃以上のサウナやスチームバスにはいることは勧められない（Baracos 1984）。

3．冷却，寒冷療法

冷却療法に求められている効果は，局所の鎮痛効果であろう。極端な温度変化は，痛みに対応した神経線維の伝導に影響をおよぼす。冷却療法は，すぐに血流を増加させ，酸素レベルを高め，代謝を高め，そして筋肉のけいれんを減少させる。

■**使用に関する指標**　Lievens（1986）は，最適の効果を得るためには，トレーニング後に冷却をすぐに行い，2時間以上あいてしまわないように実施することを勧めている。時間は，冷やす組織の深さによって異なるが，15〜20分くらいである。小さな外傷の場合，Arnheim（1985）とPrentice（1990）は，毛細血管の反応を促進するために，交代浴を行うことを提案している。しかし，最初は冷却からで，最初の冷却から1〜2時間後，交代浴を行うのである。冷却に最も適した部分は，再生に最も長い時間がかかるところである。例えば，弱い筋肉，速筋線維が主流の筋肉，腱からなる部分である。

氷を直接に皮膚に当てるときには注意が必要である。期待する効果が得られるまでの時間は，他の冷却療法の半分くらいである。冷却を行うテクニックは，カップを用いてのアイスマッサージ，コールドパック，クラッシュした氷を入れたバッグをけがした手足の周辺につける，冷たいジェットバスなどである。研究では，この形の療法は2時間までの反射的な血管拡張の効果があると報告されている。

■**冷却の禁忌**　冷却には，選手が用いてはならないいくつかの禁忌があり，それには，寒冷じんましん，関節痛，吐き気，痛みや関節の硬直などのリューマチ症状がある。

4．交替浴

交替浴は，筋肉内のポンピングアクションを導くという理論がある。血管収縮と血管拡張を交互に行うことは，筋組織の表面まで影響を及ぼす。これに関係なく，交替浴は，局所の筋肉のけいれんの処置，痛みを和らげることに効果がある。

また，交替浴は，急性ではないけがの対処に最適である。それは，冷却をするものの，温熱も伴うために，多くの療法士が急性の傷害に対して用いる療法とは言えない。しかし，トレーニングによる局所の小さな傷にとって，交替浴は，硬直や痛みを減じる効果があるのだ（Arnheim 1985；Prentice 1990）。

温浴と冷浴の温度は，それぞれ10〜15℃，35〜37℃（40〜43℃まで）の間にし，少なくとも20〜30分続けるべきである。より長い交替浴はよりよい結果をもたらす。しかし選手は，小さく，表面的な筋肉であればあるほど，短い時間でよいと心にとどめておくべきである。温浴と冷浴の割合は多様であるが，温浴を冷浴の3〜4倍とすることを勧める。そして，治療の最初と最後，とくにトレーニングや試合の後には冷浴にすることを提案したい（Arnheim 1985；Prentice 1990）。

冷却と温熱を用いるテクニックは，さまざまな物理療法に用いられている。そのいろいろな組み合わせを示してみよう。例えば，サウナのような赤外線の熱を冷たいジェットバスやシャワーと組み合わせることができる。神経球をリラックスさせるために，ドライサウナに続いてホットシャワーと冷たいシャワーを用い，対照的な処置を続けていく。この他にも，たくさんの組み合わせが存在する。そして，選手は，それぞれの方法の効用や，それを導入する最も適切なときがいつか，などを考慮しなくてはならない（Arnheim 1985；

Prentice 1990)。

5. 酸素療法

選手は，トレーニングで多くの酸素消費があるときによく酸素欠乏を経験する。Dragan(1978)は，酸素飽和度が通常の85％まで低下したとき，集中力が低下することを指摘している。酸素飽和度が75％になると筋力の低下を感じ，70％で憂鬱を感じるであろう。酸素飽和度の低下に打ち勝ち，身体に酸素を補充するのに，人工的な酸素吸入や，ヨガや呼吸器のエクササイズを，試合やトレーニング前後，あるいは，休憩時間に行うとよいであろう。ロッカールームや体育館で空気の換気を継続することも，酸素を十分に摂り入れるためには重要である。

6. 空気療法

大気において，粒子はプラスかマイナスになる（プラスイオン，マイナスイオン）。山の空気，滝周辺の空気，海岸の空気，風雨の後の空気は，水蒸気のためにマイナスになる。このように水は粒子をマイナスに帯電させる。プラスイオンは，空気が乾いた荒れた大地，砂漠の上，金属，大気の異常などのときに生じる。化石燃料の燃焼，合成繊維，電気製品は，空気をプラスに帯電する。このような空気は，トレーニングでの無酸素性の運動能力，憂鬱，いらいら，頭痛を増すことがある。Dragan(1978)によると，マイナスイオンは，呼吸循環器系の回復を促し，神経心理系をリラックスさせ（多量のセロトニンを放出する），作業能力を増加させる。マイナスイオンは，5つのおもな種類のうちの1つである抗体の免疫グロブリンAの生産に刺激を与える。空気療法は，自然にそして人工的にもできる。亜高山帯での積極的な休養，公園や森の散歩などが，自然の方法である。また，ロッカールームで，機器を置いて，人工的にイオン化された空気を作り出すことができる。

7. 高地療養

亜高山帯(600～1,000m)での1～2週間のトレーニングや積極的休養は，回復を早める。気圧が減少する，湿度と温度が低い，日光，とくに紫外線が強く長い時間放出される，などの好ましい環境は，再生しようとしている主たる器官への負荷を軽くし，作業能力を高めるのに役立つ(Dragan and Stanescu 1971)。1,300mから1,650mまでの間で，選手は高地が原因による低酸素症を感じ始める(Fox 1984)。高地から帰ってきた後，再適応が起こる間の3～5日は競技は勧められない。Foxは，高地から帰ってきた後，少なくとも2週間はいかなる試合にも出場しないことを提案している。高地療養により生じる選手の体におけるプラスの変化は，1～2ヶ月続くであろう(Berglund 1992)。

中くらいの高度(1,800～3,000m)でのトレーニングは，体内のヘモグロビンの濃度を1週間につき1％増加させることができる。4,500mよりも高地でのトレーニングは，高山病の危険性を確実に増加させる。適応は2ヶ月かそれ以上かかり，適応が続く期間は，中くらいの高度よりも短くて，2～3週間である(Berglund 1992)。

8. 反射療法——鍼治療と指圧

反射療法は，経線と呼ばれる身体の経路にそったエネルギーの流れ，すなわち「気」にもとづく中国医学の古代の形から生じたものである。不適切なダイエットや過度のストレスによるエネルギーの流れの乱れは，重大な医学的問題につながる。鍼治療と指圧は，適切なエネルギーの流れを修復し，身体の中の治療や調和を促す。

■**使用に対する指針** 選手は，鍼をトレーニング前，中，後に利用できる(Bucur 1979；Dragan 1978)。局所，全身に効果を及ぼすため，鍼は効果的な療法である。治療は，その複雑さによって1～5分，長くて20分くらいまで続く。治療の十分な効果を得ようと思えば数週間かかるが，痛みの軽減とけいれんを減らすのは，ほとんどの場合すぐである。指圧では鍼はまったく必要がない。軽く，中指，人差し指，親指，あるいは肘を使ってあるポイントを直接に押せば効果があがる。小さな摩擦の輪のように圧力をかけるのである。

傷がついたり，不快感を感じるほど強くしないで，十分な効果が得られる圧力で押すべきである。人によって，効果は数分から数時間にわたる（Ohashi and Monte 1992；Prentice 1990）

■**鍼と指圧の禁忌症状**　鍼は，西洋ではまだ確かなものであると思われていないが，中国の施術者によってさまざまな病気を治すものとして知らされている。研究が進むにつれて，けがの種類や状態によっては，適切な治療として勧める西洋の医者が増えている。例えば，急性のけがの治療には鍼が最適である。研究者は，選手が外傷を受けた組織の治療を受ける前に，熟練した医者に相談することを提案している（Arnheim 1985；Prentice 1990）。

9. 迷走神経の反射療法

この技法は，器官全体の回復過程を司る副交感神経系（自律神経系）を刺激する（Popescu 1975）。効果器細胞を興奮させたり抑制したり，平滑筋や心筋，リンパ腺，胃腸の神経を刺激することで行われる（Vander et al. 1990）。同様に目の上を軽く押すことで鎮静する。また，両側頭の動脈を指圧することは，循環系，とくに大脳の循環を鎮静する。

顔に温かい布を置いたり，首の後ろに温かい風を吹きつけることによって（ヘアドライヤーなど），再生や機能性のバランスのよい感覚が得られるだろう。これは，皮膚の表面のレベルで，迷走神経の刺激を行っているのである。温かいシャワーをこの部分に当てても同じ効果を得ることができる。

10. 化学療法

ビタミンは，競技パフォーマンスを高めるうえで有用なものと言われている（Bucur 1979；Dragan 1978；Sauberlich et al. 1974）。これらを摂取してエネルギーを補うとよい。とくに運動に対して低い耐性しか持たない人が運動したり，再生を促進するのに有効である。（Zalessky 1977）。

ビタミンということばは，ポーランドの生化学者のフランクによって広められた。1912年に彼は生命に必要なアミンと呼ばれる複合物の群にその名を付けたのである（Van der Beek 1985）。ビタミンは，エネルギー発生に必要となる必須の有機体の分子の種類であり，また酸化防止剤としても働く。それは，代謝によって作られず，またエネルギーも発生しない。それゆえ，毎日，食事から摂らなければならないのである。身体は，健康と発育のために微量のビタミンを必要とする（Van der Beek 1985；Wardlaw et al. 1992）。

ビタミンは，水溶性（CとB群）と脂溶性（A, D, E, K）に分類される。水溶性は，脂肪と炭水化物の代謝に必要な酵素と補酵素として働く。しかし，これは体内には貯蔵されない。脂溶性ビタミンは脂肪組織に貯蔵される（Colgan 1993；Noakes 1991；Van der Beek 1985；Wardlaw et al. 1992）。

ミネラルは，食物に含まれている無機物質（炭素を含まない）である。体は，カルシウム，リン，カリウム，硫黄，ナトリウム，鉄，フッ素，塩素，マンガン，マグネシウム，銅，クロム，セレニウム，ヨウ素，亜鉛などのミネラルを消費する。あるビタミンとミネラルは共同して働く（ビタミンCとB群，ビタミンCと鉄，ビタミンEとセレニウム）。これらは，いっしょに摂れば胃腸管から効率よく吸収される。

根拠がない信念がビタミンを取りまいているのも確かである。ビタミンが健康や競技パフォーマンスを高めるという特別な効能を持っているという過信がビタミン神話を導いているのである。そして，多くのコーチや選手が示された許容量を超えて摂取することが競技パフォーマンスを改善すると信じている。無知が，「少量が良いなら，より多ければさらに良い」という考えを招くのである（Brotherhood 1984；Colgan 1993；Wardlaw et al. 1992）。

このような物質の摂りすぎは決して勧められない。とくに体内に残って害となる脂容性ビタミンとミネラルには気をつけなければならない。これらのビタミンの摂りすぎは，胃腸の疲労につながり，高価な尿に変わっていくのである。過剰なビタミンとミネラルの摂取は，有毒であり，食物やトレーニングに代わるものではない。それらの栄養素の吸収をより確かなものに

PERIODIZATION

するためには，食事で摂るのがよい(Balch and Balch 1997)。

ビタミンやミネラルのサプリメントは，チームの医者や栄養士の指導のもとに摂取すべきである。たいていの場合，バランスのとれた食事によって，微細栄養素のほとんどを摂ることができる(Van Erp-Baart et al. 1989；Wardlaw et al. 1992)。

ある一流選手は，座ることの多い生活を送っている人の2〜5倍のカロリーを消費する。このエネルギー消費に合わせて，精製された炭水化物から大量のカロリーを摂取する必要がある。しかし，それらの食品の微細栄養素の含有量は本当に少ない，そのような場合，口からのビタミンの追加摂取，とくにB(B_1，B_6)の摂取は選手に役に立つだろう。

鉄，亜鉛，カルシウム，カリウム，マグネシウムのようなミネラルの損失は，高温，多湿の気候でのトレーニングではよく起こる。とくに持久系競技の選手には，不十分な栄養摂取，長い時間にわたるトレーニングの両方により，ミネラルの損失が起こりうる。最大酸素摂取量が制限因子になる競技にとって，鉄や亜鉛の損失は，回復だけでなく，パフォーマンスにも直接的に影響を及ぼす(Colgan 1993；Couzy et al. 1990)。持久系競技の選手の血液量が増加すれば，血中のヘモグロビン濃度が低いことを補うことができる。持久系の選手における鉄の状態は，食事摂取(摂取基準量よりも低い場合)，発汗，鉄分の吸収，女性における生理での血液の損失，増加するトレーニングや身体に絶えず加わる衝撃による血管内の溶血に影響を受ける(Brown and Herb 1990；Noakes 1991)。Brotherhood(1984)は，体がミネラルの減少を察知したら，食事からより多く吸収することを発見した。ミネラルを含んだ食品を摂る限り，欠乏は起こりえないのである。

もし，選手が，質・量ともに乏しい食事を摂っていたら，亜鉛，銅，クロム，マグネシウム，カリウムなどの微量ミネラルの欠乏は，パフォーマンスに影響を及ぼすことになる。砂糖だけが多く含まれる食品(例：キャンディ，炭酸飲料水，ペーストリー)や過剰に加工された食品は，微量のミネラルが不足している(Balch and Balch 1997)。

バランスのとれた食事を摂っている選手でも，激しいトレーニングや試合の間に代謝する微量栄養素のすべてを得ることはできない(Colgan 1993)。そのため，ビタミン，ミネラルのサプリメントは，とくに持久系の選手にとって，非常に貴重なものになる。

コーチと選手は，摂った食物の種類やその割合には，とくに注意を払うべきである。

4. 回復の心理学的療法
Psychological Means of Recovery

疲労は，CNSにも蓄積する。神経細胞の再生は，筋肉細胞の7倍もゆっくりであるため(Krestovnikov 1938)，神経の回復には注意を払わなければならない。人間のすべての活動を引き起こし調整する中枢神経が修復されたときには，より集中でき，より正確に技術を行え，外的・内的刺激により早く力強く反応でき，そしてその結果，運動能力は最大になるであろう。動機づけの基礎を理解すること，トレーニングの結果としての疲労，ストレスや欲求不満などの対処のしかた，そして健全なチームの雰囲気などを理解することにより，精神的な疲労を防ぐことができる。疲労を癒す効果的な手段として，コーチの提言，自己暗示，精神的激励なども含まれている。回復やリラックスの心理学的方法に詳しくないコーチは，スポーツ心理学者に相談するとよい。

身体的なストレス，心理的なストレスの両方とも，パフォーマンスに影響を及ぼす(Levy et al. 1987；Mace and Eastman 1986)。高い体力レベルを有する選手は，低い体力の選手よりも精神的ストレスの扱い方がうまい(Perkins et al. 1986；Tucker et al. 1986)。ストレスに対して高まっていく耐性は，Cooper et al.(1986)により確認されている。彼は，ストレスがかかった状況で心拍数が増加する，休息時の血圧が低い，副腎からの分泌物が減少した選手は，ストレスをうまく処理することができると述べている。

トレーニングストレスは，副腎の肥大を起こす。しかし，Bohus et al.(1987)とLysens et al.(1986)は，精神的ストレスも同じような肥大を招くと述べている。多くのコーチが競技にプラスと考えているアドレナリンやノルアドレナリンの長く続く過剰な分泌は，タイミングや神経—筋の協調性，筋の張力を増加させることにより，パフォーマンスに影響を及ぼす(Mace and Carroll 1986)。そして，それらは傷害につながるであろう(Ekstrand and Gillquist 1983)。精神的ストレスを知覚すると微量の神経伝達物質が出て，ソマトクリニン(視床下部成長ホルモン放出ホルモン)の分泌を抑える。結果として，下垂体前部から分泌される成長ホルモンや他のホルモンの生成が減ることになる(Guyllemin et al. 1983)。

研究者は，精神的ストレスやストレス症候群は，加齢による身体的変化を増大させると主張する。ある者は，精神的，肉体的ストレスが解剖学的，生化学的ストレスを促進すると述べている。これらの変化は，神経の有用な伝達化学物質(例えば，脳のアセチルコリン，ノルエピネフリン)の量を減らすことにより，神経—筋の結合に影響を及ぼす。これにより，神経と筋細胞の連絡を損なうことになる(Bloomfield et al. 1996；Thibodeau 1987)。

選手の人格のタイプが，タイプA(強迫的，競争的)かタイプB(リラックス，のんき)かで，身体的ストレスが影響を及ぼすようになる(Thibodeau 1987)。同じ心理的ストレス要因が別の人に対しても，常に同じ反応を引き出すわけではない。なぜなら，個人によって心理的ストレスに対する自律神経系の反応は異なるからである。

1. 筋肉の張力

筋の張力は，筋収縮が産み出す力である。精神的なストレスを受けたという認識が，筋肉の張力を高め，それはパフォーマンスに影響を及ぼす(Kraus 1975；Reynolds 1984)。Krausによると，精神的ストレスにより生じる筋肉の高い張力は，けがの発生率の増加につながり，筋のエネルギー源の枯渇を加速させる(Astrand and Rodahl 1977；Lysens et al. 1986；Sandman and Backstrom 1984)。

長い時間にわたりストレスにさらされた筋肉は，高まった張力からの回復スピードが低く(Kessler and Hertling 1983)，そして大きなけがの可能性を示す。加えて，通常の筋の張力レベルよりも高いと，同時に反対の筋肉まで緊張させ，柔軟性が低下し，スキルに悪い影響を及ぼすことになる(Ekstrand and Gillquist 1982)。柔軟性を維持することができれば，筋の張力を減じることができる。ストレッチングは，クロスブリッジを解き，血液をこの部分に流すことになる。それによって，張力が高まった筋肉から蓄積した代謝副産物を取り除く(Glick 1980；Sandman and Backstrom 1984)。

2. リラックスの生理学とテクニック

ストレスは，選手の知覚により生まれるものである。そのため反応はさまざまである。同じストレスに対して同じ反応を示すわけでもない。ストレスマネージメントは，非常に個性が出るのである。ストレスに対する反応は，身体的，環境的，社会的，行動的，そして認識的な多元の分野にわたるものであることを心に留める必要がある(Kessler and Hertling 1983；Landers 1980)。同様に，リラクセーションテクニックも個人差が出るもので，ある者には有効であっても，他の者に効かないかもしれない。要求に応じて，いろいろなテクニックを用いることが，リラクセーションマネージメントにおける最良の方法であろう。

リラクセーションは，交感神経を正常な状態に高めていく。心拍数を下げる，筋の張力を落とし，それが動きの自由度を大きくし，筋肉のけいれんを和らげる，そして酸素消費の低下を示す。これは細胞の代謝の低下，情緒のより良いコントロールを示すものである(Cooper et al. 1986；Schutt and Bernstein 1986)。バイオメカニクス的に見ると，よりリラックスすると，動きをよりよくコントロールでき，最適なテクニックを維持できるのである(よいテクニック＝高い効率)。

リラックステクニックは，選手に対して有益である

と言われている。そして、これには、リラクセーション反応、漸進的な筋のリラクセーション(PMR)、ストレス免疫トレーニング、バイオフィードバック、超瞑想(TM)、スポーツ心理学者によるカウンセリング、ヨガ、深い部分の筋のリラクセーション自己催眠術、視覚イメージ、呼吸コントロール、タイムコントロールなどが含まれている(Knox et al. 1986；Lippin 1985；Patel and Marmot 1987)。しかし、すべてのテクニックが選手に有効なわけでない。試合にとって適切でプラスの覚醒を引き出すテクニックを選ぶことが大切なのである。このうちのいくつかを紹介してみよう。

特殊なストレッチ運動とコントロールされた呼吸を含むヨガは、末梢神経系の活動を抑えていくとともに、筋肉のリラックスという効果を引き出す(Deabler et al. 1973)。PMRは、ある筋群を短時間(5～10秒) 引き締めることとリラックスを含む。このテクニックは、選手に身体のそれぞれの部分の筋群を収縮させたり、リラックスさせることを自覚することができる。そして、定期的に練習していると、筋肉のテンションをコントロールすることができるようになる。PMRは、運動中(選手が緊張したときのみ)、あるいはトレーニングの最後、あるいは寝る直前にとくに効果的である。

5. 競技特有の回復
Sport-Specific Recovery

トレーニングや競技の間、体は、運動能力や競技パフォーマンスを低下させるほどまでに衰退する。体が早急に回復しないのであれば、適切にトレーニングが続けられなくなったり、計画したトレーニングを実行できなかったり、期待するようなパフォーマンスを残すことができなくなる。そのため予防的手段をとることが望まれる。Dragan(1978)とBucur(1979)は、選手が、次のような回復のテクニックを実行することを勧めている。

●神経心理学的領域のためには、サイコトニック・リラクセーション、ヨガ、酸素療法、空気療法、温泉療法、マッサージ、化学療法など。
●神経―筋系のためには、温泉療法、マッサージ、サイコトニック・リラクセーション、ヨガ、指圧、アルカリ食品とミネラルの多い食事、化学療法。
●内分泌代謝面からは、酸素療法、サイコトニック・トレーニング、マッサージ、指圧、運動療法、化学療法、ミネラルとアルカリの多い食事など。
●呼吸循環器系には、酸素療法、温泉療法、マッサージ、指圧、化学療法、アルカリ物質が多く入った食事など。

コーチや有資格者は、それぞれの競技により強く求められる器官や分野を知ることで、それぞれの競技やトレーニングの要求にもとづいて適切な回復のテクニックを選ぶことができる(図5-1参照)。

6. トレーニングからの回復
Recovery From Exercise

コーチと選手は、ATP-PCや筋内のグリコーゲンや他の代謝物質のようなエネルギーを発生する物質の回復に必要な時間を知る必要がある。衰弱した状態では(例えば著しいグリコーゲンの枯渇、脱水、病気など)、これらの燃料の再貯蔵や代謝副産物を除去することが妨げられる。通常のトレーニング状況では、燃料を貯蔵し、代謝副産物を除去するのに、ある一定の時間がかかる。これは選手がトレーニングや競技中に使用するエネルギー系(例えば乳酸系の無酸素性、非乳酸系の無酸素性、有酸素性)に依存する。表5-1は、それぞれのエネルギー系に求められる時間を示している。

1. リン酸の貯蔵(ATP-PC)

ATPの貯蔵を回復させるには、炭水化物(CHO)と脂肪の代謝を通して引き出されるエネルギーが必要とされる。ある研究者たちは、再貯蔵の一部は、乳酸の再利用によると述べている。体が作り出すATPのうちのいくらかは、ATP-CPのCPの部分を形成するために分

解される。そして，他の部分は，直接に筋に蓄えられる。

リン酸は速やかに貯蔵される。最初の20～30秒で50～70%が，そして3分で残りが貯蔵される。高エネルギー代謝が断続的に続く運動（バスケットやホッケーなど）は，エネルギーのいくらかを無酸素性に頼っているので，違った再貯蔵時間を必要とする。また，スプリント（例えば100m，200m）のような短い時間の競技は，リン酸の再貯蔵に必要な時間が違ってくる。10秒も続かない運動では，使われるリン酸は最小限である。30秒であれば50%は使われる。60秒であれば75%，90秒であれば87%，120秒であれば93%，150秒であれば97%，180秒であれば98%使われる（Hultman et al. 1967，Fox 1984を引用）。リン酸の貯蔵は短時間で行われるが，PCの再生は85%で2分，90%で5分，97%で8分，そして完全回復には10分かかる。

2. 筋肉外のグリコーゲンの貯蔵（IMCHO）

いくつかの要因が，運動から回復中のグリコーゲン再合成のスピードと濃度に影響を及ぼす。先にも述べたように，食事の栄養，とくに炭水化物の操作は，筋肉外の炭水化物の貯蔵の増加にプラスに働く。他の要因としては，行う運動の強さや期間（例：長く続くに対して断続的）である（Fox 1984）。Fox（1984）は自らの著書の中で，Hultman and Berstrom（1967）が示した「長く続く運動中のグリコーゲンの再生」に関する次のようなガイドラインをあげている。

- 運動の質によって（スピードに対してパワー，無酸素に対して有酸素）は，高い炭水化物の食事を摂取することだけで，筋肉グリコーゲンの完全な再貯蓄を促す。
- もし，高炭水化物食を摂らなければ，筋肉外のグリコーゲンの再貯蓄は不完全になるだろう。
- 完全な炭水化物の回復には，高い炭水化物食を摂ったとしても，48時間が必要である。
- 筋肉のグリーコーゲンの再貯蔵は，運動後の最初の10時間に生じる。断続的な運動では，筋肉のグリコーゲンの再貯蔵はわずかに違うプロセスを示す（Fox 1984）。
- 筋肉外のグリコーゲンは，炭水化物の摂取のない場合では，運動終了後2時間以内に再貯蔵される。しかし，再貯蔵は，完全ではない。多少の再貯蔵は，30分で行われる。
- 筋肉のグリコーゲン貯蔵は，通常の食事では完全に24時間以内に行われる。
- 運動終了後の最初の5時間に，筋グリコーゲンの

表5-1　疲労困憊の運動後に必要とされる回復時間

回復過程	最小	最大
筋肉のリン酸化合物の再貯蔵（ATPとPC）	2分	3～5分
非乳酸性の酸素負債の返済	3分	5分
酸素―ミオグロビンの再貯蔵	1分	2分
乳酸性の酸素負債の返済	30分	1時間
筋グリコーゲンの再貯蔵		
a.　断続的な運動		40%の貯蔵に2時間 55%の貯蔵に5時間 100%の貯蔵に24時間
b.　休みなしで長く持続する運動		60%の貯蔵に10時間 100%の貯蔵に48時間
筋と血液からの乳酸の除去		25%の除去に10分 50%の除去に20～25分 95%の除去に1時間～1時間15分

Fox 1948からのデータを元に

PERIODIZATION

最も急速な再合成がおこる。

いくつかの要因が筋肉のグリコーゲンの再貯蔵に影響を及ぼす。運動中に枯渇したグリコーゲンの量によって補充すべき必要な物質は左右される（運動時間が長くなれば，代謝される炭水化物は多くなる）。断続的運動中には，血液グルコースレベルは，エネルギー源を血液グルコースや肝臓グリーコーゲン貯蔵に頼らない速筋線維の動員の程度に強く影響を受ける。その代わり，速筋線維は，筋肉外のグリコーゲンやCPに強く依存する。

コーチは，グリコーゲンの完全な再貯蓄を確実にするために，試合前の数日間，高炭水化物食を摂るように指導すべきである。もし，理由があって選手が高炭水化物食を摂取することができないのであれば，試合10時間前以内に食事をコントロールする必要がある（Fox 1984）。この方法は，持久系の選手にのみ適用される。断続的な運動を行っている選手は，試合の5〜24時間以内に，食事での炭水化物摂取を加減する余裕はある。

3. 乳酸を除去する

乳酸の除去には2つの段階がある。筋肉から除去することと，血液から除去することである。休息のとり方が，それらの要因に影響を及ぼす（Fox 1984）。もし選手が運動後に身体活動を完全に止めてしまう非積極的な休息を取れば，筋肉と血液からの乳酸の除去にはおおよそ2時間かかる。活動的な回復法（歩行，軽いジョギングなど）は，より速く乳酸を除去する（約1時間）。

7. トレーニングと試合のための回復
Recovery for Training and Competition

トレーニングと試合での回復は，リラックステクニック，微細栄養（ビタミンなど）や主要栄養素（炭水化物，タンパク質，脂肪）の摂取，水分補給などのさまざまな物理療法が求められる多次元の試みである。最高の結果を得るためには，試合やトレーニングの前，間，後における再生の3つの段階を考慮する必要がある。

1. 試合前

試合の2〜3日前，神経一筋と心理学的なリラクセーションが重要である。完全な再生のため，温泉療法，マッサージ，積極的・消極的休息（10時間睡眠），のようなテクニックを試すとよい。

試合前に食事を少量に留めておくことは，横隔膜を良い状態にする。多くの量のタンパク質や脂っこい食事は消化に少なくとも5〜6時間は必要とする。この種の食事は，胃のけいれんを起こす原因にもなる。

Wenger(1980)は，試合前の栄養の摂取に関して，4時間前までだと脂肪と動物性タンパク質，3時間前までだと魚のタンパク質，1〜2時間前なら炭水化物を推奨している。

食事は，質的に60％の炭水化物(低い)，20％の脂質，20％のタンパク質というバランスがよい。果物，水分，野菜により，ミネラル，アルカリ物質，ビタミンを豊富に摂れるようにする。腸での過剰なガスの発生につながるため，多量のパンや野菜を摂りすぎない。さらに，アルコールや炭酸入りの飲料を控えるべきである。

2. 試合中

競技の間，ゲーム，そして休止の間，神経生理学的な側面やいろいろな心理学的機能を落ち着かせるために，回復のテクニックが用いられる。休息中，選手は前半で失ったものを補うために，事前に準備した飲み物（フルーツジュース）を20g程度のグルコースや塩とともに飲むのもよい。5分間のセルフマッサージは，パフォーマンスにかかわるおもな筋群をリラックスさせるためにはよいだろう。

選手は，競技あるいはゲーム間には，少し違ったアプローチを考えてみるとよい。競技の興奮が届かないような静かな場所で休むべきである。この時間，心理学的回復方法，神経一筋の回復方法を用いるとよい。

マッサージ，指圧，酸素療法，サイコトニック・リラクセーションは有効である。選手はよく乾いた温かい服を着る。毛布で体を覆い，発汗を促すとよい。こうして代謝老廃物を取り除き，回復を早めるのである。休息タイムを通じて，選手はアルカリ飲料を飲むようにする。これは，アシドーシスの状態を中和してくれる。もし，競技間のインターバルが4時間以内であれば，消化系を酷使しないようにドリンクによる栄養だけを摂るようにする。

3. 試合後

けがの回復にまで配慮するコーチや選手の数は少ないが，試合後の心理生理学的な再生を心配する者はさらに少ない。さまざまな回復のテクニックが回復の過程を早く完璧なものにし，その結果，トレーニングの効果が翌日か翌々日には現れるであろう。

選手は，試合後に急激に活動をストップさせてはならない。余分な代謝物を筋肉から取り除くためには，適度の運動を続けることが大切である。無酸素性過程に強く依存している競技では，試合中に作り出された酸素負債を活動後の数分で補充する。このようなケースでは，10～15分の軽い運動に加え，神経―筋の回復が必要である。水療法(15分)，マッサージ，大気療法，心理学的リラクセーションを試してみよう。有酸素性の過程が主になる競技にとって，まずはホメオスタシスに到達するかどうかということが重要である(身体内部の機能を安定させる)。15～20分の軽い身体的活動によって，これを促進することができる。身体から毒素が流し出される時間に，大気療法，水療法(15分)，マッサージ，心理的リラクセーションのような回復テクニックを用いるのである。どちらの場合も，発汗により損なわれたものを補充するために，ドリンクを摂るようにするとよい。Dragan(1978)は，ミネラル，グルコース，ビタミンが豊富に含まれているアルカリ飲料(ミルク，フルーツジュース)も勧めている。適切なリラクセーション，とくにサイコトニック・トレーニングを通しての回復は，ストレスや結果として起こるフラストレーションを取り除く。そして，好ましい深い眠りをよぶ。

試合後の1～2日で，ビタミンやアルカリ物質が豊富な食事を摂るとよい(サラダ，果物，ミルク，野菜)。逆にタンパク質が豊富な食事は勧められない(Bucur 1979)。他の回復のテクニック(マッサージ，指圧，化学治療など)も用いるようにする。そして，アルコール，喫煙，セックスは制限すべきである。

8. 回復のための不変的な方法
Permanent Means of Recovery

効果的にトレーニングを進めるためには，安定した不変的な回復の方法を用いることが要求される。回復はトレーニング後のすばやい再生を促進し，高い身体的または心理的能力を維持する。回復の不変的な方法には以下のようなことがあげられる。

- 回復期に合理的な運動をする。
- すべての社会的ストレスを取り除くよう試みる。
- 選手がみな穏やかで，自信に満ち，楽観的で健全なチームの雰囲気をつくる。
- それぞれの競技の特殊性とトレーニングの段階に応じた合理的で多様な食事をとる。
- 積極的な休養やリラックスした社会活動に楽しみながら参加する。
- 個々の選手の健康状態を常にチェックする。

9. 疲労とオーバートレーニング
Fatigue and Overtraining

体の恒常性のバランスが乱れたとき，体内の組織はバランスを保とうとして調整する。トレーニングに対する適応を求めての刺激を与えてばかりの偏ったトレーニング方法ではなく，休息期とトレーニング期を交互に設定すべきである。適切なトレーニング刺激を与えた後は12～24時間以内に組織の完全な回復が始まる。適度のトレーニングから回復させるため，ある回復テ

PERIODIZATION

クニックや綿密に計画されたトレーニング負荷の進行を考慮しなければならない。

トレーニング負荷の大幅な増加は避けるべきである。能力以上のストレスにさらしたり，不十分な休息で済ますことが新しいストレスに適応する能力を低下させることになる。適応が進まないことやオーバーリーチング（過度のトレーニング）の場合は，疲労やトレーニングからの回復が進まない。**表5-2**に示したトレーニングに対する選手の反応を調べてみよう。

筋肉の過度の緊張を伴う急激な疲労は1回のトレーニングで生じる。この疲労が続くのは，1日か2日もしくはそれより短い。一般的には筋肉痛，睡眠障害，アレルギー物質への反応の高まりを生じさせる。

筋の過緊張を伴う過負荷の刺激は，強調ミクロサイクルによって生じ，急激な疲労と似ている。しかし，症状は2日以上続く。活動することに嫌気を感じ，睡眠障害，食欲不振，情緒不安定を引き起こす。

オーバーリーチングは，1つもしくはそれ以上の強いミクロサイクルやあまりに少ない回復期がもとで引き起こされる。この疲労は通常一時的で2，3日から2週間続く。この状態では，筋肉の過労を伴う場合とそうでない場合がある。徴候はオーバーロードの刺激を受けたときのものと類似する。だが，これはやや激しく，高い休息時の心拍数，中程度の強度の運動中での心拍数と乳酸濃度の増加，早く訪れる疲労，パフォーマンスのかなりの低下，のどの渇きなどがとくに夜中に見られる。

オーバーリーチングは，1回かそれ以上の強度が高すぎるミクロサイクル，あるいは不十分な再生の期間により起こる。この疲労は長期間，つまり数週間か数ヶ月続く。このオーバートレーニング期の間に深刻な組織変化が起こるが，そのほとんどが著しいジストロフィーの過程である。この状態は，筋の過労を伴うものとそうでないものがある。

該当する症状の数が増えれば，症状の強さや複雑さは進行している。刺激に関連のある症状は強度によって変化する。**表5-3**は，さまざまな競技での疲労原因を示す。それらを理解することによりトレーニング方法を操作し，強度を変え，激しい疲労やオーバートレーニングを回避することができる。

神経─筋，代謝，神経内分泌系の3つの主たる領域は，オーバートレーニングに影響を及ぼす。それぞれの組織は独立しているが，それらは体の一部であり，お互いに関連を持つのである。

表5-2　トレーニングの後の兆候

	低い強度の刺激	最適な刺激	限界までの刺激	限界か限界をわずかに超える刺激
疲労レベル	低い	高い	疲労困憊	疲労困憊
発汗	上半身に軽い汗。	上半身にかなりの汗。	下半身にかなりの汗。	かなりの汗。
動作の質	コントロールされた動き。	正確さを欠く。不調和。いくつかの技術的失敗をおかす。	調整力を欠き，不正確な技術。多くの技術的失敗をおかす。	運動の不調和。パワー不足（24時間），正確さが損なわれる。
集中力	通常，コーチからの注意にすぐに反応し最大限に注意を払う。	技術要素を習得する低い能力，注意できる範囲が減る。	集中できる時間が短くなる。神経質，不調和。	不注意，正確な運動が不可能（24～28時間），知的活動に集中できない。
トレーニング，健康状態	すべてのトレーニング課題を成し遂げる。	筋肉が弱まり，パワー不足。運動能力が低下。	筋肉や関節が痛む。頭痛，胃の調子が悪い。もどす感じや倦怠感。	眠るのが困難。筋肉痛，身体の不快感，高心拍数が24時間以上長く続く。
トレーニングへの意欲	トレーニングしたがる。	長い休息や回復局面を強く望むが，まだトレーニングに対して熱心。	トレーニングの中止を望み，完全休養を求める。	翌日のトレーニングを嫌がる。軽率になり，トレーニングに否定的な態度。

Harre 1982を修正

表5-3 それぞれの種目による疲労の原因

種目	神経的要因	ATP-CPの枯渇	乳酸	グリコーゲンの枯渇	血中グルコースの枯渇	高体温
アーチェリー	×					
陸上競技						
100, 200m	×	×				
400m		×	×			
800, 1500m		×	×			
5000, 10000m			×	×		
マラソン				×	×	×
跳躍	×					
投てき	×					
バドミントン		×	×			
野球		×	×			
バスケットボール		×	×			
ボクシング		×	×			
自転車						
スプリント200m	×	×				
4000追い抜き		×	×			
ロードレース				×	×	×
飛込	×					
モータースポーツ(運転)	×					
乗馬	×					
フェンシング	×	×				
フィールドホッケー		×	×			
フィギュアスケート		×	×			
フットボール	×	×	×			
体操競技	×	×	×			
アイスホッケー		×	×			
柔道		×	×			
ラクロス		×	×			
カヌー(カヤック)						
500m, 1000m		×	×			
10000m			×	×		
ボート		×	×			
射撃	×					
スキー						
アルペン	×	×	×			
ノルデック			×	×		
サッカー		×	×			
スピードスケート						
短／中距離		×	×			
長距離			×	×		
スカッシュ	×	×	×			
水泳						
50m	×	×				
100～200m, 400m		×	×			
800～1500m			×	×		
シンクロナイズドスイミング	×	×				

（次ページにつづく）

PERIODIZATION

表5-3 （前ページのつづき）

	神経的要因	ATP-CPの枯渇	乳酸	グリコーゲンの枯渇	血中グルコースの枯渇	高体温
ハンドボール		×	×			
テニス		×	×			
トライアスロン				×	×	×
バレーボール		×	×			
水球		×	×	×		
重量挙げ	×					
レスリング		×	×			
ヨット		×				

表5-4 CNSの疲労に関連する兆候

疲労	特徴	メカニズム
中枢	電気刺激により発生する力や熱よりも随意的に発生するものはより小さい。	運動単位の動員や周波を維持できない。
末梢	随意的な収縮と刺激を受けて収縮の力の損失と熱の生産が同じ。	
a. 高周波数	高い刺激周波で選択的に力が損失する。	神経―筋の伝達，筋の活動電位の伝導が損なわれる。
b. 低周波数	低い刺激周波で選択的に力が損失する。	興奮／収縮が損なわれる。

Gibson and Edwards 1985より

1. 神経―筋疲労

これまで考えられていたより，CNS（中枢神経系）がパフォーマンスをより強く制限しているという多くの根拠がある。疲労は，CNSの命令と末梢の系に関連のあるいろいろなプロセスに影響を及ぼす。長期のオーバートレーニングによるCNSの疲労は動機づけの水準を低下させ，脊椎への伝達を弱め，また運動神経細胞の動員を弱める。末梢の疲労（短期間のオーバートレーニング）は末梢神経の機能，神経―筋の結合，筋線維の活動電位，あるいは筋線維内の活性化のプロセスなどにダメージを与える（Gibson and Edwards 1985；Lehmann et al. 1993）。

末梢疲労は2つのタイプに分けられる。高頻度の疲労（電気的疲労）と低頻度の疲労（機械的代謝の疲労）である（表5-4）。

高頻度の疲労は通常60秒より短いか，60秒よりわずかに長く持続する競技で生じる。出力低下は筋肉細胞の表面膜（筋細胞膜）に沿った活動電位の不足（電気信号を伝える筋膜の能力）の結果として起こる。筋細胞膜は，筋細胞の表面（T−細管）にある多孔性の通路や，収縮を司るアクチンとミオシンにも電位信号が伝達することを助ける。伝導のための電位信号（活動電位）の不足は，T−細管で作られるカリウム（K+）またはアクチン，ミオシンのフィラメント間の間隔によるものである。この疲労は，冷えた筋肉（十分に温められていない筋肉）ですぐに起こる。

低い頻度の疲労は，とくに伸張性収縮に関連した細胞の損傷により生じる。細胞の損傷は筋細胞を乱した状態のままにする。電位信号を運ぶ細胞が裂けたものは，裂かれたワイヤのようである。結果として電位信号は弱まる。

随意収縮を導く事象は，脳からアクトミオシンのクロスブリッジまでのコントロールされたコマンドの連

考えられる疲労のメカニズム

```
精神/脳
  ↓                    損なわれるもの
              ←―― モチベーション
                    （運動単位の動員）
脊髄
  ↓           ←―― 反射
末梢神経
  ↓           ←―― 神経―筋の伝達
筋鞘
  ↓           ←―― 筋の活動電位
横行小管系
              ←―― カリウムイオン，
                    ナトリウムイオン
  ↓           ←―― 興奮
カルシウムイオン放出
              ←―― 活性化
  ↓           ←―― エネルギー供給
アクチン―ミオシン反応
  ↓
クロスブリッジの張力＋熱
  ↓
力／パワー出力
```

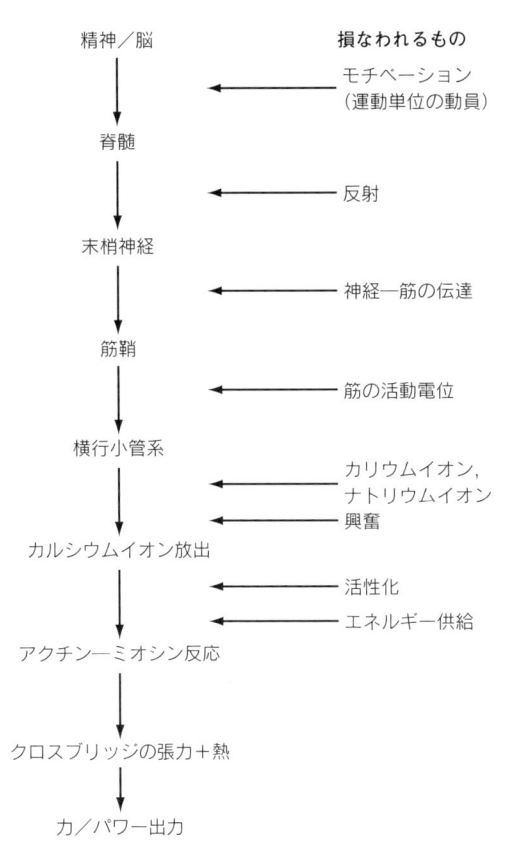

図5-2 筋収縮の命令系（Gibson and Edwards 1985）

鎖を含んでいる（図5-2）。疲労はその連鎖の中の1つもしくはそれ以上の損傷によるものである。

CNSには興奮と抑制2つの基本のプロセスがある。興奮は身体活動のためのプロセスで，抑制は休息のプロセスである。トレーニングは2つのプロセスを一定に切り替える。いかなる刺激に対しても，CNSは，神経のインパルスを運動に使用する筋に送り，収縮させ，運動を行うように命令する。神経のインパルスのスピード，パワーや頻度は，CNSの状態によって決まる。興奮が優勢で，しかもコントロールされているときに，神経インパルスは最も効果的であり，高いパフォーマンスにつながる。疲労のために神経細胞が抑制状態になったとき，筋収縮は遅く弱くなる。このように，収縮力や動員される運動単位（筋線維）の数は，CNSが送る電気的活性と関連する。

速筋線維（Fast glycolitic＝FG，Fast oxidative glycolitic＝FOG）は，遅筋線維よりも疲労に敏感である。速筋線維は筋収縮と結びつくカルシウムイオンとATP-CPのすばやい再合成，無酸素過程によるATP-PCの産出の高い能力をもつ。しかし，遅筋線維はミオグロビンやミトコンドリアの高い酵素活性レベルによって支えられる有酸素能力を持っている（Edgerton 1976；Ruff 1989）。

骨格筋は，運動単位を次第に活性化させ，発射頻度を調整することにより，力を生みだす。遅筋線維は有酸素代謝が優勢なときに動員される。出力の増加を必要とするときは，FGに続いてFOGが動員され，最大の力を発生するのである（Edgerton 1976；Finnbogi et al. 1988；Rose and Rothstein 1982）。そして，最大収縮を維持する期間が長引けば，運動単位の発射頻度は減少して（Bigland-Ritchie et al. 1983；Hennig and Lomo 1987），抑制がより顕著になっていく。

Marsden et al.(1971)は，30秒間の最大随意収縮の最初と比較し，最後の部分の発射頻度は80％まで減少したことを証明した。同じような発見がGrimby et al.(1992)によって報告されている。収縮期間が長くなればなるほど，大きな運動ニューロンの活性化が弱まり，発射頻度を閾値レベルよりも低下させるのである。これらの発見は「体を疲労困憊に追い込むようなセットをこなすことによってのみ筋力を改良することができる」と考えている人びと（とくにフットボールやボディービルディング）こそが注意を向けるべきである。収縮を長く維持するにつれ，発射頻度が減少するという事実は，これまで強く支持されてきたこの方法の信用を落とす。収縮が続くにつれて，貯蔵燃料が底をつき，運動単位の長い休息時間，および低い頻度の筋収縮が見られるようになるのである。このような神経―筋の活動の原因は疲労であると推測されたので，行う人は，最大収縮のセット間に2分間程度の短い休息をとっても，リラックスし，そして続くセットで高い活性状態に回復するだけの神経―筋を再生するのには十分ではないことを知っておく必要がある。

2. 代謝疲労

　筋レベルの過度な使用は，エネルギーの激減，筋肉中のCa++流動の蓄積，筋肉中のpH増加といった筋線維の損傷，あるいは代謝疲労を招く（Allen et al. 1992；Appell et al. 1992；Sahlin 1992）。これは通常，長期にわたる最大下の疲労や短期間の激しい運動の反復で生じる。

　研究者らは，血中や筋の乳酸レベルの上昇が中くらい，あるいは長い時間の運動のパフォーマンスにマイナスの影響を与えることを発見した。これは，局所筋の疲労と乳酸の蓄積との間の因果関係を提示している。アシドーシスの進行や乳酸による疲労は（Armstrong et al. 1991；Sahlin 1986），4つの可能な方法で筋収縮のプロセスを弱めるのかもしれない。

　水素イオンの蓄積は，解糖系でのスピードを制限する酵素であるホスホフルクトキナーゼ（PFK）を抑えることにより，エネルギー（ATP）生成を妨害する。乳酸脱水素酵素（LDH），リン，ミオシン―アデノシントリフォスファターゼといった酵素の活動は制限される（Armstrong et al. 1991）。

　進んだアシドーシスは，ヘモグロビンと結合する酸素の親和力を低下させる。しかし，毛細血管へ酸素を運搬している途中で，筋細胞レベルでの低い酸素レベルを元に戻すために，ヘモグロビンはさらに酸素を放す（Brooks and Fahey 1985）。

　進行したアシドーシスは，結合する場所をめぐってトロポニンと争う。それによってCa++とトロポニンとのつながりが抑制されるのである。トロポニンは筋細胞収縮にとって重要な役割を果たすので，その抑制により，運動と疲労とのつながりは説明できる。Ca++の機能低下は骨格筋より心筋を敏感にする。これが，アシドーシス時に心筋がより顕著に収縮力の低下を示すことを説明する。増加した水素イオン濃度は筋小胞体からのCa++拡散を抑制する（Allen et al. 1992；Fabiato and Fabiato 1978）。蓄積した水素イオンは不快をもたらし，心理的疲労の原因となったり，忍耐の制限因子となる（Brooks and Fahey 1985）。

　エネルギー系の観点からみると，クレアチンリン酸が活動筋で使い果たされ，筋グリコーゲンが使われ，そして炭水化物の貯蔵がなくなったとき，疲労が生じる（Sahlin 1986）。そして，筋肉がする仕事は減少する。それはおそらく，グリコーゲンが枯渇した筋肉におけるATPの生成が消費よりも遅いスピードであるからであろう。

　研究では，炭水化物は高い筋力発揮を維持する能力には不可欠であると考えられている（Conlee 1987）。また，長く続く中程度から高強度の運動における持久力は，運動前の筋グリコーゲン量と直接関連する。これは，疲労が筋グリコーゲンの枯渇の結果として生じることを示している（Bergstrom et al. 1967）。

　短時間で高い強度の活動のための即効のエネルギー源は，ATPとCPである。筋肉でこれらが完全に枯渇すれば，筋の収縮能力を確かに制限してしまう（Karlsson and Saltin 1971）。

　長く続く最大下の運動では，遊離脂肪酸やグルコースがエネルギーを供給し，その後，肝臓により供給される。遊離脂肪酸の化学反応の停止（ベータレセプター遮断）は，グリコーゲンの分解スピードを速める。これがパフォーマンスに影響を及ぼすのである（Sahlin 1986）。

　酸化は，利用できる酸素の量に依存する。限られた量では，遊離脂肪酸に代わり，炭水化物がエネルギーになる。それゆえ，遊離脂肪酸の酸化の限界は，遊離脂肪酸の活動筋への流入量や有酸素トレーニングの状況によって決まる。それは，有酸素トレーニングが酸素と遊離脂肪酸の利用の両方を高めるからである（Sahlin 1986）。

　イオン濃度の変化，ATP不足，乳酸蓄積を生じる低酸素症（活動筋への酸素運搬減少）といった代謝に関する現象で，筋損傷を解明することができる。しかし，筋が伸張性もしくは短縮性の反復する負荷を受けたときに，より大きな構造上の損傷が起こることが示されている。この2つの収縮タイプのうちでは，伸張性収縮がより大きな筋線維損傷を引き起こす。伸張性収縮は短縮性収縮よりも活動筋の断面積あたりの張力は大

きい。伸張性収縮は多くの構造的な損傷も引き起こすが、収縮が反復されたなら筋線維を壊すのに十分な伸張のストレスになる。そのときにだけ、筋線維は破壊されるのである(図5-3参照)。

熱は、筋線維のCa++活動に対する感受性を増加させることにより、筋収縮を高める(Paha 1994)。これは、なぜ選手が運動の前にウオーミングアップを無視すべきではないのか理由になる。しかし、筋収縮中の熱生産が筋損傷に影響するという研究結果もある。伸張収縮は、短縮性運動より多くの熱エネルギーを産み出す。伸張収縮中の熱生産の増加は、おそらく筋細胞内での熱生産量が増えたというよりむしろ、熱を除去する筋の能力の低下が原因である。筋肉内の温度の上昇は、脂質やたんぱく質の分解を18%も増すことにつながるのである。これは短縮性収縮よりも伸張性収縮で大きい。収縮のスピードも、熱生産に直接的に影響する(Armstrong et al. 1991；Baracos 1984；Fahey 1991)。

筋肉の構成要素の破壊は微細な傷につながる。この痛みは、すぐには現れない。ピークは24時間から72時間の間に現れる。図5-4は、前腕屈筋群の痛みの度合いを示している。1の「正常」から10の「非常に痛む」が尺度になっている。測定は、前腕屈曲の伸張性運動の前と運動後の5日間にわたり行われた。スポーツ科学会ではこれを遅延性筋肉痛、DOMSとした。選手が経験する感覚というのは、局所的な圧痛と硬直を伴うにぶくうずく痛みである。これらの感覚は最初の運動後、5～7日以内に消滅していく(Appell et al. 1992；Armstrong 1986；Clarksou et al. 1992；Fahey 1991)。

筋の運動では、力は筋から腱を介して骨に伝達される。筋腱結合のうちの基部の線維である腱組織は、波状で斜めの方向に向いている。そのために、エキセントリックな運動で非常に損傷しやすくなっている。これらの線維は筋組織より弾力性が乏しい。これが、これらの線維がけがやDOMSからの局所的な痛みに敏感であるというもう1つ理由である(Armstrong 1986；Armstrong et al. 1991；Clarkson et al. 1992；Ebbing et al. 1989)。

波状の形状は、静止時から腱を4%伸ばした時点で見られなくなる。もし腱が静止した筋の長さから8～10%伸ばされたら、かなり多くの線維が損傷を受ける。損傷は腱の弱い部分に起こる(Renström and Johnson 1985)。腱の損傷は、以下に挙げた理由により起こるものである。

- あまりにすばやく張力が加えられる。これは爆発的運動の結果である。
- 張力が斜めに加えられる。
- 腱に負荷をかける前に張力がかかっている。
- 付着した筋を最大限に刺激する。ハムストリングは強い刺激を受け、それがけがをしやすくさせている。

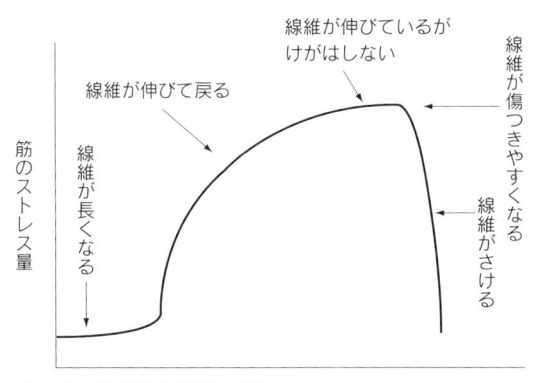

図5-3 筋組織の状態の変化(Fahey 1991)

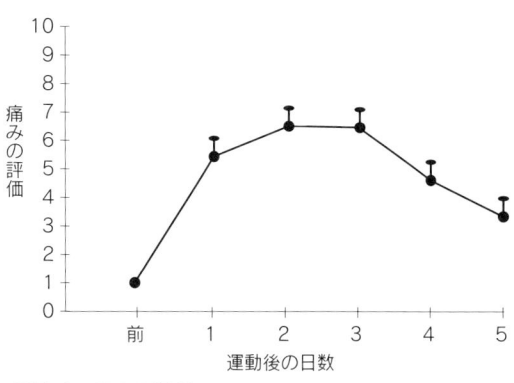

図5-4 痛みの評価(Edding and Clarkson 1989)

- 筋群が外部の刺激によって伸ばされている(パートナーといっしょに行うストレッチ)。
- 張力が伸張性運動によるものである。
- 腱が筋肉と比べて弱い。

損傷した腱は，回復するのに長い時間を要する。研究者は，この部分の血流が限られていることが原因だと述べている(Renström and Johnson 1985)。

何年もの間，乳酸はDOMSの原因と考えられていた。だが，高度な化学的テストや電子顕微鏡によって，Ca++イオンの筋細胞への流入の結果により生じる筋線維損傷が，実際にはDOMSの原因であることが明らかになった(図5-5参照)。

遅筋や速筋線維は，運動による筋の損傷に敏感である。より強いダメージは，エキセントリックか最大のコンセントリックな力発揮をしている速筋線維に現れる。

3. 神経性疲労

神経システムは求心性と遠心性に分類される。遠心性は，体性神経系と自律神経系に分けられる。体性神経系は骨格筋を支配し，筋の興奮をさそう。自律神経系は平滑筋や心筋，胃腸の神経細胞を支配し，効果器細胞の抑制または興奮を導く。

トレーニングしている選手は，オーバートレーニングの2つのタイプを経験する。1つ目のタイプ，バセドー・オーバートレーニングは，交感神経または副交感神経の支配と関連する。それは交感神経の過度の興奮や感情面の過剰ストレスにより生じる。2つ目のタイプ，アディソノイド・オーバートレーニングは，副交感神経の抑制によるものである。2つのうち，副交感神経型のオーバートレーニングは見つけ出すのは難しい(Altenberger 1993；Fry, Morton, and Keast 1991；Israel 1963；Kuipers and Keizer 1988；Lehmann et al. 1993)。

通常の状況下で，交感神経の活動は，運動やアドレナリン(エピネフリン)，ノルアドレナリン(ノルエピネフリン)，HGH，コルチゾール，甲状腺刺激ホルモンといったさまざまなホルモンレベルにより高まる。研究者らはこれらのホルモンが血液中で高い濃度になっているのを発見し，これらのさまざまな変化が運動に対する通常のストレス反応であると考えた。

体が数週間にわたって身体的心理的に過剰ストレスを受けたとき，十分な回復をとらないと，超回復は見られない。もしストレスの原因が高強度すぎるトレーニング刺激や急激なトレーニング負荷の増加だとすれば，体はバセドウ病(それゆえ，バセドー・オーバートレーニング症候群という)に似た兆候を示す。この病気の兆候は，高強度の非持久性運動(短距離走のような)を行っている選手と密接に関連している。症状(Kuipers and Keizer 1988)は，安静時心拍数が上昇し，食欲不振，運動後の回復に時間を要し，睡眠障害や安静時血圧の高まりが見られ，運動後の血圧は元のレベルに戻りにくくなり，感染の発症増加や最大出力の低下，低下するパフォーマンス，体重減少，高まるイライラと情緒不安定，トレーニングや競争への意欲低下，低血圧状態，けがの発生増加，運動時の最大血中乳酸レベルの低下などである。

副交感神経性のオーバートレーニングは，アディソン病の兆候と関連づいている。副腎腺がホルモン濃度を適切に調整できなくなる。その結果，ホルモンレベルは低下し，とくにコルチゾールホルモン，HGH，フリーテストステロンといった甲状腺ホルモンが低下する。

伸張性筋収縮で重すぎるかもしくは
不慣れなウエイトトレーニングを行う

↓

筋線維の損傷は筋線維への
カルシウムの漏えいの原因になる

↓

カルシウムは，筋線維を破壊する
物質の放出の原因になる

↓

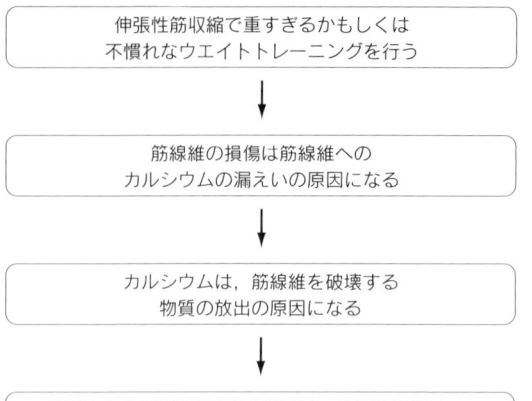

死滅した組織は体外に取り除かれ，線維は再生し，
さらなるストレスに耐えられるようになる

図5-5　どのように筋肉が傷むか(Fahey 1991)

副交感神経型のオーバートレーニングは，多量のトレーニングにより起こり，持久性の選手により起きやすい。バセドー・オーバートレーニングと同じように，CNSの作業能力は著しく低下する。このオーバートレーニングに関連した兆候は，進行する貧血，ヘモグロビンの減少，ヘマトクリットの減少，明らかな不眠症状がないにも関わらず，多くの熟睡が必要になること，低血圧，低安静時脈拍，フリーテストステロン値の減少，感情の不安定状態，消化不良，そして最終的にパフォーマンスの低下が進む(Israel 1963；Kuipers and Keizer 1988；Fry et al. 1991；Parry-Billings et al. 1993)。

10. オーバートレーニングのチェック，治療，防止
Monitoring, Treating, and Preventing Overtraining

　運動と回復の組み合わせを確立することは，選手の効果的なトレーニングプランを作成する上で重要な要素である。より強いトレーニング負荷への適応は，負荷と回復の正しい歩み寄りがあるときにだけに成果をあげる。適切なトレーニング負荷は，一時的に選手の機能的な能力を低下させるような疲労を作り出す。回復のプロセスではエネルギー源を補充し，そしてもとのレベルを超える回復を示すのである。超回復期での適切なトレーニング刺激を加えると，ピーキングは高まる。理想的には，後のトレーニングは超回復が起こるまでは行わないでおくべきである。

1. オーバートレーニングの原因

　いくつかの要因が回復とオーバートレーニングの程度に影響する。通常，これらの要因はトレーニング負荷，負荷への耐久能力，またはトレーニングと回復の間のアンバランスの結果による。しかし，それらが対応する身体的，心理的の刺激に対する不耐性の組み合わせであると指摘する者もいる(表5-5)。こういった状況下でトレーニングを続ける選手は適応できないか，オーバートレーニングを引き起こす可能性がある。

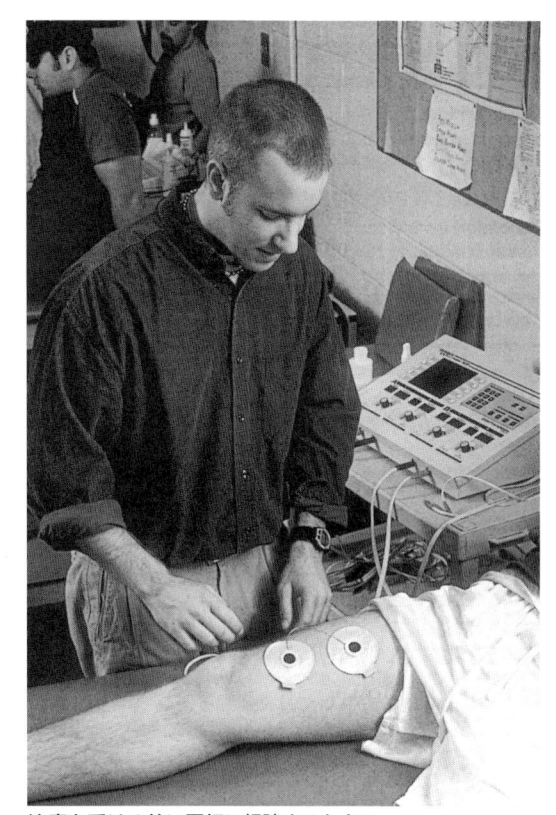

治療を受ける前に医師に相談するとよい。

2. オーバートレーニングを見つける

　オーバートレーニングは運動能力とパフォーマンスを低下させる。その兆候としては，通常，不眠症や食欲不振，昼夜にわたるおびただしい発汗などがある。コーチは選手がつけたトレーニング日誌の毎日の記述を見ることで，その兆候を見分けることができる。疲労のより詳しい兆候の見分け方は，表5-6を参考にしてもらいたい。

　チェック方法には，非侵襲性のテクニックと侵襲性のテクニックの2つがある。非侵襲性のチェックは高価で高度な実験室でのテストが不要である。しかし侵襲性テストのほうがはるかに正確であり，生理学的，心理学的，力学的な評価データが得られる。これらのテストからパフォーマンス効率や技術の有効性，メン

PERIODIZATION

タルパワーを高めるための情報を入手し利用することができる。

生化学的なテストは，オーバートレーニング症候群を適切に診断し，それを短期のオーバートレーニングであるオーバーリーチング(過剰使用)と区別できるように，(1)神経筋系，(2)心血管系，(3)代謝ホルモン系，(4)免疫系，(5)人体測定，(6)生理学上のパフォーマンス，(7)心理面，の7つの生理学上の系統や分野が含まれているべきである。

著者は，モニターすれば，有効にトレーニング適応を評価することができるさまざまな生理学・心理学的な測定項目の概要をまとめた。Fry et al.(1991)は，オーバートレーニングの予防のためのトレーニングチェック手順の階層を説明したリストを開発した(**表5-**

表5-5 オーバートレーニングを起こした5月の活動

トレーニングの失敗	選手の生活	社会環境	体調
回復を軽視する	不十分な睡眠時間	家族としての重い義務	疾病(高熱)
能力以上の高い要求	決められていない1日のプログラム	フラストレーション(家族や友達への)	吐き気
長い休息後の急激なトレーニング負荷の増加	喫煙，アルコール，コーヒー	職業的な不満	胃痛
膨大な高強度の刺激	不適切な生活環境(空間)	ストレスの多い職業上の活動	
	友達とのケンカ	過度の情緒的活動(TV，騒々しい音楽)	
	貧弱な食事	家族とのケンカ。スポーツを行うことについて。	
	興奮し動揺の多い生活		

Harre 1982を修正

表5-6 オーバートレーニングの兆候

心理面	運動および身体面	機能面
増す興奮	調整	不眠症
低下する集中力	筋張力の増加	食欲不振
理性損失	すでに修正された失敗の再出	消化不良
批判に敏感	リズミカルな運動遂行の不調和	多汗症
コーチやチームメートからの孤立する傾向	技術的な欠点を見極めて，修正する能力の低下	肺活量の減少
イニシアティブの欠如	身体準備	通常より時間がかかる心拍数の回復
意気消沈	スピード，筋力，持久力の低下	皮膚や組織への感染がしやすい
自信喪失	ゆっくりとした回復スピード	
意志力	反応が遅くなる	
闘争力の欠如	事故や傷害が生じる傾向	
試合への不安		
戦術的な計画，あるいは試合で戦うことの欲求を放棄する傾向		

Bompa 1969, Ozolin 1971, and Harre 1982のデータをもとに

7）。競技にもとづいてテストを選び，テストを定期的に統一された状態で行うようにする。そこである項目は継続して測定し，ある項目はそんなに頻繁でなくてもいいが規則的に測定するのである。そのうちのいくつかの測定項目は，オーバートレーニングの指標としては有効でないかもしれない。なぜなら，それらは，トレーニング負荷というよりむしろ，外側の社会心理学的なマイナスの刺激によるものかもしれないからである。

これらの指標のうちのいくつかは逸話的なものであり，選手を対象としたテストの妥当性や実用性は疑問が残る。オーバートレーニングの有効な診断に関して，Nieman and Nehlson-Cannarella (1991), Van Erp-Baart et al. (1989) は，次の6つを提案している。

1. オーバートレーニングの出現に関連するメカニズムをよく理解すること。
2. 判断の要素を効果的なものにすること。
3. オーバートレーニングを予防する状態を確立すること。
4. 高度で費用がかさむ実験室のテストを必要としないシンプルで効果的な診断の方法を開発すること。
5. トレーニングを開始する数週間前に基本値を設定すること。この間に，トレーニングの負荷を急激にではないが，明らかに落とすようにする。さもないと，トレーニング負荷を落としたことによる気分の乱れが禁断症状を引き起こす。
6. 1日の中の一定の時間の統一した状況下で，生化学テストを計画すること（例えば，朝，トレーニング前，トレーニング中，トレーニング後，就寝前）。

コーチや選手が適応をチェックするために，クレアチンホスホキナーゼ（CPK），メチルヒスタジン（3-MH），アンモニア，排出尿窒素，血清尿素，セロトニン，グロブリン結合ステロイドホルモン（SHBG），排出カテコールミン，泌尿ケストステロイド，尿酸，コルチゾルといった生化学的指標を用いるには，基本的な生理学を学ばない限り成果はあがらないだろう。オーバートレーニングを示す生化学の指標となるのは，基礎のカテコラミンやコルチゾール濃度（朝晩），血漿フリーテストステロンのコルチゾールに対する比が30％以上であること，または赤血球数（RBC），血清フェリチン，血液ヘモグロビン（Hb），血漿グルタミン，免疫グロブリン（IgA, IgG），電解質（Zn, Mg, Naなど）である（Altenberger 1993；Banister 1985；Berglund 1992；Booth 1993；Dishman 1992；Fry et al. 1991；Karvonen 1992；Kuipers and Keizer 1988；Legros 1992；Reiter 1991）。

3. オーバートレーニングをチェックして防ぐ

選手は日ごと，あるいは週ごとに回復を積極的にチェックすべきである。毎日のチェックとは，トレーニング日誌，食事やストレッチ，サウナの使用や交替浴，用いたリラクセーションテクニック（PMR，呼吸法，イメージ法）などを記録するものである。週間のチェックでは，週に少なくとも1日の積極的休養をとっているか，週3回のマッサージを受けているか，そして練習時間の管理を行っているかなどが項目となる。

チェックすべき多くの測定項目があるが，実用的なもののほうが，適応を調べるための方法としてよい。シンプルだが，この中には，これらの解釈が実験室で行うものより役立つものもある。実験室のテストは，簡単なチェック表やテストで明らかになるようなことを詳細に確かめるだけのことである。そのような手の込んだテストの経費は高く，ときには得られたデータの価値を上まわることもある。理想的には個々の選手が毎日の各々のチェック表でチェックを行うべきである。コーチは，トレーニング後の回復状態を簡単な方法でチェックできる。トレーニングの効果により表れてくる選手の体型，トレーニング目標の達成，もしくはテストの設定値への到達度をチェックするとよい。選手の態度にも注意すべきである。トレーニング中のまじめで楽天的態度や適切なチームメイトとの関係，トレーニングへの積極的な反応は，トレーニング負荷がその選手にとって適切であることを意味する。

PERIODIZATION

表5-7 論文の普及により示されたオーバートレーニングの症状

身体的／パフォーマンス	心理的／情報の処理
低下したパフォーマンス	憂鬱な感じ
以前に到達したパフォーマンス基準(標準)を満たすことができない	一般的無感動
回復に時間がかかる	自己評価の低下，自己への悪い感情
負荷への耐性の低下	情緒不安定
低下した筋力	仕事やトレーニングで集中しにくい
最大運動能力の低下	環境や情緒的ストレスに敏感に反応
調整力の低下	競争への恐怖心
低下した効率／減少した動作の大きさ	性格における変化
すでに修正されたはずの失敗の再出現	細かな集中力の低下
技術的欠点を見つけ，それを区別する能力の低下	内的，外的注意力散漫な状態
横になった時と立位時の心拍数差の拡大	大量の情報を扱う能力の低下
ECGの異常なT波パターン	困難にぶつかったときに放棄する
ちょっとした運動での心臓の不快感	**免疫学的**
血圧の変化	病気，寒気，アレルギーに対する感受性が増す
休息，運動，回復時の心拍数の変化	インフルエンザのような病状
呼吸数の増加	証明されていない腺熱
多い呼吸	ゆっくりと治る引っかき傷
減少した体脂肪	腫れたリンパ腺
最大下の運動負荷時における酸素消費量の増加	一日中続く寒気
最大下の運動負荷時における心拍数，肺換気の増加	好中球の機能的活動の低下
X軸への乳酸カーブの移行	リンパ球数全体の減少
夕方練習後の体重減少	ミトゲン(有糸分裂を導く物質)の反応の減少
基礎代謝率の上昇	血液好酸球数の増加
慢性疲労	ゼロ比の減少(TおよびBリンパ球が消滅)
夜に汗をかく，あるいはかかない不眠症	バクテリア感染
のどが渇く感じ	ウイルス性ヘルペス感染の再活性化
神経性食欲不振	CD4／CD8リンパ球比の重大な変化
食欲がなくなる	**生化学的**
大食症	負の窒素バランス
無月経／希発月経	視床下部の機能障害
頭痛	平坦な耐グルコース曲線
吐き気	筋グリコーゲン濃度の低下
痛みの増加	骨ミネラル量の増加
胃腸障害	遅発月経
筋肉痛／圧痛	ヘモグロビン減少
腱の障害	血清イオン減少

(次ページにつづく)

表5-7 (前ページの続き)

身体的／パフォーマンス	生化学的
骨膜の障害	血清フェリチン減少
筋損傷	TIBC低下
反応性Cプロテインの増加	ミネラル減少(亜鉛，コバルト，Al，マンガン，セレン，銅など)
横紋筋融解症	尿素濃度の増加
	コルチゾル値の上昇
	尿中のケトステロイド上昇
	フリーテストステロンの低下
	グロブリン結合血清ホルモンの増加
	フリーテストステロンのコルチゾルに対する比が30%以上
	尿酸生成の増加

Fry et al. 1991より

　選手との直接のコミュニケーションをとることなども良いチェックとなる。トレーニングの最初に，「今日の調子はどうだい？」と聞いてみるとよい。もし，その反応が「足が重くて硬いように感じる」や「調子はよくない」といった返答のとき，これは前日のトレーニング負荷に適応していないことを示している。また，顔の表情といったボディーランゲージからも情報を得ることができる。相手の目をしっかり見ること(目は人の内面世界への窓)からもいろいろなことがわかる。選手が経験している情緒的問題に気づくようになることも重要である(友達やガールフレンド，ボーイフレンド，家族とのケンカ。学校，学業からのストレス)。それらの問題がパフォーマンスを発揮するうえでマイナスになる前に，解決するように働きかける。

　チームの医師によるチェック，または本人自身が主観的に気づく健康状態は，回復具合を示している。疲労して回復していない人は，呼吸系の通常の機能が弱まる。

　選手の自発性，パフォーマンスを高めようとす欲求，食欲，睡眠習慣(連続2日以上の不十分な睡眠は問題である)，回復を決定する情緒のバランス(Dishmanによる気分プロフィール検査［POMS］)を書き留める(Calder 1996)。

　24時間を通してのプラスマイナス1kg，もしくは体重の3％以上の変動は，通常の回復を示すものである。これ以上を超える増減は問題があり，対処しなければならない(Calder 1996；Dishman 1992)。

　朝に回復をみる上で重要な生理学的尺度である朝の安静時心拍数を測ってみる。Dragan(1978)は，仰向けに寝た姿勢の安静時の心拍数と立位時のものとの間に，1分間につき8拍以上の大きな差があれば，回復がなされていないと解釈でき，トレーニングを変えるべきであると述べている(図5-6)。

　筋肉痛を分類することによりコーチは，以後のトレーニング負荷を計画することができる。選手がどのようにして，トレーニング負荷に反応しているのかを知ることは，回復をチェックするための有効な手段となる(表5-8)。

　筋肉を触診するとき，しこりや癒着部位に注意する。それらは動作の最適な可動域を妨げ，最終的にパフォーマンスに影響する。これらの癒着に気づかせなければ，張りきった筋組織を引き裂いてしまう危険性がある(Andrews 1991；Francis and Patterson 1992)。

　握力計を使ってCNS感受性を観察する(図5-7)。回復後のフィールド，および研究室の身体的なパフォーマンステスト，例えば，最大下の運動中の血中乳酸分析やタイムトライアル，これまでの個人記録(1500m走など)，技術，筋力，パワーテストなどを研究するとよ

PERIODIZATION

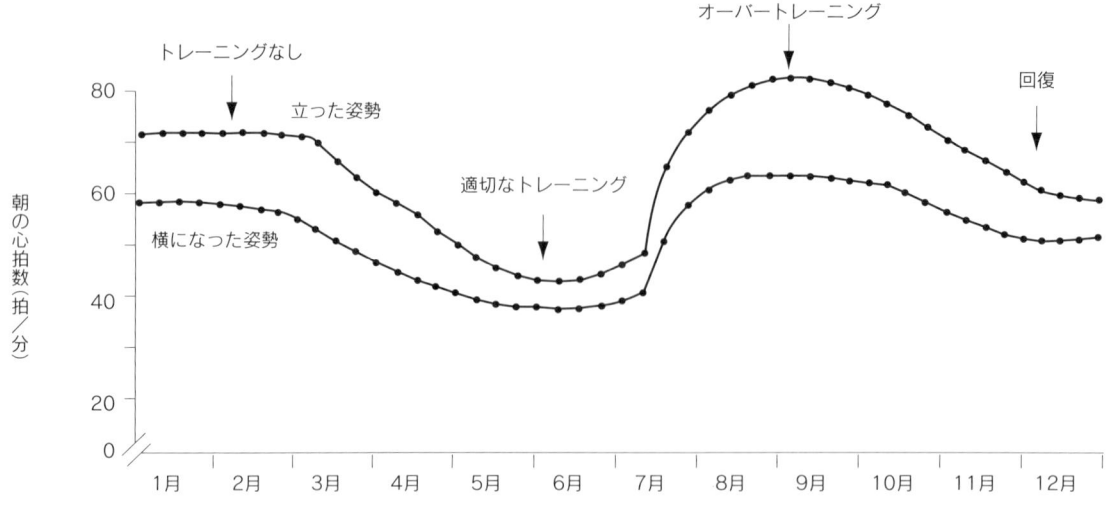

図5-6　トレーニングとオーバートレーニングが横たわった姿勢および立った姿勢での早朝の心拍数におよぼす影響
(Csajkowski 1982)

い。

　弛緩反応の能力，もしくは瞑想のテクニックに対する反応を観察する(Calder 1996)。

　アレルギー物質への反応の増加もしくは低下や感染しやすさの増加について注意を払う。とくに口や唇（ひび割れ，ふくらみ，はがれ，乾き，赤み。Fleck et al. 1982；Keast et al. 1988），また，舌が黄色や赤になっているか，腫れているかどうかを詳しく調べる。眼圧の増加によるまぶたのけいれんは疲労の兆候を示す。目を閉じ，眼球をやさしく押し下げたときに，最初の押し下げで痛みを感じるといけない。より強く押した後のみに，痛みを感じるべきなのである(Francis and Patterson 1992)。

多量栄養素，または微量栄養素の適切な摂取を心がける(Balaban 1992；Wardlaw et al. 1992)。

　計画したトレーニングの強度と量をチェックし，それをこれまでの行われたものと比較することで，合理的なトレーニングプランを考える。そのプランでは，選手や競技の要求により，秩序立てて量や強度のあらましを述べる。

　習慣的なオーバートレーニングやオーバーユース傷害を探す(Kuipers 1991；Lehmann et al. 1993)。

　トレーニング強度はその時間よりもオーバートレーニングと密接に関連がある。それゆえ，トレーニングの強度を落として，量を維持することがオーバートレーニングの影響を最小限に留めるだろう。

表5-8　筋肉痛の分類

段階	徴候	指示
0	痛みなし	トレーニングを続ける
1	ちょっとした痛みを筋に感じる	7日間トレーニングを減らす 2週間試合に出場しない
2	歩行時に痛い 痛みを感じずにスクワットができない	14日間トレーニングを減らす 1ヶ月試合に出場しない
3	ひどい痛み 歩行が困難	少なくとも1ヶ月トレーニングを減らす 2ヶ月間試合に出場しない

Noakes 1991より

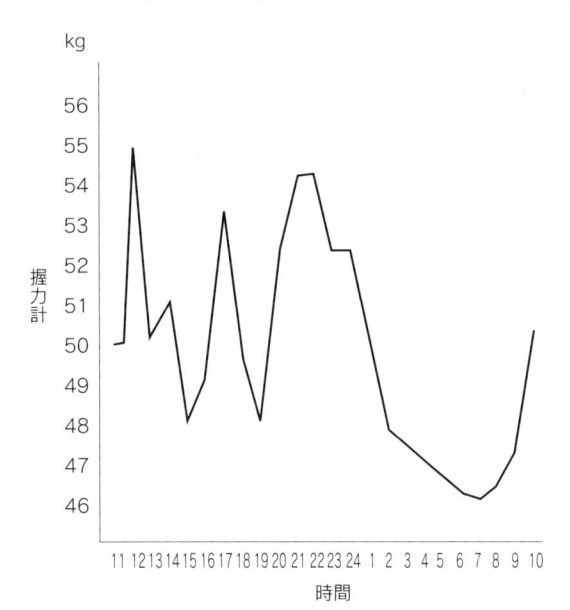

図5-7　24時間にわたるCNSの興奮の変動
(Ozolin 1971の握力計法にもとづいて)

4. トレーニングをチェックするチャート

　この章の終わりのP.98〜101にチャートを示した。最初の2ページは例を示し，3〜4ページ目はコピーをして使えるように空の表を掲載した。各ページの初めには選手の名前とトレーニングの月を書く欄がある。このチャートをロッカールームにおくか，各選手のトレーニング記録に取り入れるとよい。

　コーチは，そのチャートに書き込まれた内容をトレーニングの前に見るようにする。そこで選手の心理状態や疲労レベルを把握して，トレーニングプランを修正する。例えば，もし心拍数が高い疲労レベルを示していたり，4時間しか寝ていないようなときには，強度を落としたプログラムにするのである。

　心拍数は，前日のトレーニング内容に対する反応を検査することになる。選手はチャートを使用する前に，朝，ベットから出る前の基礎心拍数（BHR）を測るようにする。10秒間の心拍数を6倍にし，1分あたりの値を求める。毎日BHRを計り続け，表に点を書き込み，線で結んでみるとよい。

　BHRは身体状況も反映する。通常の状況下ではカーブに大きなゆがみはない。しかし，カーブの推移はトレーニング段階やトレーニング内容に応じて変わる。選手が適応するにつれて，徐々に低下していく。よりよく適応すればするほど，カーブは低くなってくる。そのカーブは競技によって決まることが多いのであるが，持久性競技では低い安静時心拍数を示す。

　また，BHRは前日のトレーニング強度に対応する。標準カーブよりも6〜8拍／分BHRが増加すると，トレーニングに耐えきれていないか，ライフスタイルが良くなかったかを意味する(P.98)。そのようなときには，コーチは選手からその理由を探るべきである。どちらの場合でも，計画したトレーニングを変更し，これ以上疲労しないようにしなければならない。そして，カーブが基準レベルに戻ったときに，通常のプログラムを再開する。

　このようにBHRは短期のトレーニングをチェックできる。長期では，体重表（BW）を用いるとよい。食事がトレーニング量や強度と相互に関連しているよくトレーニングされた選手は，体重を一定に保つことができる。ときに移行期では体重が増えてしまうことが多い。しかし，準備期にはすぐに通常のレベルまで落ちる。いっぽう，耐えられる閾値を超える量と強度で行っている長時間のトレーニングは，高いレベルの疲労を生む。食欲減退は急性疲労の兆候であり，体重は落ち始める。

　体重の減少は突然起こるものではなく，長期の過程を経るものである(P.98)。絶えず続く体重の低下は疲労の危機レベルであり，ことによるとオーバートレーニングのサインである。こういった場合は，医師が診断し，栄養士がその食事をチェックし，そしてコーチは完全に回復するまでトレーニング負荷を減らすべきである。

　心理的特徴と食欲をチェックした場合，それら2つは高い関連を示す。高いレベルの疲労は睡眠パターンを乱し，食欲を低下させ，これらは精神的不調と連動するのである。

　P.99の表はオリンピックに向けたある選手のトレーニングに関する実際の状態を示したものである。適切

PERIODIZATION

にトレーニングプログラムを変更し，サプリメントを摂るなどして，食事を変えることにより4位を獲得した。

トレーニングをチェックするための，シンプルだが実用的なこれらのチャートは，真剣に取り組んでいる選手に役立つ。毎日そのチャートに記入し，トレーニング前にコーチにチェックしてもらうことによって，良くない状況を避けることができる。それは，オーバートレーニングを回避するのに役立つだろう。

5. オーバートレーニングの治療

オーバートレーニングの治療は，興奮と抑制の2通りの神経作用と関係がある(Israel 1976)。一度オーバートレーニングと判断したら，原因に関係なくただちにトレーニングを落とすか終了させる。もしオーバートレーニングがひどいのであれば，完全にトレーニングを止めることに加えて，マイナスになる社会的な刺激を避けるべきである。その原因を突き止めるために，医師やトレーニングの専門家に相談する。軽いオーバートレーニングで，トレーニングを減らしている場合には，コーチは選手にトライアルや試合をさせるべきではない。そのようにして，トレーニングや生活の中から高強度の刺激を完全に取り除くのである。しかし，ひどいオーバートレーニング状態の選手であっても積極的休養(まったく異なる環境での軽い運動)は行うほうが良いだろう。突然のトレーニングの中断は，多大な身体的活動に慣れている選手にとっては害になるのである(Hackney et al. 1990；Hollmann et al. 1993)。

そして，回復を早めるために特別な再生テクニックを用いるようにする。食事制限も効果があがるだろう。増やすかもしくは調整した微量栄養素，多量栄養素は再生に影響を及ぼす。

例えば，タンパク質と必須脂肪とともに多めにCHOsを摂取することは，夜中にメラトニンレベルを上昇させ，これが最適な休息を導く(Gazzah et al. 1993)。

表5-9　オーバートレーニングを治療する技術

興奮プロセスを克服する (交感神経性オーバートレーニング)	抑制プロセスを克服する (副交感神経性オーバートレーニング)
〈特別の食事〉 ● アルカリ性食品で食欲を刺激する(牛乳，果物，新鮮な野菜)。 ● 刺激物質(コーヒー)を避ける。少量のアルコールはよい。 ● ビタミン(B群)の量を増やす。	〈特別の食事〉 ● 酸性化する食事を摂る(チーズ，ケーキ，卵)。 ● ビタミン(B群，C群)。
〈理学療法〉 ● 戸外での水泳。 ● 35〜37℃で15〜20分の入浴(サウナ禁止)。 ● 朝，冷たい水を浴び，タオルで体を拭く。 ● 軽いリズミカルな運動。	〈理学療法〉 ● 交替浴(熱いシャワーと冷たいシャワーを交互に浴びる)。 ● 適度な温度のサウナと短くて冷たいシャワーを交互に行う。 ● 強めのマッサージ。 ● 活発な運動。
〈気候療法〉 ● 適量の紫外線光線を浴びる。しかし強い太陽光線は避ける。 ● 環境を変える。できればさまざまな標高の場所へ。	〈気候療法〉 ● 海や海と同じくらいの海抜。 ● 気持ちがさわやかになるような気候。
〈化学療法〉 ● 鎮静剤 ● ビタミン(C，D，E，A) ● ベーターカロチン	

Israel 1963, Ozolin 1971, and Bucur and Birjega 1973の知見にもとづく

そして，トレーニングによる筋の損傷を修復することを助けるのである（Horrobin 1994；James 1996；Wu 1996）。交感神経型のオーバートレーニングは，興奮に打ち勝つ回復テクニックを用いるとよい（**表5-9**）。副交感神経性のオーバートレーニングを克服するためには，また違った回復方法を用いる必要がある。

11. まとめ
Summary of Major Concepts

　伝統的にコーチは，選手をよりよくトレーニングさせることが自分たちの仕事だと考えている。彼らは多くのトレーニングの構成要素を取り扱っているのにもかかわらず，ほとんどのコーチが回復方法やテクニックを無視する傾向にある。けれども，回復のためのテクニックはトレーニングと同じくらい重要である。選手はトレーニングや試合後の回復が早まれば早まるほど，より多くの運動をすることができるのである。トレーニングレベルの高まりは，通常，パフォーマンスの改善につながる。すなわちトレーニングを行っている者はみんな休養や回復の重要性に関する考え方を変えるべきである。

　トレーニングや試合の疲労から回復することに多くの方法が使われている。それらをよりよく理解し，それらのテクニックを使えば，疲労をうまくコントロールし，オーバートレーニングを防ぐことができる。

　選手とトレーニングの専門家は，オーバートレーニングが競技パフォーマンスへ与えるマイナスの影響について正しく考えるべきである。オーバートレーニングのサインが現れたとき，それを防ぐこと以外にも回復のテクニックに最大限の注意を向ける。オーバートレーニングを防ぐためには，その競技で用いられるエネルギー源の回復時間，超回復，およびトレーニングのチェックに対し最大限の注意を向ける必要がある。この本の後半では，プランニングやオーバートレーニングの限界のレベルを回避するトレーニングプランの立て方について述べている。

PERIODIZATION

氏名 _____   月 _____

心拍数

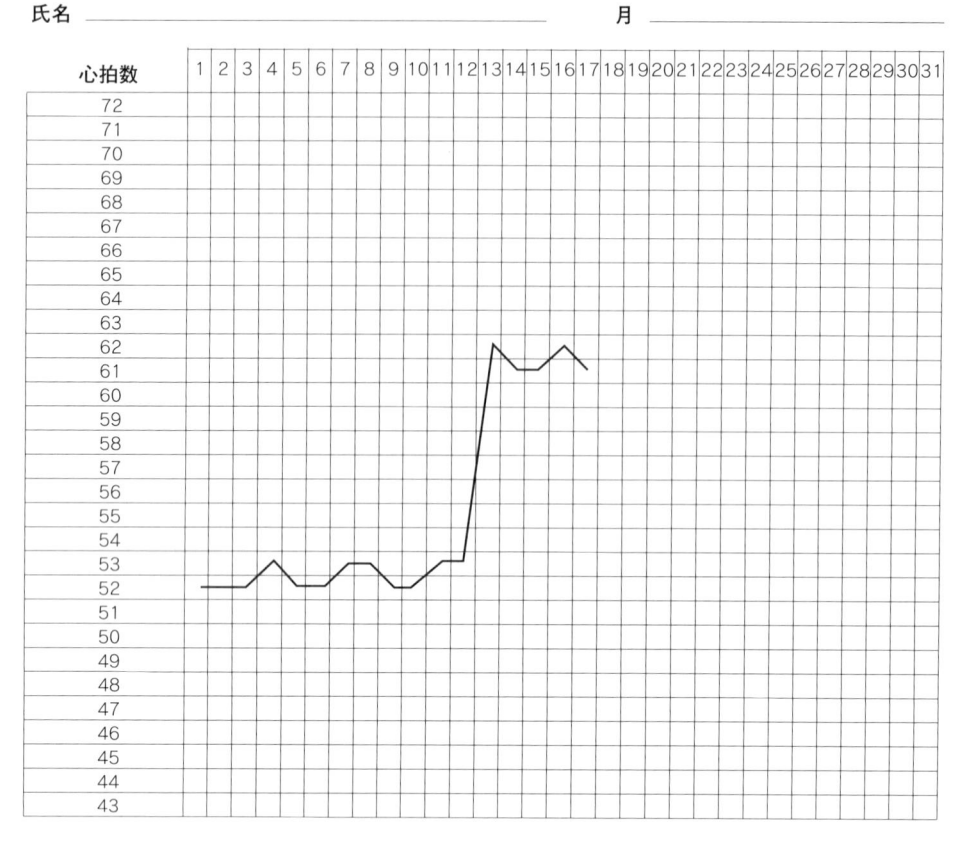

	1	2	3	4	5	6	7	8	9	10	11	12	13	14	15	16	17	18	19	20	21	22	23	24	25	26	27	28	29	30	31
72																															
71																															
70																															
69																															
68																															
67																															
66																															
65																															
64																															
63																															
62																															
61																															
60																															
59																															
58																															
57																															
56																															
55																															
54																															
53																															
52																															
51																															
50																															
49																															
48																															
47																															
46																															
45																															
44																															
43																															

体重

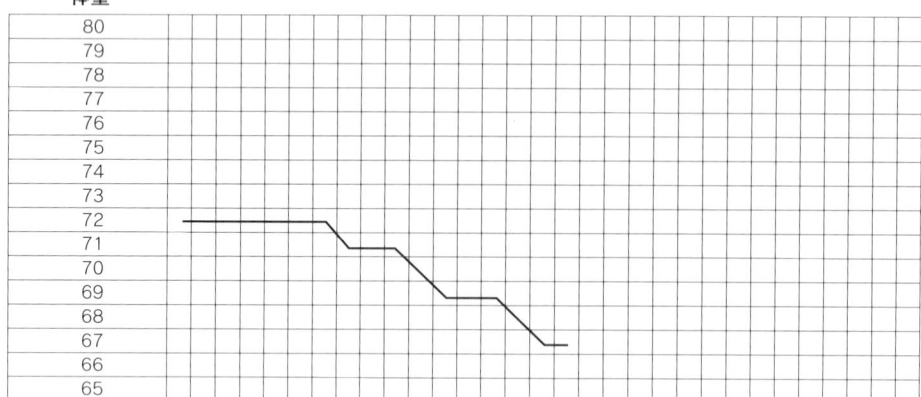

80																															
79																															
78																															
77																															
76																															
75																															
74																															
73																															
72																															
71																															
70																															
69																															
68																															
67																															
66																															
65																															

氏名 _____　　　　　月 _____

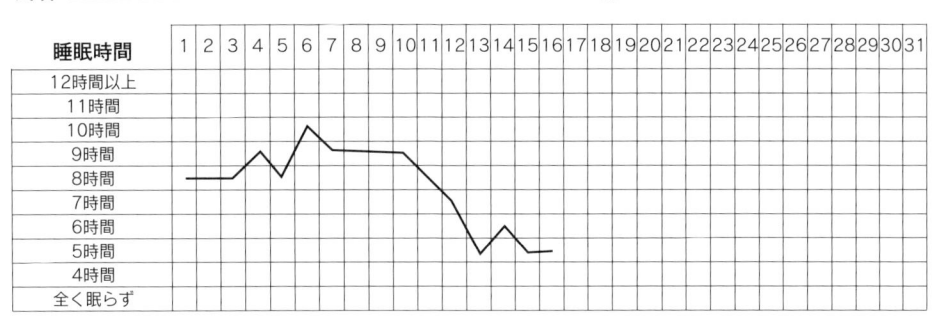

睡眠時間

	1	2	3	4	5	6	7	8	9	10	11	12	13	14	15	16	17	18	19	20	21	22	23	24	25	26	27	28	29	30	31
12時間以上																															
11時間																															
10時間																															
9時間																															
8時間																															
7時間																															
6時間																															
5時間																															
4時間																															
全く眠らず																															

睡眠の質

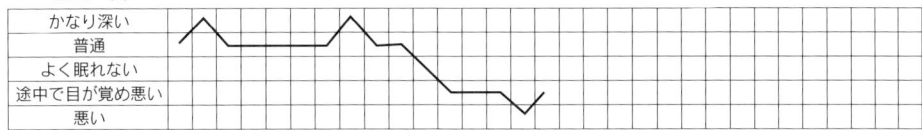

かなり深い																															
普通																															
よく眠れない																															
途中で目が覚め悪い																															
悪い																															

疲労感

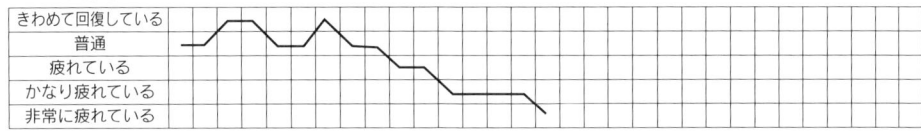

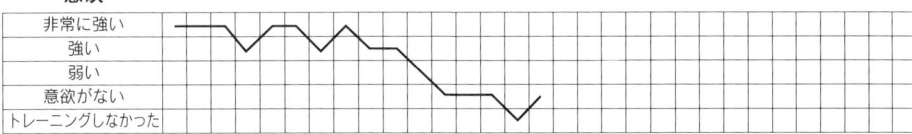

きわめて回復している																															
普通																															
疲れている																															
かなり疲れている																															
非常に疲れている																															

トレーニング意欲

非常に強い																															
強い																															
弱い																															
意欲がない																															
トレーニングしなかった																															

食欲

非常にある																															
ある																															
ない																															
必要だから食べる																															
食べなかった																															

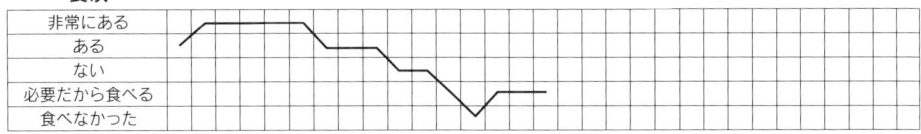

競技意欲

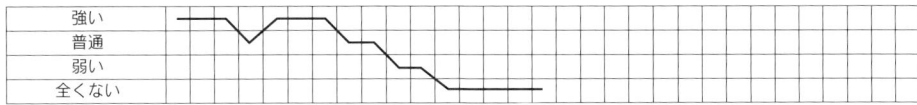

強い																															
普通																															
弱い																															
全くない																															

筋肉痛

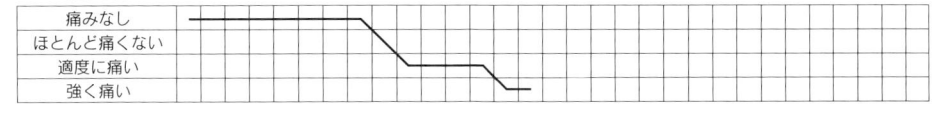

痛みなし																															
ほとんど痛くない																															
適度に痛い																															
強く痛い																															

PERIODIZATION

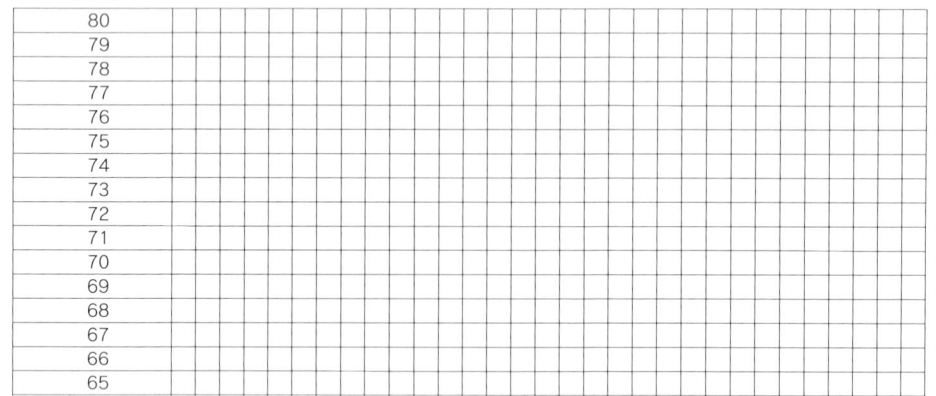

氏名 _____   月 _____

心拍数	1	2	3	4	5	6	7	8	9	10	11	12	13	14	15	16	17	18	19	20	21	22	23	24	25	26	27	28	29	30	31
72																															
71																															
70																															
69																															
68																															
67																															
66																															
65																															
64																															
63																															
62																															
61																															
60																															
59																															
58																															
57																															
56																															
55																															
54																															
53																															
52																															
51																															
50																															
49																															
48																															
47																															
46																															
45																															
44																															
43																															

体重																															
80																															
79																															
78																															
77																															
76																															
75																															
74																															
73																															
72																															
71																															
70																															
69																															
68																															
67																															
66																															
65																															

氏名 _____　　　月 _____

睡眠時間	1	2	3	4	5	6	7	8	9	10	11	12	13	14	15	16	17	18	19	20	21	22	23	24	25	26	27	28	29	30	31
12時間以上																															
11時間																															
10時間																															
9時間																															
8時間																															
7時間																															
6時間																															
5時間																															
4時間																															
全く眠らず																															

睡眠の質

かなり深い																															
普通																															
よく眠れない																															
途中で目が覚め悪い																															
悪い																															

疲労感

きわめて回復している																															
普通																															
疲れている																															
かなり疲れている																															
非常に疲れている																															

トレーニング意欲

非常に強い																															
強い																															
弱い																															
意欲がない																															
トレーニングしなかった																															

食欲

非常にある																															
ある																															
ない																															
必要だから食べる																															
食べなかった																															

競技意欲

強い																															
普通																															
弱い																															
全くない																															

筋肉痛

痛みなし																															
ほとんど痛くない																															
適度に痛い																															
強く痛い																															

第5章　休息と回復

COLUMN

ストレッチ療法

ニコス・アプストロポウロス

　ストレッチ療法による回復再生のスペシャリストであるニコス・アプストロポウロスは，カナダのブリティッシュ・コロンビア州のバンクーバーにあるセラピス・ストレッチ療法クリニックの創始者である。この種のクリニックは，世界でも唯一であり，治療的なストレッチではパイオニア的な存在である。筋骨に関する不調を訴えるたくさんの選手らがクリニックで治療を受けている。より高いパフォーマンスを達成するためには，それまでよりも強く長くトレーニングをしなければならないので，回復が重要になる。回復を早めるためにストレッチングが有効に働くのである。

　回復は，筋肉を元に戻す過程であり，活動の中でも強調がおかれている生理学的過程でもある。ストレッチングは，リハビリと予防の両方の特性を持ち合わせている。ストレッチングを治療に応用する方法であるストレッチ療法は，トレーニングや試合からの回復を早め，トレーニングの許容量を高めることができるのである。

　トレーニングによる脊柱，靱帯，腱，筋肉の過度のひずみは，早期に処置していないと，永久的なダメージにつながる。ストレッチ療法はダメージを避けることができるのである。

　多くのコーチは，選手の次の3つの要素に対する反応に関心がある。

- トレーニング刺激に対するすばやい適応
- トレーニングと試合の間における早い回復
- けがの防止

そして，ストレッチ療法の目的は，次の通りである。

- 筋肉をより柔軟にすることによって，身体的なパフォーマンスを高めること。筋のこわばりの原因になる疲労物質をすばやく取り除いたり，処理することによって，筋を柔軟にすることができる。
- 数年後にトレーニングや不適切な回復の結果として表れてくるような微細なけがの癒しを促進すること。トレーニングの形成期にストレッチ療法を実行することは，微細なけがを予防する土台を築くのである。
- 筋肉の弾力性や力，およびダメージに対する抵抗力を増すこと。これは，関節，靱帯，腱にも及ぶ。
- 主働筋と拮抗筋との間のバランスを高める。

　長く続く激しい運動は選手に精神的，および肉体的に影響を及ぼす。疲労は，筋肉，CNS（中枢神経系），PNS（末梢神経系）に影響を及ぼすグルコースレベルを低下させるので，高いレベルの活動を維持する身体の能力を減少させる。神経系は，グルコースレベルに依存するのである。ストレッチ療法は，循環，とくに心臓への静脈血の戻りを増加させ，これが体から老廃物を除去したり，酸素不足の部位に酸素を送ることを助けるのである。体へのグルコースの補充がおこり，それはリラクセーション，鎮静，幸福感を促す。翌日に，高強度のトレーニングや試合があるのなら，身体的，精神的な備えができるであろう。

　ストレッチ療法をトレーニングプログラムに組み込むことが重要である。筋肉，腱，靱帯，筋膜などのストレッチ能力，関節の可動域，筋肉の収縮および調整能力，これらすべてが，どのように動くかということを決めていくのである。厳しい試合スケジュールは，運動能力に

ストレスを与える。トレーニングに対する体系的なアプローチにより，精神的，身体的に十分に回復することを助けることができる。

それぞれのトレーニング期で取り上げる際の留意点は以下の通りである。

第1段階：一般的トレーニング段階

- この段階は，トレーニング時間，量，強度がともに増加するために，選手は，特別なケアとしてストレッチを行う。
- ストレッチの強度は，競技，選手の体質，そして回復能力にもよる。受動的ストレッチ，受動的―活動的ストレッチ，活動的ストレッチを用いる。
- 最も重要な目標は，器官全体，とくに神経系の回復である。適切な回復なしで高い運動能力が長い時間維持できないような神経細胞への一定の刺激は，筋肉の活動，そして最終的には競技パフォーマンスに影響を及ぼす。
- 一般に，トレーニング前のストレッチは，40～60分持続すべきである。朝練習後にも，瞬発的な運動中によく使用した筋肉に注意を払いながらストレッチをすべきである。

第2段階：準備および競技段階

- 選手の身体的レベルおよび精神的準備を高めるために，試合直前に行う。
- 活動的ストレッチは，おもな競技の15～20分前に行うべきである。このストレッチの強度や時間により神経細胞の興奮を増加させることも減少させることもできる。
- 適切に行われたストレッチプログラムは，筋肉の収縮時間を長くしたり短くしたりすることができる。これは，ピークパフォーマンスを高める上で重要である。
- ストレッチは，試合前，休息中に筋肉，関節，靱帯を温めるのに役立つ。ストレッチは，血液の流れを促進するだけではなく，神経の反射の時間も改善するので筋肉がより速く収縮する能力を高める。
- ストレッチは，寒いところでの試合，試合のスタートが遅れているとき，あるいは休息が長めのときに重要になる。

第3段階：回復段階

- 主要な試合やハードなトレーニングの後，ストレッチングの主要な目的は，組織全体，とくにCNSの最適な回復を促進することである。
- エネルギー消費のスピードが高いときに，疲労し始める。血中グルコースは，このCNSから枯渇するため，このシステムは疲労する。適切に行われたストレッチングテクニックは，血液とリンパ液の循環を促進することで，静脈血の戻りを刺激する。循環におけるこの増加は，代謝的な老廃物を取り除き，筋肉や腱への酸素や栄養物の運搬を促す（筋の張りを減らして，回復を早める）。回復段階にストレッチした筋肉は，元気を取り戻し，そしてより活発に働く。
- この段階のストレッチの強調は，筋・腱・靱帯におく。トレーニングにより筋肉が大きな力を発揮できるようになれば，腱は強いストレスを受ける。腱は，筋腱の結合の部分が最も弱く，90％以上のけががこの部分である。腱は，筋肉に比べると，無血管なのでたくさんの酸素や栄養を受け取ることができない。そのため，長い回復を必要とする。これは，痕跡の組織が発達するとともに強まる。
- ストレッチを回復と再生のための手段として利用するのである。適切なストレッチプログラムを実践できない選手は，不随意の筋収縮がゆっくりとあらわれてくる。この不随意収縮の最初の症状は痛みであり，その結果として関節周りの可動性の減少がおこる。この減少に関連するものは，悪循環の始まりである筋肉の萎縮である。
- 身体的な悪循環とともに，選手は精神的な悪循環に

COLUMN

陥っていく。そうするとストレスホルモンが分泌され，これが筋肉を固くし，可動域をさらに狭めていくのである。ストレッチ療法によって，この悪循環を断ち切ることができ，回復を早くすることができる。

トレーニングや試合後にすぐにストレッチを行うと，ストレッチは

- 関節や筋腱システムへの局所的な血液の配分を多くする。
- 運動に動員された関節の部位からの排液を早め，それによって腫れを少なくする。
- 筋肉のリラックスを生み出す。
- リンパや静脈の戻りを促進する。これによって体の解毒を促す。
- 筋の萎縮への移行を断ち切り，筋肉の線維症や癒着を防ぐ。
- 固い腱をゆるめ，伸ばして，可動域を増加したり維持したりする。
- CNSおよびPNSを刺激，鎮静する。

競技スポーツでは，選手に大量の高強度のトレーニングを強いることになる。それは頻度の高い動作の反復を含み，そして骨格・筋系に強い負荷をかけることになる。これが身体の組織に避けられない消耗と損傷を生み出す。このような状況に関する知識を持つことは，1年のプランの中に適切な回復プログラムを展開していく手助けとなる。ストレッチ療法は，身体の自然な治癒過程を促進してくれる。しかしながら，回復を担当するスペシャリストがそのようなプログラムを工夫することが必要であることを知っていなければならない。この専門家の経験が，より効果的な回復のための評価や治療に結びつくのである。

第2部
ピリオダイゼーション トレーニング

PART 2
Periodization
Training

第6章 プランニング

Part 2 Chapter 6 — Workout Planning

プランニング，すなわちトレーニングプランを計画することは新しいことではなく，一部で主張されているように，ロシアが発見したものではない。単純なものでは，古代オリンピック大会から存在しており，Flavius Philostratus(A.D. 170〜245)は，古代ギリシャオリンピア競技の出場選手のトレーニングプランとトレーニングに関する数冊のマニュアルを書いている。しかし，現在，その大部分は失われてしまった。彼の残っているマニュアルの１つである『Handbook for the Athletics Coach and Gymnasticus(アスレティックコーチと選手のためのハンドブック)』には，回復の重要性が記述されており，競技大会に備えてどのようにトレーニングすればいいかを教えてくれている。また，彼は，コーチがもつべき知識について，「コーチは，解剖学と伝統において非常に多くの知識をもった精神科医であるべきである」と著している。

1. プランニングの重要性
Importance of Planning

プランニングは，選手のトレーニングと競技力を高いレベルに引き上げるための，理論的で科学的な手続きである。それは充分に組織化されたトレーニングを行う際に，コーチが持っていなければならない最も重要な手段である。

競技によっては，いまだに，その場限りの無目的なアプローチがなされているようであるが，トレーニングプログラムが組織化され，計画されるようになると，そのようなアプローチは姿を消していくであろう。うまく組織化されたプランには，それを構成するすべてについて目的や方向性が明確に示される。その結果，「苦痛なくして利益なし」，あるいは「厳しさがすべて」というような考え方の妥当性は失われる。そのような偏った考え方にもとづくトレーニングは，知的なトレーニングにとってかわらなければならない。プランニングは，その際の，トレーニングを構造化するための科学的な手法なのである。トレーニングにおける成果は，偶然ではなく，計画されることによって初めて得られるのである。

トレーニングにおいては，その効果に目を向けるのではなく，トレーニングプランに対する生理的な反応を見るのである。したがって，今日とか明日のプランについての検討よりも，むしろ，計画したトレーニングによって，身体がどのような反応を起こすかについて予測することが重要となる。選手は限界に挑戦して，疲労の状態になるだろうか，それとも次のトレーニングのためのエネルギーを補充し，超回復を引き起こすだろうか。プランニングは，競技の特性に従って可能な限り高度な競技力に達するために，選手のトレーニングを操る手段である。

コーチは，有効なプランを試行するために高いレベルの専門的知識と経験がなければならない。プランには身体教育に関わるすべての領域における理論的な推論と知識が反映される必要がある。また，プランには選手の発達の可能性と発達のスピード，利用可能な施設や設備などのハード面も考慮する必要がある。すべてのトレーニング要素の進歩を促すようなトレーニングプランは，客観的にテストまたは試合における選手の競技力にもとづく必要があり，これにより試合のスケジュールも考えなければならない。トレーニングプランは単純で柔軟性をもっていなければならない。なぜなら，選手の発達速度やコーチの理論的知識における発展に従って，プランを変更することができなければならないからである。

2. プランニングの必要条件
Planning Requirements

1. 長期プラン

プランニングにおいては，現在のプランと長期プランを調整する必要性がある。長期プランはトレーニングの重要な必要条件であり，コーチは選手に対して適切なトレーニングを処方するために，客観的なものとしてこれを用いる。トレーニングのプランニングによって，選手の技術，競技力が絶え間なく向上していくことが必要である。コーチは選手の発達の度合いを考慮しながら，達成できる競技力のレベルを予測して，目的達成に向かって選手を導かなければならない。つまり，コーチは選手の未来の発達を予測し，目標達成のための適切なトレーニングを検討しなければならない。

長期プランの目的は，現在から未来への連続性を提供する年間プランのマクロサイクル(macrocycle)とミクロサイクル(microcycle)に含まれたトレーニングの指標と内容に左右され，それらがコーチが計画し，そのときどきに達成しなければならない競技成績とテスト成績の指標を反映する。この方法は，一流選手にとっては望ましいものであるが，とくに子どもや10代の選手にとっては適切な指導を保証するものとして重要である。

2. おもなトレーニング要素の設定と強調

トレーニングの実施にあたっては，トレーニングする要素やそれらの量あるいは強度という重要で基本的なことがらについて，必要性に応じて選手に伝えなければならない。しかし，トレーニングの結果と選手の発達が一致するのは稀である。選手は技術または身体運動能力においてより急速に改善するときもある。コーチは試合やテストの間，設定されたトレーニング目標を比較することによって，選手の改善の度合いを評価しなければならない。これによって，トレーニング要素が達成されたかどうかが明確になる。平均的な改善の度合いに比べて遅れている要素は，トレーニングの効果が最も弱いところである。コーチは，その要素についてトレーニング目標を設定し直し，トレーニングにおける重要なポイントを適切なレベルに引き上げるためにトレーニングプランを再調整しなければならない。例えば体操のような競技では，技術的改善が高度な筋力の発達状況に左右される場合がある。コーチは，選手の筋力不足が原因で技術的な要素を実行することができないと判断したら，その最も弱い部分における筋力トレーニングを強化しなければならない。

3. プランの定期的達成

トレーニング期間のはじめには，その期間に達成すべき競技成績やテスト成績を明確に定め，期間ごとにそれらが達成できるようにしなければならない。そうすることによって，トレーニングや競技力の状態が示されるとともに，トレーニングの質的な連続性が確保されるのである。

それぞれのトレーニング期間における競技成績，トレーニングの要素，テスト成績の目標を設定することは，現行のトレーニングにおける不必要なものを取り除くことを可能にする。しかし，組織化されたトレー

PERIODIZATION

ニングプランにおけるこの重要な考え方を無視しているコーチも珍しくはない。このようなコーチは、トレーニングの量、あるいは強度を劇的に増加させるために、選手の競技力を低下させ、不幸にしている場合が見受けられる。したがって、コーチは選手の成功の可能性を最大にするために、定期的な期間における達成を考慮しながら、そのときどきの目標を達成するための努力をしなければならない。

3. トレーニングプランのタイプ
Types of Training Plans

コーチの能力とは、トレーニングプランを立案するにあたって、自分自身の知識を用い、適切なトレーニングプランを採用できるようにすることである。そのような能力をもつコーチは、以下のようなトレーニングを使用する。それは、トレーニングレッスン、ミクロサイクル、マクロサイクル、年間プラン、4年プランである。より長いプラン（8〜16年）もまた、ときに高い競技成績を目ざす子どもには必要となる。

これらのプランニング用語は世界中で同じではない。この本で使用される用語は、ドイツといくつかのアングロサクソンの国を含む数カ国によって共有されている。ロシア人は、年間プランをマクロサイクル、4〜8週間のトレーニング期間をメゾサイクル（mesocycle）と呼んでいる。筆者はPhilostratusの年間プランに関する深い思索から、年ごとのトレーニングプランについて説明する場合「年間プラン」という用語を使用する。

筆者の見解では、最も重要で、実用的であり機能的なプランは、ミクロサイクルと年間プランである。これらのプランを理解し、使いこなすことができる指導者は有能といえるだろう。メゾサイクルは形式的であるので、筆者はこの考えを重要視しない。通常コーチは、4年プランなどのような長いサイクルの終了までに達成する長期トレーニングにおける課題を設定することから始める。4年プランでは、コーチはプランのそれぞれの年の競技成績とトレーニングする要素のト

レーニング目標を設定し、次に年ごとに年間プランを準備する。年間プランと試合スケジュールにおける課題は、マクロサイクルとミクロサイクルを設定することである。最小の基本単位となるプランは、トレーニングレッスン（1日のトレーニングプラン）である。この章を簡潔に進めていくために、筆者はプランのチャートの記述を逆にし、トレーニングレッスンから記述していく。

4. トレーニングレッスン
Training Lesson

1日のトレーニングプランであるトレーニングレッスンは、理論的観点からトレーニングを検討する際に用いられる基本的な単位である。コーチは、より多くのトレーニング要素を発達させなければならない選手と知識を共有する必要がある。トレーニングレッスンは、レッスンの課題と形式によって分類されている。

1. トレーニングレッスンのタイプ

トレーニングの課題によって、トレーニングレッスンのタイプには、習得レッスン、反復レッスン、技術レッスン、評価レッスンがある。習得レッスンにおける課題は、新しい技術または戦術を学習することにある。コーチはこのレッスンをシンプルに組み立てることができなければならない。コーチはトレーニングの目的とウォーミングアップについて説明した後、技術獲得などの主練習を実施する。そして、最後の数分間は、選手がトレーニングの課題を達成したか否かについて確認できるように構成する。選手が技術を改良しようとする場合、反復レッスンは習得レッスン以上の効果がある。習得レッスンおよび反復レッスンは、改善要因が技術によって限定される初心者に多用される。

したがってコーチは、技術を完成させるトレーニングレッスンをプランニングする際には、ある一定の技術レベルに達した選手のみを対象とすべきである。そのようなレッスンは、高い競技レベルの技術トレー

ングとして普及しており，選手は技術，戦術をマスターし，身体的準備が整うように努力することになる。評価レッスンは，コーチが立てたプランにしたがって，定期的に行わなければならない。この場合，選手に対してテストを実施するか，あるいはトレーニング期間中に達成される準備レベルを確認するためのテスト試合を設定しなければならない。

2. トレーニングレッスンの形式

コーチは，選手のグループや選手個人に対応するために，トレーニングレッスンをいくつかの形式に組み立てていかなければならない。

■グループレッスン グループレッスンは，数人の選手を対象にして設定されるもので，必ずしもチームスポーツではなくても，個人が集まってトレーニングしたい場合に用いる。このレッスンは，個人的なトレーニングの場としては不都合かもしれないが，チームスピリットや心理面を成長させる効果がある。

■個人レッスン 個人レッスンは，個々の身体的，または心理学的な問題に焦点を絞り，それを解決したい場合に用いる。このレッスンでは，コーチは選手の特性に応じて，個別にトレーニング量や技術を調整することによって，選手個々の創造的な発達を促す。このようなトレーニングは準備期間に最適である。ただし，試合前であれば，他の形式を用いてもかまわない。

■混合レッスン 用語が示すように，混合レッスンはグループレッスンと個人レッスンをあわせて行う。最初に，選手はいっしょにウォーミングアップを行うが，その後は個々のトレーニング課題に沿ってトレーニングを行う。トレーニングの終わりに，選手はクールダウンのために集まり，コーチは各選手の評価を示す。

■フリーレッスン フリーレッスンを用いるのは，資質が備わった一流の選手に限定すべきである。このレッスンは，コーチの選手に関するコントロールが最小であるが，コーチと選手の信頼関係やトレーニングにおける問題解決の能力を高めるなど，選手個人の自立を促す。また，コーチが帯同しない試合などで非常に有益である。

各々のトレーニングレッスンは，4～5時間続けることができるかもしれないが，一般的には2時間が限度である。短時間（30～90分），適度な時間（2～3時間），そして長時間（3時間以上）のトレーニングがある。一般に，個人の競技は，競技時間が多様であるが，チームスポーツは，トレーニングする要素が多岐にわたるために，トレーニング時間はトレーニングの課題や学習方法，活動の種類，選手の身体的準備のレベルに影響を受ける。例えば，トレーニングの種類にもよるが，試合期間中のスプリンターは，およそ1時間トレーニングし，マラソン選手は3時間トレーニングする。トレーニングを1日に2つか3つの短いレッスンに分けるとすると，すべてのトレーニングレッスンの合計は2，3時間より長くなるだろう。また，レッスン時間の短長は，選手が行う反復動作の内容や，反復中の休息時間の長さによって異なる。

3. トレーニングレッスンの構成

科学的な研究成果から，トレーニングレッスンは3～4つの小さな部分で構成される。3部構成のレッスンは導入部（ウォーミングアップ），主要部，終末部からなり，4部構成のレッスンは導入部，準備部，主要部，終末部からなる。

どの構成のトレーニングレッスンを選択するかは，トレーニング，内容，トレーニング期間および選手のトレーニングレベルによる。準備期におけるグループレッスンと初心者にとっては，4部構成が賢明である。導入部でコーチはトレーニングの目的とどうそれらを達成するかを説明する。いっぽう，3部構成は，たいてい一流の選手の，とくに試合期に利用されている。そのような選手は，より少ない説明と動機づけで十分であり，また，コーチは導入部と準備部を一部分に凝縮することができる。2つの構成の唯一の違いは，4部構成には導入部があるということである。

■導入部 コーチは選手を集めて，出席（とくにチームスポーツのため）をとり，目的について説明してからトレーニングを始める。また，トレーニング目的がどのようにしたら達成できるかについて詳しく説明し，

PERIODIZATION

選手のモチベーションを高める必要がある。それは高いモチベーションのほうが目的の実現を促す可能性があるからである。次に、チームを小さいグループにする。トレーニングの導入部では、説明する内容にもよるが、3～5分間（初心者においては、もう少し長く）選手に対して話をする。選手の専門的知識または技術が改善されれば、導入部の時間を減少させることができる。

コーチは、トレーニングに関するすべてについて準備を常に整えていなければならない。目的を説明している間は、トレーニングの図面や視聴覚教材を使用する。そして選手に知らせるためにプランを公表すべきである。また、コーチは選手が自分自身で何をするべきか、という概略として、プランの一部についてのちょっとした配布資料を用意しておいてもよい。このことによって、コーチは選手とトレーニングの課題を共有しながら、トレーニングを体系化していくことができる。同様に、選手はコーチの能力の高さを確信し、自分への貢献を感じるであろう。

■準備部　ウォーミングアップは、トレーニングを迎えるにあたっての生理的・心理的な準備である。Asmussen and Boje(1945)は、ウォーミングアップの長所を研究する第一人者であった。彼らの研究は、調査方法、タイプ、持続時間、強度、および身体的な準備についての対象レベルが一致していないので結果を比較するのは難しいが、ほとんどの調査において、ウォーミングアップが競技に対して有用であると結論づけている。Ozolin(1971)は、選手はウォーミングアップなしでは生体機能の効率がすぐに上がらないだろうと述べている。人間は生理的に効率のよい状態に達するためには一定の時間を要する。ウォーミングアップの目的は、トレーニングまたは試合を行う前にその状態に達するか、近づけることである。

ウォーミングアップは体温を上げるが、これは競技動作をスムーズに行うために重要なことである。（Asmussen and Boje 1945; Binkhorst, Hoofd, and Vissers 1977; Kaijser 1975; Martin et al. 1975）。ウォーミングアップはCNS（中枢神経系）の活動を刺激し、CNSの活動は選手の筋活動を調整し（Gandelsman and Smirnov 1970）、反応の時間を短縮して調整能力を向上させ(Ozolin 1971)、神経系能力を向上させる。ウォーミングアップの間、選手は自分自身のモチベーションを上げたり、挑戦に打ち勝ったり、または心理的準備をするようコーチに動機づけられ激励される。また、良いウォーミングアップは傷害予防にもなるのである。

ウォーミングアップは完全に1つのものであるように見えるが、実は、一般的なウォーミングアップと専門的なウォーミングアップの2つから構成されている。一般的ウォーミングアップの間、次第に身体が活動することによって、代謝過程が急速に働き、それによって身体の活動能力をだんだんと増大させる。体温が上がることによって血流は増加する。この刺激によって、呼吸中枢が刺激され、酸素の供給量は増加する。さらに、酸素と血流は、選手が効率よく動けるように促し、競技力を向上させる。

身体的活動は、ウォーミングアップの最も一般的な手段である。選手はできれば、乾いた、暖かいユニフォームを着ていくつかの運動を行うのが望ましい。最も効果的なウォーミングアップは、長い時間をかけ、強度を低レベルから中レベルに調整して行う。最適な持続時間を決定するには、体温を測定するのがよい。しかしながら、通常、体温の上昇は内部体温の上昇を意味するので、発汗の始まりはウォーミオングアップの終末時点において起こる。多くの選手が、とくに持久的競技においては、十分なウォーミングアップを行うが、フィギュアスケーターおよびダイバー、剣士、スキージャンパーは部分的なものだけを行いがちである。

ウォーミングアップは20～30分、またはそれ以上行うべきであり、最後の5～10分は、特別なウォーミングアップに費やすことが望ましい。身体的準備、一般的持久力、環境温度は、ウォーミングアップの実施時間に影響を与える。例えば、長距離選手には10分間のウォーミングアップ走行は過酷でないが、スプリンターにとっての10分のウォーミングアップ走行は、十分

過酷であろう。気温は，ウォーミングアップ持続時間，その強度，および個人が発汗に要する時間に影響をおよぼす。一般に，外部の環境温度が8℃であるときは，運動開始してから12〜13分後に，10℃では9分後に，14℃では6分半後に，16℃では5分半後に発汗が始まる。高強度の連続したウォーミングアップでは，2，3分後に同じ結果をもたらすかもしれないが，機能的能力が適切なレベルに達しない可能性が高い。

ウォーミングアップを行う際には，その進め方を考慮する必要がある。試合で用いるような専門的運動を行う際には，トレーニングや試合で行うときよりも低いスピードで行うことが重要である。温度および競技の詳細，選手の身体的準備のレベルに応じて，頻度と反復を調整する必要がある。ウォーミングアップはいつもさまざまな形式（前向き，後ろ向き，横向き）のゆっくりした走行から始めるべきである。全身と筋肉でより高い温度を発生させることで，血流を加速させる。そのようなアプローチは，Barnard et al.(1973)によって示されており，彼らは，ウォーミングアップ始めの精力的な運動が，不十分な血流と関連している可能性があると主張した。Mathews and Fox(1976)はこの仮説を支持しているが，彼らの提唱するウォーミングアップはストレッチ運動からはじまり，ウォーミングアップが求める生理学的な効果とは明らかに矛盾する。ストレッチ運動が血流を増加させることはない。選手は，ウォーミングアップの終わりに筋肉を伸ばす運動を行う必要がある。なぜなら，温まった筋肉はより簡単に伸ばすことができるからである。

5分間の遅いペースの走行（スケート，スキー）に続いて，選手は首から始まって，腕および肩，腹，脚，背中と中心に向かうストレッチを行う。ここで，選手は，より精力的な運動の準備を行う。次に柔軟体操を行うが，競技により必要があれば，選手は軽いジャンプ，または跳躍運動の後に柔軟体操を行ってもよい。短距離走(20〜40m)で，一般的なウォーミングアップの運動全般を終了させてもよい。激しくないすべての運動とあまり負担のないウォーミングアップの間に休息をとり，手足を振動させるようにして筋を弛緩させる運動を行う。この間，選手は難しい状況での技術とモチベーションをイメージすることによって，主練習や試合のための心理的準備を行う。

専門的ウォーミングアップの目的は，トレーニングの主要部において，身体が正しく効率的に機能できるように調整することにある。この調整は，精神的な部分だけでなく，正確な運動を行うための調整にも関連している。また，それはCNSの準備と身体の作業能力の向上とも関連している。選手は技術的な要素と一定強度の運動をくり返すことによって身体作業能力の向上を実感する。専門的なウォーミングアップのための運動の選択は，選手がトレーニングか試合に行う主となる運動のタイプと厳密にかかわっている。体操選手，レスラー，フィギュアスケーター，投手，または跳躍選手は，一定の技術的な要素かルーティン部分を実行する。水泳選手，ランナーおよび漕手は，実際の試合で用いるようなリズムや強度でスタートやウインドスプリントをくり返し行う。平均的なレベルの選手にこのような方法を用いることによって，トレーニングの適応過程の重大な局面（競技技術の習得を阻害する乳酸が蓄積するような局面）での強度が減少できるかもしれない。このことは，延長されたトレーニングや試合でのセカンドウインドを促進することになる。

すべての選手はウォーミングアップを行わなければならない。複雑な技術を必要とする競技の場合はとくに必要である。より技術が複雑なほど，より多くの技術的要素のトレーニングを必要とする。原則として，活動量が多ければ多いほど，または試合の持続時間が長ければ長いほど，より長いウォーミングアップを行うべきである（例えば，長距離のウォーミングアップには45分も要する）。

適切なウォーミングアップのために，選手は優良な身体的準備と持久力を必要とする。そして，適した選手だけが20〜30分間のウォーミングアップを実行することができる。選手は一般的な身体的準備を整えるため，とくに準備期に長いウォーミングアップを行う。

ウォーミングアップには，体温を上げるために，運動を実際に行うような能動的な活動によるものと，熱

いシャワーを浴びたり，マッサージを受けるような受動的な活動によるものがある。局部加熱，電気的方法(Ozolin 1971)，およびマッサージ(Bucur 1979)は，体温を上げるという主張があるが，競技成績へのそれらの効果は限られる。局部マッサージによるウォーミングアップは，選手にとって最も有益であるように思える。

■ **トレーニングの主要部**　トレーニングレッスンのおもな目的は主要部にある。適切なウォーミングアップに続いて，選手は技術と戦術を学習し，身体運動能力を発達させ，心的能力の質を高める。

主要部の内容は，トレーニングの程度および競技の種類，性別，年齢，トレーニング期間など多くの要素に影響される。コーチは技術や身体運動能力の開発と同時に，心的特性を発達させることも求められている。それほど一流でない選手へのトレーニング内容は，以下の事に従うべきである。

1. 完全な技術や戦術の要素と動きを学習させる
2. スピードまたは調整力を発達させる
3. 筋力を発達させる
4. 持久力を発達させる

神経細胞がまだ疲労していない段階では，学習がより効果的であるので，トレーニングの主要部の最初に技術と戦術の要素をトレーニングしなければならない。スピード，筋力，または持久的な運動をした後に，技術的要素を学習したり，または完成させようとすると，疲労がトレーニングの継続を妨害する。ここでの疲労とは，刺激への適応能力の損失であるCNSの疲労である。技術や戦術の要素を学習したり，完成させたりするためには，以前のトレーニングで習得した要素または技術を，テスト試合のような状況で応用させることが必要である。

技術を完成させるために過負荷の状態が必要ならば，選手はこれをトレーニングレッスンの後半に行ってもよい。通常，これらのトレーニングはスピードのエクササイズに続いて行う。陸上競技における投てき種目とウエイトリフティングでは，しばしばこの方法が使用される。

通常，スピードを発達させ，完成させるのは，短時間での高強度なエクササイズである。そのようなエクササイズは選手の最大限の能力を必要とするため，選手が元気の良いときや休息した後にそれらを行わなければならない。最大スピードの開発がトレーニングのおもな目標(例えば，スプリント走あるいは他の競技において全速力でスタートすること)であるとき，そのようなエクササイズはウォーミングアップに続いて実施すべきである。調整力がおもな目的であるときには，休息をとった選手のほうが，より自分の課題に集中することができるので，そのようなエクササイズを主要部の始めに配置する。

体系化されたトレーニングでは，筋力を開発するすべてのエクササイズは，技術とスピードの開発，またはそれらを完成に導くエクササイズに続いて行うべきである。重量物(負荷)を使うような特別なトレーニングはスピードの発達を損なわせるので，この一連のエクササイズを逆に行うことは賢明でない。

一般的または専門的な持久力の発達のためには，主要部の最後の部分でこのトレーニングを実施しなければならない。これらの過酷なトレーニングの後では，選手は技術を取得したり，スピードを開発したりできる状態にほとんどないだろう。このトレーニング要素の配置の順序によってもたらされる疲労と，チームスポーツにおいて典型的に見受けられるような，トレーニングの主要部でいつも行っているトレーニングによってもたらされる一定レベルの疲労や，臨時でときどき残っているような疲労とを混同してはならない。チームスポーツにおいてみられるこのような状況におけるトレーニングは，特定の試合状況に対応するためのトレーニングと位置づけられる。

初心者の選手のためのトレーニングは，学習が目的であるので，いつも技術，スピード，筋力，持久力という一連の順序に従うべきである。この順序は優先すべきだが，一流選手のためのトレーニングでは，より柔軟であってもよい。研究者は，適度な負荷(最大の40〜50%)の筋力トレーニングが，CNSの興奮性を増し，

スピード作業をする能力を高めることを発見した。Van Huss et al.(1962), Ozolin(1971)は，この効果について言及したが，de Vries (1980)は，それが心理的効果による可能性を示唆した。いかなる理由であっても，各選手のために可能性を探求し，最も良い結果をもたらすことならすべて利用すべきである。

それぞれのトレーニングレッスンの前に，主要部において達成する目標を設定する必要がある。しかし，1レッスンあたり2つか3つ以上の目標設定してはいけない。なぜなら，それは，達成するのが難しく，選手の発達のスピードを遅らせるからである。また，ミクロサイクルやマクロサイクルの目的，選手の技術レベル，および選手の可能性を関連づけることが重要である。さらに，異なったトレーニング要素（心理学的な要素を持っている技術的要素，戦術的要素，身体的要素）からトレーニングの課題を設定するのがよりよい方法であるが，競技の特性と選手の能力の必要性に従ってそれらを選ぶ必要がある。

日々の目的の達成に続いて，コーチはしばしばコンディショニングプログラムと呼ばれる15～20分の補強運動による体力強化を計画する。そこでは選手をくたくたにしないような内容を考えなければならない。補強運動は，競技や選手に必要な身体運動能力に従って設定されなければならない。通常，選手の能力改善に影響を与えるような限定因子を重要視すべきである。

■**終末部**　精力的なトレーニング後，コーチは選手が身体的・精神的にトレーニング以前の状態に回復するようにトレーニング強度を次第に低下させていく。トレーニング主要部の終盤では，選手は最大限の能力を発揮しているので，おもに2つの理由から身体的・精神的に漸進的な回復が必要となる。まず，第1にトレーニング活動の突然の中断は，生理的・心理的に不的確な状態を選手にもたらす。第2にクールダウンは血液中に蓄積された乳酸を急速に減少させるため，選手の回復を早めてくれる。しかし，多くのコーチと選手が，トレーニングのこの部分を適正に設定できていないために，選手の回復過程を最適なものにできていない。これでは選手のトレーニングにおける改善率と効率を最大限に引き出すことはできないだろう。

終末部の構造は単純である。初めに，選手は生理的な活動を低下させる。3～5分の軽い運動によってこれを促すことができる。循環的な競技（走る，歩く，漕ぐ，スキー）では，これはトレーニングを低強度にする形式で行う。このとき，マッサージのような非活動的な休息よりも，ジョギングなどの活動的な休息のほうが多くの酸素を体内に取り入れるため，乳酸の除去を促進する。他の競技（レスリング，ボクシング，体操）では，しばしば短時間または低強度のバスケットボールやバレーボールのゲームが良い乳酸の除去効果をもたらす。選手がトレーニングの間，感情が高ぶらないときだけそのようなゲームを行う。

身体機能が低下すると，選手は重要な技術の実行にかかわる筋を弛緩させる必要がある。トレーニングの主要部の間に筋力トレーニングを入れた選手だけが軽いストレッチングをしたほうがよい。激しい筋力トレーニングの後に筋をもとの状態にもどすまでに普通2～3時間はかかるが，筋肉を伸ばすことによって，選手自身の生理的な回復率を高めることになる。

そしてこの部分の最後の数分で，選手が目標を達成したか否かの確認をする。コーチはトレーニングの課題達成の状況について，選手に対して毎回結論を述べる必要はないが，このことはトレーニングにおいて不可欠な部分でなければならない。それはトレーニングの技術的，戦術的，物理的，心理学的な要素を解決することに対して重要な貢献をするからである。

4. トレーニングの各部分の持続時間

平均的にトレーニングレッスンは少なくとも2時間の時間を要するが，ここではこの2時間というトレーニング時間を用いてトレーニングレッスンの構成をみていくことにする。トレーニングレッスンの部分に要する時間は，年齢，性別，競技レベル，経験，競技のタイプと特性，トレーニング期間を含む多くの要素に左右される。以下にガイドラインとしての提案を示す。

- 4部構成のトレーニングのために割り当てられた時間は次のようである。

導入部—5分
準備部—30分
主要部—75分
終末部—10分
合　計—120分
- 3部構成のトレーニングのために割り当てられた時間は次のようである。
準備部—25～35分
主要部—75～85分
終末部—10分
合　計—120分

5. トレーニングのための疲労と方法学的ガイドライン

過酷なトレーニングの後の疲労は，作業能力の低下を引き起こす。それは，最近の研究ではエネルギー減少とCNS疲労によるとされている。長期間の激しい運動で筋の収縮を引き出すのに必要な刺激量を増加させることにより，CNSは反応する。人間は，正常な神経機能の制御を解除してしまうような内的あるいは外的な刺激に対してそれほど反応を示さない。

それぞれの競技には，不規則な疲労を引き起こすようにCNSを刺激するような生理的特性がある。酸素摂取量とガス交換の両方が高いレベルに達した場合，疲労はトレーニングの始まりからでもしばしば見られるが，よくトレーニングされた選手は，自己の生理的，または心理学的な限界を超えない限り，それを切り抜けることができる。これらの限界が超えられた場合にだけ，身体の作業能力は減少するのである。

Gandelsman and Smirnov(1970)によると，疲労には「潜在的な疲労」と「顕在的な疲労」という2つの段階がある。トレーニングの早い時期においては，活動の生産性とエネルギー生産は影響を受けないが，機能的な変化は起こる。すべての機能が向上すると，しばしば神経系の興奮と代謝は激しくなる。このような場合，選手は潜在的な疲労に達する。活動が同じレベルで長時間続くならば，しばらく活動を維持することができるが，より多くのエネルギーを消耗するだろう。選手はまだ高度な疲労(顕在的な疲労)を感じるポイントまで同じ強度を維持するはずである。その結果，最大の活動を行うための選手の能力は次第に低下するだろう。

休息間隔を変化させることによって，潜在的な疲労を取り除くことが必要である。しかし，潜在的な疲労にはメリットがあるのを忘れてはならない。潜在的な疲労の状態でトレーニングを行うことは，持久的競技の選手にとって競技終盤のためのトレーニングとなり，より強度の高いトレーニングを可能にする。そして，顕在的な疲労は，適切なトレーニングと回復によってより容易に克服できる。

トレーニングの刺激がCNSに与える影響は，強度と運動の継続時間によってのみ決定されるわけではなく，そのトレーニング課題が新しいか否かというようなことにも影響される。新しい刺激要素はCNSをより大きく刺激し，CNSの興奮を高めて筋の活動とエネルギー消費を増加させる。したがって，学習とトレーニングの過程では，システム的で方法学的なアプローチを慎重に用いることが必要である。神経系の活動は，トレーニングで設定される課題と目的の制限を必要とする。通常，より激しくて活動的であればあるほど，単純なことがより難しくなる。最大の努力を必要とするエクササイズや活動には，簡単に構成されたトレーニングが必要である。習慣的に，そのようなトレーニングには，適切なウォーミングアップと終末部があり，選手は主要部の間，その能力を最大限に使用するだろう。いっぽう，もしトレーニングがより低い強度のものであれば，コーチは異なったトレーニング要素(すなわち，技術的な要素を完成させること，チームの戦術プラン，高い持久力，戦術のドリルをすること)にそれぞれ焦点を合わせ，2，3の目標をもってトレーニングを計画することになるだろう。それぞれのトレーニングでは目標を達成することや異なる筋肉群を交互に鍛えるようにトレーニングを設定するとよいだろう。前者では単調さを最低限にし，後者は回復に充てる。さらに，このように異なる強度のトレーニングを交互に行うことは，低強度のトレーニングの全体量を高めることになる。高強度のトレーニングでは，トレーニン

グの目標を制限しなければならない。トレーニングの強度がトレーニングの持続時間とその構造に影響を及ぼすからである。その上，3つのパラメーターすべてが選手の生理学的反応に影響を及ぼす。選手の刺激に対する反応をみる最も簡単な方法は，心拍数を測定することである。心拍数は始めから終わりまで異なり，その強弱が強度，持続時間，刺激に対する反応をあらわす。それはグラフで表現されるとき，トレーニングの生理的な反応を示す(図6-1)。心拍数のカーブはトレーニングの前にしばしばわずかに上昇するが，それは，ほとんどが心理学的な要素(興奮，挑戦)によるものである。

呼吸循環系機能は準備部の間，次第に上昇する。反応はトレーニング刺激，強度，持続時間，および休息間隔の変化に従って主要部の間変動する。心拍数は終末部の間，次第に低下する。それは，選手の運動負荷の減少を示している。トレーニング後の期間では，身体機能が完全に回復する時間を必要とするので，心拍数は正常なレベルよりわずかに高い。持続時間と回復率は，トレーニングの強度，選手の疲労，および身体的準備に直接的に影響を受ける。

6. 補足的トレーニング

すべての選手がトレーニングのために自由時間を最大限に利用しようとしているとき，補足的なトレーニングはトレーニング量の増加に最も効果的な方法の1つで，試合への準備レベルを改善するのに有効である。補足的個人トレーニングと特別な集団トレーニング(すなわち，キャンプ)は，しばしば早朝，学校か仕事の前に編成される。通常，選手は朝食の前にトレーニングするが，しかし時間が30分を超えるならば少量の軽い食事を摂ることが望ましいだろう。これらのトレーニングの持続時間は，各選手によって異なる。選手が毎日30～60分の余裕ができ，1年間で150～300時間の補足的トレーニングを蓄積することができるならば，このトレーニング量は，トレーニングのレベルと選手の達成の可能性に影響を及ぼす。

トレーニングは自宅，屋内，野外で実行されるが，それらはコーチが立てるトレーニングプランの一部でなくてはならない。選手の目標，弱点およびトレーニング期間に従って，コーチはそれぞれのトレーニングの内容と量を提案する。20～40分の補足的トレーニングは，選手の一般的な持久力，一般的または専門的な筋力，ある一連の筋群における一般的または特定の柔軟性さえも改善するかもしれない。このトレーニングの1つの目標は，ある能力の改善を加速させるために弱点を改善することにあるだろう。

基本的な補足的トレーニングは，3つの部分から成り，時間は以下の部分単位で割り当てられている。(1) 5～10分の準備部，(2) 20～45分の主要部，および(3) 5分間の終末部で合計30～60分である。それぞれの部分の目標と形式は，通常のトレーニング構成と同じ考え方に従う。主要部は2つ未満の目的に焦点を合わせる。利用時間を考えると，目標が1つのみというのが最も現実的で望ましい。

7. トレーニングレッスンプランの例

トレーニングレッスンのプラン形式は，簡素で機能的であるべきである。すなわち，プランというものが，トレーニングを行う際，コーチにとって実際に使えるものでなくてはならないことを意味している。日付と場所が左側の一番上にあり，トレーニングのための目的と用具が右側に記されている(図6-2)。コーチは，

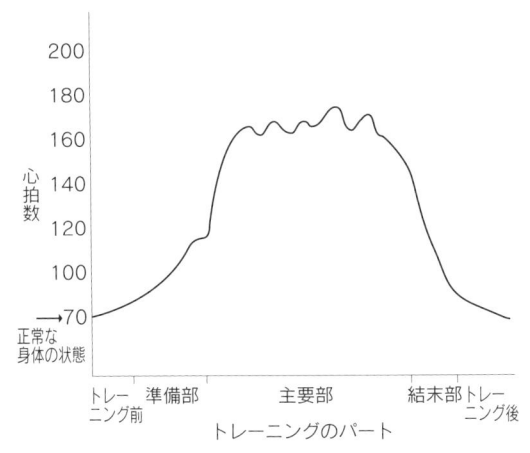

図6-1 トレーニングにおける生理的反応の変化

PERIODIZATION

トレーニングレッスンプラン no.148　　コーチ：＿＿＿＿＿＿＿＿

日付：6月14日　　　　　　　　　　　　目的：スタートの完成，専門的持久力，パワートレーニング
場所：ヨークスタジアム　　　　　　　　用具：スターティングブロック，バーベル

	エクササイズ	量	フォーメーション	記録
I	● トレーニングの目的とそれらをどう達成するかの説明 ● 選手がトレーニングの間に重視するべきことの説明	3分		ジョン：腕の動作に注意を向けさせる
II	● ウォーミングアップ ● ジョギング ● 体操 　(1) 腕回転 　(2) 上半身回転 ● お尻の柔軟性 ● 足首の柔軟性 ● 制限された運動 ● ウィンドスプリント	20分 1200m 8x (8回) 12x 8〜10x 8〜10x 4x20m 4x40〜60m		リタ：2つのウォーミングアップスーツを身につける お尻の柔軟性に重点をおく 弱い足に重点をおく
III	● スタート ● 専門的持久力 ● パワートレーニング	12x30m 休憩1＝2分 8x120m 3/4（14秒） 60kg　　4セット 8〜10回		腕の動作に重点をおく すべての反復を通して一定速度を維持する 運動の間には，腕と脚をリラックスさせる
	● ジョギング ● マッサージ	800m 5分		軽くリラックスしながらパートナーと行う

図6-2　スプリンターのためのトレーニングレッスンプラン

左の1列目にトレーニングの各部分で用いるすべてのエクササイズまたは練習を簡潔に示す。2列目は，量を示し，各部分，エクササイズ，またはトレーニングの持続時間，距離，そして1つのエクササイズの反復回数を示している。この列で強度や負荷を具体的に記すことができる（図6-2 III）。次の列は，コーチのためのもので，とくにチームスポーツにおいて最も難しいトレーニングを記すために用い，選手はトレーニングの間それを実行する。最後の列はトレーニングのポイントを示すためにあり，コーチがトレーニングを通して課題としているポイントを示している。

プランに関する記述の量は，コーチの経験に従って競技ごとに異なる。経験の少ないコーチは，選手とともに行うつもりですべてのことを具体的に記述しなければならない。そして，トレーニング課題を忘れないために，プランを確実に実行しなければならない。しかし，経験豊かなコーチは，トレーニングの要点を十分理解しているので，このように詳細に行う必要はない。

コーチは導入部の間，簡潔にプランを提示することができる。コーチはあらかじめプランを掲示し，選手がトレーニングの前にトレーニングの課題と内容を知っているようにしておくことができる。そのようなアプローチの1つの利点は，選手がどんな過酷なトレーニングでも心理学的に準備する時間があるということである。

5. アスレティックトレーニングの1日のサイクル
Daily Cycle of Athletic Training

毎日のトレーニングスケジュールは，とくに合宿時に重要である。時間を最大限に使うには，慎重に，かつ有効に1日のスケジュールを立てなければならない。選手は，ハードなトレーニングを求めているが，しかし彼ら自身の目的，リラクセーション，および楽しみのための自由時間もまた必要としている。毎日

の摂生によるトレーニングプログラムと他の活動は，うまく関連づけられなければならない。下記に示したのは，合宿中に一流選手にも適用可能な3〜4回の毎日のトレーニングのための活動である。

　合宿では，数人のコーチと選手は，長い時間（しばしば3〜4時間）のトレーニングを1日に2回だけ行いがちである。しかしながら，個人的な経験にもとづいて，東ヨーロッパで多く用いられているトレーニングを考えると，5〜6時間のトレーニングを3，4回のトレーニングレッスンに分割することがより効果的である。1回に2時間半以上のトレーニングは，後天的な疲労のために，あまり有効でないようである。それは，学習を妨げて，一定の神経系能力の発達を制限するのである。

達成する助けとなるだろう。ウォーミングアップはたびたび軽視されるか，または表面的に行われるが，重要な活動である。選手にトレーニングのための準備させる際に，適切なウォーミングアップに代わるものは何もないのである。2〜3つのタイプのウォーミングアップを試すのがよいだろう。しかし，選手にとって最も効果的なウォーミングアップの運動を選択する際には，選手の心肺機能を考慮する必要がある。

　トレーニングを効果的に行うためには，トレーニングの課題を設定し，これが達成できたか否かを選手に対して絶えず伝えることが必要である。とくに，コーチがすべてを積極的な経験にするつもりならば，コーチが選手にフィードバックすることがらは，選手がトレーニングを行うためのモチベーションに不可欠である。

6. まとめ
Summary of Major Concepts

　本章(とこのあとの第7章から第9章まで)は，トレーニングの編成とプランニングのメリットを重要視して解説している。トレーニング効果は，日々のトレーニングから長期のプランまでの立案によって決まる。

　トレーニングのプランニングは難しいものではない。そして，そのよく構成されたプランはすべての目標を

トレーニングが3回ある1日のプラン	
6:30	起床
7:00〜8:00	最初のトレーニング（低い強度）
8:30〜9:00	朝食
9:00〜10:00	休憩
10:00〜12:00	2回目のトレーニング
12:00〜13:00	回復技法と休憩
13:00〜14:00	昼食
14:00〜16:00	休憩
16:00〜18:00	3回目のトレーニング
18:00〜19:00	回復技法と休憩
19:00〜19:30	夕食
19:30〜22:00	自由時間
22:00	就寝

トレーニングが4回ある1日のプラン	
6:30	起床
7:00〜8:00	最初のトレーニング
8:30〜9:00	朝食
9:00〜10:00	休憩
10:00〜12:00	2回目のトレーニング
12:00〜13:00	回復技法と休憩
13:00〜14:00	昼食
14:00〜16:00	休憩
16:00〜17:30	3回目のトレーニング
17:30〜18:30	回復技法と休憩
18:30〜19:30	4回目のトレーニング
19:30〜20:00	回復技法と休憩
20:00〜20:30	夕食
20:30〜22:00	自由時間
22:00	就寝

Part 2
Chapter 7

第7章
トレーニングサイクル

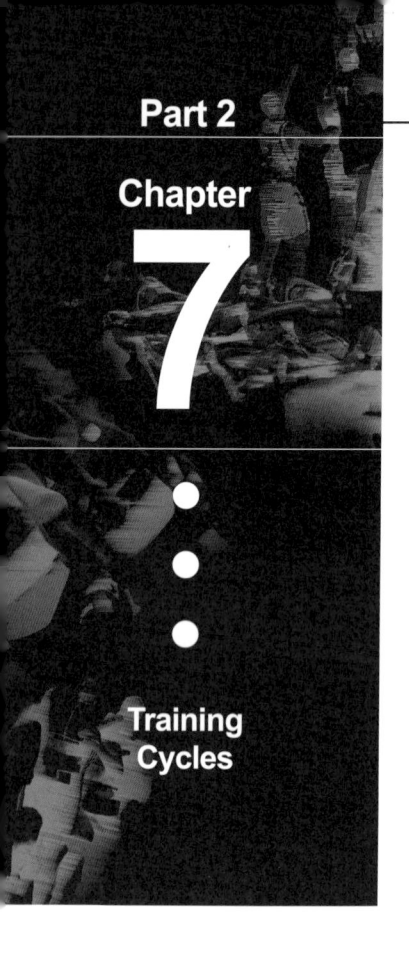

Training Cycles

　トレーニングサイクルとは，通常，ミクロサイクル，マクロサイクルなどの，短い期間のプランのことをいう。研究者の中には，8つ，あるいはそれ以上のサイクルのタイプを示す者もおり，その分野の研究を混乱させている。本章では，ミクロサイクルとマクロサイクルについて，発達，強化，再生，試合，テーパリングの5つの局面とそれらのバリエーションを示しながら，簡潔に説明する。

1. ミクロサイクル
Microcycle

　ミクロサイクル（Microcycle）という用語は，ギリシャ語とラテン語にもとづいている。"mikros"はギリシャ語で「小さい」を，そして，"cyclus"はラテン語で「定期的に達成する一連の現象」を意味する。トレーニング学では，ミクロサイクルは，年間プランの中に位置づけられたおもな目標（試合）において，選手の状態をピークにもっていくために行う週単位のトレーニングプログラムである。

　トレーニングにおいてミクロサイクルは，その構造と内容がトレーニング過程の質を決めるため，おそらく最も重要で機能的なプランニングのツールである。単一のミクロサイクルのトレーニングレッスンがすべて同じ性質のものではない。目的，量，強度，および方法に応じてそれらは変化し，そのいずれもトレーニングの期間に影響を及ぼすものである。その上，選手の生理学的，心理学的な反応は一定ではなく，活動能力，回復と再生の必要性および試合スケジュールによってそれらを変更させなければならない。

1. ミクロサイクルの組み立て

　短期プランとしてのミクロサイクルは目新しいものではなく，古代ギリシャ人学者Philostratusは，テトラシステム（Tetra System）と呼んだ短期プランを提案した。このプランは，次の順序で行う4日間のトレーニングサイクルである。

　1日目：短くエネルギッシュなプログラムで選手を
　　　　鍛える。
　2日目：激しく運動する。
　3日目：活動（動き）を蘇らせるためにリラックスす
　　　　る。

4日目：適度の運動を実行する。

Philostratusは，選手が絶えずこの4日から成るユニットをくり返すことを提唱した。これは古代のころから始まったが，その後どのように変化してきたのだろうか。

ミクロサイクルのおもな評価基準は，筋力や持久力といったトレーニング課題が改善され，運動能力が向上したかという点である。運動能力の向上は，さまざまなトレーニング課題の改善の度合いと密接に関係しているために，トレーニングにおいてはトレーニング課題の配分が行われる。技術を向上させるためのトレーニングを考えた場合，トレーニングの効率は，トレーニングする課題の種類とそのトレーニングレッスンを実施する前に行われていたトレーニングの内容に影響を受ける。例えば，技術トレーニングを行う場合，その前に持久力の向上に焦点をあてたトレーニングレッスンを行っていて，それが強度の高い持久力トレーニングであったならば，CNS（中枢神経系）の疲労が回復するための時間が十分でないので，技術の完成を目指すような技術トレーニングは行うべきではない。それに対して，スピード・トレーニングの後に持久力を向上させるためのトレーニングレッスンを行うことは効果的であると考えられる。

ミクロサイクルのトレーニングの配列基準は，身体運動能力を含む競技特有のトレーニング課題である。Ozolin(1971)によると，最適なトレーニング方法の順序は以下の通りである。
- 中強度で学んで技術を完成させる。
- 最大下と最大の強度で技術を完成させる。
- 短い期間の限界までのスピードを発達させる。
- 無酸素性の持久力を発達させる。
- 最大の90〜100%の負荷を使用して，筋力を高める。
- 低から中程度の負荷を使用して，筋持久力を発達させる。
- 高から最大限の強度で筋持久力を発達させる。
- 最大限の強度で呼吸循環器系の持久力を発達させる。
- 適度な強度で呼吸循環器系の持久力を発達させる。

これらが一般的なトレーニングの順序であり，競技および選手のトレーニングの必要性に従ってこれを適用する。トレーニングの強度は次第に増加し，中間の部分で終える。つまり，持久力の開発はトレーニングの終わりに向けて進めていく。

この順序は，筆者がトレーニングの主要部の中に提唱する順序と強い類似性がある。それは（1）技術か戦術要素に対する取り組み，（2）スピードかパワーの開発，（3）筋力の開発，（4）一般的な持久力の開発である。

■**ミクロサイクルの組み立て**　選手はトレーニング効果を得るために，ミクロサイクル中において2〜3回，同様の目的と内容のトレーニングレッスンをくり返すか，技術または身体運動能力を発達させるためのトレーニングレッスンをくり返し行うことが必要である。ローマ人は，"repetitia mater studiorum" すなわち「反復は学習の母である」と言っている。しかし，選手は運動能力を発達させるためにミクロサイクルの間にさまざまな頻度のエクササイズをくり返さなくてはならない。1日おきにトレーニングレッスンをくり返す場合は，大筋群のかかわるより一般的な持久力，柔軟性，または筋力を発達させるようにする。大筋群の筋力トレーニングは，呼吸循環系を強化するが，それは疲労を重ねることで，小筋群よりもより長い回復を必要とする。最大下強度の特定の持久力を向上させるためには，1週間あたり3回のトレーニングレッスンで十分だろう。しかしながら，試合期の最大強度の専門的な持久力トレーニングを行う場合には，1週間に2回，このような持久力のトレーニングレッスンを計画し，残りの日には低強度のトレーニングレッスンを計画すべきである。筋力，柔軟性およびスピードを維持するためには，1週間に2回のトレーニングレッスンを実施すればよい。最終的には1週間あたり2〜3回，脚のパワーを発達させたりするようなバウンディング運動や，雪や砂のような高い負荷のかかる条件の下で

PERIODIZATION

のスピード運動をするのが最適であろう。

　ミクロサイクルを計画する場合，トレーニングと再生を交互に設定する。1週間に2回，限界までのトレーニングを計画し，1週間に1回，低強度でリラックスできる積極的休息を計画する。数日間の有効な休息は，限界まで追い込むトレーニングに続いて行う。

　また，ミクロサイクルでは，とくに準備期間にこのようなプランの反復も有効と考えられる。マクロサイクルでトレーニングの内容や方法が同様なミクロサイクルを2，3回反復することによって，トレーニングに対する選手の適応にもとづく能力の質的な改善が認められるであろう。一流選手の場合は，ミクロサイクルの特性は同様でもトレーニングの量と強度は増加させるべきである。

■**ミクロサイクルを構造化するための観点**　優れたコーチは，マクロサイクル，ミクロサイクルを設定するために，長期プランを念頭に置いて検討するであろう。しかし，その際，2つ以上のミクロサイクルについて詳細な準備をすべきではない。なぜなら，選手の能力の改善状況を予測するのは大変困難であるからである。コーチは，マクロサイクルのレベルでは，ミクロサイクルにおける選手の能力の改善状況に対して柔軟に対応することができる。したがって，ミクロサイクルを組み立てる際には，トレーニングに対する多くの観点を考慮すべきである。

- とくに重要なトレーニング課題のためにミクロサイクルの目的を設定する。
- トレーニングの難易度（レッスンの数，量，強度，複雑さ）を設定する。
- ミクロサイクルの強度のレベルを設定する――低い強度のトレーニングでピークと変化がいくつあるか。
- トレーニングレッスンごとに，用いるトレーニング方法と手段の種類をあらかじめ分類し，トレーニングの特徴を明確にしておく。
- トレーニングまたは競技日を設定する（もし適用できるなら）。
- 低強度か中強度のトレーニングレッスンでミクロサイクルを始め，だんだんと強度を上げる。
- 重要な試合の前に，ピークが1つだけのミクロサイクルを用い，選手は試合の3～5日前にそこに達しているようにする。

　これらの観点とともに，選手が1日あたり1つかそれ以上のトレーニングレッスンを行うべきであるかどうかを判断し，それぞれのトレーニングレッスンの時間および内容を決定しなければならない。これはコーチと選手との短いミーティングで決定する。

　ミーティングの間，それぞれのトレーニング課題の目的，ミクロサイクル中に到達すべき基準とするパフォーマンス，目的を達成する方法，それぞれのトレーニングの時間や量と強度，トレーニングの難度と優先順位などに関するプランの詳細，個々の選手にとって特別な注意を要する問題点，その他，種々雑多な情報について議論しなければならない。また，ミクロサイクルが試合で終わるならば，その詳細を選手に与えて，試合での目標を達成するように動機づけをしなければならない。

　ミクロサイクルの最後のトレーニングレッスンでは，短いミーティングを行う。このとき選手が，目的を達成したのかどうか，トレーニングに対する姿勢や動機づけが消極的か積極的だったのかどうかを分析する。選手に対しては，過去のミクロサイクルについての評価をし，次のミクロサイクルにおける変更点についてのアウトラインを伝える必要がある。トレーニングのすべてについて率直なミーティングを行うことは，コーチと選手がお互いに成長するために重要なことである。

2．ミクロサイクルの分類

　ミクロサイクルを分類する際にはいくつかの基準を用いる。ミクロサイクルの強弱は，トレーニング期間とトレーニング課題（技術的か物理的な要素が優先するかどうか）による。より重要なことは，選手の発達にトレーニング量を反映しなければならないことである。したがって，コーチはトレーニングプランの作成にあ

たって，誰にでも同じように標準化することやトレーニング内容を厳密に固定化することはすべきではない。トレーニングプランにおける柔軟性とは，コーチが選手および競争相手の発達に関する情報を含む変化を考慮することである。

コーチは1週間あたりのトレーニングレッスンの数に従って，ミクロサイクルを分類することができる。トレーニングレッスン数は，選手の準備状況，クラブの方針や合宿参加によって決まる。また，トレーニングの空き時間は重要な役割を果たす。**図7-1**は，週末に選手の空き時間を最大にする8回のトレーニングレッスンからなるミクロサイクルを示している。斜線は休息時間を示している。

合宿中や休日期間中は，選手の身体状況や空き時間を考慮して，ミクロサイクルの構造を変更するとよい。**図7-2**は3＋1構造のミクロサイクルを示しており，これは，午前・午後の半日単位のトレーニングレッスンを3回連続して行い，次の半日で休息するサイクルである。より厳しいトレーニングが要求される選手には，**図7-3，4**に示すような5＋1構造（半日単位のトレーニングレッスンを5回連続して行い，次の半日で休息するサイクル），あるいは5＋1＋1構造（5回連続のレッスンと半日の休息のサイクルに続いて半日のトレーニングレッスンを行う）を用いるようにする。

トレーニングの利用可能時間と種類に従って，ミクロサイクルを組み立ててもよい。**図7-5**は，早朝に設定された補足トレーニングレッスンを示している。同じ日の夕方には主要なトレーニングが行われ，続いて

	月	火	水	木	金	土	日
午前						トレーニング	トレーニング
午後	トレーニング	トレーニング	トレーニング	トレーニング	トレーニング	トレーニング	

図7-1　8回のトレーニングレッスンのあるミクロサイクル

	月	火	水	木	金	土	日
午前	トレーニング	トレーニング	トレーニング	トレーニング	トレーニング	トレーニング	
午後	トレーニング		トレーニング		トレーニング		

図7-2　3+1構造のミクロサイクル

	月	火	水	木	金	土	日
午前	トレーニング	トレーニング	トレーニング	トレーニング	トレーニング	トレーニング	
午後	トレーニング	トレーニング		トレーニング	トレーニング		

図7-3　5+1構造のミクロサイクル

	月	火	水	木	金	土	日
午前	トレーニング	トレーニング	トレーニング	トレーニング	トレーニング	トレーニング	トレーニング
午後	トレーニング	トレーニング		トレーニング	トレーニング		

図7-4　5+1+1構造のミクロサイクル

PERIODIZATION

	月	火	水	木	金	土	日
7:00	補足トレーニング	補足トレーニング	補足トレーニング	補足トレーニング	補足トレーニング	補足トレーニング	補足トレーニング
17:00	トレーニング	トレーニング	トレーニング	トレーニング	トレーニング	トレーニング	
19:00	ウエイトトレーニング	ウエイトトレーニング		ウエイトトレーニング	ウエイトトレーニング		

図7-5　多種のトレーニングを例証するミクロサイクル

ウエイトトレーニングが行われる。

　ミクロサイクルを通してトレーニングの強度は一定ではない。したがって，トレーニングプランの立案にあたっては，トレーニングの特徴，ミクロサイクルのタイプ，気候，および環境温度にあわせて強度またはトレーニング課題を変えなければならない。強度のめりはりは，高：最大の90～100％，中：80～90％，低：50～80％間で変化をつける。強度の高いミクロサイクルでは，1～2つ，ときには3つの高強度のピークをトレーニングの中に有することになるであろう。

　選手は強度の増加やピークの数，および強度の高いトレーニングを計画することが要求されるときは，漸増負荷の原則に従う必要がある。ミクロサイクルにおいて，トレーニングの強度やピークの数を設定する場合，トレーニングを行う場所の環境（標高，気温，移動距離，時差，気候）が大きく影響してくる。標高または5～8時間の時差のある長距離移動の後では，最初のミクロサイクルは環境に適応するために用いる。そして2番目のミクロサイクルのみでピークを設定する。高温多湿の気候では，より強度の高いトレーニングを行う週の初めに，1つのピークを設定するようにする。

　方法学的には，週の中3日のうち1日には，ミクロサイクルのピークを1つだけ設定すべきである。あるいは，再生の1日か2日間に続いているサイクルの2日目の終わりごろに2つのピークを設定することもできる。さらに，試合を想定した連日のモデルトレーニングを用いたときには，2つのピークが生じるという例外が起こるかもしれない。

　ミクロサイクルの例を見る前に，いくつか説明しておかなければならないことがある。例はトレーニングの強度を示しているが，実際には必要な総トレーニング量をあらわしている。以前には，ミクロサイクルは，1週間で量と強度がどのように変化するかを示すために作成したが，現代の複雑化した競技スポーツでは，種目によってプランの内容がかなり異なる。ある競技はスピード・パワー系（短距離走，ジャンプ，投てきなどの陸上競技，ダイビング，スキージャンプ，フェンシング，ウエイトリフティング）であり，他は持久性系（トラックでの中距離走や長距離走，スピードスケート，クロスカントリースキー）である。チームスポーツのうちいくつかの競技は，単に量と強度について示すことができないくらい技術と戦術に関して複雑である。各種のトレーニングでは，しばしば心理的，社会的なストレスがプランニングの際に見落とされてしまう。したがって，**図7-6～12**には，分類の指標として，量と強度を示さずに「必要総トレーニング量」を示す。

　従来，筆者はミクロサイクルとトレーニング段階を22のカテゴリーに分類する試みを行ってきた。しかし，このことが筆者の支持者の多くに大きな混乱を与える原因を招いた。したがってカテゴリーを単純化することにした。今後は，筆者が紹介する例を個々の特有の状況やトレーニング課題の必要性に応じて使用することを推奨したい。

　前述したように，ミクロサイクルはできるだけシンプルで，機能的に用いることができなければならない。**図7-13**には試合期間のプランを示す。それぞれのトレーニングのための日付，目的，および内容を特定すべきである。簡潔に内容を表すために，それぞれのトレーニングレッスンのおもな内容を示す。

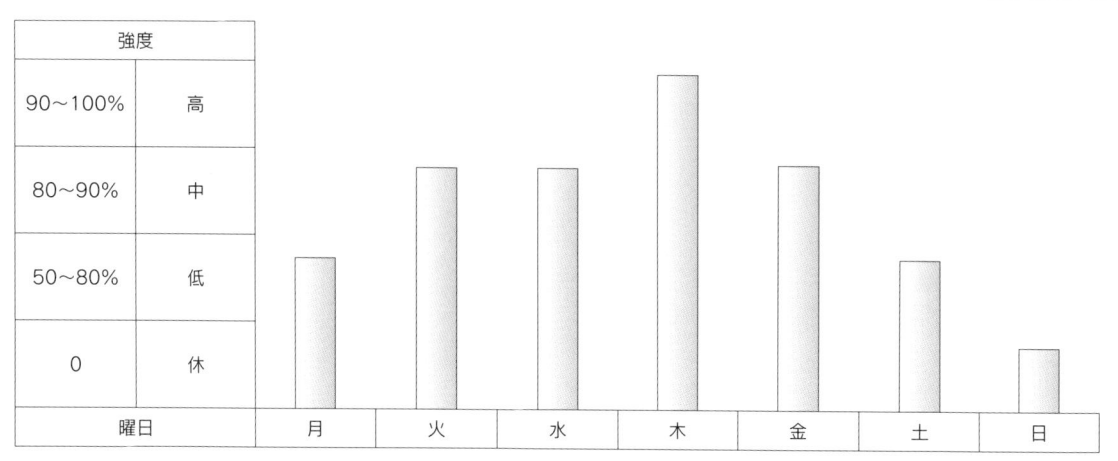

図7-6　1つのピークがあるミクロサイクル

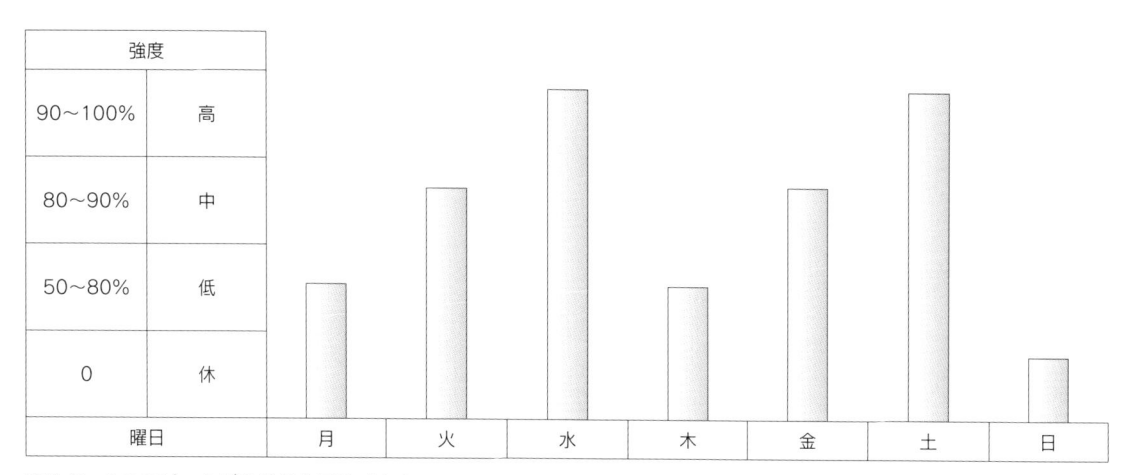

図7-7　2つのピークがあるミクロサイクル

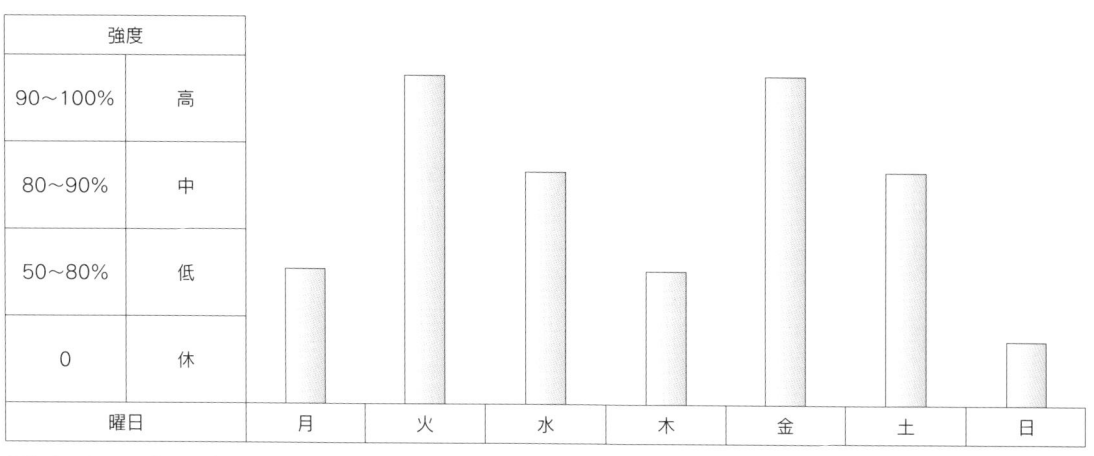

図7-8　2つのピークがある別の型のミクロサイクル

PERIODIZATION

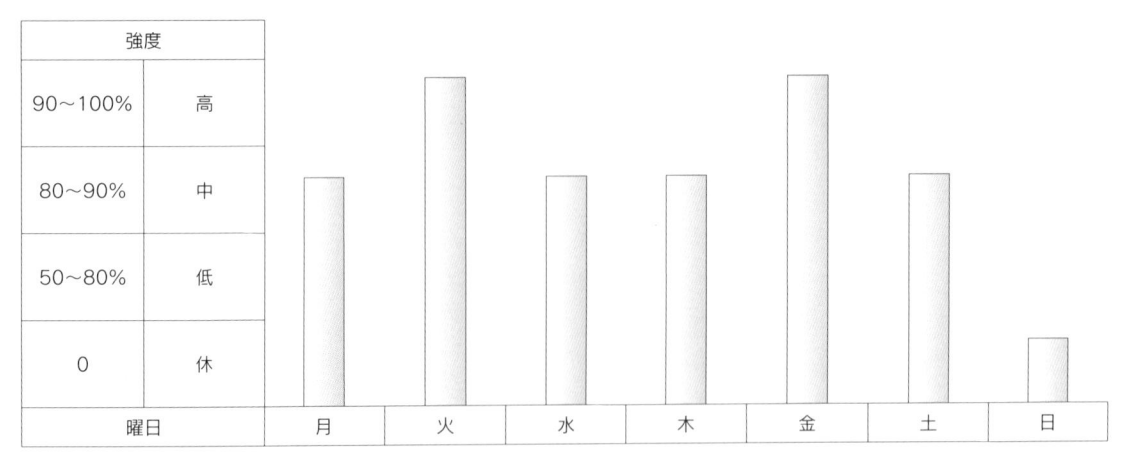

図7-9 より高度な負担のある2つのピークのミクロサイクル

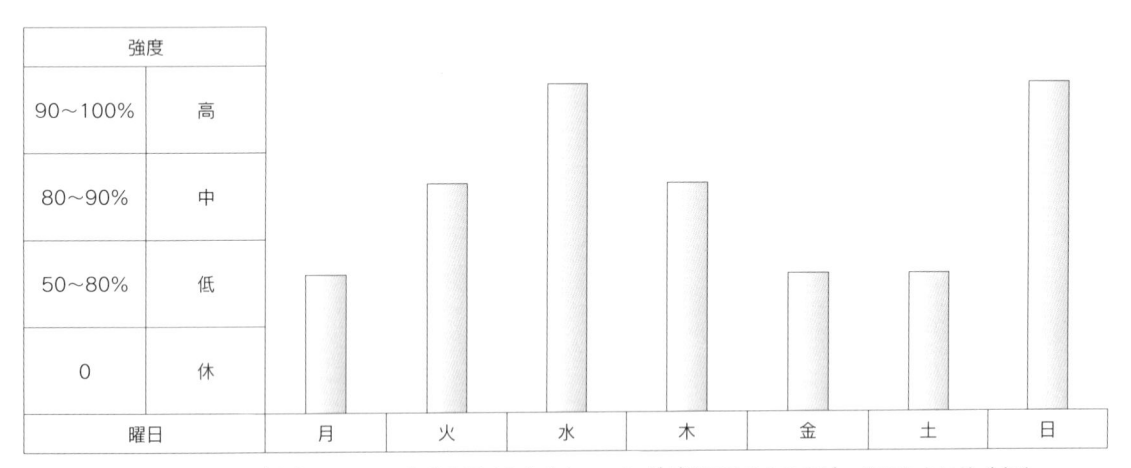

図7-10 2番目のピークが試合で，2つの負荷を軽くしたトレーニングが前にある2つのピークのミクロサイクル

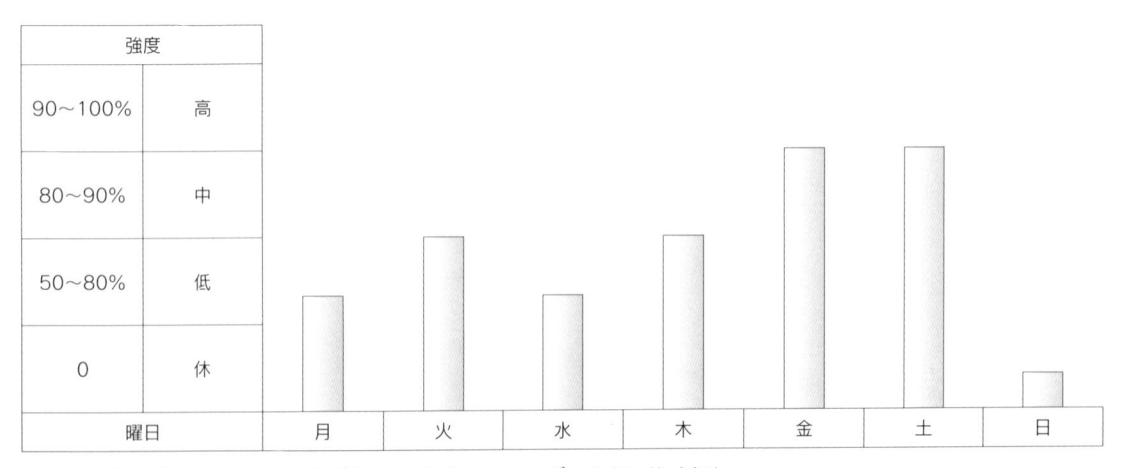

図7-11 隣り合った2つのピークがあるモデルトレーニングのミクロサイクル

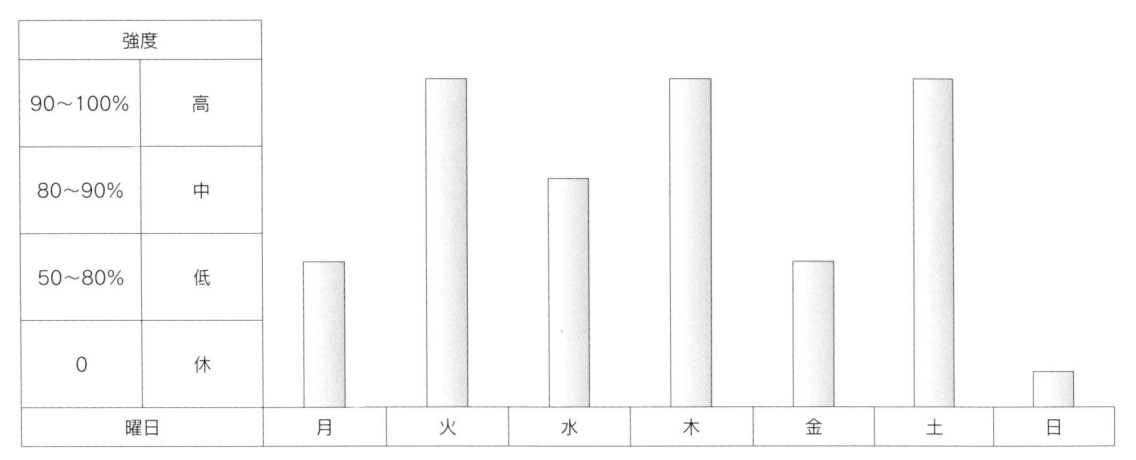

強度		
90〜100%	高	
80〜90%	中	
50〜80%	低	
0	休	
	曜日	月　火　水　木　金　土　日

図7-12　低強度のトレーニングで変化をつけた3つのピークがあるミクロサイクル

スポーツ/種目：やり投　　　　　ミクロサイクル No.29　　　　　日付：7/20〜27

目的
- パフォーマンス 67:00m
- より高い速度で最後の3歩のリズムを完成させる。
- 朝の試合に対する集中力を高める。
- 脚と腕のパワーを維持する。

時間	月	火	水	木	金	土	日
午前 10:00〜 11:00	● ウォーミングアップ15分 ● スプリント $\frac{20, 30, 40m}{2/4 : 3/4}$ 6本	● 試合で行うウォーミングアップ ● 6回投げ		火曜日と同じ	● 試合で行うウォーミングアップ	● 試合 10:45	
午後 17:00〜 19:30	● ウォーミングアップ20分 ● スプリント $\frac{30m}{4/4}$ 3本 ● 最後の3歩の技術 ● 30回野球ボール投 ● 15回メディシンボール投 ● 2×30m バウンディング	● 試合で行うウォーミングアップ ● 6回投　4/4 ● 15回短助走投　3/4 ● 7分の特別なウォーミングアップ ● 30分のウエイトトレーニング ● 5分の柔軟性エクササイズ ● 10分ゲーム	バスケットボールゲーム 2×15分	月曜日と同じ	● 試合で行うウォーミングアップ ● 15回中助走投げ ● 15分のウォーキングと芝生の中での異なる種目の投球 ● リラクセーションのための特別なエクササイズ	バスケットボールゲーム 2×15分	

図7-13　試合期のミクロサイクルプラン

PERIODIZATION

ミクロサイクルの組み立ては，総合的なトレーニングの課題によって決定され，それはまたトレーニングの時期にも影響を受ける。この観点から我われは，以下のいくつかにミクロサイクルを分類することができる。

- 発達ミクロサイクル（Developmental microcycle）：準備期間特有のミクロサイクルである。目的は技術を改善して，特定の身体運動能力を発達させることである。そのようなサイクルは2，3の高い強度のトレーニング日を配置することが必要である。選手のクラスやレベルによって，階段状または起伏のない負荷方法のどちらかを使用する。

- 強化ミクロサイクル（Shock microcycle）：以前に経験したトレーニング負荷を突然超えてトレーニング負荷を増加させる。1つのサイクルで高い強度のトレーニング日が3～4つあってもよい。トレーニングの目的が前週に行われた負荷を超えることになるので，選手はそれまでのトレーニングの定常状態を破ることになる。この強化ミクロサイクルは，生理学的，心理学的に負担をかけるので，試合またはテスト日程の直前にそれを計画すべきでない。また，強化ミクロサイクルは高いレベルの疲労をもたらすので，再生ミクロサイクルと共に配置する。

- 再生ミクロサイクル（Regeneration microcycle）：心身から疲労を取り除いて，エネルギーを回復する。低強度の有酸素性回復トレーニングは，これらの目的に最もよく合い，面白さと楽しむ雰囲気は，心をリラックスさせる。一連の重要な試合または強化ミクロサイクルのあとに続いて，再生のミクロサイクルを編成する。このサイクルは，選手の能力を回復させ，オーバートレーニングを防ぐ。

- ピーキングおよび試合導入ミクロサイクル（Peaking and unloading microcycles）：トレーニング量と強度をコントロールして，主要な試合のために最高のパフォーマンスを促す。明らかにトレーニングを減少させることで，よいパフォーマンスのために心身を調整し，試合前の超回復を促進する。

3. トレーニングの定量化

コーチはトレーニング強度を調整したり，トレーニング内容を変えたりする際に，客観的な指標ばかり用いてはならない。最も心理的に安定したトレーニングのプランは，主観的な感情が考慮され，強度の高いトレーニング日と休日とがうまく配置されることによって成立する。「痛みなくしては何も得られない」という考えから負担をかけすぎてしまうと，選手は主要な試合に参加するまでに，すでにオーバートレーニングに陥ってしまうのである。

現在，トレーニング強度を定量化してトレーニングプランの中に導入しているコーチはわずかしかいない。陸上競技，水泳，およびボートのような個人競技では，コーチは，移動距離(すなわち，ミクロサイクル，マクロサイクル，または年間トレーニングあたりのkmまたはmiles)を使用することによってトレーニングの強度を定量化する。通常，陸上競技のコーチは，強度を定量化するのに疾走速度の最高速度に対する割合，または投てき距離や跳躍距離を用いる。筋力トレーニングでは，トレーニング負荷(強度)を定量化するのに最大筋力に対する割合を利用する。しかし，チームスポーツにおけるトレーニング量または強度は，ほとんど定量化されない。したがってコーチは，どのように選手のトレーニングをモニターするのかについても考慮していない。

トレーニングの定量化は難しく，とくによく知っている選手のためのトレーニングプログラムでなければ明確に定量化をすることができない。これまでの背景や遺伝的要素，およびトレーニング環境が異なっているので，ある人のプランは他の誰かに使用することができないし，用いるべきではない。これが具体的プランを提示するより，むしろガイドラインを提案する理由である。これらのガイドラインを理解すると，選手の可能性を考慮した専門的なトレーニングプログラム

表7-1 ボートのための強度段階

	強度段階				
	1	2	3	4	5
トレーニングの特徴	スピードの持久力	筋の持久力	専門的な(レース)持久力	中距離の有酸素性持久力	長距離の有酸素性持久力
運動のリズム	最大	かなり高い レース中の速度，リズムを超える	速い 最適なリズムと割合	適度 レース中のリズムより低い	低い
ストローク速度	>40	37〜40	32〜36	24〜32	<24
トレーニングの種類	スタートと15秒間のスプリントアップ 休息=1分30秒	250〜1,000mの反復 休息=3〜10分	レースとコントロールされたレース； 3〜4分のインターバルトレーニング； 休息=4〜5分	長時間の反復； さまざまなスピードとパワー；30〜60秒のスプリントを間に入れた長距離ロウイング	長距離(定常状態)の技術
心拍数(拍/分)	>180	170〜180	150〜170	120〜150	<120
エネルギー供給 無酸素性 有酸素性	80% 20%	65% 35%	25% 75%	15% 85%	5% 95%
トータルのトレーニング量	10%		70%		20%

表7-2 ボートにおけるミクロサイクルを組み立てるための強度段階

トレーニング時間	月	火	水	木	金	土	日
9:30〜11:30	4 24K 長距離反復 8回×2K	3 20K インターバルトレーニング 10回×3分 休息=3分	5 24K 有酸素性持久力，長距離	4 24K さまざまな割合のスピード，さまざまなパワー	3 20K インターバルトレーニング 6回×3分 休息=5分	4 24K 有酸素性持久力 3回×1分	
16:00〜18:00	2 20K モデルトレーニング 1×250m 2×500m 2×1,000m 2×500m 2×250m ウエイトトレーニング，最大筋力	4 24K さまざまな割合，さまざまなパワー ウエイトトレーニング，筋持久力		1 20K スプリント，500回トータルストローク 休息=1分30秒 ウエイトトレーニング，最大筋力	4 24K 長距離反復 3回×6K 休息=5分 ウエイトトレーニング，筋持久力	2 20K モデルトレーニング 1×250m 6×1,000m 2×500m 2×250m	

＊強度段階は右上の隅に示してある。　　　　　　　　　　　　　　ΣKm=244

を組み立てることができる。しかしこのとき，プログラム強度を示す表現として，数学的な表記を使用しなければならないことを強く感じるだろう。選手によって与えられた強度をくり返す回数には個人差がある。

すべてのプログラムの中で，コーチはあらゆるミクロサイクルの間中，トレーニング強度を変化させなければならない。これは過酷な練習の後に負荷と再生への生理的な適応機能を高めるためである。コーチは，

PERIODIZATION

競技の生理的特性にもとづいて3～5つの強度を設定する。トレーニングの各強度は，活動リズム，トレーニングタイプと方法，心拍数などによって示される。そして，それぞれの強度レベルによって，用いられるエネルギー供給システムの割合が決まってくる。また，コーチはミクロサイクル(**表7-1**)で使用するトレーニングのそれぞれの強度の割合を計算しなければならない。主要な能力を発達させるためにトレーニング強度の最適な割合とそれに対するエネルギー供給システムを決定しなければならない。

表7-1と**表7-2**は，この考え方がミクロサイクルで適用されたものである。表7-1のように，ボートレースの年間トレーニングプランでは，試合期のトレーニングの70％を強度3と4が占めており，突出している。表7-2の例でも同じ強度3と4が高く，それは，トレーニングを考える上での概念とその適用との関連を示している。

もし，トレーニングを定量化するための客観的手段が存在しないならば，コーチが主観的にスキルやトレーニングを分類する際には，それを試合の状態で決定してしまうことになるであろう。強度2ではゲーム，レース，または対戦のペースをシミュレートしてみる。1週間あたりのトレーニング時間の少なくとも50％にこの強度を用いるべきである。

より良い強度の定量化は，5段階である。その5段階目とは，トレーニング負荷の回復のために用いられるもので，つまり超回復を促すための低強度の段階である。

1．最大の強度
2．ゲーム，レース，または試合より高いペース
3．ゲーム，レース，または試合のペース
4．ゲーム，レース，または試合より低い
5．回復

いずれの場合も，ゲーム，レース，または試合のペースより高い強度は無酸素性が優位に用いられ，それ以下の活動では有酸素性である。

表7-3 チームスポーツのためのトレーニングの定量化

	強度記号				
	1	2	3	4	5
トレーニングの特徴	技術的 複雑なスキル 戦術的乳酸耐性トレーニング	技術的/戦術的 ドリル	戦術的 最大酸素摂取量	技術的/戦術的 非乳酸系	技術的スキル パスやシュートやサーブの正確性など
運動時間	30～60秒	20～30秒	3～5分	5～15秒	10分 (何回か繰り返す)
休息時間	3～5分	3分	2～3分	1～2分	1分
心拍数 (拍/分)	>180	>180	>170	>170	120～150
エネルギー供給 　無酸素性 　有酸素性	80% 20%	90% 10%	40% 60%	90% 10%	10% 90%
総トレーニング量に対する割合	40%		20%	20%	20%

＊休息インターバルの間，選手は低強度の技術スキル(例えば，バスケットボールをシュートする)を練習することができる。

表7-4 ミクロサイクルの間にどう強度を変化させるか（チームスポーツの場合）

月	火	水	木	金	土	日
3	2	4	3	4	5	
1	5	5	5	1		
5			2	5		

＊その日に与えられたさまざまな強度

トレーニングを定量化する客観的または主観的な方法のどちらを使用するか否かに関係なく，ミクロサイクルを計画する際の正しい順序がある。最初に，1週間の日々の強度を組み立て，そして強度の段階を右上の隅に書く（表7-2参照）。強度，トレーニング手段として用いる運動のタイプ，またはエネルギーシステムが変化するように1週間の各日の強度の段階を選び，次にトレーニングプログラムを計画する。プラニングにおいては最も良い結果を出すために，技術的，戦術的，身体的トレーニングのいずれかにかかわらず，各強度に対応したいくつかの種類のトレーニング段階を用意すべきである。そうすることによって，各トレーニングにおいて1〜3の強度を設定することができる。このことは，同じエネルギー供給システムに負荷を与える少なくとも2つのタイプのトレーニングをすることが可能であることを意味している。

チームスポーツのための例は，この順序性をさらによく示すだろう。**表7-3**はトレーニングの定量化であり，**表7-4**は強度の段階を設定するためのものである。この中の数日で強度5が1と2の間にあるのに注目する必要がある。スペースが回復であり，有酸素性の活動は2つの無酸素性の強度の間に位置している。

4. 強度とエネルギーシステムの交互性

ミクロサイクル中のトレーニング課題の変化は，トレーニング局面（準備期と試合期）の相違によるだけでなく，エネルギー供給システムを超回復させることにも影響を受ける。このことにより，よりよく選手をトレーニングでき，疲労困憊，生気の消耗，およびオーバートレーニングを防ぐことができるだろう。

ほとんどの競技が少なくとも2つ，全部で3つのエネルギー供給システムに負荷をかける。エネルギー源の回復は，各エネルギー供給システムにおいて異なっている。試合ですべてのエネルギー貯蓄を使い果たしたならば，試合後の数日間のトレーニング強度は，疲労を取り除いて，超回復を容易にするために低強度にすべきである。

トレーニングと休息を交互に設定することは重要であるが，それを厳密に適用してはいけない。準備期間中，トレーニングが強い生理学的基盤をつくっているとき，高い強度の2〜3のミクロサイクルの間では，選手は超回復をしていないかもしれない。この間に蓄積した疲労の回復に時間をとらない発達あるいは強化のミクロサイクルを設定する。そして試合が近づくにつれ慎重に強度を低下させる。

多くの競技では，用いられるエネルギーシステムや戦術は複合的である。またそこには，戦術的スキルも含まれている。そのような競技は，技術を洗練して，スピード，筋力，および持久力をトレーニングするために心身に負荷をかける。問題はオーバートレーニングなしで，すべての技術と身体運動能力を向上させるミクロサイクルをどう計画するかということである。各エネルギーシステムがエネルギー貯蔵を回復させる時間を確実に得るためにどうしたらよいのであろうか。

第1段階は，すべてのスキル（技術）およびトレーニングのタイプについて，どのエネルギーシステムがかかわっているのかを分類することである。ガイドラインとして**表7-5**での分類を使用する。特定の競技に対する選手自身の技術と身体運動能力を体系化しておくことは，ミクロサイクルを計画するために重要である。

表7-5　エネルギー供給システム別にみた技術と身体トレーニングの分類

無酸素性・非乳酸系	無酸素性・乳酸系	有酸素性
技術的スキル　1〜10秒	技術的スキル　10〜60秒	技術的スキル，長時間
戦術的スキル　5〜10秒	戦術的スキル　10〜60秒	戦術的スキル，中〜長時間
最大スピード	スピードトレーニング　10〜60秒	有酸素性持久力
パワートレーニング，短時間	パワー持久力	筋持久力，中〜長時間
最大筋力　1〜2セット，長時間休息を入れて	筋持久力	

PERIODIZATION

こうすることから，同じ日に与えられたエネルギー供給システムの下で，すべての技術と身体的活動のための負荷を設定することができる。しかしながら，実際的な理由から，1日にこれらのトレーニングのオプションのいくつかだけを選択し，残りは他の日に行うのがよい。

第2段階は，負荷をかけた日のエネルギーを回復させるために，選択されたトレーニング内容が交替するミクロサイクルを計画することである。選手がエネルギーを完全に回復したとき，超回復が起こり，そのすべてに身体的・心理的な利益がもたらされるであろう。

エネルギーシステムが代わるいくつかのミクロサイクルに関する例を示す前に，そのようなトレーニングサイクルは年間を通して計画されているものではないことを理解することが重要である。このようなミクロサイクルをいつ導入するかを決める際，コーチは選手に対して完全な超回復を望むときには，超回復のためのトレーニング週間があることや，与えられたトレーニング期間で求められる高い強度に対する適応に挑戦するためには，消耗するまで追い込まれなければならないことを覚えていなければならない。これらのミクロサイクルでさえも選択されたトレーニング内容を交替することができるが，量と強度が非常に高いので，超回復は起こらない。

それぞれの図の下部は，より理解を深めるために，身体がどのようにエネルギーシステムの交替に反応するか，超回復の様子を示したものである。トレーニングの課題によって疲労と超回復をコントロールする。プラニングの際にはこのようにして，トレーニングをコントロールするのである。ある日は，選手に高いレベル，あるいはきわめて高いレベルの疲労をもたらし，他の数日には，意図的に超回復を生じさせる軽いトレーニングを行う。

チームスポーツは非常に複雑なので，同じトレーニングセッションによって多様なエネルギーシステムと神経系にかかわるトレーニング課題（技術，最大スピード，筋力，およびパワー）を強化することができる。月曜日のセッションは，非乳酸系システム（図7-14）に負荷をかけるための1日で，つまり神経系のトレーニングである。短時間のスピード，パワーおよび最大筋力は，エネルギーとしてATP-CPを頼るので，供給は速い。選手は多くの生理的疲労がない状態で火曜日のトレーニングを行うことができる。しかしながら，月曜日に長めの反復回数でトレーニングを行うとグリコーゲン貯蔵を使い果たしてしまうかもしれない。

選手が，ほとんど毎日すべてのエネルギーシステムを用いる伝統的なトレーニングプランの下では，月曜日にトレーニングを行うと，それでグリコーゲン貯蔵をほとんど使い果たしてしまう。しかしながら，筆者が提案するシステムの下では，めったにそのようなケースに陥ることはなかった。これは，火曜日にトレーニングとして戦術と有酸素性持久力を配置したからである。この両方のトレーニングタイプは，有酸素性システムに依存しており，グリコーゲン貯蔵のより速い

月	火	水	木	金	土	日
●技術 ●速度 ●パワー／最大筋力	●戦術トレーニング ●有酸素性持久力	●技術 ●パワー／最大筋力	●戦術トレーニング ●有酸素性持久力	●技術 ●速度 ●パワー／最大筋力	●技術／戦術トレーニング ●有酸素性持久力	

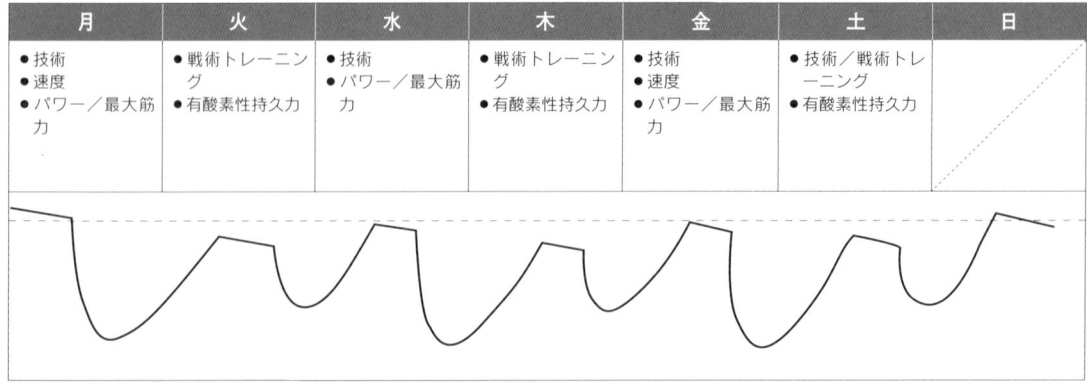

図7-14　チームスポーツの準備期の終わりのためのミクロサイクル

補給を容易にする。このように選手は1週間を通してエネルギーシステムを変化させる。超回復カーブによって示されるように，有酸素性システムに負荷をかけるそれぞれの日は超回復が起きている。

このような考え方は，**図7-15**に示されている。スピードとパワーは，パワー持久力として同じ日に行い，

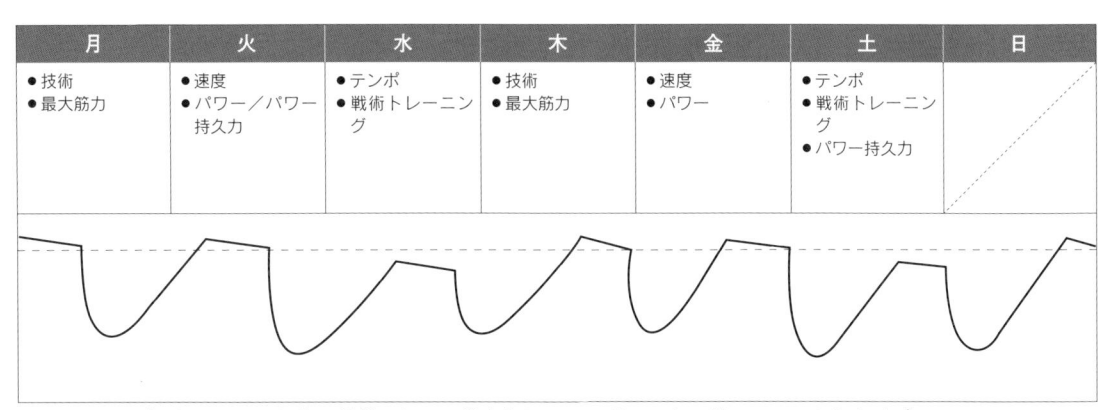

月	火	水	木	金	土	日
●技術 ●最大筋力	●速度 ●パワー／パワー持久力	●テンポ ●戦術トレーニング	●技術 ●最大筋力	●速度 ●パワー	●テンポ ●戦術トレーニング ●パワー持久力	

図7-15　スピードとパワー優位の競技のための筋力トレーニングのエネルギーシステムとタイプ（テンポ：最高速度の60～70％での200～400m走行の反復）

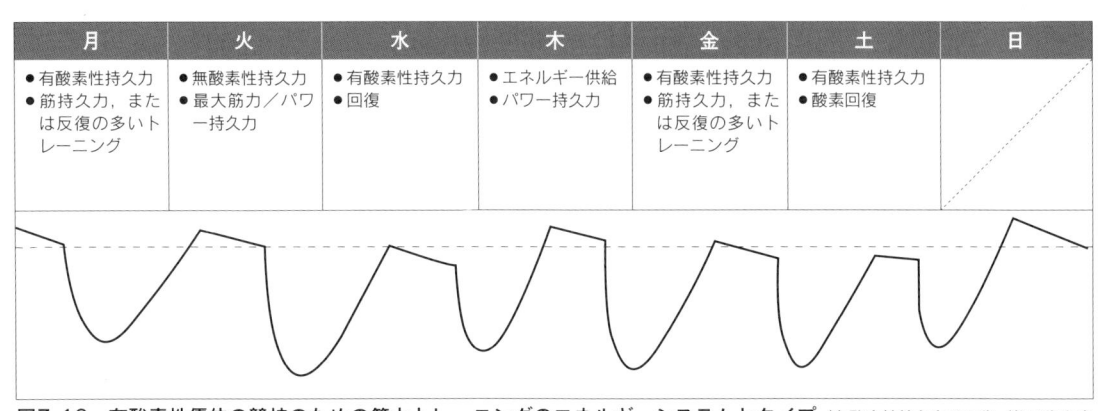

月	火	水	木	金	土	日
●有酸素性持久力 ●筋持久力，または反復の多いトレーニング	●無酸素性持久力 ●最大筋力／パワー持久力	●有酸素性持久力 ●回復	●エネルギー供給 ●パワー持久力	●有酸素性持久力 ●筋持久力，または反復の多いトレーニング	●有酸素性持久力 ●酸素回復	

図7-16　有酸素性優位の競技のための筋力トレーニングのエネルギーシステムとタイプ（有酸素性持久力は回復／超回復を容易にするために軽い）

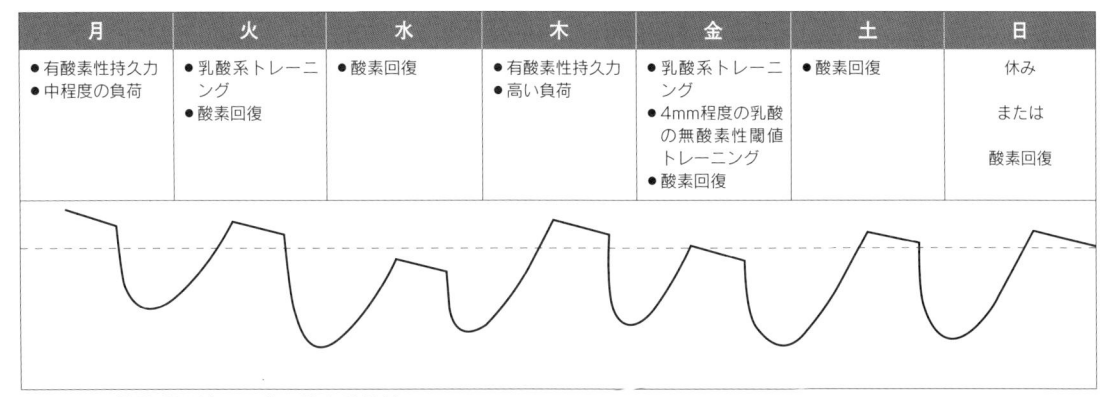

月	火	水	木	金	土	日
●有酸素性持久力 ●中程度の負荷	●乳酸系トレーニング ●酸素回復	●酸素回復	●有酸素性持久力 ●高い負荷	●乳酸系トレーニング ●4mm程度の乳酸の無酸素性閾値トレーニング ●酸素回復	●酸素回復	休み または 酸素回復

図7-17　持続時間が4～6分の持久的競技

PERIODIZATION

パワー持久力のトレーニングは，1セットに10～25回の反復回数で行われている。また，テンポのトレーニングは，有酸素性システムに負荷をかける数日間のうちに行う。しかしながら，この例では，有酸素性の呼吸循環器システムに負荷をかける前日に2日間の非乳酸系トレーニングを配置している。

図7-16は有酸素性システムに重点をおいた競技を考えたものである。さまざまなトレーニングオプションが同じ日に同じエネルギーシステムに負荷をかけていることに注目しなければならない。同時に，持久的な競技の専門的な筋力トレーニングのタイプは，そのときに用いられたエネルギーシステムに対応している。反復回数と関連のある筋持久力のトレーニングは，有酸素性トレーニングのあとに引き続いて行う。また，筋の無酸素性の非乳酸系と乳酸系のトレーニングは，無酸素性持久力やエルゴケネシスのトレーニングと同一の日に行うようにする。

図7-17は持久的競技のための別の例を示している。無酸素性持久力は，活動の持続時間が4～6分であるので，能力強化のためにはより重要である。無酸素性の乳酸系トレーニングを行う日は，常に有酸素性の回復が続いている。超回復とはすぐに乳酸を排除し，速い回復を容易にすることなので，無酸素性の乳酸系トレーニングの強い日（月曜日と金曜日）は，有酸素性の回復によって超回復できるように計画している。

5. 回復と再生のミクロサイクル

競技力の向上は超回復時に起こる。そのような向上は，コーチの目にも明らかで，グリコーゲン再生を達成して超回復の状態になると，選手も実感できる。また，超回復の積極的な生理学的・心理学的な効果を経験するために，コーチはマクロサイクルの終盤である4週目に再生のミクロサイクルを計画しなければならない。再生と超回復を容易にするために，このサイクルのいくつかのトレーニングはそれ以前の週のトレーニングと異なるかもしれない。

この週のトレーニングの形式は以下の通りである。

1. 最適な，長めのウォーミングアップ（30分）を計画する。
2. 行う競技とまったく違う運動を30～45分間行う（例えば，レクリエーションとしてサッカーをする）。異種のトレーニングは，選手のコンディショニングを維持し，精神的なリラックスを助ける。選手が活動を楽しまないと，この目標を達成できないことになる。
3. 以下の再生活動を用いる。
   - 水温が摂氏35～40℃のジェットバスか浴槽で，10分間の水中療法を行う。お風呂などの湯は，身体から老廃物を排除して，皮膚の毛穴と汗腺を開かせてくれる。

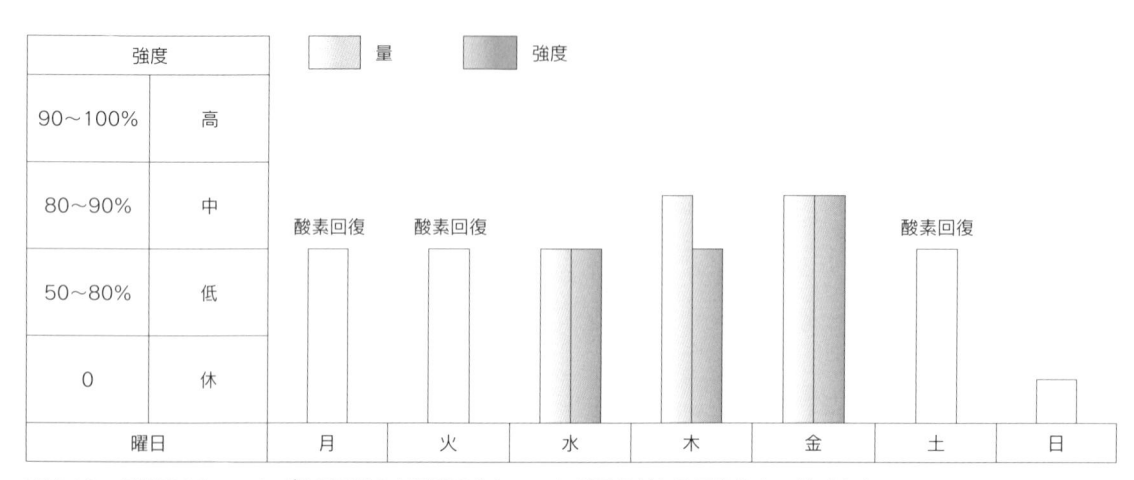

図7-18　低強度トレーニングと2日間の中程度のトレーニング要求がある再生ミクロサイクル

- 10分の間，毎分，サウナと熱いシャワーの間を行き来する。これは，筋肉を弛緩して，老廃物の除去を容易にしてくれる。
- 10～15分間のマッサージ(例えば，振動マッサージ，水中マッサージ，激しいジェットシャワー)を行う。
- 温水と冷水を交互に浴びる。
- 15～20分間，落ちついた音楽とともに静かな部屋のベッドで精神的なリラクセーションを行う。
- アルカリ性の飲み物を飲んで，トレーニングによる酸性の影響を緩和する。夕食は，アルカリ性(肉なし)で，ビタミンとミネラルを豊富に摂る。

再生のミクロサイクルは，とくに試合期の年間プランにおける重要な役割を果たす。多くの競技において2～3のミクロサイクルを1単位として試合スケジュールを予定している。そのような厳しい試合スケジュールは高疲労の状態をもたらすので，すぐに過酷なトレーニングプランを始動するのは，大きな誤りである。こうしたときに，再生と回復のミクロサイクルを強く勧めたい。

図7-18はエネルギー補給，生理学的・神経科学的な疲労の除去，精神的なリラクセーション，およびサイクルの終わりに向かって起こる超回復を見据えた再生のミクロサイクルを示している。

6. 試合期中のミクロサイクル

試合スケジュールは，ミクロサイクルの構造，および必要となる回復と無負荷日の配置を決定する。いくつかのチームスポーツのように試合期に毎週試合が行われたり，個人競技のように続けて数週間行われる場合，ミクロサイクルの強弱は特殊になる(**図7-19**)。週末の試合後に，選手は，再生のために1～2日とらなければならない。それから，次の試合のための超回復を引き起こすため，選手が負荷をかけない(無負荷)日が何日必要であるかを決めなければならない。そして，その週の中ごろはトレーニング(中程度か高い要求のトレーニングセッション)のために費やすことができる唯一の時間となる。

対戦相手の競技力や試合の重要度が低い場合には，活動スケジュールを変更することができる。したがって，最大まで選手を追い込まないので，彼らの疲労レベルは低くなる。コーチは，月曜日にトレーニングのプランを立て，試合前に1日だけ負荷を軽くする日を作ってもよい。このサイクルのメリットは少なくとも1つの高いトレーニング要求とともに得られる4日間のトレーニング時間である。**図7-20**において，月曜日は，再生のためのトレーニング日である。火曜日は，軽い戦術トレーニングが計画されている。月曜日と火曜日のトレーニングは，水曜日のゲームのために超回

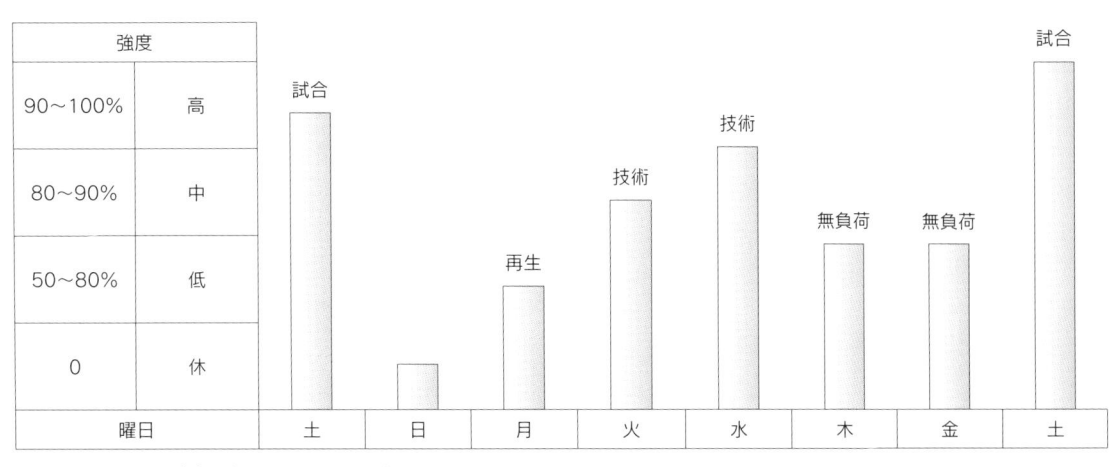

強度								
90～100%	高	試合						試合
80～90%	中				技術	技術		
50～80%	低			再生			無負荷	無負荷
0	休							
曜日		土	日	月	火	水	木	金	土

図7-19　毎週の試合のためのミクロサイクル

PERIODIZATION

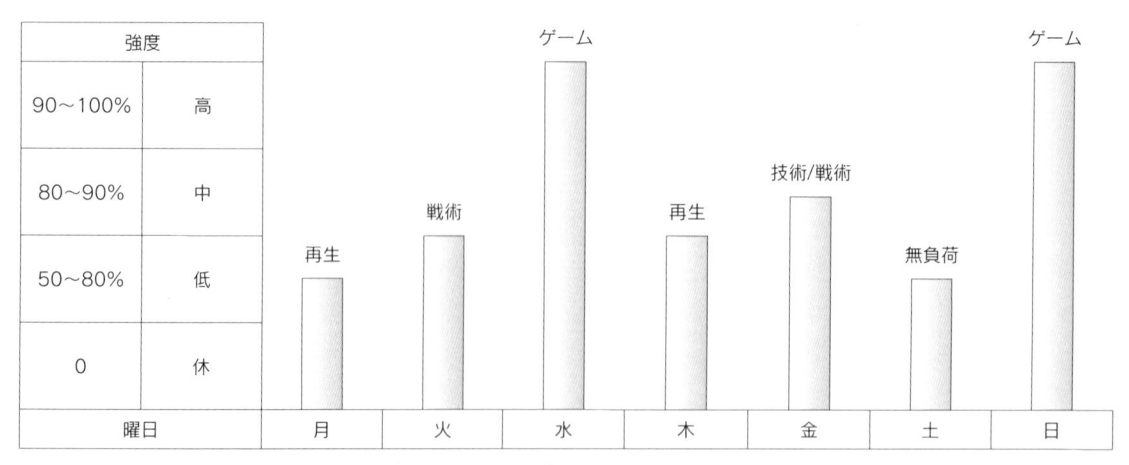

図7-20 1週間に2ゲームあるチームスポーツのための試合のミクロサイクル

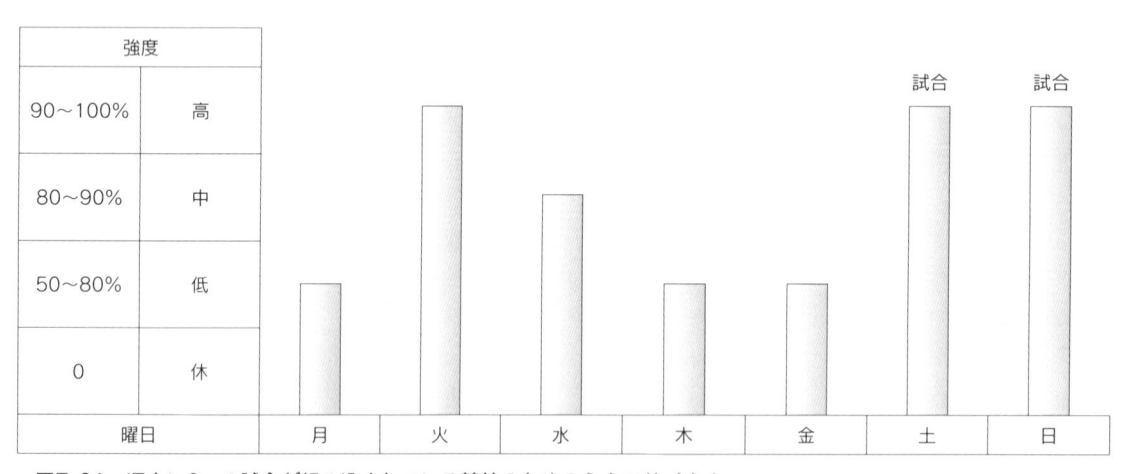

図7-21 週末に2つの試合が組み込まれている競技のためのミクロサイクル

時間	月	火	水	木	金	土	日
午前	ゲーム	戦術トレーニング	ゲーム	酸素回復	ゲーム	酸素回復	ゲーム
午後		戦術トレーニング		酸素回復		酸素回復	

図7-22 国内または国際的なトーナメントでプレーする際のチームスポーツのためのミクロサイクル

復を促すことを目的としている。このスケジュールに関しては，金曜日が唯一の過酷なトレーニングの日である。

試合(例えば，チームスポーツのトーナメント，または陸上や水泳のいくつかのレース)が週末の2日間以上で開催されるとき，図7-21で示されるようにミクロサイクルを編成することができる。試合の前に，2日間の負荷をかけない日(木曜と金曜)があるのに注意する。また，週の初め(火曜)に唯一の強度の高いトレーニングセッションがある。

図7-22は，チームスポーツの選手権のためのミクロサイクルを提案したものである。各ゲームに続いて，コーチは午前，午後に軽い酸素回復トレーニングを勧める。そのようなトレーニングを行うことはより有益

であり，次のゲーム前における30～45分の軽い有酸素性トレーニングは，グリコーゲンのより良い再合成を促進する。サッカー，バスケットボール，およびホッケーのようなチームスポーツでは，ゲームの間，グリコーゲンは使い果たされる。コーチが酸素回復を計画しないと，次のゲームの前に完全に再生できないだろう。その結果，エネルギーの貯蔵が60～70%しか達しないと，選手は最大限の能力を発揮することができない。

7. 試合のためのミクロサイクルのモデル

年間のトレーニングプランの多くのミクロサイクルが，各競技の技術と専門的な能力を発達させる。しかしながら，試合期間中のトレーニングプランでは，主要な試合において好成績を残すことに目的を合わせなければならない。望ましい競技成績を得るために，試合のための特別な準備と選手の生理学的，心理学的な調整に従って，最後のミクロサイクルを修正しなければならない。試合のタイプに対応したミクロサイクルを開発し，次におもな試合の前に何度かそれをくり返す。このモデルには，積極的休息と回復とを交互にするさまざまな強度のトレーニングを取り入れるべきで，1日のサイクルは試合の1日とまったく同じにするべきである。

主要な試合は，しばしば同じ日に予選ラウンドに続いて決勝がある（例えば，金曜日の午前10時00分と午後6時00分）。このタイプのプランは，陸上競技，水泳，テニス，いくつかのチームスポーツ，および武道で使用される。この試合用モデルでは，金曜日をおもなトレーニング日とみなし，予定された試合の時点に，2つの激しいトレーニングを設定する。チームスポーツ，ボクシング，テニス，およびレスリングなどのいくつかの競技では，3日間から4日間の連続した試合を設定する。この状況を試合用モデルに反映し，トーナメントが始まる前に何度かそれをくり返す。しかし，連続してこのモデルをくり返すことはできないので，2～3週間ごとにそれを行って，間に発達のミクロサイクルを設定する。

オリンピック大会，世界選手権大会，または他の最高の国際競技大会などのいくつかのトーナメントは，4～9日間以上にわたって開催される。選手には，時間的要因と高度な要求があるので，トレーニングの際にこの状況を再現することは難しい。より大きなトーナメントのための経験を得るために，2～3日間のより短いトーナメントへ選手をエントリーさせ，それらの短いトーナメントで4～5回の試合に参加させる。ミクロサイクルにおける将来のトーナメントの特徴を，毎日のサイクルに反映させる。このようにして，モデルをトレーニングに適用し，試合と休息を交互にするリズムをシミュレートすることによって，試合スケジュールに選手を慣れ親しませる。このように，やがて来るトーナメントと同じようにトレーニングを行うことが重要である。また，試合がない日に行うトレーニングは低強度であるべきである。

シミュレートされた試合の日と休息とを交互に設定することは，試合スケジュールへの選手の適応において重要である。多くの選手が試合の間の休日を好まないのは，試合の第2日目のパフォーマンスがときどき期待したほどよくない場合があるからである。競技成績の低下は，疲労の蓄積よりもむしろ，試合後の心理的な反応（すなわち，自信過剰やうぬぼれ）のためのように思える。このような消極的な態度は，試合期間中のすべてのマクロサイクルに，ミクロサイクルモデルを導入することによって克服することができる。もしも，試合期間が短いならば，準備期の最後の部分に，試合と同じモデルを導入する。このプログラムは，今後の試合におけるパフォーマンスを高めるためのモデルを発展させる。

試合期間中，選手は週の異なった日か，おもな試合と異なった時刻で他の試合に参加することがあるが，そのような場合，とくにその試合がおもな目標とする試合の出場を左右するものでなければ，ミクロサイクルモデルを変更すべきでない。

試合が始まるとき選手は，最後のトレーニングサイクルで生理学的にも，心理学的にも完全に回復していなければならない。自分で最適な身体的，心理的な状

態であり，超回復できていると感じる必要がある。それには2つの方法があり，選手はどちらかの手段を使って超回復の状態になるようにする。1つめは，試合に先行しながら，5～8日間でトレーニングの量と強度を減少させることである。これは，選手がトレーニングの間に費やされるすべてのエネルギーを確実に補給できるようにする。2つめは，負荷をかけないために2つのミクロサイクルを使用することである。最初のサイクルで，中程度よりも高い強度を維持し，それを1～2つのトレーニングの間高く保つ。2番目のサイクルの間，トレーニングの強度と中程度以下に平均化することによってはるかに低強度になる。疲労を最初のサイクルで感じるかもしれないが，2番目のミクロサイクルのときには感じなくなるだろう。これは，最適な競技的状態をもたらす生理学的・心理学的な状態につながる。最初のパターンはパワー系競技に有効であり，2番目のパターンは持久系競技に有効である。

2. マクロサイクル
Macrocycle

マクロ(macro)は"makros"というギリシャ語が由来で，大きいサイズのものを意味する。トレーニング学では，マクロサイクルとは2～6週間の期間か，またはいくつかのミクロサイクルの集合単位を表す。コーチは直近のプランを考える際にはミクロサイクルを使用するが，前もって数週間単位のトレーニングのガイドラインを考える場合は，マクロサイクルを用いる。

1. マクロサイクルの期間

マクロサイクルの期間を確立するために使用される基準は，いくつかの類似点があるかもしれないが，各競技ごとに異なる。

準備期間において，4～6週間の長いマクロサイクルは一般的である。マクロサイクルを構成する際には，段階ごとに異なるトレーニングの目的やトレーニングのタイプが考慮される。技術的要素の発達や戦術の完成に必要な時間としてマクロサイクルをとらえるとよい。選手が身体運動能力をはじめとしたさまざまな能力を完成させるのに要する時間が，マクロサイクルにおける期間的な基準になるのである。(**表7-6**)。

コーチが準備期間の終わりに公式試合を計画するならば，試合日程もまた，マクロサイクルの長さを決定するための要素である。コーチが試合を選択することができるならば，試合はマクロサイクルの最後に予定されるべきである。なぜならば，コーチは，そのトレーニング段階における選手の発達に関する情報を得ることができるからである。

通常，マクロサイクルは，競技大会期間中(2～4週間)には，より短く設定する。それぞれのサイクルの設定は，おもに試合スケジュールによる。国際的な選手にとって，トライアルと国際試合のスケジュールはマクロサイクルの持続期間を決める上で主要な要素である。とくにチームスポーツにおいては，試合期では，1ヶ月に数試合が行われることが多い(ことによると4～8つ)。この場合，どの試合が最も重要であるかを決

表7-6 ジャンプ選手のための筋力トレーニングプログラム

月	12月	1月	2月	3月	4月
マクロサイクル	1	2		3	4
ミクロサイクルの数	5	6		5	4
目的	●テスト ●解剖学的適応 ●重い負荷トレーニングのための筋・腱・靭帯の準備	●最大筋力		●パワー ●最大筋力の維持	●パワー ●最大筋力の維持

＊トレーニングの目的は，マクロサイクルを定義するための基準である。

めて，それに従って選手を準備させなければならない。その他の試合へは，小さめの目標をわずかに与える。このように，主要な試合がサイクルの終わりに行われるように，マクロサイクルを構成する必要がある。

　マクロサイクルの期間を決めるための別の基準は，選手がどのような身体的トレーニングに集中的に取り組んでいるかということである。Nadori(1989)は，代謝系と神経系のマクロサイクルを提案している。代謝系は，身体に供給するエネルギーの枯渇と関係し，神経は，神経系のトレーニングに関係している。Nadoriは，代謝系のトレーニングはより長くあるべきで，神経系のトレーニングはより短くあるべきであると提唱している。

　複雑な技術，速くて強力な訓練，または高負荷のような神経系のトレーニングは，CNSに負荷をかけるので，短時間であるべきである。Nadoriが疲労からの神経系回復が筋肉の回復よりはるかに遅いと推論したことを考慮すると，より長い神経系のトレーニングは不要な神経性疲労をもたらす。それは，ホメオスタシスと競技成績の向上に悪影響を及ぼすかもしれない。

　しかし，代謝系のトレーニングはより長くあるべきであると提唱するのは一般的すぎる。短く，速く，強力な運動や反復練習は，課題達成のために最大の集中力を必要とするため，代謝システム（ATP-CP）と神経系に負担をかける。そのため，前述したような反復練習と運動の場合には数分以内にすぐに再生できるエネルギーを使用している。

　より長いマクロサイクルを必要とするトレーニングの唯一のタイプが，有酸素性持久力を発達させるトレーニングである。この理由は，有酸素性トレーニングが代謝システムに関連するのではなく，持久性運動の実施による呼吸循環器系システムの適応に多くの時間を要するためである。このようにマクロサイクルの期間を定義するためのより良い基準は，特定のトレーニング課題への適応である。

2. マクロサイクル構成のためのポイント

　マクロサイクルの構成は明確な目的，トレーニング期間，および試合スケジュールにもとづいて行われる。また，トレーニング期間あたりのマクロサイクルの構造を分類して，各期間中にトレーニング目標と試合スケジュールによってサイクルのいくつかの種類をもつことができる。

3. 準備期のためのマクロサイクル

　準備期中のトレーニングは，適応を引き起こすためのものである。発達と強化のマクロサイクルは，このような目的を達成するために最適である。発達マクロサイクルにおける週あたりのトレーニングの負荷（図7-23）は，負荷段階法に従う。図7-23aは，サイクル

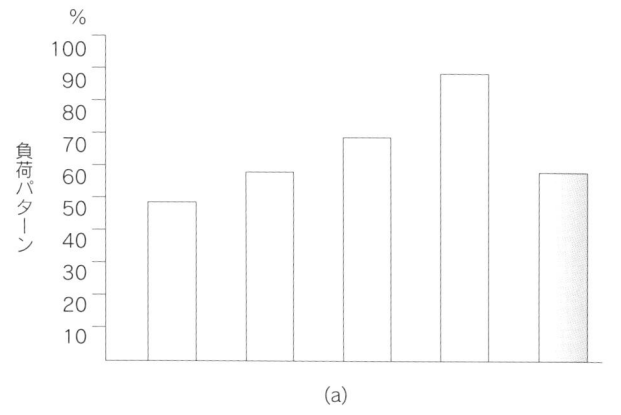

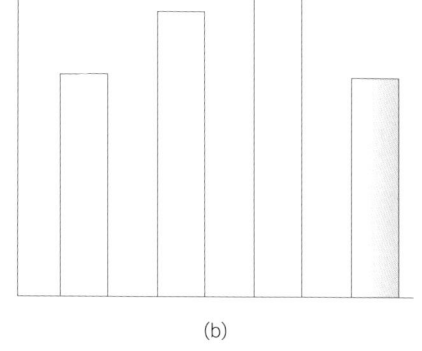

図7-23　発達マクロサイクルに関する2つの例：(a)4:1と(b)3:1

PERIODIZATION

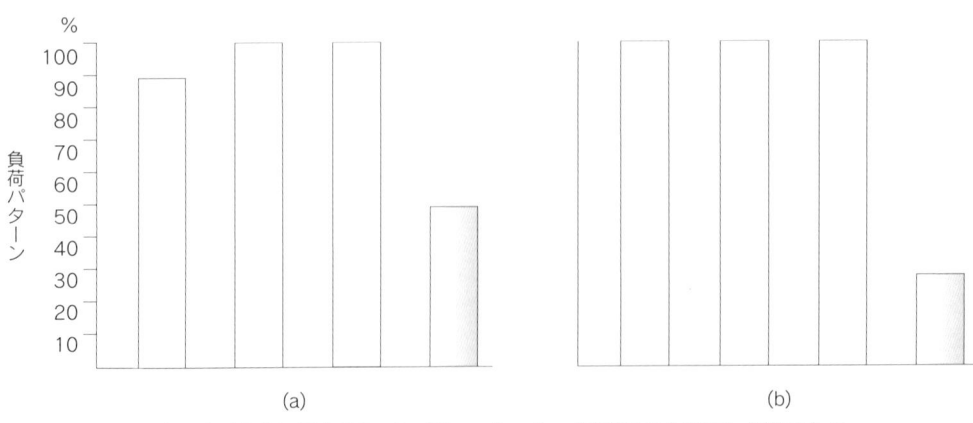

図7-24 強化マクロサイクルに関する2つのバリエーション，(b)ははるかに高い負荷のもの

の最終週に，再生するための1週間を配置し，負荷を4週間で増加させる4：1パターンの構造を示している。このようなトレーニングの構成は，選手が疲労していない状態で，緩やかなトレーニング要求を行っている準備の早い時期にすすめたい。新しい技術的，戦術的な技術を学ぶこと，古い技術的な習慣を修正すること，および身体トレーニングの基礎を設定することに，このサイクルを利用する。大部分の準備期には，3：1の構造を勧める(図7-23b)が，しばしば，強化マクロサイクルを導入することがある(図7-24)。疲労レベルを見きわめ，当初の予想より高いならば，再生のためのミクロサイクルは当初のレベル以下に減少できる。

強化マクロサイクルや最大反復トレーニングを実施するサイクルは，選手のステレオタイプ化された適応レベルを引き上げるために準備期に2～3回導入される。コーチが選手の適応に対する停滞期（プラトー）に気づき，とくにそれが前年レベルならば，さらにトレーニング強度を高め，身体をより高い適応レベルに順応させるために，3週間の強化サイクルを計画しなければならない。この際，トレーニング強度がきわめて高い状態にあるので，選手の生理的・心理的な反応を注意深く見きわめる必要がある。図7-24は，再生のための週を1つ設定しているが，選手が高いレベルの疲労の状態にあるのであれば，再生と回復には2週間を要するであろう。

4. 試合期のためのマクロサイクル

マクロサイクルの強度は，試合前，試合期中，試合カレンダーの影響を受ける。負荷のパターンの変化は，多数あり，各競技で独特である。

季節を通して1週間あたり1ゲームか2ゲームあるチームスポーツは，安定した負荷のパターンを維持しなければならない。ほとんどの強度変化がミクロサイクルの中で起こり，そこでは，試合，回復日，および低・中度のトレーニング負荷が標準である。したがって，チームスポーツのコーチは，ミクロサイクルごとの強度を検討するべきである。

個々の競技のためのマクロサイクルの構造は，4：1，3：1，2：1，1：1，2：2，またはいかなる他の組み合わせとも異なるかもしれない。このため，2つの重要な試合を意味する2つのピークを持つマクロサイクルについて議論することは重要である。それらのうち1つのピークはプランの終わりごとにくる(図7-25)。

例えば，7月9日の試合は8月14日の主要な試合のための予選ラウンドである。コーチはこれらの2つの重要な大会の間に他の試合を計画しなかった。8月14日の出場資格が得られた後に，コーチは，選手の可能性を最大限にするためにトレーニングの必要な変更を行う。コーチが7月23日か30日に試合を計画するならば，このアプローチは不可能になるだろう。別の試合

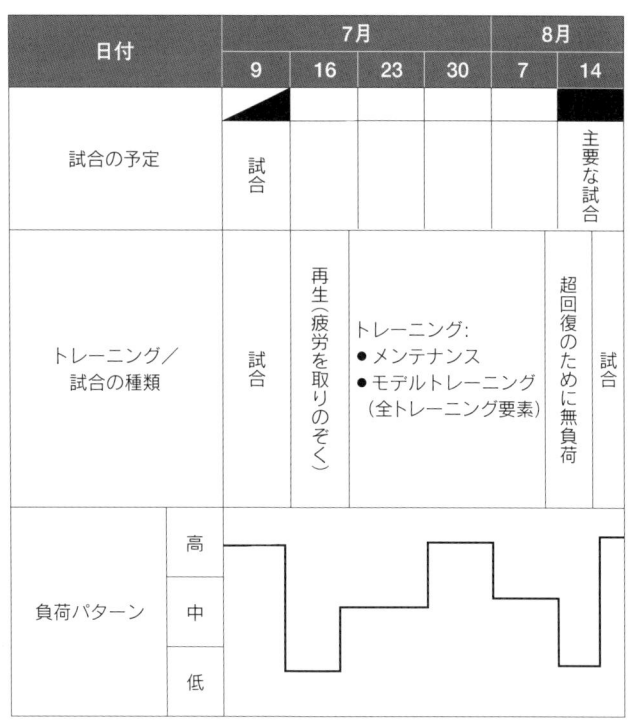

日付	7月				8月	
	9	16	23	30	7	14
試合の予定	試合					主要な試合
トレーニング／試合の種類	試合	再生（疲労を取りのぞく）	トレーニング： ● メンテナンス ● モデルトレーニング （全トレーニング要素）		超回復のために無負荷	試合
負荷パターン（高・中・低）						

図7-25　2つの重要な試合の間のマクロサイクルのためのデザイン

を計画すると，トレーニングするよりもむしろ，上手に消化することに選手とコーチの焦点が合ってしまうからである。また，そのような無意味な試合への参加は疲労を発生させる原因となってしまう。

したがって，通常の状況下で，7月9日と8月14日の間に試合を計画しないとともに，1週間目は再生すること，精神的にリラックスすること，そして7月9日での試合の蓄積した疲労を取り除くことが必要である。7月23，30日，および8月7日の週は，技術的，戦術的および身体的なトレーニングのためのものとなるだろう。この週はストレスの少ない，静かな環境下で，選手に向けてできるすべてのことに集中するときである。さらにこの時期コーチは，選手の能力に対する信頼を築き，全力をあげての挑戦のため，選手を心理的に勇気づける。コーチはピーキング調整のために8月14日の試合前の7～10日間を費やし，エネルギー貯蔵，とくにグリコーゲンを補給して，超回復を容易にするためにトレーニング量と強度を低下させる。期待どおりの超回復は，望ましい競技成績のための基盤となるだろう。

高地での競技は，選手とコーチにとっての多くの問題を生じさせる。高地トレーニングへの関心は，メキシコシティー（標高7,347フィート）での1968年のオリンピック大会の前に始まった。行われたほとんどの研究において，標高が平地レベルに戻った後の競技成績の向上が認められた。これらの発見は，平地レベルで試合に参加する選手のための高地トレーニングへの関心を引き起こした。

図7-26に，ロシア人スイマーによる高地トレーニングモデルを示す。旧東ドイツのスイマーや他の選手も同様のモデルに従った。筆者は，メキシコシティーの世界選手権でレスラーのために同様のモデルを作成して優秀な成績を納めた。

図の一番上は高地レベル，または平地でのトレーニングのタイプと週のトレーニング数を示している。モデルは3週間の高地トレーニングに続き，2週間の平

PERIODIZATION

週	高地			平地		
	1	2	3	4	5	
トレーニングの種類	有酸素性で軽い	無酸素性で高強度	有酸素性でミックス（エネルギー供給系）	再生トレーニング	超回復のために負荷をかけない	試合

強度のカーブ（高・中・低）

パフォーマンス能力（高・中・低）

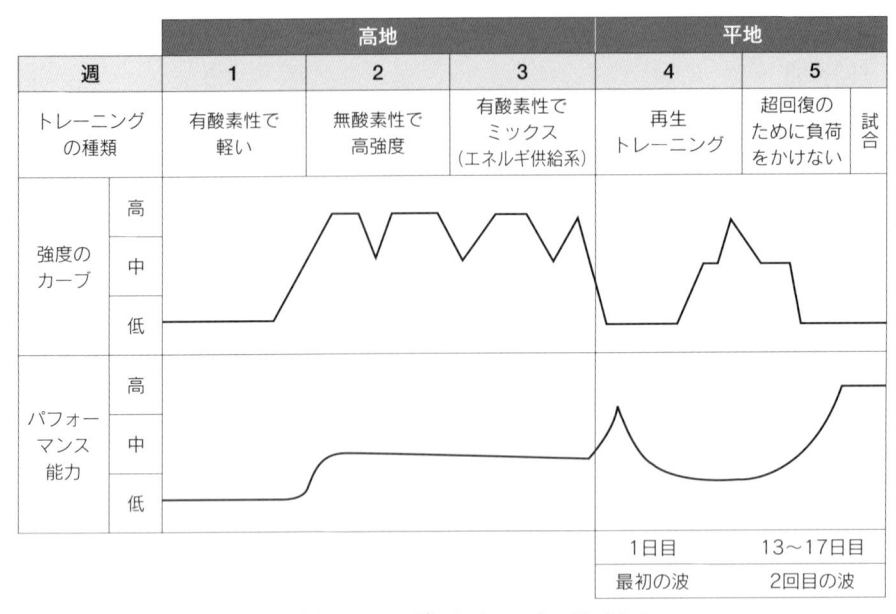

1日目　　　13～17日目
最初の波　　2回目の波

図7-26　主要な試合の前の高地トレーニングのためのマクロサイクル

地でのトレーニングを含んでいる。5週間目の終わりに，選手は通常，世界選手権大会，またはオリンピック大会のような主要な試合に参加する。

　平地での水泳選手のトレーニングと比較して，高地トレーニングの選手のパフォーマンスが優れているとき，この5週から構成されるマクロサイクルは高地トレーニングの実施の結果，改善された2つの生理学的能力によって判定できる。1番目の生理学的な能力の短期間での向上は平地に戻った後の初日に起こる。2番目のはるかに長い高まりは13～17日後に起こる。モデルは，2番目の高まりが主要な試合と同時に起こるように作成されている。

　高地の1週間目は，選手が順応するために有酸素性トレーニングを行う。競技のエネルギー供給にもとづくトレーニングに続いて，無酸素性トレーニングは2週目に行われる。平地に戻った後の最初のマクロサイクルは，再生と有酸素性トレーニングのためのものである。ミクロサイクルの4～5週目で，選手は試合に出場するが，そのトレーニングは超回復を促すために軽いものにする。

　高地トレーニングのおもな恩恵は，ヘモグロビン含有量の増加である。その含有量の増加は，より多くの酸素を筋肉細胞に供給する血液能力を増加させる。重要な有酸素性要素を有する競技は，このようなトレーニングモデルから，有効な利益を得ている。

5. 試合のための無負荷とテーパリングのためのマクロサイクル

　マクロサイクルにおける無負荷とテーパリングプランのおもな役割は，選手を試合に向けて，しっかりと再生させ，とくに重要な試合に備えることである。このプランの他の目標は，負荷をかけないことにより，疲労を取り除いて，超回復を容易にすることである。

　数人の研究者が異なったアプローチをすすめているが，筆者は無負荷とテーパリングが2週間よりも長くあるべきではないと考えている（第8章の無負荷に関する記述を参照）。それは，5～6週間で次第に負荷を弱めるテーパリングのマクロサイクルを伝統的に使っている水泳においてもそうであると考えている。この方法は量は少ないが，プール中での運動としては激しいものである。プログラムを強化させることはかなり高い疲労レベルを招くので，そのようなアプローチに疑問を持っている。これらの2つの無負荷とテーパリン

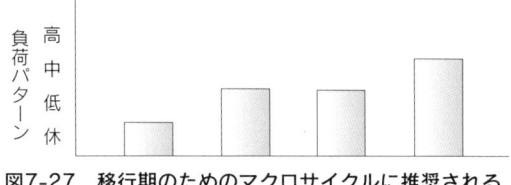

図7-27 移行期のためのマクロサイクルに推奨される負荷パターン

グの技術を生理学的なパラメーターのテストにかけ，結果を知ることで，この説が明らかになるだろう。

6. 移行期のためのマクロサイクル

移行期については次の章で説明する。ここでは，単にそのようなマクロサイクル（**図7-27**）の提案的な組み立てを示したつもりである。

3. まとめ
Summary of Major Concepts

年間プランとともに，ミクロサイクルは最も重要なトレーニングプランである。ミクロサイクル中の強度変化は科学的に行わなければならない。それは多くの場合，トレーニング中に費やしたエネルギーを再貯蔵するのに必要な時間にもとづいている。

1週間あたりの強度をよりよく変化させるほど，選手は，疲労に対処しやすくなり，オーバートレーニングを避けやすくなる。同様に重要であるのは，発達，強化，再生のミクロサイクルの交替である。強化ミクロサイクルの誤用は，高いレベルの疲労をひき起こす。

トレーニングのおもなねらいは，試合において身体にかかる同等の負荷を与えて，それに心身を適応させることにある。トレーニング効率のために，発達と強化サイクルは絶えずくり返される。

トレーニングを定量化するための研究では，数値的強度に象徴されるものについて考える必要がある。それらの1週間あたりの変化は，選手が超回復に達したときに，コーチがトレーニングを計画するのに役立つだろう。今はエネルギーシステム，とくに超回復に関して学習したものを使い，望んだトレーニング効果を増加させるように慎重にそれらをコントロールする時代なのである。

Part 2
Chapter 8

Annual Training Program

第8章
年間トレーニングプラン

　年間プランは，1年にわたる競技トレーニングを導く手段である。それは年間プランをトレーニングの段階に分割するピリオダイゼーション（期分け）の概念，およびトレーニング原則にもとづいている。パフォーマンスを最大にするために，トレーニングの年間プランは必須のものである。ここでは原則として，選手は11カ月の間，連続的にトレーニングを行い，最後の月には作業量を減じなければならない。このトレーニングは，新しい年のトレーニングが始まる前に生理学的・心理学的およびCNS（中枢神経）の休息と再生を促す通常のトレーニングとは異なるものである。

PERIODIZATION　トレーニングのおもな目的は，選手の適応状態を正しく導くことを基本的に考えながら，目ざす主要競技会（試合）における選手のパフォーマンスを高いレベルに到達させることである。トレーニングの程度が高ければ選手の適応状態も良好になり，心理的な状態によっては，高いパフォーマンスが確実に現れるようになる。そのようなパフォーマンスを得るために，コーチは，技術，身体運動能力，そして心理面での発達が，順を追って論理的になされるよう，ピリオダイゼーションを正しく行い，全体のプログラムを組まなければならない。ただし，トレーニングをうまく編成したとしても，それを実行する際には数々の問題が生じてくることを心にとめておくべきである。プランニングの知識や経験が不適切であることによって，多くの場合，目標とする大会において最高のパフォーマンスが発揮できないのである。

　トレーニングの方法論において，最も難しく複雑な問題の1つは，計画した日付に選手の状態をピークにもってくることである。選手は，仕事と短い再生期をうまく交互に設定できず，高いレベルに達するようにひたすら駆り立てられているために，主要な試合の前にピークがきてしまうことがしばしば起こる。また，調整不足や，負荷や要求が不適切であったために，選手にとってのピークが主要な試合の後にくるというのもよくあることである。体操競技において，重要な試合の直前に規定演技がようやく仕上がるのは，不出来なプランの典型的な例である。

　コーチは，プランニングをしなければならない。経験の少ない選手のためならなおさらである。また選手も，コーチが目標を設定して次年度のプランを立てるにあたっては，自分の経験を生かしながら協力すべきである。こうすれば，プログラムを作るに当たって彼らは話し合いを持ち，コーチもその反応をプラスの方向に活かすことができる。プランニングに選手が関与

することは，選手にとってもコーチにとっても非常に重要な意欲喚起の手段となる。

1. ピリオダイゼーション
Periodization

ピリオダイゼーション(periodization)は，トレーニングとそのプランニングにおいて最も重要な概念の1つである。この用語は「期間(period)」という言葉に由来しており，「期分け」とも言われる。すなわち，トレーニングにかかわるトータルな期間を，「トレーニング周期」という，管理しやすい小さな区分に分割し，それらをうまく配置していくことである。

ピリオダイゼーションという概念は新しいものではないが，誰もがその歴史に明るいわけではない。それは長い間，洗練していない形で存在していた。誰がそれを始めたかを探り出すのは難しい。ギリシャのオリンピック選手たちにも，それは単純な形で用いられていた。すでに述べたように，Philostratusが今日のプランニングの先駆者である。何世紀にもわたって，多くの著述家や実践家がその過程に補足をして，現在の在り方にまでその知識を高めたのである。

1963年以来，筆者はピリオダイゼーションの多くの側面を展開し，以下のような名称で著作権を得ている。

「筋力のピリオダイゼーション」
「ボディービルディングのピリオダイゼーション」
「心理的(精神的)トレーニングのピリオダイゼーション」
「心理的超回復(supercompensation)」
「持久力のピリオダイゼーション」
「栄養のピリオダイゼーション」
「総合的ピリオダイゼーション」
「年間プランのチャート」

ピリオダイゼーションは2つの重要な側面に関係している。「年間プランのピリオダイゼーション」によって，年間プランがより小さなトレーニング周期に分けられ，そのおかげでトレーニングプログラムの計画や取り扱いが容易になり，1年の主要大会で確実に最高のパフォーマンスを発揮しやすくなる。「身体運動能力のピリオダイゼーション」によって，スピード，筋力，持久力が最高のレベルに至るためのトレーニング周期が構築される。多くの人は，これら2つの違いに気づいておらず，そのことで混乱が生じてしまう。

ほとんどの競技において，年間のトレーニングプランは3つの主要なトレーニング周期に分けられるのが慣例である。すなわち，準備期，試合期，そして移行期である。準備期と試合期はそれぞれ，課題が異なる2つの小周期に分けられる。準備期は，異なるトレーニングの性格にもとづいて一般的準備期と専門的準備期に分けられ，試合期の前半部分には短期の前試合期がおかれる。さらに，それぞれの周期はマクロサイクルとミクロサイクルから成る。小さいサイクルのそれぞれには，年間プランの総合的目標から導かれた個々の目標がある。図8-1は，年間プランの，周期とサイクルへの分割を示している。

競技のパフォーマンスは，選手の，トレーニングと競技への適応，心理的適応，技術や能力の発達状況に左右される。トレーニングの期間は，選手がトレーニングレベルと適応状態を向上させるためにどれだけ時間を必要とするかによる。それぞれのトレーニング周期の長さを算出する主たる基準は，試合のスケジュールである。選手たちは，それらの期日に競技のパフォーマンスが最高レベルに達することを目指して，何ヶ月も訓練する。これには，心理的および生理学的適応を促すような，組織的でうまくプランニングされた年間のトレーニングプランが必要である。トレーニングを小さな周期に分割し，選手の適応状態を向上させる連続的なアプローチを用いることで，年間プランを組織的でより良いものにすることができる。しかしながら，それぞれの競技における最適なピリオダイゼーションはまだ明らかにされておらず，また，トレーニングの程度と選手の適応状態が最大限に高まるのに必要な時間についてのデータも，まだ厳密なものではない。個人的な性格，心理生理学的能力，食生活，そして再

PERIODIZATION

	年間プラン					
トレーニング周期	準備期		試合期		移行期	
小周期	一般的準備期	専門的準備期	前試合期	試合期	移行期	
マクロサイクル						
ミクロサイクル						

図8-1　年間プランの，トレーニング周期とサイクルへの分割

生状況などが，それをますます難しくしている。モデルプランを開発し，年間を通して選手を観察しながらそれを改善していくことによってプランニングの能力を向上させていかなければならない。

1. ピリオダイゼーションの必要性

スポーツトレーニングでは，選手が長い期間にわたって漸進的に能力を高め，完成していくために，選手の適応状態が異なるトレーニング段階を生み出していった。その過程で明らかになったこととして，コーチは選手の能力について生理学的・心理学的条件から，選手は年間を通して競技的に最高のレベルの状態を維持することができないということを認識しておかなければならない。例えば，選手に対してトレーニングを増量するような場合には，その前にトレーニング負荷を減じた無負荷の期間を配置しなければならないのである。また，準備期の間には，生理学的基盤を発達させ，試合期に必要なレベルに対応できるようにしておかなければならない。

スキル，戦術の能力，身体運動能力の発達の方法論においてもまた，それぞれのトレーニング周期に特有のアプローチがなされなければならない。選手はトレーニング周期を通じて順次，スキルを習得していく。戦術的行動についてもそれが言える。スキルが完璧に近づけば近づくほど，コーチが使える戦術的手段は洗練されていく。ピリオダイゼーションはまた，身体運動能力を完成させる一連の方法論の発展にも影響を与える。選手の状態を高めるには，負荷漸進性の原則によって示されているように，トレーニング量と強度を波状に増していくことが必要である。

トレーニングのピリオダイゼーションにおいては，気候や季節が主導的な影響を与える。トレーニング周期の期間は，気候に影響されることが多い。例えば，スキーやボート，サッカーのような季節的競技は，その活動は気候に制約されるし，漕艇やサッカーのような競技は，冬期が準備期で春・夏・秋が試合期である。これに対して，スキーやホッケーのような冬季競技ではそれが逆になる。

試合期に特有の試合や集中的なトレーニングは，強いストレスを持っている。最高度の集中やCNSの疲労などのストレスの多い活動は，たとえ多くの選手やコーチにとってなんとかこなせるとしても，長期間にわたるべきではない。ストレスの多い周期と，選手があまりプレッシャーを感じない回復と再生の期間とを交互に配置すべきである。そのような周期(通常は移行期)は，好ましい気分を作り，潜在力を生み出し，後に続く厳しいトレーニングの期間に向けて確固たる基盤を用意する。

2. 年間プランの分類

単純な年間プランは，古代オリンピックのころから用いられてきた。Philostratusは，古代オリンピック

の前に非公式の試合はほとんどない調整期間を，その後には休息期間をおくとしている。同様のアプローチが，近代オリンピック(1896年ギリシャ：アテネ)に際して，あるいはアメリカの大学の選手たちによって20世紀の初頭に行われた。プランニングはだんだん洗練され，1936年のオリンピック大会のドイツのプログラムにおいて最高のものとなった。そのときコーチたちは，4年プランと，1年プランの両方を用いたのである。第二次世界大戦後，旧ソ連は自らの政治体制の優越さを誇示する舞台として競技スポーツを用いた。このとき国家が主導して競技スポーツを強化するためのプログラム作りに着手した。1965年にMatveyevが選手のトレーニング状況を調査した結果をもとにした年間プランのモデルを公表した。彼は情報を統計学的に分析し，周期，小周期，トレーニングサイクルに分割された年間プランを生み出したのである。これを「伝統的」モデルと呼ぶ者もいるが，彼らはPhilostratus以降，Matveyev以前に何が成し遂げられたかを忘れている。1900年代初頭と，第二次世界大戦後との専門家たちの違いは，後者では，ロシア人，ドイツ人，ルーマニア人がトレーニングのプランニングについての本や記事を発表していたことである。

図8-2～5までは，4名の著者が生み出したモデルを示している。

年間プランは，その競技の特色によって異なるとはいえ，その分類は，1つのプランの中にいくつの試合期があるかによって決まる。スキーやカヌー，フットボールのような季節競技，あるいは年間に大きな試合が1つしかないような競技では，試合期は1つしかない。このような年間プランを単周期という。これは試合期が1つなので，ピークも1つだからである(図8-6)。この年間プランは，準備期，試合期，そして移行期に分けられる。準備期には，一般的準備期と専門的準備期が含まれる。図8-6において，一般的準備期と専門的準備期の間の関係に注目してほしい。ここでは一方が減じれば，他方は漸次増加している。

試合期は，より小さい小周期に分けられる。公式試合がすべて予定されている主要試合の小周期の前に，通常，テスト試合のみを含む前試合小周期がある。1年のうちで最も重要な試合の前に，コーチは2つの短めの周期を計画する。最初のものは，無負荷期あるいはテーパーリング期で，選手が主要試合の前に再生，あるいは超回復ができるようにトレーニング量と強度が低めになる。専門的準備期がその後に続き，コーチ

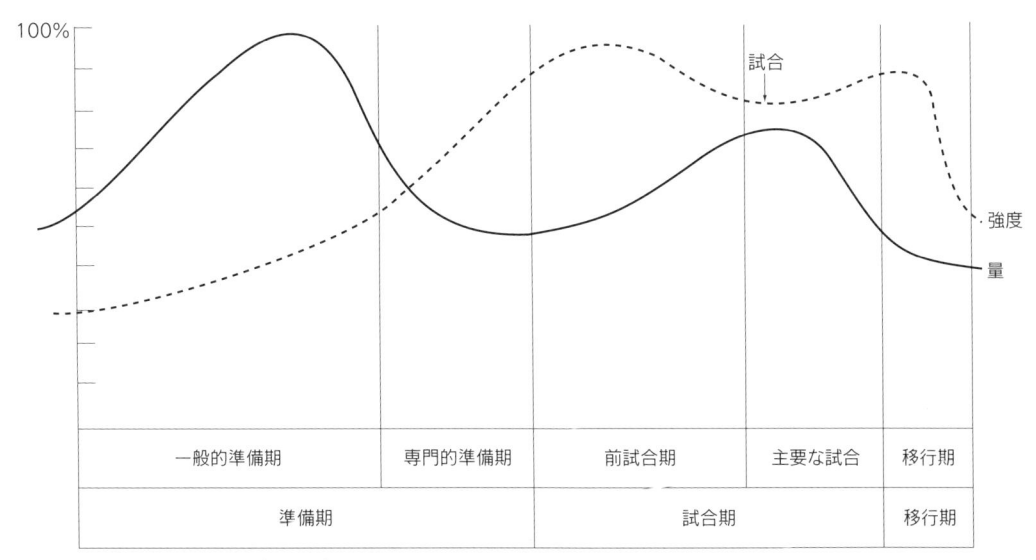

図8-2　Matveyevモデル（1965）

PERIODIZATION

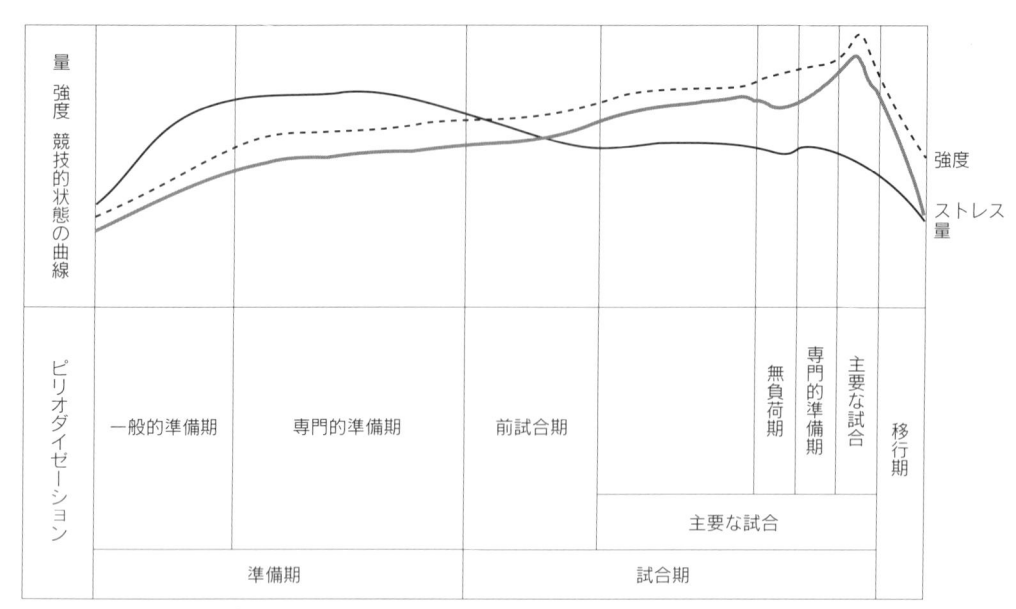

図8-3　単周期の年間プラン（Ozolin1971より）

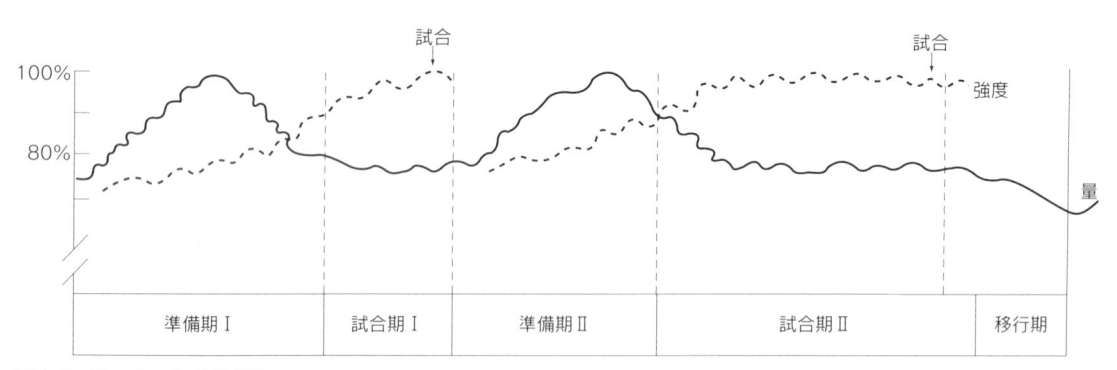

図8-4　Bondarchukモデル（1986）

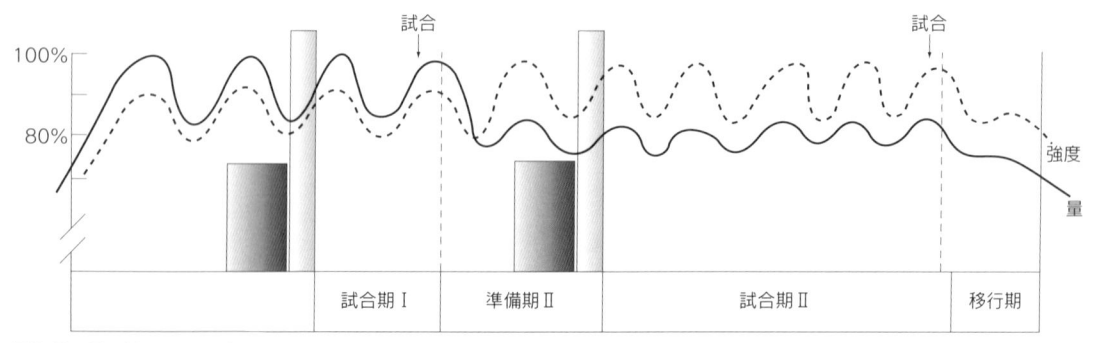

図8-5　Tschieneモデル（1989）

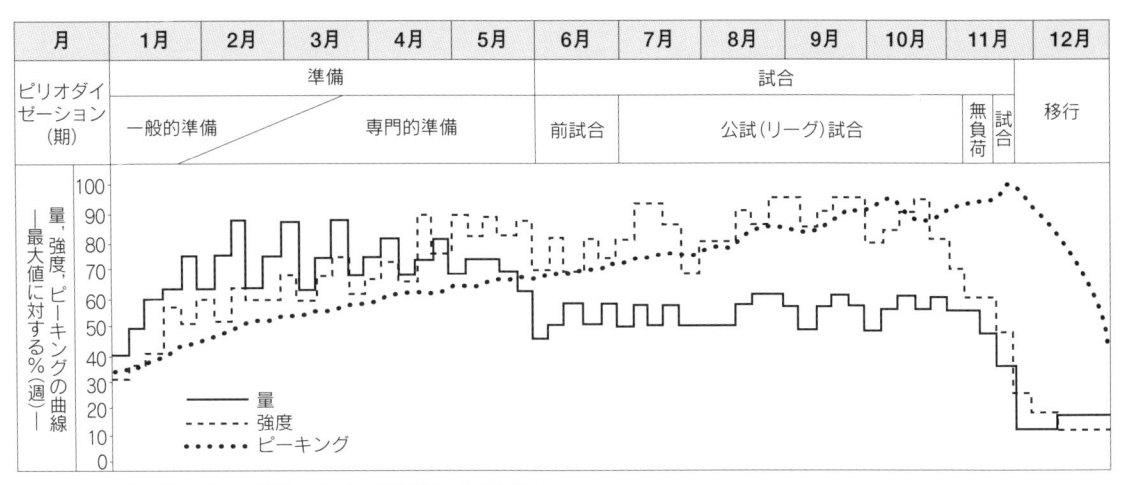

図8-6 スピード，パワー競技のための単周期の年間プラン

はその間に技術や戦略に変更を加えることができる。コーチは，この期を無負荷期とは別々に設定しても一緒にしてもよい。そのとき，この期は試合に向かってのリラクセーションと心理的調整として用いることもできる。

準備期および試合期の初期の間は，強度はその競技の特性に応じた低いレベルにし，トレーニングの量に重きをおく。この期間はトレーニング量が主となり，トレーニングの強度や質が強調される試合期とは逆である。

試合期が近づいてくるにつれ，トレーニング量が急激に減じ，強度が増す（図8-6）。このような単周期モデルは，スピードやパワーが優位の競技に典型的である。図に示すように，トレーニング量が減じ，コーチはスピードとパワーのトレーニングに集中することができるようになる。

図8-6で示されたモデルは誰にでもあてはまるわけではない。もし持久的な競技のトレーニング専門家が図8-6に従ったら過ちを犯すであろう。有酸素性のエネルギー供給が競技力の半分近くを占める持久的競技では，トレーニング量は，試合期を通じて高くあるべきである。そうでなければ，専門的持久力の発達が不十分となり，最終的なパフォーマンスにマイナスの影響を与えるだろう。したがって有酸素運動が優位な競技には，別のモデルが用意してある（図8-7）。図8-7の中で，年間プランの局面化は，選手が行う持久力トレーニングのタイプにもとづいていることに注目してほしい。さらにここで理解しておかなければならないことは，年間のトレーニングにおいて重要なのは，有酸素性の競技にとって非常に重要なトレーニング量であるということである。

屋内シーズンと屋外シーズンがあるのが普通である陸上競技のように，2つの別々の競技シーズンがある競技においては，まったく異なるアプローチがとられる。2つの異なる試合期があるため，そのようなプランは「二重周期（バイサイクル）」（バイはラテン語で2の意）と呼ばれる。図8-8は以下のトレーニング周期を含む二重周期を示している。

- 準備期I，長めの準備期
- 試合期I
- 準備期IIに繋がる短期の移行期（1～2週間）。無負荷の移行期は回復のためである。
- 試合期II
- 移行期

二重周期は，短い無負荷／移行期と準備期を通じて繋がる2つの短い単周期を含んでいる。それぞれの周期で，アプローチは同様でよいが，トレーニング量は

PERIODIZATION

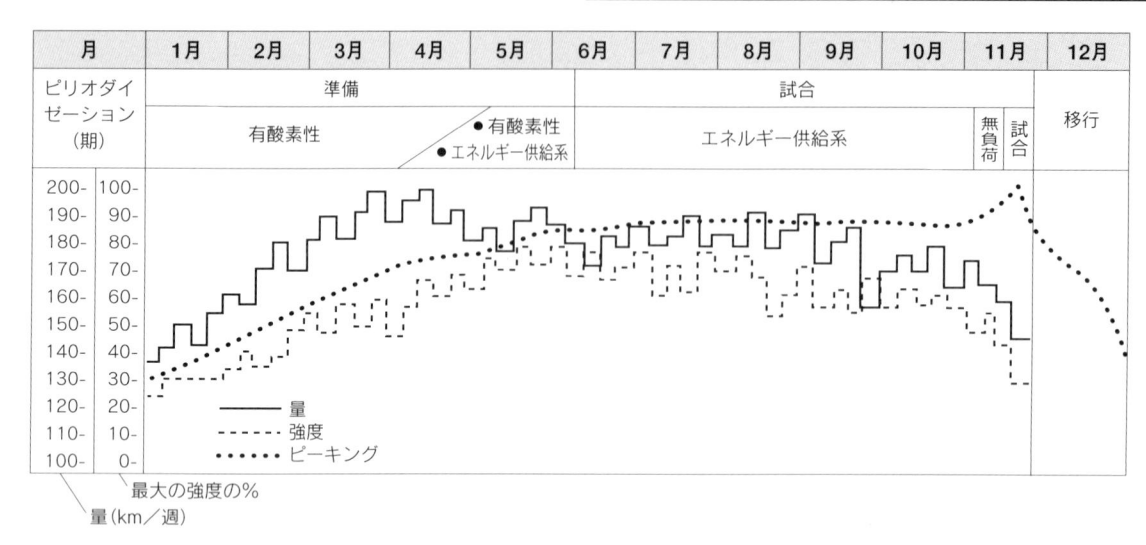

図8-7 持久性競技における単周期の年間プラン

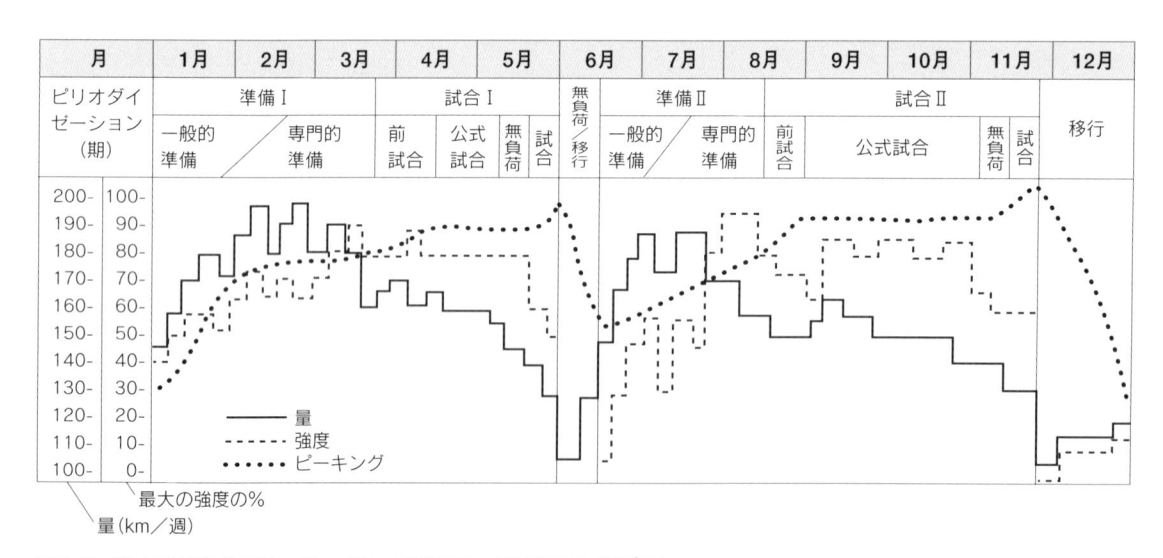

図8-8 陸上競技などスピード・パワー系競技の二重周期の年間プラン

準備期Ｉにおいては準備期Ⅱよりもずっと多くなる。また，試合期Ｉにおいては，選手の適応状態も低くてよい（陸上競技における筆者らの例では，通常は屋外での選手権がより重要である）。このことは，試合期Ⅱで最高値に達する，選手の適応状態の曲線に示されている。

再度述べるが，持久性の競技においては，トレーニング量の曲線が常に強度よりも高くなければならない。

これは試合期においても同様である。このアプローチによって，支配的なエネルギーシステムが正当に強調されることが確約され，しいてはそれがより良いパフォーマンスへと変換されるのである（試合期Ⅱ）。

ボクシング，レスリング，体操などの競技では，年間プランの中に３つの大きな試合があることも珍しくない（例えば，国内選手権，予選，そして試合本体）。それぞれの試合は３～４カ月離れているとして，選手

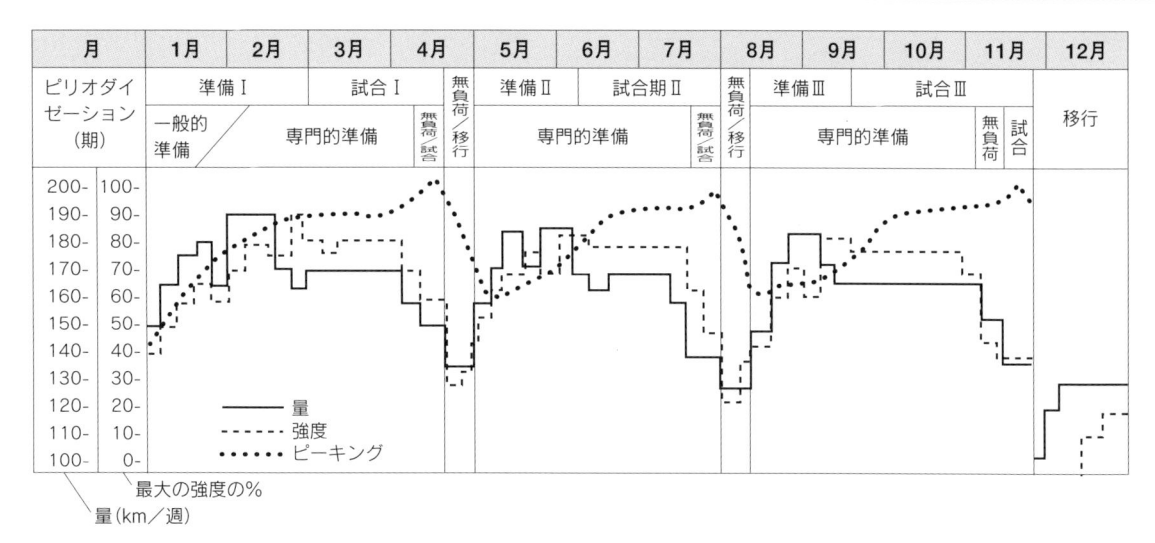

月	1月	2月	3月	4月	5月	6月	7月	8月	9月	10月	11月	12月
ピリオダイゼーション（期）	準備Ⅰ		試合Ⅰ		無負荷/移行	準備Ⅱ	試合期Ⅱ		無負荷/移行	準備Ⅲ	試合Ⅲ		移行
	一般的準備	専門的準備			無負荷/試合	専門的準備			無負荷/試合	専門的準備		無負荷 試合	

図8-9 三重周期または三重のピリオダイゼーション

月	1月	2月	3月	4月	5月	6月	7月	8月	9月	10月	11月	12月
トレーニングのタイプ	1	2	3	4	1	2	3	4	1	2	3	4	1	2	3	4

図8-10 多重周期の年間プラン （ここでは1は準備期、2は試合のための特別なトレーニング期、3は超回復のための無負荷期、4は回復一再生期を示している）

は3つの試合期を持つことになり、プランは三重周期（トライサイクル＝tri-cycle）となる（ラテン語でtriは3の意）。

図8-9に示されるように、三重周期は次のような順序のトレーニング周期から成る。

- 長期準備期Ⅰ
- 試合期Ⅰ
- 短期無負荷、移行あるいは準備期Ⅱ
- 試合期Ⅱ
- 短期無負荷、移行あるいは準備期Ⅲ
- 試合期Ⅲ
- 移行期

三重周期を計画する場合、最も重要な試合が最後のサイクルの間にくるようにしておくべきである。3つの準備期のうち、最初のものが最も長期であり、その間に選手は技術的・戦術的、そして身体的基盤を構築し、それが続く2つの周期を支えることになる。このようなプランは、熟練した選手について用いられるのが普通なので、一般的準備期は最初の周期の初期だけになる。また、準備期Ⅰにおいては、トレーニング量の相対的重要性を反映し、量曲線が最も高くなっているが、次の2つの周期ではこれが逆になっている。

それぞれのサイクルの強度曲線は、単周期と同様のパターンを示す。量曲線も強度曲線も、主要試合に先立つ3つの無負荷期のそれぞれでは、わずかに下降している。選手の適応状態を示す曲線については、コーチは、1年のうちの主要試合に対応する3つめの周期に最高のピークが来るように計画することになる。

最後に、テニスや武術、ボクシングなどの競技では、パフォーマンスをピークにしたい試合が4つ以上ある（図8-10）。このような場合、年間プランの構造は、技術や身体運動能力を発達させるために大変重要である周期が短いという点で異なる。競技歴の初期にしっ

PERIODIZATION

かりしたトレーニング基盤を作った国際的な選手ならば，このようなきついスケジュールをこなしていくのは簡単かもしれないが，子どもや10代の若者はそうではない。多くの若いテニス選手たちが，大きなトーナメントで勝つという満足を味わう前に燃え尽きてしまうのはこのためなのである。

4つ以上の試合期を持つ多重周期（マルチサイクル）は難しい課題である。このような試合周期においては，選手がストレスのない環境で再生や運動技術の改善に集中できる，ゆったりとした調整期間をおかないと多くの問題が発生するであろう。例えば，テニスでは多くの選手が身体的・精神的困憊のために負傷し，トーナメントから脱落している状況がある。

3. 選択的なピリオダイゼーション

若い選手のためのプログラムが，成熟した上級の選手向けに作られたものをなぞっていることがよくある。筆者は選手が厳しい試合のスケジュールに耐えうる発達段階にあるかどうか，という視点からピリオダイゼーションを見てみることをすべての関係者に提案したい。複数のピークを持つ競技をやっているかそうでないかには関わりなく，以下の順序で年間プランのタイプを考慮する必要がある。

- 単周期は初心者や年少の選手向けである。このようなプランの利点は，試合のストレスと無縁の長い準備期があることである。そのためにコーチは，技術や体力トレーニングの強い基盤を発達させることに集中できる。
- 二重周期は，国内の選手権に出場できる経験を積んだ選手向けである。それでも，準備期はできる限り長くとり，基本が訓練できる時間を持つべきである。
- 三重周期と多重周期は，一流あるいは国際的選手のみに勧められる。おそらく，それらの選手は確固とした基盤を持ち，3つ以上のピークを持つ年間プランをはるかに容易に扱えるだけのバックグラウンドを持っているだろう。

トレーニング周期の長さは，競技の予定に左右されるが，表8-1はトレーニング周期について何週間を割り当てたらよいかの，よい指針となるかもしれない。

4. ストレス―プランニングとピリオダイゼーション

ストレスはトレーニングや試合の重大な副産物であり，正しく処理されないと，選手のパフォーマンスや行動に影響を及ぼす可能性がある。トレーニングは主として生物的・心理的要素を扱うため，ストレスは内的あるいは厳しい外的影響によって引き出される現象の集約であると考えられる。

トレーニングや試合を通じてずっと，選手は生理的，心理的，そして社会的ストレス要因を経験する。ストレスは加算性で，試合や，観衆・同僚・家族・コーチの，よいパフォーマンスを求めるプレッシャー，そして強度のトレーニングによって生成される。賢明なコーチは，選手がそれらとうまく折り合えるように訓練するとともに，ストレスを適切に配分することによってストレスによってもたらされる問題をうまく処理することができる。図8-11に見られるように，ストレスのレベルは年間を通じて同様ではない。これはピリオダイゼーションを行うことによる大きな利点である。

図8-11において，ストレス曲線は強度曲線と平行になっていることに着目してほしい。すなわち，強度が上がるにつれてストレスも高くなっている。曲線の形状は，移行期において低く，準備期を通じて漸次的に

表8-1　古いタイプの年間プランにおけるトレーニング期の週配分

年間計画	準備期	試合期	移行期
単周期　：52週	32以上	10～15	5
二重周期：26週	13以上	5～10	3
三重周期：17～18週	8以上	3～5	2～3

上がり，試合期では，ストレスを引き起こす行動（試合）と短期の再生期間が交互にあるために波状になる。準備期においては，ストレスの強さは，トレーニングの量と強度の結果である。トレーニングの量が多い場合，強度は低めである。なぜなら，トレーニングの量と強度の両方に重きをおくことは困難だからである（考えられる例外はウエイトリフティングである）。トレーニング強度がストレス要因のおもなものである。コーチがトレーニング強度を量ほど重視しない準備期の間は，ストレス曲線も低い。ただし，何らかのプレッシャーのかかるテストの日などは例外である。とくに基準に達することが困難であると感じている選手にとっては大きなストレスがかかる。同様に，チーム競技では準備期の間にコーチがチームを選抜するので，選抜の前の時期はやはりストレスが高い。

　試合期では，再生のミクロサイクルと試合のミクロサイクルを交互に設定するため，ストレス曲線は波形の構造を示す。それゆえ，試合の数とその頻度が，高いストレス曲線を生むことになるのは当然である。主要試合が頻繁であるほど，選手はより大きなストレスを経験するのである。これらのケースでは，コーチは試合の後に数日間の再生期間を設定する。再び彼らを集中的なトレーニングに参加させるのは，選手がほとんど回復した状態になってからにしなくてはならない。同様に，重要な試合の前には短期の無負荷期間（2～3日）を設定するのが賢明であろう。

　ストレスが強い活動と弱い活動とを交互に行う他に，コーチはまた，リラクセーションのテクニックを用いて選手が難局に対処することを助けるようにする。うまく立ち回れる選手もいれば，困難を感じやすい者もいる。ストレス処理に困難を感じやすいタイプの選手には，動機づけやリラクセーションテクニック以上のものが必要になる。選手を選抜するとき，コーチは心理的なテストも考慮し，高いパフォーマンスを発揮できる選手の要件に従って候補者を選別するほうがよい。

　選手がストレスに対処していく能力の開発は，コーチの責任によるところが大きい。コーチは再生とリラクセーションの期間が入るようにプログラムを組まなければならないし，選手にメンタルトレーニングとその特別なテクニックの手ほどきをしなければならない。

　選手の心理的行動は，彼らの生理学的健康にかかっていると考えられる。換言すれば，選手の精神的状態は，彼らの生理学的状態の副産物なのである。そのため「完璧な健康が最上の心理状態に繋がる」。首尾良く計画され，期分けされたプログラムは，優良な生理学的準備，ストレスマネジメント，そしてメンタルトレ

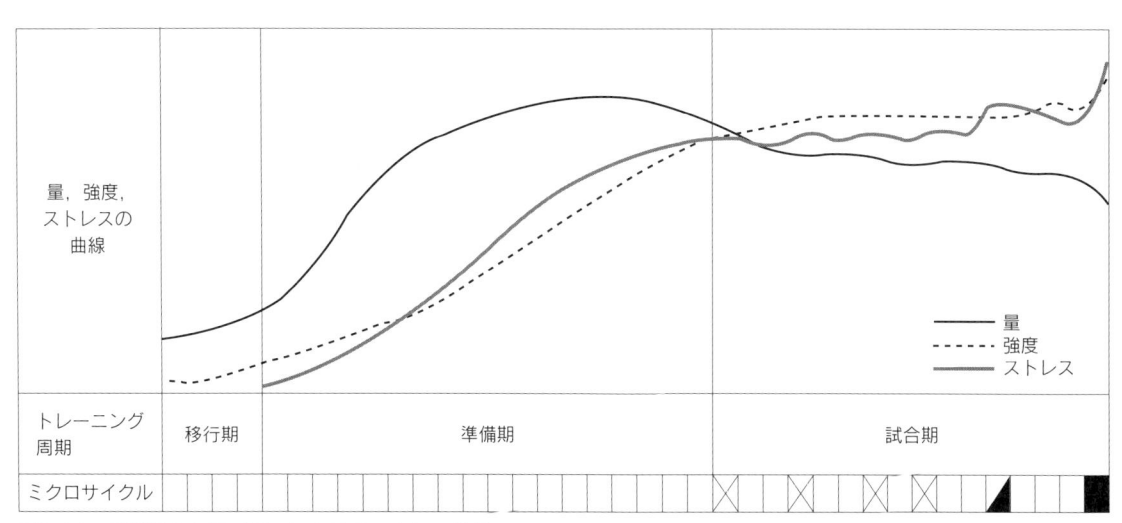

図8-11　単周期の年間プランにおけるストレス曲線

PERIODIZATION

ーニングを確実にするのである。

期分けされたトレーニングプログラムを作りながら，コーチは心理学的なピリオダイゼーションも示すべきである(P.153上の表。この章で後述する「総合的なピリオダイゼーション」も参照されたい)。心理学的なピリオダイゼーションの必要性に最初に気づいたのはカナダの心理学者であった。それに続いて，Bacon (1989) によってメンタルトレーニング周期が提唱された。

2. 心理学的超回復
Psychological Supercompensation

心理学的超回復は，選手の心理的良好状態に決定的なインパクトを与える。超回復周期のすべての部分における選手の行動を長い間にわたって観察した結果，次のような結論に至った。それはトレーニングと試合の期間も，選手はやはり「心理学的な超回復のサイクル」を経験しているということである。

心理学的超回復は，生理学的超回復より前，試合のためのトレーニングの漸減期の初期に始まる。図8-12に示されているように，心理学的超回復サイクルは次のような部分からなっている。

1. 前試合期における心理的調整

重要な試合の2〜3週間前には，心理学者あるいはコーチは，選手が試合やライバルたちや敵対的な観衆に関するストレスを軽減する助けになる精神的戦略を作るべきである。選手は，ストレスと折り合い，プレッシャーの元でもうまく行動し，競い合うことができるように，心理的に調整が整った状態に達しなければならない。

コーチはストレスを引き起こす状況に備えて，精神集中のテクニックを最大にさせたり，視覚化を利用すべきである。試合前，試合中，試合後のストレス要因とうまく折り合うのに必要な精神的習慣を作ることを目標とする。最も効果的な心理的技術は，イメージ，メンタルリハーサル，ポジティブな暗示，そして心理

完璧な健康状態が最高の心理状態につながる

周期	メンタルトレーニングの目的
一般的準備期	● メンタルスキルの評価 ● 静かな状態での基本的メンタルスキルの習得
専門的準備期	● 競技特有の状態でのメンタルスキルの応用と練習 ● 基本的なメンタルスキルの維持
前試合期	● 焦点をしぼったプランの開発と練習 ● シミュレーションの中での焦点をしぼったプランの使用 ● 基本的なメンタルスキルの維持
試合期	● 焦点をしぼったプランの評価と改良 ● 特殊な対戦相手や試合に対して調整するためのメンタルスキルの利用 ● メンタルスキルのストレス管理への利用
無負荷期	● 再生とストレス軽減を助けるためのメンタルスキルの利用
移行期	● レクリエーショナルな活動を通しての，健康の維持と倦怠感の防止

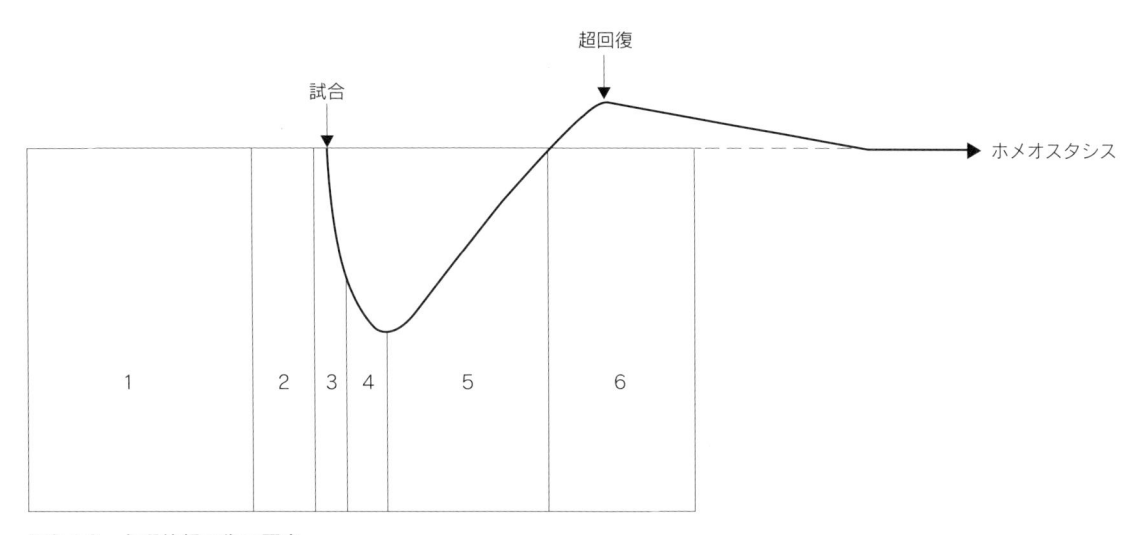

図8-12 心理的超回復の要素
1＝前試合期の心理的調整：2〜3週間，2＝試合中のモチベーション：試合の1日前ないしは数時間前，3＝試合中のモチベーション：試合の期間中，4＝試合後の疲弊：数日または数時間，5＝補償：3〜7日間，心理的超回復：回復が完成したとき

的リラクセーションである。

前試合期は，試合そのものと同じくらい重要である。不適切な無負荷期は，精神的および生理学的疲弊のために生理学的超回復を台無しにする可能性がある。これを防ぐには，選手が極端な強度を回避するように，エネルギー管理の戦略をプランニングすることである。活動のペース，スピード，そしてパワーを正しくコントロールする。エネルギー管理がうまくいけば，試合に最適の覚醒が起こる。精神的エネルギー管理，エネルギーを発揮するシーンの視覚化，自己統制，そして暗い部屋で音楽をかけてのリラクセーションなどの心理学的テクニックを用いて，試合のための精神的覚醒を促すことが必要である。

2. 試合前のモチベーション

試合直前の数時間に，試合前の動機づけを行う。ネガティブな考えを廃し，ポジティブな考え方や自信を高めるキーワードなどを用いる。選手に，過去数日間の良好な練習や，過去のテストや試合で達成した良い結果を思い出させる。その結果，選手の自信を，彼ら

3. 試合中のモチベーション

チームスポーツやコンタクトのようにコーチが直接選手とコミュニケーションできる場合は，優良なパフォーマンスへと彼らを活性化させ，動機づけるために，お互いにわかる合言葉を用いるとよい。コーチは応援している間中これを行い，選手が競技の目的を達成するチャンスについての楽観的な雰囲気を創出するべきである。同様に，合言葉を使うことで，選手が総力をあげて努力し，最後までチャンスを活用すべく動機づけることができる。

4. 試合後の疲労

試合のストレスは，生理的心理的な試合後の疲労につながる。精神の疲労は，試合の間，選手が目的を達成するために最大限に集中していたことによる精神的消耗に起因する。この最大限の集中が神経系全体と，とくに神経細胞をすり減らす。もし試合前に神経系が始業前興奮の状態にあったとしたら，試合後のさらなる刺激から自らを守るために，開始後に抑制の状態になるようである。そのため，自己催眠的弛緩療法，瞑想，ストレスマネジメントなどのリラクセーションのテクニックが，疲労からの回復を早めるかもしれない。

5. 回復

回復作用は，試合が終了すると直ちに始まり，選手がすばやく回復して次なる試合に向けて訓練できるようになるという目的を持つ。生理学的には，回復とは第5章で説明した再生と回復のためのさまざまなテクニックを用いて，使われたエネルギーを補給することを意味する。エネルギー源の補給を高める具体的な栄養プランもまた重要である。

もし選手がすぐにトレーニングを再開するとしたら，ストレスと精神的疲労をとり払うことにも同様な注意を払うことが必要である。リラクセーションと自己催眠的弛緩療法は，精神疲労の除去と，精神的エネルギーの充電のために必要である。

生理学的回復には1〜3日の時間を要する。グリコーゲンの貯蔵を完全に元に戻し，筋を休ませてリラックスさせるためにかかる時間である。心理学的超回復はさらに長くかかる（3〜7日）。神経細胞がリラックスするには（筋細胞に比べて）5〜7倍時間がかかるからである。

6. 心理的・精神的超回復

心理的・精神的超回復は，選手が精神的疲労を完全に取り去り，ストレスを開放し，エネルギー貯蔵の補給を済ませてから起こる。エネルギー貯蔵の補充は心理学的な超回復を引き起こす重要な要素である。心理学的超回復のこの時点においては，選手は楽観主義と自信にあふれ，積極的思考を身をもって示す。言い換えれば，選手は心理学的に立ち直ることができているのである。

スポーツ心理学者の主要な役割は，選手が現在の競技潜在能力以上の力を発揮することを支える特別なテクニックを用いることである。試合のときに選手が心理学的超回復の状態にあれば，このような目標はより容易に達成できる。

3. 身体運動能力のピリオダイゼーション
Periodization of Biomotor Abilities

ピリオダイゼーションは，トレーニングプランや所定のトレーニング周期において，利用するトレーニングタイプの構築に際して利用されるだけではない。それどころか，この概念はまた，選択した競技特有の身体運動能力発達の方法論にも適用できる。

とりわけ持久力に関して，ピリオダイゼーションの構築がゆるい競技——たいていは個人競技——もある。しかしながら，ほとんどのチーム競技では，主要な能力の期分けによって，競技力向上の余地が生まれることになる。同様に，持久力と筋力の期分けとを比

	準備期		試合期		移行期
	一般的準備期	専門的準備期	前試合期	主要な試合期	移行期
筋力	解剖学的適応	最大筋力	転換 ●パワー ●筋持久力 ●両方	維持　試合	補償
持久力	有酸素性持久力	●有酸素性持久力 ●専門的持久力（エネルギー供給系）	専門的持久力（エネルギー供給系）		有酸素性持久力
スピード	有酸素・無酸素性持久力	●非乳酸系スピード ●無酸素性持久力（エネルギー供給系）	●専門的スピード -非乳酸系 -乳酸系 -スピード持久力	●専門的スピード ●敏捷性 ●反応時間 ●スピード持久力	

図8-13　主要身体運動能力のピリオダイゼーション

べた場合，しばしば筋力トレーニングはピリオダイゼーションの概念に正しく沿っていないことがわかる。

多くの競技において，支配的な身体運動能力はパワーである。これを認識して，準備期初期から試合期の初めまで，年間を通じてパワーを発達させることを目的としたエクササイズを採用するコーチもいる。そのようなアプローチはおそらく，期分けと生理学者が示唆する特異性の原理を誤解していることからきているのだろう。パワーは，最大筋力と最大スピードの産物である。この産物は，選手が筋力の構成要素を別々に発達させ，その後にそれをパワーに転換させる場合，彼らが本当に必要なとき，つまり主要な試合の前に，もっと高いレベルに達することができるはずである（図8-13）。

4. 筋力トレーニングのピリオダイゼーション
Periodization of Strength Training

筋力トレーニングプログラムの目的，内容，方法は，年間プランの中で周期ごとに変わってくる。そのような変化は，競技や，個人の選手がパフォーマンスの改良を最大限に高めるために必要としている筋力のタイプを反映している。

1. 身体の解剖学的構造の適応

ほとんどの選手があまり筋力トレーニングをしない移行期の後で，新しいプログラムに身体の構造を適応させるために筋力プログラムを開始することは，科学的にも方法論的にも妥当なことである。この期の主要な目的は，後に続く長く大変なトレーニング周期のために，ほとんどの筋群を関与させ，筋・靱帯・腱・関節を適応させることである。まず快適に実行できる多くのエクササイズ（9〜12種）用い，選手を追いつめることのない一般的筋力プログラムを作成する。負荷最大で40〜60％，8〜12回のくり返しを2〜3セット，低〜中速度で，エクササイズの間には60〜90秒のインターバル，それらを4〜6週間，というのが，最初の周期の目標を達成するのに役立つだろう。年少の選手や，筋力トレーニングにおいて強いバックグラウンドを持っていない選手には，長めの（9〜12週間）身体の解剖学的な適応を考えるべきである。

2. 最大筋力段階

ほとんどの競技は，パワー（例：走幅跳）か筋持久力（例：800〜1500m水泳），あるいはその両方（例：漕艇）を必要とする。パワーも筋持久力も，最大筋力のレベ

PERIODIZATION

ルに影響を受けている。パワーは，高いレベルの最大筋力なくしては高い基準に達することはできない。パワーはスピードと最大筋力の産物だからである。まず，最大筋力を発達させ，それからそれをパワーに転換する。この段階の目標は，選手の能力の最大レベルまで最大筋力を発達させることである。この周期の長さ（1～3カ月）は，競技と選手の必要性によって変わるが，砲丸投やフットボールの選手にとっては長めで（3カ月），アイスホッケーの選手はこの種の発達には1カ月しか必要としないだろう。

3. 転換段階

競技の必要性と特徴に応じて，最大筋力をパワーあるいは筋持久力，またはその両方に転換する。その筋力タイプにあった適切なトレーニング方法を適用し，選択された競技特有の方法（例：スピードトレーニング）を使用することで，徐々に最大筋力を転換していく。この周期（1～2カ月）では，選手は最大筋力を一定レベルに維持しなければならない。これを怠ると，試合期の終わりにパワーが少し落ちてしまうかもしれないからである。

パワーや筋持久力の適切なトレーニング方法はその競技に応じて行われている。適切なトレーニング時間および方法は，これらの2つの能力間の最適の比率を反映すべきである。例えば，レスラーにとってはその比率はほぼ同じでなければならないが，カヌー選手（500m）のためのプログラムではパワーが主体となり，漕艇選手（レースの長さが6～8分間）では筋持久力が優位でなければならない。

最大筋力トレーニングは準備期に特有のものではあるが，転換期は準備期が終わるころに始まり，試合（前試合）期の始まりにかけて継続する。

4. 維持段階

この用語が示すように，この過程のおもな目的は，前回の周期に達成された基準を維持することである。ここでもまた，この周期のプログラムは競技特有の要件と相関関係にある。最大筋力，パワー，そして筋持久力の比率は，そのような要件を反映しなければならない。例えば，砲丸投選手やフットボールのラインマンは，最大筋力に2セッション，パワーに2セッションを計画すればよいし，ジャンパーは最大筋力に1，パワーに3を振り分ければよい。野球選手やフットボールのワイドレシーバー，あるいは100m競泳の選手なら，最大筋力に1セッション，パワーには2，そして筋持久力に1とすればよい。1500mの長距離泳の選手なら筋持久力の完成に全プログラムをあててもよい。

選手のパフォーマンスレベルと，そのスキル（例：棒高跳）やパフォーマンスの中で筋力が果たす役割に応じて必要とされる筋力を維持することに，2～4セッションを使うべきである。試合期の目的を考慮し，筋力維持のために与えられる時間は二次的なものである。それゆえ，コーチは効率的で具体的なプログラムを開発しなければならない。すでに達成したレベルを維持するには，主要な原動力を伴う2～4つのエクササイズで十分である。

5. 休止段階

筋力トレーニングプログラムは主要試合の5～7日前に終了し，選手がすべてのエネルギーを良いパフォーマンスのためにとっておくようにする。

6. 回復段階

回復期は年間プランの締めくくりで，移行期と一致している。移行期の目的の1つは，積極的な休息を通じて疲労を取り去り，使い果たしたエネルギーを補給することである。もう1つの目的は全体的な再生で，こちらはより複雑である。負傷した選手にとっては，リラクセーションする時期は，リハビリテーションと，傷ついた筋，腱，筋付着部，関節の修復を意味する。リハビリのプログラムを組むのは熟練した人間がやるべきである。

傷害のリハビリと平行してであれ，その後であれ，すべての選手は，この周期の終わる前に，スタビライザーを強化するプログラム行うべきである。スタビライザーは，静的収縮の間，収縮中の筋の活動から四肢

を守る筋群である。スタビライザーを発達させないと，けがをしやすい選手となり，最大筋力やパワーのレベルが抑圧される可能性がある。これらの重要な筋群を強化することで，次のシーズンに選手がけがをしにくくなる可能性が高くなることは確実である。この時期はまた，その年の他の周期で主としては使われない他の筋群の回復作業のための時間でもある。

5. 持久力のピリオダイゼーション
Periodization of Endurance

年間プランのいくつかの周期で持久力は発達する。参考としてピークを1つもつタイプの年間プランをみると，選手は3つの主要周期の間に有酸素性持久力，有酸素性持久力と専門的持久力（エネルギー供給），そして専門的持久力の持久力トレーニングを遂行する。

長期のトレーニングにも同様なアプローチをするべきである。ある選手が12歳でトレーニングを始めると仮定すると，持久力の発達は以下のような周期に従うとよい。12～16歳で有酸素性持久力，17～18歳で有酸素性持久力＋専門的持久力，19歳以上では専門的持久力である。それぞれの周期には独自のトレーニング目標がある。

1. 有酸素性持久力

有酸素性持久力は，移行期から準備期初期を通じて発達する（1～3ヶ月）。それぞれの競技でわずかに変更を加える必要があるが，抑え目から中程度の強さの，一様で安定した状態のトレーニング方法で有酸素性持久力は得ることができる。このようなプログラムの結果，選手の心肺機能は徐々に発達してくる。トレーニングに慣れてくるにつれて，作業負荷，とくにトレーニング量は増やさなければならない。

2. 有酸素性持久力と専門的持久力

有酸素性持久力と専門的持久力は，持久力トレーニングの目的を達成することにおいて非常に重要である。

有酸素性持久力から競技専門の持久力へのこの移行期を通じてずっと，有酸素性持久力を重視しておかなければならない。競技の特性とそれぞれの活動のエネルギー供給に従って，無酸素性活動の要素を取り入れる。活動のリズムと専門的運動のペースは，とくにチーム競技において，徐々にその競技特有のものになっていく。試合期に特有の強化トレーニングは，第2期の間に持久力の確固たる基盤を発達させておかないと失敗する可能性がある。主たる方法は，単一のトレーニング，交互トレーニング，そして中から長期のインターバルトレーニングである（この周期の終盤ごろ）。トレーニング量は，年間プランの有酸素性トレーニング期とこの期の間に最も高レベルに達する。

3. 専門的持久力

専門的持久力段階は前試合期と試合期に一致する。適切なトレーニング方法は，その競技のエネルギー供給と選手のニーズに応じて決まる。多くの競技においては，コーチはトレーニング強度を重視しなければならないため，しばしばそれはレースの強度を超える。種々の強度を交互に行うことは，トレーニング間での回復を容易にし，最終試合に向かって良いピークを導くこととなる。

6. スピードのピリオダイゼーション
Periodization of Speed

スピードのピリオダイゼーションは競技の性質，パフォーマンスレベル，試合のスケジュールによって変わる。チームスポーツの選手のトレーニングは，スプリンターのそれとは異なる。チームプレーヤーは通常，単周期の年間プランに従うが，室内シーズンと屋外シーズンに参加するのが通常であるスプリンターは，二重周期のプランに従う。

個人であろうとチームスポーツであろうと，スピードのピリオダイゼーションは，以下のトレーニング小

PERIODIZATION

周期に従うとよい。

1. 有酸素および無酸素性持久力

有酸素および無酸素性持久力を，来るべき周期のトレーニング基盤として考える。スプリンターのためのテンポ走トレーニングであれ，その他の競技のための定常トレーニングであれ，準備期のこの最初の小周期は，スピードトレーニングが依るべき有酸素性の基盤を築く。トレーニングは徐々にその競技の専門的な活動を取り入れていくことになる。この小周期の始めは，スピードプレーのファルトレクを用い，その次に種々のインターバルトレーニングや反復トレーニングを続け，専門的なスピードに近づく無酸素性の基盤を構築する。

2. 非乳酸系スピードおよび無酸素性持久力

試合期が近づいてくるにつれ，トレーニングはより競技特有になり，洗練され，専門化する。トレーニングの専門性が，トレーニング方法においても個別のエクササイズにおいても支配的になる。最大速度が強調され，走行距離は10mから15m，30m，60mへとなっていく。

3. 専門的スピード

専門的スピードは，競技の特性に応じて，いくつかの，あるいはすべてのスピード要素(非乳酸系，乳酸系，そしてスピード持久力)を取り入れることにする。また，ここで敏捷さと反応時間を発達させるドリルを導入することもできる。

4. 専門的スピード，瞬発力，反応時間

瞬発力や反応時間のような専門的スピードを発達させることや，関連する能力を洗練するために，特別な方法やドリルを用いるとよい。

試合期の間では，専門的トレーニング方法と試合への参加によってトレーニング強度が上がる。競技専門のエクササイズが支配的にはなるが，ゲームや楽しみ，リラクセーション，活動的休息のための遊びなどの一般トレーニングも取り入れるべきである。これらのふたつのエクササイズ群を正しい比率で行うことは，トレーニングのストレスと緊張を和らげる。スプリンターやチームプレーヤーの多くが，強度の高いトレーニングの結果，負傷しやすい傾向がある。それゆえ，さまざまな手段や強度のものを交互に行うことは，トレーニングにとっては抑止的になるものの，重要な要件なのである。

図8-14～18は，さまざまな競技のためのトレーニングピリオダイゼーションを図示している。

7. 総合的なピリオダイゼーション
Integrated Periodization

スポーツ科学者やトレーニング現場の関係者は，あまりにも長い間，ピリオダイゼーションのプロセスの特定の面に焦点を当て，すべての要素を総合的に理解することをしてこなかった。コーチたちは，行わなければならないあらゆること，あるいはトレーニングの複雑さについていくことで手一杯だが，スポーツ科学

月	9月	10月	11月	12月	1月	2月	3月	4月	5月	6月	7月	8月
試合					Detroit	L.A.	Toronto	Prov. Orillia	Nat. Ch. Vancouver			
ピリオダイゼーション(期)	準備				試合						移行	
	一般的準備		専門的準備		前試合		主要な試合				移行	
筋力	解剖学的適応	最大筋力			パワーの転換		維持(最大筋力とパワー)				再生	

図8-14 体操競技における筋力トレーニングのピリオダイゼーション(単周期)

月	6月	7月	8月	9月	10月	11月	12月	1月	2月	3月	4月	5月
試合								Div. champ.	Nat. champ.	World champ.		
ピリオダイゼーション(期)	準備							試合				移行	
	一般的準備			専門的準備			前試合	主要な試合			移行	
持久力	一般的持久力(走,自転車)			専門的持久力(走,スケート)				専門的持久力				一般的持久力	
筋力	解剖学的適応	最大筋力			パワーの転換		維持(最大筋力とパワー)					再生

図8-15 フィギュアスケートにおける主要能力のピリオダイゼーション(単周期)

月	9月	10月	11月	12月	1月	2月	3月	4月	5月	6月	7月	8月
試合						Prov. champ.		Divis. champ.		World champ.		
ピリオダイゼーション(期)	準備				試合							移行
	一般的準備	専門的準備			前試合	主要な試合					移行	
持久力	無酸素性持久力	専門的持久力(泳,無呼吸)		専門的持久力							一般的持久力	
筋力	解剖学的適応	最大筋力		転換・筋持久力・パワー	維持							再生

図8-16 シンクロナイズドスイミングにおける主要能力のピリオダイゼーション(単周期)

月	11月	12月	1月	2月	3月	4月	5月	6月	7月	8月	9月	10月
試合									リーグ試合			
ピリオダイゼーション(期)	準備						試合					移行
	一般的準備		専門的準備			前試合	リーグ試合				移行	
筋力	解剖学的適応	最大筋力			転換 ●筋持久力 ●パワー		維持 ●パワー ●筋持久力				再生	
スピード	有酸素性持久力	無酸素性持久力	専門的スピード			専門的スピード, 反応時間, 敏捷性						
持久力	専門的持久力					専門的持久力完成					有酸素性持久力	

図8-17 野球チームのための支配的能力のピリオダイゼーション(単周期)

月	11月	12月	1月	2月	3月	4月	5月	6月	7月	8月	9月	10月
試合					冬季選手権					夏季選手権		
ピリオダイゼーション(期)	準備I			試合I		移行	準備II			試合II		移行
	一般的準備	専門的準備		前試合	主要な試合	移行	一般的準備	専門的準備		前試合	主要な試合	移行
筋力	解剖学的適応	最大筋力	転換 ●パワー ●筋持久力	維持 ●パワー ●筋持久力		解剖学的適応	最大筋力		転換 ●パワー ●筋持久力	維持 ●パワー ●筋持久力	再生
スピード	有酸素性持久力		無酸素性持久力とエネルギー供給系	専門的スピードとエネルギー供給系		有酸素性持久力			無酸素性持久力とエネルギー供給系	専門的スピードとエネルギー供給系	ゲーム

図8-18 冬季および夏季国内選手権のある水泳(200m)のための支配的能力のピリオダイゼーション(二重周期)

PERIODIZATION

者はこの分野でより多くの知識を生み出してきた。

スポーツ心理学者，生理学者，そして栄養学者たちはしばしば，ピリオダイゼーションを計画するプロセスや，トレーニングプランのそれぞれの周期の特別な目的についてはあまり気にしないまま，その知識を増やしていった。精神的・心理学的トレーニングは，しばしばその競争的環境との関わりにおいて，選手をその主要な焦点とみなしている。栄養学についてもそれは言える。しかしこれらスポーツ科学者たちは，選手やコーチが試合の直前だけではなく，年間トレーニング，あるいは長期トレーニングのプロセスを通じて，ずっと彼らの助けを必要としているということにはめったに気づかない。

総合的なピリオダイゼーションは，トレーニング要素をすべて組み合わせて，運動能力のピリオダイゼーションに従って，それらを調和させる。身体運動能力のピリオダイゼーションは，所定のトレーニング段階に最もよく合う食生活や心理的スキルを要求する。よって指導者は，有酸素性持久力，最大筋力やその他の能力をトレーニングするときには，どんな食生活を用い，どの心理学的スキルが最適なのかを学ぶことが必須である。そのような情報を備えれば，コーチは選手の能力を改善し，結果的にそのパフォーマンスもよりよくすることができるようになるだろう。

図8-19はスピードとパワーが優位な競技のための総合的ピリオダイゼーションを示している。

月	1月	2月	3月	4月	5月	6月	7月	8月	9月	10月	11月	12月
トレーニング周期	準備期					試合期					主要な試合	移行期
小周期	一般的準備期		専門的準備期		前試合期	公式／リーグ 試合期					無負荷	移行期
ピリオダイゼーション スピード	●無酸素・有酸素性持久力	●最大スピード(短)●無酸素性持久力維持		●最大スピード(短, 中, 長)		競技特有の比率で					無負荷	遊び・楽しみ
ピリオダイゼーション 筋力	解剖学的適応	最大筋力	パワー		最大筋力	転換パワー	パワーの維持／最大筋力					回復
ピリオダイゼーション 精神的／心理的	●メンタルスキルの査定●新たなメンタル技術の習得●静かな状況	●トレーニング目的を獲得するためのメンタルな技術●視覚化●想像●リラクセーション●エネルギーマネジメント			●メンタルリハーサル●元気づける●ポジティブな自問自答●想像●焦点を合わせるプラン●シミュレーション●ストレスへの積極的対処		●特定の対戦者に対処するメンタルスキル●ストレスマネジメント／リラクセーション●元気づける●焦点を合わせるプラン●メンタルリハーサル●モチベーション●ポジティブシンキング				＊下記参照	●積極的休息●再生，脱ストレス
栄養	バランスのいい食生活	高タンパク●炭水化物	高炭水化物	高タンパク●炭水化物		高炭水化物	試合スケジュールによって変動				高炭水化物	バランスのよい食生活

＊●メンタルスキル：メンタル的再生，リラクセーション，ストレス・マネージメント
　●ポジティブシンキング
　●視覚化

図8-19　スピード・パワー競技の総合的ピリオダイゼーション

8. 年間プランのトレーニング周期とその特徴
Annual Plan Training Phases and Characteristics

年間プランには3つのトレーニング周期がある。準備期，試合期，そして移行期である。これらの周期の目的と特徴は，これを1回だけ行う場合でも，二重周期や三重周期におけるように数回くり返す場合でも同様である。選手が成功するためには，各トレーニング周期について示唆された期間，順序，特徴，強調点に従うことが重要である。それにより，目的とする試合に際して，選手の状態が最高になることが確実になる。

1. 準備期

準備期は年間トレーニングの全体にとって非常に重要である。この期間を通じて，選手は試合期のための身体的，技術的，戦術的，そして心理的な準備の枠組みを発達させる。この期間に不適切なトレーニングをすると，試合期に明らかな反動が起こりかねない。漸進的な増加による相当量のトレーニングは，長期的にはトレーニング後の疲労レベルを低くし，回復を促進することにつながる。この周期を通じて，とくに初期段階では，専門的トレーニングへの適切な身体的適応のために高いトレーニング量が不可欠である。

一般的に言って，この周期の専門的トレーニング目標は以下のとおりである。

- 一般的体力トレーニングを習得し，改善すること
- その競技に必要な身体運動能力を改善すること
- 専門的心理的特質をみがくこと
- 技術を向上，改良，完成させること
- 次の周期における基本的な戦術的行動展開について選手に熟知させること
- 競技に特有のトレーニング理論や方法論を選手に教えること

準備期は，気候，競技，そして年間プランのタイプに応じて3～6ヶ月続く。個人競技では，準備期は試合期と同じからその倍ぐらいの長さがよいだろう。チームスポーツでは短めでもよいが，2～3ヶ月以下ということはない。ここでは方法論的な目的で準備期を2つの小周期に分ける。それは，一般的準備期と専門的準備期である。

■**一般的準備期** 一般的準備期では，作業能力と一般的な体力的準備を発達させ，技術的な要素と基本の戦術的手法を向上させる。しかしながら，第一の目的は，将来のトレーニングを容易にするために身体の準備水準を上げることである。このことは，あらゆる競技に必要である。このとき，一般的なエクササイズおよび競技に特有のエクササイズの両方を，単なる競技専門のスキルよりも優先すべきである。例えば体操競技のコーチは，はじめの2～3のミクロサイクルを一定の技術的な要素を習得し実行することができるための一般的・専門的筋力の増強に費やすべきである。同じことは，一定の身体的要素が技術面での発達を制限しかねない他の競技にも言える。コーチは，なぜ選手が期待どおりにスキルを獲得しないのか不思議に思うかもしれない。その場合コーチは，選手がそのスキルのための身体的土台を持っているかどうかテストしてみなければならない。

この小周期を通じて，一般的あるいは専門的トレーニングを必要とするエクササイズを組みいれることで，トレーニング量を高くすることを重視する。そのようなプログラムは，作業能力と，心理的活力(決意，ねばり強さ，意志力)を高め，その競技が必要とする専門的トレーニングに向けて徐々に選手を適応させていく。ランニング，水泳，漕艇，クロスカントリースキーのように，持久力が支配的な能力であり，最終的なパフォーマンスに重要な貢献をする競技にとっては有酸素性持久力を発達させることが主要目的である。Harre (1982)によれば，これらの競技の場合，全トレーニング時間の70～80％を，有酸素性持久力を発達させることに費やすべきであり，それはトレーニングにおいて達成された距離により証明されているという。重量挙げ，体操，レスリング，投てきのように筋力が重要な要素である競技においては，一般および最大筋力の発

PERIODIZATION

達がこの小周期の目標となる。トレーニング中に選手が挙上する負荷を増加させることは，作業能力と競技に必要な専門的能力を高めることになる。

チームスポーツの選手は，トレーニングの身体的基盤を発達させるいっぽう，技術的および戦術的なスキルを発達させるためにも相当の時間をとらなければならない。いっぽうでは，彼らはパフォーマンスの遂行への土台として，身体的な持久力，筋力，スピードの発達を無視するわけにはいかない。

ほとんどの競技において，準備期，とくにその一般的小周期において使われたトレーニングタイプが，試合期と結果の質に影響する。この小周期中にトレーニングが十分に重視されないと，劣悪なパフォーマンス，精神的粘りの欠落，最終的な試合でのパフォーマンスの低下の原因となりかねない。したがって，少なくとも準備期の3分の1はこの小周期に割り当て，残りを専門的準備期とすべきである。しかし，一般的準備期の長さは，一流の選手の場合にはどんどん短縮されていく。

すでに見たように，準備期，とくに一般的準備期の小周期では，トレーニング強度の重要度は二次的である。たとえ集中トレーニングを使っても，その割合は（とりわけ年少者や初心者には），全トレーニング量のうちの30～40％を超えないようにすべきである。Gandelsman and Smirnov(1970)によれば，高強度のエクササイズ中の筋中での刺激は強く，それがCNSにおいて放散し，刺激への知覚・反応に負担をかける。このことが，不的確で抑制の利かない動作につながる。あまり激しくないパフォーマンスやエクササイズなら，選手がスキルをよりよくコントロールできるようになることにより，CNSが刺激に対してどのように反応するかをより選択できるようになる。

この小周期の目的を考慮すると，このヘビーワークの期間に試合を行うべきでない。それは，対戦者に対して選手のスキルや能力をテストする準備が整っていないからである。技術は不安定であり，結果が良くないと，選手の心理的領域に影響してしまう。その上，試合はトレーニングプラン全体にとって——さらに詳しく言えば，選手が遂行しなければならない作業量にとって，マイナスの影響を与える。

■ **専門的準備期** 専門的準備期，つまり準備期の第2部は，試合シーズンへ向かっての変わり目にあたる。トレーニングの目的は一般的準備期と同様であるが，トレーニングがより専門的になる。トレーニング量はなお高いままだが，トレーニングのほとんど(70～80％)は，その競技の専門的スキルや技術的なエクササイズに向けられる。この小周期の終わり近くでは，トレーニング量は徐々に落ちていき，トレーニング強度が高まるようになる。強度が重要な短距離走，跳躍，そしてチームスポーツのような競技では，トレーニング量を20～40％にまで減らしてよい。

フィギアスケート，飛込，体操のように技術や完璧な調整力が優位な競技では，選手は引き続き技術的な要素を改良し，完成させ，統合し，準備期の終わりには少なくとも大まかな演技手順は準備できているようにすべきである。

技術や戦術的要素を向上させ完成させることが，この小周期の主要な目的である。これらの目標を果たすには，主要動因を含む専門的なエクササイズ——刺激をする，もしくはそのスキルの技術面でのパターンを模したエクササイズが必要となる。どのエクササイズも，高い質と，最大のトレーニング効果を持つものでなければならない。このようにして，スキルと身体運動能力との間に最適な関連づけが育ち，試合で成功するのに必要な技術と能力を発達させることに結びつくことになる。コーチは，さまざまなパターンのエクササイズを交互に行い，倦怠を避け，多面的な発達，積極的休息，面白さを高めるために，プログラム中にはいくつかの(最大30％)間接的エクササイズを入れる必要がある。そして，直接的な効果を持つ専門的エクササイズの割合を増していくことが，試合期への移行を容易にするのである。

専門的トレーニングの比率をこのように変化させていくことで，選手は徐々に，テストスコアとパフォーマンスを向上させていくはずである。この小周期の終わりには，あまり重要ではない試合やエキシビション

的な試合が，重要な反応を与えてくれるであろう。この準備期中のトレーニングはそれぞれの競技に特有であり，それぞれの小周期によって特徴的である。**表8-2**には，一般的および専門的準備期の，特徴的なトレーニング目的を示してある。

2. 試合期

試合期の主要課題には，すべてのトレーニング要素を完成させること，選手がその能力を発達させ，主要な試合あるいは選手権で試合に勝つことができるようにすることなどがある。試合期の一般的な目的は次のとおりである。

- 競技に特有の身体運動能力と心理的特質を絶えず向上させること。
- 技術を完成および統合させること。
- できるかぎり高いスキルへパフォーマンスを発達させること。
- 戦術を完成し，試合経験を得ること。
- 一般的な身体的準備を維持すること。

身体的準備は依然としてパフォーマンスの土台である。将来のトレーニングの基盤を発達させることが，準備期の主要なトレーニング要素であった。試合期を通じて選手は，他のトレーニング要素およびパフォーマンスの継続的支えとして，その身体的準備を準備期の終わりまでに獲得したレベルに維持しなければならない。トレーニング中に計画される身体的準備の総量のうち，90％は直接的に必要なエクササイズ，そして間接的に必要なエクササイズに10％ほどを当てるようにする。選手は，後者のグループのエクササイズを，とりわけ積極的休息と娯楽のために使ってよい(ゲームやチームスポーツ)。

選手は試合期の目的を，専門的スキル，エクササイズ，そして試合を通じて達成する。安定性とパフォーマンスの一貫性を確実に向上させるために，トレーニングの専門性に焦点をあてなければならない。したがって，トレーニング量が減るいっぽうで，トレーニング強度は増加する。スピード，パワー，最大筋力が優位な競技(短距離走，跳躍，投てき，ウエイトリフティング)では，トレーニング強度は劇的に増加し，量は徐々に落ちていく。持久力競技(長距離走，水泳，クロスカントリースキー，カヌー，漕艇)では，トレーニ

表8-2 準備期の各小周期におけるトレーニング目的

競技	支配的なトレーニング要素	一般的準備	専門的準備
体操	身体的	一般的及び最大筋力	専門的筋力とパワー
	技術的	技術的要素	技 分習と全習
漕艇	身体的	一般的(有酸素性)持久力 一般的及び最大筋力	一般的(有酸素)持久力 筋持久力
水泳(100m)	身体的	一般的(有酸素性)持久力 一般的及び最大筋力	無酸素性及び一般的(有酸素性)持久力 最大筋力及びパワー
水泳(800m)	身体的	一般的(有酸素性)持久力 一般的及び最大筋力	一般的(有酸素性)及び無酸素性持久力 筋持久力
チームスポーツ	技術的	技術的要素	試合の状況での，技術要素の応用
	戦略的	個人的及び単純チーム戦略	チーム戦略
	身体的	一般的(有酸素性)持久力 一般的及び最大筋力	無酸素性持久力とパワー

PERIODIZATION

グ量は一定か，準備期よりやや低めになる。例外は，試合の数や対戦のレベルに従って強度が落ちる試合ミクロサイクルである。

当然，しっかり計画されたトレーニングの結果として，試合期の間にパフォーマンスは向上するだろう。しかしながら，向上の停滞や低下は，準備期の2番目の部分でトレーニング強度が増加しているときに，コーチが過度にトレーニング量を減らしたことのあらわれかもしれない。

試合期は，競技や年間プランのタイプに応じて，4〜6ヶ月続く。チームスポーツにはふつう長めの試合期がある。長すぎる試合期は，それに比例して長い調整および移行期を必要とし，その結果，次の準備期が短くなってしまう恐れがある。

もう1つ重要な要素は，試合期が始まる日付を決めることである。Harre(1982)が提唱するガイドラインには以下のような指標がある。

- 最高のパフォーマンスに達するために必要な試合数(Gandelsman and Smirnov(1970)は，高い結果に到達するには平均して7〜10試合かかると主張する)。
- 試合の間隔
- 最終選考期間の長さ
- 1年の主要試合の前の特別な準備に必要な時間
- 回復と再生に必要な時間

方法論的および編成的理由によって，試合期を2つの基本的な小周期に分けることができる。それは前試合期と主要試合期である。

前試合期の目的は，さまざまな非公式あるいはエキシビション試合に参加し，コーチが客観的に選手のトレーニングレベルを査定することができるようにすることである。準備期に蓄積された技術や戦術的スキル，身体的および心理学的トレーニングのすべてが，試合においてテストされなければならない。しかし，とくに一流選手について，試合とトレーニングプログラムを大きく変えるべきではない。なぜなら，それらの試合は，公式試合という次の段階のための試験の場であるからである。主要な試合におけるパフォーマンス向上を最大にするためには，前試合期の間にできるだけ早くトレーニングの切り替えをしなければならない。

主要試合期では潜在力を最適化することに専念し，それによって主要試合におけるより高いパフォーマンスを促す。トレーニングレッスンの数は，選手が負荷ミクロサイクルにあるか，再生(テーパリング)ミクロサイクルにあるかを反映すべきである。負荷ミクロサイクルでは，週に10〜14のトレーニングレッスンが適切であると考えられる。テーパリングミクロサイクルでは，さらに少ない課題で，試合前の調整をさせる。ほとんどのトレーニングプログラムにとって，トレーニングの内容は，身体的発達を目指したエクササイズも含みつつ，専門的でなければならない。選手は，とくにテーパリング期においては間接的エクササイズ(ゲーム)を週1回用いてもよい。

トレーニング量は持久性競技にとっては高いままでよいが，調整力やスピード，パワーを必要とする競技では，準備期の50〜75%まで落としてもよい。強度は継続的に増していき，主要試合の2〜3週間前に最高レベルに達し，それから無負荷期を通じて徐々に落としていく。最大強度のトレーニングレッスンは，この小周期の間は1つのミクロサイクルについて2〜3回以上行ってはいけない。

試合期では，トレーニングの強度が増加することと，試合に参加することの結果としてストレスもまた大きくなる。ストレスは，緊張の多い活動(試合・集中トレーニング)と，短い再生期間が交互にあることを反映して波状になるはずである。試合が厳しく緊張が多いほど，ストレスも大きくなり，それが小さくなるために必要な回復期も長くなる。

可能であれば，試合がだんだんに重要度を増していき，最後に主要試合になるように配置する。あるいは，きつい試合をいくつかの軽めの試合とともに導入し，トレーニングが根本的に置き換わることがなく試合ができるようにする。個人競技ではこれは実行可能であろうが，チームスポーツではコーチが変更できない公式な試合スケジュールが存在するので難しい場合があ

主要試合の前の6～8のミクロサイクルでは，トレーニングプランの全体，そして日々のサイクルをその試合の特性に合わせて設計する。このような状況下で，主要試合への身体的，技術的，戦術的，そして心理的準備が完璧に整う。試合の詳細に従って，選手のあらゆる癖を予測し，改善しておくことは，思いがけない状況を防ぐだろう。ピリオダイゼーションの概念による調整の間，主要試合の前にはテーパリング期がおかれ，後には特別調整期がおかれる。

　負荷の軽減は超回復に至り，試合中のパフォーマンスを向上させる最善の道である。この超回復の目的は1年の主要な試合前に，身体，とくにCNSと精神の機能を再生するために，トレーニングの疲労をできるかぎり除去することである。コーチはトレーニング量と強度を減らし，選手が年間プランの中に位置づけられた主要試合に突入する前に休み，エネルギーの蓄えを補充し，体が元に戻り生き生きとするようにさせる。

　試合に向けてポジティブな感情を生み出す心理学的な超回復を促進することが，テーパリング期の最大の理由である。生理学的・心理学的再生に必要な時間によって，その期間の長さが決まる。Krestovnikov（1938）は，強い刺激の後には，CNSは最大の疲労を被っており，神経細胞が回復するには筋細胞の7倍の時間がかかると示唆する。この発見が，試合前，試合中，試合後の心理学的再生の必要性，および技術の領域におけるさらなる論証の基礎となっている（Bompa 1969）。しかしながら，コーチがあらゆるストレス，とくに心理学的ストレスの衝撃を減少させるこの周期の長さは，2週間を超えるべきではないが，このアプローチは，競技の特徴によって異なる。持久力が主要な能力である競技では，主たるストレス要因である強度を減らすことが必要である（図8-20）。

　テーパリング期の第1週目は，トレーニング強度と毎日のトレーニングレッスンの数を最大2つまでに減らす。高強度のトレーニングレッスンは1つのミクロサイクルについて2つを超えないほうがよいし，その長さも最小限にすべきである。トレーニングレッスンのこの3つの部分以外では，他の活動を一切はずし，選手が自由時間を回復のために使えるようにする。ウエイトトレーニングは1サイクルにつき2セッションに減らす。トレーニング量は以前のミクロサイクルと同じか，やや減らしてもよい。しかし，トレーニング内容は，おおむね中程度から低い強度で，有酸素性運動要素が明らかに優位なものにすべきである。このようなプログラムは二重の重要性を持つ。それはトレーニングが生み出すストレスは最小限だが，十分に身体的調整を維持することである。主要試合ミクロサイクルである第2週においては，トレーニング強度もウエイトプログラムも完全にスケジュールからはずす必要がある。キャンプ（合宿）の状況であれば，選手はやはり1日2回のトレーニングレッスンを行うべきだが，

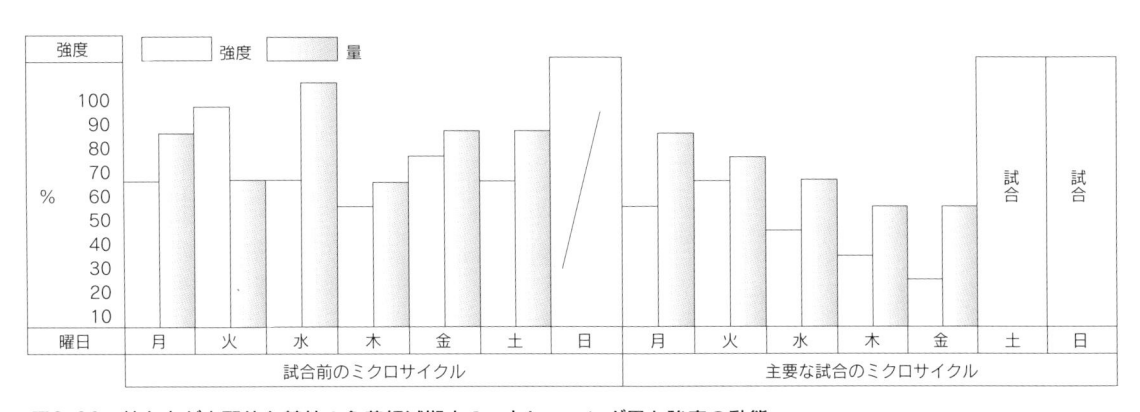

図8-20　持久力が支配的な競技の負荷軽減期中の，トレーニング量と強度の動態

PERIODIZATION

それはおもに，トレーニングに集中させることにより，試合のことは思い煩わないようにしておいたほうがいいからである。

スピードやパワー，調整力が優位な競技でも同じアプローチを用いる。最初のミクロサイクルでは，トレーニング量を，それまでのレベルのおよそ50％に減らす（図8-21）。このとき2つのピークを持つミクロサイクルを使ってもよいが，高強度のトレーニングレッスンでは，くり返しの間に長めのインターバルをとってストレスを軽減すべきである。高強度のトレーニングレッスンの間に遂行されるエクササイズのほとんどは，ダイナミックで，短時間，そして負荷の軽いものであるべきである。2つの高強度のトレーニングレッスン以外では，強度は最大強度を下回り，中程度または低い強度のトレーニングレッスンと交互に行われなければならない。選手がエネルギーをすべて試合のために保持しておけるように，ウエイトトレーニングは完全に除外する。

試合中の主要ミクロサイクルでは，トレーニング量は減少し続ける。同時に，強度も徐々に減り，あまり強くない強度ピークがサイクルの最初の部分にくるようになる。このミクロサイクルは，合宿という状況であっても，3＋1形式，すなわち1日半の作業ごとに半日の休息があり，そのときは精神的なリラクセーションが第一となるようにするとよいだろう。

図8-22は，トレーニング量と強度が同等に重要である競技（例：チームスポーツ）についてのアプローチを示している。第1週では作業量を減らすことでテーパリング状態を作る。この週には，ピークは1つしかいらない。徐々に緊張を下げるが，60％および50％の

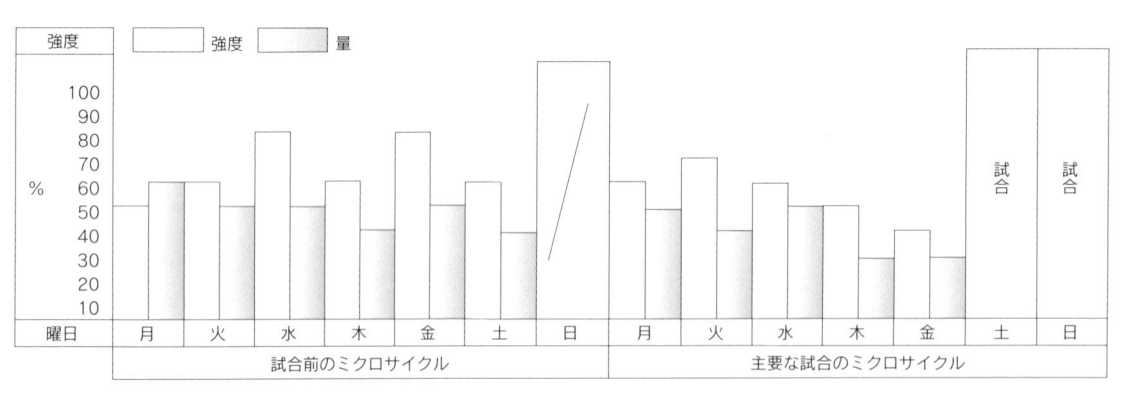

図8-21　スピードとパワーが支配的な競技の負荷軽減期中のトレーニング量と強度の動態

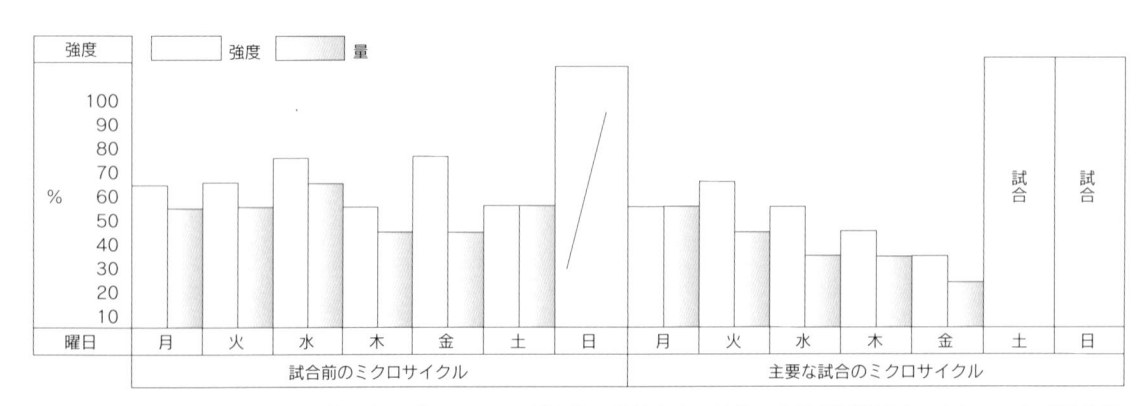

図8-22　有酸素性および無酸素性エネルギーシステムが同等の貢献をする競技の負荷軽減期間中のトレーニング量と強度の動態

2つの集中トレーニングセッションは維持する。第2週目は強度も量もともに漸減する。量は強度より低い地点まで落ちるが，この週であってもピークの2つあるミクロサイクルを計画することも可能である。最初のピークは最大で30～40％，そして2番目は25～30％にすべきである。主要試合の2日前には，強度の低い短いトレーニングセッションを予定する（図8-22を参照）。これらのセッションでは，楽しみ，自信の構築，楽観的態度，そしてチームスピリットを求める。

特殊調整期間は，単独もしくは無負荷期間に編成され，重要な試合へ最高の状態で参加することを促すための活動のことである。それは，試合の具体的な必要性と特徴に応じて，3～7日間続く。この周期では，トレーニングの特定の側面，とくに戦術的な側面を，対戦する相手の最新情報と試合のスケジュールに従って変更する。大部分のトレーニングは，きたるべき試合の調整を促進するという目的でモデルトレーニング概念に従う。最終結果に重要な関連のある側面は心理的な調整で，リラクセーション，自信の増進，試合のための選手の動機づけが重要である。しかし，心理学的技術の用い方には気をつける必要がある。過度の強調はネガティブな結果を生みがちだからである。選手それぞれの個性は違っているので，あらゆるトレーニング側面を個別に応用しなければならない。選手によっては，心理的な調整はなんら必要ではなく，形式張らないアプローチが最も功を奏することもある。

3. 移行期

長い期間にわたる準備，ハードワーク，そして決断力や動機づけ，意志力がしばしば試される緊張の多い試合ののち，選手は心理的にも生理的にも極めて疲れている。

筋の疲労は数日で消えるとしても，CNSの疲労は長い期間残る。トレーニングが激しく，試合の数が多いほど疲労のレベルは高くなる。いかなる選手であれ，このような状況下で直ちに新しい年間トレーニングサイクルを開始できるとはとても考えられない。休息はトレーニングを再開する前に，選手を身体的および心理的にリフレッシュするために必要である。新しい準備期が始まるとき，選手は完全に再生され，訓練するための準備ができていなければならない。移行期がうまくいけば，選手はトレーニングを再開したいという強い欲求を感じるくらいである。Hahn(1977)は，CNSの疲労を取り去ることが移行期の主要な目的だと述べている。疲労を最小にするために，選手は年間プログラムを通じて，そして移行期中はとくに，特別な心理的調整とトリートメント(第5章「休息と回復」参照)を受けるべきである。もし前のシーズンのストレスを除去し，そのネガティブな要素を見きわめて補正することができなければ，選手は準備期中，そしてその後もストレスによるネガティブなことを再び体験することになるかもしれない。

移行期は，しばしば不適切にオフシーズンと呼ばれるが，2つの年間プランを結びつける期間なのである。心理的休息，リラクセーション，そして生物学的再生を容易にし，一般的身体的状態の妥当なレベル(試合期の40～50％)を維持する。移行期は3～4週間続き，もう少し長いこともある。普通の状況では，5週間を超えないほうがよい。選手は，競技への関与の度合いに応じて週に2～4回トレーニングする。

移行期には，2つの一般的なアプローチがある。1つは，何の身体的活動もなく完全に休むことを奨励するもので，オフシーズンということばがぴったりだが，このアプローチは正しくない。トレーニングの突然の中断と，その結果としての受動的休息，つまり完全な活動停止は，それまでの11ヶ月間のハードワークの成果の大半を台無しにし，むだにすることにつながる。おまけに，高強度の活動から完全な受動休息への突然のシフトは，身体にとって有害で，不眠や食欲不振，そして消化器官の乱れまで引き起こすことがある。

短期間のうちにトレーニングを再開すれば，これらの症状は病的にはならず，快方に向かう。トレーニングの休止が長引くと，選手はしばらくの間これらの症状を示すが，それは人間の身体とそのシステムが，活動停止状態には適応できないことを示している。これらの症状が潜伏している期間は，選手によって異なる

PERIODIZATION

だろうが，一般的に2～3週間の活動停止の後に出現し，その状態はさまざまである。トレーニングが減ってくると，選手を脱トレーニング症候群(Israel 1972)，あるいはエクササイズ依存症症候群(Kuipers and Keizer 1988)に陥りやすい状態にさせてしまう可能性がある。脱トレーニングの結果，選手の生理的健康と作業の成果に著しい減退が起こる(Fry et al. 1991 ; Kuipers and Keizer 1988)。

トレーニングが計画どおりに進行しているときは，身体は痛んだ組織を修復し構築するためにタンパク質を使う。しかし，タンパク質が使われないと，身体はタンパク質の分解プロセスを促進することになる。身体はトレーニング中に作られた増強分，すなわちタンパク質の分解を始め，タンパク質を退化させていく(Appell 1990 ; Edgerton 1976)。筋力の増強に重要なテストステロン濃度も，脱トレーニングの結果として下がる。これがタンパク質合成量を減らす結果を招くかもしれない(Houmard 1991)。

精神的な混乱，頭痛，不眠，疲労困憊，緊張，気分の乱れ，食欲不振，心理的抑鬱などが，完全にトレーニングを断つことに関連する症状である。選手は，これらの症状のいずれか，あるいはいくつか組み合わさったものを昂進させかねない。これらの症状はすべて，テストステロンと，エクササイズ後の幸福感を引き起こす神経内分泌系の合成物であるベータエンドルフィンのレベルが下がったことに起因する(Houmard 1991)。

筋線維の減少も活動停止の数週間後に明らかになってくる。これらの変化は，タンパク質の分解と作業筋活動の縮小の結果である。筋中のいくつかの化学物質(ナトリウム，塩素)濃度の上昇が，筋繊維の分解の役割を果たす(Appell 1990)。

スピードの減少が，脱トレーニングの最初の影響となる傾向がある。これはタンパク質の分解と運動単位の退化が筋収縮のパワーを減少させるからである。もう1つの理由はおそらく，神経系は脱トレーニングの影響を受けやすいということである(脱トレーニングへの神経系の刺激反応性である)。運動単位が最初に退化するので，筋線維ではすばやくそれを収縮させたりゆるめたりするための神経刺激が減少する。これらの刺激の強度と頻繁さは，収縮をくり返すうちに補充された運動単位の数が減少することにもまた影響されうる(Edgerton 1976 ; Hainaut and Duchatteau 1989 ; Houmard 1991)。

運動神経の補強パターンが減少した結果，パワーの損失がより著しくなる。かつて活動できたのと同数の運動単位が活動できなくなり，その結果，産み出す力の総量も減少することになるのである。活動していない選手にとって，1日あたりの筋力損失の割合は，最初の週で3～4％になりうる(Appell 1990)。

持久力もまた活動停止の影響を受け，最初の7～12日で7％程度落ちる。同時に，ヘモグロビンのレベルは30％低下し，そのために酸素供給も低下する。血液量とミトコンドリアも5％減少する。ミトコンドリアの密度が減り(第1週で50％，次の週にさらに25％)，その結果，酸化(有酸素)および解糖(無酸素)の機能も減少する。結果として，乳酸の生産が増加する。乳酸の生成を緩衝する筋の能力(それが直接に有酸素性能力に影響する)が落ちるからである(Appell 1990 ; Terjung and Hood 1986)。

受動的な休息は，パフォーマンスの絶え間ない向上のために重要な要素である新しいトレーニングサイクルを，選手が前の年度よりも高いレベルで始めることを妨げかねない。Astrand and Rodahl(1970)は，ある調整レベルをまず始めに発達させることに比べれば，それを維持することに必要な努力はより少なくて済むと主張する。移行期を通じて完全な活動停止状態になっているとしたら，新しい年間プランの最初のマクロサイクルは，積極的休息を通じてならば，容易に維持できたはずのレベルに到達するためにむだになるだろう。

方法論的な視点からは，2番目のアプローチが望ましい。レギュラートレーニングの間に使われたものとは異なる性質の活動に重きをおくのである。この積極的休息は，心理的リラクセーションと休息を促進し，良好な健康のレベルに応じた身体的活動のレベルを維持するだろう。この概念に対応した選手は，心理的に

活力があり，身体的には新しい準備期に向かって調整ができている状態となる（Harre 1982；Ozolin 1971）。

選手は移行期を上手にプランニングしなければならない。また，選手はこの期間，競技をきちんと行えるような倫理的に正しい生活をしていなければならない。この期間に，活動的であるということは，飲酒などで盛り上がることを意味していない。過度にアルコールにふけることは，移行期にあっても有害である。競技における正しい摂生は，適切な食生活のことも意味する。2～4kg以上体重が増えるのは望ましくない。

移行期の活動は，主要試合の直後に始まるべきである。第1週目では，徐々に作業量と強度を減らしていき，通常トレーニング中に使っていたものとは異なる性質のエクササイズを重視する。

特別な医学治療や高度の神経疲労などのために選手が身体的活動を完全に延期したい場合は，それらのエクササイズは脱トレーニングの第1週目以降にするとよい。完全休息の後の2～3週間は，積極的休息，娯楽，身体的に関わる一般的娯楽とすべきである。この周期の活動を計画するか，または一流選手なら彼らにプランを立てさせ，それを承認するようにする。選手はすべての活動を，コーチのいない状況で行うほうがよい。それは，この期間，選手は自分たちのやりたいことをして快適さを感じ，楽しまなければならないが，コーチがその障害になることもあるからである。それだけではなく，コーチのほうもリラクセーションの期間が必要である。

積極的休息の間の環境やトレーニング方法の変化は，CNSにプラスの影響を与える。11ヶ月を室内で訓練していた体操選手は屋外に出ていくとよい。水の競技の選手は，陸に上がるとよい。重量挙げ選手，レスリング選手，体操選手など，水中競技以外の選手は海辺へ出かけたり泳いだりするとよい。これらの活動に加え，身体的トレーニングの一般的レベルを維持するため，柔軟性や一般的筋力のためのエクササイズなど，他の方法によってトレーニングを遂行してもよい。Hahn（1977）は，選手が厳しいトレーニングのときには顧みなかった自分の趣味を，一般的活動の一環として実践することを提案している。

コーチは移行期を，過去のプログラムを分析し，次の年間サイクルを作り上げるために使うようにする。分析に最も適しているのは移行期の第1週目，それまでの活動の多くの側面がまだ新鮮なうちである。分析において，コーチと選手はプラスの批評に焦点をあてるべきである。肝心なことは，関係者がみな，過去の失敗に学び，それらをくり返すことを避けるということである。医学的コントロールの検査も，医師が健康状態や可能な治療について正確な査定ができるこの時期が適切である。コーチは移行期中に次年度のトレーニングプランの概略を組み，新しい準備期の初日にはそれができているようにすべきである。

9. 年間プランのチャート
Chart of the Annual Plan

これまでピリオダイゼーションの概念と，それぞれのトレーニング周期および小周期の主要目的を詳細に検討してきた。これにもとづいて年間プランのチャート作りを考えたい。チャートをまとめるには，トレーニング要素間の関係と，それらがどの程度まで選手にとって重要な力点となるかについての適切な知識が必要である。また，ミクロサイクルごとのトレーニング要素間の比率と，それらのそれぞれにどのような重きをおくかということも知らなければならない。トレーニングプランの立案者として適格であれば，これらの側面をすべて正しく扱えるといえよう。年間プランを作るプロセスは，この分野における知識のハイライトである。

年間プランのまとめかたは，競技によって異なる。その全体像は，以下のチャート群において図式として表されている。さまざまな形態のチャートを見て，一番あてはまるものを使用すべきである。熟練したコーチなら，年間プランをまとめることについての章にある他の要素を見なくとも，このチャートだけで，プラ

PERIODIZATION

ンニングに有効であるということがわかるだろう。

1. 単周期のチャート

最初のチャートは，最もシンプルなものの1つである（図8-23）。これは，モスクワオリンピックのカナダ・ボートチームが用いるよう意図された単周期である。このチャートを参照して，年間プランのチャートを作る方法論について探っていく。

チャートの最上段には，選手の名前とトレーニング目的の簡単な説明を記入する（ときには選手自身と相談の上で）。最初の一連のトレーニング目的はパフォーマンスのためのものである。これは，測定可能なパフォーマンス（例：100mダッシュで11.8秒）や，獲得すべき順位，あるいはその両方（例：6試合で勝ち，ジュニア選手権で4位になる）である。また，テストや基準を簡単に提示しておく（第6章「トレーニング指標」を参照）。次に，それぞれのトレーニング要素に関する主要目的を設定する。このとき，テストおよび基準をトレーニングの目的と強く結びつけることが必要である。それぞれのテストの基準，およびそれぞれのトレーニング要素の目標を達成することは，選手がパフォーマンス目標を獲得することを強力に保証するものとなる。各トレーニング要素の目標は，あらゆる弱点を改善させることに向けられなければならない。その際，もしその目標が別に掲げられていたら，チャート上でそれらを再び詳述するのは余分かもしれない。

目標の下には，日付と試合のスケジュールが書き込まれる。試合スケジュールはプランニングにおいて最も重要なトレーニング指標である。コーチは，試合の正確な日程を知らないままで年間のプログラム計画を始めることはできない。ゆえに，当該の選手権の後，それぞれの競技の運営指導団体や国の競技連盟から，ただちに翌年の試合スケジュールを入手することが必要である。

試合の日程あたりから，チャートを右から左へ構築していく。主要試合（県や州・国・世界選手権，あるいはオリンピック）をチャートの右端におき，移行期のためにその右に3～4週間分の余裕を取っておく。その日程（この例では7月20日）によって，それぞれのマスに月や週末をどのように記入するかが決まる。52のマスがあり，それぞれが各週末に割り当てられる。多くの場合，試合が催されるのは週末だからである。この例では，オリンピック決勝が7月20日にある。この日付の右側，つまり8月は移行期として計画されている。そして，その他の月や週末の数字を右から左へと記入していく。普通の状態なら，準備期が9月に始まるということになる。その年の主要試合の左側に，選手を参加させようと計画している他の試合をすべて記入する。試合を表すのに用いられる記号によって，主要試合，重要試合，そしてエキシビションの区別がつけられるようにする。このとき最も目立つ印または色を使って，その年の主要選手権を表すようにする。

選手が国内試合だけに参加するなら，すべての印をその行に書きいれる。そうでないなら，国際試合の行を使って，そのような試合がいつ予定されているか示す。試合の日程の下には，それぞれの試合の場所を書き込むスペースが用意されている。

さてこれでコーチには，1年をトレーニング周期に分割するプロセスにとって最重要である，試合の日程と場所がわかった。再び，左から右へと作業を進める。ピリオダイゼーションの行は，3つの伝統的トレーニング周期に分けられる。この例では，8月を移行期としている。すべての試合は試合期に組み入れられる。図8-23では，試合期を4月6日から7月20日の16週間としている。残りの期間が長期の準備期である。それぞれの周期のスペースを色分けするか，線で分けるかして，周期を示す。

このとき，試合スケジュール，トレーニング目的およびこの目的を達成するために用いる方法の類似性にもとづいて，年間プランをマクロサイクルに分割していく。

この例に示されるように（再び，右から左へ見る）移行期は独立したマクロサイクルである。主要試合またはトーナメント自体は短期間でも，その数日または1週間前からの選手の準備，とりわけ心理的準備は，独立したマクロサイクルとするにふさわしい特別なもの

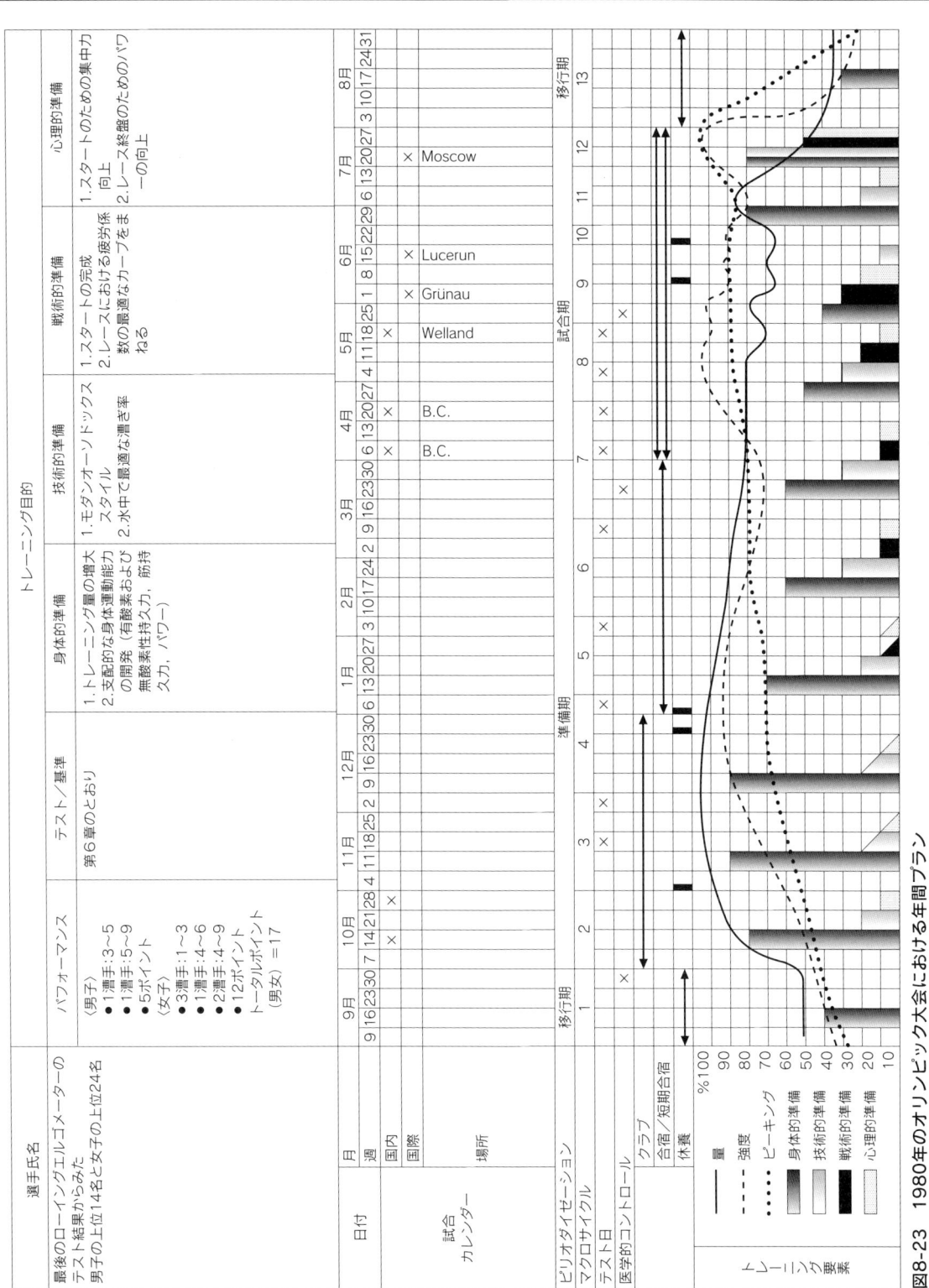

図8-23　1980年のオリンピック大会における年間トレーニングプラン

第8章　年間トレーニングプラン

PERIODIZATION

である。さらに，主要試合に先立つ期間（この例では3つのミクロサイクル）は，コーチが選手を最高の状態に仕上げたいと考えるためのマクロサイクルとなる。

もう1つの短いマクロサイクルは，ヨーロッパでの2つの試合，つまりGrünauとLucerneに続く週が挙げられる。世界でも指折りのライバルたちと対戦するこれらの試合のあと，選手は疲れ切って，オリンピックへ向けてのトレーニングという重要なサイクルを始める前に，何日間かの回復期間を必要とするだろう。2つの国際試合には，それぞれ，トレーニングに1ミクロサイクル，そして無負荷と試合にもう1つのミクロサイクル，という周期的な方法でアプローチする。

これらの4つのミクロサイクルには類似性があるので，1つのマクロサイクルに組み入れられる。次のサイクルは再び4週間の長さで，Wellandでのタイムトライアルレースを頂点とし，その前に試合のための特別トレーニングのミクロサイクルが3つある。6つのミクロサイクルからなる最長のマクロサイクルは，特別トレーニングの前におかれる。有酸素性持久力が主要目的である。このサイクル中，選手はBritish Columbia (B.C.) で2つの長距離レガッタに参加する。2～3月のほとんどを占めるマクロサイクルもやはり長めで，主目的は最大筋力を筋持久力に変換することである。その前の2つのサイクルには類似性がある（最大筋力と一般有酸素性持久力の向上）。これらの9つのミクロサイクルは，選手が有酸素性持久力を高めるための2つのマクロサイクルに分けられるが，その分割の決め手となるのは小さな違いである。12月のほとんどを占めるサイクルでは，選手はこの目的をランニングとクロスカントリースキーによって獲得する。総合的向上，総合的筋力，そして有酸素性持久力が，両方のサイクルの主要な目的である。

1年をマクロサイクルに分けたら，最後に，コーチはそれらに1から番号をつける。マクロサイクルに言及するときはいつでも，コーチはその番号を指定する。これらの番号は，プランをまとめるときにも便利である。

次に，テストと医学コントロールの日程を決める。最初の検査を準備期の最初のミクロサイクルの始めに設定する（新人選手ならとくに）。集めたデータを，最適な負荷，反復回数，トレーニング活動の量を計算するのに用いる。過去の実績から適切な情報を得られる一流選手については，一般的準備期が終わるころに最初のテストをもってきてもよい。しかし，新しいトレーニングプログラムの始まりにあたって，すべての選手をテストして，彼らの現在値を知ることが望ましい。その他のテストの日程については，選手が目的を達成しているかどうか知るために，それぞれのサイクルの終わりに実施するのがよいだろう。それはミクロサイクルはそれぞれ独自の目的を持っているからである。このことはおもに準備期にあてはまる。なぜなら，試合期の間にはテストの最適な手段である試合そのものが使えるからである。この例にあるように，とくに前試合期の間は，特定の試合をテストの日程と考える。その目的が選手について客観的な情報を得ることにあるからである。

医学的コントロールは3～4回あれば十分である。それぞれの選手の健康状態がわかるように，最初のものは準備期の前に設定する。健康に問題のある選手は戦力とはみなさず，必要とあれば，その選手に長めの再生と休息期間を与えるべきである。他の医学的コントロールは，試合期の前と後に設定する。長い試合期の場合，少なくとも1日を予備日として健康状態のモニターにあてる必要がある。なんらかの競技の経歴をもつ良い医者が，すべての医学的コントロールを行うべきである。最後のコントロールで得られた情報は各選手の移行期の長さとタイプに影響を与えるかもしれない。選手によっては，新しい年間トレーニングプランの前に特別な治療が必要になるかもしれず，その医者が，どんな手当が適切かを指示しなければならない。

次に年間プランの活動の種類を示す。異なる色を用いるか，あるいはサンプルチャートにあるように矢印を引いて，トレーニングがクラブで行われるか，合宿・準合宿などで行われるかを示す。移行期を含む休息も表示する。日曜日がただの休日であるなら，チャートに示す必要はない。2～3日の休日があるなら（例

えば，クリスマスや，重要な試合のあと），当該のコマに細い棒を書いて示す。

これでコーチは，選手の活動のほとんどをチャートに記録したことになる。残っているのは，マクロサイクルごとのそれぞれのトレーニング要素のパーセンテージを表すことである。これに続き，コーチはトレーニング要素とピーキングの曲線を描くようにする。それぞれのトレーニング要素をすばやく区別するために，異なる色やマークを使ってもよい。

それぞれのトレーニング要素にいかなるウエイトをおくかは，競技の特性，その選手の長所と短所，トレーニング周期によって異なる。最初のマクロサイクルでは，すべてではないにせよ，ほとんどの競技において，身体的準備が強調される。最初のサイクルで一般的体力の準備を重視したなら，競技の要求に直接関係する専門的体力の準備は2番目のサイクルで重要となる。チームスポーツでは技術的向上という目的が含まれるので，このことは個人競技によくあてはまる。身体的準備は，技術がシンプルな競技の，とりわけ循環的な競技のためのすべてのトレーニング周期において重要である。いずれにせよ，競技のタイプに関わらず，身体的準備を重視するマクロサイクルの間に，トレーニングを切り変えていくハードワークと積極的態度に向けて適応させる。そのようなアプローチは，心理的準備も強化し，不屈の精神，ねばり強さ，決断力を向上させる。これらの心理的特徴は，試合期においては，意志力，闘争心，そして闘争力に変わる。

それぞれのトレーニング要素にいかなるウエイトをおくかを決定するもう1つの重要な要素は，パフォーマンスレベルである。初心者やこれから始める選手にとって（とくにチームスポーツにおいては）向上を制限する要素は技術である。一流選手にとっては，身体的準備，とりわけ専門的な身体的準備がパフォーマンスの向上を制限する要素であるようである。それゆえ，毎年，コーチは選手の進歩を制限する要素を最も重要視しなければならない。

選手は新しいトレーニングプログラムを，そのパフォーマンスレベルに応じて，30〜50％の負荷割合で始める。低いトレーニング負荷で始めることは，低いレベルの向上しか見込めないことを意味している。だから，トレーニング量はこの値を下回ってはいけないのである。オリンピックの次の年は，参加した選手には長めの休息期間が許される。それゆえ，新しいプランのトレーニングの量は20〜30％から始めてもよい。オリンピック前年の年間プランは，40％前後から始めるべきである。このトレーニングの量曲線はそれからだんだんと準備期を通じて上昇し，一般的準備期の終わり，そして専門的準備期の始まりにピークとなる。試合期中は，持久力は徐々に下がって，強度の曲線を下まわる。強度曲線は準備期を通じてトレーニング量の曲線に沿い，試合期の中ごろまでにはそれを上まわる。多くの試合のあるミクロサイクルでは，両曲線は大きな波状を示すようになる。試合に先立つミクロサイクルでは強度が高く，選手が試合前に休息して再生することを許されている試合サイクルでは，トレーニング量は減少する。概して，量が多いときは強度が低めである。これは，トレーニングにおいては，速いペースで多くの反復回数をこなすことの困難さを示している。主要試合の前のマクロサイクルでは，多くのトレーニングを行うことに課題が置かれることを反映してトレーニング量が増加する。次のマクロサイクルの前の，最後の2つのミクロサイクル中では量が再び減少する。トレーニングの強度は異なる動きをする。最初は，短い期間，トレーニング量よりもわずかに低いが，その後，試合が近づくにつれて徐々に上昇する。しかし，無負荷期間においては，競技によって，両方の曲線がわずかに落ちるかもしれない。強度は，持久的競技ではそれほど上がらず，コーチは量と強度にほぼ同じ重きをおくことができる。逆に，動的なパフォーマンスが特徴の競技では，強度はトレーニング量の曲線より高い。試合の短い小周期については，トレーニング量が落ち，強度が上がる。これは，ほとんどの試合の強度が高いということの現れである。

トレーニング量と強度によって決定されるピーキングの曲線は，準備期中は量と強度の両方の曲線に沿うが，前試合期および試合小周期で著しく上昇すること

になる。このピーキング曲線の高さは，重要な試合の前におけるコーチと選手の心理的準備に影響を受ける。

この例に見られるように，年間プランのシンプルなチャートでは，量と強度にどのような重点がおかれているかは，それぞれの曲線のパーセンテージではなく，大きさで示されている。相互の関係ではなくパーセンテージで表現することは，より複雑である。ゆえにそれを使えるのは，一流選手をトレーニングしている熟練したコーチといえるだろう。同様に，ストレスの曲線はチャートに含まれていなかったが，それは普通，試合の接近や参加とともに，強度の曲線に影響されて（そしてそれゆえにそれと類似して）いるからである。

図8-24は仮想のバレーボールチームのための単周期を示している。主要な目標の1つは，県または州の選手権の決勝進出と勝利である。チームは国内選手権の決勝にも出て，上位3位以内に入らなければならない（より現実的な目標としては3位）。リーグ戦の前に，3つのテスト試合があるが，それらはとくにチームの能力をテストするための方法である。

このピリオダイゼーションのセクションは，これまでのチャートと異なり，筋力から栄養まで，すべての要素を統合している。これは単なる例なので，読者は心理学的・精神的・栄養など，他のピリオダイゼーションの要素を挿入できる。

トレーニング要素の比率は，チームスポーツの特有な要件のために，前のチャートとは異なる。この例では，技術的・戦術的準備がより重要になっている。最初のマクロサイクルでは，大部分の，とりわけ長い準備期のある競技でそうであるように，体力的準備が主要な要素である。それは，選手は第一に体力的基盤を発達させなければならないからである。確固とした身体的な基盤がなければ，一定の技術的な戦術行動を完成させることができないであろう。例えば，強い脚力なくしては，適切なスパイクもブロックもおぼつかない。横線（負荷段階パターン）で表されている量と強度の関係は，図8-23（ここではそれらが曲線で表されている）と比べ，チームの準備においてはより早い段階で，強度の要素が強調される必要があることをパーセンテージで示している。最初の4つのマクロサイクルではトレーニング量が優勢である。5つめのマクロサイクルからは，強度が隣接するサイクルよりも高くなる。このことは，試合専門の持久力，敏捷性，反応時間へおかれる重点ばかりでなく，トレーニングにおける最大筋力の重点化を反映している。なお，試合期を通じて，強度は高いままであり，それはトレーニングの活動と，試合のストレスを示している。

2. ピーキング指標

図8-24では新しいパラメーターであるピーキング指標が導入されている。これは，所定のときにおける精神・身体・戦略，そして心理学的レディネス（準備が整っている状態）を反映している。そのためピーキング指標は，試合の優先順位付けも意味している。コーチは，チームや選手のレベル，試合の重要性，対戦相手の能力などに応じて，試合に異なる重点を置かなければならない。優先順位の高い試合以外では，試合に出る選手は（とりわけ一流選手やチームは）それぞれの試合に同等な闘志をもって自らを駆り立てる必要はないし，すべての試合に等しくピークを持ってくる必要もない。試合期が長く，多くの試合のある競技では，それぞれの試合に同等にピークを持ってくることはストレスが多いし，難しい。選手は試合期の最後に行われる選手権の日程までに，疲れ切ってしまってはならない。一流選手，とくにチームスポーツの選手は，いくつかの試合には少なめの闘志で臨み，ピークもストレスも低く抑える。試合のためのピーキングの前には，通常，無負荷期と，専門的な心理的，精神的トレーニングを行う。無負荷期をくり返すことは，試合期のトレーニング量と強度を著しく低下させる。その結果，最終試合への体力的準備のレベルが不適切になってしまうかもしれない。それぞれの試合への周期的な心理学的レディネスは，試合期の終わりまで集中ができないということにつながりかねない。ピーキング指標の意味は，選手はどの試合にも集中するとはいえ，そのうちのいくつかには，違うやり方で，つまり無負荷期をかなり短くとり，緊張も少なくしてアプローチする

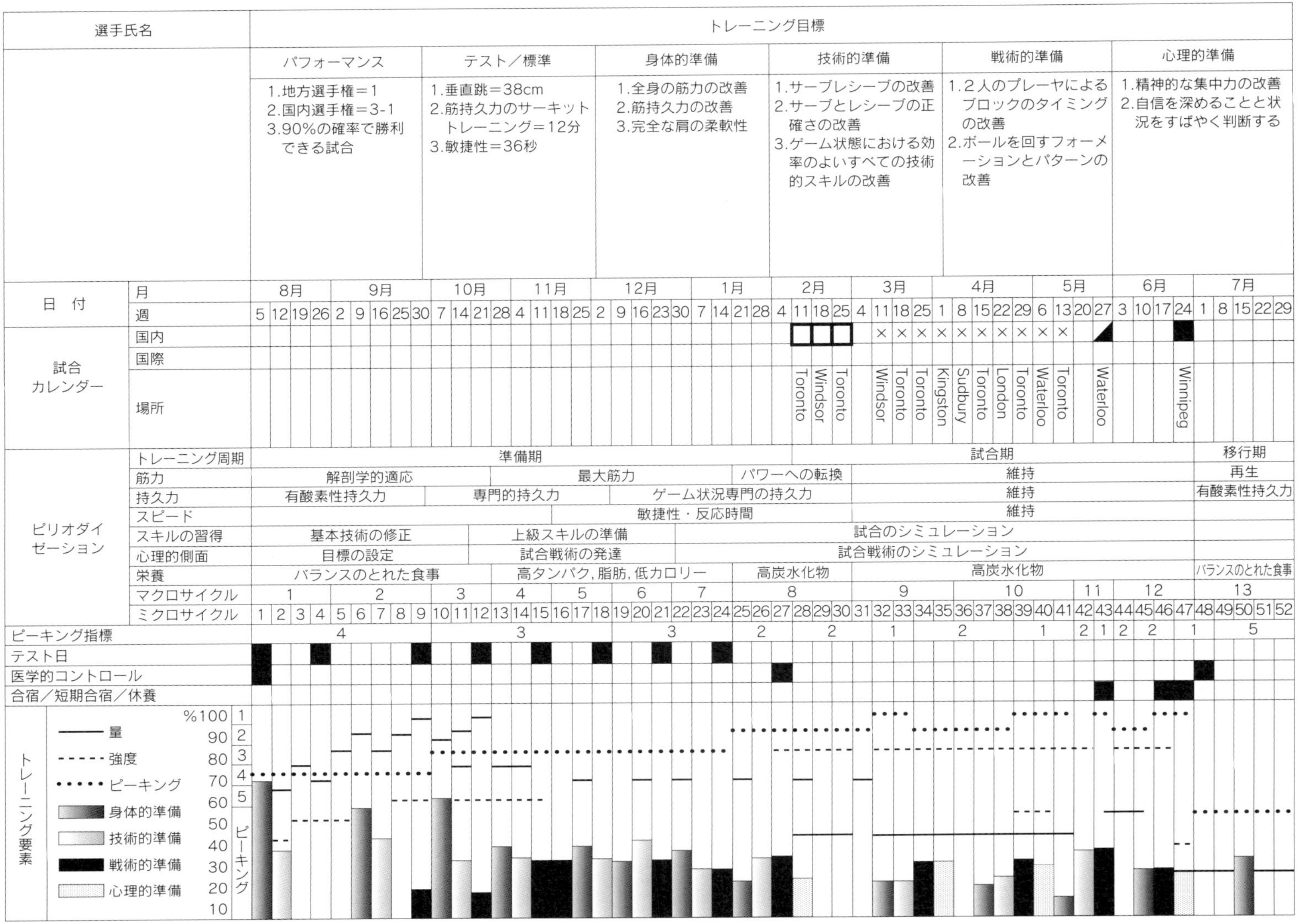

図8-24 バレーボールチームの単周期年間トレーニングプラン

PERIODIZATION

ということである。

　ピーキング指標1は，チームが上位3位までのチームに当たるときに使う。そのような試合では，チームは最高の身体的・心理的潜在力に達していなければならない。ピーキング指標1は，選手の身体的・心理的潜在力の100％にあたるとみなされる。ピーキング指標2は，リーグで，最上位の3～5チーム以外で，上位3分の2以内のチームと対戦するときに用いる。最大潜在力の90％にあたる。ピーキング指標3には，リーグ戦においてそれほど脅威でないチームと対戦するときや，前試合期の試合のときに達するようにする。しかし，前試合期の試合では，勝利そのものより特定の技術・戦術的目標に重点をおく。このレベルの身体・心理潜在力に達することは，二重周期や三重周期での専門的準備期において必要であろう。ピーキング指標3は潜在力の70～80％にあたる。ピーキング指標4は準備期にあたり，選手は競り合う必要がなく，最大の(潜在力の)60％にあたる。ピーキング指標5は最も低く，移行期にあたり，最大でも潜在力の50％である。

　このアプローチを図8-24で用いた。ピーキング指標の欄が，各マクロサイクルの適切な指標を表している。チャートの一番下には，ピーキング指標のための特別な縦の欄があり，それがピーキング指標の曲線を描くためのガイドラインとなっている。曲線は象徴的に横線で表され，それぞれのマクロサイクルでの指標を示している。しかし，実際にはピーキング曲線は波状になるはずである。

▌3. 二重周期のチャート

　図8-25は，技術および戦術的準備がトレーニングにおいて両方とも重要である競技の，仮想のチームまたは選手用の二重周期を示す。年間プランには2つの主要試合がある。一番の試合は8月26日，そしてもう1つの試合は2月25日であるが，重要度は初めの試合に比べると落ちる。最初の準備期は長めで，トレーニング量が最も重要なトレーニング要素である。2番目の準備期に比べてトレーニング強度はそれほど重視されず，選手が持久力と筋力の確固たる基盤を獲得することができるようにしている。試合期は最初のサイクルにおいてかなり短めである。この期間の長さや試合の数は，コーチがトレーニング年度の前半ではめざましいパフォーマンスを強調しすぎてはいないことを示している。コーチは，最初のサイクルにおいては，技術および戦術的向上を伴った，身体的発達を考える。これによって試合期の間の選手の潜在力が高められる。

　2番目のサイクルにおいては，6つのミクロサイクルの間，トレーニングの量が支配的となり，長めの試合期のためにその他の19ミクロサイクルでは量の重要度はわずかに減少し，強度が最も強調されるトレーニング要素となる。ここでも，トレーニング量と強度の波状形が，それぞれのミクロサイクルと重要な試合の前の短い間のストレスを表している。試合期Iの間，コーチは周期的に試合を計画し，2番目のサイクルにおいてはトレーニング期を局面化したことは明かである。これにより，コーチは試合期IIをトレーニング期間と試合期間に分けることができるようになる。最初の試合(6月3日，10日，17日)のあと，コーチは選手の調整状態について観察し，それに続く7月の2つの試合前の3つのミクロサイクルの間に短所を矯正しようと試みることができる。試合期IIの最後の部分でも同様なアプローチが適切であろう。1年で52個のミクロサイクルを明記した欄がピリオダイゼーションのためにチャートに追加されている。この新しいパラメーターはとくに，前年のプログラムを分析している間には重要である。前年度のプログラムを分析することは，どのミクロサイクルで選手が最良のパフォーマンスを達成したか，それに達するのにいくつのサイクルを必要としたかを決めるのに役立つ。そうすれば，ここでわかったことに適合するようコーチは次の年度のプログラムをデザインできるし，必要とあれば最高のパフォーマンスに達するのを早くしたり遅くしたりするよう変更することもできる。

▌4. 三重周期のチャート

　図8-26は三重周期，つまり3つの主要試合をもつ

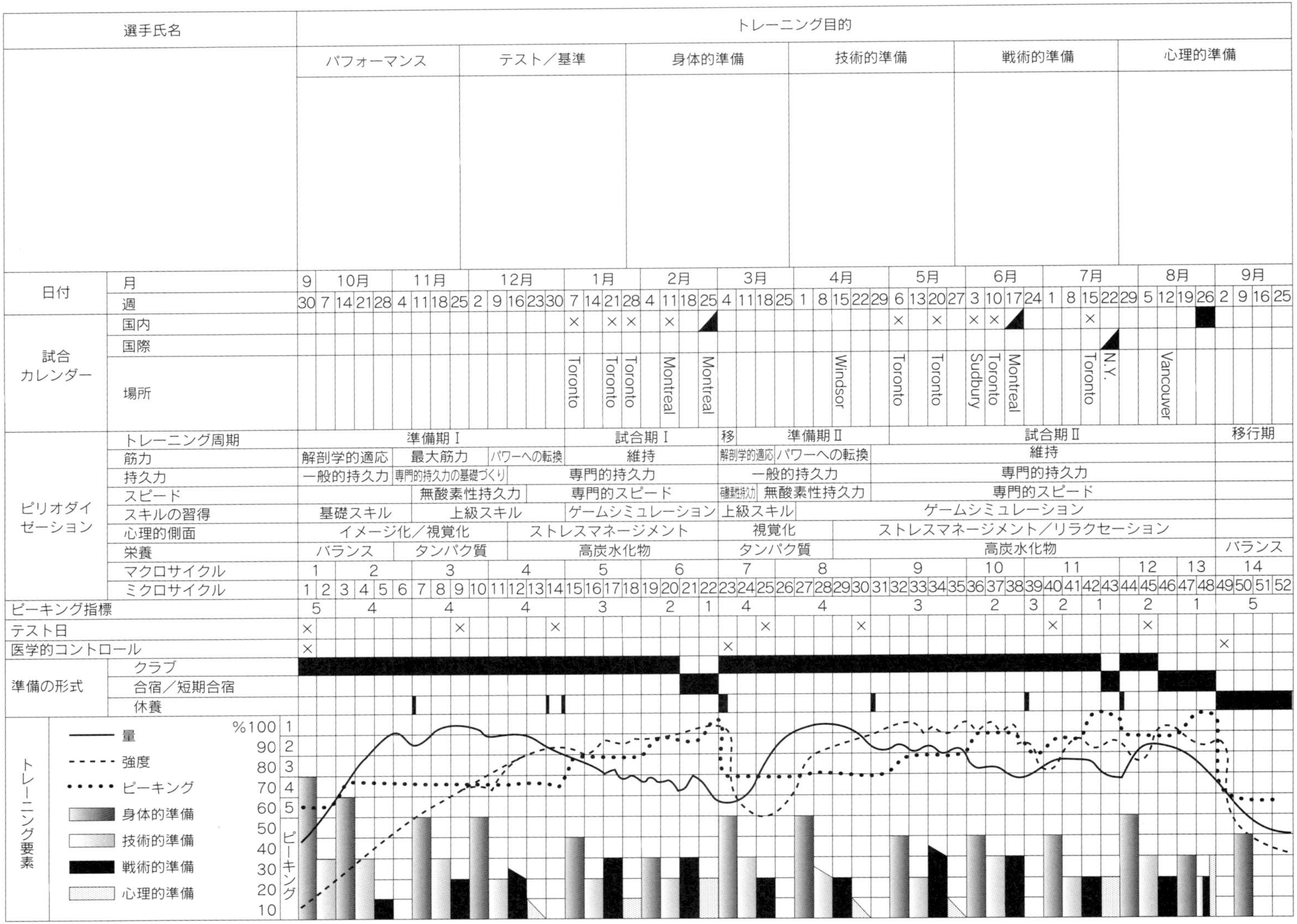

図8-25 二重周期

PERIODIZATION

年間トレーニングプランのチャートである。ボクシング，レスリングのような競技，また水泳で試合が年間を通してまんべんなくあるときは，3つのピークのあるプログラムを用いる。

このチャートは，競技を特定しない仮想の例を示している。そのためここでは，コーチはトレーニング目的を設定せず，すべてのトレーニング要素がパフォーマンスに対してほとんど同等な役割を果たすと仮定している。最初の主要試合(4月26日)は，続く2つの国際試合(つまり8月2日のパンアメリカン大会と，12月13日の世界選手権)の予選である。この仮想のケースでは，選手もしくはチームは，最初の試合では難なく予選を通る(おそらく90%)。そこでコーチは，ピーキング指標2が適切としている。続く2つの試合では，コーチはピーキング指標1に達するよう計画している。

コーチはそれぞれの試合について，トレーニング周期および小周期によって，適切なピリオダイゼーションを施している。これをみると，予選の後では移行期は必要なかった。それは最初の試合のためのピーキング指標2は，選手にストレスを与えなかったからである。したがって，2日間の積極的休息の後，選手は8月2日の国際試合のための新しい準備を開始した。この試合の後には，短い移行期，つまり完全なマクロサイクルが置かれ，再び選手は新しい準備および試合期に取り組んでいる。12月13日の試合(世界選手権)の前にある国際招待試合(フランクフルト，11月8日)は，選手がヨーロッパの試合経験を獲得するために欠かせないものであった。

3つの準備期のうち，最初のものがわずかに長めで，コーチはその間ずっとトレーニング量に重点をおいている。コーチは，この周期およびその後の2つの準備期中に発達する身体的準備の基盤が適切なものと考えている。それがトレーニング基礎を整えることになって，3つの試合段階を通じてトレーニング強度を強調できるようになる。トレーニング要素間の比率も同じ概念を示している。身体的準備が，各準備期にとって支配的なようである。試合期においては，比率は変わって，4つのトレーニング要素のバランスのとれた相互作用を確認することができる。

図8-27は，あるオリンピック陸上短距離選手のためのトレーニングプランである。コーチは，支配的能力のピリオダイゼーションに加えて，技術の獲得および心理的なピリオダイゼーションを具体的に指定している。心理的ピリオダイゼーションは，重要な試合の前のみにしか必要でないとしばしば誤解されているが，心理的準備について年間を通じて関心をもたせるようにする。

もう1つの重要な追加は，週に何メートルという形で専門的持久力のトレーニング量を組み入れたことである。この活動の曲線は，トレーニング周期に応じ，ピリオダイゼーションの概念に従って変化する。また，この専門的持久力の週ごとの量を正確な量で表したため，客観的にトレーニング負荷を計画する決定的な要素が加わったことになる。

客観的にトレーニング量と強度を決める同様な要素が，図8-28で例示されている。このプランは二重周期で，1週間に泳いだキロ数で量を表している。そして強度(この場合はスピード)は最大を基準とした割合で表されている。このような例は，ランニング，スキー，カヌー，ボート，自転車，そしてウエイトリフティングのように，トレーニング負荷が客観的に測定できる競技に有効である。体操のような競技では，1週間あたりに行われた，分習もしくは全習の数を特定することで，トレーニング負荷を測ることができる。

5. 芸術的競技の年間プラン

完璧な芸術性，調和，そして技術が主たる目的である競技のための年間プランでは，少し異なったチャートを利用するとよい。試合の数や配置に従って，単周期，二重周期，三重周期のどれでも可能である。ここではチャートの中央部が特徴的である。体操選手が学び，反復し，部分または全部の演技を完成させる時期を特定することができる。図8-29は体操競技のための年間プランのチャートを例示している。しかし，同じアプローチをフィギュアスケート，飛込，シンクロナイズドスイミングのような他の競技にも適用できる。

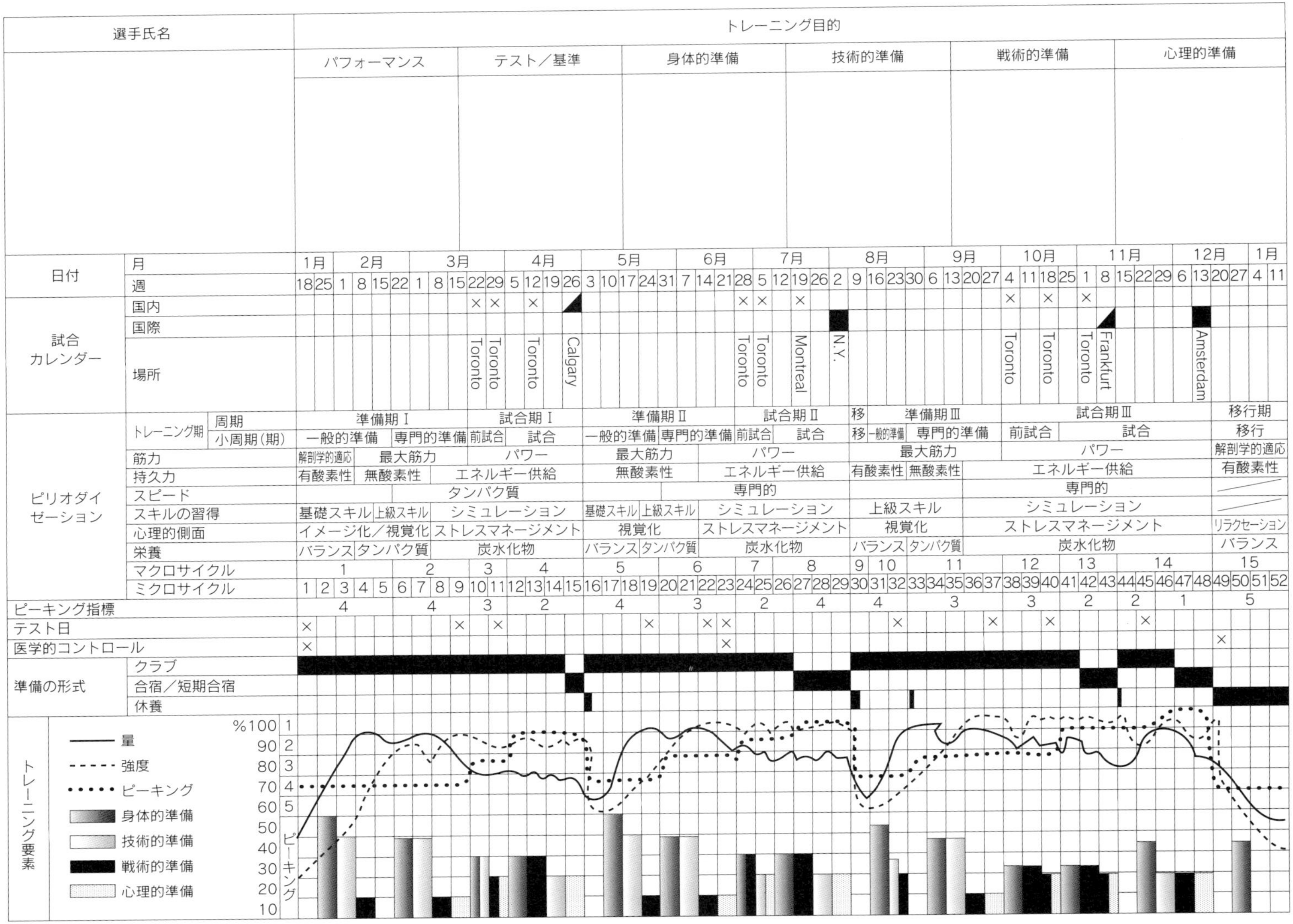
選手氏名
トレーニング目的
パフォーマンス
テスト／基準
身体的準備
技術的準備
戦術的準備
心理的準備
日付
月
週
1月 2月 3月 4月 5月 6月 7月 8月 9月 10月 11月 12月 1月
18 25 1 8 15 22 1 8 15 22 29 5 12 19 26 3 10 17 24 31 7 14 21 28 5 12 19 26 2 9 16 23 30 6 13 20 27 4 11 18 25 1 8 15 22 29 6 13 20 27 4 11
試合カレンダー
国内
国際
場所
Toronto Toronto Toronto Calgary Toronto Toronto Montreal N.Y. Toronto Toronto Toronto Frankfurt Amsterdam
ピリオダイゼーション
トレーニング期
周期
小周期（期）
準備期Ⅰ 試合期Ⅰ 準備期Ⅱ 試合期Ⅱ 移 準備期Ⅲ 試合期Ⅲ 移行期
一般的準備 専門的準備 前試合 試合 一般的準備 専門的準備 前試合 試合 移 一般的準備 専門的準備 前試合 試合 移行
筋力
解剖学的適応 最大筋力 パワー 最大筋力 パワー 最大筋力 パワー 解剖学的適応
持久力
有酸素性 無酸素性 エネルギー供給 無酸素性 エネルギー供給 有酸素性 無酸素性 エネルギー供給 有酸素性
スピード
タンパク質 専門的 専門的
スキルの習得
基礎スキル 上級スキル シミュレーション 基礎スキル 上級スキル シミュレーション 上級スキル シミュレーション
心理的側面
イメージ化／視覚化 ストレスマネージメント 視覚化 ストレスマネージメント 視覚化 ストレスマネージメント リラクセーション
栄養
バランス タンパク質 炭水化物 バランス タンパク質 炭水化物 バランス タンパク質 炭水化物 バランス
マクロサイクル
1 2 3 4 5 6 7 8 9 10 11 12 13 14 15
ミクロサイクル
1 2 3 4 5 6 7 8 9 10 11 12 13 14 15 16 17 18 19 20 21 22 23 24 25 26 27 28 29 30 31 32 33 34 35 36 37 38 39 40 41 42 43 44 45 46 47 48 49 50 51 52
ピーキング指標
4 4 3 2 4 3 2 4 4 3 3 2 2 1 5
テスト日
医学的コントロール
準備の形式
クラブ
合宿／短期合宿
休養
トレーニング要素
量
強度
ピーキング
身体的準備
技術的準備
戦術的準備
心理的準備
%100 90 80 70 60 50 40 30 20 10
1 2 3 4 5
ピーキング

図8-26　三重周期

PERIODIZATION

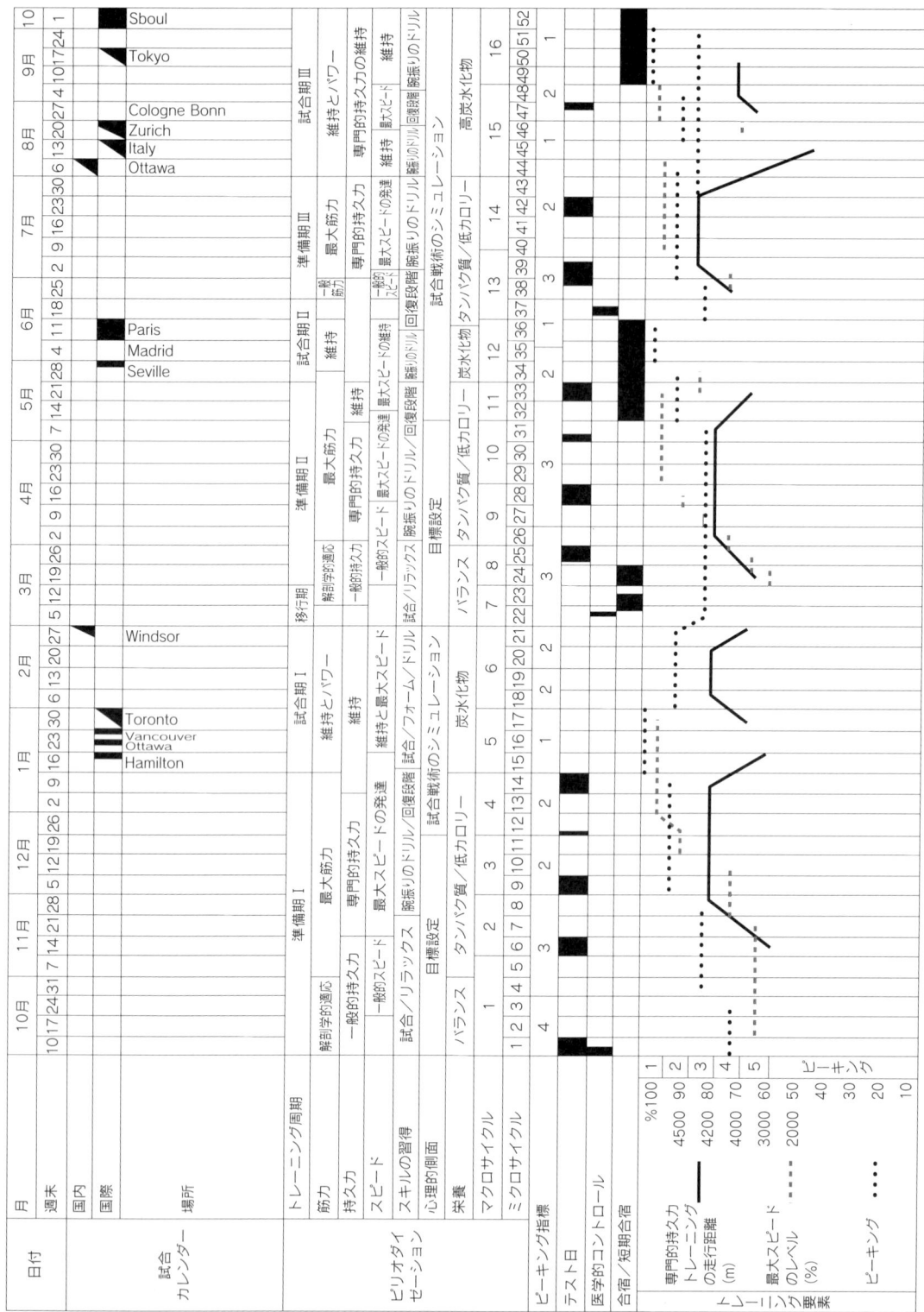

図8-27 オリンピック短距離選手のための年間プラン

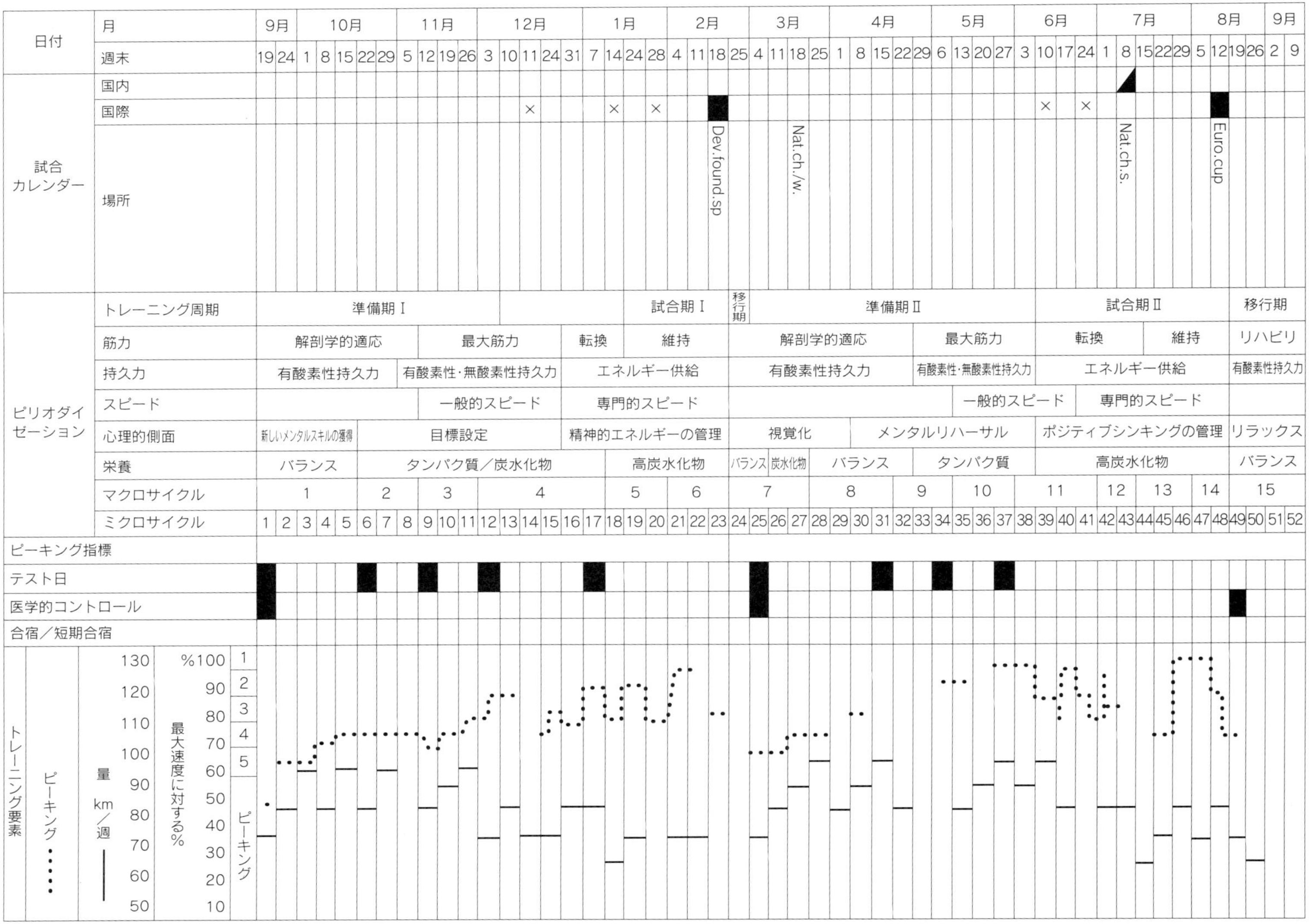

図8-28 100m水泳選手のための客観的トレーニング量(km/週)と強度(最大速度に対する%)に関する年間プラン

PERIODIZATION

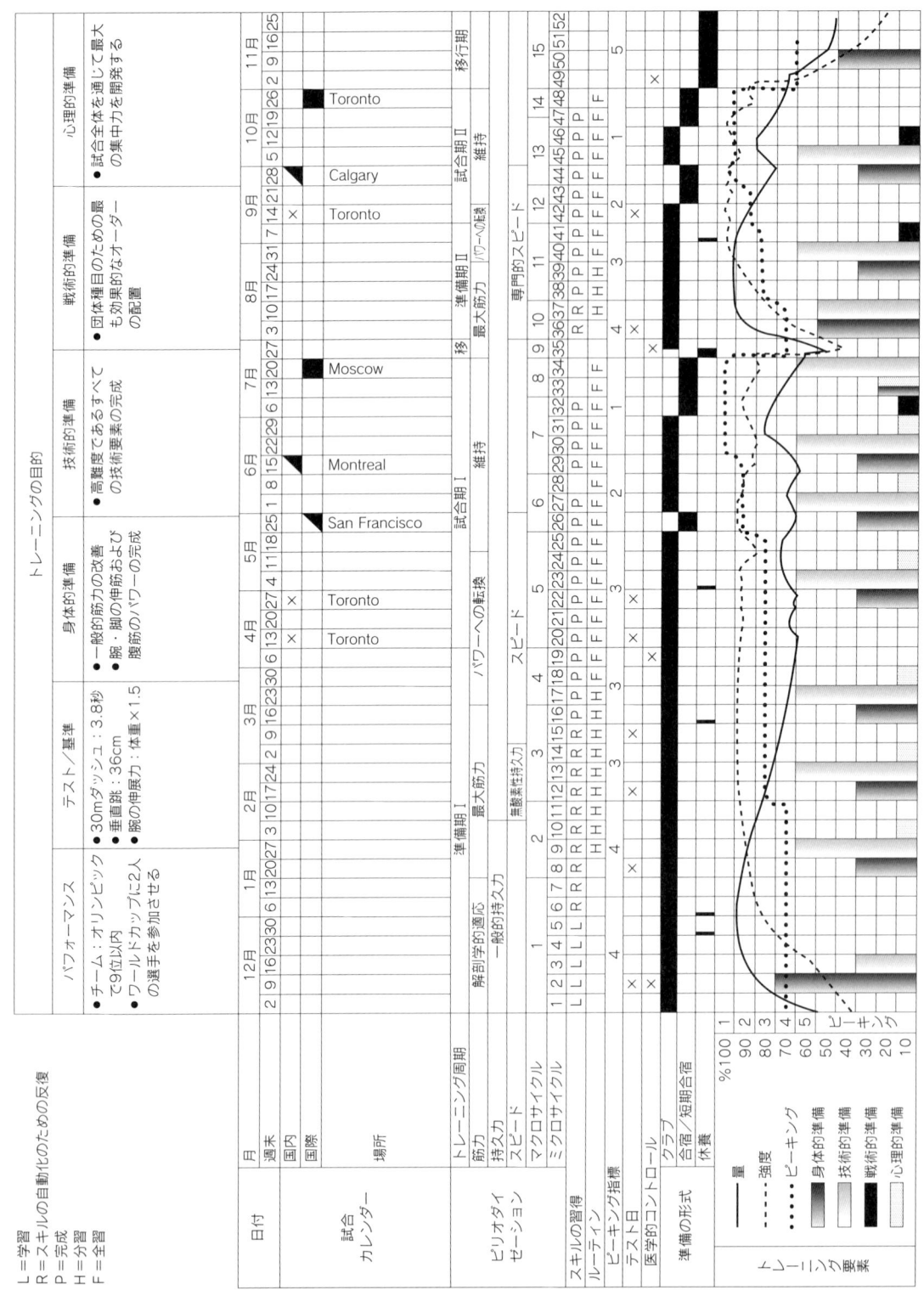

図8-29 体操競技のための年間プラン

図8-29に示されたプランは、オリンピック（7月20日）とワールドカップ（10月24～26日）という2つの大きな試合を持った二重周期を仮定している。コーチは両試合の前に、チームまたは個人の選手を選抜する試合を計画している。そして通常の進行として、前試合小周期に2～3のエキシビションを計画している。そのうちの1つは国際大会である（5月25日）。オリンピックのあとは完全休息3～4日とそのあとの軽い活動からなる短い移行期を計画している。

　目的とチャートの編集は仮想のデータにもとづいている。したがって、選手が技術的要素、エクササイズと演技の流れを学ばなければならない周期とデータもまた仮定である。しかし選手は、新しい演技の要素と演技の流れを、オリンピックやワールドカップのような大会の1年前には獲得していなければならない。また、コーチは、1つ1つの技が完成する頃には、演技で最終的に用いる技のみを残さなければならない。一般的に言って、コーチはこの時点から、新たな技術的要素を探したり、教えたりしてはならない。少なくとも1年前には、コーチは選手がどの技を習得し、演技にいれる可能性があるかを心の中で確信していなければならない。コーチが新たな技を大きな試合が近づいてから演技にいれるのは、特別な状況下に限られる。そのような場合は、新しい技の発明や新しいスキルの発見が、技の習得に問題を生じさせたり、選手にストレスを与えたりしない場合である。おかしなことに、コーチの中にはうまく心の準備ができない者がいて、演技が大きな試合の数日前にやっと完成するようなことがこれまでも起こってきた。明らかに、そのような状況下での責任は選手の肩に負わされるものではない。

　トレーニング要素間の比率は、体操競技においては戦術的トレーニングが重要ではなく、ほとんどチャートに現れないという点で独特である（他の芸術的競技でも同じだろうが）。最初のマクロサイクルでは、身体的トレーニングが圧倒的に重要なトレーニング要素である。このサイクルの間、コーチは必要とされる主要な身体運動能力を開発し向上させることを求め、特定の筋力をとくに重視する。筋力が適切に発達しない選手は、特定の技術的要素を獲得することができないだろう。2番目のマクロサイクル以降は、技術的トレーニングが、適切な身体的準備と相まって、主導的な役割を引き受ける。このことは、トレーニングのすべてのサイクルに有効だが、年間プランの第2部の始まりに当たる10番目のサイクルは例外である。ここでは移行期を身体的準備の維持期と考える。

6. 個人の年間トレーニングプラン

　これまで提示した年間プランのほとんどは、選手個人にもチームにも使うことができるはずである。年間トレーニングを準備するにあたって従うべきガイドラインを具体的な期間をあげて提示している。しかし、それらがいかに具体的であっても、プランは、トレーニングにおける重要な要素であるが、各選手が行うトレーニングの個々の量は規定できない。それゆえ、**図8-30**に概略を示した個人の年間トレーニングプランを用いることを検討するとよい。そのようなプランは、コーチがそれぞれの選手のトレーニングプランを正確にモニターするのに役立つだろう。年間トレーニングのために個人選手が用いるすべての手段と、反復回数、あるいは距離を組み込んでいるからである。

　試合のスケジュールは、プランをまとめる時点でわかっていなければならない。このデータにもとづき、コーチはプランのピリオダイゼーションと、トレーニング周期に従って表された各トレーニング要素についての各マクロサイクルの目標を設定する。走高跳選手用の仮想の個人プログラムである図8-30では、一般的筋力、パワー、最大筋力がトレーニングの最初の小周期の間に発達している。プログラムが進み、試合期が近づくにつれ、技術のような他の要素がより重視されるようになる。移行期では一般的な身体的準備が主体になる。

　コーチはトレーニング強度を明確にしなければならない。それが各マクロサイクルの作業量と質と決定づける。この例のように強度は単純に、低、中、高としてもよい。次の尺度を用いてもっと正確にやることも

PERIODIZATION

選手氏名 _____
種目 _____
パフォーマンス目標：2.10m

年 _____
コーチ _____

日付	月	11月	12月	1月	2月	3月	4月	5月	6月	7月	8月	9月	10月
	週末	4 11 18 25	2 9 16 23 30	6 13 20 27	3 10 17 24	2 9 16 23 30	6 13 20 27	4 11 18 25	1 8 15 22 29	6 13 20 27	3 10 17 24 31	7 14 21 28	5 12 19 26
	国内				× × ▼	▼		×	× ×	×	■		
カレンダー	国際												
	場所				Toronto / Edmonton / Montreal			Toronto / Toronto	Regina / Quebec city	Vancouver	Toronto / Sudbury		
ピリオダイゼーション	トレーニング(周期)	準備期 I			試合期 I	移行	準備期 II		前試合	試合期 II		移行	
	小周期(期)	一般的準備	専門的準備		試合		一般的準備	専門的準備		試合			
	マクロサイクル	1	2	3	4	5	6	7	8	9	10	11	12	13
トレーニング	目的	解剖学的適応	パワー、最大筋力	最大筋力、技術	技術、パワー、最大筋力	解剖学的適応	最大筋力、技術	最大筋力、技術、パワー	技術、最大筋力、パワー	技術、パワー	技術、パワー	一般的な身体準備	休暇
	強度	中	中	強	強	弱	中	中	強	強	強	弱	
目標パフォーマンス					2.06			2.06		2.08	2.10		
準備の形式			クラブ		合宿			クラブ			合宿		
トレーニング方法	ジャンプ 600回	15	30	35	60		40	50	100	150	100		
	技術練習 800回	25	70	50	85		60	60	130	200	100		
	ウエイトトレーニング (kg):												
	●レッグプレス 342,000	22,000	30,000	30,000	60,000	20,000	50,000	20,000	30,000	20,000			
	●ジャンプ1/2スクワット 90,000	3,000	6,000	10,000	15,000	5,000	15,000	5,000	6,000	7,000	5,000		
	●パワーリフト 266,000	15,000	20,000	20,000	40,000	15,000	50,000	20,000	14,000	15,000	7,000		
	●足首の柔軟 109,440	4,000	7,220	10,000	16,220	8,000	20,000	6,500	8,000	10,500	4,000		
	ベンチエクササイズ 35,000回	2,200	3,800	3,200	3,400	1,850	5,000	2,400	4,200	5,200	3,600		
	ジムボックスエクササイズ 3,340回	280	480	360	360	500	800	560			850		
	メディシンボール 4,660回	160	200	140	200 2	140	260	180					
	●30mダッシュ 3.3秒	300	1,400	600		200	1,600	300					
テスト指標	垂直跳 62cm	3.7	3.5	3.5	3.4		3.5	3.4		3.3	3.3		
	立五段跳 15.20m	54	58		60		60	60		62			
	●パワーリフト 260kg	14.00		14.80			14.80			15.20			
	●レッグプレス 90kg	200	220	240	260	230	250		260				
	背中の柔軟 70cm	65	70	75	90		90	70					
	背中の柔軟	60		65		68							

図8-30　走高跳選手のための個人トレーニングプラン

できる。

 1―限界まで，2―最大，3―最大の1段下，4―高，5―中，6―低

　プランの実際的な重要事項の1つは，トレーニング方法を記入する場所である。この部分に，コーチは特定の身体運動能力を発達させるための技術的スキル，ドリル，そしてエクササイズを記入する。それぞれのトレーニング方法の隣には，コーチは選手がトレーニング年間全体で行う特定の反復回数，距離またはタイム，あるいは重量キログラムメートル（kgm）を詳述する。これらの数値はその後，目標と，次のミクロサイクルにおけるそれぞれの重要性に応じてマクロサイクルごとに割り振られる。年間のトレーニングを通じてのエクササイズもあれば（例：足首の柔軟），準備期や前試合期のみに特有のもの（例：メディシンボールを使ったエクササイズ）もある。ウエイトトレーニングのエクササイズはすべて"kgm"で表される。他の，パワーを発達させるエクササイズは反復回数で表される。例えば，パワーリフティングは以下のように計算される。1年で3,800回×1m，あるいはバーベルの移動距離×70kg，あるいは平均負荷266,000kgm。チャートの一番下には，テストや，それらの基準に達するための行程とともに相応の基準を記入する。

　個人の年間トレーニングプランは，個人競技にもチームスポーツでも用いることができる。このプランは個人競技（とりわけ，客観的な計測手段のあるもの）によりふさわしいと見える場合もあるだろうが，チームスポーツにも用いることができる。コーチは容易に，特定のスキルや戦略の反復回数を計画できる。その際，身体的準備，テストとトレーニングの基準となるものとの間には，食い違いがあってはならない。

7. 年間プランのチャートの実用性

　年間プランのチャートは，トレーニング年間を通じて編成されたほとんどのトレーニング活動の基本的なガイドラインとなる。コーチは，試合スケジュール，トレーニング要素間の比率，そしてトレーニング要素とピーキングの変化によってプランを立てる。チャー

ランナーのためのトレーニング負荷は客観的に測定される

トは選手のプログラムを統率する具体的な道具なのである。コーチは，所定のトレーニングサイクルにおいてそれぞれのトレーニング要素にいつ重きをおくかを，チャートから引き出すことができる。これを基盤にして，あるマクロサイクルで，例えば50％は身体的，40％を技術的，などと優先度を設定することができる。個々の年間トレーニングプラン中においてサイクルごとに計画された，トレーニング量と強度の度合いを考えることで，まずマクロサイクル，それからミクロサイクルのトレーニングプログラムを正確に計画することができる。

PERIODIZATION

10. 年間プランをまとめるための基準

Criteria for Compiling an Annual Plan

　コーチが，その年のトレーニングを指揮するために使うガイドラインとして，年間プランをまとめることは重要である。プランをまとめる理想的なタイミングは，移行期の終わりである。前年度の主要試合の直後，コーチはプログラムを見直して分析し，選手の能力の向上や，試合でのパフォーマンスやテストにおける発達の度合い，トレーニングや試合の間の心理状況などを振り返ってみることができる。この分析から引き出された結論は，次年度のプランの目標に影響をおよぼすはずである。これらの観察と，試合のスケジュールが，次の年間プランをまとめるにあたって使われる。

　翌年度の試合スケジュール(国内および国際試合を含む)は国内連盟によって定められる。このスケジュールにもとづき，各地域の組織がその試合日程を定める。すべてのコーチは，前年度の年間プランにおける移行期までには，これらの日程を知っていなければならない。そうでなければ，客観的に次年度の年間プランをまとめることができない。年間プランの質は，コーチのトレーニング分野における方法論的知識，経験，そして最新の理論的成果を反映する。これらすべての側面を取り入れられるよう，最初のプランを何度でも改善しなければならない。年ごとに進歩するコーチの知識と獲得した経験を反映し，年間プランのモデルはしだいに発達していくだろう。年間プランを作った後，具体的な必要性にもとづいて個人や小さいグループのトレーニングプログラムをまとめる。すべての用語・ことばは明確で簡潔，そして専門的でなければならない。年間プランには修辞の入る余地はない。

　優れたコーチは皆，独自の年間プランをまとめることができる。計画的なコーチは効率的である。国内の競技協会，あるいはスポンサー団体は，全国レベルのコーチに次年度のトレーニングプランを提出するよう求めるとよい。そのプログラムは合理的にまとまっているものでなければならず，またトレーニングの主要な要素を含んでいなければならない。以下は，すべての必要な要素を含んだ年間プランのモデルである。

1. 導入

　導入部では，プランの期間(例：9月15日から8月16日まで)と，個人またはチームの情報(競技，性別，年齢，身長，体重，体格)を明記する。このデータは特別なコメントなしで記入してよい。それから，とくにプロジェクト(大がかりな細密計画)では，競技の科学的・方法論的特徴のいくつかを説明し，ここからトレーニングで必要なことが決定される。例えば，個人競技として女子体操は，最大筋力，パワー，筋持久力，柔軟性がおおいに要求される状態での調整力が特徴である。リズム感や音感もまた重要である。活動の長さは跳馬の4～5秒から，平均台の演技における1分30秒までの範囲で，結果的に体操におけるエネルギー供給の80%が無酸素性で，20%が有酸素性である。30秒未満しか続かない活動の最大のエネルギー源は筋肉に蓄えられたATP-CPであり，30秒～1分30秒の技，前後半それぞれの演技，そして全体の通し演技のためのエネルギー源は，乳酸を生成する無酸素性代謝システムである。

2. 反省的分析

　次年度のパフォーマンス予測や目標を正しく作り出すために，前年度のパフォーマンスや行動を徹底的に分析する。パフォーマンスの達成の度合いはテストや基準ばかりで判断するのではなく，パフォーマンス自体からも判断できる。それは表8-3のように示すことができる。

　コーチは前年のパフォーマンス目標とテストおよび基準を分析した後，各トレーニング要素を個別に分析することで，選手のトレーニング内容を決定する。身体的準備では，一般的・専門的および身体運動能力発達の指標が競技の専門的な必要性にかなっていたか，それらが適切に技術的・戦術的，そして心理的準備の基盤となっていたかを分析する。このような情報は，

表8-3　女子やり投選手のテスト結果の仮定的分析

	パフォーマンス	計画：51.50m	達成：52.57m
	テスト		
目標	1. 30mダッシュ	4.8秒	4.7秒
	2. 立ち幅跳び	2.40m	2.36m
	3. 懸垂	8回	7回
	4. 投球	60.00m	61.36m

試合やテストの結果から収集する。技術的あるいは戦術的パフォーマンスにおける発達あるいは低下を，テストスコアにおける選手の能力の向上または低下の率と結びつけて考える。一貫性がなく不適切な身体的準備の結果として，準備期に向上が著しいのに試合期に低下が起こるということもしばしばある。したがって，身体的準備の変遷に関する客観的データを集めるため，試合期中もずっと専門的体力の準備を続け，それぞれのマクロサイクルにおいて一貫してそれをテストする。

技術的準備の分析は，技術的要素の精密さ，そしてそれらがどの程度パフォーマンスの全体に影響したか，に焦点をあてる。過去の技術的要素の有効性を査定し，それらを将来的にも用いるかどうか決定するのである。技術的要素を発達させることに費やした時間は，選手の技術的発達の度合いとスキル獲得のレベルを反映している。

戦術的準備の分析では，用いられた戦術的行動が正しい選択だったか，チームの特色にふさわしかったか，そしてゲームの問題解決を導いたかを省みる。反省的分析の結論として，コーチは，次年度にチームの効率が改善するために，前年度の戦略的ツールで排除されるもの，チーム戦術の一部として維持されるもの，完成させられるべきものがあれば，それがどれであるかを示さなければならない。

最後に，選手の心理的準備と行動，そしてそれがいかに最終パフォーマンスに現れたかも調べなければならない。全体のプロセスにおけるポジティブ・ネガティブな側面と，それらが試合でのパフォーマンスを最適にするように導いたかどうかを考えなければならない。選手の行動を査定するには，トレーニングやその他のあらゆるときに何が起きたかを考慮する。という

のも，しばしば，目に見えないトレーニングが，トレーニングや試合において重要な関わり合いを持っているからである。コーチはまた，トレーニング専門家や心理学者との協力についてもよく考え，何が選手のパフォーマンスを向上させるか決定する。反省的分析の結果は将来の進歩やパフォーマンスを予測し，新しい年間プランにおいて具体的な目標を設定する基盤である。

3. パフォーマンスの予測

コーチの重要な能力の1つは，プラン立案の日から主要試合の間に獲得されるスキル，能力，一般的なパフォーマンスを予測することである。そうすれば，パフォーマンス予測を参考として，目標やテスト基準を引き出すことができる。これらの目標や基準を達成することこそが，選手が最高レベルのパフォーマンスに達することができるという保証となる。例えば，体操競技のコーチは演技構成とテクニカル要素を採点し，それらが女子国内選手権の上位6位以内に入るのに必要な平均9.4という得点を確保できるだけの難易度があるかどうか調べる。このような分析に続いて，コーチは，その対象選手の実際の能力にもとづき，予測される点を得るためにどのテクニカル要素を次年度の演技構成に組みいれるかを決定する。

チームスポーツのパフォーマンス予測は個人競技より難しい。コーチが予測できる側面は選手が次年度により高次のパフォーマンスを達成するために獲得しなければならない技術的要素，戦術的行動，あるいは運動能力レベルぐらいしかない。

パフォーマンスが客観的に，あるいは正確に測定できる競技では，パフォーマンス予測はより容易である。

PERIODIZATION

表8-4 オリンピック男子漕艇の順位についてのパフォーマンス予想(種目リストはスピード順)

種目	パフォーマンス(分)と順位			
	1	2〜3	4〜6	6〜11
エイト	5:38	5:41	5:45	5:50
クオド	5:51	4:55	5:59	6:04
舵手なしフォア	6:05	6:09	6:13	6:17
舵手つきフォア	6:13	6:17	6:21	6:26
ダブルスカル	6:23	6:27	6:31	6:36
舵手なしペア	6:43	6:46	6:50	6:55
シングルスカル	7:03	7:07	7:11	7:16
舵手つきペア	7:08	7:12	7:16	7:21

表8-5 メジャーレガッタにおける最小パフォーマンス予測と順位予想

種目	パフォーマンス	順位
エイト	5:45	6〜8
クオド	5:58	6〜8
舵手なしフォア	6:12	3〜5
舵手つきフォア	6:20	7〜11
ダブルスカル	6:30	3〜5
舵手なしペア	6:50	5〜6
シングルスカル	7:10	7〜11
舵手つきペア	7:15	6〜11

コーチは前年度に達成した最高結果を考え,パフォーマンスの向上率にもとづいて,次年度に選手が到達するであろうレベルを予測する。男子漕艇のパフォーマンスはそのような基盤を用いて予測された(表8-4)。

選手の現実的な能力と向上の可能性を考えれば,コーチはそのクルーの基準とこのレガッタへの順位予想を設定することができる(表8-5)。パフォーマンス予測にもとづき,コーチは各トレーニング要素について現実的な目標を定め,年間プランのチャートを調整しなければならない。

4. 目標

年間プランでも,プロジェクトの立案でも,コーチは正確で簡潔な用語,および方法論的な筋道で目標を明確にしなければならない。目標は過去のパフォーマンス,達成されたテスト基準,スキルやパフォーマンスの向上率,そして主要試合の日程にもとづいている。

目標を設定するにあたっては,重要なトレーニング要素と,発達が乏しくて選手を制限してしまう要素について考慮する。それから制限要因からみたトレーニングにおける優先事項の方法論的な順序を決める。

制限的要素に従って決定する方法論的な筋道と,それぞれのトレーニング要素の提示順は以下のとおりである。

1. パフォーマンス目標
2. 身体的準備(筋力,スピード,持久力,柔軟性,調整力)
3. 技術的準備(攻撃および防御スキル)
4. 戦術的準備(攻撃および防御の個人およびチームの戦術)
5. 心理的準備
6. 理論的準備

これはコーチが各要素にこの順番で重きを置かねば

ならないということではない。選手の発達が比較的劣っている要素，そしてその競技に参加するすべての選手にとって主要である要素に優先度を与えるものでる。目標，とりわけパフォーマンス目標を設定するときは，それらを獲得できる可能性を考慮し，明言する。このプロセスは具体的，客観的な事実に依存するが，選手の余力や向上の可能性，心理的特性などの主観的評価も考慮してよい。以下は仮想のバレーボール選手の目標である。

■ パフォーマンス
- 国内ジュニア選手権での優勝獲得。達成可能性は80％。
- 国内シニア選手権での6位以内入賞。達成可能性は50〜60％。

■ トレーニング要素
- 身体的準備
  筋力──より高く専門的ジャンプのために脚筋力を鍛える。
  スピード──ブロックや防御のためのよりすばやいフットワークを容易にするため，スピードを向上させる。
  持久力──長いゲームや，トーナメントに必要な筋持久力を向上させる。
  柔軟性──肩の柔軟性を完全にし，足首の柔軟性を向上させる。
- 技術的準備
  サーブの安定性を向上させる。
  スパイクの正確さを向上させる。
- 戦術的準備
  攻撃──6-0システムでのスパイクの多様性を向上させる。
  防御──ブロックのタイミングとすばやさを向上させる。
- 心理的準備：ミスをした後でも冷静に自信を持ってプレーする能力を向上させる。
- 理論的準備：審判がコールするすべての罰則について知る。

5. 試合カレンダー

次章では，試合の詳細なプレゼンテーションと，競技におけるその重要性について述べるが，それに関連するいくつかの側面についてはここで説明する。それは，この章では年間プランのために試合スケジュールを設定する方法論について言及しているためである。

コーチは，試合スケジュールを設定するにあたって，選手，そのパフォーマンスとスキルのレベル，心理学的特性にふさわしい試合を選ぶようにする。選手自身の意見も，とりわけ一流選手の場合は考慮してよいが，コーチが経験にもとづいて決定的な役割を担うようにする。最終決定することを選手に求めるのは不適切である。

ピリオダイゼーションと試合スケジュールの設定において決定的な要素は，主要な選手権であり，それがその年の主要な目標であることもある。その他の公式および非公式試合の重要性は二次的であるが，選手の準備レベルを査定するよい機会となる。それらは試合期全体を通じて散在し，前試合の小周期では最重要である。準備期中という早い時期に試合を設定してはならない。その時期は，パフォーマンスより，身体的準備やスキルを獲得することに焦点をあてるようにする。それゆえに，主要な試合と二次的な試合を組み合わせるべきである。そのような試合を交互に行うことが理想だが，いつもそれが可能なわけではない。多くのリーグ戦や公式試合のあるチームスポーツと違って，個人競技では試合が少ないこともある。年間プランの試合期を通じてトレーニングのまとまりを維持するために，調整的試合をトレーニングプランの不可欠な一部分として組み込むことをお勧めする。

年間プラン中の試合の配置は，トレーニング負荷の漸次的増加という原則を考慮しなければならない。つまり，重要度が二次的である調整的試合が，公式の難易度の高い試合より以前に行われなければならない。しかしこれは，その競技の理事会が日程を設定するようなチームスポーツでは，常に可能というわけにはいかない。

パフォーマンス目標を達成することにおいて決定的な要素は，試合の数である。チームスポーツにしばしばあるように，過酷な試合スケジュールは高い競技的状態に到達するプロセスを早めてしまい，試合期の終わりにある重要な試合でチームの効率が下がってしまいかねない。試合の数が少ないと，その年の主要目標での競技的状態が低くなってしまうかもしれない。試合の数を決定する2つの重要な基準は，競技特性や試合で要求されるものの質と，選手のパフォーマンスレベルである。要求される能力が多岐にわたる競技で，選手のパフォーマンス能力が低い場合なら，年に15〜25試合で十分であろう。その他多くの競技で，一流選手には，もっと多くの試合(30試合)を計画してもよい。

ひとたび試合スケジュールを作ったら，変更すべきでない。とりわけ大きな試合のための年間プラン全体のピリオダイゼーションが，このスケジュールにもとづいているからである。高校や大学の学生には，試験期間中にとくに重要な試合を計画してはいけない。同様に，主要試合直前の最後のマクロサイクルでは，公式試合あるいは課題の多い試合を予定してはならない。この最後のマクロサイクルでは，それ以前の試合から引き出された結論に従って，いくつかの変更を加えつつ，静かな雰囲気でトレーニングをする。試合はそれぞれ，選手に身体的・精神的・心理的負荷を負わせる。選手は休息しリラックスし，その年の主要試合に向けての精神的なタフさと集中力を再構築する時間が必要である。そのような心理的および生理的必要性を重要視しないと，試合スケジュールの最終の試合で粗末なできばえを露呈することになるだろう。

6. テストと基準

選手とその潜在能力をよりよく知るためには，効率がよく，システマティックで，一貫性のある評価が必要になる。しっかりしたトレーニング方法論においては，競技の評価がプランニングの過程の本質的な一部となることが必要である。選手の進化・不振，あるいはその結果のパフォーマンスの退化に対応するために，すべての評価手続きとテストの方法を客観的に定量化することが必要となる。

テストはテストされる個人によるパフォーマンスを必要とする。評価とは，基準との相対においてその人間のステータスを決めるプロセスのことである。評価者は常に，コーチであって選手ではない(選手はしばしば重要なアシスタントにはなりうるが)。

テストは結果を比較できるようにするため客観的に測定されなければならない。Meyers(1974)によれば，測定の機能は，所定の能力またはスキルの状態を確認し，(1)達成や進歩を裁定する，(2)特定の弱点を診断する，(3)今後の向上を予測する，ための基盤を提供することである。Meyersはまた，テストと測定プログラムは以下のような機能を提供するという。

- スキルの状態と能力レベルを評価し，それをトレーニングプログラムを計画するために用いることができる。
- 選手のトレーニング内容を決める。
- 選手の能力の特定の強み・弱点，そして限界を裁定する。
- 将来使えるであろうスキルと戦術的作戦における適応力向上を測定する。
- より良い身体的メカニズムと，特定の心理的能力の発達に導く。
- あらゆるトレーニング要素において適切な基準を確立する。
- 効率の良い学習を動機づけ，特定のスキルを向上させるとともに，そのための心理的特性を発達させる。

テストは，それぞれのトレーニング要素の現在値に関する情報を測定し提供するために，多様でなければならない。1つの要素，例えばレスラーについて筋力をテストすることだけでは不十分であり，トレーニングを制限することになる。したがって，コーチは決定的なトレーニング要素はすべて測定しなければならない。とりわけ，テストは選手の向上を阻害する要素を検出できなければならない。

トレーニング過程を通じて，コーチはテストの2つ

の基本的カテゴリを注意すべきである。最初のカテゴリは，選手を選抜するためのテストで，特定の競技や種目において特有の遺伝的能力を調べる。2番目のカテゴリは，選手の適応力，スキル獲得の発達度合い，パフォーマンスの向上についての情報を提供するものである。

　選抜のためのテストはシンプルであるべきで，テストを受ける者に技術的な複雑さや高度な調整を要求しないようにする（調整力のテストは除く）。コーチは選手の適応性とパフォーマンスの向上を見いだすためのテストを選択し構築する——とくにコーチにとって有効で役に立つ情報を提供するために，トレーニングプランを通じてコーチが目ざす能力を再現し，できれば発達させるようなテストを構築する。理想的には，テストのツールとして，トレーニングのエクササイズを使う。例えば，ジャンパーやチームスポーツの選手のほとんどは，脚力を発達させる跳躍運動を使うとよい。例えば，5・10・3段跳がよくあるエクササイズである。これらのエクササイズはテストとしても十分に有用なので年間トレーニングサイクルを通じてずっとそれを用いるようにする。このようなテストは，その種目に特有なものであるとともに，選手のトレーニング手段としてのエクササイズでもある。ここで重要なことは，それが選手をトレーニングに向けて動機づけることである。それはエクササイズがテストとしても，必要な能力を発達させる手段としても使われるからである。

　一連のテストを行うときは選択眼を持ち，特定の競技が要求する能力の多くを組み込んでいるものを選ぶべきである。例えば漕艇では，ロウイング・エルゴメーター・テストが重んじられる。選手の専門的持久力，筋力，スピード，ペーシング，そして意志力が1つのテストで測定できるからである。競技によっては（例：バレーボール），コーチが18回ものテストを行うことすらある。コーチが12～16人の選手をそれぞれのマクロサイクルにテストしなければならないとしたら，トレーニングの時間が残らないのではないだろうか。このことを考慮し，筆者はテストの回数は最小限（4～8回）にとどめるべきであると考えている。そして，すべてのテストが高い割合で有効であることを確実に確かめるべきである。原則的にコーチ（テストの専門家のアドバイスを採用することもできる）は，利用できるテストと競技の特性との相関を計算し，最高の相関係数を持つテストだけを選ぶべきである。これが，適切な一連のテストを選択する最も科学的な方法である。

　また，テストは選手一人ひとりの公正な評価を容易にしなければならないし，客観的に測定できる基準を持っていなければならない。例えば，腕立て伏せは肘の伸筋の力を評価するために，いまだに圧倒的に使われている。しかしテストを実施する者は，腕の長さが一人ひとり違うという事実を無視している。個人間の比較に適切と言うにはほど遠い。肘の伸筋力を測定するために使える方法が他にないのなら，ベンチプレスを用いてそれぞれの受験者のキログラムメーター（kgm）を計算して選手間の比較をするほうがより正確である（kgm＝肢長×負荷×リフト回数，例：腕の長さ0.6m×50kg×10回＝300kgm）。評価法に詳しくないコーチは，テストの専門家にアドバイスを求めるか，テストと測定の文献を参照するとよい。

　テストとトレーニングの専門家，そしてコーチはしばしば，選手はテストのためにトレーニングすべきかどうか悩むことがある。その答えはイエスでもありノーでもある。もしもトレーニングプログラム中の多くのトレーニングエクササイズや手段のうち1つがテストであるなら（例：五段跳），答えはイエスであり，選手はトレーニングをしてもよい。同様に，最終的な技術やスキルを学ぶための，選抜を目的としたテストになら，短い時間トレーニングをしてもよいだろう。その他のタイプのテストでは，選手はトレーニングをしてはならない。テストのための事前の準備やトレーニングはその目的を歪めてしまうからである。すでに述べたように，ほとんどのテストは，所定の時期にそれまでのトレーニングの効果を測定するものである。テストは形式的なものではない。つまり，選手の調整の範囲を制限することになってはならないのである。この点で，選手がVO_2maxテストのためにトレーニング

してはならないことが理解できるはずである。すなわち，選手がそれをしたところであまり成果が得られないからである。それどころか，有酸素性および無酸素性持久力はトレーニングの全般的な量を重視するトレーニング方法を通じてもっと向上するのである。テストは，それ自体が目的になってはならない。

いかなる年間トレーニングプランであっても，あらかじめテストの日程はすべて決めておく。最初のテスト日程は，準備期の第1のミクロサイクルに定める。このようなテストは，選手の調整レベルを評価する基準となり，新たな年間プログラムを発展させることになるだろう。優れたコーチは，それぞれのマクロサイクルで一定のトレーニング目標を達成できるよう計画するはずである。したがって，そのような目標の達成を確かめなければならない。このようなことからコーチは，それぞれのマクロサイクルの終わりに，コーチは1～2日のテスト日を設け，選手の発達についての情報を集めるとよい。テストの結果が一貫した向上を示していれば，当初計画したとおりのトレーニングプログラムを維持する。そうでなければ次のサイクルには選手のトレーニング状態を反映するようにプログラムを改変する。テスト日程は周期的に，それぞれのマクロサイクルの終わりに設けるが，それは準備期と前試合期のみである。これらの周期では，客観的なデータにもとづいてトレーニングプログラムをモニターするために，選手の調整状態を評価する必要がある。同様に，規則的なテストは，特別な心理的能力を向上させるだけでなく，試合のないときのモチベーションを高めることにもなる。試合期では，試合の間が4～5週間以上開くときのみテストセッションを設ける。この周期では，試合自体がすべてのトレーニング要素を評価する理想的なものとして役立つ。

コーチはテスト日程を年間プラン全体にわたって計画するべきであるが，ときには抜き打ちで行ってもよい。選手は心理的にテストに備える時間がないから，結果はしばしば驚くべきものになる。パフォーマンスを失敗するものは心理的サポートが欠けているから当然そのような結果になるのである。このようなアプローチは選手の調整における一定の弱点を明らかにするかもしれないが，この方法を乱用してはならない。年に1回，多くても2回までが許容範囲である。テストの成績はコーチが記録するだけではなく，それぞれの選手が自分のトレーニング日誌に正確に記録するようにする。

プランの記述欄には，それぞれのトレーニング要素のためのテストを，異なる色や記号を用いて表現する。年間プランをまとめるとき，それぞれのテスト，とくに身体的および技術的要素には，基準値を確立する。その際，参照ポイントとして前年の基準値を考慮する。系統だったプログラムを始めたばかりの選手なら，最初のテストの成績を参照ポイントとしてそれ以降の計画を立てるようにする。

基準値を決めるときは注意しなければならない。それらは準備と発達の刺激となる。基準値は挑戦するのに十分難しく，かつ達成できるよう現実的でなければならない。高いレベルのパフォーマンスを目ざす選手の基準値は，他の上位選手と同じくらいでなければならない。基準値には2つのタイプがある。刺激的な性格を持つ発展基準値（それゆえに選手のその時点での可能性よりわずかに高い）と，最適な調整レベルを保つことを目ざす維持基準値である。これらの基準値の変化は，それぞれのステップに最大2つのマクロサイクルを含むようなものになる。この時点までに選手が基準値を達成していなければ，コーチはその理由を裁定しなければならない。

その競技における支配的な能力をより重視して，それぞれの能力にテストと基準値を定める。それぞれの能力は訓練され，テストされなければならない。なぜなら，コーチは，おおかたは準備期中に，テスト（専門的でない）を通じて不特定の評価を行うが，この周期の主要な目的の1つは，身体運動能力を向上させることだからである。簡潔にするために，**表8-6**のようにテストと基準値の両方をチャートの中に提示しておくこともできる。

表8-6　仮想の男子ジュニア走幅跳選手のための準備期のテストと基準値

テスト	基準値			
	12月23日	1月28日	3月4日	4月1日
30mダッシュ	4.3秒	4.3秒	4.2秒	4.1秒
立幅跳	2.60m	2.70m	2.73m	2.75m
立五段跳	13.50m	13.60m	13.80m	14.00m
レッグプレス（1回）	340kg	360kg	370kg	380kg

7. ピリオダイゼーションのモデル

　コーチは年間プランのピリオダイゼーションを考えて，従うべきモデルを探すようにする。そして試合スケジュールを基盤として，どのタイプの年間プラン（単周期・二重周期・三重周期）が最も適しているかを決める。これに従って，トレーニング周期を指定し，それぞれの周期の長さを正確に示す。このプロセスを続け，マクロサイクル，番号，日付，場所，目標を明示し，それらの目標に合った方法を記述する。次のステップはプランニングにおいて最も難しい課題の1つである。つまり，すべての選手（チーム）の活動を，これまで説明したように，年間プランのチャートに挿入するのである。

8. 準備モデル

　準備モデルは，年間トレーニングプログラム全体の大筋である。これはトレーニングで使われるおもな質的・量的指標，および指標ごとの現行のプランとそれ以前のプランの間の増加割合を含んでいる。コーチは準備モデルとその目標の年間プランの全体構造とを結びつけなくてはならない。熟練したコーチなら，目標達成に必要なスキルと能力を発達させるための期間や数を予測できるかもしれない。例えば，準備モデルを**表8-7**のように構成する。

　表8-7では男子400m水泳選手の仮想の準備モデルが提示されている。より高いパフォーマンスレベルに達するには，選手は有酸素性持久力と筋持久力を増加させなければならない。トレーニング量をあげること，準備期を引き延ばすこと，そしてトレーニングの数，つまりトレーニング時間の総量を増やすことでこれを達成できるだろう。また，トレーニングのさまざまな方法やタイプの間の比率を変えることも，筋の発達と有酸素性持久力の発達につながるだろう。ウエイトトレーニングと特別な水中エクササイズを通じて有酸素性持久力と筋持久力を向上させるには，**表8-8**にあるガイドラインを用いてトレーニング内容を変更するようにする。トレーニング段階ごとの内訳は**表8-9**のとおりである。

　プログラムを計画する際は，年間プランのこれらのセクションに加え，チームやクラブの予算も考える。トレーニングプランの完全な概要は以下のようになるだろう。

1. 導入
2. 反省的分析
3. パフォーマンス予測
4. 目標
5. 試合日程
6. テストと基準値
7. ピリオダイゼーションモデル（年間プランとマクロサイクルのチャートを含む）
8. 準備モデル
9. 選手・チームの構成と管理モデル（予算や装備の必要性を含む）

PERIODIZATION

表8-7　400m水泳選手のモデル

トレーニング項目	単位	量	前年度比の割合（%）
年間トレーニングプランのタイプ	単周期		
ピリオダイゼーション			
●年間プランの期間（日）	322	100	
●準備期日数	182	56.5	>8
●試合期日数	119	37	<5
●移行期日数	21	6.5	<3
マクロサイクル	9		
ミクロサイクル	46		
●クラブ練習	41		
●国内合宿	3		
●海外合宿	2		
試合	7		
●国際試合	2		
●国内試合（全国）	4		
●地域試合	1		
トレーニング数	554		>6
トレーニング時間	1,122		<8.4
テスト数	16		
医学診断数	3		
活動環境			
●専門的トレーニング日数	266	82.6	>3
-スイミング／km	2,436		>6
●専門的ではないトレーニングの日数	14		>2
-ランニング／km	640	4.4	>2
-ウエイトトレーニング／kgm	460,000		>14
-ゲーム／時間	28		>1
●休息／日	42	13	<8

表8-8　年間プランのトレーニング内容と前年のプランとの比較における各要素の変更モデル

内容	%	変化の割合（%）
無酸素性持久力スピード	2	<6
筋持久力	16	>2
レーステンポ持久力	32	=
中距離での有酸素性持久力	24	>2
長距離での有酸素性持久力	20	>2

表8-9　トレーニング周期ごとのトレーニング内容の変更と前年度と今後の年間プランの比較における割合

内容	準備期（%）	変化（%）	試合期（%）	変化（%）
無酸素性持久力スピード	5	<4	8	<2
筋持久力	10	>2	16	>3
レーステンポ持久力	20	<2	36	<2
中距離での有酸素性持久力	30	>3	20	>2
長距離での有酸素性持久力	35	>5	20	>4

11. まとめ
Summary of Major Concepts

　年間プランとミクロサイクルはうまく構成されたトレーニングプログラムとプランの基礎である。よい年間プランの基盤はピリオダイゼーションであり，とりわけ身体運動能力の周期構成が重要である。筋力・スピード・持久力のピリオダイゼーションとは，競技に特有の身体運動能力を高めることを究極の目的として，特有の目標を持ち，特有の順序で構成された異なるトレーニング周期をうまく取り扱うことに他ならない。身体運動能力が向上したとき，選手はよりよいパフォーマンスを生み出すことに心理的に備えられる。

　ピリオダイゼーションをよく理解することで，チャートを用いてトレーニング活動を計画し，よりよい年間プランを作ることができる。試合日程をトレーニング段階の導き役に使うことを覚えておくこと，また，栄養と心理的トレーニングのピリオダイゼーションをチャートに組みいれることも重要である。ピリオダイゼーションは，複合的で，すべてを含むトレーニング概念である。コーチは付録にある白紙のチャートを用いて，年間プランづくりを練習し，スキルを向上させるとよいだろう。必要に応じて，よりシンプルなチャートを作ってもよいだろう。

Part 2
Chapter 9

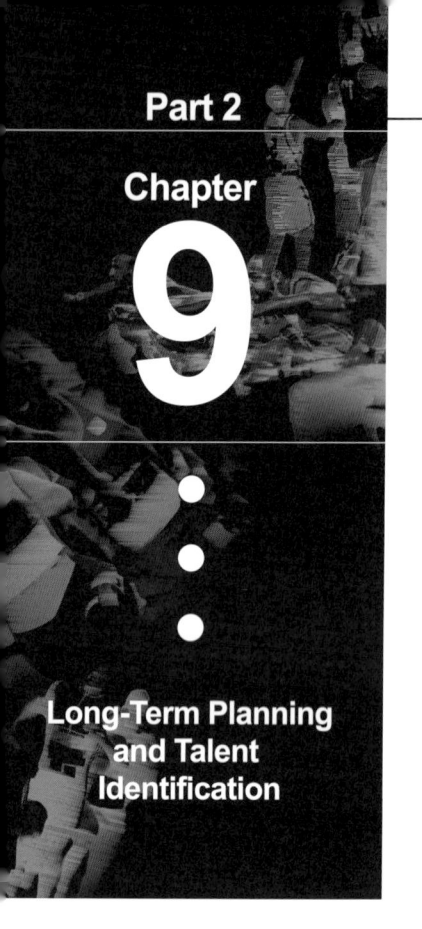

Long-Term Planning
and Talent Identification

第9章
長期トレーニングプランと
タレント発掘

　長期トレーニングプランは，近代トレーニングの大きな特徴であり，高いパフォーマンスを獲得するために必要不可欠なものである。適切な長期トレーニングプランは，選手の競技力を長期間にわたって効果的に向上させる。さらに，トレーニング手段，方法，あるいはスポーツ施設・用具の利用を効果的に推進し，選手の成長に大いに役立つ。この長期トレーニングプランは，科学的な知識と経験的な知識にもとづいて作成しなくてはならない。プランニング時には，科学的トレーニングの知識とトップコーチおよびトレーニングの専門家の経験則が大切になる。

　もし，コーチに才能に恵まれた選手がいなければ，長期プランは成功しない。つまり，長期トレーニングプラン成功の重要な要素は，まず何よりも選手のタレント性であり，優れた才能を持つ若い選手の発掘が必要となる。

　長期トレーニングプランは，将来性の高い6歳から16歳までの若い選手のために必要とされる。そして，このプランに則った継続的トレーニングを遂行することによって，高いレベルまで選手を成長させることができる。

　図9-1が示すアプローチは，若い選手の持つ専門的な能力を，厳密かつ科学的に選択し，長期トレーニングプランに則って高めるためのものであり，自然なプログラムにまかせるよりも，トップパフォーマンスへの到達度を高めることができる。このアプローチは，目新しいものではなく，ほとんどの旧東ヨーロッパ諸国で一般的に行われていたものである。当時，西側の

4　高いパフォーマンス
↑
3　科学的トレーニング
↑
2　長期トレーニングプラン
↑
1　タレント発掘

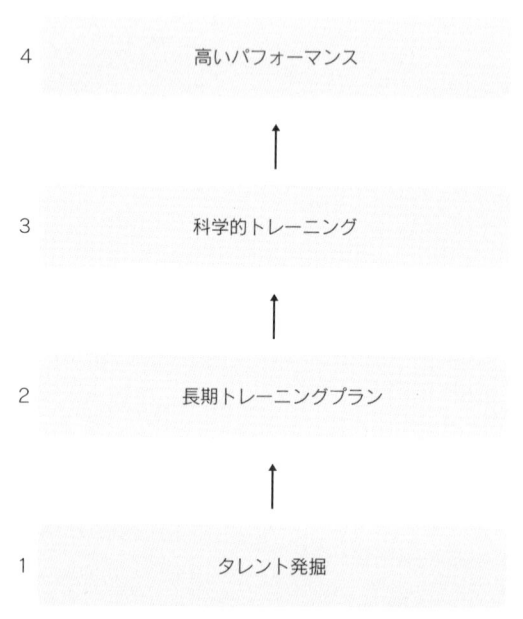

図9-1　高い競技成績を獲得するための基本的ステップ

多くの専門家は，旧東ドイツの「泳ぐ奇跡」コーネリア（モントリオールで5つの金メダル）が初めからオリンピックチャンピオンになると決まっていたという噂に困惑した。しかし，実際コーネリアは，ルーマニアのコマネチや他の多くの偉大な選手のように，彼女にずば抜けた才能があったからこそその競技の選手に選ばれたのであった。チャンピオンになることは，よく練られ，科学的に計画された長期にわたるトレーニングプランの当然の結果であった。この考え方やアプローチは，ある特定の国の特権にすべきでものではなく，他の国々でも同じように計画することができる。

長期トレーニングプランは，その方向性および一般的な目標と専門的な目標を確立し，数年にわたってそれを編成しなければならない。このプランには，次に示す4つの要素を考慮する必要がある。

1. 高いパフォーマンスに到達するまでに要する長期トレーニングの遂行年数
2. 選手がトップパフォーマンスに到達する平均年齢
3. トレーニングを開始する時点の先天的な能力レベル
4. 専門的なトレーニングの開始年齢

表2-3に示されるように，高いパフォーマンスに到達するための平均年数は，6年から8年である。しかし，期待される選手が，体系的なプランを始める年齢や，パフォーマンスの成熟が選んだ競技で生じるまでの年数（表2-3）は，この年数に影響するかもしれない。12歳で水泳を始めた選手は，水泳における競技的成熟のためにはある程度の年数がかかる。それゆえ，そのような選手の長期のトレーニングプランは，その必要性に沿って改めなければならない。そのような選手は，不可能ではないにしろ，体系的なプランをより早く始めた同じ能力の人よりも高いパフォーマンスレベルに達する見込みは低くなる。

選手としての生活中には，身体的要素や精神的要素に変化が生じる。神経系や生理的な機能については，男子では25歳から30歳，女子ではそれよりも3歳から5歳早く最高レベルに到達する。しかしながら，最も

高いパフォーマンスに到達する年齢は，競技によってかなり異なる。例えば，表2-3を参考にすると，最大スピードが要求される選手の最高年齢は，20歳から24歳であり，大きな筋力や持久力が要求される選手の最高年齢は，30歳と高くなる。いっぽうでは，調整力を必要とし，動きのよさが要求される選手の最高年齢は極端に低くなり，フィギュアスケートでは16歳から20歳，体操競技女子では14歳から18歳，男子では18歳から24歳である。

図9-2に示されるように，長期プランは選手の向上率が反映されなくてはならず，直線的にはならない。発達速度は初心者において高く，より高いパフォーマンスに到達し始めると低くなる。そのために，発達曲線の形状は直線的ではなく波状になる。また，発達速度は，生理的能力と心理的能力の両要因の向上に大きく影響されるとともに，トレーニングの質と量にも大きく反映される。

長期トレーニングプランを発達させて構成する場合には，まず何よりも選手の年齢を考慮する必要がある。若い選手の場合には，長期プランの長さを6年から8年に設定する。いっぽう，16歳以上の年齢の選手や一流選手の場合には，長期プランの長さを4年に設定する。長期トレーニングプランでは，とくに若い選手の場合，選手の持つ特性と適切な競技選択が必要となる。

図9-3は，一流を目ざす若い選手の6年間プランと

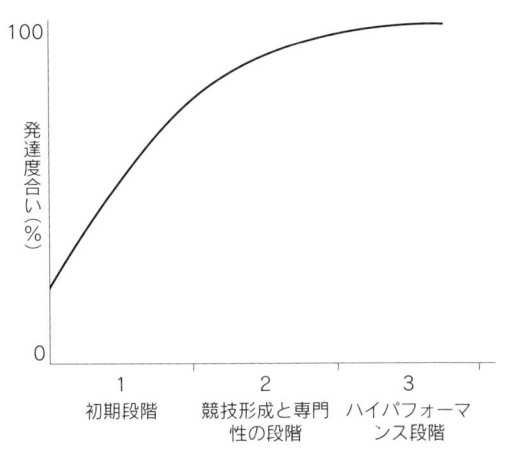

図9-2 初期段階からハイパフォーマンス段階までの選手の発達曲線

PERIODIZATION

ジュニアの4年間プランであり，さまざまな競技例を示したものである。これを見るとわかるように，プランの長さに関わらず，まず総合的な基礎体力を土台として作り，専門的トレーニングを行うことのできる基礎を確立する。この基礎能力の確立は，各競技の専門的トレーニングを大きく促進させる。したがって，コーチは，選手の基礎能力が年々積み上げられていることを確認し，長期プランの進行に伴って，3つのトレーニング段階を配列していくことが必要になる。また，個人競技であっても，チームスポーツであっても，個々の選手に対するプランと，チームのためのプランの2種類を作成する。

長期トレーニングプランを立案する場合には，まずトレーニング期間中の試合配置を決定することが必要になる。それには明らかに主要な試合だけを対象とする(例えば，国内の選手権などはしばしば決まった日程がある)。また，長期プランの構成には，個人的な選手の目標とチーム全体の目標が必要になる。そして，個人のプランでは，その選手の特徴や必要とする要素を十分に吟味し，厳密な目標設定が目指される。

長期トレーニングプランの立案には，下記の方法論的な内容がある。

- 目標は，各競技の専門的な要素を含んでおり，各競技の特徴を反映したものになる。コーチは国内および世界の現状について理解し，これらを反映させた目標を設定する。

- コーチは選手の成長に準じて，1年間のトレーニング日数を増大させたり，試合の頻度を増大させる。ただし，試合の数，とくに主要な試合の数は，選手の高度な発達のために一定にしてよい。

- 長期トレーニングプランでは，各種競技の構成要素と選手の状況に応じて，日々のトレーニング強度や量の増大を予測し，変更する必要がある。例えば，芸術性を競う選手，スピードとパワーを競う選手，チームスポーツの選手などは，プランの進行に応じてトレーニング強度を上げていく。他の競技の選手は，強度と同時に，量も継続的に増大させることが望まれる。

- 1年を通して，コーチは優れた選手のために，さまざまなトレーニング方法を導入する必要がある。トレーニングプランの初期には，変化に富んだ多様な運動を用い，終盤には，専門的で競技に直結した運動を用いる。このようなプラン進行に伴い，選手の専門的能力は大きく発達する。

- プランの中では特殊なテストを行わなければならない。そして，もし可能ならば，1年を通して同じレベルを維持するべきである。コーチはテストにより継続的な評価を行い，プランの良いところ

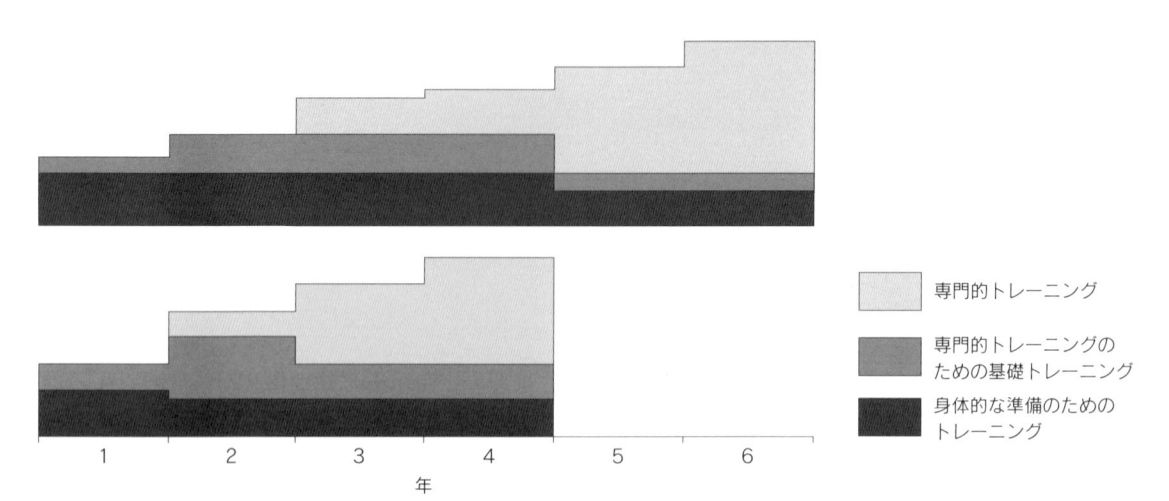

図9-3 長期プランにおけるトレーニングタイプの相互関係

や悪いところを発見する。そのためには，各競技の特性を反映した専門的テスト項目を選択し，適切に実施する必要がある。用いるテストとその評価の基準値を適切に選択することによって，選手に最も重要な要素が理解できる。このテスト項目の測定および評価を，長期間にわたって継続し続けることが重要であり，これが一貫したトレーニング管理を可能にする。毎年，すべてのトレーニング要素に関する要求や改善を反映して，高いレベルを要求できる。このようなテストと同時に，選手の健康とトレーニングの進行度合いを評価するための医学検査も同時に行うようにする。

- 長期トレーニングプランは，各種競技の特性を反映したものでなくてはならない。非循環的な競技では，特別な技術や戦術的な要素を以下のような一定の指標によって示す。例えば，技術要素の数とレベルおよび種類，戦略的要素の数と困難なレベル，種類，一般的な体力および専門的な体力の準備レベルなどを考慮する。用いるテストは，良い技術の遂行に必要とされる体力が反映されるもので，その後の競技成績を予測できるものにする。
- 長期トレーニングプランでは，年間トレーニング数や時間数を考慮していくことが重要である。例えば，プラン初期の1，2年間は，1年に200～250のトレーニングセッション数から始め，後半になるにつれて，400のトレーニングセッション数に増大させる。とくに，個人競技における一流選手では，500～650のトレーニングセッション数に増大させる。トレーニング時間数は，初心者では400時間，ワールドクラスの選手では1,000時間および1,200時間となる。

1. 競技発達における各段階
Stages of Athletic Development

コーチにとって，ピリオダイゼーションの法則を子どもや若い選手に取り入れることは絶対に必要なことである。図9-4に示したように，一流選手に関わらず，すべての選手が一般的なトレーニング段階から，専門的なトレーニング段階までのすべてを経験するべきである。一般的な段階では，徐々にその競技の専門的なトレーニングを理解し，より高度な競技者の段階へと成長できるようにする。一般的な段階における第1の目標は，有効に複雑な運動能力を発達させるために，基礎運動能力を確立し，専門的な段階へと順調に移行できるようにすることにある。

専門的な段階には，専門化のための段階と高い競技力を維持するための2つの段階が存在する。専門化の段階では，選手は専門の競技やポジションを選択する。一度専門が決まれば，トレーニングの強度と量を漸増的に増加させることができ，結果高いパフォーマンスが生じる。

図9-4は各段階に至る年齢を示したものである。こ

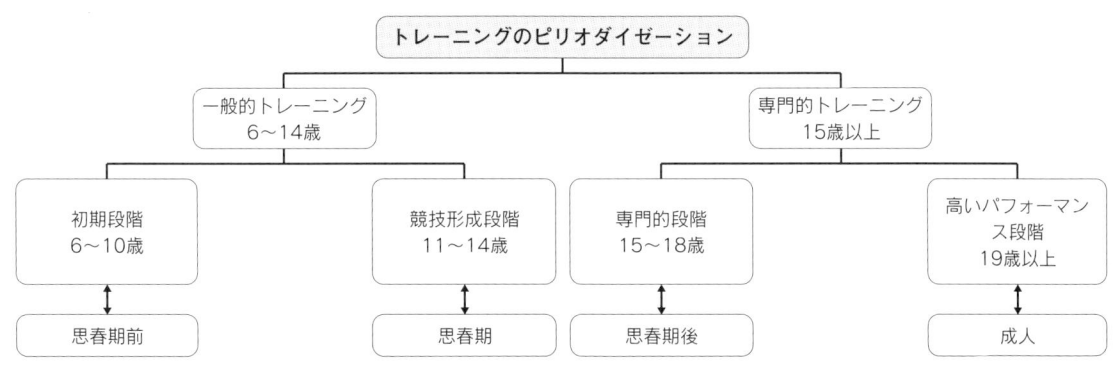

図9-4　長期トレーニングプランのピリオダイゼーション

PERIODIZATION

のモデルは競技によってかなり変化する。例えば，女子の体操競技や飛込選手の場合には，各段階に示された年齢から，2，4歳を差し引いた年齢が最適年齢になる。子どもや若い選手の発達は，さまざまな速度で変化し，成長するにしたがって選手個々の成熟を考慮し，トレーニングと試合の予定に応じて調整する。

専門的な体力および心理的要素，選手の社会性，競技を形成する構成要素を理解することは，トレーニングにおけるガイドラインを作成するために役立ち，選手が高度に発達し，高いパフォーマンスを獲得するために大きく貢献する。

2. 一般的トレーニング
Generalized Training

発達の初期段階に用いられる一般的トレーニングは，入門の段階と競技形成の段階両方をトレーニングに組み込む。

1. 入門の段階──6歳から10歳

競技発達の入門段階にある子どもは，低い強度のトレーニングプランに参加させるべきである。ほとんどの小さな子どもは，試合と同様の高い強度の運動や，高強度のトレーニングに対して，身体的にも精神的にも適応できない。したがって，若い選手のトレーニングプランは，専門性を重視しすぎないように総合的な運動の発達に焦点を合わせる。下記に示すことは，若い選手のためのトレーニングを計画する場合のガイドラインである。

- 基本的なスキルを学ぶための専門的なトレーニングや運動を紹介し，総合的な発達を導くようにする。総合的なスキルには，走る，跳ぶ，獲る，投げる，打つ，バランスをとる，回る，などをいれる。また，子どもに自信を与える自転車，水泳，スケート，スキーなどのスキルを学ばせる。
- どの子ども達に対しても，ゲームや運動に親しみ，運動スキルを適切に発達させることのできる時間を十分に提供する。
- 子ども達が自分で積極的に競技に参加できる能力を高める。
- 子ども達が柔軟性や調整力，バランス能力を高めることを促す。
- 低い強度の運動を用いて，さまざまな運動スキルの発達を促す。例えば，水泳は，関節や靭帯，結合組織に過度な負荷をかけずに，心臓循環器系の発達を効果的に促進することができる。
- 各スキルのための運動の反復回数をしっかりと選択し，正確な技術の遂行を促す。
- 運動環境や道具を適切なレベルに設定する。例えば，大人の行う10フィートのバスケットを，子ども達のために用いた場合には，シュートのための筋力がないことから，適切な技術を行うことができない。この際には，ボールを小さく軽くし，バスケットを低くする工夫が必要になる。
- 子ども達が最も活動的になれるように，トレーニングやゲーム，あるいは運動を適切に計画する。
- 子ども達に対して，トレーニングやゲーム，あるいは運動を自ら考え，計画させる機会を与えることで，経験にもとづく学習を促し，子ども達が独創的になり，イマジネーションを使えるように励ます。
- 子ども達がゲームのルールを理解できるように規則を単純化する。もし，理解させることができない場合には，子ども達の自発的な発達を阻害し，彼らの自尊心に否定的な影響を与えるだろうし，継続的な参加が危ぶまれる。
- ゲームを通して，基本的な戦術や戦略を学ばせる。例えば，子ども達が，ランニングやドリブル，キックなどの基本的な個人スキルを獲得している場合には，サッカーのゲームを修正し，より適切に楽しめるゲームを行わせる。ゲームを通して，チームワークやポジションどりなどの重要な戦術を理解させるために，各状況に応じた説明を丁寧に行うようにする。
- 集中力や注意力を発達させるためのトレーニング

を行わせる。このことは，より高度な発達段階に到達した際に，トレーニングや試合で要求されるメンタルな要素を高める。
- 倫理観やフェアプレー精神を強調する。
- 男女がいっしょに参加する機会を提供する。
- すべての子ども達が，スポーツを楽しんでいるかどうかを適宜確かめる。

2. 競技形成の段階──11歳から14歳

発達段階（競技形成段階）になると，トレーニング強度を中程度の段階に増大させることが重要である。ほとんどの選手は，けがや感情的なダメージにはまだ弱いが，身体や適応力は急速に成長し発展をとげている。ある選手は，急激な成長のために，特別な運動に関する調整力に欠くことがある。この選手の場合には，スキルと運動能力がまだまだ発達段階にあり，競技成績や勝利を強く求めてよい段階にない。下記に示すガイドラインは，発達段階（競技形成段階）にある選手に対するトレーニングを計画する際に大きく役立つものである。

- 専門の競技から多種目まで，幅広い運動を実施させることによって，総合的な能力の発達を促し，専門の競技の試合のための準備をさせる。トレーニングの強度と量は，漸増的に増大させる。
- 基本的な戦術や戦略を学ばせるためのトレーニングを計画する。これによって，スキルの発達を推進させる。
- 選手が発達の初期段階の間に学習した基本的技能を洗練し，自動化するように促して，少し複雑で難しいスキルについても学ばせ始める。
- 柔軟性，調整力，バランス能力の改善を重視する。
- トレーニングや競技における倫理観やフェアプレー精神を強調する。
- すべての子ども達が挑戦できるレベルのトレーニングを提供する。
- 若い選手のプライドを傷つけるようなことは避ける。
- 選手に一般的な筋力の発達を促す運動の手ほどきをする。将来にわたって必要となる筋力とパワーの基礎は，この発達の段階に始めるべきである。身体の中心部に位置する部位，とくに，腰部，背部，腹部の強化を強調する。一流をめざす場合には，四肢，すなわち，肩関節に関与する筋群，腕や脚に関与する筋群の強化も行う。設備は他のエクササイズのように最小限で，自らの身体重量と，メディシンボール，ゴムチューブ，岩登り，ダンベルのような軽いウエイト負荷を用いる。小さな抵抗で，高頻度のウエイトトレーニングは，一般的な筋力の発達を促す。
- 有酸素性の能力を継続的に高めるようにする。選手の充実した持久性能力の基礎は，専門的段階におけるトレーニングや試合により効果的に対処できるようにさせるだろう。
- 中程度の無酸素性のトレーニングを経験させる。このことは，専門的な発達段階において，多くの競技で重要となる高強度の無酸素性トレーニングを行うための準備になる。この時期の選手には，高強度の無酸素性かつ乳酸系が働くような運動，例えば200mや400mスプリントなどは行わせるべきではない。選手には，無気的（非乳酸性）エネルギー系を必要とする80mより短いスプリント，あるいは低いスピードで長く走る800m以上の持久走を組み合わせて用いるようにする。
- 解剖学的に，ある部位に強い負荷のかかる運動は控えるようにする。例えば，この時期の選手では，三段跳を適切な技術で行うことのできる筋力は発達していない。結果として，三段跳をさせた場合には，ホップやステップにおける体重を受け止める局面で，大きな衝撃を受け，けがをする可能性が非常に高くなる。
- 集中力と意識のコントロール能力を改善するためにより複雑なトレーニングを行わせる。
- 自己調整能力や視覚の能力に関する戦術を高めることを促す。そして形式的なメンタルトレーニングを取り入れる。
- 試合状況の多様性を学ばせる。このことは，さま

PERIODIZATION

ざまな技術や戦術に対応する能力の向上を助ける。若い選手は試合が好きである。しかし，この時期には，あまり勝利にこだわらせないようにし，競技に必要なスキルの発達を重視する。例えば，やり投において，やりを遠くに投げることをトレーニングの目標にせず，正確で適切な技術を学ばせ，やり投の基礎を作るようにする。

3. 専門的なトレーニング
Specialized Training

　専門的な発達段階では，専門とした競技に関連した運動とトレーニングを用いることが重要である。この専門性が高まった段階では，高い競技成績を目指し，よりよい成績の向上を目標にする。

1. 専門的段階——15歳から18歳

　専門的な発達段階にある選手は，多くのトレーニングと試合を行う。この段階のトレーニングでは，最も重要な変化が生じることになる。総合的な能力の発達を目指したプログラムを行っている選手では，高いパフォーマンスの発達を目指した専門的な運動やトレーニングを導入し始める必要がある。選手の能力を厳密にモニターし，けがのないようにしながら，劇的に改善するトレーニング量と強度を決定する。また，競技発達の最終段階では，技術的な問題を抱えていてはいけない。このような問題がなければ，コーチは，指導をする側からトレーニングをする側へ役割を移行することができる。下記に示すガイドラインは，専門的な競技を行う選手のためのトレーニングプランの立案に役立つものである。

- この段階の選手の成長を厳密にモニターする。この発達の専門段階にある選手は，身体的および精神的な能力は大きく向上し，より高強度のトレーニングや試合に耐えることができる。しかし，そのような選手でも，オーバートレーニングによって，身体的および精神的に困難な経験が積み重なると，けがの危険性が高まることを理解する。
- パワーや無酸素性の能力，専門的な調整力，動的な柔軟性のような競技に要求されるおもな運動能力が，向上しているかどうかを評価する。
- パフォーマンス向上を促すための，専門的な運動やトレーニングにかけるトレーニング時間を増やす。試合に備えて身体を専門的なトレーニング負荷の増加に適応させなくてはならない。
- トレーニングの量よりも，強度を早速に，けれども連続的に増加させる。適切なリズムとスピードを伴ったスキルや運動，あるいはトレーニングを遂行させる。そして，試合運動に似た運動を用いる。この時期の疲労は，高強度トレーニングに対する適応現象であるが，選手が疲労困憊状態にならないように注意する。
- なるべく意向決定に，選手を参加させる。
- 一般的準備期では，総合的な能力のためのトレーニングを行い，シーズンに対する専門的準備期や試合期では，競技の専門的な能力を高いレベルまで発達させるようにする。そのためには，専門的なトレーニングや技術トレーニングを重視する。
- トレーニングの理論的な背景を学ばせる。
- 選手が専門的な運動を遂行する際に，まず初めに使用する筋を重点的に高める。筋力の発達は，競技特有の要求を反映させることから始める。ウエイトトレーニングを行う選手は，最大筋力を高めるトレーニングは避ける。このことは，成長段階にある選手にとって大切なことである。
- すべての選手，とくに持久性または持久力に関係する競技の選手においては，有酸素性の能力を高めることを，高い優先順位で実施し続ける。
- 無酸素性のトレーニング強度と量は，漸増的に増大させるようにする。選手は，乳酸の蓄積に耐える能力を高めていく。
- 技術を改善し，完成させる。選手が行う専門的運動は，バイオメカニクス的に合理的で，生理学的に効率のよいスキルとなるようにする。トレーニングの中では，専門的な戦術ドリルや試合に対応

するための難しいスキルを学ばせる。
- 個人戦術やチーム戦術を改善する。戦術トレーニングに，試合専門のトレーニングを取り入れる。ドリルは，面白くて，やろうとする意欲をかきたて，刺激的なものであり，すばやい意向の選択が要求され，スピード運動であり，集中力の持続が必要であるとともに，高いレベルの動機づけが要求されるものを選択する。試合の中では，選手が率先して動くようにさせ，自己コントロールを行わせ，倫理観とフェアプレー精神を学ばせる。
- 試合数を漸増的に増やしていく。この段階の終わりには，選手にはシニア選手としての試合ができるようにさせる。専門的なスキルや戦術，運動能力を発達させることに焦点を当て，目的を持たせた試合を行わせる。勝利を得ることは重要であるが，それを強調しすぎてはならない。
- メンタルトレーニングを行わせる。競技特有のパフォーマンスを高めるための集中，注意のコントロール，プラス思考，自己規制，視覚化，および動機づけを発達させるドリルや練習を組み立てる。

2. 高いパフォーマンス段階——19歳以降

長期的な発達過程の原則に則ったトレーニングプランによって，高い競技成績を獲得することができる。初期発達段階，競技形成段階，専門的な発達段階という段階を経過しない場合には，シニア選手としての高い競技成績を獲得することはできない。**表9-1**と**表9-2**に示したように，選手の大多数は，競技的な成熟段階に到達し，その後に最も高い成果を得ることになる。

- 専門的な運動能力を高めるためには，精神的および身体的な発達状況に合わせて，トレーニングの強度と量を漸増的に増大させていく必要がある。トレーニングでは，方法を適切に選択し，専門的な競技に対する適応を導くことが重要である。一般的な準備期間中は，総合的な能力を発達させる努力をする。
- トレーニングでは試合に内在する専門的なリズムやスピードを高めるようにする。
- シニア選手としての技術やスキル，戦術，メンタルトレーニングを行わせる。
- 適切な科学的方法を基礎にしたトレーニングを行わせる。

表9-3～**表9-6**の陸上競技(短距離)，野球，サッカー，水泳の例が示すような長期プランの適正なピリオダイゼーションを遂行する。

表9-1　1988年の冬季および夏季オリンピックにおける6位までに入賞した選手の平均年齢

競技	平均年齢	競技	平均年齢
陸上競技(全種目)	26.3	体操競技	
短距離	23.4	女子	18.6
中距離	24.3	男子	24.2
長距離	27.3	ボート	
競歩	29.3	女子	24.1
跳躍	23.5	男子	25.2
投てき	26.4	スキー(ノルディック	27.2
10種競技	25.1	・クロスカントリー)	
7種競技	25.2	サッカー	24.8
バスケットボール		スピードスケート	
女子	23.6	女子	23.5
男子	24.6	男子	25.1
ボクシング	22.4	水泳	
飛込		女子	17.5
女子	22.2	男子	20.1
男子	20.2	レスリング	25.7

PERIODIZATION

表9-2 1968年から1988年までにオリンピックに参加した選手の平均年齢

競技	平均年齢	競技	平均年齢
陸上競技	24.1	柔道	24.0
ボクシング	22.7	ボート	24.2
バスケットボール	24.7	ヨット	30.3
カヌー	24.2	射撃	33.2
自転車	23.4	サッカー	24.1
馬術	31.2	水泳	
フェンシング	24.1	女子	18.9
フィールドホッケー(男子)	25.4	男子	21.6
体操競技		バレーボール(男子)	25.2
女子	17.2	水球(男子)	25.3
男子	22.6	レスリング	24.8

表9-3 長期トレーニングプラン―陸上競技と短距離

年齢		6 7 8 9 10	11 12 13 14	15 16 17	18 19 20 21 22 25 30 35
トレーニング段階		走,投,跳運動の開始段階	競技形成段階	競技の専門化	ハイパフォーマンス段階
スキルの習得	技術	基本的スキル	スキルの自動化		試合運動
トレーニング	調整力	単純な運動	複雑な運動		試合運動に類似したもの
	柔軟性	全体		専門的な部位	維持
	敏捷性				維持
	スピード　直線的方向				
	反応時間		スタート運動		全体的な運動
	筋力　解剖学的な適応				
	筋持久力				
	パワー				
	最大筋力				
	持久力　一般的				
	無酸素性				
試合	練習試合				
	地域試合				
	州大会				
	国の選手権などの大会				
	国際大会				

グレーの部分は各能力のトレーニング開始から終了までの年齢を示す。

表9-4 長期トレーニングプラン—野球

年齢			6 7 8 9 10 11	12 13 14 15	16 17 18 19 20	21 22 25 30 35
トレーニング段階			走,投,跳運動の開始段階	競技形成段階	競技の専門化	ハイパフォーマンス段階
スキルの習得	技術		基本		守備位置の専門化	守備位置と試合の専門化
	戦術		単純なゲーム戦略		ゲーム戦略	守備位置・試合戦略
トレーニング	調整力		単純な運動	複雑な運動	試合運動に類似したもの	
	柔軟性		全体		専門的な部位	維持
	敏捷性			■■■■■■■■■■■■■■		
	スピード	直線的方向		■■■■■■■■■■■■■■		
		方向の転換		■■■■■■■■■■■■■■		
		反応時間		■■■■■■■■■■■■■■		
	筋力	解剖学的適応		■■■■■■■■■■■■■■		
		パワー			■■■■■■■■■■	
		最大筋力			■■■■■■■■■■	
	持久力	一般的	■■■■■■■■■■■■■■■■■■■			
		無酸素性			■■■■■■■■■■	
試合	練習試合		■■■■■■■■■■■■■■■■■■■■■■■■■■■■			
	地域試合			■■■■■■■■■■■■■■■■■■■■■		
	州大会			■■■■■■■■■■■■■■■■■		
	国の選手権などの大会				■■■■■■■■■■■■■	
	国際大会				■■■■■■■■	

グレーの部分は各能力のトレーニング開始から終了までの年齢を示す。

表9-5 長期トレーニングプラン—フットボール

年齢			6 7 8 9 10 11	12 13 14 15	16 17	18 19 20	21 22 25 30 35
トレーニング段階			走,投,跳運動の開始段階	ミニサッカー	高校	大学	プロ
スキルの習得	技術			基本	スキルの自動化	試合特有の技術の完成	
	戦術			単純なルール	試合戦術	守備位置専門の戦術	
トレーニング	調整力		単純な運動	複雑な運動	試合運動に類似したもの		
	柔軟性		全体		専門的な部位	維持	
	敏捷性			■■■■■■■■■■■■■■			
	スピード	直線的な方向		■■■■■■■■■■■■■■			
		方向の転換		■■■■■■■■■■■■■■			
		反応時間		■■■■■■■■■■■■■■			
	筋力	解剖学的適応		■■■■■■■■■■■■■■			
		パワー			■■■■■■■■■■		
		最大筋力			■■■■■■■■■■		
	持久力	一般的	■■■■■■■■■■■■■■■■				
		有酸素性		■■■■■■■■■■■■■■■■■■			
		無酸素性			■■■■■■■■■■		
試合	練習試合			■■■■■■■■■■■■■■■■■■■■■■			
	地域試合			■■■■■■■■■■■■■■■■■■■			
	州大会				■■■■■■■■■■■■■		
	国の選手権などの大会				■■■■■■■■■■		
	国際大会					■■■■■■■■	

グレーの部分は各能力のトレーニング開始から終了までの年齢を示す。

PERIODIZATION

表9-6 長期トレーニングプラン—水泳

年齢			6 7 8 9 10 11 12 13 14 15 16 17 18 19 20 21 22
トレーニング段階			走,投,跳運動の開始段階 / 競技形成段階 / 競技の専門化 / ハイパフォーマンス段階
スキルの習得	技術		基本的スキル / スキルの自動化 / 試合運動
	戦術		スタート / ペース配分
トレーニング	調整力		単純な運動 / 複雑な運動 / 試合運動に類似したもの
	柔軟性		全体 / 専門的な部位 / 維持
	敏捷性		
	スピード	直線的方向	
		方向の転換	
		反応時間	スタート運動 / 全体的な運動
	筋力	解剖学的適応	
		筋持久力	
		パワー	
		最大筋力	
	持久力	一般的	
		有酸素性	
		無酸素性	
試合	練習試合		
	地域試合		
	州大会		
	国の選手権などの大会		
	国際大会		

グレーの部分は各能力のトレーニング開始から終了までの年齢を示す。

4. オリンピックサイクルと4年間プラン

Olympic Cycle or Quadrennial Plan

オリンピックのサイクルや4年ごとのプラン(4年を含む)を長期プランの一区切りとみなす。4年に1回のオリンピックゲームを目ざすためには,専門の競技に適した長期プランが必要になる。オリンピックは,選手のためのプランの頂点である。また,オリンピックをねらいとしていない選手のためにも,4年間のサイクルは長期プランのためのよりよいピリオダイゼーションの例として有効に利用できる。

1. オリンピックサイクルプランの分類

オリンピックサイクルには,基本的に2つの方法論的なアプローチがある。第1には,単周期のアプローチである。これは,オリンピックゲームがピークにくるように,すべてのトレーニングに関する要因と構成要素を,各々の年ごとに漸増的に増大させていく方法である(図9-5)。このアプローチは,漸増的に組み立てていくものであり,長期の休息期間がないために,継続的なストレスが蓄積しやすくなる。いっぽう,第2のアプローチである二重周期のアプローチでは,図9-6に示すように,波状にトレーニング負荷を配置していく方法である。新しいサイクルがスタートするオリンピックの次の年に,選手が相対的な再生を達成することができるように,しばしば,トレーニングの強

度およびストレスを低くする。

　最初の年は，トレーニング強度が高まる次年度のことを考慮して，その基礎を作るためのトレーニング量を設定する。2年目には，コーチは選手の能力をよく評価しながら，高いパフォーマンスレベルに到達する試合ができるようなプランを立てる。適切な分析は，オリンピック競技のためには必要不可欠なものである。コーチは，パフォーマンスの達成度を分析し，トレーニングの目標（目標と各テストの基準値など）が適切に選択されているかを評価しなくてはならない。3年目には，1年目よりも高い負荷を用い，翌年のオリンピックの準備を行う。トレーニングの量は高いとしても，強度とストレスの多いの試合の数は減らしていく。これによって，オリンピック年に向けての超回復をはかるようにする。4年目には，選手の能力と知識を向上させることによって，最高のパフォーマンスを導くようにする。

　専門の競技の最適な年齢に到達した選手にのみ，科学的で経験的な知識にもとづいた二重周期のアプローチを用いるようにし，オリンピックに向けたプランを立てるようにする。このレベルに到達していない若い選手の場合には，単周期のアプローチの適用を推奨する。なぜならば，この選手のためのおもな目的は，専門競技における成熟年齢になるまで，選手の能力を継続的に発達させることにあるからである。オリンピックまでの間の年に，世界選手権などの目標を持っている一流選手の，オリンピックのために使用するサイクルは，単周期が適しているかもしれない（いくつかの競技は毎年世界選手権がある）。そのような状況下では，トレーニングプランは再生期を通して慎重に注意を払い，ふつう移行期に計画される。そのいっぽうで，波状の原則を適用し，準備段階におけるトレーニングの配分を少し変化させていく。オリンピックの次の年は，最も高いトレーニングレベルの30%ぐらいの低いレベルから開始し，2年目には40%ぐらい，3年目には再生のために，再び低下させたレベルから開始するようにしている。

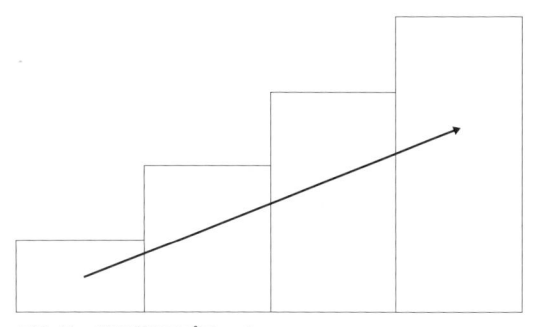

図9-5　単周期アプローチ

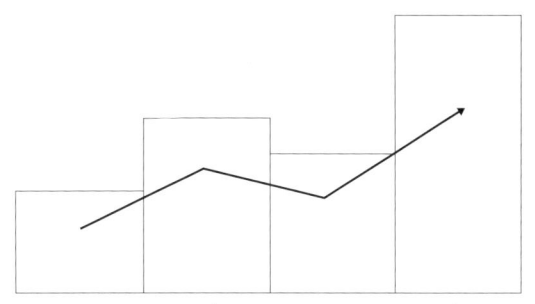

図9-6　トレーニング負荷の増加と二重周期アプローチにおけるストレス曲線

2. オリンピックサイクルプランの作成

　選手の体力的な発達，試合の結果，各トレーニング構成要素のためのテストと基準値などの諸結果を分析することに関しては，オリンピックサイクル，あるいは4年サイクルのプランも，1年単位のプランとほぼ同じ流れになる。

　コーチには，国際レベルの競技力の発達に関する現状を分析し，確認することが必要となる。この分析結果を手がかりにして，適切な結論を出し，現実的な目標を設置しなくてはならない。

- オリンピック年を含めて，各年のパフォーマンスを予測する。
- 世界における競技発達の傾向や流れを理解し，トレーニングの構成要素に対する目標を設定する。
- おもな試合カレンダーを作成する。
- 1年間を振り返ることによって，各テストと基準値を適切に設定する。その際には，トレーニング

PERIODIZATION

構成要素に関する目標やパフォーマンスの予測について考える。
- オリンピックサイクルのプランを表にして示す。
- 年ごとのトレーニングにおける基本的な周期モデルを作成する。
- 準備モデルを作成する。

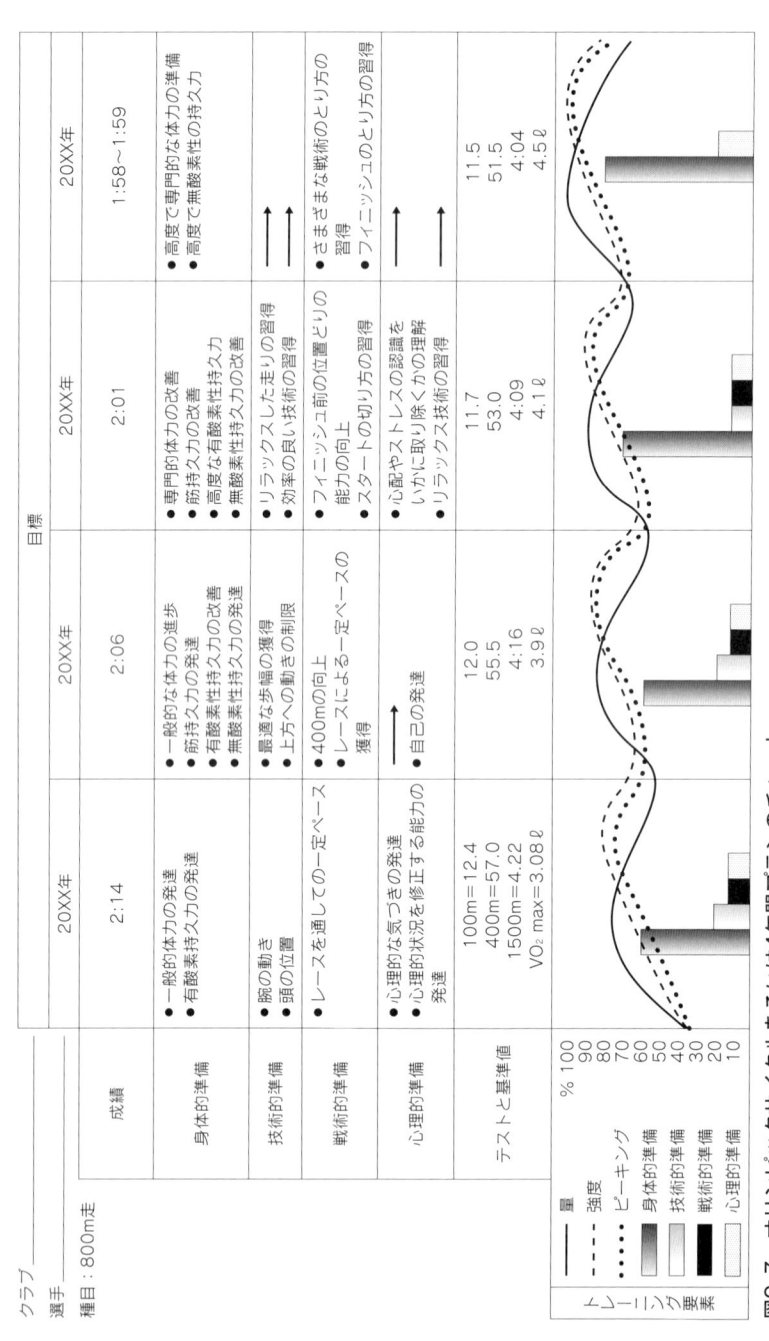

グラフ					
選手					
種目：800m走					
		20XX年	20XX年	20XX年	20XX年
成績		2:14	2:06	2:01	1:58〜1:59
目標	身体的準備	・一般的体力の発達 ・有酸素性持久力の発達	・一般的体力の進歩 ・筋持久力の改善 ・有酸素性持久力の改善 ・無酸素性持久力の発達	・専門的体力の改善 ・筋持久力の維持 ・無酸素性持久力	・高度で専門的な体力の準備 ・高度で無酸素性の持久力
	技術的準備	・腕の動き ・頭の位置	・最適な歩幅の獲得 ・上方への動きの制限	・リラックスした走りの習得 ・効率の良い技術の習得	←
	戦術的準備	・レースを通しての一定ペース	・400mの向上 ・レースによる一定ペースの獲得	・フィニッシュ前の位置どりの能力の向上 ・スタートの切り方の習得	・さまざまな戦術のとり方の習得 ・フィニッシュ技術の習得
	心理的準備	・心理的な気づきの発達 ・心理的状況を修正する能力の発達	・自己の発達	・心配やストレスの認識を いかに取り除くかの理解 ・リラックス技術の習得	←
テストと基準値		100m=12.4 400m=57.0 1500m=4.22 VO₂max=3.08ℓ	12.0 55.5 4:16 3.9ℓ	11.7 53.0 4:09 4.1ℓ	11.5 51.5 4:04 4.5ℓ

%　100 / 90 / 80 / 70 / 60 / 50 / 40 / 30 / 20 / 10

トレーニング — 量　--- 強度　… ピーキング
要素　身体的準備／技術的準備／戦術的準備／心理的準備

図9-7　オリンピックサイクルあるいは4年間プランのチャート

3. オリンピックサイクルのプランのチャート作り

プラン全体の概要がわかるように，オリンピックサイクルプランのチャートを作成し，その年に達成する必要のあるおもなトレーニング目標を明確に示す。このチャートには，年間プランを立案するために必要とされる各種の内容が含まれている。

図9-7は，ジュニア選手のための4年間サイクルプランを示したものである。トレーニングの構成要素に関する質と量が，曲線によって示されており，トレーニング要素間の導入割合を，その目標（パフォーマンス，トレーニング要素，テスト，基準値など）とも関連させながら理解できる。

4年間プランの各々に別々の目標を割り当てるようにする。また，各々の連続的な組み立ては，年々にわたるトレーニングの流れを反映させるべきである。例えば，初期には，一般的な体力の準備と有酸素性持久力を重視し，4年間の終末に向かって，専門的な体力と無酸素性の持久力を増大させていく。技術の準備に関しても同じようなアプローチをするが，そのほとんどについて選手は，プランの初期に習得しなくてはならない。各テストの基準値は，選手の能力が向上することを考慮して，毎年高く設定する。トレーニング構成要素やそのピーク値の波状性は，一般的には年々増大する傾向にある。そのため，トレーニングとピーキングの要素のカーブの大きさは，毎年一般的な上昇傾向を示すはずである。そして，トレーニング要素だけに関係する割合とそれらの曲線の波の大きさの間には関係性は存在しない。さらに，量のカーブと強度の間の相互関係は，年間プランと同じようなコンセプトになる。準備期および試合期の初期は，トレーニング量が支配的である。（とくに，800mのような種目では顕著である）。無酸素性の持久力を重視することで，試合期の第2期には強度が高くなることが理解できる。ピークを示す曲線の大きさは上昇傾向にあり，選手のパフォーマンスの発展が予告されている。

5. オリンピックサイクルプランにおけるパフォーマンスの予測
Performance Prediction for an Olympic Cycle Plan

通常のコーチは，めったに4年間プランを作らないし，選手が将来達成するパフォーマンスを予測するための標準データを利用することもほとんどない。パフォーマンスが計測できる陸上競技や水泳においては，選手のパフォーマンスの傾向と予測を行うことは簡単にできる。しかし，チームスポーツにおいては，不可能に近く，トレーニングを評価するためのテストを利用することによって，パフォーマンスを推察していく

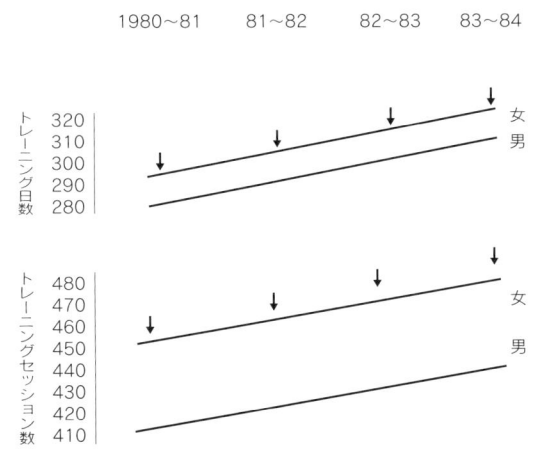

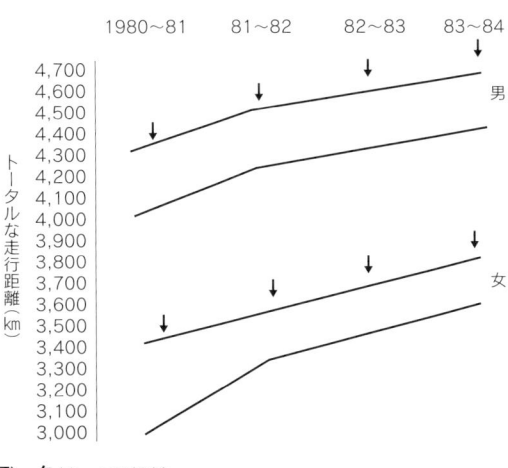

図9-8 1984年のオリンピックにおけるロシアチームの選手のデータ（中・長距離走）

PERIODIZATION

しかない。
　パフォーマンスやテストによって予測できるかどうかに関わらず，標準データの使用を強く勧めたい。もし，そのようなテストデータがない場合には，コーチ自らがデータを作成すべきである。トレーニングをすべて主観的に操作する習慣をやめるべきである。たいていの大学の研究室では，科学的な方法が利用できる。少し高価になるかもしれないが，これらのテストは，

表9-7　4年間プラン

	800m			
	1980～81	1981～82	1982～83	1983～84
トレーニング日数	280～290	290～300	300～310	310～320
トレーニングの数	410～450	420～460	430～470	440～480
全走行距離(km)	4,000～4,300	4,200～4,500	4,300～4,600	4,400～4,700
有酸素性	2,600～2,700	2,700～2,850	2,800～2,950	2,850～2,950
混合	710～830	770～860	770～860	780～910
持久走	550～650	600～650	600～660	600～700
レペティション	160～180	170～200	170～200	180～210
無酸素トレーニング				
短距離走200m	180～200	190～200	190～200	200～210
中距離走600m	90～100	95～100	95～100	100～110
長距離走3000m	20～30	25～30	25～30	30～35
専門的トレーニング				
バウンディング	220～250	230～260	230～260	240～270
アップヒルランニング	180～190	190～200	190～200	200～215
試合数				
（スタート数）				
専門競技での参加	15～20	15～20	15～20	15～20
他の競技での参加	8～10	8～10	8～10	8～10
クロスカントリー	1～2	1～2	1～2	1～2

	5000～10000m			
	1980～81	1981～82	1982～83	1983～84
トレーニング日数	320～330	300～340	330～340	340～350
トレーニングの数	570～580	570～590	570～590	600～620
全走行距離(km)	7,500～7,800	7,800～8,000	7,800～8,000	8,300～8,500
有酸素性	5,580～5,760	5,780～5,870	5,680～5,770	6,000
混合	1,600～1,650	1,650～1,750	1,750～1,800	1,850～2,000
持久走	1,250～1,300	1,300～1,350	1,350～1,400	1,480～1,600
レペティション	330～350	350～400	350～400	400～420
無酸素トレーニング				
短距離走200m	20～25	25～30	25～30	35～40
中距離走600m	40～50	50～60	50～60	60～65
長距離走3000m	200～220	220～240	220～240	280～300
専門的トレーニング				
バウンディング	40～60	40～60	40～60	40～60
アップヒルランニング	20～35	35～40	35～40	40～45
試合数				
（スタート数）				
専門競技での参加	6～7	6～7	6～7	6～8
他の競技での参加	6～8	6～8	6～8	7～9

1984年のオリンピックにおけるロシアチーム男子選手のデータ（中・長距離走）

選手の成長を評価するための重要な材料になる。テストや基準値，標準データを利用しないコーチは，信頼できるコーチとはいえない。

旧式ではあるが，**図9-8**と**表9-7**および**表9-8**は，コーチがどのように自らの標準データを作成するのかという例を示している。

6. スポーツタレントの発掘
Talent Identification

どのスポーツにおいても，計画的に作られたトレーニングを成功させるためには，高い才能を持つ選手の発掘が最も重要になる。誰もが，歌やダンス，そして絵を描くことを学ぶが，芸術家として成功する人はめったにいない。スポーツにおいても，芸術と同様に，高い才能を持った選手を幼少の早い段階で発見し，一流になるまで継続的にサポートすることは極めて重要である。

かつて，そして今日でさえもほとんどの西側諸国では，若者のスポーツへの関わりは，たいてい伝統，理想，人気や両親の勧め，専門の先生の存在，施設の存在などの条件に左右されてきた。しかし，東ヨーロッパのトレーニングに関する専門家は，そのようなことでは満足しなかった。彼らは，例えば，長距離選手の才能を持つ者は，スプリンターでは大成しないことを十分に理解していた。そして，選択を間違った場合には，高いパフォーマンスに到達することは不可能であることを知っていた。

コーチは，高い才能を持った選手に対して，多くの時間とエネルギーを注ぎ込むべきである。さもなければ，コーチは才能や時間やエネルギーをむだにするか，

表9-8　1984年オリンピックゲームのための準備モデル（長距離走と競歩）
解剖学的なパラメーター

	男					女	
	800〜1500	5000〜10000	3000障害	マラソン	競歩	800	1500
年齢	24±2	25±2	24±3	26±3	27±2	25±2	26±3
身長(cm)	185±2	178±3	182±2	175±3	180±2	168±2	168±2
体重(kg)	76±3	64±2	66±2	60±3	73±2	50±2	50±2
体重(kg)/身長(cm)×100	41.0	35.9	36.2	34.2	40.5	28.7	29.7

機能的なパラメーター

	男					女	
	800	1500	5000〜10000	3000障害	マラソン競歩	800	1500
VO_2max	70〜75	75〜80	80〜85	75〜85	80〜85	65〜70	68〜73
心容量(cm^3)	900〜1,000	1,000〜1,100	1,000〜1,150	1,000〜1,150	1,000〜1,150	700〜800	700〜800

体力トレーニング（種々の距離における結果）

100m	10.6〜11.0	10.9〜11.2	11.2〜11.8	11.2〜11.5	—	11.6〜12.0	12.0〜12.5
400m	46.0〜48.5	46.5〜50.0	49.0〜52.0	—	—	51.5〜52.5	52.0〜54.5
800m	—	1.46〜1.48	1.47〜1.52	1.50〜1.51	—	—	1.58〜2.01
1,500m	3.36〜3.44	—	3.37〜3.42	3.38〜3.42	—	4.00〜4.06	—
3,000m	8.00〜8.30	7.50〜8.05	7.38〜7.48	7.38〜7.52	—	9.05〜9.20	8.20〜9.00
5,000m	—	—	—	13.25〜13.35	13.30〜13.45	—	—
10,000m	—	—	—	—	28.10〜28.30	—	—

PERIODIZATION

せいぜい平凡な選手を生み出して終わる。タレント発掘のおもな目的は，1つの競技に対して極めて高度な能力を持つ選手を見分けて，選ぶことである。

とくに西ヨーロッパではそれほど正式に行われてはいないが，スポーツタレントの発掘は，取り立てて新しい概念ではない。ほとんどの東ヨーロッパの国では，すでに1960年の終わりから1970年の始めにかけて，潜在的にハイクラスになり得る選手を発掘する専門的方法を確立していた。使用された選抜の手続きのいくつかは科学者によって発見されたもので，科学者がコーチに，どの若者がスポーツに優れた才能を持っているのかを助言したことであった。その結果は素晴らしいものであり，1972年から1984年までのオリンピックにおけるメダリストの多く，とくに旧東ドイツにおいては，科学的に選抜された選手達であった。1976年におけるブルガリアでは，メダリストの80％がこのようなタレント発掘の過程から出てきた選手達であった。

1976年におけるルーマニアでは，科学者の集団とボートの専門家によって，ボートに参加する若い女子選手の発掘を行った。初めに，27,000人の10代の子ども達の中から，100人の少女が選択された。1978年までには，その集団が25人に絞られ，その選手によって，モスクワオリンピックのためのチームが編成された。その結果は，金メダルが1個，銀メダルが2個，銅メダルが2個というすばらしいものであった。さらに，その後1970年代の終わりに編成されたチームは，ロサンゼルスオリンピックにおいて，金メダルを5個，銀メダルを1個獲得し，ソウルオリンピックにおいて，9個のメダルをそれぞれ獲得した。

タレントの発掘方法は，トレーニングの専門家やコーチの最大の関心事になるとともに，高いパフォーマンスに到達可能な選手を発見するための心理的な判断基準なども開発された。タレント発掘のための科学的な基準を利用することに関する利点には，下記のようなものがある。

- ある競技における天賦の才能を持っている選手を選択することによって，高いパフォーマンスに到達するまでに必要とされる時間を短縮することができる。
- コーチの仕事量やエネルギーを節約させる。そして，トレーニングの有効性は，優れた才能を持つ選手が行うことによって高められる。
- 高いパフォーマンスに到達することを目ざす選手達の競技性を一様に高めることができる。その結果として，すべての選手が国際レベルで戦う高い能力を均等に持つチームを作ることができ，強いチームに成長させることができる。
- 選手自身の信頼を増大させる。なぜならば，選抜をパスしていない同年齢の選手に比較して，パフォーマンスが高まるという確信があるからである。
- 科学的なトレーニングの適用が促進できる。なぜならば，タレント発掘を手がけたスポーツ科学者が，高い動機づけをもって，その選手のトレーニングを継続的に観察するからである。

1. タレント発掘の方法

トレーニングの中では，自然発生的と科学的な2つの基本的な選抜方法がある。1つめの自然発生的な選択は，ふつうのアプローチで，競技での選手の発達も自然である。それらの多くは，学校の伝統や両親の意志などによって，選手が地域的なチームに登録するものである。この場合には，選手のパフォーマンスの進歩は，自然選択か，選手自らの選択によって決定される。このようなことが一般的な方法であり，これによってパフォーマンスの進歩はゆっくりとしか進行しなくなり，適切な競技の選択を誤ってしまう可能性も高い。

これに対して，科学的なタレント発掘は，ある特定の競技に卓越した能力を持つことが証明されている若い選手を選択する方法である。この方法で選択された選手を，自然選択された選手と比較すると，高いパフォーマンスに到達するための時間がはるかに短いことがわかる。身長や体重が必要とされる競技，例えばバスケットボールやバレーボール，カヌーや投てき種目などに関しては，この科学的な選択が大きな効力を発揮する。同様に，スピードやパワー，反応時間や調整

力が必要とされる競技，例えば，柔道やホッケー，跳躍種目などの競技についても大きな効力を発揮する。この方法では，スポーツ科学者の助けを借りて，科学的なテストを行い，その結果にもとづいて才能のある選手を選択し，適切な競技を科学的に決定するのである。

2. タレント発掘の基準値

高いパフォーマンスを期待する選手に関しては，運動能力を評価するとともに，生理学的な判断基準にもとづいて，選手の生物学的なプロフィールが評価される。このようなトレーニング科学は，ここ10年間の間に大きく進歩し，競技のパフォーマンス向上を大きく導く要因となっている。

もし，ある選手が生物学的なハンディキャップを持っていたり，必要とする能力が欠落している場合には，高度なトレーニングをすることはできず，高いパフォーマンスを獲得することはできない。したがって，科学的なタレント発掘は，高いパフォーマンスを獲得する選手を育成するためには最も重要である。

いっぽう，高いパフォーマンスを得る選手になれない者が競技を行ってはいけないというわけではない。この選手達は，身体的な能力や社会的なニーズを満たし，試合にも参加できるレクリエーションスポーツに参加することができるのである。また，最適なトレーニングには，タレント発掘に関する最適な基準値が必要になる。必ずしも重要な順番ではないが，主要な基準値を以下に示す。

- 健康であることは，トレーニングを行うだれにも必要なことである。したがって，若い選手は，クラブに入る前に医学的な検査を受けなければならない。コーチは，医者がトレーニングが適切に遂行でき，健康であることを示した選手を選択する。検査中に候補者が身体的，または器官的に不調であっても，医療や試験の専門家はさらに様子をみて，それにもとづいて選手をコーチに推薦する。とくに，ホッケーやバスケットボール，陸上競技，水泳，あるいはボクシングのような激しい競技については，障害を持っている選手は選ぶべきではない。いっぽう，射撃やアーチェリー，ボーリングのような競技においては，先に示した競技に比較して，留意しなくてもよい。また，手や足を動かす能力などの体力的な要因は，タレント発掘のおもな評価基準になる。
- 人体測定学や解剖学的な測定は重要であり，タレント発掘のための基準値を決定する場合，考慮すべきものである。とくに，身長，体重，四肢の長さは重要な要因である。しかし，タレント発掘の早期段階においては，選手の発育や発達を予測することは難しい。体操競技やフィギュアスケート，水泳などの4歳から6歳の年齢で開始される競技においてはかなり難しい。タレント発掘の早期段階においては，身体的な発達の調和を評価するようにする。そして，脚の関節や腰の関節，あるいは肩の関節幅，およびそれらの間の比率を評価しなければならない。
- 年齢が高まる(10代)と，完全に成長したかどうかを知るために，手のプレート(手首あたりの成長プレート)と手のエックス線技術を利用してもよい。もし，成長が完了していることがわかったならば，コーチは選手の身長が目的とする競技に関して適しているかどうかを決定できる。
- 複雑な生物学的現象である遺伝は，しばしばトレーニングに対して重要な役割を果たす。教育やトレーニング，あるいは社会的な状況によって，多少の違いはあるかもしれないが，子ども達は両親の生物学的および心理的な特性を遺伝的に受け継ぐ傾向がある。
- トレーニングに対する遺伝の役割については，現在のところ統一的な見解は得られていない。しかし，それでも選手の遺伝的な潜在能力は，生理学的な能力の発達を制限することになると思われる。Klissouras et al. (1973) は，乳酸系の能力は81.4%，心拍数は85.9%，最大酸素摂取量は93.4%の割合で遺伝的に決定されていることを示している。

PERIODIZATION

3. 筋線維組成

人間の赤筋および白筋線維の比率は，一般的に決定されているようである。同時に，これらの筋線維における代謝機能も異なっている。赤筋線維は高いミオグロビン含有量(血液によって運ばれる酸素を貯蔵する働きを持つ)を持ち，生化学的に有酸素性の働きに適した筋である。

いっぽう，白筋線維は高いグリコーゲン含有量を持ち，短くて高強度の無酸素性の運動に適した筋である(Fox et al.1989；Willmore and Costill 1980)。この筋線維組成の比率は変えることができないものである。しかし，高強度の専門的なトレーニングは，筋線維の組成は変えずに，能力を向上させ，生化学的な特性を変化させるかもしれない。

上記のことをもとにすると，遺伝的に赤筋線維の多い選手は，持久力が必要な競技において成功する確率が高い。同時に，遺伝的に白筋線維の多い選手は，スピードやパワーの要求される競技において成功する確率が高い。

バイオプシー法，すなわち筋線維を取り出し，2つの線維タイプの数を数える技術は，選手が最も成功する競技の種類を決定するのに役立つ。コーチは選手に最も備わっている能力を評価するために，生理学的および計測学的な知識を利用することができる。

個人の競技の才能に関わらず，スポーツ施設とその土地の気候に関する両要因は，実施する競技を選択する場合の制限要因になる。例えば，カヌーをするための施設や環境がない場合には，選手の能力にかかわらず，カヌーをすることはできない。

タレント発掘やテストの実施に関するコーチの知識と科学者の能力の良否は，選手選択の際の大きな条件になる。多くの洗練された科学的な方法を，タレント発掘のために利用すればするほど，専門的なスポーツタレントをより高い確率で発掘することができる。大学にはこのための施設があり，優れたスポーツ科学者がいるが，選手のトレーニングを評価したり，タレント発掘に対して効果的な機能を発揮しているとはいえない。コーチは，さまざまな問題を1人で解決しようとしてはいけない。より大きな効果を得ようとした場合には，資格のある専門家やスポーツ科学者との協力関係を作ることが必要である。

4. タレント発掘のための段階

タレント発掘は1回の試みだけで解決できるものではなく，数年の間に，3つのおもな段階を経過していかなくてはならない。

■ **初期段階**　タレント発掘の初期段階は，ほとんどの場合，思春期前の段階である(3歳から10歳まで)。この時期には，健康を診断する医学的検査と一般的な体力評価が行われ，身体的な障害や病気の発見に当てられる。

測定学的な検査は，以下に示す3つの概念を伴って実施される。

- 選手が，競技の遂行に支障をきたすような身体的なハンディキャップを持っているかどうか評価する。
- 身長と体重の比率などの単純な手段を用いることによって，選手の身体的な発達段階を評価する。
- 年齢の進行に伴い，より専門的な段階に入った際には，子ども達を適した競技へと導くための指標となる遺伝的な要因(例えば，身長)を探すようにする。

この初期段階が完成される若い年齢を考えると，これは子どもについてのごく一般的な情報を試験官に提供しているにすぎない。この段階では，将来における成長と発達の流れは，まだ十分に理解できないので，おもな決定は先送りにしておく。しかし，水泳や体操競技，フィギュアスケートなどの競技のためのトレーニングは，早期の段階ですでに始められている。そのために，この種の競技においては，この段階での評価は完全に完了しておく必要がある。

■ **第2段階**　タレント発掘の第2段階は，思春期中および思春期後に行われる。例えば，体操競技，フィギュアスケート，水泳では9歳から10歳，その他の競技では，女子が10歳から15歳，男子が10歳から17歳の間

で行われる(Dragan 1978)。そして，この時期が最も重要な時期になってくる。この段階は，すでに計画されたトレーニングの経験があるティーンエイジャーに使用される。

この第2段階では，測定学や生理学的な指標の変化を評価しなくてはならない。なぜならば，選手の身体は，専門的な競技に必要なレベルにまで発達しているからである。健康検査は，継続的かつ詳細に実施し，パフォーマンスの高まりを阻害する傷害(リューマチ，肝炎，急性腎盂炎など)の発見に努めなくてはならない。思春期における子ども達の重大な瞬間は，劇的な成長がいつ生じるか(すなわち，いつ下肢が明らかに成長するか)である。したがって，一般的な身体の成長を評価するとともに，選手の発達と成長に適した専門的なトレーニングの開始に留意しなくてはならない。

Popovici(1979)は，四肢の成長(身長)の早期に高強度の筋力トレーニングを行うことは，骨の軟骨組織における閉塞(長骨の閉塞)を促進させ，成長を阻害させる可能性があることを示している。

投てき種目，カヌー，レスリング，ウエイトリフティングのような競技においては，肩幅(肩峰間の距離)が広くなる傾向にある。強い肩は選手の筋力と関係し，筋力が発達した骨格を代表するものである。

ガイドラインとして，Popovici(1979)は，15歳の女子選手では38cm，18歳の男子選手では46cmの肩峰間距離を示唆している。Popoviciは，多くの競技にとって，足の長さとアーチとの関係が重要であることも示唆している。例えば，扁平足の選手は，ジャンプやランニングの能力が制限される。

同様に，関節のゆるさは，レスリングやウエイトリフティングのような筋力が必要な競技に影響することを示している。したがって，解剖学的および生理学的な要因や遺伝的に重要な要素は，常に考慮しなければならない。

この段階のすべてが，選手のパフォーマンスの進歩に大きく影響するので，コーチはこれらの要因に継続的に関心を寄せていなくてはならない。

タレント発掘の第2段階中には，心理学的なテストを遂行するために，スポーツ心理学者が重要な役割を演じるようになる。競技に必要な専門的な心理特性を，選手が持っているかどうかを知ることが必要になるからである。

■**最終段階** タレント発掘の最終段階は，ナショナルチームの候補としてのものである。そして，競技の専門性に関係した精巧で，信頼性の高いテストを遂行する必要がある。

検討する主な要素は，選手の健康，試合やトレーニングに対する生理学的な適応，ストレスに対応する能力，そして最も重要な，さらなるパフォーマンス向上の可能性を含んでいる。さらに，周期的な医学的テスト，心理的テスト，さらにトレーニングに対するテストによって，これらの要素の評価を促すことができる。初期段階から現在までのテスト結果を示し，選手の競技歴の全般を通した変化を比較検討する。

そのモデルと比較し，各テストおよび個人の最適なモデルを確立する。そのときには，ナショナルチームの目立った候補だけを考慮する。

5. タレント発掘に関する基準のガイドライン

テスト，標準値，最適モデルを含めて，タレント発掘に関する基準は，各競技に専門的なものでなくてはならない。持久力が必要であり，かつトレーニング量が重視される競技では，トレーニング量をこなす能力や，トレーニングセッション間における身体の回復力が評価基準になる。Dragan(1978)は，下記のようなテストに関する基準を作成している。

▶**陸上競技**

スプリント種目
- 反応時間(さらに継続的にくり返して反応する能力)
- 神経―筋の興奮性
- 調整力とよりよく筋を弛緩させる能力
- ストレスに耐える能力
- 身長と胴体の長さの比率，長い脚

PERIODIZATION

中距離走
- 無酸素性のパワーと体重1kg当たりの最大酸素摂取量
- 乳酸の蓄積(高強度の運動に伴う過度の血中乳酸濃度)と最大酸素負債量
- ストレスに耐える能力
- 高い集中力とそれを長時間にわたり継続する能力

長距離走と競歩
- 体重1kg当たりの最大酸素摂取量
- 心容量
- 疲労に対する抵抗力と忍耐と高い動機づけ

跳躍種目
- 反応時間と爆発的な筋力
- 長い脚で高い身長
- 高い無酸素性のパワー
- ストレスに耐える能力
- 高い集中力とそれを長時間にわたり継続する能力

投てき種目
- 高い身長と筋力
- 高い無酸素性のパワー
- 大きな肩峰間距離
- 反応時間
- 高い集中力とそれを長時間にわたり継続する能力

▶アルペンスキー
- 勇気
- 反応時間
- 調整力
- 高い無酸素性のパワー

▶バスケットボール
- 高い身長と長い脚
- 高い無酸素性のパワー
- 調整力
- 疲労とストレスに耐える抵抗力
- 戦術の理解力と協力の精神

▶ボクシング
- 高い集中力
- 勇気
- 反応時間
- 調整力と戦術の理解力
- 高い有酸素性の能力
- 高い無酸素性のパワー

▶サイクリング
- 高い有酸素性の能力
- 心臓の容量と高い最大酸素摂取能力
- ストレスに耐える能力
- 忍耐力

▶クロスカントリー
- 高い有酸素性の能力
- 高い身長
- 忍耐力と堅実さ
- 疲労とストレスに耐える抵抗力

▶ダイビング
- 前庭(内耳)のバランス
- 勇気
- 調整力
- 高い集中力
- ストレスに耐える能力

▶フェンシング
- 反応時間
- 調整力
- 戦術の理解力
- 疲労とストレスに耐える抵抗力
- 高い有酸素性の能力と無酸素性の能力

▶フィギュアスケート
- 調整力と芸術性のアピール能力
- 前庭神経のバランス
- 調和のとれた身体発達

- 高い有酸素性の能力と無酸素性の能力

▶体操競技
- 調整力と柔軟性，パワー
- 前庭神経のバランス
- 忍耐力
- ストレスに耐える能力と感情のバランス
- 高い無酸素性のパワー
- 高すぎない身長

▶ホッケー，ラクロス
- 高い身長と長い腕，大きな肩峰間距離
- 戦術の理解力，勇気，協力精神
- 高い有酸素性の能力と無酸素性の能力
- 強さ，たくましさ

▶柔道
- 調整力
- 反応時間
- 戦術の理解力
- 長いリーチ，大きな肩峰間距離

▶カヤック，カヌー
- 大きな肩峰間距離，長い腕
- 集中力
- 高い有酸素性の能力と無酸素性の能力
- 疲労とストレスに対する抵抗力

▶ボート
- 高い有酸素性の能力と無酸素性の能力
- 調整力，集中力
- 高い身長，長い四肢，大きな肩峰間距離
- 疲労とストレスに対する抵抗力

▶ラグビー
- 高い身長，精神力，大きな肩峰間距離
- 勇気
- 戦術の理解力と協力精神

- 高い有酸素性の能力
- スピードとパワー

▶スピードスケート
短距離
- 反応時間とパワー
- 調整力
- 高い有酸素性の能力と無酸素性の能力
- 高い身長，長い脚

長距離
- 高い有酸素性の能力
- 体重1kg当たりの最大酸素摂取量
- 高い身長，長い脚

▶射撃
- 視覚的な調整力
- 反応時間
- 集中力，疲労に対する抵抗力
- 感情のバランス

▶サッカー
- 調整力，協力精神
- 疲労とストレスに対する抵抗力
- 高い有酸素性の能力と無酸素性の能力
- 戦術の理解力

▶水泳
- 低い身体密度
- 長い腕と大きな足，大きな肩峰間距離
- 高い有酸素性の能力と無酸素性の能力

▶バレーボール
- 高い身長，長い腕，大きな肩峰間距離
- 高い有酸素性の能力と無酸素性の能力
- 疲労とストレスに対する抵抗力
- 戦術的な知性と協力精神

▶ 水球
- 高い身長，大きな肩峰間距離
- 高い有酸素性の能力と無酸素性の能力
- 戦術的な知性と協力精神
- 疲労とストレスに対する抵抗力

▶ ウエイトリフティング
- パワー
- 大きな肩峰間距離
- 調整力
- 疲労とストレスに対する抵抗力

▶ レスリング
- 調整力と反応時間
- 高い有酸素性の能力と無酸素性の能力
- 戦術の理解力
- 大きな肩峰間距離

6. タレント発掘のためのおもな要素

Kunst and Florescu(1971)は，運動能力，心理的な能力，人体測定学的な要素(体型や解剖学的な測定)がパフォーマンスやタレント発掘のためのおもな要素であると確信した。この3つの要素は，すべての競技にとって主要な要素であるが，それぞれの競技で異なっている。より有効な才能の識別システムは，その競技の特徴づけとその専門性にはじまる。そして，主要な選択の区分はこの分析にもとづいている。これらの3つの要素のそれぞれが，競技の特性に応じた相対的貢献度をどれぐらい持っているかについて示した。例えば，走高跳におけるパフォーマンスには，運動能力が50%，心理的な能力が10%，そして身体解剖学的な資質が40%の割合で影響している。

この3つの要素をさらに詳細に分類することによって，各諸要素の相対的な重要度を表示することができる。走高跳の場合について見ると，トレーニングにおいて重視する運動能力の中身は，筋力が45%，ジャンプパワーが35%，調整力が20%になる。

競技の特性とその能力の中身に関する相対的割合を知ることによって，タレント発掘のためのおもな要素を決定することが重要である。そして，この3つの要素の重要度を序列化する必要がある。図9-9はレスリングの特性を，図9-10はレスリングに関するタレント発掘のための要素を示したものである。2つの図の違いに注目する必要がある。

パフォーマンスに関するおもな要素とタレント発掘に関するおもな要素を比較すると，要素の配置とその重要度に違いのあることが理解できる。パフォーマンス要素の配置に関して見ると，運動能力の重要度が最も高い。しかし，タレント発掘に関しては異なり，心理的な要素の重要度が最も高い。

レスリングのタレント発掘では，高い心理的な要素を持っていることが最も重要になる。なぜならば，初心者はまだ運動能力を発達させておらず，それを期待することはできないからである。さらに，運動能力の中の3つの要因については，調整力とスピード(パワーを構成する要素の1つ)が，持久力に比べて，天性の能力として遺伝される傾向にある。トレーニングを行うことによって，持久力は調整力やパワーよりも，大きく発達させることが可能である。

各競技に必要とされる身体の解剖学的な資質を検討することは重要である。例えば，バスケットボールでは身長の高さ，ボートでは身長と体重の比率が重視される。その他の競技に関して見ても，身体各部分間の比率とそれらの調和のとれた発達が重要になるものの，例えば，フィギュアスケートのように決定的なことではない。

各競技ごとに，パフォーマンスを決定するおもな要素とタレント発掘に関するおもな要素を示すモデルがなくてはいけない。発達段階の後半では，コーチはスポーツ科学者の助けを受けながら，選手をテストし，理想的なモデルと彼らの特質を比較することができる。そして，高いパフォーマンスを持つ選手群のモデルに近い選手を選択することが必要になる。

より高度な科学的モデルを構築するために，スポーツ科学者の役割は重要である。

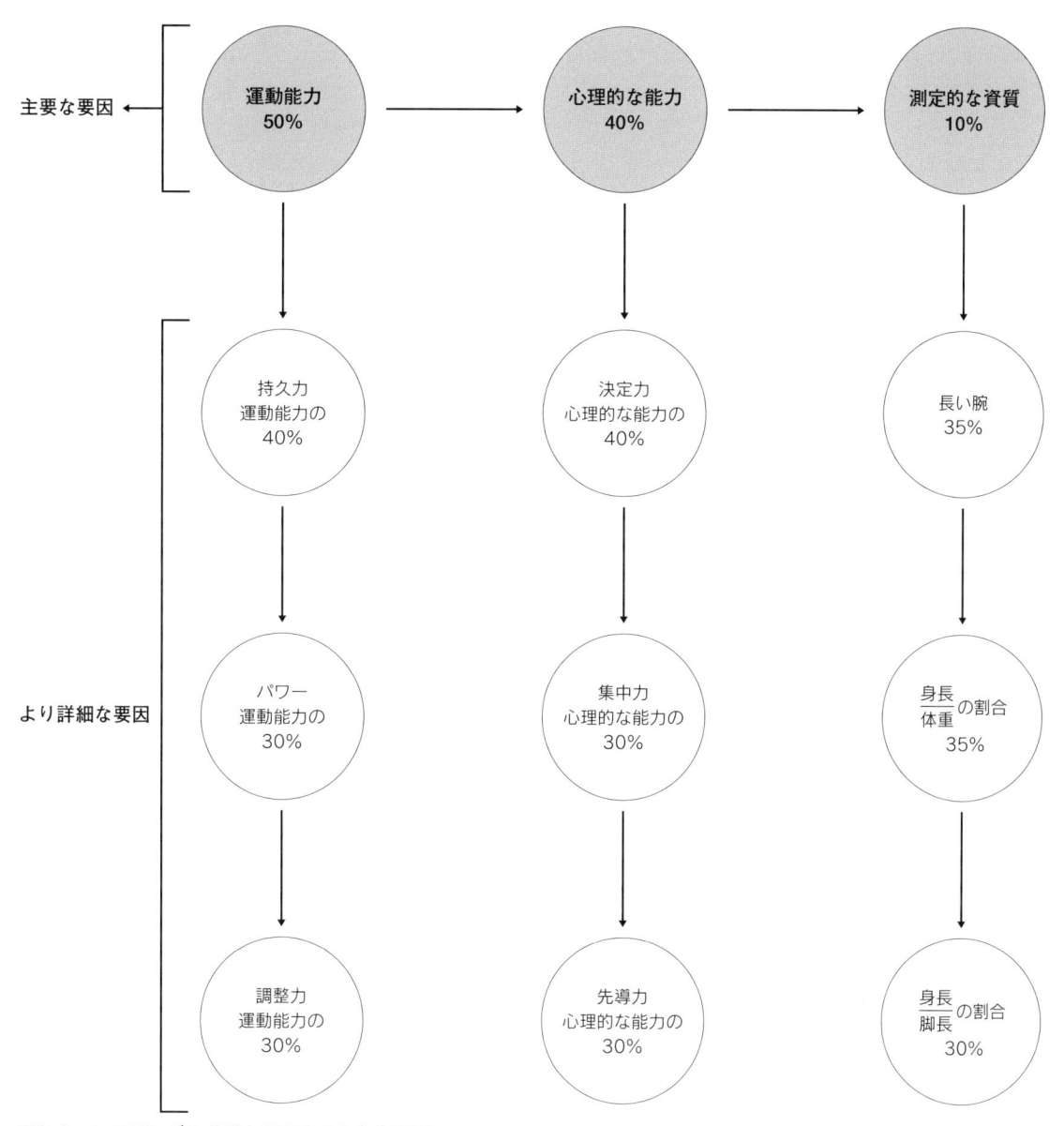

```
主要な要因 ←  ┌─ 運動能力      心理的な能力    測定的な資質
              │   50%    →    40%     →    10%
              │    ↓            ↓            ↓
              │  持久力        決定力        長い腕
              │  運動能力の    心理的な能力の  35%
              │   40%          40%
              │    ↓            ↓            ↓
より詳細な要因 ┤  パワー        集中力        身長/体重
              │  運動能力の    心理的な能力の  の割合
              │   30%          30%          35%
              │    ↓            ↓            ↓
              │  調整力        先導力        身長/脚長
              │  運動能力の    心理的な能力の  の割合
              └   30%          30%          30%
```

図9-9 レスリングの成績を決定するおもな要因 (Kunst and Florescu 1971を改編)

　Radut(1973)は男子ボートのために，オリンピックや世界選手権に出場した選手の計測値にもとづいて，最適な測定学的モデルを構築した。Radutは，高いレベルの試合における選手の最終的な成果が，ある測定学的な計測値と大きく関係していることを見つけた。一流のボート選手候補の能力は，**表9-9**と**図9-11**に示したモデルと比べられ，その値の高い選手が選択された。

　下記は，ボート選手の最も重要な測定学的なテストである。

- 壁に背を向けて立ち，腕を頭の上に伸ばす。2つの手の指が最も高く付いたところの平均値を評価

PERIODIZATION

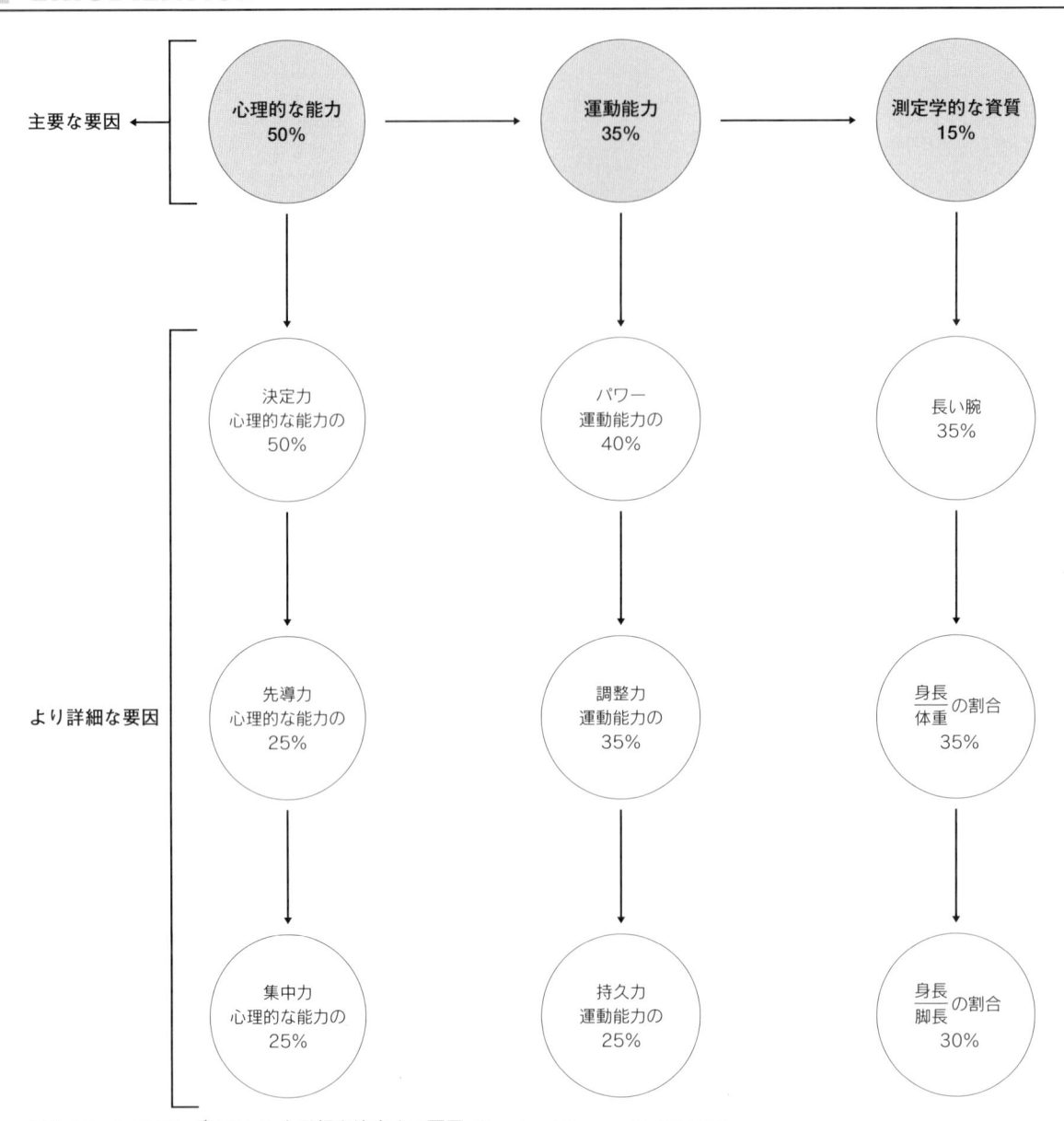

主要な要因

- 心理的な能力 50%
- 運動能力 35%
- 測定学的な資質 15%

より詳細な要因

- 決定力 心理的な能力の 50%
- パワー 運動能力の 40%
- 長い腕 35%
- 先導力 心理的な能力の 25%
- 調整力 運動能力の 35%
- 身長／体重 の割合 35%
- 集中力 心理的な能力の 25%
- 持久力 運動能力の 25%
- 身長／脚長 の割合 30%

図9-10　レスリングのタレント発掘を決定する要因（Kunst and Florescu 1971を改編）

する。
- 壁に背を向けて立ち，腕を肩の高さで側方に大きく広げ，その間の距離を測定する。
- 壁に背を向けて，脚を伸ばして座る。床から肩関節の上部（肩峰）までの距離を測定する。
- 壁に背を向けて，脚を伸ばして座る。壁から足の裏までの距離を測定する。
- 肩幅を，三角筋間の距離によって計測する。
- 計測のためのベンチに立ち，かがむ姿勢をとり（両足のかかとはベンチの上），できるだけ低い位置まで手が到達した位置を測定する。
- 脚の長さに膝から足までの長さを足した特別な長

表9-9 女子ボート選手の測定学的なデータ

順位	テスト1 頭上への 手高 (cm)	テスト2 左右の腕の スパン (cm)	テスト3 座高 (cm)	テスト4 脚の長さ (cm)	テスト5 肩幅 (cm)	テスト6 体前屈 (cm)	テスト7 専門的な 脚長 (cm)	テスト8 体重 (kg)
1	249	201	73.5	121	53.5	48.5	169	96
2～3	246	199	70.8	120	52.1	45.5	165	93.5
4～6	244	197	68.9	119	51.7	45.0	164	92
7～12	242	195	65.7	117	49.9	44.4	161	87.2

Radut 1973を改編

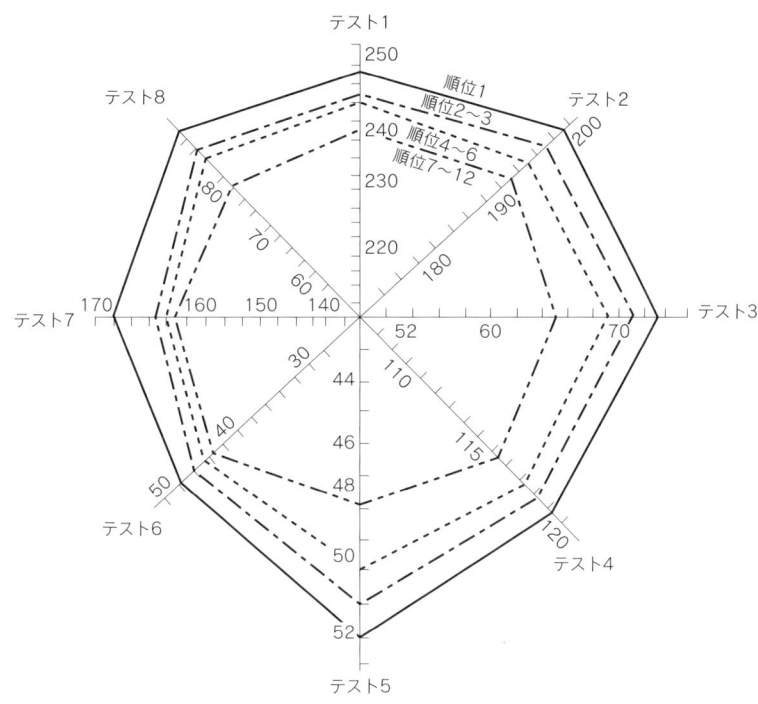

図9-11 女子ボート選手の測定学的なモデル (Radut 1973)

さを測定する。
●体重

これらのテストの値は8角形に描かれる。図9-11は，世界ランキング12位までの選手の結果を示したものである。この一流選手の値と自分の選手の値を比較し，8角形の外端に近づけば近づくほどよりよくなる。

また，生理学的な要因と運動能力の要因の選択のために，最適なモデルをまとめてもよい。このモデルの例を図9-12と表9-10に示した。この例は，女子ボート選手のものであり，世界的な選手の値にもとづいて作られている。もう一度，候補者のスコアを最適なモデルと比較しなければならない。そしてこの場合，そのスコアが8角形になるものだけが，一流選手のプログラムに選ばれるであろう。

コーチ，トレーニングの専門家，スポーツ科学者の協力関係によって，各競技に関するモデルを作ることが重要である。このような協力関係の結果が，一流選手のための，より科学的なタレント発掘システムを形

PERIODIZATION

成し，パフォーマンスを劇的に高めていくことにつながる．

選手のトレーニングプランをテストしたり，評価したりすることに関しては，技術的にかなり洗練されてきたけれども，タレント発掘も少なくともそれと同等に重要な特性と考えられるに違いない．

人間の資質，つまりコーチが動かす才能は，国や地方によってかなり異なっている．しかし，優れた子ど

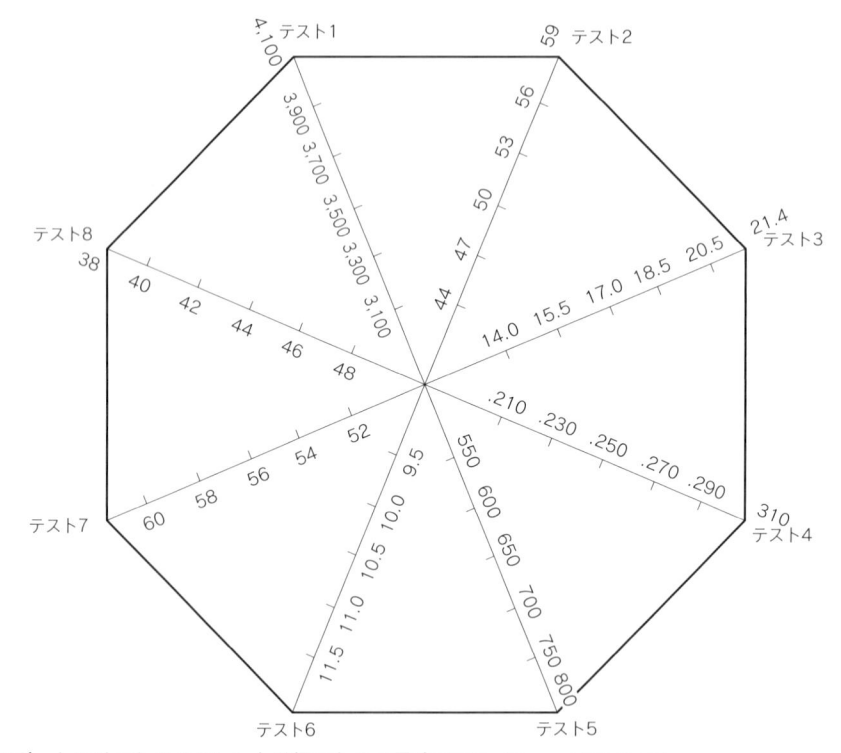

図9-12　女子ボート選手のためのタレント発掘のための最適モデル（Szogy 1976を改編）

表9-10　女子ボート選手における8つの測定学的なテスト

選手の氏名				クラブ			日付	
身長	体重		年齢		職業			
					世界ランキング			
テスト番号	テスト	記号	単位	1	2～3	4～6	選手のスコア	
1	VO₂max	VO₂max	mℓ	4,100	3,900	3,700		
2	VO₂max/kg	VO₂/kg	mℓ/kg	59	56	53		
3	VO₂max/HR	VO₂/HR	mℓ	21.5	20.0	18.5		
4	VO₂max/HR/kg	VO₂/HR/kg	mℓ/kg	.310	.290	.270		
5	心容量	CV	mℓ	800	750	700		
6	心容量/体重	CV/kg	mℓ/kg	12.0	11.5	11.0		
7	有酸素性代謝率	Aerobic	%	62	62	62		
8	無酸素性代謝率	Anaerobic	%	38	38	38		

も達はどこにでも存在する。したがって，コーチはタレント発掘の方法を発達させ，よりよいプランを立案するとともに，理論的に適切なトレーニングを遂行しなくてはならない。また，コーチがこれらの重要性を認めていても，実行できない場合もある。そこで，スポーツ科学者が，タレント発掘に関する指標を決定し，その方法を発達させることが必要になる。このような協力関係を結ぶことによって，よりよいタレント発掘の基準値や優れたトレーニング方法，洗練されたテストとトレーニングの評価が可能になる。そして，最終的な結果は，国際大会における競技結果となって現れるのである。

7. まとめ
Summary of Major Concepts

高いパフォーマンスを目ざす子ども達が競技を開始する場合には，長期トレーニングプランに則った活動がなされるべきである。成長段階にあり，初期の競技発達の段階にある若い選手のトレーニングプランを作るためには，専門性と一般性の調和をとることが重要である。若い選手のトレーニングプランにおいて，成長や身体の発達の初期段階に専門的なトレーニングと一般的なトレーニングの両方を指導することは，その後の競技力の向上のためには必要不可欠なことである。オリンピックの周期的なプランと同様に，若い選手の技術や身体の発達を国際基準と関連させて長期プランを立てることは可能である。

若い選手を指導しているならば，どんなに単純でもコーチ自身がトレーニングプランを作成するようにする。プランは絶対に必要である。常にプランニングしていると，プランニングの能力がすばやく身についてくる。そして，そのプランによって，選手は専門的で調和のとれた発達をすることができる。

コーチとしての活動の時間を最も才能がある子どもを見つけるために割り当てることが大切である。この本や他の本の情報を使用して，身体測定や身体的素養の識別に最もふさわしいテストを決める。そして，この努力が，翻って最も才能ある選手のためのよりよいトレーニングをもたらすことだろう。しかしながら，早く成熟するのと遅く成熟することには大きな違いがあることに注意しなければならない。早熟な選手は，最高の進歩をみせるであろうが，結局長い目で見ると，ほとんどは，遅く成熟するほうがよいのかもしれない。そのために，早まった結果の評価や判断をしてはいけない。最もよい長期プランに則ったトレーニングプランを提供し，子ども達の成長に即したペースの発達を促すことが重要である。

Part 2
Chapter 10

Peaking for Competitions

第10章
試合へ向けてのピーキング

ピーキングは，選手が主要な試合でベストパフォーマンスを発揮するために重要となる。ピーキングは選手の個性，トレーニング状態，モチベーションなどさまざまな要因に影響を受けるため，コーチはねらったときにベストパフォーマンスを引き出せるような方法を考える必要がある。

1. ピーキングのためのトレーニング条件
Training Conditions for Peaking

さまざまなトレーニング刺激に対して体が適応した結果，高いパフォーマンスは生まれる。トレーニングは複雑な過程からなり，いろいろな段階があるため，これを連続して実施していくことが重要である。それらのトレーニングの段階を通して，とくに試合期に，一定のトレーニング状態に達する。試合に向けてのピーキングは複雑で，選手は，それをすぐには理解することができないが，連続して反復することによりピーキングを達成する。

図10-1は，1サイクルにおけるピーキングの流れである。能率よく体系的なトレーニングの結果，身体能力，技術および戦術の習熟度が高いレベルへと到達していく。正しいピーキングは，トレーニングによって高めた心身を，さらに高いレベルへと引き上げるのである。ピーキングで得られる効果は，それまで行ってきたトレーニングの負荷に比例するため，トレーニングの負荷が低いと，当然ピークの値も低くなってしまう。準備期までのトレーニング内容は，一般的体力に重点を置いたものになるが，試合期が近づいてくるにつれ，トレーニング内容は各専門競技に必要とされる専門的な体力向上に重点をおいたものになる。試合期に入ると，競技的状態に細心の注意を払いながらトレーニングを行う必要がある。

競技的状態はトレーニングの量を変えることによって高められ，選手の能力の最大値に近づいていく。このトレーニング状態の頂点は，試合期に行われるような専門的トレーニングによってもたらされるものである。

調子のピークは，専門的トレーニングを積んだ結果として形成されるものであり，主要な試合での最高の

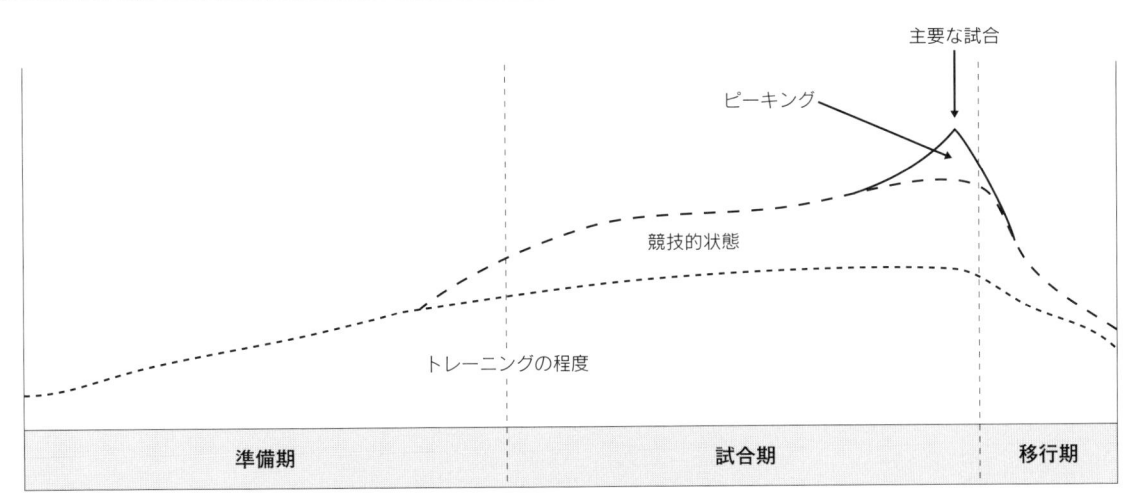

図10-1　1サイクルのトレーニング期におけるトレーニング状態の蓄積と向上

パフォーマンスという結果として表れることが理想である。ピークの状態は、心身の能力が最高で、技術的、戦術的準備が最適になされている一時的なトレーニングの状態と言える。また、ピーキング中は、トレーニング刺激に対して体が最大限に適応した状態であり、神経―筋機能も最大限に亢進されている。ピーキングによって作り出された最高の身体状況は、疲労からの回復スピードも高め、生体のもつ諸機能も促進する。ピーキングの生物学的特徴は、競技に応じてさまざまである（表10-1）。

精神的観点からすると、ピーキングは強い覚醒状態を伴う活動に対して準備できた状態であり（Oxendine 1968）、主観的および客観的に精神を分析し、うまく調整し適応できる状態にあると考えられる（Serban 1979）。客観的には、ピーキングは試合というストレスに対して、神経系がすばやく、かつ効率的に適応している状態である。いっぽう、主観的には、自信、モチベーション、運動と生物学的要素の協働作用の知覚

が持てる状態といえる。さらに、ピーキングには試合、そしてその前後に生じるストレスへの耐性を高める役割もある。このように、ピーキングは主要な試合へ向けて、身体的状況を整えるのみでなく、精神的状況も整える役割も持つのである。すなわち、主要な試合に向けて特殊な心理状況を作り出す役割も担っている。また、試合期や前試合期にさまざまな試合に参加することで、フラストレーションをうまく対処する能力を高めることができる。図10-2は、ピーキングによる精神機能の亢進を示したものである。ピーキングによって、神経―筋機能、モチベーション、試合において生じるリスクを受け止めてストレスに耐える能力、そして自信を高めることができる。

2. ピーキングを促進する要素
Factors Facilitating Peaking

ピーキングにはさまざまな要素が複雑に関係しているため、それぞれ独立した要素や局面だけを取り上げて進めていくことはできない。また、各要素を他の要素でカバーすることもできず、それぞれの要素が身体、技術、戦術、そして神経―筋の統合において非常に重要である。

表10-1　それぞれの競技グループのピーキング状態の特徴

競技グループ	特徴
無酸素性の競技	すばやく回復する瞬発的な運動能力
有酸素性の競技	高い身体の効率にもとづく高い作業能力
混合系の競技	高い身体の効率にもとづく最大強度の運動を何回も反復することができる能力

PERIODIZATION

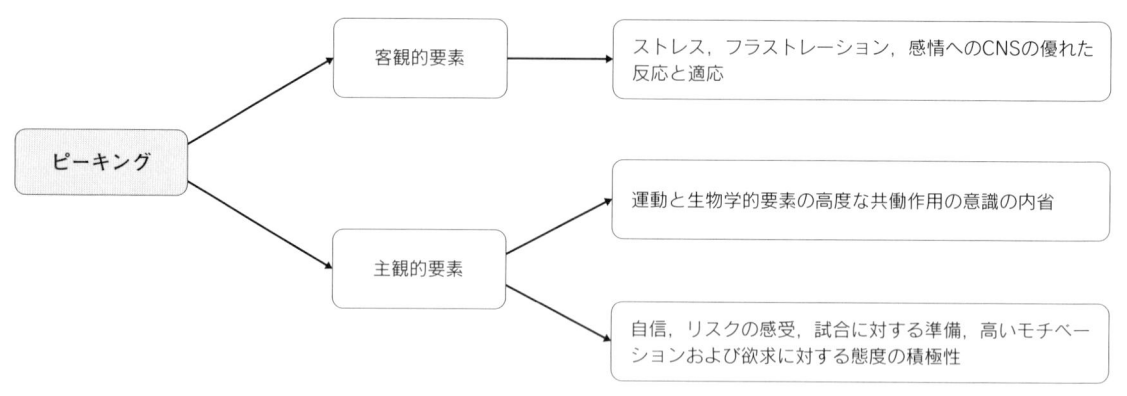

```
                    ┌─── 客観的要素 ───→ ストレス，フラストレーション，感情へのCNSの優れた
                    │                      反応と適応
  ピーキング ──────┤
                    │                   ┌→ 運動と生物学的要素の高度な共働作用の意識の内省
                    └─── 主観的要素 ───┤
                                        └→ 自信，リスクの感受，試合に対する準備，高いモチベー
                                           ションおよび欲求に対する態度の積極性
```

図10-2　ピーキングの精神的な特徴

　高いレベルのトレーニング状態に到達しようとする選手にとって，高い作業能力とすばやい回復スピードは，2つの欠くことのできない特性である。多くの量の練習をこなせないということは，高いパフォーマンスが期待できないことを意味するものである。

　完璧に近い神経―筋機能の協調は，技術と戦術を完全に行う能力を意味する。技術的欠点とは，技術が習得されていない，もしくは完全には自動化されていないことを意味する。そのような状態では，技術や戦術の正確性は損なわれるだろう。それが，パフォーマンスの質を落としてしまう。

　超回復とは，トレーニングと再生の効果のことを意味している。より詳しい記述は第1章の「6. トレーニングにおける適応」と「8. 脱トレーニング」に記した。年間における主要な試合前の適切な，負荷をかけない時期は，ピーキングを促すための最も重要な要因の1つである。トレーニングの量と強度を操作することは，コーチが慎重に考慮しなければならない重要なトレーニングの考えである。

　適切な回復は主要な試合前に超回復を達成するための重要な要因である。図10-3は，目標とする試合前の最後5つのミクロサイクルにおける身体状況の変化を示している。前半の3サイクル中は徐々に慎重にトレーニング負荷を増していき，後半の2サイクルで休息をとることで超回復を促している。

　トレーニングおよび試合後における回復と十分な身体の再生は，高いピークを得るための重要な要因である。もし，選手が一貫して回復テクニックを利用しないのであれば，疲労が蓄積してしまい，身体的にも神経心理学的にも疲労困憊へ向かってしまうだろう。そのような状態では，劇的なパフォーマンスの変化は期待できない。回復に関しての詳しい記述は第5章に示している。

　モチベーション，覚醒，そしてリラックスといった要素はピーキングにとっては手助けとなる。

　神経細胞の作業能力を重要な試合へ向けて高めていけない選手は，最大限のパフォーマンスを発揮できない。最適な状況の下でも，神経細胞は長時間，その高い作業能力を維持することはできない。回復，リラクセーション，そして超回復の結果として，主要な試合

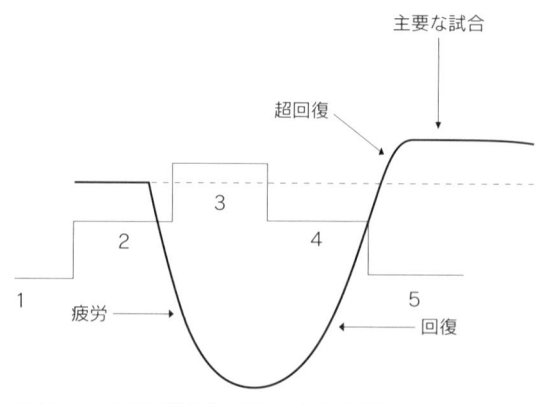

図10-3　主要な試合前の適切な無負荷が超回復を促進する

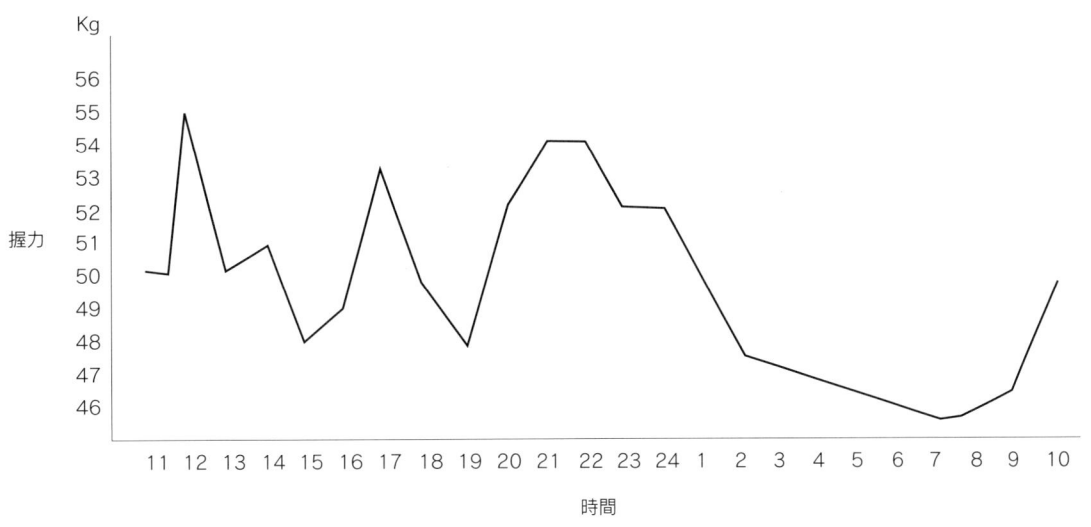

図10-4　握力からみたCNSの興奮性の24時間周期（Ozolin 1971から採用した握力計を利用した手法にもとづくデータ）

の前の7〜10日間だけは，神経の作業能力はかなり増加する。筋活動は神経刺激の伝達の結果であることを知っておくことは，重要である。Gandelsman and Smirnov(1970)は，筋収縮の結果として発揮される力，そしてスピードは，神経細胞の活動に依存すると述べた。このような神経系の機能は，選手のトレーニング状態，そして細胞の興奮レベルと密接に関係しており，それは24時間の中で劇的に変化するものである（図10-4）。

神経細胞は，高い作業能力を長時間維持すると必ず緊張状態もしくは疲労状態になる。しかし，トレーニングの要求が神経細胞の限界に達したとき，もしくは選手が自身を限界以上に駆り立てたとき，トレーニングや試合の刺激に対する細胞の反応は減少してしまうだろう。作業能力は細胞の疲労の結果として急激に減少する。神経細胞は，さらなる刺激から自身を保護するために抑制状態に陥る（Pavlov 1927）。選手は自身の意志でトレーニングを続けるだろうが，しかし，徐々に完全な疲労状態へ自身を追いやることになる。このような状態では，パフォーマンスは通常時のレベルよりも低下してしまうだろう。このため，再生のミクロサイクルと，そこでのトレーニングが非常に重要である。

神経細胞の興奮レベルは，試合のタイミングで変化する。すなわち，ピーキングによって試合前には徐々に高まり，試合日に最高のピークを迎え，そしてその後は低下する（図10-5）。多くの場合，興奮レベルは平常時に戻る。しかし，平常時よりも下がることがあり，これは疲労困憊を意味している。そのようなときは，通常の負荷でのトレーニングを開始する前に，完全に回復するまでトレーニングプログラムは軽くすべきである。

ピーキングは興奮性の変動と同様に，トレーニングにおける負荷の変動と超回復の達成に影響される。図10-6aは，高強度のトレーニングが過大視された結

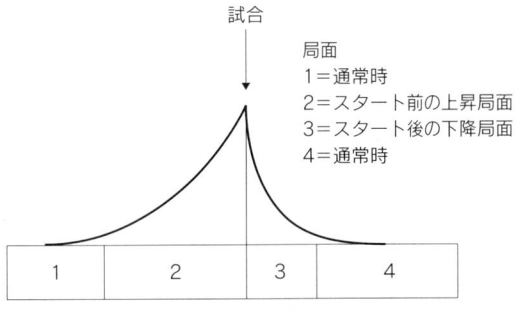

図10-5　試合前，試合中，試合後の中枢神経の興奮レベルの変動（Ozolin 1972を修正）

局面
1＝通常時
2＝スタート前の上昇局面
3＝スタート後の下降局面
4＝通常時

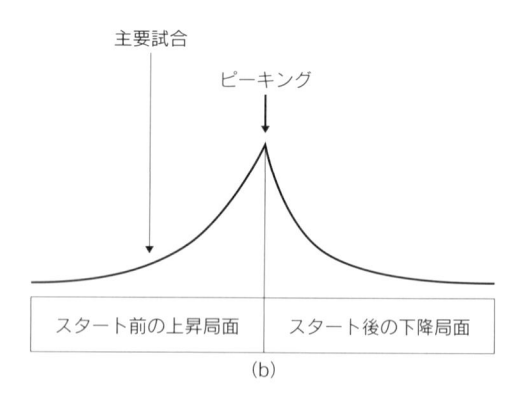

PERIODIZATION

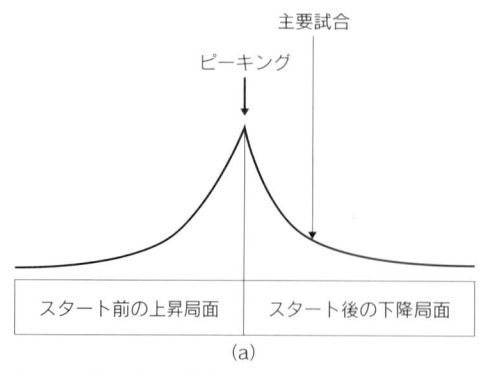

図10-6　早すぎるピーク(a)と遅すぎるピーク(b)

果，ピークが早くきすぎてしまった例である。試合期における試合間隔が短かすぎたり，専門的なトレーニングを早期に入れすぎた場合になどにみられる。このような状況では，下がり調子のまま試合が開始される。

反対に**図10-6b**は，ピークを迎えるのが遅い場合である。このような状況は主要な試合後によくあることだが，超回復を促進するリラクセーションと軽めのトレーニングの日を数日設けるとよい。この場合は，コーチが適切にトレーニング負荷を軽減しなかったか，超回復が起こらなかったために，選手はおそらく試合当日までにパフォーマンスのピークを迎えることはできなかったのである。

試合日程はピリオダイゼーションにとって非常に重要な要素であり，ピーキングにおいても重要である。試合の選択と日程の調節については本章の最後において説明する。

それぞれの試合期におけるピークの数が，ピーキングを決定する。選手の調子にはあらゆる要素が影響するため，水平線のように一定ではない。そのため，選手の調子はピーキングによりプラトーを迎え，そこで波状に変化する。このカーブの上下には，いろいろな要因が影響している。ピーキング，もしくは年間におけるピークパフォーマンスは，コーチがすべての要因を適切に統合させたときに生じるのである。試合期を通して2～4つの主要な試合があるとすると，それらは等間隔に，または重要な順に並んでいるわけではない。**図10-7**はピーキングカーブであり，これは試合日程とその組み方により変化するものである。しかし，この図をみると，ピークは3つの試合のために作られ，その他の試合は従属的だと言える。選手は，超回復を促すために，負荷をかけない短い期間を設定したとしても，ピーキングを促進するすべての要因の調整は，たった3つの試合のために行われるだけである。神経細胞の興奮レベル，および作業能力という観点からすると，ほとんどの試合にピークを持ってくることは不可能であり，そのような方法は疲労を招くだろう。Pavlov(1927)は，これを防御抑制と呼んでいる。このような状況下では，外部もしくは試合などの刺激に反応しないことで，細胞は完全な疲労困憊状態から自身を防御している。その結果，試合期終盤に向けての顕著なパフォーマンス向上は期待できなくなる。

長期のトレーニングプラン作成に関する研究(Bompa 1968a；Ghibu 1978)では，ピーキングに関するいくつかの正確なデータが明示されている。そこで我われは7～10ほどの試合数が，主要な公式試合のための高い準備状態を作り上げるのに十分な試合数であると信じている。また，年間のトレーニングプラン(1サイクル)においては，ほとんどの一流のクラスの選手が，32～36ほどのマイクロサイクルを組んでおり，その中でピークパフォーマンスを引き出している。これらの結果は，たとえ一般的なガイドラインのみであっても，年間の主要な試合へむけてのプランニングに使うことができるだろう。同様に，Ghibuは，選手がピークに達するのは，全トレーニング日数の65～80％をこなし

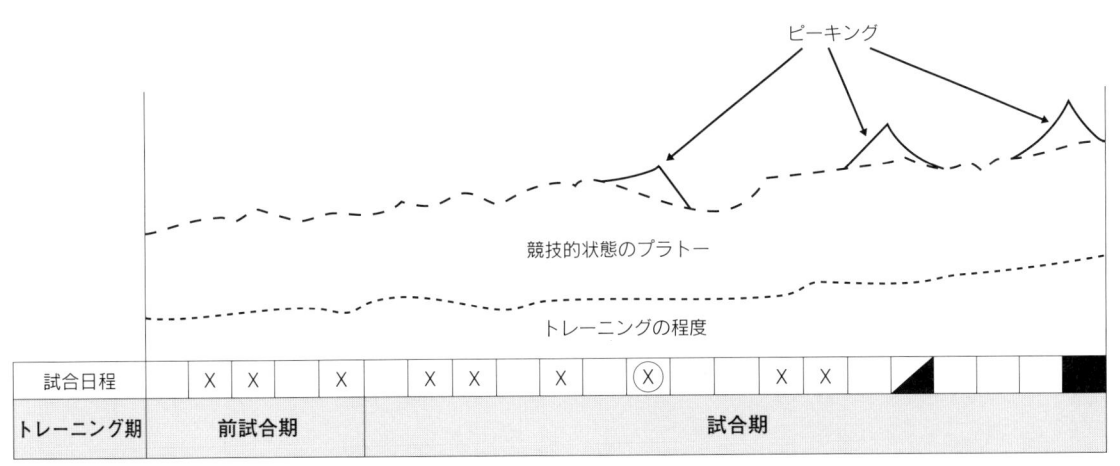

図10-7 試合カレンダーと競技的状態とピーキングのカーブ

た後であると指摘している。つまり，選手はすばやくピークへ到達するのではなく，長期にわたるハードなトレーニングの後にピークを迎えるのである。一般的に，選手は身体および精神がピークに到達するまでには，だいたい200日のトレーニングを必要とする。重要な試合の数が多いほど，ピークパフォーマンスを維持できる日数も減少すると考えるべきである。もし，年間で2～4ほどのピークを計画するのであれば，計画的にトレーニングを阻害する要因を取り除くべきである。

毎年高いパフォーマンスを発揮するには，トレーニングの程度を高めなければならない。これは，トレーニングの体力面を高めていくことで実現できるのであろう。強固な土台があれば，選手は，より高い競技状態のプラトーに到達できるのである。このような方法を知らないと，パフォーマンスの継続的な改善ではなく，低下が生じてしまうだろう。

1. ピーキングの確認の方法

ピーキングがうまくいったかどうかを確認することは非常に難しく，これに関しては議論が絶えない。最も客観的な基準の1つは，選手のパフォーマンスの変容である(Matveyev et al. 1974)。ピーキングの計算のための区分に関して，Matveyev et al. は，スプリンターと中距離走者，計2,300人を対象として縦断的な研究を行ってきた。その研究では，昨年までのベストパフォーマンスを基準とし，2%以内の高いパフォーマンスを記録したゾーンを第1ゾーン，ベストパフォーマンスの2～3.5%の中程度の記録を第2ゾーン，3.5～5%の低いパフォーマンスを第3ゾーンとし，5%以下の悪い記録を第4ゾーンと定義している。ここで著者は，第1ゾーン，つまりそれまでのベストパフォーマンスから2%以内の記録を維持できている場合，ピーキングは成功であると考える。

第1ゾーンにある選手は，トレーニング刺激に対して心身が完璧に適応しているといえる。トレーニング刺激に対する反応は一定であり，その結果，起床時心拍数も常に低い値を示しているだろう。

このように，選手はトレーニング状態を正確に評価するために，より多くの客観的データを考慮するとよい。ピーキングに関する客観的データについて，Ghibu et al.(1978)は，尿検査，眼圧検査(眼球表面の抵抗から眼球内部の圧力を間接的に測定する方法)，握力検査，安静時心拍数検査，無酸素性および有酸素性筋持久力，そして収縮期血圧などが選手のパフォーマンスを測る上で重要であるとしている。このようなさまざまなトレーニング期のデータは，とくに試合期には大きく変化するため，各期ごとにデータを集めて比較しなくてはならない。これらすべての値が高いとき，よいトレーニング状態であると判断できる。

また，主観的なデータ，すなわち選手のフィーリングを解釈することで，ピーキングを見極めることができる。フィーリングには，用心深いか楽観的か，緊張の度合い，食欲がある，深い睡眠，トレーニングおよび試合における積極性はどうか，そして生活やトレーニングでのゆとりなどを含んでいる。

いっぽうで，コーチの心身の状態も選手のピーキングにおいては重要である。コーチの楽観的で自信に満ちあふれ，情熱的で積極的な態度は，選手のピーキングにおいて必須であり，とくにコーチと選手の関係が密接である場合には重要となる。コーチは選手の身体の状態だけでなく，精神状態まで高いレベルへ引き上げる責任を担っているのである。試合前のコーチは，精神的にバランスがとれており，冷静で，自身の感情を隠すことができなければならない。コーチ自身の高度にコントロールされた精神状態は，試合前の選手に非常に大きな影響を与える。また，コーチは，家族関係，仕事，そしてグループ内での衝突などによるストレスを選手には感じさせてはならないのである。

2. ピークの維持

ピークパフォーマンスの維持に関しては，実験的な研究データがないため，現場ではさまざまな意見が氾濫している。中には，「年に1度しかピークを作れない」とか，「ピークは1日だけ」というばかげた意見も出る。パフォーマンスは多くの精神的，身体的，そして社会的要因に影響を受けるため，その維持期間を正確に把握することは非常に困難である。そのため，ピークの維持期間は個人差があるという主張が無難である。準備期に個人で行われるトレーニングプログラムとその継続時間，そしてトレーニングのタイプは，ピーキングの継続期間に大きな影響を与える。準備期間が長くて堅実なほど，選手の調子やピーキングの持続時間が延長される可能性は高まる。

ピークの維持について論議するときに，選手の状態を切り離して考えることは難しい。すでに説明しているとおり，試合期における選手の状態は，高いプラトーに達しており，作業能力および精神状態も高まっているのである。このプラトーにあるときの最も重要なことは，パフォーマンスが前年のピーク時の2％以内にあるという第1ゾーンに位置することである。仮にコーチが適切なトレーニングプランを作成したとすれば，第1ゾーンの持続期間は平均1～2.5ヶ月になると言われている。この期間内であれば，2つまたは3つのピークを作り出すことができ，選手はこれまでよりも高い，もしくは同様のパフォーマンスを発揮できる。いっぽうで，ピークの維持期間についてOzolin(1971)は，神経細胞の適切な作業の長さから約7～10日間と述べている。最重要試合のためにピーキングを行った後には，再生のための短めの期間を設けることは必要なことである。これを実行しなければ，第1ゾーンの持続期間は減少してしまうだろう。この方法は，トレーニングにおいて不可欠な相互作用である回復とストレスを交互に持って来ることの必要性を助言するものである。

ピークの持続期間，つまり第1ゾーンにとどまっていられる期間は，選手が経験した試合やレースの数にも大きく影響を受ける。試合のある週が多ければ多いほど，よい結果が出にくくなる。多すぎる試合やレースへの参加は，高いパフォーマンスを発揮するのに不利になるのである。その結果，選手権大会が控える試合期後半に向かってパフォーマンスの低下が生じる。皮肉にも，重要な試合やレースは必ずサイクルの後半に位置(通常は8つのミクロサイクル後)するため，コーチは試合期後半へ向かってパフォーマンスが向上するようなプランを組む必要がある。反対に，コーチは，ストレスのかかるトレーニングと再生を図る活動を交互にもってくるように注意を払わなくてはならない。また，前試合期，試合期に試合を選んだり計画したりする方法にもコーチは注意を払うべきである。これは，大学のコーチ，とくに，前試合期にさえ多くのゲームが課せられるチームスポーツのコーチにとって重要なことである。

適切なピーキングを確実にするために重要なのは，第1ゾーンを長くすることである。そのためには，第6章にあるピーキングインデックスを利用し，選手の

ストレスを減少することが勧められる。重要な試合とそうでない試合を交互に行うことは，ピーキングカーブの上下の変動を大きくする。これは，ストレスをうまく解消させることができる。合理的なプランニングとは，試合期を通して試合の重要性を漸進的に高めていき，シーズン最後のマクロサイクルに最重要試合を位置づけるというものである。試合を計画するうえで，重要度の違う試合を組み合わせるグルーピングアプローチは，試合とトレーニングを交互にくり返すことを可能にして，競技的状態を長く維持することにつながる。

　第1ゾーンへ到達するのに要する期間は，ピーキングにとって重要な要因となる。それは選手個々の能力によっても異なるが，平均的には，準備期から試合期まで4～6のミクロサイクルを必要とする。はじめの3～4のミクロサイクルの間に，劇的なパフォーマンス向上は望めないが，それは疲労している状態で厳しいトレーニングをした結果であるため，あせりは禁物である。サイクルの後半になるにつれ，パフォーマンスは向上し，最後の1もしくは2つのマイクロサイクルになると，トレーニング負荷に心身が適応し，ストレスが減少することにより超回復が望め，高いパフォーマンスを発揮できるようになる。しかし，この低いパフォーマンス状態から第1ゾーンまで移行する段階の持続時間は，多くの要因によって変化するものであり，とくに各競技の特性とコーチのトレーニングに対するアプローチに影響を受ける。Ghibu et al.(1978)は，体操および水球は6つのミクロサイクル，陸上，ボート，競泳およびレスリングは，だいたい4つのミクロサイクルが適切と述べている。

3. ピーキングの阻害要因

　ピーキングは，数ヶ月におよぶ厳しいトレーニングと適切に計画されたトレーニングプランの結果として自然に生じるものである。これまでにも説明したとおり，ピーキングに影響を及ぼす要因は多くあるが，それらのうちにはピーキングを促進したり，逆に阻害するものが含まれる。これらの要因にコーチが気づき，コントロールできれば，障害は減少し，パフォーマンスのピークは高まるだろう。

4. 試合の編成

　試合に参加する前には，選手とコーチはごく一般的な試合の状況を期待すべきである。しかし，選手は心の中で最高の状態を理想として心に描いてしまうことがしばしばある。その結果，試合において生じる，思いがけない変化のすべてが，パフォーマンスに悪影響を与えてしまうのである。その最たる例が自然環境要因である。例えば，最も重要な試合に限って，経験したことのないような強風や豪雨が選手を襲うこともある。自然環境要因は自転車，カヌー，そしてボートなどの競技におけるパフォーマンスに強い悪影響を及ぼすだろう。風によって起きた大きな波が，ボートやカヌーの選手，とくに技術の未熟な選手の競技戦績に影響を及ぼすことがある。また，豪雨は路上で行われる競技に影響するのはもちろん，フィールドでおこなわれる球技種目においても悪影響を及ぼす。例えば，雨でぬかるんだ地面ではボールコントロールを困難にする。

　雪質もスキー選手にとってはパフォーマンスに関わってくる決定的な要因である。クロスカントリーでは，ピークパフォーマンスは雪質に大きく影響を受けるため，雪質にあったワックスの選択と塗布技術が必要となる。同様に，気温，湿度そして高度などはすべての選手に影響を与える。

　これらの問題に対する解答がモデルトレーニングである。選手は，どのような環境であれ，大きくパフォーマンスを崩さないための準備と，それに伴うモデルトレーニングを行うべきである。それは偏った審判，批判的な観客などに対する準備も含まれる。選手が体験したことのないような仮想の試合環境にさらされるということは，ピークパフォーマンスを獲得するための必要条件である。

5. 選手の状況

　コーチはトレーニング中においてのみ，選手の心身の状況を直接的に観察でき，さらに，コントロールも

できる。しかし，トレーニング以外の時間においても，その生活や行動がモラルからはずれないようにプラスの影響を与えるのもコーチの役割である。日常生活における粗悪な行動，例えば不十分な睡眠，アルコールの飲みすぎ，喫煙，そして体重過多は，選手の回復を遅れさせ，トレーニング状態にも悪影響を与えるだろう。同様に，家族，コーチ，恋人，そして学校や仕事に対する社会的不満は，試合中およびトレーニング中での選手個人の身勝手な行動へと形を変え，その結果，パフォーマンスも低下させてしまう。また，危険にさらされたり，強いイニシアチブが要求される競技では，試合やアクシデントに対する恐怖心が自己抑制能力を低下させてしまう。そのため，コーチは選手を観察し，日常生活における粗悪な行動や態度を正すため，親しい仲間から選手に関する情報を集めるべきである。

6. トレーニングとコーチ

　高すぎるトレーニング強度，急激なトレーニング強度の増加，もしくは試合頻度が高すぎるトレーニングプランは，選手へのストレスを増大させるだけでなく，適切なピーキングをも損なってしまう。長すぎる試合期も同様である。そのような状況では，第1ゾーンを維持すること，そして試合期の終盤に位置する主要な試合へ向けての適切なピーキングを続けることが不可能となる。トレーニングと回復のバランスの必要性を軽視することは，ピークを低下させるのみでなく，傷害を引き起こす。もし選手が，そのようなストレスに常にさらされるようならば，オーバートレーニング状態へ陥る可能性が高くなるだろう。

　コーチの知識，態度，行動，そして自身のフラストレーションや情動を押さえる能力も，選手のパフォーマンスに影響を与える。コーチの知識や能力に対する信頼の欠如は，とりわけ主要な試合前において，パフォーマンスにマイナスの影響を与えてしまう。そのため，優れたコーチは選手個人にあったトレーニング知識，セルフコントロールの改善，そして選手に対する誠実さを持ちあわせていなくてはならない。

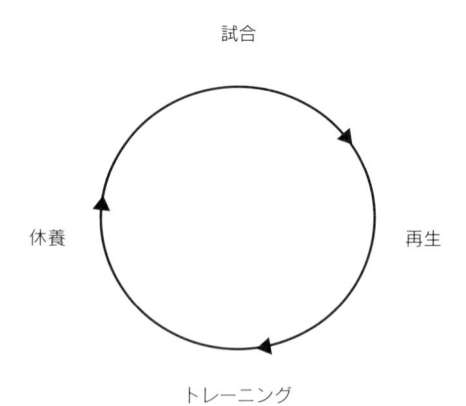

図10-8　トレーニングにおける活動のサイクル

3. 試合
Athletic Competition

　多くのコーチは，試合への参加は，選手の準備のレベルを高めると主張する。しかし，それはある程度真実ではあるが，コーチは試合のみを通して，相当多量のトレーニングを行うこと，そしてピーキングを修正することを期待するべきではない。試合を改善の唯一の手段とみなすことは，トレーニングの哲学を弱いものにし，トレーニング・ピーキング・試合・回復という活動のサイクル(図10-8)を乱すことにつながる。

　また，コーチは多くの公開試合に参加することに魅力を感じ，適切なトレーニングを見落としてしまうことが多い。そうなってしまうと，量を犠牲にして，強度だけを強調することになり，その結果，予定よりも早くピークを迎えてしまう。そして，最も重要な試合が予定されている試合期終盤へ向かって調子を落とすことになる。

　試合に参加することで得られる成果は，試合経験を得るという，とりわけ若手選手には非常に重要なことである。選手は年間計画に従って，目標とする試合で最高のパフォーマンスを発揮しなくてはならないが，ここで大切なのが，参加する試合の選択である。そのため試合の選択と計画は，極めて重要な意味を持つ。

　試合は選手の準備をテストする実質的な場である。

試合においてこそ，与えられた時間で改善レベルをテストし，技術を固め，相手に対する戦術を試すことができる。同時に，身体エネルギーの効果的な利用方法，意志や忍耐力といった精神的要素を学ぶこともできる。ここで大切なのが，コーチは各試合に参加する前に，それぞれに応じた達成目標を計画することである。コーチは，選手の特性やタイプ，そして現時点でのパフォーマンスレベルに適した目標を設定しなくてはならないのである。

1. 試合の分類と特徴

試合はおもに以下の2グループに分類できる。公式戦や主要な試合なのか，そして公開試合や練習試合なのかである。

前者は，選手権などが該当する。選手権とは，年間において最も重要であり，できる限り高いパフォーマンスが残せるように努力するものである。予選もしくは準決勝においては，最高のパフォーマンスが必要なわけではない。とくに個人競技においては，年間プランをマクロサイクルに分けていくためのガイドラインとして，主要な試合は役に立つのである。

いっぽう，練習試合や公開試合は，通常，あるトレーニング期間における個人やチームをテストし，フィードバックを得るため計画される。このような試合は，ミクロサイクルを統合するものであるが，コーチは通常のトレーニングプランを変更したり，トレーニングを弱くすべきではない。練習試合において勝利は目標ではなく，主要な試合や公式試合が始まる前に，選手を適切な準備状態に持っていくためのものである。このような試合では，最大強度を持続させたり，エネルギーを完全に使い果たしたり，心身の限界を超えたり，見知らぬライバルや顔見知りのライバルに対する経験を積むことができる。

このようにして，選手が参加するすべての試合は，次のような特徴，方向性を持つことになる。

試合における勝利とは，すべての選手を魅惑するものである。勝者になるには，長期にわたる激しいトレーニングが必要不可欠である。もちろん才能も重要な要素であるが，勝者になるには厳しいトレーニングをさけて通れない。

また，記録を打ち立てることも，多くの選手の夢でもある。記録はいつでもコーチの立てた計画どおりに打ち破ることができるというものではないが，記録をねらうような試合は試合期中ごろに設定されることが多い。このような試合は，選手の身体的，精神的能力を使い果たすために，年間でも2〜3週間ほどの間にしか設定できない。

テスト試合は，選手の潜在能力や技能を確かめるために実施される。テスト試合の目的は，選手を身体的，心理的な観点からテストすること，そして技術や戦術を確認することである。チームスポーツにおけるテストマッチというものは，公式戦ではないことが多いため，コーチはときどき試合を止め，相手に応じた戦術を試させたりする必要がある。

今後の試合で想定される特別な状況へ適応することは，選手が能力を最大限に発揮する上で重要な役割を持っている。そのため，コーチは，試合をおこなう場所や条件を選択し，主要な試合で用いられる施設や用具が使われる試合を選び，慣れさせておくことを考えなければならない。このような試合は公開試合であるため，勝利よりも環境，用具への適応を第一の目的とすべきである。

2. 試合プラン

選手権もしくはリーグ戦などの試合日程は，通常，その競技の理事会などによって決定される。その後，目的に応じて，参加可能な日程の試合を選択する。試合の選択と計画はトレーニングにおいて最も重要な過程であり，主要な試合に向けてのピーキングを高めたり，低下させたりもできる。

試合を選ぶ手順や手順を決定するコーチの役割に関して間違った解釈がなされることがある。可能な限り試合に出場し，すべてに全力を出すことが大切だと信じているコーチもいる。明らかに，このようなケースは選手に対する過度のストレスを引き起こし，主要な試合でのパフォーマンスを低下させる原因となってし

PERIODIZATION

	トレーニング期	試合期																			
日付		5月					6月				7月					8月				9月			
		1	8	15	22	29	5	12	19	26	3	10	17	24	31	7	14	21	28	4	11	18	25
マクロサイクル		6					7				8					9				10	11		
試合日程					X	X					X	X	X					◣					■

図10-9　グルーピングアプローチにもとづく試合のプラン

	トレーニング期	試合期																			
日付		5月					6月				7月					8月				9月			
		1	8	15	22	29	5	12	19	26	3	10	17	24	31	7	14	21	28	4	11	18	25
マクロサイクル		7					8				9					10				11			
試合日程			X		X		X	X	X	X	X	X	X	X	X			◣					■

図10-10　チームスポーツのためのサイクリックアプローチ

	トレーニング期	試合期																			
日付		11月					12月				1月					2月				3月			
		1	8	15	22	29	5	12	19	26	3	10	17	24	31	7	14	21	28	4	11	18	
マクロサイクル		7					8									9				10			
試合日程		X		X			X		X		X		X					◣				■	

図10-11　クロスカントリースキーヤーのためのサイクリックアプローチ

まう。また，ハードな試合日程は，長い回復を要し，その結果，日常のトレーニングを乱してしまうことになる。それぞれの試合にとって適切な覚醒状態に達するには，強い精神的ストレスがかかる。これを無視すると，年間における主要な試合で低いピークを示し，望ましくない結果を導いてしまう。

試合選択に関するもう1つの失敗は，コーチが選手に決定を任せるものである。多くの場合，選手は試合選択および計画に関する正しい知識をもっていない。そのため，リーダーシップはコーチがとり，グルーピング法もしくはサイクリック法のどちらかを選択し，年間の試合日程を決定するべきである。

グルーピング法とは，2〜3週間ほどを1つのマクロサイクルとし，週末にいくつかの競技やレースへ参加するサイクルと，トレーニングに集中するサイクルを順に配置するやりかたである。図10-9にグルーピング法の1例を示したが，通常，試合のサイクルは，トレーニングのみのマクロサイクルに続くものであり，選手は，次の2〜3週間続く試合のサイクルのためにトレーニングを行う。

例えば，図10-9の例によると，選手もしくはチームは5月末に2週続く試合に参加することになる。そこでコーチは，レースや試合は各週末に2，3日にわたって行うように設定すべきである。試合の後の最初のマイクロサイクルは，その終わりに1つのピークが生じる程度の強度の低いものである。サイクルの序盤2，3日は強度の低いストレスのかからないトレーニングを行いながら回復にあてる。次の2つと半分のミクロサイクルでは強度の高いトレーニングを積み，2，3日の短い休息期の後，もう1度3週にわたる試合のサ

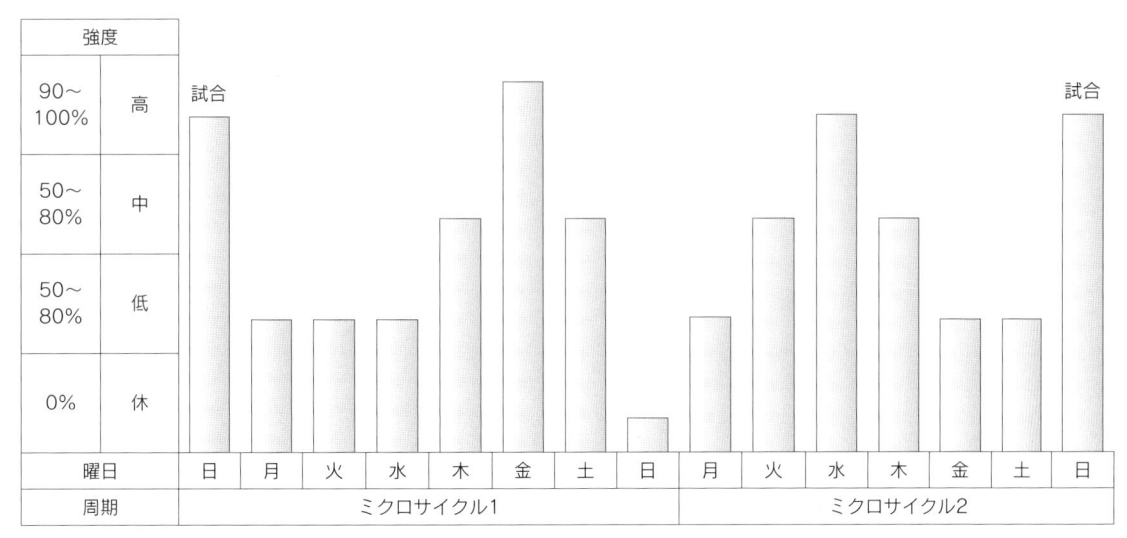

図10-12　試合間のインターバルにおけるトレーニング負荷の変化

イクルに臨むのである。8月21日には選手権大会の予選，9月25日に決勝が控えている。選手権の予選と決勝の前のマクロサイクルのトレーニングは，これまでと同じパターンである。

グルーピング法は，先に示した例のように公式試合が少ない個人競技に最適である。チームスポーツにとって，グルーピング法モデルは，国内の選手権大会や国際的な試合にのみ限られる。なぜなら，このモデルは公式な国際試合に対しての典型的なものとして作成されているためである。

個人およびチームスポーツへは，サイクリック法を適用するのがよいだろう（図10-10）。マクロサイクルの8～9にかけて，各週末にリーグ戦が実施される。そしてマクロサイクルの10～11の終わりに，地域の選手権および最終の選手権の決勝が行われる。各ミクロサイクルの終わりには試合があり，それぞれに1つだけピークを作る。これは火曜日もしくは水曜日が望ましい。試合の1～2日前には，試合に向けた超回復を高めるために負荷をおとす。個人競技には，リーグ戦がないため，年間の主要な試合の予選と決勝へ向けて，サイクリック法を行う（図10-11）。このケースでは，コーチはいろいろなクラブによって開催されるほかの試合に参加することを決める。いくつか選ぶことができる試合があるのなら，コーチはサイクリック法を促進するような試合に参加するようにプランを立てればいいのである。その結果，2週間ごとの週末に試合に参加する場合，試合の間の時間はトレーニングに費やすのである。この方法は，コーチが試合で得られた結果をフィードバックしながら，トレーニングプログラムを修正することができるために有利である。自然と主要な大会へ向けての理想的な準備ができるだろう。

サイクリック法でのミクロサイクルの構成については，試合後のミクロサイクルの前半は練習強度を低くすることで心身の回復を図り，後半に強度を上げることが重要である。反対に試合前のミクロサイクルは，前半（火曜日もしくは水曜日がピークとなる）までに練習強度を上げ，後半で回復を図る（図10-12）。優れたコーチは，前に示した2つの方法を組み合わせて，試合までのプランを組み立てるのである。

主要な試合の日程は，通常，オリンピックなどにあわせて，自国の協会や連盟が決定するため，コーチはいくつかの計画案を経験しておくのが理想である。そうして幾度となく成功と失敗をくり返しながら，オリンピックイヤーへ向けての理想的な年間計画は導きだされていく。

最後の試合から国内選手権，オリンピックや世界選

PERIODIZATION

表10-2 主要試合直前のマクロサイクルにおける課題

マクロサイクル における課題	通常時 （5週間）	集中時 （3週間）
積極的休養	1	3
負荷	2	7
休養	1	7
試合	1	4

手権のような主要な大会までに長い時間があいてしまう場合，とくに世界レベルの大会に関して多いが，コーチはさらに特別なマクロサイクルを組む必要がある（表10-2）。各ミクロサイクルの目標は，適当なトレーニングプランやベストパフォーマンスを引き出すためのピーキングを行ううえで非常に重要である。

表10-2は，5つのミクロサイクルで構成される通常のマクロサイクルであり，数字は週である。もう1つは，試合の間がちょうど3週間しかない場合の凝縮されたマクロサイクルである。凝縮されたサイクルでは，それぞれの目的に該当する数字は日数で表されている。

3. 試合頻度

年間において組まれる試合の頻度には，個人の経験，年齢，そして競技の特性などが影響する。さらにもう1つ重要なのが試合期の長さであり，試合期が長いと，当然試合数も多くなる。試合数と頻度を決定するときには，おもな指針となる競技の特性を考慮して行う。

例えば，短時間で試合が終わる競技，これには陸上競技の短距離種目や跳躍種目，水泳の飛込などが当てはまるが，これらの競技は身体的な負担が少なく，選手は高い回復スピードを維持できるため，比較的試合数を増やしやすい。Ozolin（1971）は，このような競技におけるエリートは，年間でだいたい40〜50のレースに参加できるとしている。いっぽう，エネルギーの消耗が激しく，神経系に負担の大きい競技，つまり全身持久力，持久力などの身体的要素がパフォーマンス獲得の鍵となる競技は，年間を通してだいたい15〜25試合ほどが限界である（表10-3）。これには競泳，中長距離走，クロスカントリースキー，ボート，自転車，ボクシング，レスリングなどが当てはまる。そして，チームスポーツにおける選手は，年間で30試合以上参加するのが一般的である。このように試合頻度に関しては，選手の心身の回復にかかる時間を考慮すべきである。

試合期において，平均して2〜4の主要な試合に参加するが，通常は主要な試合に加えて，その予選にも参加することが多い。加えて，重要度の低い調整試合にも参加する。表10-4に示しているように，主要な大会前の調整試合と主要試合の間に短いトレーニング期間を計画する必要がある。

専門競技の試合やイベントだけに出場すればいいわけではない。しばしば，準備期に，一般的体力の発達をねらった特別な試合を編成することがある。このよ

表10-3 種目ごとの年間試合数

種目	初心者もしくは若手選手		一流選手	
	冬	夏	冬	夏
短距離，ハードル，跳躍，投てき種目				
●専門の種目	3〜4	12〜16	3〜5	16〜20
●他の瞬発系種目	2〜3	4〜6	1〜3	3〜5
中距離種目				
●800〜1500m	—	4〜8	2〜3	10〜16
●それより短い距離	2〜3	8〜10	2〜4	8〜10
長距離種目				
●マラソン	—	1	—	2〜3
●50km競歩	—	6〜8	—	8〜10
混成種目				
●10種競技	—	1〜2	—	2〜3
●7種競技	—	2	—	2〜4
●他の個人競技	2〜4	10〜12	3〜5	12〜16

表10-4 試合日程からみた目標の立て方

	トレーニング期		試合期		
細分化した局面	試合前	リーグ戦へ向けての専門的な準備局面	リーグ戦もしくは公式試合（予選）	専門的な準備局面
課題	●パフォーマンスの改善 ●試合経験の獲得 ●長所と短所の把握 ●試合環境を利用しての技術および戦術のテスト	●試合前に発覚した短所の改善 ●技術，戦術の改善	●高いパフォーマンスレベルの獲得 ●決勝へ向けての準備	●主要大会へ向けての準備
実行の方法	●徐々に試合の重要性を増す ●試合の頻度を高める ●わずかにトレーニング量を減少させる	●広範囲にわたるトレーニング ●量を増やす ●トレーニングに影響を及ぼさない形での試合参加	●その競技の要求に応じて量を減らし強度を高める ●より重要なレベルの試合への参加	●主要な大会へ向けての準備

うな試合は，技術がまだ成熟していないような初心者や若手選手に対して計画される。同様にコーチは，このような試合をトップ選手に対しても設定することがある。東ヨーロッパでは，通常，体操選手やウエイトリフターに30mダッシュと立幅跳を，ボート選手や自転車競技ではクロスカントリースキーを実施している。このような試合では身体的能力と同様に精神力も求められる。選手は，トレーニングの一部分となる活動や専門競技との類似性のある活動が含まれる試合をするとき，一般的そして専門的体力の改善のために，よりハードに取り組もうという気になる。

最後に，試合頻度に関してBompa（1970）とHarre（1982）は，コーチが注意しなくてはならないことを以下に述べている。

- 選手は，身体的，技術的，戦術的，そして精神的といった各トレーニング要素を整え，目標を決定してから試合に参加するべきである。
- コーチは，より高い目標を設定していくために出場する試合を注意して選択しなければならない。
- 挑戦するものが何もない試合では，選手のモチベーションも上がらない。
- 優れた能力を持つ相手との対戦をさけてはならない。
- 多すぎる試合数，とくにそれに伴う移動は，コーチがあらかじめ計画していたトレーニングや試合をこなしていくことが困難になる。そうすると身体的，そしてとくに精神的ポテンシャルは低下するという結果が生じてしまう。
- 正しい試合日程とは，主要な試合へ向けてのピーキングがスムーズにいくように組まれるものである。
- 年間の主要試合は選手にとってたった1つである。他の試合（リーグ戦は除く）は，次のレベルへステップアップするためのものである。

4. まとめ

Summary of Major Concepts

多くのコーチや選手が，試合でピークパフォーマンスを迎えるため，ピーキングについて考える。試合へ向けてピークを作り出す能力は，重要な試合の前に，身体および精神における超回復に到達するようにトレーニングを操作する戦略を意味するのである。これらの2つの要素を超回復させることができれば，ピークパフォーマンスというものは自然と発揮されるものである。パフォーマンスの上下動は準備期や鍛錬期におけるトレーニングの強度と量，そして参加する試合数や頻度にも影響される。とくに若手選手に関しては，試合数を過大評価してはならない。早期から試合で疲れ切ってはならないのである。

以下に述べることは，試合へ向けてのピーキングに

PERIODIZATION

関する重要な要素である。
- 競うためにトレーニングせよ。
- トレーニングを再開する前に心身を回復させよ。
- 次に出場する試合を念頭にトレーニングせよ。
- 主要な試合において，ピークパフォーマンスを発揮できるように，トレーニングと回復のバランスを保ち，超回復を生じさせよ。

試合期を通して，これらのトレーニング活動に最大限の注意を払うべきである。

第3部

トレーニング方法

PART 3

Training Methods

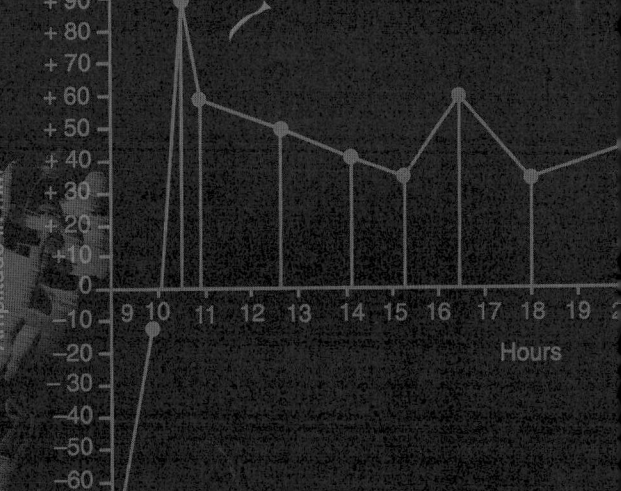

Part 3
Chapter 11

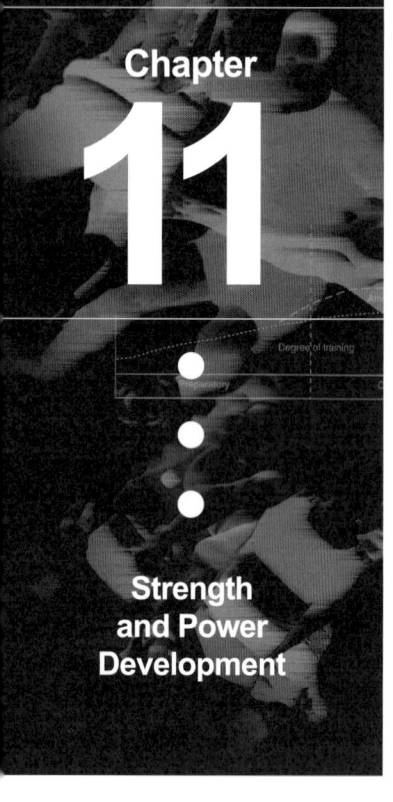

第11章
筋力とパワーの発達

Strength and Power Development

11章から13章で論じられている身体運動能力のうち，筋力とパワーは，多くの競技にとって最も不可欠なものである。すべてのチームスポーツやスピード・パワーが重要な競技は，強い筋力とパワーを必要としている。筋力トレーニングの力学や物理学を理解し，あなたのトレーニングプログラムにそれらの原理を組みいれることは，あなたの指導している選手を競技的に優位にすることができるだろう。

1. 身体運動能力
Biomotor Abilities

　ほとんどの身体動作は，個々の運動の段階と，筋力，スピード，持久力，調整力といった生理学的要素に分類することができる。選手は，トレーニングにおいてはスキルを獲得することよりも，身体運動能力として扱われる生理学的要素を高めることに関心があるようである。

　ある運動を遂行するための個々の能力を原因とすると，その動作自体はまさしくその結果である。つまり，選手には，成功を収めるための原因をコントロールする能力が求められるのである。その原因の土台となる身体運動能力は，ほとんどが遺伝的，生得的な能力である。この章では，基礎的で生得的な能力としての運動，そして，ある身体運動能力の組み合わせの結果と

しての運動を行う能力について述べていく。柔軟性は，運動器官の解剖学的な質の問題であって生得的な能力とはいえないが，トレーニングにおいて重要な能力なので，これについても併せて考えていくことにする。

　身体運動能力は，量的な部分と質的な部分に依存し，また両者は相互に関連し合っている。そして，身体活動は筋力，スピード，持久力のレベルによって制限される。したがって，例えば，ある運動で発揮できる力を最大にするためには筋力トレーニングを，速さやピッチを高めるためにはスピードトレーニングを，距離，時間あるいは反復回数を高めるためには持久力のトレーニングを行う必要がある。さらに，複雑な運動に対しては，調整力のトレーニングを行う必要がある。しかし，実際には，これらのうちの1つの能力だけが重要という運動は稀で，2つ以上の能力の組み合わせによって達成されることが多い。図11-1は，筋力とスピードが同じく優位なパワーのケースを示した。パワ

ーは，陸上競技の跳躍，投てき種目，バレーボールのスパイクなどに求められる．さらに，筋力と持久力の2つ以上の能力が求められる運動として，水泳，カヌー，レスリングなどが挙げられる．持久力とスピード（60秒前後の運動）の組み合わせの場合は，スピード持久力と呼ばれる．多くの競技で高い能力が求められるのは，スピード，パワー，調整力の組み合わせである．そして，ダイビング，体操競技などの床運動，空手，レスリング，チームスポーツなどでは敏捷性と柔軟性が加わる．より広い動作範囲を通じての適切なタイミングと協調性をともなう機動力，言いかえると，ある動作をすばやく遂行するための能力である．

　筋力，スピード，持久力の間には，秩序だった重要性の関係がある．トレーニングを始めて数年間は，専門的トレーニングに備えてしっかりとした基礎を築くために，すべての能力を鍛える必要がある．その後，専門的トレーニングを行った結果として，それぞれの要素の発達は異なってくる．一流のクラスの選手にとって，筋力，スピード，持久力のそれぞれの重要度は参加している競技，あるいは選手の求めているものによって異なってくるのである．**図11-2**は，筋力あるいは力（F），スピード（S），持久力（E）の重要度の関係を示している．それぞれのケースにおいて，ある身体運動能力の重要度が非常に高い場合，他の2つの能力は同じようには必要とされないことがわかる．しかし，こうしたケースは，あくまでも理論的な考えであり，これに直接当てはまる競技は数少ないと考えられる．たいていの競技では，この3つの能力はすべて必要であり，それらの入力の大きさの違いの組み合わせで，異なる出力を産み出すのである．**図11-3**は，筋力，スピード，持久力間の重要度を，いくつかの競技について示したものである．それぞれの競技で高いパフォーマンスを得るためには，2つの要因の重要度が高く，またその割合は，その競技や種目の特性によって変わってくる．したがって，その競技の必要性に応じたトレーニング方法を適切に選択することが非常に重要になってくる．これは，身体運動能力のおもな構成要素とトレーニング期との関連での選択を含んでいる．

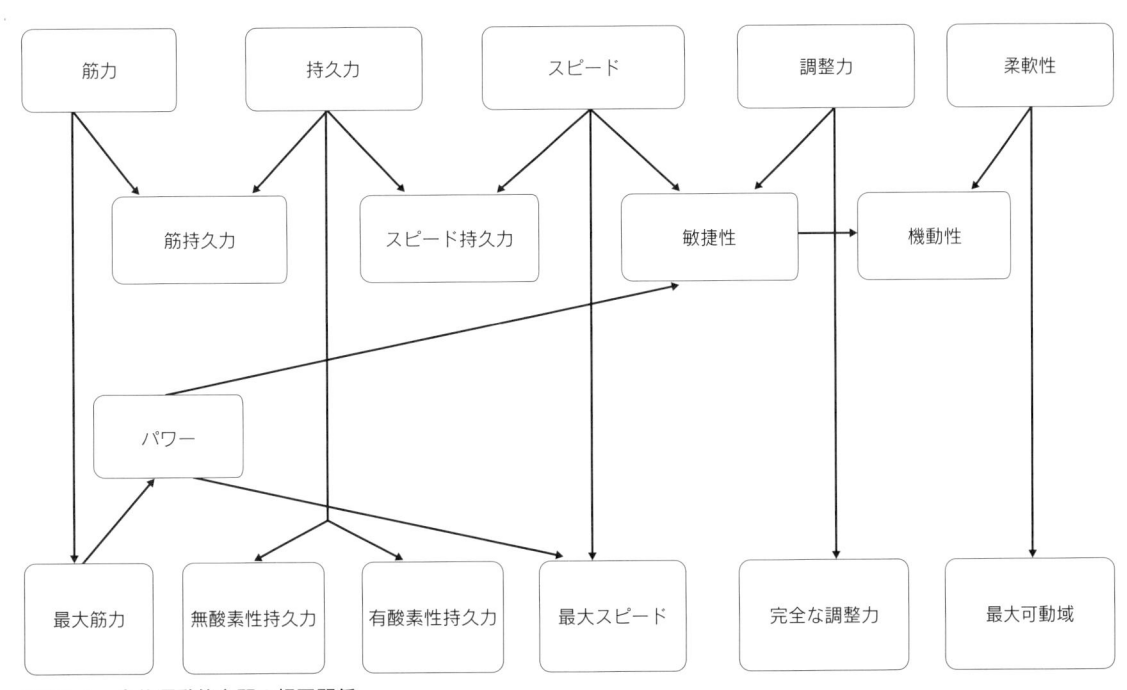

図11-1　身体運動能力間の相互関係

PERIODIZATION

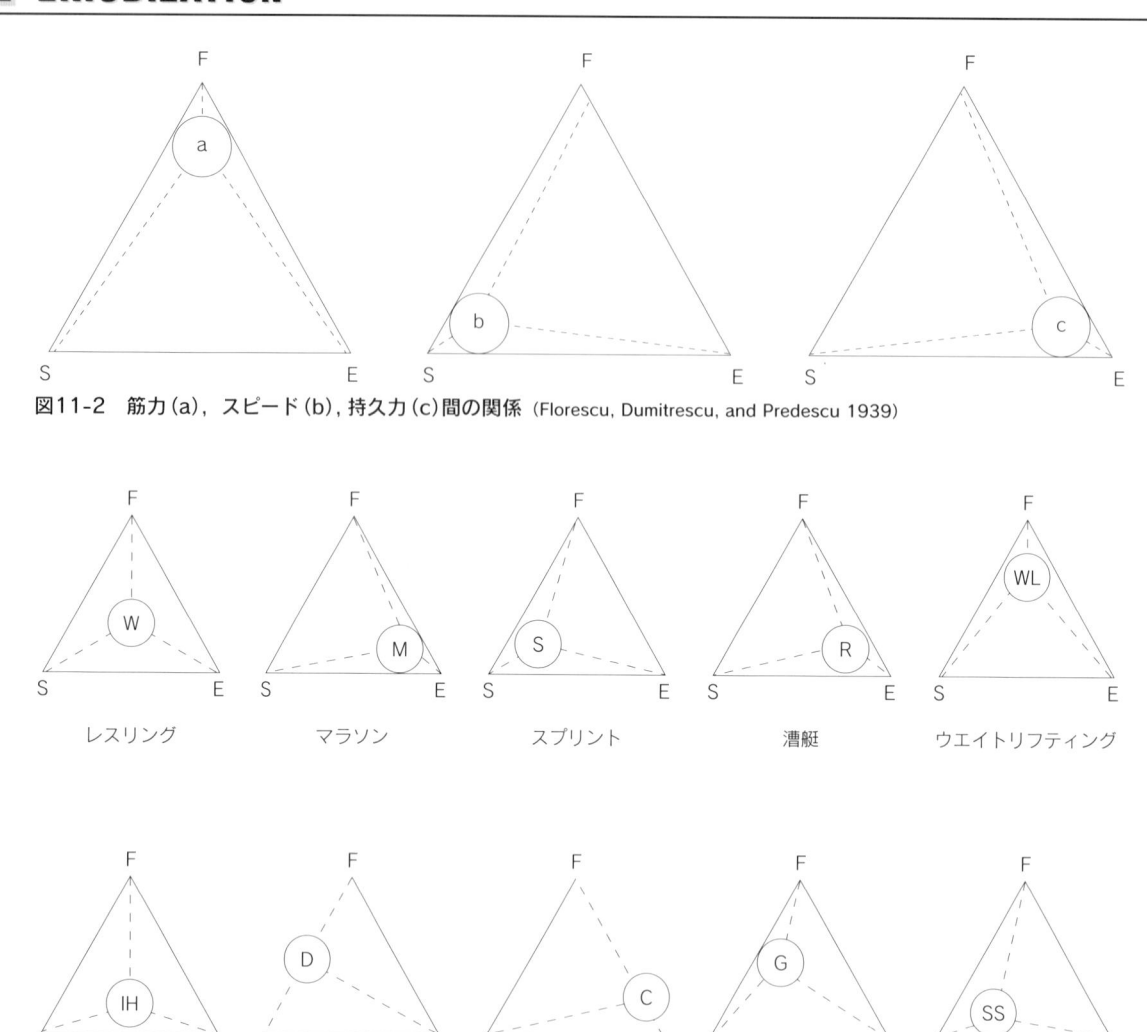

図11-2 筋力(a)，スピード(b)，持久力(c)間の関係 (Florescu, Dumitrescu, and Predescu 1939)

レスリング　　マラソン　　スプリント　　漕艇　　ウエイトリフティング

アイスホッケー　　円盤投　　カヌー10000m　　体操競技（男子）　　スピードスケート1000m

図11-3 さまざまな競技に必要とされる身体運動能力のおもな構成

　また，身体運動能力の発達は特異的で，その実施方法と関連がある。例えば，おもに筋力を発達させる場合，間接的にスピードと持久力にも影響を与えている。そのため，影響がプラスにもマイナスにもなることがある。一般的な筋力を発達させようとしているときには，スピード，そしてある程度は持久力にさえもプラスの影響を与えるだろう。いっぽう，最大筋力の発達をねらったウエイトトレーニングプログラムは，マラソンに必要とされるような有酸素性持久力にはマイナスの影響を及ぼすだろう。同様に，マラソンのトレーニングのようなある特定の状況下での有酸素性持久力の発達を目的としたトレーニングプログラムは，筋力やスピードにはマイナスの影響があるだろう。いっぽう，スピードの専門的トレーニングは常に中立的な効果が得られると考えられる。

2. 筋力トレーニング
Strength Training

　筋力という用語は，力を利用する能力を表す。その発達は，パフォーマンスを改善したいすべての人にとって最も重要な関心事でなくてはならない。古代オリンピックで闘った選手でさえ筋力の発達に重点を置いていたのに，いまだに筋力の発達をうまく活用しようとしないコーチも多く存在するのである。数種類の筋力発達の手法を用いることで，ある特定の競技のスキルだけを用いるより，8～12倍も筋力は発達する。例えば，バレーボール選手はバレーボールの実践に即した単純な数種類のスパイクを行うよりもウエイトトレーニングを用いたほうが，スパイクに必要なジャンプ能力をより早く発達させることができる。したがって，筋力トレーニングは，選手を育成する過程で最も重要な要素の1つといえるだろう。

　理論的には，力は力学的特性，そして人間の能力として扱うことができる。前者の場合，力は力学での研究対象であり，後者の場合，トレーニングにおける生理学的，方法学的分野の研究となる。

1. 機械的特性としての力

　方向，大きさ，作用点によって力は決定され，ニュートンの第2の法則によると，力は，質量(m)と加速度(a)の積，すなわち，以下のようになる。

$$F = m \times a$$

つまり，このうちの片方あるいは両方(質量あるいは加速度)を変化させることによって，力を増加させることが可能なのである。力学で用いられる以下に示す2つの等式は，このことを表している：

$$F_{mx} = m_{mx} \times a \quad (1)$$
$$F_{mx} = m \times a_{mx} \quad (2)$$

F_{mx}は最大力，m_{mx}は最大質量，そして，a_{mx}は最大加速度を表す。

　1つめの等式は，可能な限りの最大重量(負荷)によって，2つめの等式は，動作スピードを最大にするこ

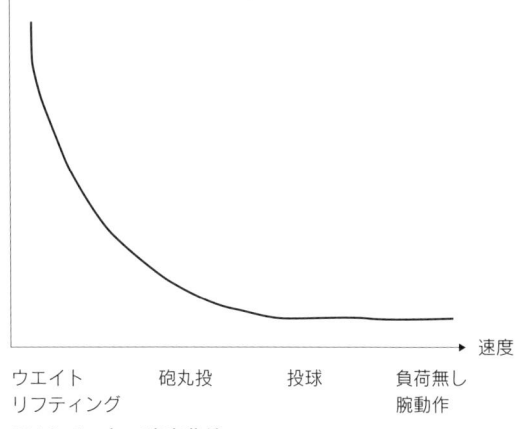

図11-4　力―速度曲線 (Ralston et al.1949)

とによって，最大力を発揮していることを表している。選手が利用する力とそのときの速度は(前に示したように)逆数の関係にある。これは，選手が作用させることのできる力と作用時間との関係にも言えることである。すなわち，1つを高めれば，1つを犠牲にするということである。

　力―速度変化の関係は，Hill(1922)や，Ralston et al.(1949)によって示された。Ralstonの力―速度曲線を図11-4に示したが，これは質量(mass)が小さいと，加速度が高くなり最大力が得られるということを示している。質量が増加するにつれて，加速度は減少する。例えば，ボール投から砲丸投へと重量が重くなると加速度も低下する。そして，動かすことのできないような重いものになると，加速度は0になる。

2. 筋力トレーニングの生理学

　筋力は，外的あるいは内的抵抗を克服する神経―筋能力として定義することができる。発揮できる最大筋力は，その動作の生体力学的な特徴(例えば，てこ比，大筋群の動員の程度)や動員される筋の収縮の強さに依存している。さらに，最大筋力は，動員される運動単位の数を示すインパルス強度とその頻度と関連している。Zatzyorski(1968)によると，安静時で5あるいは6であった1秒のインパルス数は，最大負荷時には50にまで増加するということである。

PERIODIZATION

　このあとに紹介する筋力トレーニングプログラムは，次にあげることが原因で，筋自体を大きくしたり（Morpurgo 1976），肥大させたりしている。

- 筋線維あたりの筋原線維（筋線維の細い糸）の数の増加（肥大）
- 筋線維あたりの毛細血管の増加
- タンパク質量の増加
- 筋線維総数の増加

　これらの結果，筋横断面積の増加が起こる（Costill et al. 1979；Fox et al. 1989；Goldberg et al. 1975；Gregory 1981；MacDougall et al. 1976；MacDougall et al. 1977；MacDougall et al. 1979）。

　Zatzyorski（1968）は，筋力の大きさが3つの要因：筋内協調，筋間協調，神経インパルスに反応する筋の能力に影響を受けていると考えた。

　筋間協調とは，パフォーマンス中のさまざまな筋群の相互作用のことである。筋力が必要な身体活動では，筋は一定の連続性をもって動員されることが多いので，動員される筋群間を適切に調整する必要がある。例えば，リフティングの種目であるクリーンアンドジャークでは，動作の最初とリフトの早い段階では僧帽筋は弛緩させ，反対にジャークの段階では動員しなければならない。しかし，一流選手の中にも，リフト開始から僧帽筋を収縮させている者がいる。こうした調整力の欠如は，挙上ための技術的パターンを変化させてしまい，結果的にはパフォーマンスを下げてしまう。同様に，スプリント種目において，肩関節筋群の収縮はパフォーマンスにマイナスの影響を与える。したがって，不適切な一連の筋間協調によって，選手の潜在能力より低いパフォーマンスしか発揮できなくなるため，コーチ，選手はともにこの点に注意を払う必要がある。つまり，弛緩のテクニックは，筋収縮の協調を改善するのである。

　筋内協調は，その動作に動員される神経—筋単位に影響を及ぼすもので，選手の力の発揮にかかわる。Baroga（1978）によると，アームカール中の上腕二頭筋の最大力の発揮が25kgなら，同じ筋に電気刺激を与えると筋の力の発揮能力は10kg増加するということである。選手は，どんな活動でもすべての筋を動員しているわけではないと言われている。Kuznetsov（1975）は，この現象を力の損失と呼んだ。最大負荷を用いる方法，あるいは，より多くの神経筋単位を動員する方法といった，この章で後に出てくるトレーニング方法を用いることによって，この現象は改善されるだろう。

　筋が神経インパルスに反応したときに力は発揮される。筋はトレーニング刺激に対して，潜在能力のおよそ30%しか反応しない（Kuznetsov 1975）。トレーニングをくり返し同じ方法で行っていると，ある特定のトレーニング適応しか起こらない。より大きな適応を得るためには，より高強度の刺激を用いなければならないが，それは最大刺激が最大の効果を引き出すためである。したがって，一連の系統立てられたトレーニングは，神経インパルスの同期化の漸進的改善と拮抗筋（一方の筋活動と反対の活動をする筋）と主働筋（おもに働く筋）の集中的な活動を目的としているのである。トレーニングプログラムは，筋群を交互に収縮させることを可能にするであろう。これは，片方の群が疲労したときに，一方の群が収縮を始め，結果的に筋力の改善につながることを意味するのである。

　力を発揮する能力は関節角度にも依存している，この分野に関して行われた研究では，相争う結果も得られている。ある報告では，その関節が完全に伸展あるいはそれに近い状態のとき，最大筋力が発揮されることが示唆されているが（Elkins et al. 1957；Hunsicker 1955；Zatzyorski 1968），他の報告では，90〜100度屈曲した状態のとき，筋効率が高くなると指摘されている。Logan and McKinney（1973）は，筋が最も大きな力を発揮するためには，筋が最も長い状態でなければならないと指摘している。しかし，機械的効率からすると，筋は関節が90度に屈曲しているとき，直線での牽引で収縮しているので有利である。**図11-5a**は，関節を伸ばした状態からの開始（矢印2），**図11-5b**は，鋭角からの収縮開始（矢印3）を示している。関節が鋭角の状態から開始するよりも，関節を伸ばした状態から開始するほうが力を発揮しやすいというのが正しいようである。なぜなら，ミオシンとアクチンが

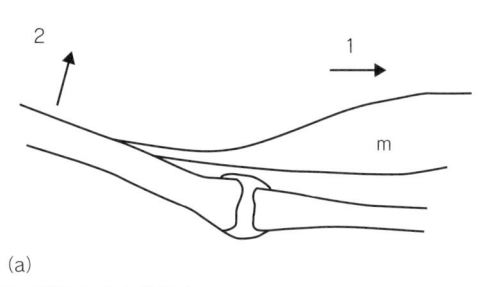

図11-5　関節角度と筋効率

すでにオーバーラップしている90度の角度よりも，オーバーラップが開始される角度のほうが，牽引力はより大きくなるからである。

3. 筋収縮タイプ
Types of Muscle Contraction

　重力，等速性装置，固定抵抗，電気刺激によって筋収縮あるいは筋張力を起こすことができる。

■**重力**　フリーウエイトを用いる場合，ふつう重力に対して力を発揮し，その対象物の重さ（負荷）に比例して増加していく。重力を克服すること，あるいは重力に抵抗したり耐えることにより，筋張力を発揮することが可能なのである。重力を克服することは一般的にコンセントリックと呼ばれる収縮タイプの結果であり（ラテン語のcom-centrumはcommon centerの意味），筋の短縮が起こっていることを意味している。重力を克服することは，フリーウエイトにおける最も一般的なトレーニングテクニックである。

　筋力を発達させる手段として重力に抵抗する方法を用いている選手は少ないが，この方法は非常に効果的である。これは，ウエイトを持ち上げる（重力を克服する）どころか，ウエイトを下に下げ，ゆっくりと重力に負けることを意味している。こうしたエキセントリックな収縮の間，筋は実際，刺激を受けている限りは伸張している。これは高いところから飛び降りた後に衝撃が吸収されるようなときにも見られる。

■**アイソキネティック装置**　筋力トレーニングにはさまざまなタイプのマシーン（ノーチラス，サイベックスなど）が使われている。すべての場合で，等速性（同じあるいは一定の動作）収縮が起こり，動作範囲全体を通して装置の抵抗は一定に保たれている。その動作中は，コンセントリックとエキセントリックな収縮が組み合わされているが，マシーンが与える抵抗は，選手が発揮する力に等しい。

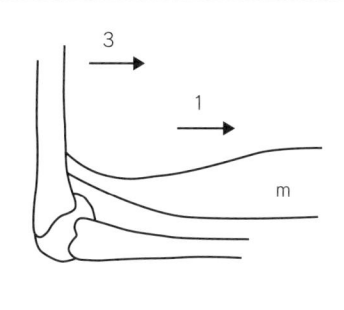

■**固定抵抗**　筋は，動的な収縮よりも，静的あるいはアイソメトリックな条件のほうがより高い張力を発揮することができる。選手は，特製の固定フレーム，あるいは動かない物に対して力を加えることにより，筋が長さの変化を起こすことなく，筋に高い張力を発揮させることができる。

■**電気刺激**　いまだ明確にはされていないが，電気刺激によって筋力発揮能力は高められることができるとされ，こうした改善を示す研究のほとんどがロシア（Kots 1977；Webster 1975）と日本（Ikai and Yabe 1969）から報告されている。Websterによると，ロシアのウエイトリフターに電気刺激を与えた結果，最大筋力の改善が見られたと報告している。Kots(1977)は，電気刺激の利用によって筋肥大が起こり，筋力だけでなく持久力に対しても効果があったとしている。また，Ikai and Yabeは，生理学的頻度（1〜50インパルス／秒）よりも3倍以上高い頻度(150インパルス／秒以上)の刺激を用いて電気刺激を与えた結果，最大随意収縮筋力は31％増加したと報告している。

PERIODIZATION

4. 筋力パフォーマンスに影響を及ぼす要因
Factors Affecting Strength Performance

　最大筋力の発現はおもに3つの要因：筋の潜在的能力（ポテンシャル），筋のポテンシャルの利用，そしてテクニックに依存する。筋のポテンシャルは，筋がある動作を行うために発揮されるすべての力の合計である。Kuznetsov(1975)やBaroga(1978)によると，力を発揮するためのポテンシャルは，ウエイトリフティングで発揮される力の2.5～3倍は高いとされる。つまり，この主張から考えると，選手は800kg以上挙上できるはずで，これは実際のパフォーマンスより明らかに高い。

　筋ポテンシャルの利用は，同時に多くの筋線維を用いる能力と言える。筋ポテンシャルを増加させるための能力は，重力に抵抗する，あるいは克服するような性質を持った特別な運動を用いることによって明らかに高められる。さらに，選手が行う競技を上まわるリズムの循環的な運動，ダイナミックな収縮を伴うアイソメトリックをうまく利用しているものが効果的である。

　100kgをリフトすることのできるポテンシャルを持つ筋が，生理学上実際にリフトできるのは，そのポテンシャルの30%（Baroga 1978），すなわち30kgが限界である。先にも示したように，理論的には800kgのポテンシャルを持つウエイトリフターはおよそ240kgの負荷を挙上することができる。筋ポテンシャルの利用の改善を目的とした専門的トレーニングでは，テクニックを用いて，最大ポテンシャルの80%まで挙上することのできるように選手の能力を改善することができる。結果として，ウエイトリフターは，640kgを挙上し，ハイジャンパーは2.60～2.70mの高さを跳ぶことができるようにすることも可能である。こうしたパフォーマンスに到達する可能性は，活動に中枢および末梢の筋線維を同時に動員する能力にかかっている（Kuznetsov 1975）。

5. 筋力トレーニングの適応
Matching Strength Training to Performance

　コーチがより効果的なトレーニングを行うために知っておかなければならないのは，筋力にはさまざまなタイプがあるということである。例えば，筋力の体重比は，選手間で比較ができ，ある選手が特定のスキルを行う能力を有しているかどうかを知るための重要な要因となる。筋力のタイプには次のようなものがある。

　一般的筋力は，筋系全体の筋力を示す。これは，筋力プログラム全体の基礎をなすもので，より高いレベルまで発達させなければならず，準備期あるいは初心者がトレーニングを開始して数年間は，集中的に鍛える必要がある。一般的筋力が低いと，選手の発達は制限されるであろう。

　専門的筋力は，その競技の動作に必要とされる専門的な筋群の力である。この筋力タイプは，各競技特有である。したがって，異なる競技に参加している選手の筋力レベルを比較することは妥当ではない。漸進的に，専門的筋力を獲得しようとするなら，すべての一流選手は準備期の終わりに最大レベルになるように発達させていかなければならない。

　最大筋力は，神経―筋系が最大随意収縮中に発揮することができる最も高い力である。これは，1回の試技で挙げることが可能な最も高い負荷として示される。

　筋持久力は，長時間，運動を継続するための筋の能力を示している。このトレーニングでは筋力と持久力の両方を高める。

　パワーは，筋力とスピードの2つの能力からなり，短時間での最大力発揮能力を示す。

　絶対筋力（AS）は，体重（BW）に関係なく選手が最大に発揮できる力を示す。絶対筋力は，砲丸投，ウエイトリフティングやレスリング重量級などの競技で重要になる。この絶対筋力は，ダイナモメータ（筋力測定器）を使って測定することができるが，トレーニングでは，トレーニング負荷の計算のための基礎資料として，1回で挙上することができる最大ウエイト重量を知る

表11-1　軽量級と重量級のウエイトリフティング記録保持者（クリーンアンドジャーク）の相対筋力

No.	体重別階級（kg）	世界記録（kg）	相対筋力（kg）／体重（kg）
1	52	140	2.7
2	>110	255	2.3

表11-2　旧ソ連走高跳選手の相対筋力の比較

名前	垂直跳（cm）	絶対筋力（kg）－フルスクワット	相対筋力（kg）
Brumel	104	174	2.21
Dyk	81	135	1.73
Glaskov	78	130	1.83

Zatzyorski 1968

ことが必要である。

相対筋力（RS）は，絶対筋力と体重との比によって表される。

$$RS = \frac{AS}{BW}$$

相対筋力は，移動を伴ったりする競技や階級制（レスリングやボクシングなど）の競技で重要である。例えば，体操の選手は，動員される筋の相対筋力が少なくとも1.0はなければ吊り輪ができないだろう。**表11-1**は，ウエイトリフティング2階級の世界記録保持者の相対筋力の比較を示している。

表11-1からは，体重が増すにつれて相対的筋力が低下することは明確である。これはパワーが重要とされる競技で重要な意味をもつ。Zatzyorski（1968）が示したデータによると，走高跳の元世界記録保持者であるV.ブルメル（Valerie Brumel）は，旧ソ連の跳躍選手の中で最も高い相対筋力を有していた（**表11-2**）。

表11-1のデータから，相対筋力の増加は体重の減少とも関連があると結論づけることができる。しかし，もし体重の減少がパフォーマンスの改善に必要であったなら，生理学者のアドバイスや栄養士の指導のもとで行わなければならない。つまり，コーチは系統だったトレーニングが相対筋力の増加のための理想的な手段であるということを忘れてはならないのである。

今回は十分な示唆はされていないが，予備筋力とは，選手の絶対筋力と競技条件下でスキルを遂行するのに要求される筋力量間の差を表している（Bompa et al. 1978）。例えば，ある特殊な筋力測定装置を利用して測定したある漕艇選手の1レースあたりの平均の牽引力（ローイングの力）は56kgとなる。同じ被検者は，パワークリーンで90kgをリフトする絶対筋力を有しているとする。絶対筋力（90kg）から1レースあたりの平均筋力を減じると，予備筋力は34kgであることがわかる。絶対筋力に対する比は1：1.6である。同様に，他の被検者はより予備筋力が高く，その比は1：1.85であった。後者の被検者は漕艇レースで明らかに高いパフォーマンスを発揮していた。このことから，予備筋力の高い選手は，高いパフォーマンスを発揮することができると結論づけることができる。予備筋力の概念は，すべての競技において意味を持つとは限らないが，水泳，カヌー，漕艇，陸上競技の跳躍や投てき種目のような競技においては有用であると思われる。

6. 筋力トレーニングの方法論
Methodology of Strength Training

選手は，内部抵抗（例：腕を曲げようとするときに伸ばそうとする筋が抵抗となる）や外部抵抗を克服することで，筋力を改善することができる。

外部抵抗を得られるおもなトレーニング方法を以下に挙げた。

- 体重を利用して行う運動（例えば腕立て伏せ），パートナーと行う運動（パートナーの手を握って，パートナーの抵抗に対して手を引っ張る）
- メディシンボール（挙上，投げなど）

- 弾性バンドやコード(片方を動かない物に固定，あるいはパートナーに保持してもらう：コードを伸ばすことで抵抗を増すことができる)
- ダンベル
- バーベル
- 固定抵抗(等尺性収縮)

選手はほとんどフリーウエイト(バーベル)での筋力トレーニングを行っているため，コーチは次のルールを考えなければならない。

筋力トレーニングプログラムは，メディシンボール，器具，バウンディングなどの他のフリーウエイトも用いるべきである。トレーニング効果は，相互に補完しあうため有益となる。

ウエイトトレーニングのエクササイズは，部分的，総合的運動のいずれでも用いることができる。それはそれぞれのトレーニングの効果が異なるためである。部分的運動は小筋群あるいは手足を含み，結果としてその効果は極めて局所的なものになる。こうしたアプローチを行うことのおもな長所は，連続していろいろな部分の筋群を変えて鍛えることができ，その結果，トレーニング負荷の総計が高いレベルに達するという点にある。しかし，この方法では，局所の筋力を劇的に改善することはできるが，一般的持久力に対する効果を期待するのは難しい。したがって，持久力が必要とされる競技は，いくつかの筋群を動員する多関節運動である総合的運動を考えなければならない。

手足を動かす前に活動的でない部分を動かすべきである。言い換えると，腕に力をいれる前に，セグメントを支持している筋と靱帯(脊柱と肩甲帯)を動かす。この概念はウエイトトレーニングを行う前のウォームアップにも当てはまる。

筋力を発達させる前に，トレーニングの結果として起こる関節の硬直を防ぐように柔軟性を改善することが大切である。ウォームアップの第2段階(第6章「トレーニングプラン」参照)，ウエイトトレーニング間の休息時間中には柔軟運動を取り入れる。これは，柔軟運動を用いてより早く通常の休息時と同程度にまで筋を回復させるためである(Pendergast 1974)。さらに，動作の効率は，活動筋の力に対してだけでなく，拮抗筋の弛緩にも依存する。

7. 筋力トレーニングに関連した変数

Methodical Parameters Relevant to Strength Training

筋力は，運動能力の最も重要な要素の1つであり，選手のトレーニングにおける最も主要な課題である。筋力はスピードと持久力の両方に影響を及ぼすため，そのトレーニング方法を理解することは非常に重要なことである。筋力トレーニングプログラムを構成するとき，以下の説明に含まれているいくつかのパラメータを考慮しなければならない。

効果的なプログラムのカギは，運動の適切な選択である。コーチは，最適な回数を確立することは見落として，多すぎる回数を選んでしまう。結果は，明らかに非効率的で疲労の大きなトレーニングプログラムになる。

以下に示す観点から運動を選択しなければならない。

- 年齢とパフォーマンスレベル：ジュニアあるいは初心者のために計画されるトレーニングプログラムのおもな目的は，解剖学的，生理学的土台を確実に発達させることである。そうしたアプローチなくして適切な発達は望めないだろう。筋力トレーニングとして，コーチは，主要筋群を含むたくさんの運動(9～12回)を選択する必要がある。そうしたプログラム実施の期間は，選手の年齢やハイパフォーマンスが期待される年齢(P.26 表2-3参照)にも関係してくるが，2年あるいは3年以上が望ましい。熟練した選手あるいは一流のクラスの選手のトレーニングプログラムは，これとはまったく異なるアプローチとなる。このような選手のおもなトレーニング目的は，可能な限り最も高いレベルへパフォーマンスを引き上げることにある。とくに試合期中の一流のクラスの選手の筋力トレーニングプログラムは，専門的なもので，

いくつかの運動（3～6つ）のみで構成され，直接的に主働筋を鍛えるものである。

- その競技のニーズ：筋力トレーニングに用いられる運動として，とくに一流のクラスの選手では，その競技に専門的に要求されるものを選択する必要がある。一流のクラスの走高跳選手は3～4種類の運動しか行わないが，反対に，レスラーはすべての主要筋群を適切に鍛えるために5～8種類は行わなければならない。

- トレーニング期：準備期の開始時期には，一般筋力トレーニングプログラムを行う必要がある。移行期の後で，コーチは，新しいトレーニングプランを開始し，トレーニングの基礎を作るための開始時期を計画する。そのようなプログラムは，ほとんどの筋群を動員しなければならないため，準備期初期の筋力トレーニング運動の数は，専門とする競技に関係なく，9～12種目と多くしなければならない。そして，プログラムが進むにつれて，この数は減らしていく。試合期には，その選手が専門の競技を行う上で不可欠な運動のみを選択して行う。

8. 筋力トレーニングで考慮すべき条件
Succession of Strength-Training Exercises in a Training Lesson

筋力トレーニング運動は，スピードを発達させるためにも効果的である(Baroga 1978)。筋力トレーニング中に見られるようなパワフルな刺激が筋力発達のために選手の体やCNS(中枢神経)を明らかに刺激する。たいていの場合，筋力トレーニングプログラムは筋力を発達させるための運動として始められるが，東ヨーロッパのウエイトリフターはスピードを高めるのにも用いていた。

1. トレーニング負荷

負荷とは，用いられるウエイトの重さや量のことである。図11-6のように，トレーニングで以下の負荷を用いる。

超最大とは，選手の最大筋力を超える負荷のことである。たいていの場合，エキセントリックあるいは重力に抗する（ネガティブ法として知られている）方法を用いることで100～175%の負荷をかけることができる。一流のクラスのウエイトリフターは，コンセントリック(あるいはポジティブ)法を用いて週2～3回，最大筋力の105～110%の負荷で行っている。超最大負荷を用いるとき，事故を避けるため，バーベルの両端に1つずつ，2つのスポッター(留め具)をつけることを勧める。例えば，ベンチプレスでは，ネガティブ法を行うと，バーベルを胸に落下させてしまう可能性がある。最大筋力を改善するのに超最大負荷を利用できるのは，筋力トレーニングのしっかりとしたバックグラウンドがある選手だけである。他の選手は100%以上の負荷を用いるのを制限すべきである。図11-6の外側の円に示したように，最大負荷は最大の90～100%を意味し，高強度の負荷は80～90%，中強度の負荷は50～80%，低強度は50%以下の負荷に相当する。無酸素性，有酸素性の両方の筋持久力の改善には20～80%の負荷，パワーに対しては30～80%の負荷を用いるとよいだろう。

2. 反復回数とリズム

反復回数，リズムやスピードは，ともに負荷を示すものである。負荷が高いほど，反復回数は少なく，リズムはゆっくりになる。図11-7で示したように，最大筋力の発達(90～175%)のためには，反復回数は少なく(1～3回)，ゆっくりと行われる。パワーを発達させる運動(最大の30～80%)では，反復回数は中程度(5～10回)でダイナミックに行う。筋持久力に対しては，反復回数を多くし，ときには選手の限界以上(250回かそれ以上)行わせ，ゆっくり，あるいは中程度のリズムで行う。無酸素性の筋持久力に対しては，反復回数は10～30回，有酸素性の筋持久力に対しては限界まで行わせる。

呼吸のリズムは，その動作リズムに合わせて行うべ

PERIODIZATION

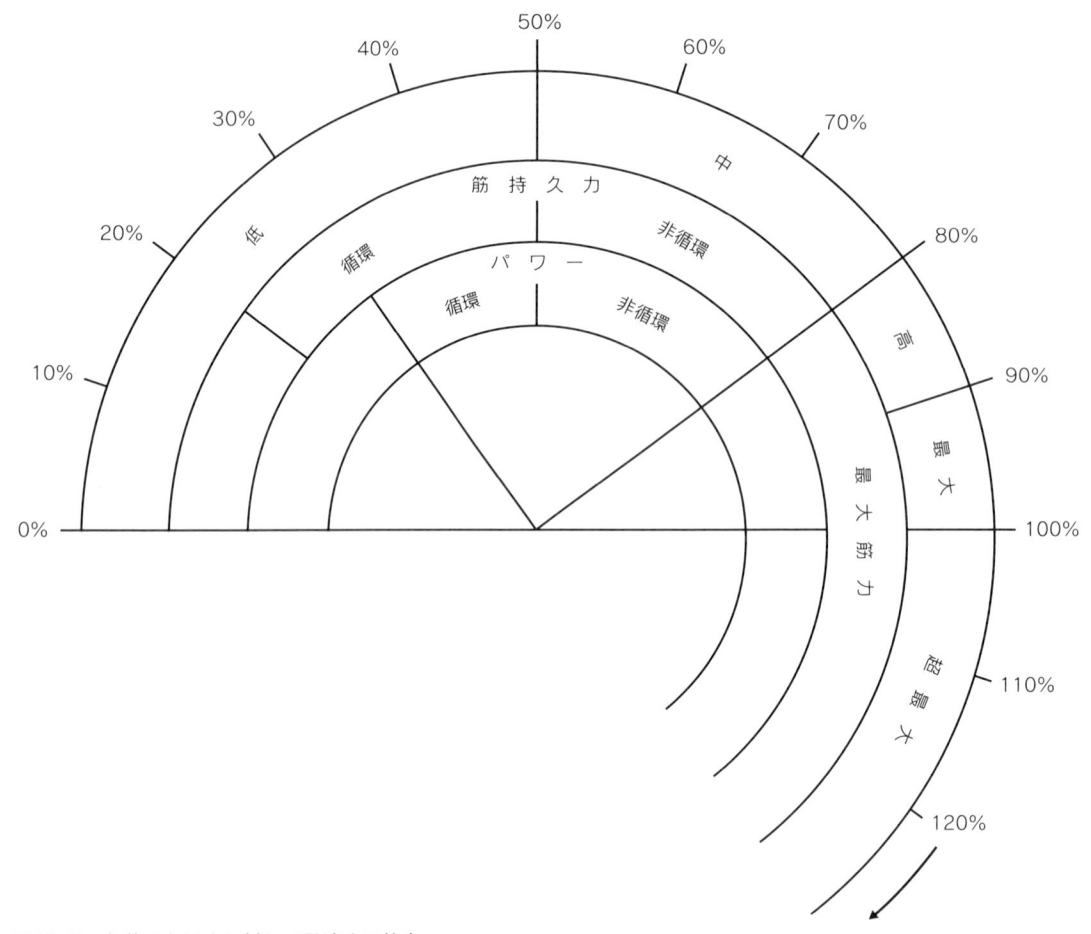

図11-6　負荷のかけ方に対して発達する能力

きである。たいていの場合，リフト前に吸息し，動作中は息を止め，リフトの最終段階に向かって息を吐いている。

3. セット数

1つの運動のくり返しからなる1セットは，休息時間をはさんで行われる。トレーニング要求(負荷と反復回数)とセット数とは反比例の関係にあり，トレーニング要求が増加すると，セット数は減少するということを意味している。セット数は，次の要因から決まってくる。

- 選手の能力と潜在能力
- 鍛える筋群の数(動員される筋群が少ない場合はよりセット数を増やす必要がある)
- 1回のトレーニングにおける運動数
- トレーニング期

例えば，専門的トレーニングプログラムを実施している走高跳の選手は，1回に3～5種類を6～10セット行う。いっぽう，多くの筋群を発達させたいレスラーは，より多種類の運動を3～6セット行うだろう。同様に，試合期中の一定レベルに筋力を維持したい選手は，筋力の発達を目的とした準備期中よりセット数を減らすだろう。つまり，セット数は，専門的トレーニング期かどうかによって，おおよそ3セットから8セットの間で変化するのである。

負荷，反復回数，セット数は次のように示す：

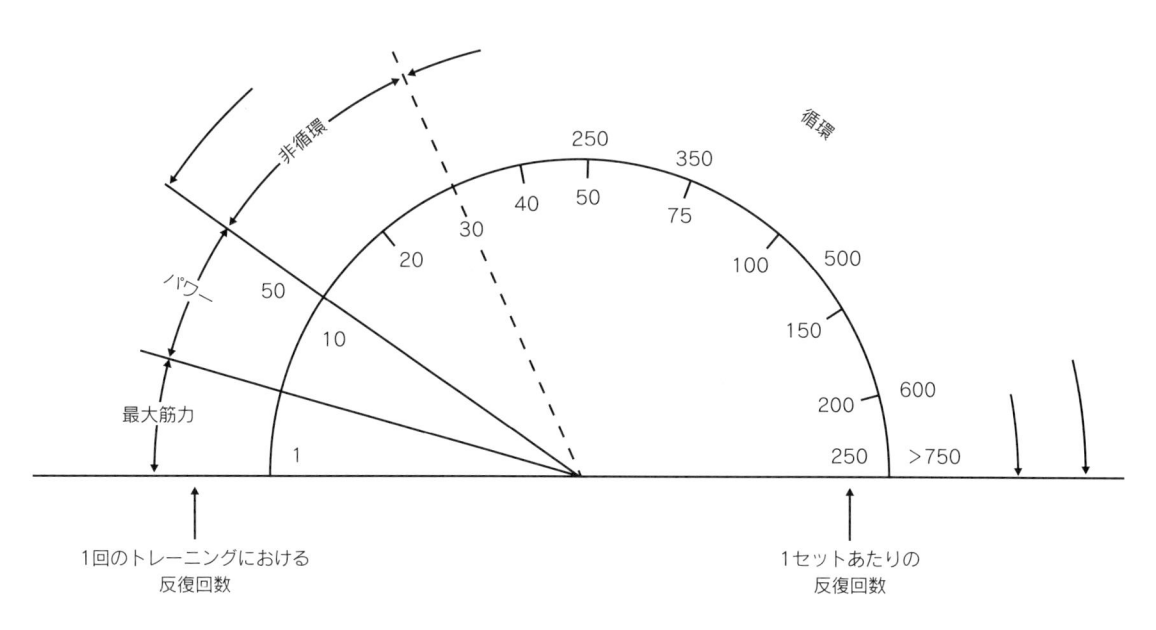

図11-7 さまざまな筋力タイプの発達に対して要求される反復回数

$$\frac{負荷}{反復回数}（セット数）$$

例えば，

$$\frac{100}{8}4$$

分子(100)が負荷を，分母(8)が反復回数を，乗数(4)がセット数を表す。

4．休息時間と休息中の活動

一般的なガイドラインでは，「トレーニング刺激に適応してきたら休息時間を徐々に減らす」とされているが，負荷が増加しているので，休息時間は逆に長くしたほうがよい。休息時間は筋力発揮のタイプ，選手のトレーニング状態，パフォーマンスのリズムや時間，動員される筋の数に影響される。Ozolin(1971)は，最大筋力改善のための運動では，休息時間は2〜5分が適当であるとしている。しかし，全面的な運動では，5〜10分と休息時間を長めにとる必要がある。逆に，筋持久力を改善するための運動では，休息時間は1分ないし2分と短くする。Scholich(1974)は，とくにサーキットトレーニングの休息時間は，心拍数によって示されるような刺激に対する生理学的反応との関連性を考慮しなければならず，心拍数が120拍以下に下がったら，次のセットを行うことを勧めている。最後に，同様のトレーニング刺激であっても，反応は人によって異なるため，個人によって休息時間を変えることがコーチには求められる。まずは，選手についてよく知るようにする。そうすることによって初めて正しいトレーニングプランを処方することができるのである。

セット間の回復を促進するために，コーチは休息時間中に行う運動を選手に指導しておく必要がある。リラクセーション運動(例えば，脚，腕，肩を回す)や軽いマッサージは，セット間の回復を促すのに効果的である。Baroga(1978)は，高強度負荷運動では，筋のミオストロミン(myostromin：筋組織構造内で産出されるタンパク質)の量が増加し，筋の硬直を引き起こすので，リラクセーション運動が適切であると主張している。

PERIODIZATION

表11-3 筋力トレーニングにおける主要パラメータと各能力を高めるための強調

	最大筋力	パワー	筋持久力
負荷	高	中→低	中→低
反復回数	低	中	高
セット数	高	中	低
パフォーマンスリズム	低	高	低→中
休息インターバル	高	高→中	低→中

　筋力トレーニングプログラムを成功させるためには，トレーニングの手段や方法，負荷，反復回数，セット数の適切な選択が不可欠である。これらのトレーニングパラメータをまとめたものが**表11-3**である。表11-3を参考にすると，最大筋力を高めるためには高，パワーには中から低，筋持久力には中から低の運動負荷が必要であることがわかる。いっぽう，休息時間は，最大筋力を高めるためには高，パワーは高から中，筋持久力は低から中が必要である。

5. 筋力発達のためのトレーニング量

　筋力トレーニングの総量は，その競技の専門性あるいはニーズによって異なる。

　ウエイトリフターでは，1回のトレーニングで30 t挙上するのが一般的である。国際クラスのウエイトリフターは最低でも年間1,200時間のトレーニングを行い，年間40,000 tの挙上が平均的である。ブルガリアの選手は年間1,600時間のトレーニングを行う。これが世界一たるゆえんの1つでもある。

　1回の筋力トレーニングは，その競技で必要な筋力，あるいは年齢，性別，競技のタイプ，トレーニング期などの要因によって異なるが，おおよそ1～2時間で終わる。さまざまな競技，あるいは種目のための筋力トレーニングの量に関するガイドラインを**表11-4**にあげている。

　これは，一流選手についての筋力あるいはスピードが求められる競技や種目の専門性を示したものである。筋力トレーニングの総量は，筋持久力が重要な要素である競技では明らかに変化する。したがって，レスリング，スイミング，カヌーや漕艇では，年間のトン数は3～6倍高くなるだろう。例えば，カヌーや漕艇の選手は年間20,000 t以上リフトするだろう。記録として残されている1回の筋力トレーニング総量が最も多いのは，漕艇選手の118 tであった（Bompa 1979）。

表11-4　各競技における筋力トレーニング量（t）：男性

競技／種目	量／ミクロサイクル			総量／年	
	準備期	試合期	移行期	最小	最大
砲丸投	24～40	8～12	4～6	900	1,450
ダウンヒルスキー	18～36	6～10	2～4	700	1,250
走高跳	16～28	8～10	2～4	620	1,000
アイスホッケー	15～25	6～8	2～4	600	950
スピードスケート	14～26	4～6	2～4	500	930
バスケットボール	12～24	4～6	2	450	850
やり投	12～24	4	2	450	800
バレーボール	12～20	4	2	450	700
スプリント	10～18	4	2	400	600
体操競技	10～16	4	4	380	600
ボクシング	8～14	3	1	330	500

Bompa 1960，Baroga 1978を修正

9. 筋力トレーニングプログラムを展開する手順

Methodical Sequence of Developing a Strength-Training Program

筋力トレーニングプログラムは，次のような順序で用いる運動を選択することが求められる。

1回挙上することのできる最大筋力を決定するための1回最大挙上重量（1RM）を測定する。コーチは，少なくともトレーニングプログラムの主運動での各選手の最大筋力を知っておかなければならない。よく，コーチは個々のデータを用いる代わりにランダムに，あるいは他の選手のプログラムの続きで，負荷や反復回数を選択している。個々の選手のトレーニング状況や能力は絶えず変化しているので，このデータは，あるマクロサイクルにだけ応用できるものであろう。

コーチが個人の最大筋力を知っている場合，その競技の特徴，選手の要求，あるいは筋力発揮のタイプによって，トレーニングで用いる負荷のパーセントの範囲を決定する。例えば，バスケットボールであれば，各選手の最大筋力の75％までの負荷を用いて脚パワーを発達させようと決めるかもしれない。選手Aの脚最大筋力が220kgなら，トレーニング負荷は165kg（あるいは最大筋力の75％）になる。明らかに，このトレーニングに用いる負荷のパーセンテージは発達させたい筋力のタイプに関連している（図11-6参照）。

次のステップは，ある負荷での最大反復回数を測定することである。選手Aの165kgでの最大反復回数は12回であった。次の等式を用いて，トレーニングで行う反復回数（NR）を計算することができる。

$$\frac{RM(\%)}{100} = NR$$

RMは，選択した負荷での最大反復回数を示している。％は1RMの負荷に対する割合を示している。次の例のようにして，トレーニングで用いるNRを知ることができる。

$$\frac{12(75\%)}{100} = 9$$

したがって，このバスケットボール選手のNRは，このトレーニング期では9回ということになる。

このプログラムはマクロサイクルごとで同じではダメである。選手がより高い運動負荷に適応していくために，コーチはトレーニング要求を徐々に増加させていく。これが筋力の増加につながるのである。負荷の増加，休息時間の減少，反復回数の増加ような方法によってトレーニング要求を増加させるのである。最後のケースでは，次の等式を用いることも可能である。

$$\frac{RM}{DC} + PC = NR$$

分子は，最大反復回数（例では12回），分母は定数である。PC（progression constant）はトレーニング要求が継続的に増加し，各ミクロサイクルで増加した分である。

DC（dividing constant）とPCは共に，選手のレベルや能力に関係している（表11-5）。RMが12，DCが1.5，PCが2としよう。これらを等式に代入することによって，そのトレーニング期における反復回数を知ることができる。

$$\frac{12}{1.5} + 2 = 10$$

第2ミクロサイクルからはPCを加えるだけでよいので，代入して考えると，反復回数は，12，14，16回となっていく。ただし，この回数の増加は，選手の改善の程度に合わせなければならない。

最大筋力と最大筋力に対するあるパーセンテージでの反復回数を再計算してみよう。この新テストは，発達がうまくいっているのか，トレーニング要求が適切であるか，などを確かめるために，新たなマクロサイクルに入る前に行う必要がある。

トレーニング雑誌でよいとされるものなど，すべて

表11-5　競技レベルによるDCおよびPC

	DC	PC
一流クラス	1.2	2
国内レベル	1.5	2
将来有望選手	1.8	1
ジュニア・初心者	2	1

PERIODIZATION

表11-6　筋力トレーニングプログラム

運動	負荷(kg)	反復回数	セット数	リズム	休息時間	休息中
レッグプレスなど	120	20	6	中	90秒	リラクセーション，呼吸運動

表11-7　筋力トレーニングプログラムの要約

運動	負荷，反復回数，セット数	リズム	休息時間	休憩中
レッグプレスなど	$\frac{120}{20}6$	中	90秒	リラクセーション

の筋力トレーニングプログラムをフリーシートに記録しよう。筋力トレーニングプログラムを示すフォーマット例を表11-6と表11-7に示した。

10. 筋力トレーニングの方法
Methods of Strength Training

　競技の特徴によって求められる筋力のタイプは異なる。パワーが必要とされる競技もあれば，活動時間が長いために筋持久力が必要とされる競技もある。そのため，すべての競技の要求を満たす唯一の方法は存在しない。

1. 最大筋力を発達させるための特徴

　最大筋力トレーニングプログラムのおもな特徴は，可能な限り多くの神経―筋単位を動員する運動を行うことである。したがって，最大筋力の発達を目的とするすべての人は頻繁に最大あるいは超最大の刺激を与える必要がある。
　最大筋力の発達が要求される競技には，ウエイトリフティング，砲丸投，円盤投，ハンマー投などがある。パワーや筋持久力を必要とする他の競技においても最大筋力の発達が有利に働く。少なくとも準備期のある期間中においては，それが言える。
　選手の身体の疲労は，とくに最大あるいは超最大(ネガティブ法)負荷がかかったときに高くなる。したがって，1回のトレーニングごとに鍛える筋群を変えることが，運動量をより高くし，トレーニング間の回復の

スピードをより高めることにつながる。例えば，今回，脚をトレーニングしたら，次のときに腕と肩を鍛えるという具合である。

2. パワーを発達させるための特徴

　パワートレーニングにとって最も重要なポイントは，大きな力を発揮しつつ，ダイナミックな動きで行うことである。例えば，スプリント走中の脚の推進力は，体重の3.5倍ほどであり，やりを投げるときの力は，これよりも小さい。このように加速するための力は，パワートレーニングのための主要な刺激となる。非循環的競技(例えば跳躍種目)では，パワーは，よい結果を残すためには重要な能力である。いっぽう，循環的競技(例えばスプリント)では，パワーは，くり返しすばやく動作を行うために必要とされる。これらのパワーが要求される競技の一般的な特徴を考慮し，筋力トレーニングプログラムに反映させなければならない。

■**非循環系のパワー**　非循環系パワーの発達がプラスに働くのは，陸上競技の投てき種目や跳躍種目，体操競技，フェンシング，ダイビング，バレーボールのようなジャンプ運動が重要になるすべての競技の選手たちである。最大筋力は，発達のためには重要な要素になるが，低負荷あるいは非常にすばやく行う運動(例えばメディシンボールを使った運動)をプログラムの一部として取り入れるべきである。
　これはウエイトベルトやウエイトベストを着用したジャンプ，例えばデプスジャンプやベンチを飛び越すようなジャンプ，バウンディング運動などを含んでいる。非循環系パワーの負荷はすばやい動作を伴う50〜

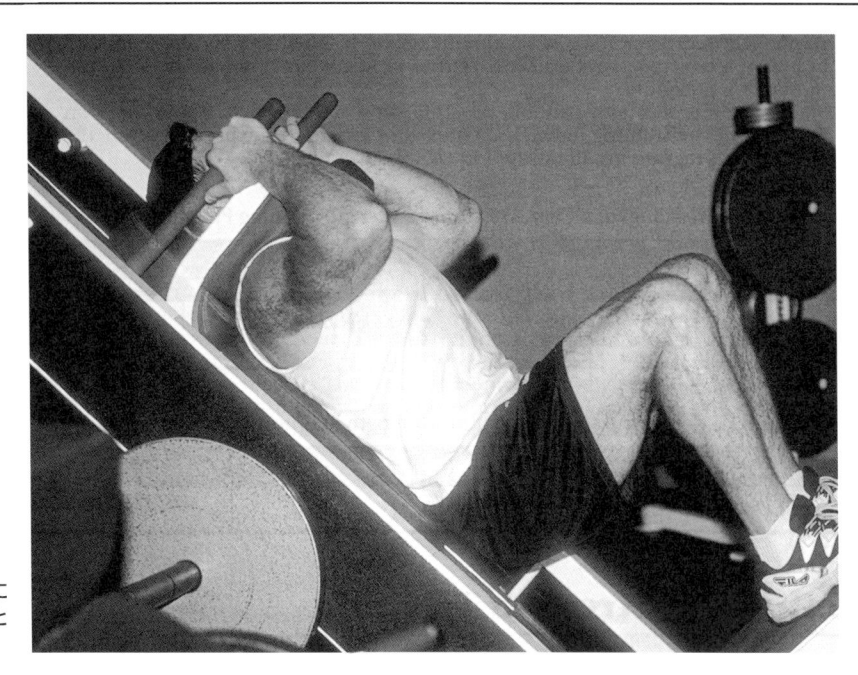

筋群を交互に使用することによって疲労を軽減させることができる。

80％の負荷である（図11-6）。完全回復のために3〜5分の休息が必要で，これを4〜6セット行うことを勧める。ほぼ完全に回復した身体状態のときだけ，非循環運動を効果的に行うことができるので，十分な回復をはかることが最も重要である。

■ **循環パワー**　循環パワーが要求される競技の特徴の1つは，スピードとの関係が強いということである。これには，陸上競技のスプリント種目，水泳，スピードスケート，サイクリングといったスピードが要求されるすべての競技が含まれる。循環パワーの改善が進んだ場合，レース後半にかけてのストライドの減少を避けるという点で選手の助けとなるのである。

循環運動には最大の30〜50％の負荷を用い，ダイナミックかつリズミカルに10回以上くり返し行い，回復時間を長めに（5分）とることを勧める（図11-6）。筋の硬直は筋収縮率に影響を及ぼすため，トレーニングプログラムを通してのリラクセーション運動や弛緩と収縮の切り替えは必須である。

3. 筋持久力の発達の特徴

競技の専門性によって筋持久力を分類することができる。それは，非循環あるいは短時間，そしてより長い時間の競技に必要な循環あるいは筋持久力である。これら2つの筋持久力のタイプ間の違いは目に見えて明らかである。そこで，それらを分けて示してみる。

■ **非循環筋持久力**　試合で用いるよりもわずかに高い強度で，その競技や種目に含まれる動きをくり返すこと，あるいはウエイトトレーニングで非循環的な筋持久力を改善することができる。ウエイトトレーニングでは，最大の50〜80％の負荷を用いて，10〜30回のくり返し回数を行う（図11-7）。体操競技，レスリング，武道を行っている選手にとっては，これらの方法が最も効果的である。選手の要求が複雑であることを考慮すると，非循環的な筋持久力の発達を，他の筋力の要素の発達と組み合わせて行わなければならない。そこでは他のトレーニング方法も必要とされるのである。

■ **循環筋持久力**　遂行時間が2分を超えるすべての循環的な競技にとって，循環的な筋持久力の発達は，パフォーマンスの改善を導く重要な要因の1つである。水泳（400〜1500m），カヌー（1000〜10000m），漕艇，スピードスケート，クロスカントリースキーのような競技では，この筋力要素を改善することで明らかに有利

表11-8 筋トレーニングの方法および処方

最大筋力（％）	反復回数／セット	リズム	休息時間	セット数	方法	備考
100〜85％	1〜5回	中	2〜5分	初心者3〜5 熟練者5〜8	$\frac{85\%}{5}+\frac{95\%}{2\sim3}+$ $\frac{100\%}{1}+\frac{95\%}{2\sim3}$	非循環競技の最大筋力改善のため。
85〜70％	5〜10回	中〜遅	2〜4分	3〜5	$\frac{70\%}{10}+\frac{80\%}{7}+$ $\frac{85\%}{5}+\frac{85\%}{5}$	最大筋力改善のため。最大筋力が必要な循環競技のための基本的方法。
50〜30％	最大スピードで6〜10回	爆発的	2〜5分	4〜6	$\frac{30\%}{10}+\frac{40\%}{10}+$ $\frac{50\%}{10}+\frac{40\%}{10}$	パワー改善のため。
75％	6〜10回	最速	2〜5分	4〜6	$\frac{75\%}{10}+\frac{40\%}{10}+$ $\frac{75\%}{10}+\frac{75\%}{10}$	パワーと最大筋力改善のため。
60〜40％	20〜30回（最大反復回数の50〜70％）	速〜中	30〜45秒	3〜5	サーキットトレーニング	筋持久力改善のため。
40〜25％	最大反復回数の25〜50％	中〜速	適宜	4〜6	サーキットトレーニング	上と同じであるが筋持久力を強くは要求しない競技のため。

Harre 1982

になる。競技の特性に対応する筋力トレーニングプログラムを作成するために，筋収縮の局面と弛緩の局面が交互にくるような運動を選択するのである。このときの負荷は，最大の20〜50％とする。

先に示した競技あるいは種目のほとんどにおいて，有酸素性持久力は主要な要素でないとしても，重要なことには変わりない。これらの競技のほとんどが，水の抵抗に抗しなければならないため，筋力，なかでも筋持久力が鍵となる。

筋力トレーニングプログラムは，専門とする競技の距離を考慮しなければならない。つまり，水泳の400mやカヌーの1000mといった短時間の競技に対しては，負荷は40％か50％あるいはそれ以上で，反復回数は30〜100回の間に設定する必要があるだろう。より長時間の競技に対しては，負荷はわずかに軽くし，反復回数を最大まで増やす。反復の頻度やリズムは，競技の動きに関連させなければならず，一般的に1分間に30〜50回の反復回数が適当であろう。トレーニング要求に対する生理学的反応の指標としての心拍数は，1分

間に150〜160拍であるとSchroeder(1969)は指摘している。

筋力トレーニングの手段や方法を要約すると，Harre(1982)によって提案された**表11-8**のようになる。これには，本章で説明した内容とはわずかに異なる意見も含まれてはいるが，この表を参考にすることで，より高い体力的基礎作りは可能であると考えられる。

11. 最大筋力法

Maximum Strength Methods

筋力トレーニング法の選択は，求められる筋力タイプと関連性を持たせる必要がある。つまり，最大筋力，パワー，筋持久力を発達させる方法がそれぞれに存在していることを意味しており，それをここに簡単に示す。

静的，アイソキネティック，あるいは電気刺激法によって最大筋力を発達させることができるが，フリー

ウエイトやその他の器具を用いた最大筋力法が最も一般的である。その発達は，負荷の増加を通して認識することができる。Baroga(1978)によって示唆されたように，最大筋力を発達させるためには4つの方法が考えられる。どの方法を選択するかは，個々がどのような効果を求めているかで決まる。

- A―負荷を連続的に増加させる：80%，90%，100%，110%
- B―負荷を階段状に増加させる：80%，80%，90%，90%，100%，100%，110%，110%
- C―負荷を連続的に増加させて，減少させる（ピラミッド型）：80%，90%，100%，100%，90%，80%
- D―波状に負荷を増加：80%，90%，85%，90%，100%，95%，100%，90%

1回のトレーニングにおける運動の数は4～8種類の間，反復回数は1～5回の間，セット数は，選手の能力や運動総数と関連性を持たせなければならないので，4～10セットの間である。運動を行う際のリズムは，その負荷と関係している。高負荷では素早いリズムで行うことはできない。しかし，負荷に関係なくダイナミックなリズムで行う努力をしなければならない。

最大筋力法は，最大筋力が要求されるすべての選手，とくにウエイトリフター，陸上競技の投てき選手にとって有益である。

1．静的あるいは等尺性収縮

Hettinger and Müler(1953)やHettinger(1966)は，最大筋力の発達に対する静的収縮のメリットを科学的に証明した。1960年代にはこの方法は終わりを告げ，次第に一般的ではなくなっていった。静的収縮は，最大筋力の発達の助けとはなるが，筋持久力に対してはまったく効果的ではなかった。そのため，ウエイトリフターや投てきの選手が筋力トレーニングの方法として用いた。

静的なトレーニングは，(1)能力よりも重いウエイトを持ち上げようとする方法，(2)動かないものに対して押したり引いたりして力を加える方法，(3)一方の手や足で他方に力を加える方法，の3つのテクニックを用いて行うことができる。完全に伸ばされた筋から，完全に短縮した状態の筋まで，さまざまな四肢の位置や角度で静的収縮を行うことができる。この方法を用いる場合，以下のようなことに留意する。

- 静的収縮は最大筋力の70～100%を用いたときに効果的である。
- 筋力トレーニングに関するきちんとしたバックグラウンドのある選手のトレーニングでおもに用いられる方法である。ジュニアが対象の場合には，低い強度を用いるべきである。
- 強度を上げる場合，1回の収縮の努力度ではなく，運動の反復回数を目安にする。
- 1回の反復での収縮時間は6～12秒間で，1回のトレーニングにおける1筋群あたりの収縮総時間は60～90秒とする。
- 休息時間は60～90秒で，リラクセーションおよび呼吸運動を行うことを勧める。選手は，静的収縮を無呼吸（息止め）で行うために，呼吸運動はそれを補うのである。胸郭内圧が上昇し，それが血液循環とそれに伴う酸素供給を制限してしまうので，呼吸運動を取り入れるのである。
- より効果的なプログラムを行うためには，静的収縮と等張性収縮を交互に行う方法があげられる。これは，重量物を挙上している途中で数回にわたり4～8秒間動きを止めるというもので，スピードとパワーが求められる競技にとってはとくに効果的である。

2．パワー

Belgian(1963)によって開発されたフリーウエイトエクササイズ，メディシンボールを用いるエクササイズ，タンブリングや柔軟運動という3つの運動方法は，パワーを発達させることを目的としている。発達にともない，反復回数と遂行スピードを増加させていく。

負荷は，正確に6回リフトすることができるウエイト重量とする。このとき遂行スピードは改善されていくが，遂行スピードが十分に高められたら，反復回数

を6回から12回に増やす。さらに，12回の反復回数でスピードが十分に高められたら，6回だけくり返すことのできる重量まで負荷を増加させる。この方法をくり返し，正確に運動を行うことができなくなったらトレーニングを中止する。

休息時間は，最大の85%以下の負荷で行った場合は2～3分，負荷がこれより高い場合は3～5分とする。12種目の運動で構成されるプログラムは，3種目ずつ4つのグループに分けられる。

- バーベル利用
- メディシンボール利用
- 他のバーバル利用
- 簡単なタンブリングや柔軟運動

そして，各グループの運動を終えた後，休息時間をはさむ必要がある。

メディシンボールを使ったエクササイズは，高いスピードで行うことが大切である。トレーニングが進むにつれ，投げる距離を増加させたり，ボールの重量を増減させる。陸上競技の跳躍種目や投てき種目，アルペンスキー，ほとんどのチームスポーツ，ボクシング，レスリングのようなパワーあるいは複雑な運動能力を要求される競技のパワートレーニングとして用いることができる。

12. 筋持久力の発達
Developing Muscular Endurance

リーズ大学のMorgan and Adamson(1959)は，長い間，重要なトレーニングとして利用されている体力トレーニング方法を開発した。この方法は，それぞれの運動を行う場所が円状に配置されているため，サーキットトレーニングと呼ばれている。このトレーニングのおもなメリットは，動員される筋群を変えながら鍛えることができることにある。

サーキットトレーニングは，はじめは漸進的に一般的体力を発達させるために用いられていたが，その後改良がなされ，複雑な方法になっていった。その結果，さまざまな筋力トレーニングの要素(条件)を考慮することによって，パワーと筋持久力のような能力の組み合わせだけでなく，筋力，スピード，調整力を発達させるための，サーキットトレーニングプログラムを作成することができるようになった。サーキットトレーニングプログラムを作成するにあたって，次の特徴を考慮しなければならない。

- 種目数は，ショート(6種目の運動)，ノーマル(9種目の運動)，あるいはロング(12種目の運動)で異なる。そのため，総時間は10～30分の間で変化する。多くの場合，これを3周行う。しかし，その継続時間，反復回数，休息時間は，各選手のバックグラウンドと求める能力によって異なる。
- 強度は徐々に個別に上げる。
- トレーニング前に運動を行う場所がセットされているので，一斉に大勢の選手が行うことができ，多くの人たちがこの方法で効果を得ることができる。
- 脚，腕，腹，背中といった身体部分の運動を取り入れ，動員される筋群を変えながらサーキットをアレンジする。
- 反復回数あるいは周回数を指示することで，個別にトレーニング要求を調整することもできる。しかし，サーキットトレーニングのバリエーションには，休息時間や時間の制限なしで1周を行ったり，1周あるいは3周の標準タイムを設定して休息なしですべての運動を連続して行うものもある。
- 能力が高まるにつれて，反復回数や負荷を増やしたり，反復回数や負荷を増やさず1周にかかる時間を短くしたりすることができる。
- サーキット間の休息時間は約2分とされるが，各選手の必要性に応じて変える。休息時間を決めるために心拍数を用い，120拍/分を切ったら次のサーキットを開始する(Scholich 1974)といった方法もある。

Scholich(1974)は，その競技の必要性に応じて，厳

密には2種類のサーキットトレーニング，すなわち，インテンシヴ(高強度)とイクステンシブ(多回数)があると述べている。非循環的な筋持久力を発達させるためにインテンシブサーキットトレーニングを用いるとよい。これは，負荷は最大の50〜80%，10〜30回の反復回数で，運動のくり返しのリズムが動的な方法である。休息時間は，遂行時間よりも2, 3倍の時間をとる。スプリント種目(陸上競技，水泳，スピードスケート)やレスリング，ボクシング，サッカーなどで，この方法を用いることができる。

反対に，イクステンシブサーキットトレーニングは，負荷は低く(20〜50%)し，反復回数を多くする(限界まで)方法である。行うリズムは中から低，休息時間はインテンシブ法よりも短く行う。この方法は，長距離走，水泳，クロスカントリースキー，漕艇などの循環的な筋持久力が要求される競技に対して行われる。

13. まとめ

Summary of Major Concepts

競技パフォーマンスの劇的な改善の多くは1960年代にまでさかのぼる。競技プログラムに筋力トレーニングを組み込むことで，パフォーマンスが改善された選手は今でも多く存在する。

パフォーマンスを改善するためにアナボリックステロイド(筋肉増強剤の一種)を使用した選手達は，筋力トレーニングに関して無知であったためにそのようなことをしてしまったのであろう。彼らは，筋力トレーニングのような自然な手段を用いることなく，人工的に健康への危険を犯しながら収縮パワーを増加させようとした。

競技のパフォーマンスを高めるために筋力を発達させようとする場合，最も重要な要因の1つは，ピリオダイゼーションの考え方を筋力トレーニングに応用することである。そのうえで，より詳しく筋力トレーニングについて学べば，あなたの期待している以上にパフォーマンスの改善が見られるだろう。

第12章 持久力のトレーニング

Part 3 Chapter 12
Endurance Training

　60秒間以上連続して運動を続けるすべての競技において，持久力は重要な役割を果たし，競技での最終的なパフォーマンスにも影響を与えるものである。試合に対して十分な準備を行うためには，意志力，スピード予備能力などの有酸素・無酸素性持久力に影響を及ぼす要因に関してよく知るべきである。

1. 持久力の分類
Classification of Endurance

　持久力とは，一定強度の運動をどれだけ長く継続できるかという能力である。この持久力の限界を決め，パフォーマンスに影響を与えるおもな要因は疲労である。優れた持久力を有する者はすぐには疲労せず，蓄積する疲労を克服しながら運動を継続することができる。持久力は各競技種目の専門性に応じた形で活用され，スピード，筋力，効率のよい技術，生理学的な経済性，心理学的な状態などのさまざまな要因から影響を受けるものである。

　持久力は，大きく一般的持久力と専門的持久力の2種類に分類される。Ozolin(1971)は，一般的持久力とは長時間におよぶ，多くの筋群とCNS（中枢神経系）や呼吸循環系機能が関わる活動の遂行能力であると述べている。高いレベルの一般的持久力は，競技の専門性に関わらずさまざまなタイプのトレーニングをうまく行うための基礎となる。持久的な競技や専門的持久力を必要とする競技の選手は，高いレベルの一般的持久力を有している。これは一般的持久力と専門的持久力の間には強い関連があることを意味するものである。そのいっぽうで，瞬発的な運動からなる競技や技術的な競技の選手の一般的持久力は高いレベルとはいえない。競技によって，その要求度は異なるが，一般的持久力が高いことは豊富な運動量をこなす上で重要であり，長い時間におよぶ競技中の疲労を克服し，トレーニングや試合後の回復をすばやいものにする。専門的持久力はさまざまな競技の特性に大きく関与するものであるが，競技中の興奮度や運動強度，運動課題の難易度，それまでのトレーニング状況によっても影響を受ける。また，戦術的側面が重要とされる競技でも専門的持久力の影響を受けることがある。専門的持久力

が不足するために，ゲームが進むにつれて技術的また戦術的な失敗をおかすことがある。それゆえに，安定した一般的持久力が土台となる専門的持久力を強化することで，トレーニングや試合中のさまざまなストレスを克服することができる。

以上のような持久力の分類方法は，これまでにさまざまな競技において活用されているものであるが，循環型の運動形態の競技においては，次に挙げる運動時間による分類などもある（Pfeifer 1982）。

- 長時間の持久力とは，8分以上続く競技において必要とされるものである。エネルギーはおもに呼吸循環系からなる有酸素性の生成過程から供給される。この分類にあたる持久的競技での競技中の心拍数は180／分と高い数値を示す。心拍出量は1分当たり30〜40ℓであり，肺換気量は毎分120〜140ℓを示した（Pfeifer 1982）。これらの値はマラソンなどのようなさらに長時間におよぶ競技においては，より低い値を示した。酸素供給は，優れたパフォーマンスを引き出すための決定的な要因であり，肺換気能力と心拍出量は，高い競技成績を導く要因と考えられる。それらは，そのような運動刺激への選手の適応を反映したもので，中程度の運動は，筋細胞に酸素を供給するために必要な身体の適応や毛細血管に有利に働くのである（Mader and Hollmann 1977）。
- 中程度の時間の持久力は2〜6分の間に行われる競技において重要になる。その強度は長時間の持久力を必要とする競技よりも高い。そのため，酸素供給が必要量を満たすことができず，酸素負債を増加させることになる。無酸素性のエネルギー供給系で生成されるエネルギーはスピードに比例する。Pfeifer（1982）は，3000m走では無酸素性エネルギー系が全体のエネルギーのおよそ20％を供給し，1500mではその割合が50％までになると述べている。このことから，3000m以上の競技では，酸素摂取能力がパフォーマンスに強い影響を及ぼしていることがわかる。
- 短時間での持久力は45秒から2分間ほど続く競技

で重要となる。この種の競技は，無酸素性の過程がエネルギーの供給に大きく関与する。パワーやスピードがパフォーマンスに強く影響をおよぼすのである。酸素負債は高く，Pfeifer（1982）によると，無酸素性エネルギー系は400mを走るのに必要なエネルギーの80％，800mにおいては60〜70％を供給するという。しかし，この無酸素性能力の発達でさえ，基礎には有酸素性の能力があり，これらの競技においても十分な有酸素性能力を発達させるべきだといえる。筋力トレーニングと関係する筋持久力は，基礎となる持久力と筋力の効果的な組み合わせによって発達が促される。ボート競技や水泳，カヌーといった競技はこれらの代表的な競技である。
- スピード持久力は，最大強度において疲労を克服していく持久力である。この運動はほぼ無呼吸で行われ，最大スピードと最大筋力（スピードトレーニングとも言われている）の発揮を必要とする。

2. 持久力に影響する要因
Factors Affecting Endurance

優れたパフォーマンスにとって重要な持久力はいろいろなタイプがあり，いくつかのトレーニング法を取り入れることによって，効果的に発達する。パフォーマンスを改善しようと思えば，持久力向上にマイナスの影響を及ぼす要因を知っておかなければならない。

■**CNS**　持久力トレーニングをおこなう間，CNSは行うトレーニングの専門的な要求に適応する。トレーニングを行った結果，CNSはその作業能力を向上させ，器官や組織がうまく協調して機能することに求められる神経系の連結を改善する。トレーニングを続けることを妨害する疲労は，CNSのレベルで起こる。すなわち，CNSの作業能力の低下は疲労の主要な原因である。疲労に対する身体の格闘は，活動能力を維持する神経中枢系との戦いである。CNS持久力の増加とその最適な状態は，トレーニングでの主要な関心事の1つとす

PERIODIZATION

るべきである。コーチは適切なトレーニング方法を選ぶことで、これらの機能を高めることができる。中程度の強度での一定の運動は、CNSの全体の活動、すなわち持久的活動特有の神経と筋肉の調整を改善し強化する。同じく疲労がひどくなった状態での長時間の持久的な活動は、ストレスの多い運動に対する神経細胞の抵抗力を高める(Ozolin 1971)。

■**意志力** 意志力は持久力トレーニングにおいてとくに重要な要素である。疲労を克服しながら継続して運動を行う場合、意思力は重要な役割を果たす。選手が強い意志を持たなければ、運動を継続することはできない。また、競技の最終段階で意志力は、体の機能を最大限に発揮する上で大きな役割を果たす。運動中に強くなっていく疲労という大きな障害を克服する強い意志を持つことによって、持久力は最大限に発揮される。そのため、トレーニングの重要な目的は、トレーニングや競技中のけが、痛みなどに精神的に耐えることができるように意思力の強化を図ることである。

■**有酸素性能力** 有酸素性能力、すなわち有酸素性エネルギーの供給能力は、選手の持久的能力を決定するものである。有酸素性能力は、体内への酸素運搬能力により制限され、その制限因子となる酸素運搬に関わる組織の発達は、持久的能力を改善するプログラムの重要な要素である。高いレベルの有酸素性能力を獲得することにより、トレーニング後やトレーニング中の回復はより速やかなものになる。すばやい回復は、休息の間隔を減らして質の高いトレーニングを可能とし、回復時間の短縮は、トレーニング量を増大させ、反復回数も増加させることとなる。このような観点から、有酸素性能力の向上は、技術性の高い競技(跳躍種目など)や、ホッケーやフットボールといったチームスポーツにおいても重要な体力要素と考えられる。

酸素供給系に関与する組織や器官は、持久力トレーニングを継続することで改善されて良い状態へと適応し、トレーニング方法によっては特定の器官の機能を発達させることができる。例えば、インターバルトレーニングは心臓の機能を高め、高所トレーニングは酸素利用能力を高めるというような点である(Ozolin 1971)。トレーニングの方法はさまざまだが、呼吸循環器系の発達やより効果的な呼吸法の改善によって有酸素性能力は向上していく。

呼吸は持久力トレーニングにおいて重要な役割を果たす。深く、リズミカルで効果的な呼吸はパフォーマンスを高めるために重要である。具体的な留意点としては、呼気により肺からできるだけ多くの息を吐き出す呼吸の方法を心がけなくてはならない。換気が不十分であると、新たに吸い込まれた酸素濃度は薄まり、パフォーマンスにマイナスの影響をもたらす。効果的な呼吸は、酸素を十分に供給することができるため、競技中の苦しくなってくる場面で重要となる。

高い有酸素性持久力は、無酸素性持久力へ強く関係している。有酸素性能力を改善することにより、無酸素性持久力もまた結果的に改善されるのである。なぜなら、酸素が不足する状態までに有酸素性の運動を長く継続でき、酸素不足の状態に陥った後もすばやく回復することができるからである(Howald 1977)。無酸素性能力が重要な要素であるほとんどの競技にも、有酸素性持久力が有用であるという考え方は大切である。ほとんどのチームスポーツの選手は、有酸素性持久力を改善することにより、技術、戦術を最大限に発揮することができるであろう。有酸素性能力の改善は多くの選手にとって究極的な目標とも考えられる。

高い有酸素性持久力はまた、スピードを安定させる。無酸素性能力がトレーニングの重要な構成要素であるとしても、パフォーマンスを成功へと導くために有酸素運動を導入すべきである。このとき、長時間の有酸素性持久力を強調したトレーニングをさまざまな強度の活動と交互に行う。このような状態で体は再生し、そして無酸素性パワーの耐久性を増していく。この考え方はテーパリングの段階でも有効である。重要な試合の前にトレーニング量を減少させるとき、激しい運動に代わって有酸素運動のトレーニング内容を導入することにより、回復は促進される。これは負荷が軽くなるからであり、トレーニング頻度を少なくすることによる影響ではない。Howald(1977)は、長時間にわたり中程度のトレーニングを行う選手は、高度な激し

い持久走やインターバルトレーニングを行う選手よりも無酸素性作業閾値が高い傾向にあると述べている。これらの事実をふまえて，コーチはトレーニング概念を変え，トレーニングプログラムの中に高い割合で有酸素運動を導入すべきである。

■**無酸素性持久力** 無酸素性エネルギーは，最大負荷での運動や最大下の運動の初期などの，酸素が欠乏する状態で生産される。無酸素性エネルギーへの依存度は，運動の強度により変わる。例えば，7.14m／秒で400mを走るという運動の場合，そのエネルギー供給は，14％の有酸素性と86％の無酸素性からなる。同じ距離を8.89m／秒の速度で走る場合は，その供給比は7.7％の有酸素性と92.3％の無酸素性になる（Razumovski 1971）。これら2つのエネルギー供給系の依存度の比は，レースの距離や区間，もしくは選手のパフォーマンスレベルによって決まってくる。このように2つのエネルギー供給系が，運動の種類に応じてさまざまな割合でエネルギーを供給することができることは明らかである。有酸素性の要素の割合は，距離の増加と強度の減少により高まる。Ozolin（1971）は，身体の無酸素性能力は，激しい活動の継続や疲労状態での活動を促すCNSにも影響を受けると述べている。また，研究調査では，無酸素性能力が過呼吸や運動前の余分な酸素吸入に影響を受けることが明らかになっている。

各競技における専門的なトレーニングは，無酸素性能力を改善するためのベストな方法である。しかし，無酸素トレーニングと有酸素トレーニングは交互に行うべきで，60秒より長時間の競技では後者を多く行わなくてはならない。無酸素性の状態となるインターバルトレーニングが広く行われているが，レースの最初の部分にだけ有益なだけで，2分以上続く競技ではベストな方法とは考えられない。

■**スピードの予備能力** 持久力，とくに専門的持久力に影響を与える1つの要因としてスピードの予備能力がある。ランニングや水泳などのような循環的な運動形態の競技ではその重要性は明らかであるが，現場のコーチにはあまり関心を持たれていない。スピード予備能力は，レースでの距離以下（例えば100m）の最大速度と実際のレース中（例えば800m走）での速度との差を示すものである。この妥当性を確かめるために同時期にテストを行う必要がある。短距離を速く走ることのできる選手は，遅いスピードで楽に長い距離を走ることができる。そのような状況下では，高いスピード予備能力をもつ選手は，他の低い者に比べて，少ないエネルギーでスピードを維持することもできるであろう。

次にあげるスピード予備能力テストを行ってみよう。まず始めに，テストの距離を決める。陸上競技の中距離走の場合，基本的な距離は100mである。水泳では25mか50m，または使用するプールの全長であり，ボート競技などでも同様である。最大スピードを決定するテストでは，それらの基本となる距離でのスピードの計測を行う。競技種目の距離での試行を行い，基本とする距離の平均スピードを求める。そして，それらのスピードの差を検討する。100mを11秒で走る者が，12.4秒平均で400mを走る場合，その1.4秒の差がスピード予備能力といえる。高いレベルのスピード予備能力や，系統的な専門的持久力のトレーニングは，専門競技での高いパフォーマンスを導く。このように高いパフォーマンスに達する選手の能力とスピード予備能力との間には，強い相互依存があることは明らかなことである。十分な専門的持久力のためのトレーニングを行わなくても，100mを10.6秒で走る選手は50秒で400mをカバーする。これは，1.9秒のスピード予備能力と12.5秒の平均タイムを意味する。しかし100mを12秒で走る選手にとっては厳しいタイムである。このように基礎となるスピード，とくにスピードの予備能力は競技力向上の制限因子となりうるものである。

3. 持久力改善の方法論
Methodology of Developing Endurance

持久力の向上のためには，疲労に耐える方法を身につけながらトレーニングでの要求に身体を適応させていくことが重要である。競技特性を考慮しながら，有

PERIODIZATION

酸素性，無酸素性の2つのタイプの持久力を発達させなければならない。これらの持久力の改善は，トレーニングの方法や強度によって決まる。トレーニングではさまざまな強度分類が用いられているが，持久力トレーニングにおいての分類は，原則的にはエネルギー供給系に関するものである。Zatzyorski(1980)は，以下の3つの強度による分類を述べている。それは「閾値以下」，「閾値レベル」，「閾値以上」である。

「閾値以下」は，低いレベルでのスピードや少ないエネルギー消費，有酸素運動状態での酸素の供給レベルである。すなわち，酸素の供給が体の要求に合ったとき，選手は一定の状態で運動を行うことができる。スピードが高くなり，酸素の需要と供給が合致し，無酸素性作業閾値レベルに達したとき「閾値レベル」になる。このときのスピードは呼吸器系の能力に比例する。「閾値以上」の強度のスピードは，「閾値レベル」強度のスピードよりもさらに速いもので，酸素供給が不足した状態での無酸素性運動となる。

1. 有酸素性持久力のためのトレーニング指標

有酸素運動中のさまざまな身体機能の生理学的な閾値は，長時間の低い負荷の運動を継続することによって向上し，より効率よく発達する。有酸素性運動を継続する場合，いかに身体に酸素を供給し続けることができるかが課題となる。一般的に最大酸素摂取レベルでの運動は，高度なトレーニングをした選手を除いて，10～12分以上は続けられない。しかし，十分にトレーニングされた一流の選手(ランニング，クロスカントリースキー，ボートなどの競技)では1～2時間，強いレベル(毎分150～166拍の心拍数)で運動を継続することができる。

一般的なガイドラインとして，次にあげるトレーニング指標が有酸素性持久力を改善するために重要である。

- トレーニング強度は最大速度の70％より低くなければならない(Herberger 1977)。その目安として，一定の距離あたりの速度，1秒あたりの速度，心拍数(毎分140～164拍)などを測定することが勧められる。心拍数を毎分130拍まで上げないトレーニング刺激は，有酸素性能力の向上には有効ではない(Zatzyorski 1980)。

- 1つの刺激(1反復)にあてる時間は，さまざまに変化させる必要がある。ときには，無酸素性持久力を改善するために60～90秒必要であり，それはレース初盤の重要な構成要素である。しかし，より効率よく有酸素性持久力を向上させるためには，3～10分の長い反復時間を必要とする。これらのトレーニングプログラムの一般的な構成は，トレーニングの段階や競技の特性，選手の要求によって決定される。

- 休息の間隔は，直前の運動が有効に作用するように計画されなければならない。Reindel et al (1962)によれば，その休息は45～90秒の間であると言われている。このように有酸素性持久力のトレーニングにおいては，休息の間隔は3～4分以上の時間は必要ではないとされている。その理由として，長い休息により，毛細血管(動脈と静脈をつなぐ血管)は収縮し，血流が制限されることが述べられている(Hollmann 1959)。適切な休息時間を判断するために心拍数を測定することが行われており，一般的には，毎分120回程度に回復した状態から次の運動を再開することが望ましいとされている。

- インターバルの休息期において，身体能力の回復を図るために通常は低い強度での運動を行う。陸上競技などではウォーキングやジョギングがおもな運動方法とされている。

- 反復回数は，高いレベルで酸素摂取を安定させる能力によって，個々に決定するとよい。この酸素供給が十分でなければ，有酸素系はエネルギー需要を満たすことができない。その結果，無酸素性エネルギー供給が始まり，体の苦痛をもたらし，そして疲労する。Zatzyorski(1980)は，心拍数は疲労のレベルを把握するために有効な指標であるとしている。心拍数は，選手が激しいトレーニングをくり返し，疲労が蓄積するにしたがって増加

していく。著しい疲労状態を示す毎分180拍以上の心拍数では，心臓の収縮力は弱まり，活動している筋肉内への酸素供給量は減少してしまう。そのため，この値はトレーニング強度の上限として考えられる。

2. 無酸素性持久力のためのトレーニング指標

無酸素性持久力は，チームスポーツを含む多くの競技において，重要な生理学的要因である。無酸素性持久力を改善する多くの方法は周期的にくり返され，高い強度で行われる。トレーニングの一般的なガイドラインとして以下のことがあげられる。

- 強度は最大下から最大の間で行われる。それぞれのトレーニングにおいては，その目的に応じて最大限度の90～95％の強度が適当である。
- 運動時間は5～120秒の間であり，行う強度によって決定される。
- 高強度の運動後の休息は酸素負債を回復させることができるのに十分な長さ（2～10分以内）が求められる。なぜなら，回復期間は，効率のよい回復や次の運動のエネルギー補充のために必要なものだからである。実施にあたり，全反復回数を4～6回に区切り，それぞれの回復期となるセット間を6～10分に設定することを勧める。休息を効果的にとると，増加した乳酸は除去され，次のセットが始まるときには，ほぼ回復した状態で再開できるものである。
- 休息での運動は軽く，リラックスした状態で行われるべきであるが，横になって休むといった完全休息は勧められない。なぜなら，神経組織の興奮レベルが，安静時にまで戻ってしまう可能性があるからである(Zatzyorski 1980)。
- 反復回数は少なめにすべきである。なぜなら，無酸素性能力を改善するための運動は激しく，乳酸を蓄積せずに多くの回数をこなすことはできないからである。もし，そのまま運動を続けたのなら，解糖系のエネルギーは枯渇し，有酸素性がエネルギーを供給することになるのである。この循環の下では運動のスピードは減少するため，無酸素性能力の向上のための効果を得ることができない。対策として，反復回数をいくつかのセットに分ける方法があげられる。例えば，4回の反復を4セットといったように設定し，各セット内での休息時間は120秒，セット間は10分程度とし，酸素負債からの回復に十分に時間をとるのである。

3. 乳酸理論にもとづいた持久力トレーニング

今日のトレーニングは複雑な要素から構成されている。最適なプログラムを考えていく上で，コーチはその処方の有効性を正確に判断していくことが重要である。乳酸理論は，トレーニング中の血中乳酸量を評価する方法で，簡易な手法により行うことができる。具体的には，指先や耳たぶから採取した少量の血液サンプルから乳酸濃度を分析するものである。血中乳酸濃度からトレーニングを4つに分類したものが**表12-1**である。

第1の区分は，ウォーミングアップのジョギングや運動間の休息での軽い運動，またはトレーニング後の軽い運動のような運動強度である。第2の区分は，第1の区分よりもややレベルの高い有酸素性運動である。第3の区分は，有酸素性運動と無酸素性運動が混在するレベルでの典型的なトレーニングである。第4の区分は，最も高い強度の無酸素性運動である。

データの解釈はシンプルである。測定した乳酸濃度を表12-1の区分と比較し，トレーニングの目的に合わせてプログラムを考えるというものである。スポーツの現場において，コーチは主観的評価で有酸素レベルのトレーニングを行わせているつもりでも，乳酸理論にもとづく客観的な評価では3か4の区分の運動に相当するトレーニングになっているかもしれない。そ

表12-1　乳酸理論にもとづいて分類した運動の4区分

区分番号	区分	乳酸組成
1	補償レベル	0～23mg
2	有酸素性	24～26mg
3	混在状態	27～70mg
4	無酸素性	71～300mg

PERIODIZATION

の場合，コーチはトレーニングプログラムを変更しなくてはならない。また，乳酸値は選手の身体能力や特徴を表す。例えば，激しい運動後に低い乳酸濃度である場合，すぐれたトレーニングへの適応能力を有することを示し，他方では，無酸素トレーニング後に高い乳酸濃度を示す場合は，乳酸耐性が高く，無酸素運動能力に優れた選手であることを示すものである。

トレーニングで表12-1の4つの区分から運動を的確に組み合わせることは，プログラムを考えていく上での客観的な方法につながる。2つの組み合わせを示した表12-2は，トレーニングでの的確なプログラムを作成する上でのガイドラインとして用いることができる。持久力トレーニングの構成方法，とくに構成比から，すべての持久力トレーニングにおいて，有酸素性の要素が重要であることがわかる。

4. 持久力を改善する方法
Methods to Develop Endurance

すべての発達段階を通して，とくに持久力を完成させる段階では，持久力トレーニングの生理学的限界を高めていくことは必須のことである。生理的限界(組織が酸素欠乏で，二酸化炭素の過多といった状況下で運動するための適応)は，選手の疲労が高まったところで顕著に現れる。ここでは，従来から行われているトレーニング方法について述べるが，工夫をしながら他の方法を考えることも重要である。例えば，通常の呼吸数より少ない呼吸数にすると，低酸素状態を人工的に作り出すことができる。そして，水泳での呼吸制限や高所でのトレーニングは，低酸素状態でのトレーニングとなる。旧東ヨーロッパ圏の選手の多くは，これを2〜4週間，1年に2回行っていた。これらのトレーニング方法の効果として，血液中のヘモグロビンの増加があげられる。

1. 長距離走のトレーニング方法

ここで取り上げる一定持続法，変速法，ファルトレク法のすべての方法に共通する特徴として，運動が休息によって中断されないということがある。

■**一定持続法** 一定持続法は，中断せずに長時間の運動を行うことが特徴である。年間を通して用いられるが，この方法はおもに準備期で導入される。このトレーニングは，60秒以上を要する競技での有酸素性持久力の向上に適している。1回のトレーニング時間は1時間から2時間半の間である。心拍数を測定することで強度を適切に判断することができ，その際の心拍数は，毎分150〜170拍の範囲内にとどめるべきである。

トレーニングのおもな効果は，有酸素性能力を改善し，完成させることである。同じように，運動の効率が高まり，技術が高まることでパフォーマンスの安定につながっていく(スピードスケート，水泳，カヌー，ボート)。

この方法の変形は，トレーニング中，適度な強度から中程度の強度へと次第に強くしていくビルドアップ形式である。適度なスピードでトレーニング距離の最初の1/3を行い，中間でスピードを増加させていき，最後の1/3で中程度の強度にする。これは，有酸素性持久力を改善する効果的な方法で，徐々に強度を上げることにより，身体的な負荷に加えて心理的にも負荷を高めやすい効果的な方法である。

■**変速法** 変速法は，持久力を改善する最も効果的な方法の1つである。トレーニングを通じて選手は，予め決めた距離で強度を変えていく。運動の強度は，走り続けながら適度な強度からやや強めの強度にときどき変える。また，外的要因(ランニングやクロスカントリースキー，サイクリングにおいての地形)や内的側面(選手自身の意志)，意図的要因(速度を変化させる距離

表12-2　持久力トレーニングの目的による運動の構成

構成番号	トレーニング目的	運動の種類	比率
1	持久力の向上	有酸素性(混在型) 無酸素性 補償レベル	≧50% ≦25% 上記の残り
2	スピードの向上	有酸素性(混在型) 無酸素性 補償系レベル	≦50% ≦25% 上記の残り

の設定に関するコーチの決断)により，強度の種類を決める。1～10分の最高速度でのランニングと適切な速度のランニングを交互に行うのである。速度を上げる前にわずかに身体を回復させるようにする。高い速度のランニングでは，心拍数は毎分180拍前後に達し，回復では毎分140拍程度におとす(Pfeifer 1982)。リズミカルに強弱をつけるこの方法は，多くの量の運動を可能にし，呼吸循環器と中枢神経系機能を改善する。また，この方法は，身体の柔軟な適応を促し，結果として一般的持久力の顕著な改善を導く。この方法を循環型の運動を含む競技や，チームスポーツまたはレスリングやボクシングといった競技の前試合期と試合期において適用する。

この方法のすぐれた応用型としては，セットに分けてトレーニングプログラム全体を編成することがあげられる。90分間休息なしの運動をするために，3つのセットに分割し，それぞれのセット間に歩行といった積極的回復をとる。

■**ファルトレク法** ファルトレク(スピードプレイ)法は，1920年から1930年に，スカンジナビア人やドイツ人によって広められたトレーニング法である。ファルトレク法は，一定速度のランニングの間に速いスピードでのランニングを交互に行うものである。その際のスピードの区切りはあらかじめ計画されたものではなく，ランナーの主観的な感覚によって判断される。このファルトレク法は，準備期の単調な持続トレーニングの中に変化をもたらす有効な方法であり，そのトレーニング内容により，一般的持久力のみならず専門的持久力やスピード変化など，さまざまな効果をもたらすことが期待できる。

2. インターバルトレーニング

インターバルトレーニングは，非常に負荷の高いタイプのトレーニングで，その厳しさからシスファスの神話が連想される。ギリシャ神話のシスファスはコリンスの王であったが，自分の過ちのために厳しい罰を受けることになる。その罰とは，大きな石を丘の頂上まで押して運ぶことを永久にくり返すというものであった。インターバルトレーニングの苦しさは，石を何度も何度も運び続ける苦行に例えることができる。

インターバルトレーニングの設定はよく知られている方法で十分であり，すべての方法で休息期(インターバル)が置かれる(**図12-1**)。

■**レペティション法** レペティション法で設定される距離は，レース距離より長いか短いかで，その競技での専門的持久力を発達させる。長い距離のレペティションはレーススピードで行われるために，専門とするレースで必要とされる有酸素性持久力の改善を目ざす。いっぽう，短い距離のレペティションは酸素負債を発達させるので，無酸素性能力を高める。短距離のレペ

```
                    インターバルトレーニング
         ┌──────────────┼──────────────┐
 レペティショントレーニング  モデルトレーニング  インターバルトレーニング
                                   ┌──────────┼──────────┐
                            ロングインターバル ミディアムインターバル ショートインターバル
```

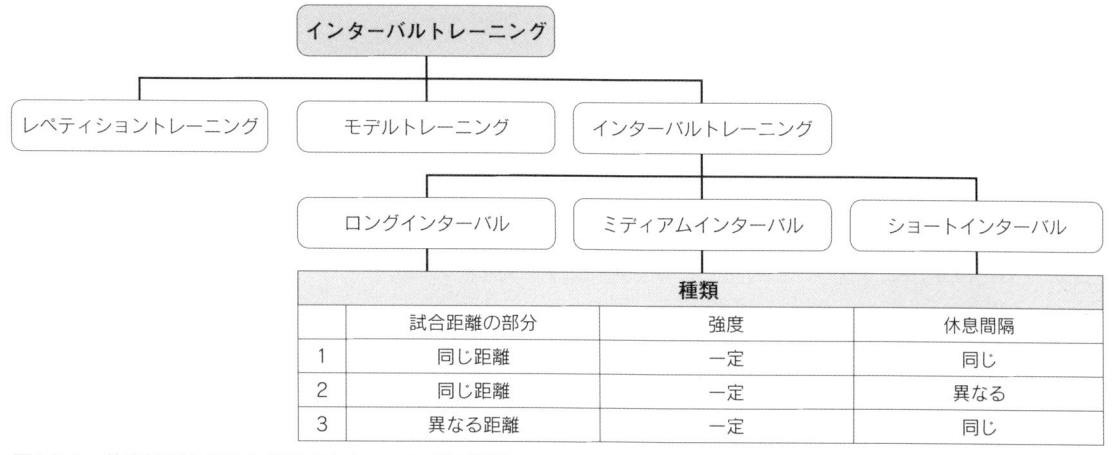

	種類		
	試合距離の部分	強度	休息間隔
1	同じ距離	一定	同じ
2	同じ距離	一定	異なる
3	異なる距離	一定	同じ

図12-1 休息間隔を変えた場合のトレーニングの種類

PERIODIZATION

ティションでの強度はレースの強度よりわずかに高い。レペティション法の重要な点は，多くの反復をこなすことを通じて意志力を強化させることにもある。トレーニングの総量はレース距離の4～8倍であり，5～10分の休息インターバルをいれる。また，休息時間はレペティションの距離や強度によって決める。

■ **モデルトレーニング**　モデルトレーニングはレペティショントレーニングの一種として考えられる。それは，さまざまなトレーニング距離をくり返す形式をとるからである。この方法はレースの特性に似た状態を作り出すもので，そのためモデルトレーニングと呼ばれる。トレーニングの最初の部分はレース距離より短いさまざまな反復からなり，レースと同程度の強度で行われる。そのような状況下では，無酸素代謝システムがエネルギーを供給する。トレーニングの中盤では，それらの距離や強度を増やして有酸素性持久力を改善する。トレーニングの終盤ではレースを再現した短距離の反復を設定し，ラストでのスパート力を養う。選手は，レースと同じような疲労レベルの状態でこれらの反復を行う。これにより，無酸素性持久力（スピード持久力）の向上に強調をおく。

トレーニングの総量，速度，休息期，反復回数などの要因を，個々の能力や競技の特性に応じて決定するのである。このトレーニング方法は，前試合期や試合期におもに行われ，適切な休息期を決めるために，心拍を目安にすることが勧められる。

インターバルトレーニング法は，1960年代ヨーロッパで流行し，1980年代，1990年代になっても，まだ北アメリカでは過大評価されていたが，近年では持久力を向上させる効果について再考するに至っている。それは，短時間運動の反復が，有酸素性持久力を含むすべての能力を向上させるという誇張された認識が必ずしも事実ではないためである。身体のすべての機能に対して有効な唯一の方法などない。選手の要求，競技特性に応じた要求に合致したすべての方法をうまく組み合わせたトレーニングだけが，成果をあげることができるだろう。

最も良いと考えられているインターバルトレーニングは，30～90秒の間に刺激を与えるものである。これは有酸素性エネルギー供給系だけでなく無酸素性のエネルギー供給能力も発達させ，また，試合期を通じて発達した能力を維持するのである。インターバルトレーニングは，選手が十分に回復しないまま，あらかじめ決められた休息間隔でさまざまな強度の刺激をくり返す方法といわれている。コーチは心拍数により休息の時間を判断する。選手は(12×3分)といった時間か，(12×800m)といった正確な距離で反復する。目的に応じて以下の3つのインターバル法を組み合わせれば，効率のよいトレーニングを行うことができる。

- ショートインターバルは15秒～2分の間で，主として無酸素性持久力を発達させる。
- ミドルインターバルは2～8分の間で，無酸素性と有酸素性の両方のエネルギー供給系を発達させる。
- ロングインターバルは8～15分の間で，有酸素性持久力を改良するというおもなトレーニング効果がある。

トレーニングを構成するには，トレーニング強度，時間，反復回数，休息の間隔，および休息時の活動を適切に設定する必要がある。

3. 専門的レース持久力

専門的レース持久力は，Pfeifer(1982)がコントロール法またはレース法と呼ぶ方法によって開発することができる。この方法を用いることにより，各競技に求められる持久特性を発達させる。トレーニング処方は，身体的，心理的，また各競技での戦術特性に正確に対応したものでなければならない(図12-2)。

持久力の向上は複雑な課題である。競技によってさまざまな有酸素または無酸素の要素の組み合わせがあるからである。そのため，複雑な身体適応を作り上げていくためには，これらの方法や種類のいくつかを用いていく必要がある。しかし，生理学的な効果のみがトレーニング選択の基準ではなく，心理的な効果も考慮する必要がある。心理的な観点からみると，一定持続法，変速法といった有酸素性持久力を開発するトレ

専門的レース持久力	
変化	
距離	スピード
レース距離より短い	レーススピードより速い
戦術課題のあるレース距離	レーススピードまたはそれよりわずかに抑えたスピード
レース距離より長い	レーススピードより遅い
テストについては，レースよりわずかに速いスピードでレース距離を走る	

図12-2　専門的レース持久力の種類（Pfeifer 1981を変更）

ーニングは，インターバルトレーニングよりも優れた効果をもたらす（Pfeifer 1982）。

4. 5段階強度のエネルギーシステムトレーニング

すべての競技のトレーニングプログラムにおいて，生理学的適応や，回復を考慮したミクロサイクルを通して，トレーニング強度を変化させていかなくてはならない。トレーニング強度の変化は，競技の特性やトレーニング期の特性によって決定される。

持久的競技のエネルギー供給は，最初の15～20秒の間をATP-CPエネルギー供給系によって行われており，続けて1分30秒～2分までは乳酸系により供給されている。さらに，長時間にわたり運動が継続される場合は，乳酸生成をもたらさないグリコーゲンの有酸素性の分解によって供給される。

ほとんどの競技は，これらすべてのエネルギー供給系により生成されるエネルギーを利用して行われる。そのため，とくに準備期や試合期の後半においてのトレーニングでは，すべての供給系を用いるべきで，そのため，すべてのエネルギーシステムを養成する必要が考えられる。

科学的な知見に関心のあるコーチのために，**表12-3**の5段階強度を参照することを勧めたい。トレーニングを生理学的側面から分類し，難易度の順に示しており，最も高い負荷である1から，最も低い負荷である5までを表したものである。例えば，乳酸トレーニング（LATT）は身体的にもっともハードなものであるので，強度番号は1となる。対極は，ATP-PC系の4と有酸素性作業閾値レベルのトレーニングの5である。

表12-3の見出しは，それぞれの段階の生理学的な特性を説明しており，トレーニング方法に対しての留意点となる。例えば，耐乳酸トレーニングを行う場合は，運動の持続時間，反復のセット数や乳酸を取り除くのに十分な休息間隔を，表を参考にしながら決める。また，同様に休息期の運動，血中乳酸濃度，心拍数を考慮する。このような生理学的特徴を生かすためには，準備期の前半か後半に最大強度の割合で行うことを提案する。準備期の後半はほぼ試合期に準ずるものである。5つの段階をより理解するために，それぞれの理論を簡潔に説明する。

■**耐乳酸トレーニング（LATT）**　アシドーシスの苦しさを我慢できる選手は，より長く運動を続けることができる。LATTの目的は，乳酸の酸に順応し，乳酸を緩衝すること，そして活動している筋からの乳酸の除去を早め，トレーニングや試合中の苦痛に耐える能力を高めることである。耐乳酸能力が高ければ，より激しく運動することができ，多くの乳酸を生成する。競技の終盤では無酸素性のエネルギーを発生し，40～50秒までの間，乳酸耐性の最大限度に達することができる。回復期間は，活動筋から乳酸を取り除くために十分な長さにすべきである（15～30分がよい）。もしこれが妨げられたら，アシドーシスは強くなり，エネルギー代謝の減少が乳酸生産に必要な強度を下まわるスピードにまで低下させてしまう。その結果，トレーニングの効果が十分に得られなくなる。1分未満の時間の運動は，数回の反復が必要で，4～8回が適当である。

PERIODIZATION

表12-3 5段階のエネルギー系のためのトレーニングのガイドライン

強度番号	トレーニングのねらい	持続時間	反復回数	休息時間	割合 休息時間／運動時間	乳酸濃度 (mmol)	心拍数	最大強度に対する割合(%) 最初	最大強度に対する割合(%) 最後
1	耐乳酸 (LATT)	30"〜60" 2'〜2.5'	2×2〜4 4〜6(8)	10〜15' >5'	1:10〜1:15	12〜18 Max=20	最大あるいは最大に近い	>85	>95
2	最大酸素摂取 (Max VO₂T)	3'〜5'	4〜8(12)	2'〜3'	2:1	6〜12	180	80〜85	85〜95
3	無酸素性作業閾値 (AnTT)	1:30〜7' 8'〜2ʰ	3〜5 6〜2	5' 5'〜45'	1:1 1:06〜1:15	4〜6	150〜170	75〜85	85〜90
4	リン酸系 (PST)	4〜15"	10〜30	1〜3'	1:4〜1:25				95
5	有酸素性作業閾値 (ATT)	10'〜2ʰ	6〜1	1〜2'	1:1〜1:25	2〜3	130〜150	>60	>60

(": 秒, ': 分, ʰ: 時間を表す)

それよりも長い2〜3分程度の運動も、過剰な血中乳酸濃度（12〜16mmol）が産出されるのに十分なスピードを維持できる場合にのみ有効で、これにより極度のアシドーシス状態で高いレベルの有酸素パワーが産出される。

心理学的にみた耐乳酸トレーニングの目的は、苦しい閾値を超えて自身を変えていくことといえる。しかし、それらは注意して行わなければならない。過度な耐乳酸トレーニングは不快なトレーニング状態や極度の疲労、最終的にはオーバートレーニングを導く恐れがあるからである。このことから、耐乳酸トレーニングは週に1，2回のトレーニング回数を超えるべきではないと考えられる。

■ **最大酸素摂取トレーニング（MaxVO₂T）** トレーニングや試合の間、心臓および末梢レベルでの酸素運搬系は酸素を供給するために激しく活動している。その際の主働筋への酸素供給能力は、有酸素性のパフォーマンスの制限因子となるものである。最大酸素摂取能力の高い選手は、持久的競技で良いパフォーマンスを示す事が実証されているため、このトレーニングは選手、コーチの両方が強い関心を示す。

最大酸素摂取能力の増加は、呼吸循環器系の酸素運搬能力と、筋肉組織内での酸素利用能力の向上が要因となる。そのため、トレーニングプログラムの大部分を最大酸素摂取能力の改善に割り当てなければならな

い。これらのトレーニングは、3〜5分以上行い、80〜90%の強度（短い距離を高い強度で行い、反復を少なくする）のときに最も有効なものとなる。心拍数は最高か最高心拍数の10拍以内がよい。

休息間隔は10秒〜1分と短くし、運動時間を30秒〜2分と設定した反復でも、最大酸素摂取能力を改善することができる。このような状況下のトレーニング効果は4〜12回以上の連続により有効となるもので、1回や2回の反復では運動の初期に無酸素性のエネルギーを必要とするために、最大酸素摂取能力のためのトレーニングとはならない。また、これらのトレーニングは反復して行うことが必要である。3×4分を休憩1分30秒、セット間3分で行うトレーニングは、12×3分、休息1分30秒で連続して行うトレーニングと同じような効果があり、どちらを選択してもよい。セット間が長い理由は、十分な休息が各セットでの運動のレベルをより高めるからである。実施にあたり、形式上のトレーニングに陥っていないか、コーチはその有効性を確認しながら行う必要がある。

■ **無酸素性作業閾値トレーニング（AnTT）** 無酸素性作業閾値トレーニングは、血中乳酸が除去可能な範囲内の強度で行われる方法である（AnTT＝4〜6mmol）。

短い反復運動は、無酸素性エネルギー代謝を促進するが、筋肉内で生成される乳酸のレベルは通常レベルより顕著に高くなるわけではない。乳酸は主働筋の周

囲に拡散し，心臓や肝臓または筋肉内で分解される。

AnTTでのトレーニングでは，乳酸を処理しながら運動できるように，毎分150～170拍の心拍数で最大スピードの60～90％の速さに強度を設定すべきである。運動時間は変則的だが，休息間隔と運動時間の比は1：1であるのが望ましい。

AnTTは，最大酸素摂取能力に対しての割合がトレーニング尺度となる。よくトレーニングされた選手は最大酸素摂取能力の85～90％でAnTTに達する。（AnTTトレーニングの趣旨は，血中乳酸濃度を4mmolに設定し，過度な乳酸を蓄積せずに運動を維持できるようにすることである）。このようなトレーニングプログラムでは，選手の疲労感は軽く，スピードは快適なスピードよりわずかに速い程度である。

■**リン酸系トレーニング(PST)**　リン酸系トレーニングの目的は，より少ない努力で速く動くようになることにある。PSTは，スターティングブロックを突き放す力や，最大スピードを用いない競技の早い段階での能力を発達させる。これは最大速度の95％を超えたスピードで，4～15秒の短い時間の運動を行うことで可能になる。このようなトレーニングプログラムは，リン酸エネルギー系を利用し，その結果，筋肉中に蓄積されたATP-CP量を増加させ，ATP-CP反応を通してエネルギーを産出する酵素の働きを高める。

長い回復期間(運動時間と休息間隔の比が1：4～1：25)は，筋肉中のCP供給を完全に元に戻すために必要である。もし，休息間隔が短ければ，CPの回復は不完全になり，リン酸反応よりも無酸素性のグリコーゲン分解がエネルギーの主要源になる。この結果，乳酸を作り出し，スピードが遅くなり，選手はねらったトレーニング効果を達成できないだろう。PSTもしくは短距離トレーニングは，筋肉の痛みを引き起こすようではいけない。なぜなら，筋肉痛は無酸素性の解糖のサインであるからである。

■**有酸素性作業閾値トレーニング(ATT)**　高い有酸素性能力は，中～長時間に行うすべての競技において重要な要素といえる。また，同じく酸素供給が制限因子となるすべての競技においても決定因子の1つとなる。ATTを行うことは，多くの競技において，いろいろな有益な効果をもたらす。例えば，トレーニングや試合のすばやい回復を促進し，呼吸循環器系や神経組織の機能的な効率を改善し，エネルギー代謝系の経済性を高め，最終的に長時間のストレスに耐える能力を向上させるのである。

ATTは一定のペースで休息せずに多くの量の運動を行うものである。インターバル形式のトレーニングでは5分以上の長い時間で行い，1回のトレーニングで「普通」から「やや速い」スピード強度に漸進的に上げていく。ATTを行う時間は，1時間から2時間半が適切である。選手は，乳酸濃度が2～3mmol，心拍数では毎分130～150拍(ときにはそれより高い)のレベルにおいてのみ，目的としたトレーニング効果が得られる。これらより低ければ，トレーニング効果は不確かなものとなってしまう。ATTの間，1分間に循環する血液量は30～40ℓになり，酸素は1分間に約4～5.5ℓ取り込まれる。

ATTは，準備期における主要なトレーニング方法である。試合期では有酸素性能力を維持する方法として，週に1～2回ATTを導入してもよい。また，一般的な健康レベルを維持する以外に，強度をおとす回復期に用いてもよい。

■**プランを立てる**　5つの強度区分のトレーニングを図に表した。ここで重要な問題は，トレーニングプランの中でそれらをどう組み込むかということである。一般的には，コーチは身体的，技術的，戦術的な課題をミクロサイクルの一定の日に割り当ててトレーニングプランを立てるが，さらに重要な要素は，エネルギー系の強化を進めることである。これは，良いパフォーマンスの基礎の強化を意味するものである。各競技において普及している生理学的な知見にもとづき，技術的または戦術的な要素をうまく組み合わせてプランニングをおこなうべきである。ミクロサイクルでトレーニングを計画する場合，コーチはトレーニング内容ではなく，サイクルで要求される強度を明記すべきである。例として代表的なトレーニング期の構成を示す(図12-4～8)。5つの強度の配置は，トレーニング

PERIODIZATION

段階や選手の要求，試合日程などによって決定される。図12-4〜8の提案は，ミクロサイクルを計画する際，最初は全体に対しての強度を配置し，その比率に応じてさらに1日内の強度を分配するやり方である。また，図12-3は包括的に示したもので，エネルギー系トレーニングの図式である。

ミクロサイクルでのトレーニング割り当てに関するおもなトレーニング上の留意点は，選手のトレーニングに対する生理的反応や，ある強度の運動を行ったときの疲労のレベルを考えるということである。それらの変化を表す超回復の様子もまた，図示されている(図12-4〜8の下)。強度の最も高いレベルを示す1(表

乳酸値(mmol)	トレーニングのねらい	心拍数	最大強度に対する割合(％)	トレーニング効果	トレーニングによる効果
20.00	最大有酸素パワー	200			● 無酸素的持久力を高度に開発する
		200			
12.0	耐乳酸性	200	85〜90％	↑	● 過度な強調はオーバートレーニングを生じる
8.0	最大酸素摂取	190〜200	80〜90％		● かなりの有酸素持久力の改善
		180			
4.0	無酸素作業閾値	170	(60)〜70〜85％		● 最適な効果のために強度に気をつける
		160			
		150			
		140			● 有酸素持久力の改善
2.0	有酸素作業閾値	130	60％		
		120	50％		
		110			● 有酸素持久力はほとんど改善されない
		100			
1.1	休息状態	>80			

図12-3　エネルギー系トレーニングの5つの強度の影響 (Roaf 1988)

	月	火	水	木	金	土	日
午前	5	5	3	5	3	3	5
午後	3+5	5		5	5		
超回復							

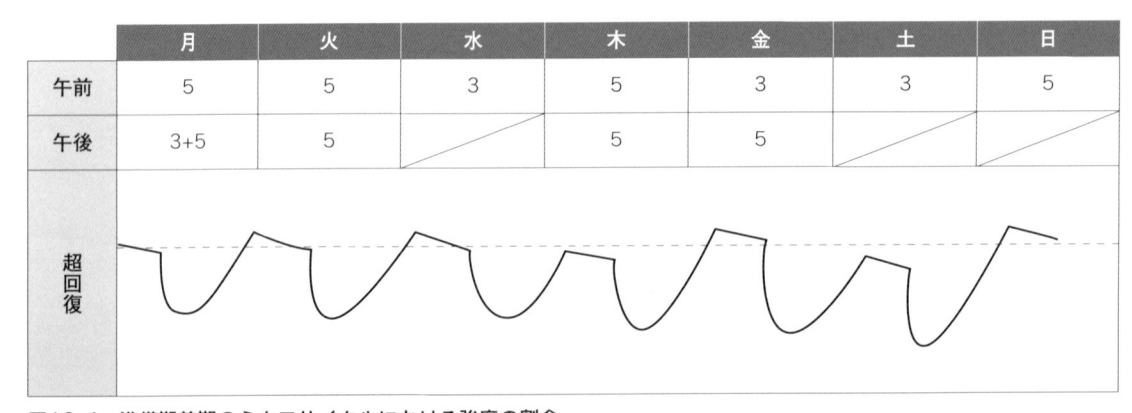

図12-4　準備期前期のミクロサイクルにおける強度の割合
　　　　ATT＝75％，AnTT＝25％

	月	火	水	木	金	土	日
午前	5	5	3	5	5	1+3+5	3
午後	3+5	5		5	5		
超回復							

図12-5　準備期後期のミクロサイクルにおける強度の割合
　　　　ATT＝50%，AnTT＝25%，MaxVO₂T＝20%，LATT＝5%

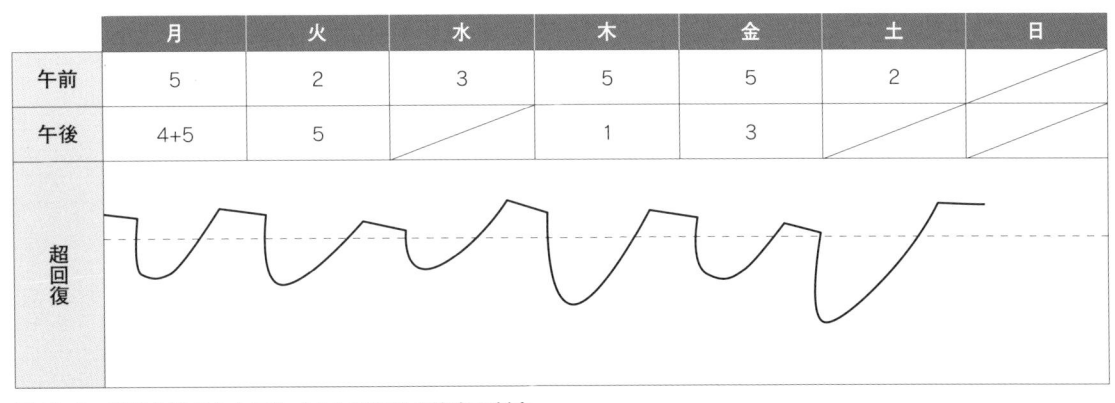

	月	火	水	木	金	土	日
午前	5	2	3	5	5	2	
午後	4+5	5		1	3		
超回復							

図12-6　前試合期のミクロサイクルにおける強度の割合
　　　　ATT＝40%，AnTT＝20%，MaxVO₂T＝20%，PSP＝10%，LATT＝10%

	月	火	水	木	金	土	日
午前	5	3	5	4+5	3	1+5	
午後	4+5	4+5+1		2	1		
超回復							

図12-7　週末に試合のない試合期のミクロサイクルにおける強度の割合
　　　　ATT＝20%，LATT＝20%，MaxVO₂T＝20%，PST＝20%，AnTT＝20%

PERIODIZATION

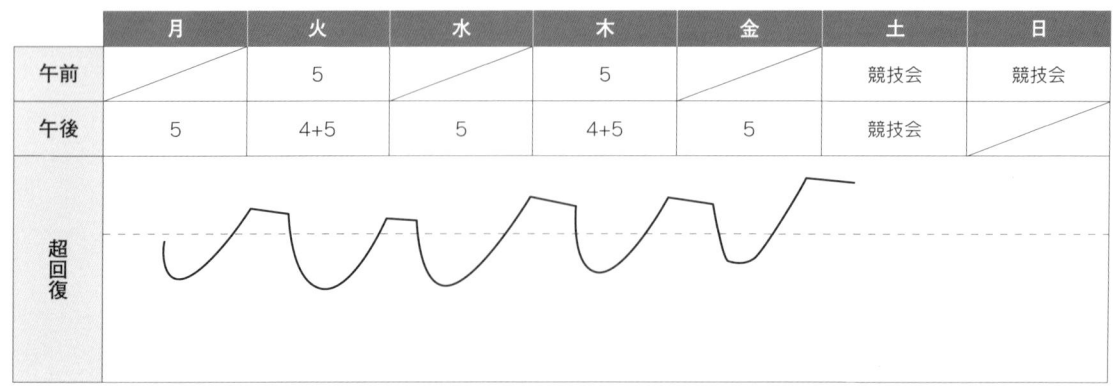

	月	火	水	木	金	土	日
午前		5		5		競技会	競技会
午後	5	4+5	5	4+5	5	競技会	
超回復							

図12-8　週末に試合のある試合期のミクロサイクルにおける強度の割合（試合の強度は除く）
ATT＝80％，PST＝20％

12-3）は，常に高い疲労レベルを示す。それは，超回復カーブの振幅が深いことによって示されている。図12-5の月曜午後のようなトレーニングの後には強度5の2回のトレーニングを行い，要求を下げることで超回復を促すのである。いっぽう，図12-7の木曜と金曜の2日間に耐乳酸性を発達させるトレーニングを計画することができる。こういった方法は，持久的トレーニングにおいて重要であり，結果として高いレベルの疲労を生じさせる。また，超回復は，土曜の午前（強度5）と週末に計画されたフリーのトレーニングに続いてのみ起こるものである。

トレーニングでは，さまざまな強度の組み合わせが必要である。例えば，強度1と5，強度4と5の組み合わせでは，最も負荷が高く疲労も著しい無酸素性の運動後に，より負荷の低い強度5の運動を行うようにするとよい。このような組み合わせは，有酸素性持久力の発達を高める。また，とくにトレーニング間の回復のスピードを高める。

競技特性への生理学的な適応は，様々なパターンの組み合わせによるものである。1つの例として，4＋3＋1の組み合わせがある。このようなモデルでは，レース初期（攻撃的なスタート）はリン酸システムによって作り出されたエネルギーに依存し（4），レース中の体は乳酸や酸素系によって作られたエネルギーを利用し（3），フィニッシュでは耐乳酸性（1）が明暗を分けるのである。

コーチは，科学的な知見を組み入れてトレーニングを立案していくことが大切である。トレーニングプランに5つの強度を適用するということは，持久力を主要な要素とする競技もしくは持久力が関係してくる競技では，リン酸，乳酸，そして有酸素性エネルギー系すべてを組み込むことになる。この方法でコーチは，競技の特性，トレーニング期，選手の要求によって，ミクロサイクルで配分する数値を計画していく。

オーバートレーニングを避けるためには，超回復の概念を理解し，日々のトレーニング強度を考えるようにする。このような状況下で，トレーニングプランはより科学的になり，論理的な連続性を持つことになる。また，疲労と回復がうまく連続するように，強いトレーニングと弱いトレーニングを交互に入れていくのである。

5. 有酸素性主体の競技のエネルギー系トレーニング

エネルギー供給の50％以上が有酸素性であるような競技において，強度値やその割合は表12-3にあるように他のものと異なる。それゆえにリン酸系トレーニング（強度4）は，不適切である。有酸素性の補償トレーニングは，有酸素を主としたトレーニングにおいて最も重要である。なぜなら補償トレーニングの目的は，トレーニング間で回復させることであり，これが超回復を支えるのである。**表12-4**は有酸素性が主となる競技における5つの強度値を表す。また，**表12-5**は

表12-4 持久力が最も優勢な競技における5つの強度値

強度番号	トレーニングの特徴	活動のリズム	心拍数（毎分）	トレーニングの全体量に対する割合（％）
1	耐乳酸	最大	>180	85～95
2	最大酸素消費	とても高い	170～180	80～90
3	無酸素作業閾値	高い	160～170	80
4	酸素作業閾値	中程度	150～160	70
5	酸素補償	低い	130～150	40～60

表12-5 持久力が最も優勢な競技のためのマクロサイクルでの5つの強度の組み方

月	火	水	木	金	土	日
3/5	1/2 4/5	5	1/3/4	4	2/3/5	

ミクロサイクル間にどのようにしてこれらの強度を計画していくかを示す。

6. ジュニア選手のエネルギーシステムトレーニング

ジュニアもしくはトレーニング初期においては3までの強度のトレーニングを減らし，有酸素作業閾値トレーニングを優先させるようにする（**表12-6**）。表の下にミクロサイクルあたりの3種の強度トレーニングの割合をどのようにすればよいかを示している。

第7章の「マイクロサイクル」のところでチームスポーツにおけるエネルギー系のトレーニングを検討することができる。

5. まとめ

Summary of Major Concepts

多くの競技がある程度の持久力を必要とする。その度合いは，試合時間と比例している。多くの競技，特にチームスポーツにおいて持久力の重要性やそれを改善する方法はほとんど無視されてきた。さらに選手は，ジョギングによってのみ持久力を高めようとしていた。これは，競技の専門的な要求から遠くかけ離れたものである。さまざまな競技において専門的な持久力を改善するベストな方法は，エネルギー供給や，無酸素と有酸素の構成要素の割合を考えることである。試合準備期，試合期に特有なエネルギー供給のトレーニングの前には，有酸素持久力に強調をおくべきである。

エネルギー系に関する提案を詳しく検討してみるとよい。この情報や提案された手法は，一般的トレーニングや特殊なトレーニングを組み立てる際の助けになるだろう。

とくに持久力が強く求められる競技にとって，有酸素トレーニングは補償の役目があり，低い強度の運動を行っている間に回復が促進される。有酸素補償トレーニングを誤解してはいけない（表12-4）。

表12-6 ジュニア選手のためのエネルギー系のトレーニング

強度番号	トレーニング	持続時間	反復回数	休息時間	乳酸濃度（mmol）	心拍数
1	耐乳酸トレーニング	30"～2'	6～8	5～10'	>12	最大か最大に近い
2	無酸素性作業閾値	2'～7' >8'～30'	6～4 6～4	5～7' 5～15'	4	160～170
3	有酸素性作業閾値	30'～2h	3～1	2'	2～3	～150

準備期の3つの強度の週あたりの割合（準備期後半）：強度1＝5％，強度2＝10～15％；強度3＝80～85％。レースのシーズン（試合期）：強度1＝5～10％，強度2＝20％，強度3＝70～75％

第13章
スピード，柔軟性，調整力のトレーニング

多くの競技スキルやパフォーマンスは，筋力や持久力といった重要な体力に加えて，スピード，柔軟性，調整力といった資質にも影響を受ける。スピード，柔軟性，調整力に影響を及ぼす要因を理解することは，コーチがこれらの能力の可能性を最大限に引き出すために最も適した方法を選択する手助けとなる。

1. スピードトレーニング
Scope of Training

競技に求められる重要な身体能力の1つに，スピード，すなわちすばやく動いたり移動したりする能力が挙げられる。物理的には，スピードは移動した距離と時間の比率を表したものである。このスピードという用語には，反応時間，単位時間あたりの動作頻度，一定距離を進むスピードという3つの要素が含まれている。例えば，スプリントでは，スタートの反応時間，ピッチ，そしてレース中に身体を移動させるスピード(すなわち推進力)である。スピードは，スプリント種目，ボクシング，フェンシング，チームスポーツ，その他多くの競技のパフォーマンスの決定要因の1つである。スピードが決定要因とはならない競技でも，スピードを重視した高強度トレーニングが行われている。これは，スピードトレーニングが，あらゆる競技において重要であることを示すものである。

Ozolin(1971)は，スピードには一般的スピードと専門的スピードの2タイプが存在すると述べている。一般的スピードとは，すばやさが求められるあらゆる種類の動作(動的反応)を行うために必要な能力である。この一般的スピードは，一般的，専門的トレーニングのいずれでも高めることが可能である。いっぽう専門的スピードは，ある特定のスピードで運動あるいはスキルを行うために必要な能力で，たいていの場合は高速である。この章で説明する専門的な方法を用いることによって，専門的スピード，すなわち各競技特有のスピードを高めることが可能である。要求するスピードのタイプが何であろうとも，運動学的に，そして力学的に運動構造がそのスキルパターンと類似していなければ，実際のパフォーマンスに活かすことはできないのである。

例えば，ランナーは，少なくとも30mの加速をつけなければ最大スピードに達することができない。そのスピード曲線は，40mマークを過ぎてから，すなわちスタートから5秒後に最大スピードに達し，80mに達するまでその状態を維持する(Zatzyorski 1980)。80m地点付近からの速度低減は，CNS(中枢神経系)が疲労し，抑制が起こるために見られる現象である(Harre 1982)。パワー，スピード持久力，そしてパワー持久力を改善することによってのみ，これを改善していくことができる。

1. スピードに影響を与える要因

スピードの改善には多くの要因が影響を及ぼすが，とくに重要な要因として，遺伝，反応時間，外的抵抗に抗する力，技術，集中力，精神力，筋弾性が挙げられる。

遺伝 特別な才能がなくても適切なトレーニングによってめざましい改善がなされる筋力や持久力と比較すると，スピードは，遺伝により決定する部分が大きく，より生まれつきの才能が求められる。つまり，神経過程の機動性，興奮と抑制のすばやい変換，および神経―筋協調パターンを調整する能力(de Vries 1980)が高い運動頻度を可能にする。さらに，神経インパルスの強度と頻度は，高いスピードを達成するために重要な要因であることを示している。

骨格筋の特性は，スピードの発達の可能性を制限する要因の1つとなる(Dintiman 1971)。これは，遅筋(赤筋)，速筋(白筋)の構造や特性の違いが反映されるためである。白筋線維は，速く収縮するが赤筋よりも疲労しやすく，スプリンターに多くみられるタイプである。de Vries(1980)は，極限の最大スピードを発揮する能力は，筋組織固有のスピードによって制限されると述べており，これは，遺伝がすばやい動きを行うために重要な要因の1つであることを示している。

反応時間 反応時間も遺伝的要素が強い。反応時間とは，ある刺激を受けて筋が最初に反応するまでの時間，あるいは最初に動くまでの時間である。生理学的観点から，この反応時間は5つの要素に分けられる(Zatzyorski 1980)：

- 受容器レベルでの刺激の出現
- CNSまでの刺激の伝達
- 神経回路を経由した刺激の伝達と効果器信号の発生
- CNSから筋までの信号の伝達
- 機械的な仕事を行うための筋の刺激

このうち3つめの要素が最も時間がかかる。

単純反応時間，複雑あるいは選択反応時間を，実際の競技の場面で考えてなくてはならない(Dintiman, 1971)。単純反応は，前もって知らされているが，不意に出される信号(例えば，スプリントのスタート合図)に対して，決まった動作で反応するものである。いっぽう，選択あるいは複雑反応時間は，いくつかの刺激を受け，それらの刺激を選択するものである。明らかに後者のほうが遅く，その時間的な遅れは選択数の増加によって増大していく。反応時間は，刺激に対しての無意識的な反応(例えば外的接触に対する腱反射)である反射時間とは区別しなければならない。同様に，動作時間，あるいは動作の開始から終了までに要する時間もスピードトレーニングでは重要な課題である。反応時間は多くの競技において重要な要因の1つであり，適切なトレーニングを行うことによってこれを改善することが可能である。Zatzyorski(1980)は，視覚刺激に対する反応時間は，非鍛錬者(0.25～0.35秒)に比べて鍛錬者(0.15～0.20秒)のほうが短いことを明らかにしている。ソナー刺激に対する反応時間も，非鍛錬者が0.17～0.27秒なのに対して国際レベルの選手は0.05～0.07秒と短い。

外的抵抗に抗する能力 パワー，すなわち筋収縮力は，ほとんどの競技においてすばやい動作を行うための決定要因の1つである。トレーニングや試合中のすばやい動きに対する外的抵抗とは，重力，器具，環境(雨，雪，風)および相手である。こうした反対の力に抗するために，パワーの改善を図る必要がある。そうすれば，筋収縮力の増加が速い動きを可能にしてくれる。

選手は，すばやくスキルを行い，長時間にわたって

同じようにくり返すことができなければならない。つまり、スピードトレーニングでは、筋持久力の発達でパワーの発達を補完する必要があり、これによって、すばやくしかも長く続く運動が可能になる。

■**技術** スピード、動作頻度、反応時間はしばしば技術の1つとして捉えられる。合理的で効果的なフォームを獲得することで、テコを短くすることができたり、正しい重心の位置取りができたり、そして効果的にエネルギーが利用できるため、すばやいスキルの遂行が可能になる。さらに、容易にスキルを行う能力、そして随意的、反射的な拮抗筋のリラクセーションの結果としての高い調整力も重要である。

■**集中力・精神力** 高いパワーはすばやい動作を促進する。つまり、動作スピードは、神経過程の機動性と協応性、神経インパルスの頻度と正確性、そして高い集中力によって決定される。高い精神力と集中力は、高いスピードを達成するために重要な要因である。したがって、スピードトレーニングでは選手の心理的な資質を高めるための特別なセッションを組み込むことが必要である。

■**筋弾性** 筋弾性や、主働筋と拮抗筋を交互に弛緩させる能力は、高い頻度の動作や正しい技術を獲得するのに重要な能力である。さらに、関節の柔軟性は、大きな範囲の動作を行うための重要な要因であり(例えば大きなストライド)、速く走ることを要求されるすべての競技で重要である。したがって、毎日、とくに足関節と股関節の柔軟性トレーニングを行うことが大切である。

2. 最大スピードを高める方法

最大スピードを高める方法は、一般的なものから専門的なものまでさまざまである。しかし、以下に示すどんな方法にも、共通する要素が含まれている。それは、最大スピードをさらに高めるための刺激、すなわち心身を興奮させる要素である。

以下に示す5つの強度の方法的な要素は、スピードトレーニングにとって重要な要素である。

■**刺激強度** トレーニングで用いる強度は、いかなる効果を期待するにしても、最大から超最大の範囲で幅を持たせておくべきである。このような強度のトレーニングを行う前提条件は、良い技術である。選手は、中程度、ときには最大下強度の刺激を用いることで、適切な技能を身につけなければならない。最高のトレーニング効果は、適切なトレーニング刺激を受けたときに現れる。たいていの場合、スピードトレーニングはいつも行うウォームアップ後に行ったときに効果はあがる。また、スピードトレーニングは休養日あるいは低強度トレーニング日の次の日に行うのがより効果的である。

■**刺激持続時間** 刺激時間は、トレーニングの他のどんな構成要素よりも注意して設定しなければならない。最大スピードにまで加速するために必要な時間が、最短の刺激持続時間である。刺激時間が短すぎると、最大スピードに達しないため、加速局面は改善されるが、適切なスピードの改善はみられないのである。スプリンターに対しては、5〜20秒が勧められるが、最小と最大の刺激の時間を明確には特定できない。時間がより長くなると、無酸素性持久力が高まる。他のトレーニング構成要素のように、スピードトレーニングの刺激時間は人それぞれで、個々の選手の能力、とくに個々の最大速度維持能力に関する情報が必要である。疲労の結果、最大スピードを維持することができなくなったら、その運動を中止すべきである。

■**刺激の量** スピードトレーニングで与えられる刺激は、CNSと神経筋系が経験する最も高強度なものである。それゆえ、個人差はあるが、量は少な目に設定すべきである。刺激の量は、強度とトレーニング期に関係してくる。有酸素性持久力を高めるのに必要とされる刺激としては、たいていの場合、準備期では、総トレーニング量の90%まで、すなわち1回のトレーニング内で競技距離の10〜20倍の範囲となる。最大あるいは超最大強度での刺激は、競技の2/3から2倍の距離で(Harre 1982)、総量は競技距離の5〜15倍である。

■**刺激頻度** スピードトレーニング中の総エネルギー消費量は、持久力トレーニングに比べて低い。しかし、単位時間あたりのエネルギー消費量は、他のどんな競

技や種目よりも高い。これが，スピードトレーニングを行うと，すぐに疲労する理由である。そのため，最大強度でのトレーニングを1回のトレーニング内に5, 6回，これを準備期では週2～4回くり返すことを提案したい(Harre 1982)。

■**休息インターバル**　トレーニング刺激がくり返し与えられている間は，作業能力がほぼ完全に回復するだけの休息が必要とされる。そうしなければ，高強度のトレーニングをくり返し行うことができなくなってしまう。したがって，休息インターバルでは，ほぼ完全な乳酸の減少，酸素負債の回復を図らなければならない。スピードトレーニングの制限因子となる乳酸は，刺激後，2分から3分で最大レベルに達する。とはいえ，CNSの興奮レベルが下がりすぎてしまうほど長くインターバルをとるべきではない(Harre 1982)。つまり，個人の特性を考慮しながら，高強度の刺激間の休息インターバルは4～6分程度に設定すべきである。仮に12分もの長いインターバルを取ったとしたら，CNSの興奮レベルを再び高めるためのウォーミングアップをすることを勧める。短距離での反復を組んだ場合には，そのセット間の休息インターバルは6～10分程度が望ましい。

　2～6分の通常のインターバルでは軽いジョギングやウォーキングを，6分以上の場合は活動的休息と非活動的休息の組み合わせを勧める。

3. 反応時間を改善する方法

　以下の方法によって単純反応時間を改善することができる(Zatzyorski 1980)。

■**くり返し反応**　くり返し反応は，刺激後の覚醒状態にもとづくもので，信号(視覚的あるいは聴覚的)に対する即座の反応，あるいはあるスキル遂行条件の変化への反応も含まれる。例えば，各セットでスタート合図の間隔を変化させる，コーチの合図で進む方向を変える，あるいは，相手のスキルや動作を予測し反応する，といったスタート練習を行う方法がある。

■**非乳酸法**　非乳酸法は，よりやさしい状況下で技術的要素の部分を練習する方法である。これは，合図や動きのスピードへの反応を高める。例えば，あらかじめバランスの悪い姿勢をとっておき，そのアンバランスを利用して，すばやく合図に反応し，スタートダッシュをするというものがあげられる。

■**感覚運動法**　感覚運動法(Gellerstein 1980)は，反応時間と1／10秒単位の小さな時間経過を見分ける能力との間の連携を意味する。異なった反復間の時間差を知覚することができる人たちは，優れた反応時間を有していると考えられている。

　選手は，次の3段階で，このようなエクササイズを行なっていくべきであろう。

- 段階1：コーチの合図で，5m程度の短い距離を最大スピードでスタートする。各反復後，コーチは選手にタイムを教える。
- 段階2：上記と同様に行うが，コーチがタイムを言う前に，選手がそのタイムを予測する。この方法で，選手は，自分の反応時間とスピードを予測することを学習する。
- 段階3：選手があらかじめタイム設定をしてスタートする。その結果，選手は自分の反応時間を調整することを学習する。

　反応時間の改善は，選手の集中力と，選手がどこに注意を向けているかに左右される。スタート合図よりも行う動作に対して集中力が向けられていたら，また，スタート前の十分の数秒間，等尺性の張力を発揮していたら(例えば，スターティングブロックを両足で押し付ける)，そのときの反応時間はより短くなるだろう。

　複雑(選択)反応は，2つの能力，すなわち動体に対する反応，それに選択的反応を高めることによって発達する。

■**動体に対する反応**　動体に対する反応は，チームスポーツや相手が2人いる競技で必要となる。例えば，チームメイトにボールをパスするとき，受け取る側は(1)ボールを見て，(2)その方向とスピードを予測し，(3)自分の動作や行動を決定し，(4)行動に移さなければならない。これら4つの要素には潜伏反応が含まれ，0.25秒から1.0秒とされる(Zatzyorski 1980)。1つ目の要素が最も長い時間を必要とし，とくにプレーヤー

が予期しない課題に直面したときに長くなる。知覚時間，この時間は他の3要素を行うのに必要であり，非常に短時間で0.05秒である。つまりトレーニング中，コーチは，動体を見る能力という1つめの要素を最も強調すべきである。ボールをわたす，ボクシングやフェンシィングなどの動き，予期せぬ位置や方向，あるいは予期せぬスピードでプレーヤーに向かってくる相手への対応などを含むさまざまな運動が，動体に対する反応を高める。通常よりも狭いエリアでプレーしたり，いろいろな種類のゲームを行うことも，動体に対する反応を改善する。

■**選択反応** 選択反応とは，パートナーや相手の動作，あるいは環境の急激な変化への取りうる一連の反応から，適切な動作反応を選択することである。例えば，ボクサーは防御スタンスをとり，相手の動作に対応するために最適な反応を選択しているし，ダウンヒルスキーヤーはスロープと雪に対応して適切な姿勢を選択している。

選択反応は，漸進的に改善していかなければならない。例えば，ボクシングやレスリングでは，最初は標準的な反応を学習する。このスキルが自動化されたら，この標準的な反応の第2のバリエーションを学習する。このとき，一定の時間で，2つのバリエーションのうち，どちらがより効果的かを選択しなければならない。その後の段階で，コーチは，選手がある動作に対しての適切なディフェンスとカウンターオフェンス技能のすべてを理解するまで新しい要素を加えていき，さまざまな条件下で最も適切で効果的なものを選択させるようにする。

▌4. スピードを高める方法

スピードを高める方法はたくさんある。最も効果的な方法をいくつか紹介しよう。

■**レペティション** レペティションは，スピードトレーニングの基本的な方法で，決められたスピードで，数回決められた距離をくり返し走る方法である。期待できる効果はスピードの改善であるが，レペティションを通して動作が動的なステレオタイプになるため，この方法はスキルや技術要素の改善にも有効である。レペティションは，長時間にわたって最大スピードを維持することはできないということを補償する方法である。パフォーマンスの改善は，その競技で用いられる距離を1回行うことでは導かれないので，この方法は重要な役割を果たす。スピード改善，ある距離での一定スピードの維持，そして優れたトレーニング効果を達成するためには，いくつかのレペティションが必要である。

レペティショントレーニング時には，強い精神力，最大の集中力が最も重要である。選手にとって重要なことは，制限要因に打ち勝つことによって最大スピードを超えるための精神力を持っていることである。リラクセーションは通常のトレーングの成果であるため，リラクセーションは2番目に重要である。Ozolin(1971)は，選手は最大スピードでレペティションを行うことに対して，思考，精神，集中力を向ける必要があり，そうした心理的，精神的な先取りが，優れたスピードと神経―筋の協調性に到達するうえでの手助けになると主張している。また，選手は，主要動作をすばやく行うことに集中力を向けるべきであり，そのことが結果的に関連する動作のできばえもよくするのである。例えば，短距離走者は腕動作に集中すべきで，すると腕と脚の協調が高まり，結果的に脚動作は速くなる。最後に，選手は，決められた時間内に決められた距離を走る，といった特殊な課題を達成することに集中力を向ける必要がある。この方法は，パワートレーニングと同様にスピードに対しても応用できる(すなわち，腕や脚を適当な位置に置かれた物に到達させる)。

通常の条件下(例えば，平らな地面)では，2つの方法で最大スピードでのレペティショントレーニングを行うことができる。漸進法は，最大に達するまでスピードを漸増させる方法である。これは，初心者や，技術的あるいは戦術的スキルを通してスピードを発達させる競技に対して勧められる。トレーニングを通して最大スピードでレペティションを行うという方法は，たいてい熟練者や技術レベルの高い者に限定される。レペティショントレーニングには2種類ある。

1つめは，抵抗を減らした条件下で，最大スピードでレペティションを行う方法である。この方法は，さまざまな競技に応用可能で，外的抵抗を減らすことによって行う。陸上競技ではより軽い器具を用いたり，漕艇ではオールの長さを短くしたり，漕艇のオールのみずかきやカヌーのパドルの表面積を減らしたりすることなどが，この方法に該当する。同様に，より高いスピードを達成するために，例えば，追い風で走ったり，自転車をこいだり，ボートやカヌーを漕いだりすること，あるいはバイクの後ろで自転車をこぐといった方法で，外的な力を利用する方法もある。

2つめは，抵抗を増した条件下での最大スピードのレペティションである。この方法を行うことによって，間接的なスピード発達が見られる。ある動作を行う前に，短い時間のウエイトトレーニング(Florescu et al. 1969)や，抵抗に抗して運動を行えば，スピードは高まるのである。抵抗を作り出すために，固定されたゴムチューブを背中につけて泳いだり，スケートをしたり，走ったりすることや，ボートやスイマーの腰周りに輪のようなものをつけて漕いだり，泳いだりすること，重量ベストを着てスキーやスケートをすることもあげられる。

■**交互法** 交互法は，高強度と低強度で動きを交互にリズミカルにくり返す方法である。最大スピードの局面を保ちながら，スピードを増減させる。この方法で，スピードを増大させ，しかもリラクセーションを行うことができる。

■**ハンディキャップ法** ハンディキャップ法は，能力の異なる選手どうしがいっしょに行うことができ，しかも同じモチベーションで実施することが可能な方法である。レペティションを行うときに，個々のスピードの能力に合わせて，スタート位置を前後させ，同時にフィニッシュしたり，加速段階を迎えるようにする。

■**リレーとゲーム** 感情面を考慮して，とくに初心者あるいは準備期中のトップ選手に対しては，スピードを改善するためにリレーやゲームを積極的に取り入れるべきである。この方法は，過度な緊張を取り除き，楽しみが得られるという点で効果的である。

5. スピード障害

一般的な方法を常に用いていると，スピードの発達は天井に達するが，Ozolin(1971)はこれをスピード障害と呼んだ。ほとんどバリエーションのない，興奮の少ない同じようなトレーニング方法を行っていれば，すべてが一本調子である一定レベルまで到達するが，結果的には，それ以上スピードの改善はみられなくなるのである。スピード障害を打破するためには新たな刺激が必要である。新たな刺激はトレーニングの単調さや通常の方法の利用を打破してくれるはずである。トレーニングの目新しさとは，より強くより興奮的な刺激のことであり，それが生理学的，心理学的変化を引き起こす。

スピード障害を打ち破る最も効果的な方法は，抵抗を減らした条件下，つまり外的抵抗を減らした状態でトレーニングを行う方法である。傾斜でのランニング，あるいは追い風でのランニングによって，新しい感覚が得られ，スピードの改善につながる。こうした新しい条件下で，CNS，すなわち神経―筋の協調は，運動遂行のための新たな要求に対して再適応するのである。新しい刺激の多様な反復が，新しい，そしてよりすばやい適応を生み出し，スピードの上限を高めてくれる。抵抗を減らす方法は旧ソ連のスプリンターによって広く用いられた方法である。傾斜トラック(2～3度)の下りを利用した場合にはスピードは17%まで増加し，そのまま水平のところに突入しても13%の増加が見られたといわれている(Obbarius 1971)。

しかし，抵抗を減らす方法を利用するには，その選手が通常の試合条件下で再現することが可能な加速を容易にすべきである。これらの方法は，スキルがしっかりと自動化されている熟練者，つまり，超高速加速を利用することが可能な選手に対して限定すべきである。

2. 柔軟性トレーニング
Flexibility Training

広い範囲にわたり動作を行うことのできる能力は，柔軟性あるいは可動性としてよく知られており，トレーニングにおいて重要である。それは，大きな動作範囲でスキルを行い，速い動作をしやすくするために必要な条件である。そのような動作遂行の成功の鍵は，関節の動きの大きさ，すなわち可動域にあり，その動作に求められる範囲よりも大きくなければならない。また，安全のためにも柔軟性を高めておく必要がある。

不十分な柔軟性の発達，あるいは柔軟性の欠如はさまざまな問題を引き起こす。Pechtl(1982)によると，それは以下のようなものである。

- さまざまな動作の学習，あるいは完成が損なわれる。
- けがをしやすい。
- 筋力，スピード，調整力の発達に悪影響を及ぼす。
- 動きの質が制限される（柔軟性に余裕があれば，よりすばやく，エネルギッシュに，簡単に，そして表現豊かに，スキルを遂行することが可能になる）。

1. 柔軟性に影響を及ぼす要因

柔軟性は形態，関節構造に影響を受ける。靭帯や腱も柔軟性に影響を及ぼす。つまり，弾性が高いほうが可動域も大きくなる。

関節をまたいだり，関節につながっている筋肉も柔軟性に影響を及ぼす。どんな動きでも主働筋の活動による筋収縮は，拮抗筋の弛緩あるいは伸張と併行して起こる。拮抗筋の力発揮が小さいほど，抵抗に抗するために消費するエネルギーは減る。筋線維が伸張される許容範囲は，柔軟性トレーニングによって増す。柔軟性はしばしば，トレーニング量に関係なく，拮抗筋が弛緩していないこと，あるいは収縮（主働筋）と弛緩（拮抗筋）の協調が欠如していることによって制限される。したがって，協調性が劣っている者，あるいは拮抗筋を弛緩させる能力が低い者は，柔軟性が発達していないのである。

柔軟性には年齢と性別が影響しており，若年者，女性ほど柔軟性が高い傾向にある。15，16歳が最も柔軟性が高いと言われている（Mitra and Mogos 1980）。

また，体温と筋温の両方が可動域に影響を与える。Wear(1963)は，柔軟性は，摂氏40℃まで局所を温めると20%増加し，いっぽう，摂氏18℃まで冷やすと，10〜20%低下すると述べている。同様に，可動域は通常のウォームアップ後に増加する。それは，漸増的な身体活動が筋中の血液循環を増加させ，筋線維を弾性化させるためである。つまり，北アメリカの多くの選手に受け入れられているようだが，ウォーミングアップ前にストレッチングを行うという方法は，あまり望ましくないといえる。ウォーミングアップに続く一連の運動として示されるように（P.108 第6章「4.トレーニングレッスン」参照），柔軟運動は，簡単なジョギングや体操のようなさまざまな種類の運動のあとに位置づける。そうすると，選手が柔軟運動を行う時点までには筋温は上昇しているので，障害を起こすことなく，筋線維の伸張が促進されるのである。Zatzyorski(1980)は，(1) ウォーミングアップなし，(2) 20分間の身体運動によるウォーミングアップ，(3) 40℃のお湯での10分間の入浴によるウォーミングアップ，のそれぞれの柔軟性への効果について検討している。結果は予想どおりであった。柔軟性に対する効果が最も高かったのは通常の身体運動によるウォーミングアップ後であり，入浴後より21%，ウォーミングアップなしより89%高かった。

柔軟性は1日のうちでもかなり変動する。最も可動域が大きいのは，午前10〜11時と午後4〜5時，逆に最も柔軟性が低いのは早朝である（図13-1）。これは，1日のうちに起こる一連の生物学的変化（CNSおよび筋張力）によるものである（Ozolin 1971）。

筋力が欠如していると，あらゆる運動での可動域が制限される（Pechtl 1982）。したがって，筋力は，柔軟性にとっても重要な要素の1つであり，コーチは，この点を重視する必要がある。しかし，筋力の増加は

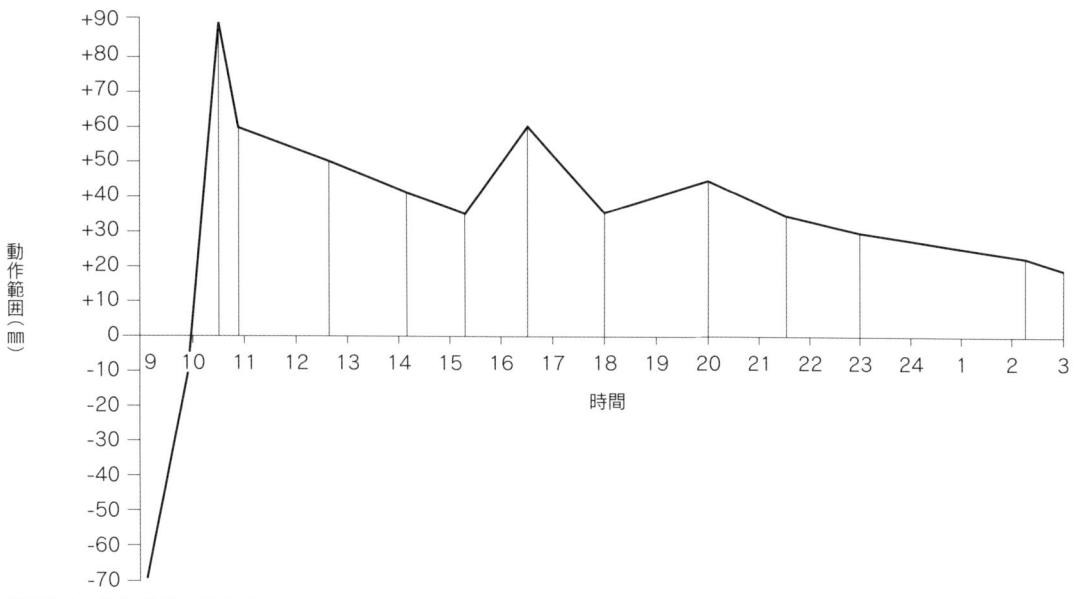

図13-1　動作範囲の日内変化(Ozolin 1971)

柔軟性を制限し，また，柔軟性が増加しすぎると筋力に対してマイナスの影響があると考えているコーチや選手がいる。こうした理論は，筋の肥大が関節柔軟性を低下させるという事実からきている。しかし，この理論は真実ではない。

筋力は筋横断面積に依存し，柔軟性は筋をどれだけ引き伸ばすことができるかに依存するため，この2つは両立する能力である。これら2つは，互いを妨害するものではない。強さと柔らかさの両方を持つ体操選手が，この概念を証明してくれている。筋力トレーニングと柔軟性トレーニングは同時に行うべきである。

疲労と感情は柔軟性に明らかな影響をもたらす。ポジティブな感情の状態では，抑鬱状態に比べて柔軟性にプラスの影響を与える。同様に，疲労も柔軟性に影響をおよぼし(Mitra and Mogos 1980)，これには，一般的な疲労困憊状態，あるいはトレーニングが終盤に向かうにつれて蓄積されていく疲労などが当てはまる。

2．柔軟性を発達させるための方法

柔軟性を高めるため方法として以下の3つが用いられる。

- 能動法（スタティック法とバリスティック法がある）
- 受動法
- 組み合わせ法，あるいは1958年にKabatによって開発された固有受容性神経─筋促通法(PNF)

それぞれの方法について手短に説明する前に，どの方法が最も効果的かを検討することに矛盾があることを述べておくことが重要である。多くのコーチや選手がスタティック法を好み，筋を痛める可能性があるとバリスティック法を敬遠している。PNFは，いくつかの制限はあるものの，股関節と肩関節に対して用いられる。しかし，能動法と受動法は同等に効果的であると報告している研究者もいる(Zatzyorski 1980；Mitra and Mogos 1980；Pechtl 1982)。同様に3つの方法を比較した研究(Norman 1973)では，効果に差はなかったと結論づけられている。

■ **能動法**　能動法は，筋の活動によりもっぱら関節の最大限の柔軟性を高める方法である。これは，主働筋を収縮させ，拮抗筋を弛緩させることによって引き伸ばす方法である。スタティック法を用いる場合は，柔

軟性を高めたいポイントの2つのセグメントを曲げ，6秒から12秒間その姿勢を保持する。バリスティック法では，片方のセグメントをスウィングさせて動かし，もう一方のセグメントは静止させて行う。

■**受動法** 受動法は，パートナーやウエイトの力を借りて柔軟性を高める方法である。その1つめは，被術者は積極的にかかわることなく，パートナーが柔軟性の最大ポイントに向かって体肢を押したり保持する方法である。この方法は，足関節，股関節，脊柱，肩関節，手首に利用できる。足関節，膝関節，肩関節の柔軟性の改善には，ウエイト（バーベル，ダンベル）の利用が勧められるが，股関節あるいは脊柱に対してはこの方法は勧められない。なぜなら，ウエイトは，選手の痛みの限界を超えたり，2つのセグメントを押して限界を超えて曲げるかもしれないため，結果として強く筋を引っ張ることになる。いかなる方法であっても，ウエイトは軽めにし，慎重に適応していき徐々に増加させなければならない。このようなトレーニングはつねに綿密な監視下で行うことが望ましい。

■**混合法** 混合法(PNF)は，関節の限界まで体肢を動かしておいて，続いてパートナーの抵抗に対して最大のアイソメトリック収縮を行うことを選手に求めるものである。再び，初めの限界よりもさらに体肢を動かし，パートナーによる抵抗に対して強いアイソメトリック収縮を起こす同じルーティンを行う。4～6秒間アイソメトリック収縮を耐えることができる範囲で多くの回数くり返すのである。これが方法論的には重要である。

■**3. 柔軟性を発達させるための方法論**

トレーニング法については，一般的柔軟性と専門的柔軟性の2つに分けて示す。一般的柔軟性に関しては，競技の専門性に関係なく，すべての選手が全身の関節について高めなければならないという考え方がある。そのような柔軟性はトレーニングにおいて必要となる。関連する競技の専門的でない運動や動きの要素を行ううえで役立つ。いっぽう，専門的柔軟性は，競技や関節の特性といった質的なものを意味している（例えば，

ハードル選手に必要な専門的柔軟性は，水泳のバタフライの選手のそれとは明らかに異なる）。

柔軟性を発達させることは，年齢が低いほど容易で，競技の専門性に関係なく若い選手のトレーニングプログラムには必須である。柔軟性を高めることを望むのなら，柔軟性プログラムを取り入れるべきである。

トレーニングのウォームアップの部分で柔軟性運動を組み込む必要がある。すでに示したように，柔軟性運動よりも少なくとも10分間の一般的ウォームアップ（ジョギングと軽い柔軟体操）を先に行っておくべきである。選手の準備レベルやその競技の専門性に応じた複雑さや難しさと関連づけて，運動の種類を選択しなければならない。選択した各運動について1～15回を3～6セット（言い換えると，1回のトレーニングにつき最大で45～90回の反復）行う。休息インターバル中は，リラクセーション運動を行う（使用筋群を振る，あるいは軽く短いマッサージを行う）。そして徐々に注意深くその幅を広げていく。初めに無理のない幅でその運動を行い，徐々に限界以上に広げていくようにする。ここから，それぞれのくり返しは，この限界あるいはそれ以上に達することを目的とするのである。

バリスティック法には，屈曲運動，伸展運動，スイミングなどさまざまな種類の運動がある。Bompa(1980)やBompa and Zivic(1981)が示しているように，フリーエクササイズ，メディシンボール，ベンチなどを用いて柔軟性を高めることが可能である。メディシンボールを用いる（例えば，腕を伸ばした状態でボールを保持しながら股関節を屈曲する）と，体肢のテコ比が増加する。はずみをつけて強調することは，より効果的な柔軟性の発達を引き起こす。

スタティック法およびPNF法ともに，必要な柔軟性を高めるために関節の位置を工夫する必要がある。そして，6秒から12秒間（6～10セット）静的に姿勢を保持し，1つの関節に対して1回のトレーニングにつき最大で計100～200秒間実施する。10～18ヶ月かけてその時間を漸増させていくことができる。拮抗筋は弛緩させておかなければならない。

柔軟性のトレーニングは，準備期中にそれのほとん

どを行っておくべきである。試合期を維持段階とみなし，この時期は努力を筋群の専門的トレーニングに対して向けるべきである。しかし，いずれの場合においても，柔軟性は，毎日のトレーニングプログラムの一部に組み込まれるべきであり，ウォーミングアップの終りに行うようにする。1日に2回の柔軟性トレーニングを行ったときに最高の結果が得られたという報告もある(Ozolin 1971)。1週間に4〜6回のトレーニングを行っている選手でさえ，早朝のトレーニングで柔軟性を発達させることができ，適切な柔軟性を保証することができるだろう。

3. 調整力トレーニング
Coordination Training

　調整力は，複雑な運動能力の1つで，スピード，持久力，柔軟性と密接に関係している。それは，技術と戦術を獲得したり，あるいは完成させるために，また技術，戦術を不馴れな状態で発揮するのに重要な能力である。この状況には，場所や設備・器具の違い，明るさ，気候や気象などの条件，競争相手などが含まれている。調整力は，体が不安定な状況にあるとき(棒高跳，跳馬，さまざまなジャンプ，トランポリン)やバランスをなくしたとき(滑りやすい条件，着地，急激なストップ，コンタクトスポーツ)の姿勢確認においても必要とされる。

　調整力のレベルは，いろいろな難易度の動きをすばやく，正確に，しかも効率よく行う能力を反映している。優れた調整力をもった選手は，不測の事態にさらされてもすばやくそのトレーニングの課題を解決することができ，スキルを完璧に遂行することができるのである。

　調整力の生理学的基盤は，CNSの神経プロセスの調整力にある。人の体は，さまざまな器官，組織，機能をもって全体を構成された1つの集合体である。器官と組織の機能の複雑性は，つねにCNSによって統制し調整されている。1つのメインのCNS機能が，遠心性(中枢神経から遠ざかっていく)神経を通して特定の効果器に送られる刺激に対して速く正確な反応を選択，実行するのである(Mitra and Mogos 1980)。

　選手の動作は，随意あるいは反射，単純あるいは複雑であろうと，それは，主働筋と拮抗筋の収縮の結果である。まだ自動化されていない，より複雑な動作は，ある特定の要因によって制限される。調整できない興奮が主働筋と拮抗筋の動員比に影響を及ぼし，その結果，動作を調整，制御することができなくなるのである。身体活動を調整するということは，高い正確性とすばやさをもって，刺激に対して，識別を行い，そして反応することを意味している。スキルや技術を多くくり返すことによって，興奮と抑制の基礎的な神経プロセスは適切に調整されるようになり，それが安定し，そしてよく調整され，効果的で洗練された運動スキルをもたらすのである。

1. 調整力の分類とその複雑性

　調整力，それは非常に複雑な人間の能力であり，さまざまな要因に影響される。最大限のスキル発達(改善)を追求するには，次のガイドラインを考慮にいれる必要がある。

■**一般的調整力**　一般的調整力は，競技の専門性に関係なく，さまざまな運動スキルを合理的に行うための能力と言える。多面的な発達を求める選手は，適切な一般的調整力を発達させることが求められる。一般的調整力は，専門性を高めるにあたって確実に獲得しておくべきもので，多面的な発達はある競技を始めた時点から心がけなければならない。なぜなら，一般的調整力は，選手が専門化するまでに身につけておかなければならないからである。

■**専門的調整力**　専門的調整力は，ある競技における動きをすばやく，そして容易に，正確に完全に行う能力を反映している。このように，専門的調整力は，それぞれの運動スキルの専門性と密接に関連しており，トレーニングや試合を効率的に行うための付加的な能力と言える。専門的調整力は，その競技経験を通して専門的スキルや技術的要素をくり返し行った結果とし

PERIODIZATION

て得られるものである。つまり，ある体操選手は，体操競技に必要な調整力には優れ，バスケットボールに必要な調整力は発達していないということである

専門的調整力は，その競技の特性に応じて，発達した調整力を他の運動能力と合体させる。選手がその競技独自のリズムやテンポを必要とするスキルを速く行うことができれば，スラロームスキー，水泳自由形，あるいはハードルなどで求められるようなスピード調整力を有していると言える。スピード調整力は，おもに次の3つの要因に依存する(Mitra and Mogos 1980)。

- 専門的で，正確性とテンポが要求される(スピードの程度やリズム)複雑なスキルを獲得するのに必要な時間。
- 信号あるいは相手の動きに反応するのに必要な時間(そうした調整力は，反応時間と動作間に密接に関連しているため，この発達あるいは高い生得的能力はパフォーマンスにとって不可欠である)。
- 新たに作り出された状況あるいは妨害する動きに対して，個々のスキルや動作を適応させたり，あるいは調整するのに必要な時間。試合(例えば，チームスポーツ，アルペンスキー)中に起こる急な変化への対応の正確性と，信号あるいは相手の行動と反応までの間に経過した時間が，結果を決定する要因となることが多い。選手は，すばやく正確に反応するために高いスピード調整力を要求される。

筋力を必要とする競技では，レスラー，ウエイトリフター，ハンマー投げ選手，体操選手のパフォーマンスで示されているように，筋力発揮の調整力が必ず求められる。そのような競技では，ある動作やスキルの正確さ，容易さ，すばやさに，高い調整力，筋力，およびパワーが要求される。調整力の欠如した選手にはたいてい，過度の力み，硬直，エネルギー浪費が見られる。また，持久的調整力とは，チームスポーツ，ボクシング，柔道のような長時間にわたって高度に調整されたスキルを行うための能力を意味している。このタイプの調整力にとっては，持久力は不可欠な要素である。なぜなら，この調整力の欠如が疲労を高めるからであり，続いて，調整力を含むCNSの機能にも影響を与えるからである。

スキルの複雑さの程度は，そのパターン，実施時間，空間での方向によってさまざまである。Zatzyorski(1980)は，調整力を格付けする基準を以下のように提示している。

- 難しさの程度：スキルや動作は，やさしいか難しいかで分けられる。基本的に循環スキルは，あまり複雑ではなく，非循環スキルに比べて要求されることはやさしい。それゆえ，非循環スキルの学習には，より難しい課題に挑戦することが求められる。
- パフォーマンスの正確性：選手は，時間，角度，動きがある運動課題目標と合致したとき，正確性の高い動作を行うことができる。たいていの場合，高い正確性で行われたスキルは，バイオメカニクス的に完全で，生理学的には効率的である。いいかえれば経済的なのである。
- 認知時間：スキルの複雑さは，その要求に応えるまでの時間に関係する。調整力の高い者は，調整力が劣っている者よりも，より早くスキルを認知できる。同様に，リズム，状況あるいは要求されるパフォーマンスの急激な変化，高度なスキルの多様性が特徴の競技(例えば，チームスポーツ，ボクシング，レスリング)においては，技術や戦術の問題(相手の動きに対する反応)を解決するために選手が必要とする時間が，技術の結果を決定する。そうした環境下では，高い専門的な調整力と適応能力を獲得していなければならない。

2. 調整力に影響を及ぼす要因

調整力を発達させる方法について議論する前に，その制限要因を示しておくことが重要である。なぜなら，それらの改善が調整力の改善にもつながるからである。次のような要因の1つ，あるいは複数のものが，調整力を制限するかもしれない。

■**競技的知性** 優れた選手は，驚くべき優れたスキル，あるいはすばらしい運動能力だけでなく，複雑で予測できない動き，あるいは戦術的問題を解決する思考や方法をも身につけているようである。これは，長年のトレーニングと経験にもとづく専門的思考なしには不可能である。多くの競技において，高いスキルと賢明さは，正確ですばやい判断の結果である。それを決定する要因は，運動感覚，視覚，感覚受容器によって集められた膨大な情報を分析し，選択する能力である。すばやい分析（CNSによって受容された情報を要素ごとに分割）に続いて，選手は必要な情報を保持しながら，適切に反応するために組み立てる。収縮と弛緩の優れた調整を通して，ある特定のパフォーマンスの時間や状況に応じて筋の連鎖が選択され，動くように命令がなされる。しばしば，選択された動作を実行するすばやさが他の選手やチームに対して，優位に立つことになる。

■**感覚の精巧さと精度** とくにモーターアナライザー（運動感覚器）と感覚受容器（動きの受容器）といった感覚器の精巧さと精度は，筋収縮のバランスとリズムと同じように重要な要因である（Mitra and Mogos 1980）。筋感覚は，系統的なトレーニングを通して改善され，それにより，より協調性をもった正確かつ効率的ですばやいスキルを行う能力となっていく。

■**運動経験** さまざまな高度なスキルに反映される運動経験は，調整力あるいは即座に学習する能力の決定要因の1つである。選手は，さまざまなスキルや技術的要素を学習する長期間の過程を経て，調整力を発達させ完成させる。そうした過程，すなわち，継続的に新しい状況や環境にさらされる過程で，豊富な運動経験を得て，調整力は発達していくのである。

■**その他の身体能力の発達** スピード，筋力，持久力，柔軟性のような他の運動能力の発達は，お互いに密接な関係にあるため，調整力にも影響を与える。つまり，ある1つの能力が劣ることが，調整力を完成させるうえで制限要因となるのである。

3. 調整力を発達させる方法

調整力は，生まれつきの遺伝的要素の影響が強い能力であるので，調整力を発達させるための方法は，他

表13-1 調整力の発達方法

方法	運動例
運動の開始姿勢を変える	●横あるいは後ろ方向へのさまざまなジャンプ運動
反対の体肢あるいは普段と違う姿勢でスキルを行う	●反対腕で円盤や砲丸を投げる ●反対腕や脚でドリブルやキックをする ●あらかじめ設定したガードで打ち合う（ボクシング）
動作のスピードやテンポ，リズムを変える	●テンポを徐々に上げる ●テンポを変える
スキルを遂行するためのスペースを制限する	●チームスポーツにおけるプレースペースを狭くする
技術要素あるいはスキルを変化させる	●普段行わない走幅跳の技術（例えばヒッチキック）を行う ●普段の踏切脚か反対の脚で用具や障害物を越えて，最も快適なジャンプ技術を行う
付加的動作を取り入れ，運動の複雑性を増す	●多様な用具や物，達成課題を用いたさまざまなシャトルランやリレー
新しく身につけたスキルとこれまでのスキルを結合させる	●体操競技やフィギアスケートの一部あるいはルーティン ●新しく学習したスキルを用いた課題でゲームを行う
抵抗あるいはパートナーの負荷を増す	●チームのプレーヤーを増やして変化させた戦術的スキーマを用いる ●同じ試合中にいろいろなチーム（パートナー）とプレーしたり闘ったりする
普段と異なる条件を作る	●さまざまな地形でのランニングやクロスカントリースキー ●波間での漕艇あるいはスイミング ●重量ベストを着用してスキルを行う ●さまざまな地面（アスファルト，芝生，人工物，木）で行う
関連のある／ない競技を行う	●さまざまなゲームや遊び ●さまざまな競技の技術要素やスキル

PERIODIZATION

の能力に比べてあまり多くはない。表13-1で示した方法を利用すると，調整力が低い，あるいは複雑なスキルの獲得が遅い人に対して，劇的な改善が見られると期待するのは間違いである。

　調整力を発達させる良いプログラムは，高度でさまざまなスキルの要求に対しても十分に応えられるものであるべきで，特定の競技に専門的に参加している若い選手は，他の競技のスキルを経験することで，調整力を改善するようにすべきである。Pechtl(1982)は，すべての選手は，自分の専門とする競技だけでなく，専門外の競技からも新しいスキルを継続して学ぶべきで，そうしなければ，調整力，そしてその結果として学習能力も低下すると述べている。調整力を改善するためには，徐々に複雑な運動を与えていく必要がある。さまざまな条件，装置，スポーツ器具など(表13-1)を与えることによって，複雑で難しいスキルを獲得することができるだろう。調整力を高める運動は，十分な休息をとり，高い集中力があるとき，つまりトレーニングの最初に行うことが望ましい。また，調整力はとくに低年齢時に発達する。低年齢時は，神経系の適応性・可塑性(環境の変化に対して，適応し変化する能力)が，成人に比べて高い時期なのである(Pechtl 1982)。

4. まとめ
Summary of Major Concepts

　速さを備えた選手は，こうした才能に恵まれていない者の羨望の的である。直線をまっすぐ進むスピードだけでなく，すばやく方向転換したり，ターンしたりすることができる能力も，スピードとして捉えるべきである。チームスポーツでは，すばやい方向転換が，直線での速度と同様に重要である。

　これらのスピードの要素のすべてを行えるようになるためには，強靭な脚が必要である。強靭でなくして速くはなれない！　したがって，筋力トレーニングは，スピードの発達が必要な競技にとって，トレーニングプログラムの重要な部分を担っていなければならない。

　柔軟性は，ほとんどの競技，とくにチームスポーツの選手において，見かけは発達している。足関節と股関節の柔軟性はすべての選手が注目すべきである。

　多くの人々が，調整力は遺伝的影響の大きい能力であると信じている。ある程度，それは事実であるが，調整力は，子どもの時期から改善の努力をすることで，大きく改善させることができる。早いうちにトレーニングを専門化することは，調整力の改善を妨げることになる。選手は，子どもの時期からさまざまな種類の運動やスキルを，とくにいろいろなタイプのボールを使う運動を行わなければならない。

　継続的な実践はつねに成果をあげる。そしてそれは，調整力トレーニングでも同様なのである。

付　録

APPENDIX

◎年間プランのチャート
◎参考文献
◎用語解説
◎さくいん

年間プランのチャート

タイプ：				年：		コーチ：	
選手氏名				トレーニング目標			
		パフォーマンス	テスト／標準	身体的準備	技術的準備	戦術的準備	心理的準備

年間プランのチャート

	タイプ：																																											年：																			コーチ：			

日付	月																																																						
試合カレンダー	週末																																																						
	国内																																																						
	国際																																																						
	場所																																																						
ピリオダイゼーション	トレーニング期																																																						
	筋力																																																						
	持久力																																																						
	スピード																																																						
	心理的側面																																																						
	栄養																																																						
	マクロサイクル																																																						
	ミクロサイクル	1	2	3	4	5	6	7	8	9	10	11	12	13	14	15	16	17	18	19	20	21	22	23	24	25	26	27	28	29	30	31	32	33	34	35	36	37	38	39	40	41	42	43	44	45	46	47	48	49	50	51	52
ピーキング指標																																																							
テスト日																																																							
医学的コントロール																																																							
合宿／短期合宿																																																							

	%	100	1
		90	2
		80	3
		70	4
		60	5
		50	ピーキング
		40	
		30	
		20	
		10	

――― 量
‒‒‒‒ 強度
……… ピーキング
□ 身体的準備
□ 技術的準備
□ 戦術的準備
□ 心理的準備

トレーニング要素

年間プランのチャート

年間プランのチャート

年： コーチ：

日付	月																																																				
	週末																																																				
試合カレンダー	国内																																																				
	国際																																																				
	場所																																																				
ピリオダイゼーション	トレーニング期																																																				
	筋力																																																				
	持久力																																																				
	スピード																																																				
	心理的側面																																																				
	栄養																																																				
	マクロサイクル																																																				
	ミクロサイクル	1	2	3	4	5	6	7	8	9	10	11	12	13	14	15	16	17	18	19	20	21	22	23	24	25	26	27	28	29	30	31	32	33	34	35	36	37	38	39	40	41	42	43	44	45	46	47	48	49	50	51	52
ピーキング指標																																																						
テスト日																																																						
医学的コントロール																																																						
合宿／短期合宿																																																						

トレーニング要素
1
2
3
4
5
ピーキング

最大強度に対する％ -----
量 km／週 ——
ピーキング •••••

年間プランのチャート

年：　　　　　　　　　　　　　　　　　　　　　　　　コーチ：

日付	月																																																					
	週末																																																				
試合	国内																																																				
カレンダー	国際																																																				
	場所																																																				
	トレーニング期																																																				
ピリオダイ ゼーション	筋力																																																				
	持久力																																																				
	スピード																																																				
	心理的側面																																																				
	栄養																																																				
	マクロサイクル																																																				
	ミクロサイクル	1	2	3	4	5	6	7	8	9	10	11	12	13	14	15	16	17	18	19	20	21	22	23	24	25	26	27	28	29	30	31	32	33	34	35	36	37	38	39	40	41	42	43	44	45	46	47	48	49	50	51	52
ピーキング指標																																																						
テスト日																																																						
医学的コントロール																																																						
合宿／短期合宿																																																						

トレーニング要素
- 1
- 2
- 3
- 4
- 5
- ピーキング

ピーキング ……
量 ──
強度 ----

トレーニング要素
- 1
- 2
- 3
- 4
- 5
- ピーキング

ピーキング ……
量 ──
強度 ----

トレーニング要素
- 1
- 2
- 3
- 4
- 5
- ピーキング

ピーキング ……
量 ──
強度 ----

年間プランのチャート

年	20	20	20	20
成績				
身体的準備				
技術的準備				
戦術的準備				
心理的準備				

目標

テストと基準値

トレーニング要素		%
――――	量	100
- - - -	強度	90
・・・・・	ピーキング	80
		70
☐	身体的準備	60
		50
☐	技術的準備	40
		30
☐	戦術的準備	20
☐	心理的準備	10

参考文献

References

Alexeev, M. 1950. About the physiological mechanisms of developing motor skills based on I.P. Pavlov's findings. *Teoria i Praktika Fizicheskoi Kulturi* (Moscow) 12: 9-15.

Allen, D., H. Westerbald, J. Lee, and J. Lannergren. 1992. The role of excitation-contraction coupling in muscle fatigue. *Sports Medicine* 13(2): 116-126.

Alpine Canada. 1990. Physiological profile of skiing events. Newsletter 32.

Altenberger, H. 1993. Ubertraining—Eine ständig laudernde gefahr (Overtraining—An always lurking danger). *Laufsport-Magasine* (St. Pölten) 1/2(S): 42-43.

Andrews, E. 1991. *Muscle management*. London: Thorsons.

Appell, H. 1990. Muscular atrophy following immobilization: A review. *Sports Medicine* 10(1): 38-42.

Appell, H., J. Soares, and J. Duarte. 1992. Exercise, muscle damage and fatigue. *Sports Medicine* 13(2): 108-115.

Armstrong, R. 1986. Muscle damage and endurance events. *Sports Medicine* 12(3): 184-207.

Armstrong, R. 1991. Mechanisms of exercise-induced muscle fiber injury. *Sports Medicine* 12(3): 184-207.

Arnheim, D. 1985. *Modern principles of athletic training* (6th ed.). St. Louis: Times Mirror/Mosby College.

Asmussen, E. 1936. Deflective exercises. *Legemsovlser* 2: 25-35.

Asmussen, E., and O. Boje. 1945. Body temperature and capacity of work. *Acta Physiologica Scandinavica* 10: 1-23.

Astrand, P., and K. Rodahl. 1970. *Textbook of work physiology*. New York: McGraw-Hill.

Astrand, P., and K. Rodahl. 1977. *Textbook of work physiology: Physiological basis of exercise*. New York: McGraw-Hill.

Astrand, P., and K. Rodahl. 1985. *Textbook of work physiology*. New York: McGraw-Hill.

Astrand, P., and B. Saltin. 1961. Maximal oxygen uptake and heart rate in various types of muscular activity. *Journal of Applied Physiology* 16: 2115-2119.

Babij, P., and W. Booth. 1988. Biochemistry of exercise: Advances in molecular biology relevant to adaptation of muscle to exercise. *Sports Medicine* 5: 137-143.

Bacon, T. 1989. The planning and integration of mental training programs. *Science Periodical on Research and Technology in Sport* (SPORT) 10(1): 1-8.

Baechle, T. (Ed.) 1994. *Essentials of strength training and conditioning*. Champaign, IL: Human Kinetics.

Balaban, E. 1992. Sports anaemia. *Clinical Sports Medicine* 11: 313-325.

Balch, J., and P. Balch, 1997. *Prescription for nutritional healing* (2nd ed.). New York: Avery.

Balyi, I. 1996. Long-term planning of athlete development phase. *British Columbia Coach* 1: 9-14.

Banister, W. 1985. Ammonia as an indicator of exercise stress: Implications of recent findings to sports medicine. *Sports Medicine* 2: 34-46.

Baracos, V. 1984. Effects of temperature on protein turnover in isolated rat skeletal muscle. *American Journal of Physiology* 246: C125.

Barnard, R., G. Gardner, N. Diaco, R. MacAlpern, and R. Hedman. 1973. Cardiovascular responses to sudden strenuous exercise, heart rate, blood pressure and ECG. *Journal of Applied Physiology* 34(6): 833-837.

Baroga, L. 1978. Tendinte contemporane in metodologia dezvoltarii fortei (Contemporary trends in the methodology of strength development). *Educatia Fizica si Sport* 6: 22-36.

Barolin, G. 1978. Retrospective on eight years of psychohygienic training with sports champions. *Medizinische Psychologie* 28(6): 119-125.

Belinovich, V. 1958. *Obuchenie v fisycheskom vospitanii* (The teaching process in physical education). Moscow: Fizkultura i Sport.

Benson, H. 1975. *The relaxation response*. New York: Morrow.

Berg, A. 1994. The cytokine response to strenuous exercise. *International Journal of Sports Medicine* 15: 516-518.

Berger, R. 1962. Effects of varied weight training programs on strength. *Research Quarterly* 33: 168.

Bergeron, G. 1982. Therapeutic massage. *Canadian Athletic Therapy Association Journal* Summer: 15-17.

Berglund, B. 1992. High altitude training: Aspects of haematological adaptation. *Sports Medicine* 14(5): 289-303.

Bergstrom, J., L. Hermansen, E. Hultman, and B. Saltin. 1967. Diet, muscle glycogen and physical performance. *Acta Physiologica Scandinavica* 71: 140-150.

Bernstein, D., and T. Borkovec. 1973. *Progressive relaxation training*. Champaign, IL: Research Press.

Bielz, M. 1976. *Rating the effort in high performance rowing*. Doctoral thesis, Institute of Physical Culture, Leipzig.

Bigland-Ritchie, B. 1981. EMG/force relations and fatigue of human voluntary contractions. In Doris Miller (Ed.), *Exercise and sport sciences reviews: Vol. 9*. Salt Lake City: Franklin Institute Press. 75-117.

Bigland-Ritchie, B., N. Dawson, R. Johansson, and O. Lippold. 1986. Reflex origin for the slowing of motorneuron firing rates in fatigue of human voluntary contractions. *Journal of Physiology* 379: 451-459.

Bigland-Ritchie, B., R. Johansson, O. Lippold, and J. Woods. 1983. Contractile speed and EMG changes during fatigue of sustained maximal voluntary contractions. *Journal of Neurophysiology* 50(1): 313-324.

Binkhorst, R., L. Hoofd, and C. Vissers. 1977. Temperature and free-velocity relationship of human muscle. *Journal of Applied Physiology* 41: 471-475.

Blohin, I. 1970. In A. Gandelsman and K. Smirnov (Eds.), *Fisyologischeskie osnovi metodiki sportivnoi trenirovki* (The physiological foundations of training). Moscow: Fizkultura i Sport.

Bloomfield, H. 1996. *Hypercium (St. John's wort) and depression*. Los Angeles: Prelude Press.

Bohus, B., R. Bemus, D. Fokkema, J. Koolhaas, and C. Nyakas. 1987. Neuroendocrine states and behavioral and physiological stress responses. *Progress in Brain Research* 72: 57-70.

Bompa, T. 1956. Antrenamentul in perioada pregatitoare (Training methods during the preparatory phase). *Caiet Pentre Sporturi Nautice* (Bucharest) 3: 22-24.

Bompa, T. 1960. *Antrenamentul in diferite perioade de pregatire* (Training content in different stages of preparation). Timisoara, Romania: Cjefs.

Bompa, T. 1964. *Analiza fiziologica a pistelor din campionatul mondial de canotaj, 1964* (A physiological analysis of

the rowing races during the 1964 world rowing championships). XI Research Conference in Physical Education and Sport, Timisoara, Romania.
Bompa, T. 1968a. Criteria pregatirii a unui plan depatra ani (Criteria of setting up a four year plan). *Cultura Fizica si Sport* (Bucharest) 2: 11-19.
Bompa, T. 1968b. *Individualizarea: Un factor psihologic de antrenament.* (Individualization: A psychological factor of training). International Symposium on Sports Psychology, Moscow.
Bompa, T. 1969. *Unele aspecte ale refacerii psihologice dupa efortful de competitie* (Some aspects of the athletes psychological recovery following the strain of performance). Conference for Research in Sports Psychology, Bucharest, Romania.
Bompa, T. 1970. *Planul psihologic al atletilor in competitie* (Athlete's psychological plan for competition). Symposium of Psychology of Coaching, Brasov, Romania.
Bompa, T. 1975. *The national rowing squad plan for the 1976 Olympic Games.* Montreal: Canadian Rowing Association.
Bompa, T. 1976. *Theory and methodology of training.* Toronto: York University.
Bompa, T. 1979. *The model of the national rowing team plan for the 1980 Olympic Games.* St. Catharines: Canadian Rowing Association.
Bompa, T., T. Bompa, and T. Zivic. 1981. *Fitness and body development exercises.* Dubuque, IA: Kendall/Hunt.
Bompa, T., M. Hebbelinck, and B. Van Gheluwe. 1978. *Biomechanical analysis of the rowing stroke employing two different oar grips.* The XXI World Congress in Sports Medicine, Brasilia, Brazil.
Bondarchuk, A. 1986. *Track and field training.* Translated by James Riordan. Kiev: Zdotovye.
Booth, R. 1993. Exercise, overtraining and the immune response: A biological perspective. *New Zealand Journal of Sports Medicine* (Auckland) 21: 42-45.
Brooks, G., and T. Fahey, 1985a. *Exercise physiology.* New York: Macmillan.
Brooks, G., and T. Fahey, 1985b. *Exercise physiology: Human bioenergetics and its applications.* New York: Macmillan.
Brotherhood, J. 1984. Nutrition and sports performance. *Sports Medicine* 1: 350-389.
Brouha, L. 1945. Training specificity of muscular work. *Review of Canadian Biology* 4: 144.
Brown, A., and R. Herb. 1990. Dietary intake and body composition of Mike Pigg—1988 triathlete of the year. *Clinical Sports Medicine* 2: 129-137.
Bucher, C. 1972. *Foundation of physical education.* St. Louis: Mosby.
Bucur, I. 1979. *Metode si mijloace utilizate pentru revenirea atletilor* (Techniques and methods employed for athlete's recovery). Timisoara, Romania: National Sports Council.
Bucur, I., and M. Birjega. 1973. *Sinteza cursului de educatie fizica* (Synopsis of the theory of physical education). Timisoara, Romania: Institut Politechnic.
Calder, A. 1996. Recovery. In R. de Castella and W. Clews (Comps.), *Smart sport, The ultimate reference manual for sports people—athletes and players, coaches, parents and teachers.* Australia: RWM Publishing Quality Ltd. 7-1 to 7-17.
Carlile, I. 1956. Effect of preliminary passive warming-up on swimming performance. *Research Quarterly* 27: 143-151.
Carlson, R. 1988. The socialization of elite tennis players in Sweden: An analysis of the players' backgrounds and development. *Sociology of Sport Journal* 5: 241-256.
Catina, V., and Bompa, T. 1968. *Antrenamentul stiintific al atletilor* (A scientific approach to athlete's training). International Symposium on Sport Medicine, Cluj, Romania.
Cercel, D. 1974. Posibilitatile de aplicare a antrenamentului modelat in handbal (Means of applying modeling in training handball). *Educatia Fizica si Sport* 53: 13-18.
Chariev, R. 1974. A comparison of two variants of training structures under the conditions of weekly competitions. *Scientific Research Collection* (Moscow): 63-80.
Chudinov, V. 1960. Specific exercises for the development of the motor abilities. *Teoria i Praktika Fizicheskoi Kulturi* (Moscow) 11: 16-21.
Cinque, C. 1989. Massage for cyclists: The winning touch? *The Physician and Sports Medicine* 17(10): 167-170.
Clarkson, P., K. Nosaka, and B. Braun. 1992. Muscle function after exercise-induced muscle damage and rapid adaptation. *Medicine and Science in Sports and Exercise* 24(5): 512-520.
Claustrat, B., J. Brun, M. David, G. Sassolas, and G. Chozot. 1992. Melatonin and jet lag: Confirmatory result using a simplified protocol. *Biological Psychiatry* 32: 705-711.
Colgan, M. 1993. *Optimum sports nutrition: Your competitive edge.* New York: Advanced Research Press.
Colliader, E., and P. Tesch. 1990. Effects of eccentric and concentric muscle actions in resistance training. *Acta Physiologica Scandinavia* 140: 31-39.
Conlee, R. 1987. Muscle glycogen and exercise endurance: A twenty year perspective. *Exercise and Sport Sciences Reviews* 15: 1-28.
Cooper, D., J. Gallman, and J. McDonald. 1986. Role of aerobic exercise in reduction of stress. *Dental Clinics of North America* 30 (Suppl.4): S133-S142.
Costill, D., E. Coyle, W. Fink, G. Lesmes, and F. Witzmann. 1979. Adaptations in skeletal muscle following strength training. *Journal of Applied Physiololgy* 46(1): 96-99.
Counsilman, J. 1971. *Handling the stress and staleness problems of the hard training athletes.* International Symposium on the Art and Science of Coaching, Vol. I. Toronto, Canada. 15-22.
Couzy, F., P. Lafargue, and C. Guezennec. 1990. Nutrition and other factors. *International Journal of Sports Medicine* 11: 263-266.
Coyle, E., D. Feiring, T. Rotkis, R. Cote, F. Roby, W. Lee, and J. Wilmore. 1981. Specificity of power improvements through slow and fast isokinetic training. *Journal of Applied Physiology: Respiratory Environment and Exercise Physiology* 51: 1437-1442.
Cratty, B. 1967. *Movement behaviour and motor learning.* Philadelphia: Lea and Febiger.
Cratty, B. 1970. Coaching decisions and research in sport psychology. *Research Quarterly* 13: 28-34.
Cratty, B. 1973. *Psychology in contemporary sport.* New Jersey: Prentice Hall.
Cratty, L. 1962. A comparison of learning of a fine motor skill to learning a similar gross motor task, based upon kinesthetic cues. *Research Quarterly* 33: 212-221.
Dal Monte, A. 1983. *The functional values of sport.* Firente: Sansoni.
Dal Monte, A., F. Sardella, P. Faccini, and S. Lupo. 1985. *Metabolic requirements in boxing.* I.S.A.S. Roma.
Deabler, H., E. Fidel, R. Dillenkoffer, and S. Elder. 1973. The use of relaxation and hypnosis in lowering high blood pressure. *American Journal of Clinical Hypnosis* 17(2): 75-83.
Deacon, S., and J. Arendt. 1994. Phase-shifts in melatonin, 6-sulpha-toxymelatonin and alertness rhythms after treatment with moderately bright light at night. *Clinical Endocrinology* 40: 413-420.
Deci, E. 1971. Effects of externally mediated rewards on intrinsic motivation. *Journal of Personality and Social Psychology* 18: 105.
De Lorme, T., and A. Watkins. 1951. *Progressive resistance exercises.* New York: Appleton-Century-Crofts.
DeLuca, C., R. LeFever, M. McCue, and A. Xenakis. 1982. Behavior and human motor units in different muscles during linearly varying contractions. *Journal of Physiology* 329: 113-128.
Demeter, A. 1972. Refacerca organismului in football (Organism recovery following soccer training). *Football* 312: 8-14.
Dempster, W. 1958. Analysis of two-hand pulls using free body diagrams. *Journal of Applied Physiology* 13(3):

469-480.

de Vries, H. 1963. The looseness factor in speed and O_2 consumption of an anaerobic 100 yard dash. *Research Quarterly* 34: 305-313.

de Vries, H. 1980. *Physiology of exercise for physical education and athletes* (3rd ed.). Dubuque, IA: Brown.

Dintiman, G. 1971. *Sprinting speed*. Springfield, IL: Charles C. Thomas.

Dishman, R. 1992. Physiological and psychological effects of overtraining. In K.D. Browell (ed.), *Eating, bodyweight, and performance in athletics: Disorders of modern society*. Malboro, PA: Leigh & Fabinger. 48-72.

Dons, B., K. Bollerup, F. Bonde-Petersen, and S. Hancke. 1979. The effects of weight-lifting exercise related to muscle fiber composition and muscle cross-sectional area in humans. *European Journal of Applied Physiology* 40: 95-106.

Donskoy, D. 1971. Cited by L. Trodoresau and C. Florescu in E. Ghibu (Ed.), *Some directions regarding the perfection and masterness of technique and strategy*. Bucharest: Stadion. 49-62.

Dorland's illustrated medical dictionary (25th ed.). 1974. Philadelphia: Saunders.

Doubt, J. 1991. Physiology of exercise in the cold. *Sports Medicine* 11(6): 367-381.

Dragan, I. 1978. *Refacenea organismuliu dupa antrenament* (Organism recovery following training). Bucharest: Sport-Turism.

Dragan, I., V. Constantinescu, A. Popovici, and D. Carmen. 1978. *Aspecte biologice a formei sportive* (Biological aspects of peaking). Bucharest: National Sports Council.

Dragan, I., and I. Stanescu. 1971. *Refacerea organismului dupa antrenament: O necesitate* (Organism recovery following training: A requirement of contemporary athletics). Bucharest: Stadion.

Dudley, F., P. Tesch, B. Miller, and P. Buchanan. 1991. Importance of eccentric actions in performance adaptations to resistance training. *Aviation and Space Environment Medicine* 62: 543-550.

Dyachikov, V. 1960. How the Russian high jumpers succeeded at Rome. *Legkaia Atlatika* 12: 30-36.

Dyachikov, V. 1964. The perfection of athlete's physical preparation. In N. Ozolin (Ed.), *Sovremenaia sistema sportivnoi trenirovki* (Athlete's training system for competition). Moscow: Fizkultura i Sport.

Ebbing, C., and P. Clarkson. 1989. Exercise-induced muscle damage and adaptation. *Sports Medicine* 7: 207-234.

Edgerton, R. 1976. Neuromuscular adaptation to power and endurance work. *Canadian Journal of Applied Sports Sciences* 1: 49-58.

Edgerton, V. 1970. Morphology and histochemistry of the soleus muscle from normal and exercise rats. *American Journal of Anatomy* 127: 81-88.

Edington, D., and V. Edgerton. 1976. *The biology of physical activity*. Boston: Houghton Mifflin.

Eiselen, G. 1854. *Gymnastic übungen* (Gymnastics exercises). Berlin: Verlag.

Ekman, A., J. Leppaluo, P. Huttunen, K. Aranko, and O. Vakkuri. 1993. Ethanol inhibits melatonin secretion in healthy volunteers in a dose-dependent randomized double blind cross-over study. *Journal of Clinical Endocrinology and Metabolism* 77: 780-783.

Ekstrand, J., and J. Gillquist. 1982. The frequency of muscle tightness and injuries in soccer players. *American Journal of Sports Medicine* 10(2): 75-78.

Ekstrand, J., and J. Gillquist. 1983. Soccer injuries and their mechanisms: A prospective study. *Medicine and Science in Sports and Exercise* 15(3): 267-270.

Elkins, U., U. Leden, and K. Wakim. 1957. Objective recording of the strength of normal muscles. *Archives of Physical Medicine* 33: 639-647.

Enoka, R. 1996. Eccentric contractions require unique activation strategies by the nervous system. *Journal of Applied Physiology* 81(6): 2339-2346.

Epuran, M. 1974. *Psihologia sportului contemporan*. (Psychology and the contemporary athletics). Bucharest: Stadion.

Erdelyi, G. 1962. Gynecological survey of female athletes. *Journal of Sports Medicine* 2: 174-179.

Espenshade, A. 1960. Motor development. In W.R. Johnson (Ed.), *Sciences and medicine of exercise and sports*. New York: Harper & Row. 66-91.

Fabiato, A., and F. Fabiato. 1978. The effect of pH on myofilaments and the sacroplasmic reticulum of skinned cells from cardiac and skeletal muscle. London: *Journal of Physiology* 276: 233-255.

Fahey, D. 1991. How to cope with muscle soreness. *Power-Research*

Fahey, T. D. 1994. *Basic weight training for men and women*. Mountain View. CA: Mayfield Publishing. 23.

Faraday, G. 1971. In N.G. Ozolin, *Sovremennaia systema spartivnoi trenirovky* (Athlete's training system for competition). Moscow: Fizkultura i Sport.

Farfel, V. 1960. *Physiologi v sportom* (Sport's physiology). Moscow: Fizkultura i Sport.

Fenz, W. 1976. Coping mechanisms and performance under stress. *Medicine Sport* 29: 96.

Fieldman, H. 1966. Effects of selected extensibility exercise on the flexibility of the hip joint. *Research Quarterly* 37(3): 326-329.

Finnbogi, J., K. Borg, L. Edstrom, and L. Grimby. 1988. Use of motor units in relation to muscle fiber type and size in man. *Muscle & Nerve* 11: 1211-1218.

Fleck, J., and W. Kraemer. 1982. The overtraining syndrome. *National Strength and Conditioning Association Journal* August/September: 50-51.

Florescu, C., V. Dumitrescu, and A. Predescu. 1969. *Metodologia desvoltari calitatilor fizice* (The methodology of developing physical qualities). Bucharest: National Sports Council.

Fox, E. 1979. *Sports physiology*. Philadelphia: Saunders.

Fox, E. 1984. *Sports physiology* (2nd ed.). New York: Saunders College.

Fox, E., R. Bowes, and M. Foss. 1989. *The physiological basis of physical education and athletics*. Dubuque, IA: Brown.

Fox, E., and D. Mathews. 1974. *Interval Training*. Philadelphia: Saunders.

Francis, C., and P. Patterson. 1992. *The Charlie Francis training system*. Ottawa: TBLI.

Friden, J., and R. Lieber. 1992. Structural and mechanical basis of exercise-induced muscle injury. *Medicine Science and Sports Exercise* 24: 521-530.

Friman, G. 1979. Effects of clinical bed rest for seven days of physical performance. *Acta Medica Scandinavica* 205(5): 389-393.

Frost, R. 1971. *Psychological concepts applied to physical education and coaching*. Reading, MA: Addison-Wesley.

Fry, R., A. Morton, and D. Keast. 1991. Overtraining in athletics: An update. *Sports Medicine* 12(1): 32-65.

Gallway, W. 1976. *Inner tennis*. New York: Random House.

Gandelsman, A., and K. Smirnov. 1970. *Physiologicheskie osnovi metodiki sportivnoi trenirovki* (The physiological foundations of training). Moscow: Fizkultura i Sport.

Gazzah, N., A. Gharib, I. Delton, P. Moliere, G. Durand, R. Christon, M. Largarde, and N. Sarda. 1993. Effect of an N-3 fatty acid-deficient diet on the adenosine-dependent melatonin release in cultured rat pineal. *Journal of Neurochemistry* 61: 1057-1063.

Gellerstein, C. 1979. Quoted by Zatzyorski in L. Matveyev and A. Novikov (Eds.), *Teoria i metodika physicheskogo vospitania* (The theory and methodology of physical education). Moscow: Fizkultura i Sport.

Ghibu, E. 1978. *Mijloace si proceduri pentru pregatirea jocurilor olimpice din 1980* (Means and procedures regarding the preparation for the 1980 Olympic Games). Bucharest: National Sports Council.

Ghibu, E., C. Simonescu, C. Radut, A. Hurmuzescu, N. Navasart, and C. Florescu. 1978. *Aspecte psihologice ale formei sportive* (Psychological aspects of peaking).

Bucharest: National Sports Council.

Ghircoiasu, M. 1979. Energia metabolismului (The energetic metabolism). Bucharest: Sport-Turism.

Gibson, H., and R. Edwards. 1985. Muscular exercise and fatigue. *Sports Medicine* 2: 120-132.

Gionet, N. 1986. Is volleyball an aerobic or an anaerobic sport? *Volleyball Technical Journal* 5: 31-35.

Gippernreiter, S. 1949. *Weather, temperature, and organisms' reactions.* Moscow: Fizkultura i Sport.

Glick, J. 1980. Muscle strains: Prevention and treatment. *Physician and Sports Medicine* 8(11): 73-77.

Goldberg, A., J. Etlinger, D. Goldspink, and C. Jablecki. 1975. Mechanism of work-induced hypertrophy of skeletal muscle. *Medicine and Science in Sports* 7(3): 185-198.

Goldspink, G. 1964. The combined effects of exercise and reduced food intake on skeletal muscle fibers. *Journal of Cellular Composition Physiology* 63: 209-216.

Gollnick, P., R. Armstrong, C. Sanbert, W. Sembrowich, R. Sepherd, and B. Saltin. 1973. Glycogen depletion patterns in human skeletal muscle fibers during prolonged work. *Pfügers Archives* 334: 1-12.

Gollnick, P., R. Armstrong, W. Sembrowich, R. Sepherd, and B. Saltin. 1973. Glycogen depletion pattern in human skeletal muscle fiber after heavy exercise. *Journal of Applied Physiology* 34(5): 615-618.

Gollnick, P., K. Piehl, C. Scubert, R. Armstrong, and B. Saltin. 1972. Diet, exercise, and glycogen changes in human muscle fibers. *Journal of Applied Physiology* 33: 421-425.

Goncharov, N. 1968. Cited in V. Zatsyorski, *Athlete's physical abilities.* Moscow: Fizkultura i Sport.

Gordon, E. 1967. Anatomical and biochemical adaptation of muscle to different exercises. *Journal of the American Medical Association* 201: 755-758.

Grantin, K. 1940. Contributions regarding the systematization of physical exercises. *Theory and Practice of Physical Culture* 9: 27-37.

Gregory, L. 1981. Some observations on strength training and assessment. *Journal of Sports Medicine* 21: 130-137.

Grimby, G. 1992. Strength and power in sports. In P. Komi (Ed.), *Strength and Power in Sports.* Oxford: Blackwell Scientific Publications.

Guilford, J. 1958. A system of psychomotor abilities. *American Journal of Psychiatry* 71: 164-174.

Gündhill, M. 1997. *Ironman.* Oxnard, CA: Ironman Publishing. 134-139.

Guyllemin, R., P. Brazeau, P. Bohlen, S. Esch, N. Ling, W. Wehrenberg, B. Bloch, C. Mougin, S. Zeytin, and A. Baird. 1983. Somatocrinin, the growth hormone releasing factor. In N. Greep (Ed.), *Recent progress in hormone research: Proceedings of the 1983 Laurentian Hormone Conference.* New York: Academic Press. 40: 233-299.

Hackney, A., S. Pearman, and J. Nowacki. 1990. Physiological profiles of overtrained and stale athletes: A review. *Journal of Applied Sport Psychology* 1: 21-33.

Hahn, E. 1977. The transition phase and the psychological preparation. *Leichtathletik* 28: 377-380.

Hainaut, K., and J. Duchateau. 1989. Muscle fatigue: Effects of training and disuse. *Muscle and Nerve* 12: 660-669.

Hakkinen, K. 1989. Neuromuscular and hormonal adaptations during strength and power training. *The Journal of Sports Medicine and Physical Fitness* 29(1): 9-26.

Halliwell, W. 1979. Strategies for enhancing motivation in sport. In J. Klavora, *Coach, athlete and the sport psychologist.* Toronto: Twin Offset. 211-232.

Harma, M., J. Laitinen, M. Partinen, and S. Suvanto. 1993. The effect of four-day round trip flights over 10 time zones on the circadian variation of salivary melatonin and cortisol in airline flight attendants. *Ergonomics* 37: 1479-1489.

Harre, D. (Ed.) 1982. *Trainingslehre.* Berlin: Sportverlag.

Hellebrandt, F., and S. Houtz. 1956. Mechanisms of muscle training in man: Experimental demonstration of the overload principle. *Physical Therapy Review* 36: 371-383.

Hennig, R., and T. Lomo. 1987. Gradation of force output in normal fast and slow muscles of the rat. *Acta Physiologica Scandinavica* 130: 133-142.

Herberger, E. 1977. *Rudern.* Berlin: Sportverlag.

Hettinger, T. 1966. *Isometric muscle training.* Stuttgard: Georg Thieme.

Hettinger, T., and E. Müler. 1953. Muskelleistung and muskeltraining. *Arbeitsphysiologie* 15: 111-126.

Hill, A. 1922. The maximum work and mechanical efficiency of human muscles and their most economical speed. *Journal of Physiology* 56: 19-41.

Hirtz, P. 1976. The perfection of coordination: An essential factor in physical education. *Körpererziehung* 26: 381-387.

Höger, H. 1971. The structure of long-term training programs. In D. Harre (Ed.), *Trainingslehre.* Berlin: Sportverlag.

Hollmann, W. 1959. *Der arbeits and trainingseinflus auf kresilauf und atmung.* Darmstag: Sportwisenshaft.

Hollmann, W. 1993. Serotonin Im Gehirn—Verantwortlich Für Die Syndrome Sportentziehungs-Erscheinungen Und Übertraining? *Sportmedicine* 44: 509-511.

Horrobin, D. 1994. Modulation of cytokine production in vivo by dietary essential fatty acids in patients with colorectal cancer. *Clinical Science Colon* 87: 711.

Houmard, A. 1991. Impact of reduced training on performance in endurance athletes. *Sports Medicine* 12(6): 380-393.

Howald, H. 1977. Objectives measurements in rowing. Minden: *Rudersport* 4: 31-35.

Hultman, E. 1967a. Physiological role of muscle glycogen in man, with special reference to exercise. *Circulation Research* 20-21 (Suppl. 1): 199-I114.

Hultman, E. 1967b. Studies on muscle metabolism of glycogen and active phosphate in man with special reference to exercise and diet. *Scandinavian Journal of Clinical Laboratory Investigation* 19 (Suppl.): 1-63.

Hultman, E., and K. Sahlin. 1980. Acid-base balance during exercise. *American College of Sport Medicine* 8: 41-128.

Hunsicker, P. 1955. *Arm strength at selected degrees of elbow flexion.* Wright-Patterson Air Force Base, OH: Wright Air Development Center.

Ikai, M., and K. Yabe. 1969. Comparison of maximum muscle strength produced by voluntary and electric stimulation. Cited in W. Schroeder, The correlation of force with the other motor abilities. *Theorie und Praxis der Körperkultur* 12: 98-121.

Iliuta, G., and C. Dumitrescu. 1978. Criterii medicale si psihice ale evaluarii si conducerii antrenamentului atletilor (Medical and psychological criteria of assessing and directing athlete's training). *Sportul de Performanta* (Bucharest) 53: 49-64.

Illin, S. 1959. In V. Zatsyorski, *Athlete's physical abilities.* 1968. Moscow: Fizkultura i Sport.

Israel, S. 1963. Das akute entlastungssyndrom. *Theorie und Praxis der Körperkultur* 12: 3-12.

Israel, S. 1972. The acute syndrome of detraining. *GDR National Olympic Committee* (Berlin) 2: 30-35.

Israel, S. 1976. Zur problematic des ubertrainings aus internistischer und leistungphysiologischer sich. *Medicine und Sport* 16: 1-12.

Ivanova, T., and A. Weiss. 1969. In W. Schroeder, The correlation between force and the other motor abilities. *Theorie und Praxis der Körperkultur* 12: 98-110.

Jacobsen, E. 1938. *Progressive relaxation.* Chicago: University of Chicago Press.

James, M. 1996. The effects of human TNF alpha and IL-1 beta production of diets enriched in N-3 fatty acids from vegetable and fish oil. *American Journal of Clinical Nutrition* 63: 116.

Jonath, W. 1961. *Circuit-training*. Berlin: Limpert.
Kabat, H. 1958. Proprioceptive facilitation in therapeutic exercises. In M. Licht (Ed.), *Therapeutic exercises*. Baltimore: Waverley Press.
Kaijser, L. 1975. Oxygen supply as a limiting factor in physical performance. In J. Keul (Ed.), *Limiting factors in human performance*. Stuttgart: Theime. 39-47.
Kalinin, V., and N. Ozolin. 1973. The dynamics of athletic shape. *Legkaia Atlatika* (Moscow) 10: 20-22.
Kanehisa, H., and M. Miyashita. 1983. Specificity of velocity in strength training. *European Journal of Applied Physiology* 52: 104-106.
Karlsson, J. 1971. Muscle ATP, CP, and lactate in submaximal and maximal exercise. *Department of Physiologica and Gymnastics*. 382-391.
Karlsson, J., and B. Saltin. 1971. Oxygen deficit and muscle metabolites in intermittent exercise. *Acta Physiologica Scandinavica* 82: 115-122.
Karpovich, P., and W. Sinning. 1971. *Physiology of muscular activity*. Philadelphia: Saunders.
Karvonen, J. 1992. Overtraining. *Medicine and sport science*. Zurich: Karger. 174-188.
Karvonen, M., E. Kentala, and O. Mustala. 1957. The effects of training on heart rate. A longitudinal study. *American Medical and Experimental Biology* 35: 307-315.
Keast, D., K. Cameron, and A. Morton. 1988. Exercise and the immune response. *Sports Medicine* 5: 248-267.
Kessler, R., and D. Hertling. 1983. *Management of common musculoskeletal disorders*. Philadelphia: Harper & Row. Chapter 10.
Keul, J., E. Doll, and D. Keppler. 1969. *Muskelstoffwechsel*. Munich: Barth.
Klissouras, V., F. Pirnay, and J. Petit. 1973. Adaptation to maximal effort: Genetics and age. *Journal of Applied Physiology* 35(2): 288-293.
Knox, S., T. Theorell, B. Malmberg, and A. Lindquist. 1986. Stress management in the treatment of essential hypertension in primary health care. *Scandinavian Journal of Primary Health Care* 4: 175-181.
Korcek, I. 1974. The assessment of quantitative and qualitative indices in team sport's training. *Trener* (Bratislava) 2: 6-9.
Korman, A. 1974. *The psychology of motivation*. Englewood Cliffs, NJ: Prentice Hall.
Korobov, A. 1971. In N. Ozolin, *Sovremenaia systema sportivnoi trenirovky* (Athlete's training system for competition). Moscow: Fizkultura i Sport.
Kots, I.M. 1977. *Lecture series*. December. Montreal: Concordia University.
Kraus, H. 1975. The need for relaxation in athletics. *Journal of Sports Medicine* 3(1): 41-43.
Krestovnikov, A. 1938. *Sports physiology*. Moscow: Fizkultura i Sport.
Krestovnikov, A. 1951. *The physiological basis of physical education*. Moscow: Fizkultura i Sport.
Krüger, A. 1973. Periodization, or to peak at the right time. *Track Techniques* 54: 1720-1724.
Kruglanski, A. 1971. The effects of extrinsic incentive on some qualitative aspects of task performance. *Journal of Personality* 39: 606-617.
Kuipers, H. 1991. Overtraining. *En Sport* 24: 90-94.
Kuipers, H. 1994. Exercise induced muscle damage. *International Journal of Sports Medicine* 15: 132.
Kuipers, H., and H. Keizer. 1988. Overtraining in elite athletes: Review and directions for the future. *Sports Medicine* 6: 79-92.
Kunst, G., and C. Florescu. 1971. *The main factors for performance in wrestling*. Bucharest: National Sports Council.
Kuperian, T. (Ed.) 1982. *Physical therapy for sports*. Philadelphia: Saunders.
Kuznetsov, V. 1975. *Kraftvorbereitung. Theoretische Grundlagen Der Muskelkraftwiklung*. Berlin: Sportverlag.
Lachman, S. 1965. A theory relating learning to electrophysiology of the brain. *Journal of Physiology* 59: 275-281.
Lagrange, S. 1968. In V. Zatzyoski, *Athlete's physical abilities*. Moscow: Fiskultura i Sport.
Laizan, L., and E. Zub. 1976. The index of the athletic shape. *Legkaia Atletika* (Moscow) 6: 30-31.
Landers, D. 1980. The arousal-performance relationship revisited. *Research Quarterly for Exercise and Sport* 5(1): 77-90.
Lange, L. 1919. *Uber funktionelle anpassung*. Berlin: Springer Verlag.
Lauru, L. 1957. Physiological study of motion. *Advanced Management* no: 22-27.
Lawther, J. 1972. *Sport psychology*. Englewood Cliffs, NJ: Prentice Hall.
Lazarus, R. 1976. *Patterns of adjustment*. New York: McGraw-Hill.
Legros, P. 1992. Le Surentrainement. *Science Et Sports* (Paris) 7: 51-57.
Lehman, B. 1955. In N. Ozolin, *Sovremennaia systema sportivnoi trenirovky* (Athlete's training system for competition). 1971. Moscow: Fizkultura i Sport.
Lehmann, M., C. Foster, and J. Keul. 1993. Overtraining in endurance athletes: A brief review. *Medicine & Science in Sport and Exercise* 25(7): 854-862.
Lemmer, B., T. Bruhl, K. Witte, B. Pflug, W. Kohler, and Y. Tourtou. 1994. Effects of bright light on circadian patterns of cyclic adenosine monophosphate, melatonin and cortisol in healthy subjects. *European Journal of Endocrinology* 130: 472-477.
Leshaft, P. 1910. *Children's education*. Moscow: Sport Performance Books.
Letunov, S. 1950. In N. Ozolin, *Sovremenaia systema sportivnoi trenirovky* (Athlete's training system for competition). 1971. Moscow: Fizkultura i Sport.
Levine, M., A. Milliron, and L. Duffy. 1994. Diurnal and seasonal rhythms of melatonin, cortisol and testosterone in interior Alaska. *Arctic Medical Research* 53: 25-34.
Levy, S., R. Hebereman, M. Lippiman, and T. d'Angelo. 1987. Correlation of stress factors with sustained depression of natural killer cell activity and predicted prognosis in patients with breast cancer. *Journal of Clinical Oncology* 5: 348-353.
Lievens, P. 1986. The use of cryotherapy in sport injuries. *Sports Medicine* 3: 398.
Lippin, R. 1985. Stress release, emerging tool in total stress management program. *Occupational Health and Safety* 54(6): 80-82.
Loat, C., and E. Rhodes. 1989. Jet-lag and human performance. *Sports Medicine* 8(4): 226-238.
Logan, G., and W. McKinney. 1973. *Kinesiology*. Dubuque, IA: Brown.
Lowe, R., and J. McGrath. 1971. Stress, arousal and performance. *Project Report: AF11*. Air Force Office of Strategic Research. 61-67.
Ludu, V. 1969. *Coordonarea si metodica desvoltarii ei* (Co-ordination, and its methodology of development). Bucharest: National Sports Council.
Lukes, H. 1954. *The effect of warm-up exercises on the amplitude of voluntary movement*. Master's thesis, University of Wisconsin, Madison.
Luthe, W. 1963. Method, research and application in medicine. *American Journal of Psychotherapy* 17: 174-195.
Luthe, W., and J. Shulz. 1969. *Autogenic therapy* (Vol. 1). New York: Grune & Stratton.
Lysens, R., Y. Vanden Auweele, and M. Ostyn. 1986. The relationship between psychosocial factors and sports injuries. *Journal of Sports Medicine and Physcial Fitness* 26(1): 77-84.
MacDougall, J. 1974. Limitations to anaerobic performance. *Proceedings: Science and the Athlete*. Hamilton: Coaching Association of Canada and McMaster University.
MacDougall, J., D. Sale, G. Elder, and J. Sutton. 1976. Ul-

trastructural properties of human skeletal muscle following heavy resistance training and immobilization. *Medicine and Science in Sports* 8(1): 72.

MacDougall, J., D. Sale, J. Moroz, G. Elder, J. Sutton, and H. Howald. 1979. Mitochondrial volume density in human skeletal muscle following heavy resistance training. *Medicine and Science in Sports* 11(2): 164-166.

MacDougall, J., G. Ward, D. Sale, and J. Sutton. 1977. Biochemical adaptation of human skeletal muscle to heavy resistance training and immobilization. *Journal of Applied Physiology* 43(4): 700-703.

Mace, R., and C. Carroll. 1986. Stress inoculation training to control anxiety in sport: Two case studies in squash. *British Journal of Sports Medicine* 20(3): 115-117.

Mace, R., C. Eastman, and D. Carroll. 1986. Stress inoculation training: A case study in gymnastics. *British Journal of Sports Medicine* 20(3): 139-141.

Mader, A. 1985. Personal communication with author. Vancouver, British Columbia.

Mader, A., and W. Hollmann. 1977. The importance of the elite rowers metabolic capacity in training and competition. *Beiheft zu Leistungssport* 9: 9-59.

Mainwood, G., and J. Renaud. 1984. The effect of acid-base balance on fatigue of skeletal muscle. *Canadian Journal of Physiology and Pharmacology* 63: 403-416.

Marasescu, N. 1980. Metode noi pentru antrenamentul de mare performanta (New methods in high performance training). *Education Fizica si Sport* 5: 34-39.

Margaria, R., P. Ceretelli, P. Aghemo, and G. Sassi. 1963. Energy cost of running. *Journal of Applied Physiology* 18: 122-128.

Marsden, C., J. Meadows, and P. Merton. 1971. Isolated single motor units in human muscle and their rate of discharge during maximal voluntary effort. *Journal of Physiology* (London) 217: 12P-13P.

Martens, R. 1970. Influence of participation motivation on success and satisfaction in team performance. *Research Quarterly* 41: 31-35.

Martin, B., S. Robinson, D. Wiegman, and L. Anlick. 1975. Effects of warm-up on metabolic responses to strenuous exercise. *Medicine and Science in Sports* 7(2): 146-149.

Mathews, D., and E. Fox. 1971. *The physiological basis of physical education and athletics*. Philadelphia: Saunders.

Mathews, D., and E. Fox. 1976. *The physiological basis of physical education and athletics*. Philadelphia: Saunders.

Matsuda, J., R. Zernicke, A. Vailns, V. Pedrinin, A. Pedrini-Mille, and J. Maynard. 1986. Structural and mechanical adaptation of immature bone to strenuous exercise. *Journal of Applied Physiology* 60(6): 2028-2034.

Matveyev, L. 1965. *Periodization of sports training*. Moscow: Fizkultura i Sport.

Matveyev, L., V. Kalinin, and N. Ozolin. 1974. Characteristics of athletic shape and methods of rationalizing the structure of the competitive phase. *Scientific Research Collection* (Moscow): 4-23.

Matveyev, L., and A. Novikov. 1980. *Teoria i medodika physicheskogo vospitania*. (The theory and methodology of physical education). Moscow: Fizkultura i Sport.

McClements, J., and C. Botterill. 1979. Goal-setting in shaping of future performance in athletics. In P. Klavora and J. Daniel (Eds.), *Coach, Athlete and the Sport Psychologist*. Toronto: Twin Offset. 81-96.

Meichenbaum, D. 1977. *Cognitive behavior modification*. New York: Plenum Press.

Meyers, C. 1974. *Measurement in physical education*. New York: Ronald Press.

Mitra, G., and A. Mogos. 1980. *Metodologia educatiei fizice scolare* (Methodology of high school physical education). Bucharest: Sport-Turism.

Molette, R. 1963. *Power training*. Brussels: Cross Promenade.

Monteleone, P., M. Maj, M. Fusco, C. Orazzo, and D. Kemali. 1993. Physical exercise at night blunts the nocturnal increase of plasma melatonin levels in healthy humans. *Life Sciences* 47: 1989-1995.

Morehouse, L., and L. Gross. 1977. *Maximum performance*. New York: Simon & Schuster.

Morehouse, L., and A. Miller. 1971. *Physiology of exercise*. St. Louis: Mosby.

Morgan, R., and G. Adamson. 1959. *Circuit training*. London: G. Bell and Sons.

Morpurgo, B. 1976. In D. Mathews and E.L. Fox, *The physiological basis of physical education and athletics*. Philadelphia: Saunders.

Muido, L. 1948. The influence of body temperature on performance in swimming. *Acta Physiologica Scandinavica* 12: 102-109.

Muresan, I. 1973. *Ciclul saptaminal de antrenament* (The weekly training cycle). Bucharest, Romania: National Council of Sports.

Myers, B., and P. Badia. 1993. Immediate effects of different light intensities on body temperature and alertness. *Physiology and Behaviour* 54: 199-202.

Nadori, L. 1989. *Theoretical and methodological basis of training planning with specific considerations within a microcycle*. Lincoln, NE: National Strength and Conditioning Association.

Nagorni, M. 1978. *Facts and fiction regarding junior's training*. Moscow: Fizkultura i Sport. 6.

Neilson, N., and C. Jensen. 1972. *Measurement and statistics in physical education*. Belmount: Wadsworth.

Neugebauer, H. 1971. Planning and organization processes of training. In D. Harre (Ed.), *Trainingslehre*. Berlin: Sportverlag. 64-81.

Newsholme, E., E. Blomstrand, N. McAndrew, and M. Parry-Billings. 1992. *Biochemical causes of fatigue and overtraining*. Oxford: Blackwell Scientific. 351-364.

Nideffer, R. 1976. *The inner athlete: Mind plus muscle for winning*. New York: Crowell.

Nieman, D., and S. Nehlsen-Cannarella. 1991. The effects of acute and chronic exercise on immunoglobins. *Sports Medicine* 11(3): 183-201.

Nikiforov, I. 1974. About the structure of training in boxing. *Scientific Work* (Moscow) 6: 81-91.

Noakes, T. 1991. *Lore of running*. Champaign, IL: Leisure Press.

Nordfors H., and D. Hatvig. 1997. Hypericum perforatum in the treatment of mild depression. *Läkartidningen* 94: 2365-2367.

Norman, S. 1973. *The influence of flexibility on velocity of leg extension of the knee*. Master's thesis, University of Illinois, Chicago.

Novikov, A. 1941. Physical abilities. *Treoria i Prakika Physicheskoi Kulturi* 1: 2-12.

Nudel, D. (Ed.) 1989. *Pediatric sports medicine*. New York: PMA.

Obbarius, D. 1971. In N. Ozolin, *Sovremenaia systema sportivnoi trenirovky* (Athlete's training system for competition). Moscow: Fizkultura i Sport.

O'Connor, J., and P. Morgan. 1990. Athletic performance following rapid traversal of multiple time zones: A review. *Sports Medicine* 10(1): 20-30.

Ohashi, W., and T. Monte. 1992. *Reading the body, Ohashi's book of Oriental diagnosis*. New York: Penguin.

Orlick, T., and R. Mosher. 1978. Extrinsic awards and participant motivation is a sport related task. *International Journal of Sport Psychology* 8: 49-56.

Oxendine, J. 1968. *Psychology of motor learning*. New York: Appleton-Century-Crofts.

Ozolin, N. 1971. *Sovremennaia systema sportivnoi trenirovky* (Athlete's training system for competition). Moscow: Fizkultura i Sport.

Paha, M. 1994. Temperature modulates calcium homeostasis and ventricular arrhythmias in myocardial preparations. *Cardiovascular Research* 28: 391.

Parry-Billings, M., F. Matthews, E. Newsholme, R. Budgett, and J. Koutedakis. 1993. *The overtraining syndrome: Some biochemical aspects*. London: E & FN Spon. 215-225.

Patel, C., and M. Marmot. 1987. Stress management, blood pressure, and quality of life. *Journal of Hypertension* 5 (Suppl.): S21-S28.

Paul, G. 1969. Physiological effects of relaxation training and hypnotic suggestion. *Journal of Abnormal Psychology* 74: 425-437.

Pavlov, I. 1927. *Conditioned reflexes*. London: Oxford University Press.

Pavlov, I. 1951. *Twenty years of experience in studying the nervous system activity*. Moscow: U.S.S.R. Academy of Science.

Pechtl, V. 1982. The basis and methods of flexibility training. In D. Harre (Ed.), *Trainingslehre*. Berlin: Sportverlag. 120-139.

Pelletier, K. 1977. *Mind as a healer, mind as slayer*. New York: Delta.

Pendergast, D. 1971. *Physiological aspects of physical activity*. Buffalo: Graduate Court, State University of New York at Buffalo.

Penman, K. 1969. Ultrastructural changes in human striated muscle using three methods of training. *Research Quarterly* 40: 764-772.

Perkins, K., P. Dubbert, J. Martin, M. Faulstich, and J. Harris. 1986. Cardiovascular reactivity to psychological stress in aerobically trained vs. untrained mild hypertensives and normotensives. *Health Psychology* 5(4): 407-421.

Petrie, K., A. Dawson, L. Thompson, and R. Brook. 1993. A double-blind trial of melatonin as a treatment for jet lag in international cabin crew. *Biological Psychiatry* 33: 526-530.

Pfeifer, H. 1982. *Methodological basis of endurance training*. In D. Harre (Ed.), *Trainingslehre*. Berlin: Sportverlag. 210-229.

Phillips, W. 1963. Influence of fatiguing warm-up exercises on speed of movement and reaction latency. *Research Quarterly* 34: 370-378.

Philostratus. 1964. *Gymnasticus*. Referred to in C. Kiritescu, *Palestrica*. Bucharest: Editura Uniunii de Cultura si Sport.

Pierrefiche, G., G. Topall, G. Courbin, I. Henriet, and H. Laborit. 1993. Antioxidant activity of melatonin in mice. *Research Communication in Chemical Pathology and Pharmacology* 80: 211-223.

Popescu, O. 1957. *Coeficientul de oboseala in cursele de canotaj* (The fatigue coefficient of rowing races). Bucharest: National Council of Sports.

Popescu, O. 1958. Principii privind antrenamentul cu greutati. (Some principles regarding weight training programs). *Studii si Cercetari* 4: 20-16.

Popescu, O. 1975. Metode de recuperare in sporturile de apa (Techniques of recovery employed in aquatic sports). *Educatia Fizica si Sport* 10: 48-52.

Popovici, F. 1979. Personal communication with the author. Bucharest.

Prentice, J. 1990. Therapeutic modalities. In *Sports Medicine* (2nd ed.). St. Louis: Times Mirror/Mosby College. 1-7, 73-74, 89-122, 129-142, 257-283.

Puni, A. 1974. Some theoretical aspects of athlete's volitional preparation. In M. Epuran (Ed.), *Psihologia sportului contemporan* (The psychology of contemporary sports). Bucharest: Stadion.

Radut, C. 1973. Biometric measurements for rowing talents. Bucharest: National Sports Council.

Ralston, H., M. Polissan, V. Inman, J. Close, and B. Feinstein. 1949. Dynamic feature of human isolated voluntary muscle in isometric and free contractions. *Journal of Applied Physiology* 1: 526-533.

Razumovski, E. 1971. In N. Ozolin, *Sovremenaia systema sportivnoi trenirovky* (Athlete's training system for competition). Moscow: Fizkultura i Sport.

Reindel, H., H. Roskamm, and W. Gerschler. 1962. *Interval training*. Munich: Johan Ambrosius Barth.

Reiter, R. 1991. Norepinephrine and its effect on melatonin release. *New Physiological Science* 6: 223-227.

Renström, P., and J. Johnson. 1985. Overuse injuries in sports. A review. *Sports Medicine* 2: 316-333.

Reynolds, S. 1984. Biofeedback, relaxation training, and music: Homestatis for coping with stress. *Biofeedback and Self-Regulation* 9(2): 169-179.

Riddle, K. 1956. *A comparison of three methods for increasing flexibility of the trunk and hip joints*. Doctoral dissertation, University of Oregon, Portland.

Ritter, I. 1982. Principles of training. In D. Harre (Ed.), *Trainingslehre*. Berlin: Sportverlag. 33-47.

Roaf, A. 1988. Personal communication with the author. Banf, Alberta.

Rose, J., and M. Rothstein. 1982. General concepts and adaptations to altered patterns of use. *Muscle Mutability Part 1* 62(12): 1773-1785.

Rosen, G. 1977. *The relaxation book*. Englewood Cliffs, NJ: Prentice Hall.

Roskamm, H. 1967. Optimum patterns of exercise for healthy adults. *Journal of Canadian Medical Association* 22: 19-31.

Rowland, T. 1990. Developmental aspects of physiological function relating to aerobic exercise in children. *Sports Medicine* 10(4): 253-266.

Rudik, P. 1967. The idiomotor representation and its importance in training. *Sport Wyczynowy* (Warsaw) 8: 11-18.

Ruff, L. 1989. Calcium sensitivity of fast- and slow-twitch muscle fibers. *Muscle & Nerve* 12: 32-37.

Ryan, D. 1962. Relationship between motor performance and arousal. *Research Quarterly* 33: 279-287.

Sahlin, K. 1986. Metabolic changes limiting muscular performance. *Biochemistry of Exercise* 16: 77-87.

Sahlin, K. 1992. Metabolic factors in fatigue. *Sports Medicine* 13(2): 99-107.

Sale, D. 1989. Neural adaptation in strength and power training. In L. Jones, N. McCartney, and A. McComas (Eds.), *Human Muscle Power*. Champaign, IL: Human Kinetics. 289-307.

Saltin, B., and P. Astrand. 1967. Maximum oxygen uptake in athletes. *Journal of Applied Physiology* 23: 202-226.

Sandman, K., and C. Backstrom. 1984. Psychophysiological factors in myofascial pain. *Journal of Manipulative and Psychological Therapeutics* 7(4): 237-242.

Sauberlich, H., R. Dowdy, and J. Skala. 1974. *Laboratory tests for assessment of nutritional status*. Cleveland: CRC Press.

Schmidt. 1968. In V. Zatsyorski, *Athlete's physical abilities*. Moscow: Fiskultura i Sport.

Scholich, M. 1974. *Kreistraining*. Berlin: Bartels & Weritz.

Schöner-Kolb, I. 1990. *Das verhalten ausgewählter physiologischer, biochemischer und physchologischer parameter während und nach einem übertrainingsversuch an normalpersonen im alter von 23-30 jahren*. Doctoral thesis, German Sport University, Cologne.

Schroeder, W. 1969. The correlation between force and the other motor abilities. *Theorie und Praxis der Körperkultur* 12: 98-49.

Schutt, N., and D. Bernstein. 1986. Relaxation skills for the patient, dentist, and auxiliaries. *Dental Clinics of North America* 30 (Suppl. 4): S93-S105.

Serban, M. 1979. Aspecte psihologice ale formei sportive (Psychological aspects of peaking). *Educatia Fizica si Sport* 6: 38-46.

Setchenov, I. 1935. *On the question of the increase of the human muscle working capacity. Selected works*. Moscow: National Academy of Science.

Siclovan, I. 1972. *Teoria antrenamentului sportiv* (Theory of training). Bucharest: Stadion.

Siclovan, I. 1977. *Teoria antrenamentului sportiv* (Theory of training). Bucharest: Sport-Turism.

Siebert, W. 1929. The formation of skeletal muscle hypertrophy. *Journal of Clinical Medicine* 109-350.

Simoneau, J., G. Lortie, M. Bouley, M. Marcotte, M. Thibault, and C. Bouchard. 1985. Human skeletal muscle fiber type alteration with high-intensity intermittent training. *European Journal of Applied Physiology* 54: 250-253.

Singer, R. 1977. Motivation in sport. *International Journal of Sport Psychology* 8: 3-21.

Singer, R., D. Lamb, J. Loy, R. Malina, and S. Kleinman. 1972. *Physical education: An introductory approach.* New York: Macmillan.

Smith, R., T. Sarason, and V. Sarason. 1978. *Psychology: The frontiers of behavior.* New York: Harper & Row.

Sopov, K. 1975. Guidance of training the training process. *Sport Za Rubezhon* (Moscow) 9: 6-7.

Spielberger, C., P. Gorserch, and R. Lustene. 1970. *STAF Manual.* Palo Alto, CA: Consulting Psychologists Press.

Stokkan, D., and R. Reiter. 1994. Melatonin rhythms in arctic urban residents. *Journal of Pineal Research* 16: 33-36.

Strassman, R., C. Quahs, J. Lisansky, and G. Peake. 1991. Elevated rectal temperature produced by all-night bright light is reversed by melatonin infusion in men. *Journal of Applied Physiology* 71: 2178-2182.

Szogy, A. 1976. *An optimal model for talent identification in rowing.* Bucharest: National Council of Sports.

Talyshev, F. 1977. Recovery. *Legkaya Atletika* 6: 25-29.

Teodorescu, L. 1975. *Aspecte teoretice si metodice ale jocurilor sportive* (Theoretical and methodological aspects of team sports). Bucharest: Sport-Turism.

Teodorescu, L., and C. Florescu. 1971. Some directions regarding the perfection and masterness of technique and strategy. In E. Ghibu (Ed.), *The content and methodology of training.* Bucharest: Stadion. 66-81.

Terjung, R., and D. Hood. 1986. Biochemical adaptations in skeletal muscle induced by exercise training. In D. Layman (Ed.), *Nutrition and aerobic exercise..* Washington, DC: American Chemical Society. 8-27.

Tesch, P. 1980. Muscle fatigue in man. *Acta Physiologica Scandinavica Supplementum* 480: 3-40.

Tesch, P., G. Dudley, M. Duviosin, B. Hather, and R. Harris. 1990. Force and EMG signal patterns during repeated bouts of concentric or eccentric muscle actions. *Acta Physiologica Scandinavia* 138: 263-271.

Thibodeau, G. 1987. *Anatomy and physiology.* St. Louis: Times Mirror/Mosby College.

Thorndike, E. 1935. *Fundamentals of learning.* New York: New York Teachers College.

Timofeev, V. 1954. *The mechanism of formation the motor skills.* Lecture at the University of Moscow.

Topalian, G. 1955. In N. Ozolin, *Sovremnaia systema sportivnoi trenirovky* (Athlete's training system for competitions). 1971. Moscow: Fizkultura i Sport.

Torngren, L. 1924. *The Swedish gymnastics book.* Stockholm: Esslingen.

Totterdell, P., S. Reynolds, B. Parkinson, and R. Briner. 1994. Associations of sleep with everyday mood, minor symptoms and social interaction experience. *Sleep* 17: 466-475.

Trager, M. 1982. Psychophysical integration and mentastics: The Trager approach to movement education. *Journal of Holistic Health* 7: 15-25.

Trager, M., and C. Guadagno. 1987. *Trager mentastics: Movement as a way to agelessness.* New York: Station Hill Press.

Tschiene, P. 1989, June. *Finally a theory of training to overcome doping.* Presentation to the Second IAAF World Symposium on Doping in Sports. Monte Carlo.

Tucker, L., G. Cole, and G. Friedman. 1986. Physical fitness: A buffer against stress. *Perceptual and Motor Skills* 63 (2 pt): 955-961.

Tutko, T., and J. Richards. 1971. *Psychology of coaching.* Boston: Allyn & Bacon.

Uhov, V. 1968. In V. Zatzyorski, *Athlete's physical abilities.* Moscow: Fiskultura i Sport.

Uhtomski, A. 1950. *Learning about the dominant.* Leningrad: University of Leningrad.

Urmuzescu, A. 1977. Contributii pentru un model de forma sportiva pentru probele de rezistenta (Contribution for a model of athletic shape in endurance events). *Educatia Fizica si Sport* 9: 38-38.

Vander, J., J. Sherman, and D. Luomo. 1990. *Human physiology: The mechanisms of body function.* New York: McGraw-Hill.

Van der Beek, E. 1985. Vitamins and endurance training: Food for running or faddish claims? *Sports Medicine* 2: 175-197.

Vanek, M. 1972. *Sports psychology, its use and potential in coaching.* Toronto: Fitness International Productions.

Vanek, M., and J. Cratty. 1970. *Psychology of the superior athlete.* Toronto: Macmillan.

Van Erp-Baart, A., W. Saris, R. Binkhorst, J. Vos, and J. Elvers. 1989. Nationwide survey on nutritional habits in elite athletes. Part II Mineral and vitamin intake. *International Journal of Sports Medicine* 10: S11-S16.

Van Huss, W., L. Albrecht, R. Nelson, and R. Hagerman. 1962. Effect of overload warm-up on the velocity and accuracy of throwing. *Research Quarterly* 33: 472-475.

Van Reeth, O., and J. Sturis. 1994. Nocturnal exercise phase delays circadian rhythms of melatonin and thyrotropin secretion in normal men. *American Journal of Physiology* 266: E964-E974.

Voelz, C. 1976. *Motivation in coaching a team sport.* Washington, DC: American Association of Health, Physical Education, and Recreation.

Wallace, K. 1970. Physiological effects of transcendental meditation. *Science* 167: 1751-1754.

Wardlaw, M., P. Insel, and M. Seyler. 1992. *Contemporary nutrition: Issues & insights.* St. Louis: Mosby Year Book.

Wear, C. 1963. Relationships of flexibility measurements to length of body segments. *Research Quarterly* 34: 234-238.

Weber, E. 1914. Eine physiologische methode, die leistungsfähigkeit ermudeter menschlicher muskeln zu erhöhen. *Archives of Physiology* 385-420.

Webster, D. 1975. Soviet secret weapon. *International Olympic Lifters* 2: 24-26.

Weinberg, T. 1988. The relationship of massage and exercise to mood enhancement. *Sports Psychologist* 2: 202-211.

Wickstrom, R., and C. Polk. 1961. Effect of the whirlpool on the strength-endurance of the quadriceps muscle in training male adolescents. *American Journal of Physical Medicine* 40: 91-92.

Willmore, J., and D. Costill. 1980. *Training for sport and activity: The physiological basis for the conditioning process.* Dubuque, IA: Brown.

Wu, I. 1996. Effects of dietary N-3 fatty acids supplementation in men with weight loss associated with the acquired immune deficiency syndrome in relation to indices of cytokines. *Journal of Acquired Immune Deficiency Syndrome* 11: 258.

Yakovlev, N. 1967. *Sports biochemistry.* Leipzig: Deutsche Hochschule für Körperkultur.

Zalessky, M. 1977. Coaching, medico-biological, and psychological means of recovery. *Legkaya Atletika* 7: 20-22.

Zatzyorski, V. 1968. *Athlete's physical abilities.* Moscow: Physkultura i Sport.

Zatzyorski, V. 1980. The development of endurance. In L. Matveyev and A. Novikov (Eds.), *Teoria i metodica physicheskoi vospitania* (The theory and methodology of physical education). Moscow: Fizkultura i Sport. 271-290.

Zauner, C., M. Maksud, and J. Melichna. 1989. Physiological considerations in training young athletes. *Sports Medicine* 8(1): 15-31.

用 語 解 説
Glossary

5段跳 [penta jump]
ミニハードルなどを正五角形の形にならべ，五角形の内側から外側，外側から内側へと，さまざまな方向へジャンプをくり返すトレーニング方法。

ATP-CP系 [ATP-CP system]
クレアチンリン酸が分解されるときにATPが合成される無酸素エネルギー系。

CNS（中枢神経系）[central nervous system]
脊髄と脳。

アイソキネティック（等速性）収縮 [isokinetic contraction]
全可動域を通して一定の速度で行われる筋収縮。

アイソメトリック（等尺性）収縮 [isometric (static) contraction]
筋が長さを変えないで張力を発揮する収縮。

アイソトニック（等張性）収縮 [isotonic contraction]
筋が長さを変えながら張力を発揮する収縮で，短縮性と伸張性がある。

アクチン [actin]
筋収縮に関わるタンパク質。

アクチン電位 [actin potential]
活動（活性）時あるいは脱分極時に発生する筋や神経細胞の電気的活性（活動）。

アクトミオシン [actomyosin]
アクチンとミオシンが結合してできた筋収縮に関わるタンパク質。

アシドーシス [asidosis]
血液の酸性度が高まること。

アセチルコリン [acetylcholine]
神経からの情報を筋肉へと伝える神経伝達物質。

アディソン病 [Addison's disease]
副腎機能の低下によって起こるホルモン分泌異常が引き起こす病気。

アデノシン3リン酸（ATP）[adenosine triphosphate]
食物やすべての細胞，とくに筋の貯蔵物から放出されるエネルギーによって生成される複合化合物。

アデノシン2リン酸（ADP）[adenosine diphosphate]
無機リン酸（Pi）と結合してATPを生成する複合化合物。

アドレナリン [adrenaline]
副腎皮質から分泌されるホルモン。血糖や心拍数を増加させ，競技に適した状態をつくる。

アナボリック [anabolic]
同化作用。

アミノ酸 [amino acid]
アミノ基とカルボキシル基をもつ化合物の総称。タンパク質の構成要素。

インターバルトレーニング [interval training]
強度の高い運動を，ウォーキングやジョギングなどの軽い運動でつなぎくり返すトレーニング。

ウインドスプリント [windsprint]
最大下努力での疾走。流しとも呼ぶ。

ウエイトトレーニング [weight training]
バーベルやダンベルなどのウエイトを抵抗に用いた筋力トレーニング。

運動単位 [motor unit]
1本の運動神経とそれによって支配される筋線維。

エキセントリック（伸張性）収縮 [eccentric contraction]
収縮している（張力が発揮されている）間，筋が伸張される筋収縮タイプ。

エネルギー [energy]
仕事をするための能力で，蓄えられた仕事量に等しい。

エネルギーシステム [energy system]
化学反応過程を含む3つの代謝系。ATPの合成と代謝副産物の生成を行なう。

エルゴメータ [ergometer]
体力を測定するための機器で，自転車型が一般的。

炎症 [inflammatory response]
感染や損傷部位の修復過程に伴う発熱，発赤等の症状。

遠心性神経 [electrical potential]
骨格筋のような反応器官に中枢神経系から運動インパ

ルスを伝達するニューロン。

解糖[glycolysis]
糖（グリコーゲン）の化学分解。

覚醒[arousal]
意識をはっきりさせたり興奮させたりすること。

ガス交換[gaseous exchange]
肺胞において血中への酸素の取り込みと二酸化炭素の排出が行われること。

カタボリックホルモン[catabolic hormone]
体内の物質を分解するホルモン。

可動域[range of motion]
運動において関節を動かすことができる範囲。

間欠運動[intermittent work]
持続的ではなく休息を挟みながら行う運動。

拮抗筋[antagonistic muscles]
主働筋に対して反対の収縮を行うことで反対の影響（効果）を与える筋。

気分プロフィール検査（POMS）[profile of mood state]
質問紙に答えることで，気分の状態を緊張・抑うつ・怒り・活気・疲労・混乱の6因子で測定する検査。

強度[intensity]
スピード，最大筋力，パワーといったトレーニングの質的要素。ウエイトトレーニングでは，強度は反復できる重量で表される。

筋原線維[myofibril]
ミオシンとアクチン2つのタンパク質フィラメントを含む筋線維の一部分。

筋持久力[muscular endurance]
長時間にわたってくり返し収縮を行う筋，あるいは筋群の能力。

筋張力[musucle tone]
筋肉が発揮する力。

筋の萎縮[muscular atrophy]
不使用や神経の障害によって生じる筋の硬化や機能不全。

筋膜組織[myofascial tissue]
筋線維に付着部を与え，骨との連結にかかわる結合組織の膜。

筋力[strength]
筋あるいは筋群が抵抗に対して発揮することのできる力。

筋力（レジスタンス）トレーニング[resistance training]
筋力を高めることを目的として，自体重，バーベルやマシンなどの器具を用いておこうなトレーニング。

グリコーゲン[glycogen]
筋や肝臓の体内に貯蔵されたグルコースで形成されるエネルギー源。

グルコース[glucose]
単糖（ブドウ糖）。

クレアチンリン酸（CP）[creatine phosphate / phosphocreatine]
筋に貯蔵され，分解されるときにエネルギー合成のエネルギー放出をする物質。

けいれん[twitch]
不随意に筋が強く収縮することによって起こる発作。

月経[menses]
周期的にくり返される子宮体内からの出血。

血漿[plasma]
血液の液体成分。

効果器[effector]
神経からの情報をもとに外界への働きかけを行う器官。

交感神経[sympathetic]
副交感神経とともに自律神経を構成する。興奮すると心拍数や血糖を増加させエネルギー消費を増大するなどの働きをする。

高山病[altitude sickness]
高地において気圧・酸素分圧の低下によって生じる一連の身体機能障害。

酵素[enzyme]
生体内での化学反応のほとんどを活性化するタンパク質。

呼吸循環系の持久力[cardiorespiratory endurance]
活動している筋に酸素を輸送し取り込むための肺，心臓，血管などの能力。長時間にわたって大きな筋量の活動を行う選手（ランニング，スイミング，自転車など）に必要とされる。

コルチゾール[cortisol]
ストレスへの抵抗などにかかわる副腎皮質から分泌されるステロイドホルモン。

コンセントリック（短縮性）収縮[concentric contraction]
筋が短縮しながら収縮すること。

コンディショニング[conditioning]
最高の状態で競技できるように身体を調整すること。

サーカディアンリズム[circadian rhythm]
体内時計のようなもので，おおよそ24時間周期でくり返される変化。

サイコトニック[psychotonic]
リラクセーションの心理学的手法。

最大下強度[submaximum intensity]
最大強度に至らない低い強度。

最大随意収縮[maximal voluntary contraction]
電気刺激などを用いない，自発的な最大の筋収縮。

最大反復回数(RM)[repetition maximum]
ウエイトトレーニングの種目などで反復することができる最高回数のこと。1回しか挙上できない重量を1RMと呼ぶ。

作業能力[work capacity]
運動を行う能力。

サプリメント[supplement]
主食とは別に摂取される栄養補助食品。

酸素負債[oxygen debt]
運動に必要な酸素量(需要)に対して，酸素摂取量(供給)が下回ると，その不足分に相当するエネルギーを借り受けることになる。これを酸素負債と言う。借り受けたエネルギーは無酸素的にまかなわれるので，その結果として乳酸が生じ，その乳酸は運動後に過剰摂取される酸素によって処理される。

弛緩[relax]
緊張を解くこと。

時間生物学[choronobiotic]
生物の持っているリズムを扱う学問分野。

持久力[endurance]
長時間運動を遂行する能力。

仕事[work]
物体に作用した力と，その力によって動いた距離をかけたもの。

ジストロフィ[dystrophic processe]
脳，下垂体病変による栄養障害などが起こる異常。

自動化[automatization]
熟練によって，運動の遂行が無意識に行われるようになること。

脂肪[fat]
グリセロースと脂肪酸からなる物質。基礎的栄養素の1つ。

柔軟性[flexibility]
関節が動く可動域のこと。

主働筋[agonistic muscles]
運動を中心となって行う筋のこと。

循環(サイクリック)[cyclic]
連続的にくり返される動作からなる走のようなスキル。

上腕二頭筋[biceps brachii]
上腕の肘屈筋群。

自律神経[parasympathetic vegetative system]
不随意筋の運動や腺からの分泌を受けもつ神経。

神経インパルス[neruve impulse]
骨格筋を収縮させる神経からの興奮。

身体運動能力[biomotor ability]
筋力，パワー，スピード，持久力などの運動を行う能力。

心拍出量[carbiac output]
1分あたりに心臓から拍出される血液量。

水素イオン[hydrogen ion]
電気を持った状態の水素イオン。

スキル[skill]
技能，技術，技量。

スタビライザー[stabilizers]
骨の位置を静止あるいは安定させるために働く筋。

ストレス症候群[stress related syndrome]
いろいろな刺激(ストレッサー)を受けると，体内に歪みが生じる。ストレッサーによるこの歪みが強すぎると，病的な状態に陥る。これをストレス症候群とよぶ。

ストレスマネージメント[stress management]
ストレスによる心身への影響が過度にならないよう管理すること。

成長ホルモン[growth hormone]
下垂体腺前葉から分泌され，発育発達に関与するホルモン。

静的収縮[static contraction]
等尺性収縮。

セカンドウインド[secondwind]
長時間運動の初期において，酸素需要量と供給量の関係が崩れた息苦しい状態から回復し，バランスのとれた状態になること。

セグメント[segment]
力学的な計算上，身体をいくつかの剛体が連結したものと仮定した場合における各剛体を示す。

セロトニン[serotonin]
必須アミノ酸であるトリプトファンの代謝過程で生成される脳内の神経伝達物質の1つ。

僧帽筋[trapezins]
肩甲骨を上下に動かしたり正中線側に引き寄せる筋肉。

速筋線維（白筋線維）[fast-twitch fiber（FT）]
収縮のスピードは速く，大きな力を発揮することができるが，長く運動を持続することができない筋線維。

ソナー刺激[sonar stimuli]
超音波などの信号音であり，物体に反射したあとに信号を受け取る機械に到達することで，その物体の大きさや距離などを推測することができる。

代謝[metabolism]
体内で起こる化学変化あるいは反応。

代謝産物[metabolit]
代謝反応によって生成される物質。

脱トレーニング[detraining]
トレーニングを中止すること。

単純反応時間[simple reaction time]
反応の選択肢が単一である場合においての，刺激に対して反応が生じるまでの時間。

炭水化物[carbohydrate]
炭素，水素，酸素のみからなる糖質，でんぷん，セルロースといった化合物。基礎的栄養素の1つ。

ダンベル[dumbbell]
小型のバーベルで，短いバーの両端にプレートをつけて重量を調節するトレーニング器具。

遅延性筋肉痛（DOMS）[delayed onset muscle soreness]
運動終了後24〜72時間において筋に生じる痛み。おもに伸張性収縮によって生じるとされているが，原因は明確ではない。

遅筋線維（赤筋線維）[slow-twitch fiber（ST）]
収縮のスピードは遅く，大きな力を発揮することはできないが，長く運動を持続できる筋線維。

調整力[coordination]
感覚と運動の連携，運動の組み合わせの巧みさ。協調をつかさどる能力。

超瞑想（TM）[transcendental mediation]
より深い瞑想状態であり，無心になって想念に対して非常に深く思いを巡らすこと。

テーパリング[tapering]
試合時に最高のパフォーマンスを得るために，系統的にトレーニング時間および強度を減少させること。

適応[adaptation]
機能的構造の持続的変化。とくにトレーニング負荷の増大に対する反応。

てこ比[leverage]
てこを使う上で重要な，支点，力点，および作用点の位置関係から割り出される比率。

テストステロン[testosterone]
精巣で合成される主要な男性ホルモン。

デプスジャンプ[depth jump]
台から飛び降り，着地直後，瞬間的に上方へ跳び上がるトレーニング方法。

電位信号[electric signal]
生物体の細胞や組織が刺激を受けたときに発生する膜電位。

トレーニング頻度[training frequency]
トレーニングを行う週当たりの回数。

トロポニン[troponin]
筋収縮に関連するタンパク質。

内分泌系[internal secretion system]
生体内各種器官の機能を，内分泌腺によってつくられるホルモンで協調的に調整する系。

乳酸[lactic acid（lactate）]
酸素が不足する状態での糖の不完全な分解によって発生する乳酸系の疲労代謝物。

乳酸系（LA system）[lactic acid system]
糖が乳酸に分解されるときにATPが生成される無酸素エネルギー系。1〜3分の高強度の運動では，おもにこの系からエネルギー（ATP）が供給される。

乳酸耐性[lactate tolerance]
激しい運動で生成される乳酸によって生じる筋収縮機能低下に対抗して筋収縮を続ける能力。

ノルアドレナリン[noradrenaline]
中枢神経系と代謝性酵素の活性化による力発揮の増加作用，血圧増加作用。などの働きを持つホルモン。副腎髄質から分泌される。

バーンアウト [burnout]
　目標に対する心身のエネルギーが尽き果て，心的疲労感，空虚感，自己嫌悪感，作業能力の低下などが生じること。

バイオフィードバック [biofeedback]
　生体内において生じるフィードバック。

バイオプシー [biopsy]
　生体から細胞および組織を外科的に採取することで，その組織の状態を検査する方法。

バイオメカニクス [biomechanics]
　骨格筋の力学的特性や動作など，生物に関わる基礎的課題の究明を目的とする生体力学分野の学問。

バウンディング [bounding]
　片脚ずつ交互にバウンドしながら前方へ弾むトレーニング方法。

バセドウ病 [Basedow's disease]
　甲状腺ホルモンが過多になり，体重減少，食欲過多，多汗，動悸などの症状が発症する甲状腺機能亢進症状の一疾患。

発射頻度 [firing frequency]
　筋力を規定する神経系の要因の1つであり，活動電位が発生する頻度を表す。

ハムストリング [hamstring]
　膝の屈曲と股関節の伸展に関わる大腿後面の筋。

バリスティック [ballistic]
　反動を用いたダイナミックな動作。

パワー [power]
　単位時間あたりになされる仕事。

反射 [reflex]
　受容器への刺激によって引き起こされる不髄的（自動的）な反応。

非循環（アサイクリック）[acyclic]
　他の動作と類似性がなく常に変化する動作からなるスキル。

肥大 [hypertrophy]
　細胞あるいは組織のサイズの増大。

ビタミン [vitamin]
　重要な化学（代謝）反応を起こすことで知られている必須の有機栄養素。

疲労 [fatigue]
　長時間あるいは過度の運動によって起こる身体機能の低下した状態。

ファルトレイク [fartlek]
　陸上における持久力トレーニングの1つで，起伏に富んだ地形を利用して疾走速度を変化させながら行われるランニング。

フィードバック [feedback]
　出力（結果）を入力（原因）側に戻すこと。

副腎腺 [adrenal glands]
　腎臓上部にある内分泌器官で，髄質からアドレナリンを，皮質から副腎皮質ホルモンを分泌する。

プラトー [plateau]
　トレーニングの過程で，選手にあまり能力の向上が見られない期間。

フリーウエイト [free weight]
　エクササイズマシーンではなく，ウエイト（バーベルやダンベルなど）を用いて行うトレーニング。

ベータレセプター遮断 [beta-receptor blockade]
　心拍数上昇，および血管拡張に関わるベータ受容体に神経伝達物質が刺激しないようにすること。

ヘマトクリット [hematocrit]
　血液中に占める血球の容積の割合を示す数値であり，貧血検査などに使われる。

ヘモグロビン [hemoglobin (Hb)]
　鉄（ヘム）とタンパク質（グロビン）からなり，赤い血液細胞として形成され，酸素と結合する合成分子。

ホスホフルクトキナーゼ (PFK) [phosphofurucutokinase]
　解糖系によりATPの調整をしている酵素。

ホメオスタシス（恒常性）[homeostasis]
　安定した体内条件に保つこと。

ホルモン [hormone]
　細胞，組織，器官の活動に特異的な影響を与える内分泌腺から体液中に分泌される化学物質。

マクロサイクル [macrocycle]
　2～6週間のトレーニング期間。

ミオグロビン [myoglobin]
　筋線維を赤くするヘモグロビンと似た酸素結合色素。酸素貯蔵と酸素拡散の役割を果たす。

ミオシン [myosin]
　筋収縮に関係するタンパク質。

ミクロサイクル [microcycle]
　おおよそ1週間のトレーニング期間。

ミトコンドリア[mitochondrion (singular)]
　電子伝達系による酸化的リン酸化によるエネルギー生産機能を有する細胞小器官。

ミネラル[mineral]
　本来の意味は無機質であるが，一般的には生体の生命維持に欠かせない微量元素を示す5大栄養素の1つ。

無休息脚症候群[leg restless syndrome]
　不随意に脚筋群が興奮してしまう症状で，多くは睡眠にはいるにあたって，脚が動くことを抑えきれなくなる状態。

無酸素性作業閾値[anaerobic threshold]
　無酸素的に行える最も強い運動強度のこと。ATと呼ぶ。

無酸素性の解糖[anaerobic glycolysis]
　酸素の不足する状態での，糖の不完全な化学分解のことで，乳酸を生じる。

迷走神経[vagal]
　12対ある脳神経の1つであり，頸部から横行結腸の1/3までのほぼすべての運動神経と副交感性の知覚神経を表す。

メディシンボール[medicine ball]
　筋力強化のために用いる重量のあるボールで，一般的には1〜5kgほどのものが使用される。スポーツ選手のリハビリテーションのために作られたため，メディシンという名が付けられた。

メラトニン[melatonin]
　生体リズムの調節作用，性腺抑制作用，および催眠作用などを持つ脳の松果腺から分泌されるホルモン。

メンタルトレーニング[mental training]
　高い競技パフォーマンスを発揮するのに必要な精神を強化するトレーニングであり，意志，意欲，および決断力を高めたり，あがりを防ぐなどの目的に対して行われる。

毛細血管[capillary]
　組織と血液間での交換を行い，動脈と静脈の間に位置する細い血管。

モチベーション[motivation]
　身体を行動へ駆り立てて目標へ向かわせる精神面のエネルギー。

有酸素性エネルギー系[oxygen system]
　食物（とくに糖と脂肪）が分解されるときにATPが合成されるエネルギー系。この系は酸素が充足した状態で多量のATPを合成し，長時間の継続的な（持久的）運動時の主要なエネルギー源となる。

量[volume]
　トレーニングの量的要素。

老廃物[waste products]
　生体内の物質代謝によって生じる代謝産物で，体内に不要となった物。

さくいん
Index

＊は用語解説の見出しにある用語

英数字

*5段跳[penta jump] ………… 191
ATP-CPエネルギー供給系[the phosphate system (ATP-CP)] …… 269
*ATP-CP系[ATP-CP system] ……… 14
CNS（中枢神経系）[central nervous system] ………… 6, 70, 84, 102
Flavius Philostratus
　　［Flavius Philostratus］………… 106
mmol[millimol] ………………… 17
Rolf Carlson[carlson rolf] ………… 23

あ

ア
アイソキネティック[isokinetic] … 245
*アイソキネティック（等速性）収縮
　　[isokinetic contraction] ………… 245
アイソメトリック[isometric] …… 245
*アイソメトリック（等尺性）収縮
　　[isometric (static) contraction] … 256
*アクチン[actin] …………………… 84
*アクトミオシン[actomyosin] …… 84
*アシドーシス[asidosis] ……… 86, 269
*アセチルコリン[acetylcholine] …… 77
アディソノイド・オーバートレーニング[Addisonoid overtraining] … 88
*アディソン病[Addison's disease] … 88
*アデノシン3リン酸（ATP）[adenosine triphosphate] ………………… 14
*アデノシン2リン酸（ADP）[adenosine diphosphate] ………………… 14
*アドレナリン[adrenaline] ……… 67, 77
*アナボリック[anabolic] ………… 259
*アミノ酸[amino acid] …………… 68
安定性[stability] ………………… 51

イ
医学コントロール[medical control]
　　………………………………… 172
移行（期）[transition (phase)]
　　………………………… 144, 153, 167
意識性・積極性の原理[active participation] …………………………… 20
維持段階[maintenance phase] …… 156
萎縮[atrophy] …………………… 103
意志力[athletic willpower] ……… 262
1回最大挙上重量[one repetition maximum] ……………………… 253
一定持続法[uniform methods] …… 266
一般的筋力[general strength]
　　………………………… 183, 246
一般的持久力[general endurance]
　　………………………………… 260
一般的準備期[general preparation]
　　………………………… 144, 153
一般的スピード[general speed] … 276
一般的体力トレーニング[general physical training] ………………… 39
一般的調整力[general coordination]
　　………………………………… 285
一般的トレーニング[generalized training] ………………………… 200
遺伝[heredity] …………………… 277
イメージトレーニング[mental imagery]
　　………………………………… 42
*インターバルトレーニング[interval training] ………………… 15, 267
引退[retirement] ………………… 13

ウ
*ウインドスプリント[wind sprint]
　　………………………………… 111
*ウエイトトレーニング[weight training]
　　………………………………… 122
ウエイトリフティング[weight lifting]
　　………………………………… 15
ウォーミングアップ[warm-up] … 110
動きの自由度[free of movement] … 67
運動経験[motor experience] ……… 287
*運動単位[motor unit] ………… 10, 168
運動と生物学的要素の協同作用
　　[perception motor and biological synergism] ………………… 225
*運動能力[motor capacity] ……… 218
運動療法[kinotherapy] …………… 70

エ
*エキセントリック[eccentric] …… 245
エクササイズ依存症候群[exercise-dependency syndrome] ……… 168
*エネルギー[energy] ……………… 14
エネルギー源[sources of energy] … 14
*エネルギーシステム[energy system]
　　………………………………… 129
*エルゴメータ[ergometer] ……… 191
エルゴゲネシス（エネルギー供給）
　　[ergogenesis] ……………… 29, 58
*炎症[inflammatory response] …… 72
*遠心性神経[efferent nervous] …… 285

オ
オーバートレーニング[overtraining]
　　……………………………… 81, 202
オーバートレーニングの治療[treatment of overtraining] ………… 96
オフシーズン[off-season] ……… 167
オリンピックサイクル[Olympic cycle]
　　………………………………… 206
温熱療法[heat or thermotherapy] … 72

か

カ

外的抵抗に抗する能力[ability to overcome external resistance] …… 277
*解糖[glycolysis] ……………… 168
回復[compensation] ………… 154
回復曲線[recovery curve] ………… 69
回復段階[compensation phase] … 156
回復と再生のミクロサイクル[recovery and regeneration microcycle] ……………………… 132
回復の心理学的療法[psychological means of recovery] ……… 76
回復の理論[recovery theory] ……… 67
解剖学的適応[anatomical adaptation] ……………………………… 155
解剖学的な測定[anthropometric measurement] …………… 213
化学療法[chemotherapy] ………… 75
学習と技能の形成[learning and skill formation] ………………… 44
*覚醒[arousal] ………………… 153
過重負荷法[over loading] ………… 32
*ガス交換[gaseous exchange] …… 114
*カタボリックホルモン[catabolic hormone] ………………… 68
活動停止[inactivity] …………… 168
活動電位[action potentials] ……… 84
*可動域[range of motion] ……… 102
感覚運動法[sensomotor methods] … 279
感覚器[sensory organs] ………… 287
感覚受容器（動きの受容器）[kinesthetic sensor] ……………… 287
感覚の精巧さと精度[fitness and precision of the sense] ………… 287
*間欠運動[intermittent work] ……… 69
関節角度と筋効率[joint angle and muscle efficiency] ………… 245
完全休養[complete rest (passive rest)] ………………………………… 70
完全な調整力[perfect coordination] ………………………………… 241

キ

技術[technique] ……………… 246
技術的準備[technical preparation] ……………………………… 188
技術と個別化[technical and individualization] ………………… 44
技術トレーニング[technical training] ………………………… 4, 43
基礎心拍数（BHR）[base heart rate] ……………………………… 95
*拮抗筋[antagonist muscles] ……… 102
機動性[mobility] ……………… 241
*気分プロフィール検査（POMS）[profile of mood state] ……… 93
休止段階[cessation phase] ……… 156
休息[rest] ……………………… 63
休息インターバル[rest intervals] … 279
休息時間[rest interval] ……… 64, 275
休息時間と休息中の活動[rest interval and activity during rest] …… 251
強化ミクロサイクル[shock microcycle] ……………… 126
競技形成[athletic formation] …… 201
競技的知性[athletic intelligence] … 287
競技特有の回復[sport-specific recovery] ……………… 78
競技特有の身体的能力の開発[sport-specific physical development] … 4
競技の分類[classification of sports] … 5
*強度[intensity] ……………… 57, 146
強度区分[intensity zone] ………… 58
強度評価[evaluating intensity] …… 58
筋[muscles] …………………… 155
均一負荷法[flat loading] ………… 36
筋間協調[intramuscular coordination] ……………………………… 244
*筋原線維[myofibril] …………… 244
*筋持久力[muscular endurance] ……………………… 4, 155, 241, 246
筋持久力の発達[developing muscular endurance] …………… 258
筋線維タイプ[(the dominant) muscle fiber type] ……………… 10
筋弾性[muscle elasticity] ……… 278
筋張力[muscle tone] …………… 282
筋肉の張力[muscle tension] ……… 77
筋の萎縮[muscular atrophy] …… 104
筋の潜在能力[muscle potential] … 246
筋肥大[hypertrophy] …………… 10
*筋膜組織[myofascial tissue] ……… 67
*筋力[strength] ……………… 2, 241
筋力トレーニング[strength training] ……………………………… 243
筋力トレーニングのピリオダイゼーション[periodization of strength training] ……………………… 155
筋力パフォーマンスに影響を及ぼす要因[factors affecting strength performance] …………… 246

ク

空気療法[aerotherapy] ………… 74
組み合わせ法[combined methods] ……………………………… 283
くり返し反応[repeated reaction] … 279
*グリコーゲン[glycogen] ……… 10, 15
グループレッスン[group lessons] ……………………………… 109
*グルコース[glucose] …………… 80
*クレアチンリン酸（CP）[creatine phosphate / phosphocreatine] …… 10, 14

ケ

芸術的競技[artistic sports] ……… 178
*けいれん[twitch / cramps] …… 68, 77
ゲームプラン[the game plan] …… 48
けが[injury] …………………… 13
*月経[menses] ………………… 28
*血漿[plasma] ………………… 31
血中乳酸濃度[the level of lactic acid in the blood] ……………… 17
腱[tendons] …………………… 155
健康[health] …………………… 4
健康状態[health status] ………… 27
顕在的な疲労[evident fatigue] …… 114

コ

*効果器[effector] …………… 277, 285
*交感神経[sympathetic] ……… 72, 77
交互法[alternative methods] …… 281
向上率[improvement rate] ……… 197

*酵素 [enzyme] ……………… 10, 75
交替浴 [contrast baths] ……………… 73
*高山病 [altitude sickness] ……………… 74
高地療養 [altitude cure] ……………… 74
*呼吸循環系の持久力 [cardiorespiratory endurance] ……………… 119
個人の年間トレーニングプラン [individual annual training plan] …… 183
個人レッスン [individual lessons] ……………… 109
固定抵抗 [fixed resistance] ……… 245
個別化 [individualization] ………… 51
個別性の原理 [individualization] … 25
個別戦術 [individual tactics] ……… 46
個別的トレーニング [individualize training] ……………… 27
固有受容性神経─筋促通法 (PNF) [proprioceptive neuromuscular facilitation] ……………… 283
*コルチゾール [cortisol] ……………… 67
混合法 [combined methods] ……… 284
混合レッスン [mixed lessons] …… 109
*コンセントリック [concentric] … 245
*コンディショニング [conditioning] ……………… 113

さ

サ

*サーカディアンリズム [circadian rhythm] ……………… 68
*サイコトニック [psychotonic] …… 78
再生ミクロサイクル [regeneration microcycle] ……………… 126
*最大下強度 [submaximum intensity] ……………… 278
最大可動域 [full range of motion] … 241
最大筋力 [maximum strength] ……………… 155, 183, 241, 246
最大筋力段階 [maximum strength phase] ……………… 155
最大筋力法 [maximum strength methods] ……………… 256

最大酸素摂取トレーニング (MaxVO₂T) [maximum oxygen consumption training] ………… 270
最大酸素摂取量 [maximum oxygen consumption] ……………… 10
*最大随意収縮 [maximum voluntary contraction] ……………… 85
最大スピード [maximum speed] … 241
*最大反復回数 [repetition maximum] ……………… 253
*作業能力 [work capacity] ……… 25
*サプリメント [supplement] ……… 76
酸化 [oxidative] ……………… 168
三重周期 [tri-cycle] ……………… 149
*酸素負債 [oxygen dept] ……… 261
酸素療法 [oxigenotherapy] ……… 74

シ

試合 [athletic competition] ………… 232
試合カレンダー [competition calender] ……………… 189
試合期 [competitive (phase)] ……………… 144, 153, 163
試合期中のミクロサイクル [microcycle dynamics during the competitive phase] ……………… 133
試合期のためのマクロサイクル [macrocycle for the competitive phase] ……………… 138
試合導入ミクロサイクル [unloading microcycle] ……………… 126
試合のためのミクロサイクル [model of a microcycle for competition] … 135
試合頻度 [event frequency] ……… 236
試合プラン [planning the competition] ……………… 233
指圧 [acupressure] ……………… 74
視覚化 [visualization] ……………… 152
*弛緩 [relax] ……………… 244
*時間生物学 [choronobiotic] ……… 68
時間の感覚 [time sense] ………… 59
持久性の競技 [endurance sports] … 148
持久性トレーニング [endurance training] ……………… 10
*持久力 [endurance] ……………… 2, 241

持久力に影響する要因 [factors affecting endurance] ……………… 261
持久力のピリオダイゼーション [periodization of endurance] ……… 157
持久力の分類 [classification of endurance] ……………… 260
刺激強度 [intensity of stimuli] …… 278
刺激持続時間 [duration of stimuli] ……………… 278
刺激の量 [volume of stimuli] …… 278
刺激頻度 [frequency of stimuli] … 278
自己調整能力 [self-regulations] … 201
*仕事 [work] ……………… 142
*ジストロフィ [dystrophic processe] ……………… 82
持続時間 [duration] ……………… 275
*自動化 [automate] ……………… 201
*脂肪 [fat] ……………… 16
脂肪酸 [fatty acid] ……………… 10
集中力 [concentration] ………… 278
柔軟運動 [calisthenics] ………… 41
*柔軟性 [flexibility] ……………… 2, 241
柔軟性トレーニング [flexibility training] ……………… 282
終末部 [conclusion] ……………… 113
主働筋 [prime movers] ………… 42
*主働筋 [agonist muscles] ……… 102
受動法 [passive methods] …… 283, 284
主要試合 [main competition] …… 145
主要部 [main body] ……………… 112
*循環 (サイクリック) [cyclic] …… 255
循環筋持久力 [cyclic muscular endurance] ……………… 255
循環スキル [cyclic skils] ………… 5
循環パワー [cyclic power] ……… 255
準備期 [preparatory (phase)] … 144, 161
準備部 [preparation] ……………… 110
小周期 [subphases] ……… 144, 164
*上腕二頭筋 [biceps brachii] ……… 244
*自律神経 [parasympathetic vegetative system] ……………… 75
神経 [nervous] ……………… 285
神経─筋機能 [neuro-muscular coordination] ……………… 225, 226
*神経インパルス [nervous impulse] ……………… 244

神経―筋疲労 [neuromuscular fatigue]
　　　　　　　　　　　　　　　84
神経性疲労 [neuroendocrine fatigue]
　　　　　　　　　　　　　　　88
靱帯 [ligaments] ･･････････････ 155
身体運動能力のピリオダイゼーション
　　[periodization of biomotor abilities]
　　　　　　　　　　　　　　　154
身体運動能力 [biomotor abilities]
　　　　　　　　　　　 2, 5, 24, 240
身体的準備 [physical preparation]
　　　　　　　　　　　　　　　188
身体の解剖学的構造の適応 [anatomical adaptation] ････････････ 155
伸張性収縮 [eccentric contraction]
　　　　　　　　　　　　　　84, 86
心的要因 [psychological aspects] ･･････ 4
*心拍出量 [cardiac output] ･････ 261
心拍数 [heart rate] ･････････ 17, 275
心拍数の閾値 [threshold heart rate]
　　　　　　　　　　　　　　　60
心理学的超回復 [psychological supercompensation] ･････････････ 152
心理的準備 [psychological preparation]
　　　　　　　　　　　　　　4, 188
心理的調整 [arousal] ･･･････････ 152

ス

*水素イオン [hydrogen ion] ･･････ 86
睡眠環境 [sleep habits] ･･････････ 70
*スキル [skill] ･･････････････････ 3
スキルの類縁性 [skill similarities] ･･･ 6
スタティック法 [static] ････････ 283
*スタビライザー [stabilizers] ･･････ 156
ストレス [stress] ･･････････ 9, 146
*ストレス症候群 [stress-related syndrome] ･･･････････････ 77
*ストレスマネジメント [stress management] ････････････････ 151
ストレッチ療法 [stretch therapy] ･･･ 102
スピード [speed] ･･････････ 2, 241
スピード持久力 [speed endurance]
　　　　　　　　　　　　　　155
スピード持久力 [endurance of speed]
　　　　　　　　　　　　　　241
スピード障害 [speed barrier] ･･････ 281

スピードトレーニング [speed training]
　　　　　　　　　　　　　　276
スピードに影響を与える要因 [factors affecting speed] ･･････････ 277
スピードのピリオダイゼーション
　　[periodization of speed] ･･････ 157
スピードの予備能力 [speed reserve]
　　　　　　　　　　　　　　263
スポーツシステム [sports system] ･･･ 8
スポーツタレントの発掘 [talent identification] ････････････････ 211

セ

性差 [gender differences] ････････ 28
精神力 [willpower] ･･････････ 278
*成長ホルモン [growth hormone] ･･･ 67
静的あるいは等尺性収縮 [static or isometric contraction] ･････････ 257
*静的収縮 [static contraction] ･･････ 257
生理的類縁性 [physiological similarities]
　　　　　　　　　　　　　　　6
*セカンドウインド [second wind]
　　　　　　　　　　　　　　111
*セグメント [segment] ････････ 248
積極的休養 [active rest] ･･････････ 70
絶対強度 [absolute intensity] ･････ 60
絶対筋力 [absolute strength] ････ 246
絶対量 [absolute volume] ･････････ 57
セット数 [number of set] ･･････ 250
*セロトニン [serotonin] ･････ 74, 91
潜在的な疲労 [latent fatigue] ････ 114
前試合期 [pre-competition] ･･･ 145, 153
戦術 [tactics] ･････････････ 4, 45
戦術課題 [tactical tasks] ･･････････ 47
戦術的思考 [tactical thinking] ･･････ 48
戦術的準備 [tactical preparation] ･･･ 188
戦術のトレーニング [tactical training]
　　　　　　　　　　　　　　　45
戦術モデル [tactical model] ･･････ 46
漸進的な筋のリラクセーション
　　[progressive muscle relaxation] ･･･ 78
漸増負荷性の原理 [load progression]
　　　　　　　　　　　　　　　32
全体強度 [overall intensity] ･････ 62
全体要求 [index of overall demand]
　　　　　　　　　　　　　　　65

選択反応 [selective reaction] ･･････ 280
選択反応時間 [choice reaction time]
　　　　　　　　　　　　　　277
全面性の原理 [multilateral development]
　　　　　　　　　　　　　　　21
全面的開発 [multilateral development]
　　　　　　　　　　　　　　　21
全面的な身体の開発 [multilateral physical development] ････････････ 3
全面的な発達 [multilateral development]
　　　　　　　　　　　　　　　22
専門性の原理 [specialization] ･･････ 24
専門的筋力 [specific strength] ････ 246
専門的持久力 [specific endurance]
　　　　　　　　　　 155, 157, 260
専門的準備期 [specific preparation]
　　　　　　　　　　　　 144, 153
専門的スピード [specific speed]
　　　　　　　　　　 155, 158, 276
専門的スピード, 瞬発力, 反応時間
　　[specific speed, agility and reaction time] ･･････････････ 158
専門的体力トレーニング [a specific physical training] ･･････････ 39
専門的調整力 [specific coordination]
　　　　　　　　　　　　　　285
専門的なトレーニング [specialized training (program) / specificity of training] ･･････････ 21, 22, 202
専門的レース持久力 [specific racing endurance] ･････････････ 268
戦略 [strategy] ･･････････････ 45

ソ

総合的なピリオダイゼーション [integrated periodization] ･････････ 158
相対強度 [relative intensity] ･･････ 60
相対筋力 [relative strength] ･････ 247
相対量 [relative volume] ･･･････ 57
*僧帽筋 [trapezins (muscle)] ･･････ 244
*速筋線維 (白筋線維) [fast-twitch fiber (FT)] ････････････････ 277
速筋線維タイプ [fast-twitch muscle fiber type] ･････････････････ 10
ソナー刺激 [sonar stimuli] ･････ 277

た

タ

*代謝[metabolism] ………… 68, 78, 82
*代謝産物[metabolit] ……………… 15
代謝疲労[metabolic fatigue] ……… 86
耐性レベル[tolerance level] ……… 25
ダイナモメータ[dynamometers] … 246
耐乳酸トレーニング(LATT)[lactic acid tolerance training] ……… 269
体力トレーニング[physical training] ………………………… 39
多重周期[multi peak of cycle] …… 149
*脱トレーニング[detraining] ……… 13
脱トレーニング症候群[detraining syndrome] ……………… 168
多様性の原理[variety] …………… 28
タレントの発掘[talent identification] ………………………… 212
段階負荷法[step loading] ………… 33
単周期[monocycle] ………… 146, 170
短縮性収縮[concentric contraction] ………………………… 86
*単純反応時間[simple reaction time] ………………………… 277
*炭水化物[carbohydrate] ………… 68
タンパク質[protein] ……………… 16
*ダンベル[dumbbell] ……………… 248

チ

チームとしての準備[team preparation] ………………………… 4
チームとしての能力[team capability] ………………………… 4
チームの柔軟性[the team's flexibility] ………………………… 48
*遅延性筋肉痛[delayed-onset muscle soreness] ……………… 87
力[force] ………………………… 243
力―速度曲線[force-velocity curve] ………………………… 243
*遅筋線維(赤筋線維)[slow-twitch fiber (ST)] ………………………… 10
遅筋線維タイプ[slow-twitch muscle fiber type] ……………… 10

超回復[supercompensation] ……… 11
超回復周期[supercompensation cycle] ………………………… 11
長期プラン[long-term plans] …… 107
超最大負荷[super maximum load] ………………………… 249
*調整力[coordination] ……… 2, 33, 241
調整力トレーニング[coordination training] ……………… 285
*超瞑想(TM)[transcendental mediation] ………………………… 78
直接的要因[direct factor] ………… 9

ツ

使いすぎによる傷害[overuse injuries] ………………………… 41

テ

低酸素状態[hypoxia] ……………… 59
*テーパリング[tapering] …… 118, 140
テーパリング期[unloading phases] ………………………… 165
テーパリングミクロサイクル[unloading microcycle] ……… 164
適応[adaptation] ………………… 9
テクニック[technique] …………… 246
*てこ比[leverage] ………………… 243
テスト[testing] …………………… 172
*テストステロン[testosterone] ………………………… 67, 168
テストと基準[tests and standards] ………………………… 190
*デプスジャンプ[depth jump] …… 254
*電位信号[electric signal] ………… 84
転換段階[conversion phase] …… 156
電気刺激[electrical stimulation] … 245

ト

統合と分化[integration-differentiation] ………………………… 50
動体に対する反応[reaction to moving object] ……………… 279
等張性収縮[isotonic contraction] ………………………… 257
動的ステレオタイプ[dynamic stereo type] ……………… 46

導入部[introduction] …………… 109
*トレーニング活動[training sessions] ………………………… 63
トレーニングからの回復[recovery from exercise] ……………… 78
トレーニング強度[intensity of training] ……………………… 61
トレーニングプラン[training program] ………………………… 10
トレーニング時間[number of hours of training] …………………… 194
トレーニング刺激[training stimuli] ………………………… 12
トレーニングシステム[training system] ………………………… 8
トレーニングシステムの質[the quality of a training system] ……… 9
トレーニング数[number of training lessons] …………………… 194
トレーニングと試合のための回復[recovery for training and competition] ……………………… 80
トレーニングによる適応[training adaptation] ………………… 9
トレーニングの各部分の持続時間[duration for each part of a lesson] ………………………… 113
トレーニングの質[the quality of training] ……………………… 9
トレーニングの専門性[specificity of training] ………………… 158
トレーニングの中断[training interruptions] ………………… 44
トレーニングの定量化[quantifying training] ………………… 126

な

ナ

*内分泌系[internal secretion system] ……………………… 72, 82

ニ

二重周期[bi-cycle] ……………… 147
*乳酸[lactic acid (lactate)] …… 15, 265

*乳酸系 [lactic acid system] ………… 15
乳酸耐性 [lactic tolerance] ………… 266
乳酸濃度 [lactic concentration] …… 275
乳酸理論にもとづいた持久力トレー
　ニング [endurance-training programs
　based on the lactic acid method]
　………………………………… 265
認知時間 [duration of acquisition] … 286

ネ

年間トレーニングプラン [annual train-
　ing program] ………………… 142
年間プラン [annual plan] …… 108, 144
年間プランのチャート [chart of the
　annual plan] ………………… 169

ノ

能動法 [active methods] ………… 283
*ノルアドレナリン [noradrenaline] … 77

は

ハ

*バーンアウト [burnout] …………… 25
*バイオフィードバック [biofeedback]
　………………………………… 78
*バイオプシー [biopsy] …………… 214
*バイオメカニクス [biomechanics]
　…………………………… 54, 77
*バウンディング [bounding] ……… 254
爆発的パワー [explosive power] … 10
*バセドー病 [Basedow's disease] …… 88
バセドー・オーバートレーニング
　[Basedowoid overtraining] …… 88
*発射頻度 [fitting frequency] ……… 85
発達ミクロサイクル [development
　microcycle] ………………… 126
パフォーマンス [performance] …… 3
パフォーマンスの正確性 [precision of
　performance] ………………… 286
*ハムストリング [hamstring] ……… 88
*バリスティック (法) [ballistic] … 283
鍼治療 [acupuncture] ……………… 74
*パワー [power]
　……… 4, 119, 155, 183, 241, 257

*反射 [reflex] ……………………… 103
反射療法 [reflexotherapy] ………… 74
反省的分析 [retrospective analysis]
　………………………………… 186
ハンディキャップ法 [handicap methods]
　………………………………… 281
反応時間 [reaction time] …… 155, 277
反復回数 [number of repetitions] … 275
反復回数とリズム [number of repeti-
　tions and rhythm of execution]
　………………………………… 249

ヒ

ピーキング [peaking] ……… 147, 224
ピーキング指標 [peaking index] … 174
ピーキングの阻害要因 [peaking obsta-
　cles] ………………………… 231
ピークの維持 [maintaining a peak]
　………………………………… 230
非公式な試合 [competition rehearsal]
　………………………………… 43
*非循環 (アサイクリック) [acyclic]
　………………………………… 255
非循環筋持久力 [acyclic muscular
　endurance] ………………… 255
非循環系のパワー [acyclic power]
　………………………………… 254
非循環スキル [acyclic skills] ……… 5
*肥大 [hypertrophy] ……………… 244
*ビタミン [vitamins] …………… 68, 75
非乳酸系スピード [alactic speed]
　………………………………… 155
非乳酸系スピードおよび無酸素性持
　久力 [alactic speed and anaerobic
　endurance] ………………… 158
非乳酸法 [analytic method] ……… 279
標準化 [standardization] …………… 51
標準負荷法 [standard loading] …… 32
ピリオダイゼーション [periodization]
　………………………………… 143
微量栄養素 [micronutrients] ……… 68
疲労 [fatigue] …………………… 11, 81
疲労困憊 [exhaustion] ……………… 12
敏捷性 [agility] …………… 155, 241

フ

*ファルトレク (法) [fartlek (methods)]
　……………………………… 158, 267
*フィードバック [feedback] ……… 235
負荷 [work load] ………………… 32
負荷軽減期 [unloading phases] …… 165
複合スキル (循環スキルと非循環スキ
　ルを組み合わせたスキル) [acyclic
　combined skills] ……………… 5
*副腎腺 [adrenal glands] …………… 88
*プラトー [plateau] ……………… 228
プランニング [planning] ………… 106
プランニングの必要条件 [planning
　requirements] ………………… 107
プランの定期的達成 [periodical
　achievement of plans] ……… 107
*フリーウエイト [free weight] …… 245
フリーレッスン [free training lessons]
　………………………………… 109

ヘ

*ベータレセプター遮断 [beta-receptor
　blockade] ……………………… 86
ベータエンドルフィン [beta-endorphin]
　………………………………… 168
*ヘマトクリット [hematocrit] ……… 89
*ヘモグロビン [hemoglobin] … 13, 168
変化性 [variability] ………………… 51
変速法 [alternative methods] ……… 266

ホ

防御抑制 [inhibition of protection]
　………………………………… 228
*ホスホフルクトキナーゼ (PFK) [phos-
　phofurucutokinase] ………… 86
補足的トレーニング [supplementary
　training lessons] ……………… 115
ボディービルディング [bodybuilding]
　………………………………… 143
*ホメオスタシス [homeostasis]
　……………………………… 11, 15
*ホルモン [hormone] ……………… 67

ま

マ

*マクロサイクル[macrocycle]
　　　　‥‥‥‥ 107, 108, 136, 144
マッサージ[massage]‥‥‥‥‥‥ 71

ミ

*ミオグロビン[myoglobin]‥‥‥‥ 10
*ミオシン[myosin]‥‥‥‥‥‥‥ 84
*ミクロサイクル[microcycle]
　　　　‥‥‥ 32, 107, 108, 118, 144
*ミトコンドリア[mitochondrion (singular)/mitochondria]‥‥‥ 85, 168
*ミネラル[mineral]‥‥‥‥‥ 68, 75

ム

*無休息脚症候群[leg restless syndrome]
　　　　‥‥‥‥‥‥‥‥‥‥‥ 70
無酸素性, 有酸素性両方のエネルギー供給系[anaerobic/aerobic system overlap]‥‥‥‥‥‥ 17
*無酸素性作業閾値[anaerobic threshold]
　　　　‥‥‥‥‥‥‥‥‥‥‥ 263
無酸素性作業閾値トレーニング(AnTT)[anaerobic threshold training]‥‥‥‥‥‥‥‥ 270
無酸素性持久力[anaerobic endurance / anaerobic capacity]
　　　　‥‥‥‥‥‥‥ 155, 241, 263
無酸素性持久力のためのトレーニング指標[training parameters for anaerobic endurance]‥‥‥ 265
無酸素性システム[anaerobic system]
　　　　‥‥‥‥‥‥‥‥‥‥‥ 14
無酸素性トレーニング[anaerobic training]‥‥‥‥‥‥‥‥‥‥ 201
無酸素性能力[anaerobic capacity]
　　　　‥‥‥‥‥‥‥‥‥‥‥ 261
*無酸素性の解糖[anaerobic glycolysis]
　　　　‥‥‥‥‥‥‥‥‥‥‥ 271
無負荷(期)[unloading]‥‥ 140, 153

メ

*迷走神経[vagal]‥‥‥‥‥‥‥ 75
*メディシンボール[medicine ball]
　　　　‥‥‥‥‥‥‥‥ 185, 247
*メラトニン[melatonin]‥‥‥‥ 71
*メンタルトレーニング[mental training]
　　　　‥‥‥‥‥‥‥‥‥‥‥ 38

モ

*毛細血管[capillary]‥‥‥‥‥ 71
モーターアナライザー(運動感覚器)
　　[motor analyzers]‥‥‥‥ 287
*モチベーション[motivation]‥‥ 153
モデリングの原理[modeling]‥‥ 29
モラル[moral standards]‥‥‥ 232

や

ユ

有酸素および無酸素性持久力[aerobic and anaerobic endurance]‥‥ 158
*有酸素性エネルギー系[oxygen system]‥‥‥‥‥‥‥‥‥ 274
有酸素性作業閾値[aerobic threshold]
　　　　‥‥‥‥‥‥‥‥‥‥‥ 269
有酸素性作業閾値トレーニング(ATT)
　　[aerobic threshold training]‥‥ 271
有酸素性持久力[aerobic endurance]
　　　　‥‥‥‥‥‥‥ 155, 157, 241
有酸素性持久力と専門的持久力[aerobic endurance and specific endurance]‥‥‥‥‥‥‥‥ 157
有酸素性持久力のためのトレーニング指標[training parameters for aerobic endurance]‥‥‥‥‥ 264
有酸素性システム[aerobic system]
　　　　‥‥‥‥‥‥‥‥‥‥‥ 16
有酸素性トレーニング[aerobic training]
　　　　‥‥‥‥‥‥‥‥‥‥‥ 11
有酸素性能力[aerobic capacity]
　　　　‥‥‥‥‥‥‥ 10, 261, 262

ヨ

ヨガ[yoga]‥‥‥‥‥‥‥‥‥ 78
4年間プラン[quadrennial plan / the quadrennial (4-year) plan]
　　　　‥‥‥‥‥‥‥‥ 108, 206

ら

リ

*量[volume]‥‥‥‥‥‥‥ 56, 146
量と強度の関係[relationship between volume and intensity]‥‥‥ 60
量と強度の評価[rating the volume and intensity]‥‥‥‥‥‥‥ 63
量と適応[volume and adaptation]‥‥ 63
リラックス[relaxation]‥‥‥‥ 77
リラックステクニック[relaxation technique]‥‥‥‥‥‥‥‥‥ 77
リレーとゲーム[relays and game]
　　　　‥‥‥‥‥‥‥‥‥‥‥ 281
理論的準備[theoretical preparation]
　　　　‥‥‥‥‥‥‥‥‥‥‥ 188
理論的トレーニング[theoretical training]‥‥‥‥‥‥‥‥‥‥ 54
理論に関する知識[theoretical knowledge]‥‥‥‥‥‥‥‥‥ 54
リン酸系トレーニング(PST)[phosphate system training]‥‥‥ 271

レ

冷却, 寒冷療法[cold therapy (cryotherapy)]‥‥‥‥‥‥‥‥‥ 73
*レペティション(法)[repetition]
　　　　‥‥‥‥‥‥‥‥ 267, 280

ロ

*老廃物[waste products]‥‥‥‥ 102

監訳者あとがき

　長くトップアスリートの強化に関わってきており，そこでは最先端のスポーツ科学を導入しているつもりでいた。しかし，ボンパ博士の著書（PERIODIZATION: Theory and Methodology of Training）を読み，自分自身の取り組みがまだまだ甘いことに気づいた。

　本著は，トレーニングの基礎的な理論から始まり，トレーニングの周期の作り方，トレーニングプランの作成，競技会へ向けてのコンディショニングの方法，休息のとり方，そして筋力・パワー，持久力，柔軟性，および調整力のトレーニングまで細部にわたり理論構築がなされており，その上，現場でも活用できる具体例も数多くあげられている。しかも，彼の理論は，スポーツ生理学，スポーツ生化学，バイオメカニクス，スポーツ心理学などのあらゆる学問分野からの科学的裏づけがなされており，非常に説得力がある。一読して，世界を見渡しても他に類を見ない素晴らしさに感心し，すぐさま私のコーチング・トレーニングのバイブルに位置づいた一冊である。

　彼の理論は，一部のトップアスリートだけが活用できるというものではなく，すべてのスポーツ種目における中学，高校生のジュニアアスリートにとっても有用なものである。ぜひ，中学校，高校のコーチにも読んでいただきたい。そこには，即利用できる合理的・効率的なトレーニングに関する示唆がふんだんにあるだけではなく，ジュニアアスリートをシニアのトップアスリートまでに育てていくための一貫指導に関するノウハウもぎっしりと詰まっているのである。

　トレーニングにおける世界的権威であるボンパ博士の理論を日本のコーチおよびアスリートに広く普及させたいと考え，日本大学の青山清英氏とともに翻訳作業に取りかかった次第である。共訳者として，コーチング現場やスポーツ科学の第一線で活躍されている新進気鋭の方々にお願いした。山下　誠氏，図子浩二氏，杉田正明氏，森丘保典氏，大山卞圭悟氏，高本恵美氏，眞鍋芳明氏の面々である。快くお引き受けいただいた共訳者の皆さんには，心から御礼申し上げたい。また，本書の出版にあたり，ご協力をいただいた大修館書店の粟谷　修氏には心から御礼申し上げたい。

　最後に，この一冊が日本のスポーツのレベル向上に役立つことを祈念する。

2006年6月

尾縣　貢

●著者

テューダー・ボンパ(Tudor O.Bompa)
ヨーク大学教授。
ピリオダイゼーショントレーニング，すなわちトレーニングの期分けにおける先駆者として，世界的に認められている。東側諸国の競技力の強化に携わっていた1963年，ルーマニアで「筋力のピリオダイゼーション」の概念を発展させ，それ以来，自身が考案したトレーニングシステムを用いることによって，11名のオリンピックおよび世界選手権のチャンピオンを筆頭として，多くのエリート競技者を輩出している。
おもな著書にSerious Strength Training (Human Kinetics, 1998), Periodization Training for Sports (Humann Kinetics, 1999), Power Training for Sport: Plyometric for Maximum Power Developmentなどがある。

●監訳者

尾縣　貢(おがた　みつぎ)
1959年兵庫県生まれ。
筑波大学大学院修士課程体育研究科コーチ学専攻修了。博士（体育科学，筑波大学）。
専門は，陸上競技コーチング，体力トレーニング論。
現在，筑波大学人間総合研究科コーチング学専攻准教授。
JOCナショナルコーチ，JOC選手強化本部常任委員，日本陸上競技連盟強化統括ディレクター，日本陸上競技学会副理事長
第5章担当。

青山清英(あおやま　きよひで)
1969年茨城県生まれ。
筑波大学大学院修士課程体育研究科コーチ学専攻修了。修士（体育学，筑波大学）。
専門は，コーチング学。
現在，日本大学文理学部体育学科准教授。
日本スポーツ運動学会理事，日本陸上競技学会理事，日本スプリント学会常任理事ほか。
第8章担当。

●訳者

大山卞圭悟(おおやま べん けいご)
1970年兵庫県生まれ。
筑波大学体育専門学群卒業。修士(体育科学,筑波大学)。
専門は,陸上競技コーチング,アスレティックトレーニング。
現在,筑波大学大学院人間総合科学研究科講師。
日本陸上競技連盟医事委員会トレーナー部委員。
第3・4章担当。

杉田正明(すぎた まさあき)
1966年三重県生まれ。
三重大学大学院教育学研究科修了。修士(教育学,三重大学)。
専門は,体力科学,陸上競技。
現在,三重大学教育学部准教授。
日本陸上競技学会理事,日本陸上競技連盟科学委員会副委員長,日本オリンピック委員会科学サポート部会副部会長ほか。
第6・7章担当。

図子浩二(ずし こうじ)
1964年香川県生まれ。
筑波大学大学院博士課程体育科学研究科修了。博士(体育科学,筑波大学)。
専門は,スポーツコーチング論,スポーツトレーニング論。
現在,鹿屋体育大学教授。
日本トレーニング科学会理事,日本体力医学会評議委員,日本スポーツ運動学会理事ほか。
第9章担当。

高本恵美(たかもと めぐみ)
1977年岡山県生まれ。
筑波大学大学院博士課程体育科学研究科体育科学専攻修了。博士(体育科学,筑波大学)。
専門は,陸上競技コーチング。
現在,大阪体育大学体育学部講師。
日本陸上競技連盟科学委員会委員。
第11・13章担当。

眞鍋芳明(まなべ よしあき)
1977年愛媛県生まれ。
筑波大学大学院博士課程体育科学研究科修了。博士(体育科学,筑波大学)。
専門は,陸上競技コーチング,トレーニング科学。
現在,国際武道大学体育学科准教授。
日本陸上競技連盟医事委員会トレーナー部委員。
第10章担当。

森丘保典(もりおか やすのり)
1969年埼玉県生まれ。
筑波大学大学院修士課程体育研究科コーチ学専攻修了。修士(体育学,筑波大学)。
専門は,スポーツバイオメカニクス,トレーニング科学。
現在,(財)日本体育協会スポーツ科学研究室研究員。
日本陸上競技学会理事,日本スプリント学会理事。
第1・2章担当。

山下　誠(やました まこと)
1962年東京都生まれ。
筑波大学大学院修士課程体育研究科コーチ学専攻修了。修士(体育学,筑波大学)。
専門は,陸上競技(中長距離)コーチング。
現在,玉川大学学術研究所准教授。
日本学生陸上競技連合強化委員。
第12章担当。

競技力向上のトレーニング戦略
©Mitsugi Ogata & Kiyohide Aoyama 2006　　NDC780　v, 317p　24cm

初版第1刷—2006年7月20日
第2刷—2009年9月1日

著　者―――テューダー・ボンパ
監訳者―――尾縣　貢・青山清英
発行者―――鈴木一行
発行所―――株式会社 大修館書店
　　　　〒101-8466　東京都千代田区神田錦町 3-24
　　　　電話 03-3295-6231（販売部）03-3294-2359（編集部）
　　　　振替 00190-7-40504
　　　　［出版情報］http://www.taishukan.co.jp

装丁／本文デザイン―――中村友和
本文レイアウト―――飯笹奈津子
扉イラスト―――アフロ
印刷所―――図書印刷
製本所―――図書印刷

ISBN978-4-469-26615-3　Printed in Japan
Ⓡ本書の全部または一部を無断で複写複製（コピー）することは，
　著作権法上での例外を除き禁じられています。